LE POLITIQUE

LES DIALOGUES DE PLATON

Présenter de chaque Dialogue de Platon un commentaire suivi qui soit attentif au mouvement souvent accidenté de la pensée, en dégage les différentes méthodes et articule les problèmes soulevés, telle est l'ambition de cette collection. Mais puisque la compréhension d'un texte philosophique et sa traduction se déterminent réciproquement, le commentaire s'accompagnera d'une traduction originale. Cette circularité s'impose d'autant plus que c'est avec Platon que le langage de la philosophie s'élabore : il faut tenter d'en faire percevoir la nouveauté éternellement nouvelle. Priorité sera donc donnée aux références au corpus platonicien ainsi qu'aux auteurs auxquels Platon renvoie explicitement ou implicitement.

Pourquoi le texte grec, alors que le nombre de ceux capables de le lire ne cesse de diminuer ? Pour leur en fournir un qui soit aisément accessible, mais aussi pour rappeler que nous lisons un texte dont plusieurs versions nous ont été transmises, entre lesquelles il faut parfois choisir. Les termes grecs, translittérés, figurant dans le commentaire marquent l'écart existant entre les deux langues. Cet écart n'est pas seulement lexical : il existe en grec ancien une voix moyenne, ni active ni passive ; un temps du commencement de l'action, l'aoriste, ni passé ni présent ; un nombre, le duel, ni singulier ni pluriel, et un genre neutre, ni masculin ni féminin. En prendre conscience pourrait, c'est du moins le pari de cette collection, amener le lecteur à penser un peu autrement, à penser en grec.

BIBLIOTHÈQUE DES TEXTES PHILOSOPHIQUES

PLATON

LE POLITIQUE

Introduction, traduction (texte grec en vis à vis)
et commentaire
par

Monique Dixsaut
avec D. El Murr, M.-A. Gavray, A. Hasnaoui,
É. Helmer, A. Larivée, A. de la Taille et F. Teisserenc

PARIS
LIBRAIRIE PHILOSOPHIQUE J. VRIN
6 place de la Sorbonne, V e
2018

Les Dialogues de Platon

sous la direction de

Monique Dixsaut, Sylvain Delcomminette
et Dimitri El Murr

© *Librairie Philosophique J. VRIN*, 2018

Imprimé en France

ISSN 0249-7972

ISBN 978-2-7116-2827-8

www.vrin.fr

REMERCIEMENTS

Ce double travail, traduire et commenter, est dû une équipe de jeunes chercheurs, devenus depuis des chercheurs confirmés, qui tout en poursuivant la rédaction de leurs thèses souhaitaient faire un travail commun : Dimitri El Murr, Marc-Antoine Gavray, Alexandre Hasnaoui, Étienne Helmer, Annie Larivée, Antoine de la Taille, Fulcran Teisserenc, auxquels s'étaient joints pour quelques séances Pierre Arnoux et François Thomas. À l'initiative de certains d'entre eux, j'avais donc organisé un séminaire restreint et tous s'étaient mis d'accord sur le *Politique*, objet de l'un de mes cours d'agrégation à l'université Paris I. Ils ont fait preuve, au cours de longues années, d'une énergie et d'une constance dont je ne saurais assez les remercier, sans parler du plaisir que j'ai eu à travailler avec eux. Le résultat de ce travail a dormi ensuite beaucoup trop longtemps, chacun de nous allant vers sa propre recherche, jusqu'au jour où il m'a paru qu'il était dommage de ne pas le réveiller. Il a bien sûr fallu uniformiser l'écriture, ajouter et retrancher, mais un gros effort de traduction du texte et de discussion des interprétations avait été fait, et ma réécriture en a largement profité. Ma relecture du Dialogue m'a cependant conduite à proposer deux hypothèses dont je suis la seule responsable, et coupable. J'ai alors de nouveau reçu une aide précieuse de la part de certains d'entre eux et je tiens à ce qu'ils sachent combien je leur en suis reconnaissante.

Monique Dixsaut

INTRODUCTION

« Interrogés à propos du politique et du roi (…), nous nous sommes complétement égarés » ; « le politique, nulle part nous ne l'avons attrapé ou ne l'avons nommé » ; « le sentiment pénible, vraiment pénible, éprouvé lors de ce long discours sur le tissage »… Pour couronner le tout : « Qu'en est-il alors de notre recherche au sujet du politique ? Est-ce en vue de lui que nous nous la sommes proposée, ou pour devenir plus dialecticiens sur tous les sujets ? »

Lorsque l'auteur lui-même porte de tels jugements sur son œuvre, qu'attendre de ses lecteurs ? Qu'ils obtempèrent, comme ils l'ont fait au cours des siècles. Décousu et perdant sans cesse de vue un objet dont il est finalement affirmé qu'il n'a pas d'intérêt en lui-même, ce Dialogue ne se prête pas, c'est le moins que l'on puisse dire, à une lecture enthousiaste. L'opinion générale a longtemps été que le *Politique* était un Dialogue raté, ennuyeux, scolaire, qui en outre ne nous apprendrait rien d'important ou de sérieux sur la pensée politique de Platon[1]. La situation a changé depuis une vingtaine

---

1. Pour « l'extraordinaire ennui » ressenti par les interprètes, et cela dès l'Antiquité, voir D. El Murr, *Savoir et Gouverner*, Paris, Vrin, 2014, Introduction et chapitre I.

d'années et ce regain d'intérêt a suscité de multiples et intéressantes querelles d'interprétation entre spécialistes, mais rares sont ceux qui semblent totalement convaincus que Platon ait eu raison d'écrire le *Politique*.

Pourquoi l'a-t-il écrit? Encadré par ces deux grands Dialogues que sont la *République* et les *Lois*, le *Politique* semble faire pâle figure. Mais de quoi parle-t-il au juste, ce Dialogue? Du politique, or Socrate n'en a-t-il pas dit tout ce qu'il était philosophiquement possible d'en dire dans la *République*?

> S'il n'arrive pas que les philosophes règnent dans les cités ou que philosophent authentiquement et suffisamment ceux qui sont à présent nommés rois et dynastes, et que pouvoir politique et philosophie en viennent à coïncider, il n'y aura pas, mon ami Glaucon, de terme aux maux des cités, ni non plus, il me semble, à ceux du genre humain […]. (*Rép.* V, 473c11-d6)

Nul besoin, par conséquent, de partir à la recherche du politique, c'est le philosophe qu'il faut définir et il le sera au début du livre VI; quant à la possibilité qu'il exerce le pouvoir, ce n'est pas un problème à traiter mais l'affaire d'une circonstance favorable. Elle seule pourra mettre fin à la dissociation du savoir et du pouvoir, cause de tous les maux du genre humain. Que le bonheur public et privé en dépende, dit pour finir Socrate, est une chose pénible à dire et pénible à entendre – et il semble bien que ce soit là son dernier mot. C'est pourtant lui qui, dans le prologue du *Sophiste*, pose la question qui va lancer la séquence de Dialogues dont le *Politique* fait partie. Ayant, grâce au mathématicien Théodore, rencontré un étranger venu d'Élée, il lui demande si, selon les gens de son pays, ces trois noms, philosophe, sophiste et politique [1], correspondent à trois genres, deux ou un seul. La réponse peut donc varier selon les « pays », il est possible que sur ce sujet l'opinion des Éléates ne soit pas la même que celle des Athéniens. Étant donné ce qui résultera pour Socrate de l'opinion de ces derniers, on comprend qu'il s'intéresse à la chose.

Reste que partir des mots au lieu de partir des choses-mêmes va à l'encontre de l'exigence énoncée à la fin du *Cratyle*, et c'est pourquoi, plus socratique que Socrate, l'Étranger lui rétorque poliment que l'informer de l'opinion de ses compatriotes n'est pas difficile, mais que la question de la différence entre ces trois genres ne pourra être résolue qu'une fois que chacun d'eux aura été défini. Ce rappel méthodologique semble s'imposer, à ceci près qu'il revient à méconnaître la nature de deux objets de l'enquête : ce ne sont justement pas des « objets ». Philosophe et sophiste disposent chacun d'un langage tel que, quel que soit le problème abordé, le philosophe *se définit* philosophiquement comme philosophe et le sophiste sophistiquement comme savant (*sophos*). L'un comme l'autre est donc capable de proposer, ou d'opposer, sa propre définition de lui-même. Or sur ce point, le politique fait exception, il ne peut qu'*être défini*, et défini par les deux autres. Philosophique ou sophistique, leur définition ne saurait cependant avoir pour but de dire ce qu'il est mais ce que chacun des deux estime qu'il *doit être* s'il est véritablement, ou utilement, un politique, et chacun

1. *Politikos*, adjectif que Platon a été le premier a substantiver comme il l'a fait pour *philosophos*. Avant lui, les dirigeants politiques étaient nommés à Athènes *stratègoi*, généraux, ou *rhetores*, orateurs publics. *Cf.* M.H. Hansen, « The Athenian "politicians", 403-322 B.C. », *Greek, Roman and Byzantine Studies* 24, 1983, 33-55.

répondra que, pour ce faire, c'est sa nature à lui que le
politique doit avoir. Le sophiste ne peut admettre qu'un
seul genre car le philosophe, c'est lui, et le politique, c'est
lui aussi ; pour le philosophe, il n'y en a que deux puisque
tout bon gouvernant doit être philosophe. L'imbrication
des trois termes donne raison à Socrate : le problème de
leur différence prime sur celui de leur définition. De là à
penser que sa question n'en est pas une, qu'elle est piégée
et condamne d'avance le *Politique* à échouer, ce pas est
franchi par un certain nombre d'interprètes.

Il est certain qu'il ne faut pas parler en philosophe si
l'on veut accorder au politique sa différence, sa consistance
– certain que Socrate doit se taire pour que la recherche
puisse commencer et, après le prologue, son silence se fait
entendre tout au long du Dialogue. Deux autres silences
n'ont pas manqué d'être remarqués. Le premier est que
rien n'est dit sur la nature de la science « cognitive »
(cognitive étant opposée à « pratique ») que doit posséder
un bon politique. Elle est assurément dialectique dans la
République, où la politique est « une chose trop importante
pour qu'on la laisse à ceux qui ignorent qu'il y a des choses
bien plus importantes »[1] ; il faut donc donner le pouvoir
à ceux qui n'en veulent pas et les forcer, pour un temps
limité, à faire preuve de bienveillance et redescendre dans
la Caverne pour s'occuper de ce qui ne leur apprendra
rien. Dans le *Politique*, ce savoir n'est dit ni être tel, ni ne
pas être tel, et ce silence est gardé jusqu'à la fin. Il est ainsi
possible de prêter au politique une science dialectique (au
sens platonicien du terme) ou de ne lui accorder qu'une

1. J. Brunschwig, « Platon, la *République* » dans F. Châtelet,
O. Duhamel et E. Pisier (dir.), *Dictionnaire des œuvres politiques*, Paris,
PUF, [1986] 2001, p. 880-892 : p. 888.

science mathématique, pure de préférence et portant sur des Nombres idéaux, intermédiaire acceptable entre dialectique et mathématique. En ce cas, trop dialectique pour être politique étant donné le nombre de leçons de méthode qui y sont administrées, ou trop politique pour être dialectique en raison de l'attention démesurée portée à la fabrication des pots, toitures, tissus et choses semblables, voilà ce dont souffrirait le *Politique.* À la différence du *Sophiste*, il ne parviendrait pas à faire d'une pierre deux coups, « résoudre un problème particulier, et produire aussi un exemple de méthode philosophique » [1].

Un second silence n'est pas moins surprenant : on rencontre dans le *Politique* deux définitions « dont aucune n'est la bonne du point de vue de Platon » [2], et ce n'est pas sur une définition du politique que le Dialogue s'achève mais sur son action (*praxis*) et la splendeur du tissu dont la science royale enveloppe la cité. La prééminence donnée à la finalité dialectique de l'enquête n'est pourtant qu'une prééminence, elle n'exclut pas l'autre finalité, la recherche du véritable politique ; néanmoins, pour finir, on ne saura toujours ni quelle est sa nature, ni même s'il en a ou n'en a pas une. Ces silences doivent bien avoir une cause, et s'il est fort probable que c'est celui de Socrate qui explique les deux autres, comment d'abord expliquer le sien ?

Platon aurait-il voulu renier son maître ? C'est pourtant encore à Socrate qu'il appartiendra (et qu'il a toujours appartenu) de définir le philosophe, troisième Dialogue censé compléter la série. De plus, poser à un

---

1. Jolie formule d'A.E. Taylor, *Plato. The Sophist and the Statesman*, transl. and introd. by A. Taylor, R. Klibanski and E. Anscombe (eds.), [1961] New York and Folkestone, Barnes and Noble and Dawson's, 1971, p. 250.

2. C. Castoriadis, *Sur le* Politique *de Platon*, Paris, Seuil, 1999, p. 42.

visiteur venu d'Élée une question portant sur la *différence*
existant entre trois genres n'a de sa part rien d'innocent :
l'unicité de l'être et l'interdiction de la voie du non-être
si fortement affirmées par Parménide dénient toute
existence réelle à quelque multiplicité et quelque
différence que ce soit. En ne rejetant pas que cela puisse
faire trois genres, l'Étranger éléatique reprend donc à son
compte, contre Parménide, l'opinion des gens de son
pays : il décline sa filiation, pas sa patrie, et annonce ainsi
le « parricide » qu'il va commettre dans le *Sophiste* – un
parricide qui n'est d'ailleurs qu'une version du « suicide »
prêté par Platon à Parménide dans le *Parménide*[1]. Quant
à la transgression de l'interdit parménidéen, c'est moins
une transgression qu'une invention, un coup d'audace
consistant à rebaptiser le non-être, à en faire l'Autre de
l'être, condition nécessaire pour capturer le sophiste.
Quiconque réfute Parménide ne peut être insensible à sa
« grandeur » et, tout en le réfutant, l'Étranger la reconnaît
et reconnaît sa dette envers une dialectique dont sa
réfutation procède. Car si la réfutation de Parménide était
l'œuvre d'une dialectique socratique, pourquoi Platon
l'aurait-il confiée dans le *Sophiste* à l'Étranger plutôt qu'à
Socrate ?

La raison de son remplacement, s'il en existe une, doit
forcément se trouver dans le Dialogue où cette décision
est prise. Et c'est bien le cas. Dans le prologue du *Sophiste*,
Socrate demande à l'Étranger s'il préfère développer
tout seul un long discours ou « procéder par questions
(*di'erôtèseôn*), comme j'ai jadis entendu Parménide le
faire en développant des arguments de toute beauté
devant le jeune homme que j'étais, lui qui était alors

---

1. Cf. *Parm.*, 142a-b.

très vieux[1] ». Long exposé ou échange le plus continu
possible : la dialectique socratique ne peut se reconnaître
en aucun des deux termes de cette alternative. Les longs
arguments dont parle Socrate ne peuvent se référer
qu'à ceux exposés dans la seconde partie du *Parménide*
et au déroulement des hypothèses sur l'un. Il est fort
probable que ce soit eux, ou d'autres utilisant une même
méthode, que l'Étranger dit à Théodore « avoir entendus
tout au long et ne pas avoir oubliés ». De plus, après
avoir dialogué avec un très jeune Socrate et avant de se
lancer dans la longue démonstration de sa méthode,
Parménide avait réclamé comme interlocuteur celui qui,
parmi les assistants, « ne sera pas à l'affût de toutes sortes
de complications », donc « le plus jeune ». Au début du
Sophiste, l'Étranger fait dépendre son choix de la nature de
l'interlocuteur car si « celui-ci ne cause aucun embarras et
se laisse conduire », c'est la méthode interrogative qui est
la « plus facile »[2]. Là encore, juger plus facile de pratiquer
la science dialectique, science la plus haute et à vrai dire
seule science, serait de sa part un sérieux contresens que
Socrate ne pouvait pas ne pas relever.

En quoi consiste donc la méthode pour laquelle
l'Étranger a opté ? À examiner, à propos d'un sujet donné,
les conséquences, relativement à lui-même et aux autres,
résultant de l'hypothèse qu'il existe, puis de celle qu'il
n'existe pas[3]. Bien que la *forme* n'en soit pas interrogative,
cette sorte de dialectique *s'interroge* sur les conséquences
d'une position d'existence, puis d'inexistence. Elle
déduit celles qui en résultent pour ce dont l'existence
est (sup)posée, puis pour les multiples autres, et procède

---

1. *Soph.*, 217c4-6.
2. *Parm.*, 137b, *Soph.*, 217d.
3. *Parm.*, 135e-136c.

ensuite de la même façon lorsque c'est son inexistence qui est posée. Ce qui différencie cette dialectique d'une dialectique platonico-socratique est que cette dernière commence par poser l'intelligibilité totale de ce qu'elle met en question : elle lui confère *toujours le même mode d'existence*, une existence différente, inaccessible à l'expérience sensible comme à l'opinion et saisissable seulement par la partie de l'âme qui lui est apparentée. Ce n'est pas parce qu'elles ont ce mode d'existence que les Idées de Platon sont entièrement intelligibles, c'est parce qu'elles sont (sup)posées l'être qu'il faut leur donner un certain mode d'existence. Une manière radicalement différente de penser et de parler a conduit Platon à *inventer* un nouveau mode d'existence, tandis que, dans une dialectique parménidéenne, ce sont des espèces *existantes* de discours et d'activité qui découlent du mode d'existence ou d'inexistence conféré à l'objet par chaque hypothèse[1].

La seconde différence est que la dialectique socratico-platonicienne questionne toujours la chose-même ; elle est interrogative dans la mesure où cette question persiste en chaque réponse alors que, dans la parménidéenne, c'est l'hypothèse qui persiste en chacune de ses conséquences. Or sur quoi porte la question posée par Socrate ? Il ne demande ni *ce qu'est* chacune de ces choses (sophiste, politique et philosophe), ni si ces noms correspondent bien aux choses qu'ils nomment, mais si à chacun de ces noms correspond *quelque chose*, et quelque chose de distinct. Il s'interroge donc sur *l'existence* de la chose

---

1. Telle est la raison pour laquelle aucune des hypothèses développées par Parménide ne peut faire sa place à une dialectique philosophique semblable à celle que Platon prête à Socrate.

nommée par le nom. Une existence ne se démontre ni ne se déduit, on peut par expérience constater les effets de sa présence mais elle ne peut donner lieu qu'à « un jugement assertorique », expression kantienne qui offre une assez bonne définition de l'« hypothèse » telle que la conçoit Parménide. Avancer la possibilité que l'Étranger éléatique mette en œuvre une dialectique parménidéenne n'offre pas seulement une raison plausible du « remplacement » de Socrate, elle permet de cerner la nature particulière de la question posée dans les deux Dialogues qui vont suivre.

Que fait en effet l'Étranger dans le *Politique*? Il se pose ces deux questions : qu'arriverait-il si un véritable politique existait et gouvernait, et qu'est-il arrivé, arrive et arrivera s'il n'existe pas? La description des deux âges du mythe, la disqualification des rivaux du politique, l'assimilation des politiques passés et présents à une troupe de sophistes et l'examen des constitutions existantes répondent à la seconde question, la définition de la science politique et des modalités de son action à la première. De sorte que ce sont les conséquences catastrophiques de l'inexistence d'un véritable politique qui démontrent la nécessité de poser son existence et par conséquent l'existence de ce qui le rend tel : sa possession d'un savoir particulier. Décider que l'action politique doit procéder d'un savoir n'a rien d'évident, Platon est le premier à le penser, et c'est précisément parce qu'il y a là une hypothèse devant être prouvée qu'il faut utiliser cette sorte de dialectique.

Pour définir la nature de ce savoir, il est nécessaire de diviser « toutes les sciences ». Lorsque la division est une des formes de la dialectique platonicienne, elle ne peut porter que sur des Idées, pas sur des choses en devenir. Adoptant une logique rigide du tiers exclu,

certains interprètes attribuent à son inadéquation – trop
dialectique pour convenir à des choses en devenir,
ou pas assez s'il s'agit de diviser des Idées – l'échec
d'un Dialogue qui n'a pas réussi à définir son objet[1].
En l'appliquant, Platon aurait même selon eux voulu
parodier une méthode qui le conduit dans le *Politique*
à des conclusions ridicules[2]. Cette évaluation négative
s'inspire largement des critiques adressées par Aristote :
les divisions platoniciennes divisent « par n'importe
quelle différence », elles sont artificielles, inutilement
compliquées, le choix des critères, des paradigmes et
des analogies n'est jamais justifié et le résultat de ces
divisions est accumulatif et non pas démonstratif[3]. La
méthode de division étant bien incapable de rendre « plus
dialecticiens » ceux qui l'emploient, Platon, revenu à plus
de bon sens, aurait voulu la discréditer dans le dernier
Dialogue où il en use. Il est incontestable que devenir plus
dialecticien ne se réduit pas à « devenir plus apte à opérer
des divisions correctes », et tout aussi incontestable que
pouvoir le faire relève d'une puissance dialectique. Au lieu
de conjecturer un Platon devenu sur le tard aristotélicien,

1. Selon S. Rosen (*Le Politique de Platon. Tisser la cité*, avant-propos
et trad. d'É. Helmer, Paris, Vrin, 2004, p. 30), si le Dialogue avait un but
méthodologique, il ne pourrait être que négatif : montrer l'inadéquation
de la division à des réalités humaines telles que la politique placée au
cœur de l'enquête.

2. Interprétation propre à des interprètes influencés par
l'herméneutique de Léo Strauss, par exemple S. Benardete, *The Being of
the Beautiful*, "Theaetetus", "Sophist" and "Statesman", Chicago, Chicago
University Press, vol. III, 1984.

3. Voir Aristote, *Parties des animaux*, I 2-3, *Premiers Analytiques*,
I 31, *Seconds Analytiques*, II 5 et D. El Murr, *Savoir et gouverner*, *op. cit.*,
chap. v. Pour certains, ces critiques s'adresseraient à Speusippe, mais
cela ne change rien au fait que certains puissent s'en inspirer pour
critiquer Platon.

n'est-il pas préférable de penser, comme y invite le prologue du *Sophiste*, que la division est au contraire l'instrument le plus adéquat d'une dialectique qui, dans le *Politique*, n'est pas eidétique, mais hypothétique au sens parménidéen de ce terme? Parménide finissait en effet par accorder à Socrate que l'examen ne devait pas s'égarer parmi des choses sensibles, mais se tourner vers « celles qu'un raisonnement (*logos*) peut saisir, et que l'on pourrait tenir pour être des idées (*eidè*) »[1]. Non pas des « Idées » au sens rejeté par lui dans la première partie du *Parménide*, mais des espèces logiques, intermédiaires entre Idées et réalités sensibles. Or ces idées sont les résultats d'un processus de division. La méthode de division est donc particulièrement adaptée à cette sorte de dialectique, ce qui signifie que les divisions qu'elle opère ne sont pas démonstratives, elles sont *constructives* et en ce sens inventives. La division initiale « de toutes les sciences » a pour but d'en produire une nouvelle – la science politique – et celle du tissage va donner à l'action politique un modèle inattendu.

Telle est donc la lecture proposée dans le commentaire qui suit. Sans doute est-il nécessaire de préciser qu'elle n'a rien d'« évolutionniste », qu'elle ne conclut nullement à l'abandon de la « théorie platonicienne des Idées » ou à celui de la dialectique en son sens socratique, mais qu'elle constate que celle-ci subit dans le *Politique* une nouvelle métamorphose – métamorphose nécessaire pour pouvoir répondre à la nature de la question posée[2]. Cette dialectique diffère d'une dialectique philosophiquement

---

1. *Parm.*, 135e2-4.
2. Voir M. Dixsaut, *Métamorphoses de la dialectique dans les Dialogues de Platon*, Paris, Vrin, 2001. Je n'avais cependant pas perçu la nature parménidéenne de celle-là.

conduite en ce qu'elle ne remet jamais en question l'hypothèse de départ, et par là elle lui est inférieure. C'est ce que Socrate reproche dans la *République* aux sciences mathématiques : elles ne rendent pas raison de leurs hypothèses mais progressent à partir d'elles et, par démonstrations successives, atteignent le point vers lequel tendait leur recherche[1]. Cependant, les mathématiques portent sur des objets purement intelligibles, ce qui n'est pas le cas de la dialectique façon Parménide, qui ne procède pas non plus par démonstration.

Mais alors, que divisent les divisions du *Politique*? La division initiale divise des sciences, celle du tissage divise des arts. Or, au livre V de la *République*, Socrate affirme que la science est une puissance, et même la plus puissante de toutes, et qu'elle participe (au même titre que l'opinion) à un troisième « genre d'êtres », qui n'est ni sensible, ni intelligible, celui des puissances. Grâce à elles, « nous pouvons tout ce que nous pouvons ». Le lien entre la nature (*phusis*) d'une chose et sa puissance (*dunamis*) conduit Socrate à assouplir un dualisme qui n'est rigide que dans l'esprit des commentateurs de Platon. Ce troisième genre d'êtres joue dans la *République* un rôle fondamental : une nature se définit par « ce qu'elle seule peut accomplir, ou ce qu'elle accomplit mieux que toute autre » (tisser, par exemple, pour la navette mais aussi pour le tisserand, ou connaître pour une science et pour celui qui s'y consacre)[2]. En ce sens définitionnel, la puissance est éponyme et confère son caractère propre (*idea*) à ce et ceux qui la possèdent. Elle n'est pas l'essence de la chose

---

1. *Rép.* VI, 510c-511b.
2. *Rép.* I, 352e-353b, 436a-c; cf. *Phèdre*, 270d. Voir cette affirmation renversante (*Soph.*, 247e4) : « les êtres (*ta onta*) ne sont rien d'autre que puissance (*dunamis*). »

et n'en est pas non plus une propriété, elle est ce grâce à quoi une réalité animée ou inanimée est capable de bien accomplir sa fonction, sa tâche. Le principe « à chacun sa tâche » commande toute la structure de la « belle cité ». Celle-ci tire son excellence de « l'excellence propre à chacune des choses à laquelle une fonction propre a été précisément assignée » – fonction propre qui n'a pas été seulement assignée à l'œuvre (*ergon*) mais à l'ouvrier (*demiourgos*). La première en tire son utilité et sa beauté, le second son nom, sa place sociale et la satisfaction du travail accompli. Le terme *dunamis* n'est donc pas facile à traduire, car s'y conjuguent les notions de force, pouvoir (le sens péjoratif n'étant pas exclu), d'activité finalisée, donc de fonction, et aussi de valeur, de vertu, puisque cette fonction est exercée par une nature apte à l'effectuer « de la meilleure, de la plus belle manière ». Dans le *Politique*, les deux derniers sens prévalent[1].

Si même le Socrate de la *République* voit dans la science une puissance et non pas une Idée, on peut se donner le droit d'en faire autant. Il convient par conséquent d'étendre à la *science* politique la règle définitionnelle énoncée au livre V : une puissance se définit « par ce qu'elle accomplit et par ce à quoi elle s'applique »[2]. Le politique *accomplit* l'unité de la cité parce qu'il possède un savoir capable d'unifier les différentes espèces de multiplicités qui la composent et la structurent. L'unité qu'il leur impose est soumise au devenir et elle varie selon la nature des objets à unifier, lesquels y sont eux-mêmes

1. Associée à *idea*, cf. *Pol.*, 308c7, 291b3 ; à la nature, 272c7 ; comme fonction d'un art : 272b9 (art mythique), 289d6, 281b9, 304b3, 305b2, c5, de l'art politique : 304d9, 305e5, 308e6, d'un objet : 287e4, 289a4 ; pouvoir au sens péjoratif : 308b7.
2. Ce texte de *Rép.* V, 477c-e est cité *infra*, p. 297.

soumis, mais leur *nature* a néanmoins la permanence que lui confère sa fonction, sa capacité, sa *puissance*. Une puissance ne peut être divisée que par les différences existant entre les espèces de puissance qu'elle contient : les divisions du *Politique* ne divisent donc ni des Idées ni des choses sensibles, pas plus qu'elles ne divisent *par* des Idées ou des propriétés empiriques. Elles divisent des puissances dont chaque espèce est elle-même définie par sa puissance d'agir et sur quoi, ainsi que par sa puissance de pâtir, et sous l'effet de quoi.

Comme elles résultent d'une division, ces puissances sont des espèces logiques qui s'enchaînent nécessairement, chaque nouveau sectionnement ayant pour point de départ celui qui le précède et fournissant son point de départ à celui qui suit : « Ne passerions-nous donc pas à ce qui suit si, après cela, nous divisons la science cognitive ? » Il faut que ce qui vient après (*meta*) soit logiquement lié à ce qui vient avant[1] : « Ne nous faut-il pas faire après cela ce que nous disons, afin que notre discours suive un cheminement continu ? ». Le raisonnement ne suit une progression continue qu'à la condition de se conformer à ce « qui a été dit », il doit être cohérent pour arriver à son but (*telos*) et être parfaitement complet, achevé (*teleos*). Ce que Socrate le Jeune résume fort bien quand il dit « comme le raisonnement (*logos*) nous l'a ordonné d'avance ». Se conformer à ce qui a été dit requiert de la mémoire, la recherche risquant perpétuellement de perdre de vue son objet en raison des multiples variations que lui infligent les images, comparaisons et analogies en tous genres invoquées pour le définir. Une mémoire intellectuelle – en quelque sorte médiatrice entre

1. *Meta* + accusatif, « après », sert de transition logique une vingtaine de fois dans le Dialogue.

mémoire empirique, simple sauvegarde de la sensation, et réminiscence – restitue une liaison ordonnée entre les différentes étapes, mais quand elles sont récapitulées, leur ordre peut se trouver modifié. De plus, les multiples retours en arrière ne se bornent pas à rattacher le point d'arrivée au point de départ, ils peuvent fournir l'occasion de prendre un nouveau départ et de relier ce qui a été dit à ce qui va être dit. Enfin, lorsque le contexte dans lequel se sont effectués les sectionnements précédents se trouve rappelé, cela peut avoir pour effet de les évaluer, les faire bouger et les ouvrir sur un avenir imprévu. Soutien et support de la continuité du raisonnement, la mémoire n'est pas simplement reproductrice, elle est dynamique. Si elle est mémoire du but à atteindre et permet de garder le cap, elle permet de continuer sans donner à cette continuité une nécessité implacable.

La question inlassablement réitérée de savoir par quoi et selon quoi couper, par où passer ou par où couper, confère en effet aux divisions du *Politique* une nature qui n'est pas mécaniquement déductive. S'interroger chaque fois sur le chemin à prendre donne à la division un caractère aléatoire (déploré par Aristote) mais, sans lui, elle n'aurait rien d'une méthode avançant « au moyen de questions » (*di'erôtèsèôn*)[1]. Devoir chercher le chemin à prendre est le prix à payer pour concilier parcours logiquement nécessaire et inventivité renouvelée[2].

---

1. *Soph.*, 217c5.

2. La mémoire intellectuelle de Descartes a une fonction très proche (voir ce qu'en dit Kim Sang Ong-Van-Cung, *Descartes et l'ambivalence de la création*, Paris, Vrin, 2000, p. 147). Sur le choix des chemins, voir *Discours de la méthode*, I : « Je pris un jour la résolution d'étudier aussi en moi-même, et d'employer toutes les forces de mon esprit à choisir les chemins que je devais suivre. »

En principe, la division ne « peut pas commettre d'erreur » : le sens des termes qu'elle constitue reste solidement ancré dans les coupures qui les ont fait apparaître, et de leur entrelacement résulte la définition de l'objet cherché. Celle de la science politique donnée par la division initiale ne sera jamais rejetée et la division du tissage ne commettra aucune erreur. On a cependant noté que celle de Théodore n'était que la première d'une longue série d'erreurs[1]. Mais qui les commet ? Le jeune Socrate, en raison de son impétuosité, ou ceux qui ne sont pas habitués à diviser selon les espèces ; ce sont des erreurs logiques, immédiatement relevées et redressées. D'autres commettent des fautes allant « à l'encontre de l'art » : s'en rendent coupables les tenants de l'inviolabilité des lois écrites ou ceux qui prennent pour de la violence la contrainte dont le politique doit user pour imposer des réformes, mais ceux qui enfreignent les lois commettent « une faute cent fois pire ». Ces deux fautes sont les conséquences contradictoires de l'absence – provisoire, ou définitive comme elle l'est dans toutes les constitutions existantes – du véritable politique. La première division a toutefois réellement commis une erreur car, reprenant à son compte la métaphore homérique et devenue courante du « pasteur d'hommes », elle a attribué au politique des fonctions semblables à ceux des autres pasteurs : accoupler, accoucher, nourrir, soigner, distraire. Elle a montré ce qui arrive à un savoir quand il doit exercer son pouvoir sur des vivants qui naissent, vieillissent et meurent : il ne suffit pas de les diriger, il faut en prendre soin. Or beaucoup d'autres métiers peuvent revendiquer

---

1. *Amartèma*, « erreur » et « faute », est un « Leitmotiv » du Dialogue (S. Rosen, *Le Politique de Platon, op. cit.*, p. 64-66).

cette fonction, mais l'examen et la disqualification des ces rivaux potentiels sont remis à plus tard et c'est à un récit mythique qu'est confié la tâche de rectifier l'erreur de la division.

On voit mal comment un récit de l'alternance de deux révolutions en sens contraire de l'univers peut servir à définir le politique. À l'âge idyllique où le dieu gouverne et prend soin du Monde et de tout ce qu'il renferme, les animaux, hommes compris, sont apprivoisés, comblés et repus : la politique est parfaitement inutile. À l'âge abandonné du dieu, l'agressivité et le désordre ne font que croître, il n'y a même plus de troupeaux, seulement des vivants atomisés et acharnés à survivre : la politique est impossible. Que fait ce mythe, sinon radicaliser l'hypothèse de son inexistence ? Pousser jusqu'au bout l'hypothèse négative et en montrer les conséquences désastreuses, cela ne peut se faire que fictivement, et cela justifie la place que ce mythe occupe dans le Dialogue. Ce n'en est pas moins scandaleux et certains jugent impossible que Platon offre ici une cosmologie si différente de celle du *Timée*, donc que l'histoire ne finisse pas bien ou ne rende pas justice à cet animal rationnel qu'est l'homme. Ils proposent en conséquence une interprétation en trois phases, celle à laquelle nous vivons « maintenant » ne pouvant selon eux être identifiée à aucune des deux autres[1]. Certes, mais c'est une assez curieuse interprétation que celle qui consiste à chercher où se situe « notre » réalité dans une fiction qui ne cesse de s'affirmer comme telle. Ce mythe n'en jette pas moins une lumière cruelle sur le monde qui

---

1. Voir L. Brisson et J.-F. Pradeau, *Platon. Le Politique*, Paris, GF-Flammarion, 2011, p. 38-45 ; C. Rowe, *Plato. Statesman*, Warminster, Aris & Phillips, 1995, Introduction, p. 13.

est le nôtre, comme le fait tout mythe platonicien, mais il a en outre une fonction dialectique. Il donne un fondement cosmologique à l'anthropologie platonicienne en même temps qu'il montre l'absence de fondement naturel de l'art politique. Art humain et trop humain, il faudra que celui-ci en découvre un autre.

L'erreur commise par ce long mythe serait que le « pasteur divin » n'est plus considéré comme une image, une métaphore, mais est supposé fournir le modèle de l'homme royal. En fait, l'Étranger ne s'est pas seulement trompé en choisissant un beaucoup trop grand modèle, il s'est trompé en peignant d'après modèle et n'a de nouveau fourni qu'une image. Il en prendra plus loin deux autres, censées cette fois être bonnes, le pilote de navire et le médecin, « images (*eikones*) toujours indispensables pour se représenter par comparaison les gouvernants royaux ». On ne saurait dire plus clairement que, du politique, il n'est possible de parler que par images et comparaisons. Le roi dont l'Étranger parle n'ayant jamais existé, ce terme, « politique », risque fort de ne renvoyer qu'à ceux dont les hommes ont fait l'expérience au cours de leur histoire. L'histoire politique est celle de la toute puissance des sophistes sur les affaires publiques : ce sont eux qui, quel que soit le régime de gouvernement adopté, persuadent les citoyens qu'il n'y a pas de science possible des affaires humaines et que la seule forme de discours efficace est démagogique. Ce mot, « politique », n'ayant pas d'autre référence, celle que le *Politique* élabore à grand peine est forcément tenue pour n'être qu'une belle image. Ce sont pourtant ces sophistes qui ne sont que de mauvaises images, mais l'Étranger a commis l'erreur de croire que c'est en en peignant une grandiose qu'on s'en débarrasserait. Quant à la description des bienfaits engendrés par son action, elle est de bonne rhétorique, mais ces bienfaits ne pourront être expérimentés que par ceux qui lui auront donné le pouvoir.

Mieux vaut donc fournir des paradigmes de sa science et de son action : le paradigme n'est pas une image, ce n'est pas non plus un modèle mais une procédure de déchiffrement. L'importance qui lui est accordée dans le *Politique* tient justement à sa capacité de transformer une image (sonore ou graphique, par exemple, dans le cas de lettres formant une syllabe) en un élément reconnaissable dans n'importe quelle structure complexe. Cette fonction heuristique va être vérifiée par l'analogie existant entre l'art du politique et celui du tisserand : la distinction entre causes productrices et causes auxiliaires issue de la division du tissage va servir à distinguer le politique de ses rivaux. Conséquence plus inattendue, le reproche adressé à sa longueur excessive conduit à une réflexion sur la bonne longueur des discours, digression sur la digression qui aboutit à la division de l'art métrétique en deux espèces, mesure quantitative et juste mesure, toutes deux essentielles à l'action politique.

Il faut bien reconnaître que le sentier politique est labyrinthique et que le fil d'un Dialogue ne cessant d'introduire méthode après méthode, à quoi s'ajoutent des digressions désignées comme telles, n'est pas toujours facile à saisir, mais il existe : c'est son savoir qui donne au politique son pouvoir. Défini par son action autant que par son savoir, le politique ne fait cependant « rien lui-même » : le premier paradigme utilisé dans le Dialogue résout cette apparente contradiction. Tout bon architecte doit posséder des connaissances mathématiques s'il veut que ce qu'il bâtit tienne debout, mais il doit aussi prescrire à ses ouvriers leurs tâches et veiller à ce qu'ils les accomplissent correctement. Sa science est cognitive, critique et prescriptive, et même auto-prescriptive puisqu'il est seul à décider de ce qui doit être fait. La science ne peut avoir de rapport à l'action sans s'en trouver dénaturée qu'à la condition d'être prescriptive : prescrire est la médiation nécessaire entre théorie et pratique, et c'est là une des avancées notables de ce Dialogue. En suivre le parcours devient nettement plus aisé si l'on est attentif à la multiplicité des *médiations* théoriques et pratiques qui se découvrent en avançant : prescrire, mesurer quantitativement ou justement, utiliser les matériaux et les instruments adaptés, éduquer, persuader, légiférer... Elles sont nécessaires, à la fois parce que le politique n'agit pas *directement* et parce qu'il doit agir dans le temps. Il lui faut donc tenir compte de l'action dissolvante du devenir et en protéger la cité, en maintenir l'unité contre vents et marées. Avoir la maîtrise du temps tout en ayant conscience de la durée limitée qu'il impose à toute forme de constitution et d'institution, à la validité de toute loi, à l'efficacité de toute technique, et discerner l'inégale faveur de ses moments, telle est la juste mesure de l'intelligence politique. Elle doit relier les différentes temporalités propres à chacune des activités publiques et percevoir le moment opportun pour lancer les plus importantes, autant qu'il est possible – clause restrictive qui voue cette espèce d'intelligence à être perpétuellement répétitive, puisqu'elle doit toujours résoudre les mêmes problèmes, et inventive, puisque la marche du temps impose le recours à d'autres moyens.

L'Étranger ne sait pas d'emblée où il va, mais il sait ce qu'il doit faire : inventer patiemment les moyens de repérer et d'unifier, l'une après l'autre, les différentes espèces de multiplicité sur lesquelles le politique doit agir.

La dialectique parménidéenne se révèle particulièrement utile dans la mesure où elle distingue plusieurs espèces d'unité et plusieurs espèces de multiplicité. Toutes les espèces de multiplicité auxquelles le politique a affaire résultent du fait de vivre dans une cité : une existence urbaine et non pas rurale entraîne une production croissante d'objets à acquérir et posséder ainsi qu'une spécialisation des tâches et des savoirs capables de satisfaire des besoins qui ne sont plus seulement naturels mais sociaux et culturels ; unifier signifie alors coordonner et subordonner. En délimitant strictement leurs activités, le politique ne fait que reconnaître leur statut d'arts de service, et non d'arts directeurs. Affranchir la politique de la contrainte économique, de la visée impérialiste de l'argent et du commerce, de la compétence administrative et de la théologie traditionnelle, et soumettre à son pouvoir directeur les sciences « précieuses et parentes » dont le politique a besoin – rhétorique, art militaire et art judiciaire – tout cela donne à ce Dialogue une singulière actualité.

L'effort de classification des arts producteurs de biens de consommation et des arts de service est nécessaire si l'on veut rabattre les prétentions de ceux qui les exercent. Une cité est en effet un grand théâtre où chacun veut jouer son personnage et exister socialement ; or se soucier de l'image que l'on donne aux autres condamne, comme nous l'apprend la Caverne, à n'avoir de soi qu'une image et à n'avoir affaire qu'à des images projetées par d'habiles manipulateurs. Ce n'est donc pas la nature rebelle du troupeau de vivants humains qu'il doit gouverner qui différencie le politique de pasteurs qui, eux aussi, ont la charge entière d'un troupeau de vivants, mais le fait d'être le seul à susciter des milliers de rivaux. La longue entreprise visant dans le *Politique* à en séparer le politique consiste à dissocier leurs tâches, pour la plupart d'entre elles réelles et indispensables, de l'image « politique » qu'ils s'en font.

Gouverner, est-ce donc « prendre soin » ou « diriger » ? Prendre soin, si le politique a affaire a un troupeau consentant de bipèdes sans plumes, diriger si ce sont des citoyens correctement éduqués. Les fonctions de la science politique doivent aussi se régler sur la nature des dissemblances existant entre les habitants de la cité, et même sur la haine qui oppose certains d'entre eux. Le problème est que, à la différence de celui des autres pasteurs, le troupeau humain n'est pas homogène : le genre humain n'est composé exclusivement ni d'animaux naturellement sauvages, ni d'animaux naturellement apprivoisés, la majorité d'entre eux pouvant, à des degrés divers, devenir l'un ou l'autre selon les circonstances [1]. L'homme n'est pas naturellement humain, une médiation éducative est requise, c'est elle qui fait de ces bipèdes des citoyens. Le *Politique* reprend ainsi là où la *République* s'arrêtait et ajoute que, pour qu'ils soient de bons citoyens, il leur faut participer à des vertus. Mais cette médiation éthique se révèle être l'obstacle imprévu auquel le politique se heurte. Car le genre « vertu » n'est à son tour pas homogène, il comprend deux vertus qui ne sont pas différentes mais ennemies. Inventer des liens aptes à faire coexister, sans nier leur inimitié naturelle, deux espèces de vertueux dont l'une ne rêve que de guerre et l'autre que de paix, leur assigner leur place et les entrelacer, cela

---

1. Cf. *Pol.*, 309e2–3. L'homme peut être le « plus apprivoisé, le plus divin des animaux », ou au contraire « le plus féroce que la terre ait porté » (*Lois* VI, 766a1–4) : « apprivoisé » veut dire « divin », et non plus « docile » comme dans le *Politique*.

ne peut se faire qu'en les tissant. Tisser est la troisième
fonction du politique et elle permet de mettre un terme
à l'enquête. Elle repose sur une vérité dialectique – un
même genre peut englober deux réalités opposées –
mais, politiquement transposée, elle signifie que toute
politique trouve sa limite dans une anthropologie qui, si
scandaleuse soit-elle, a au moins le mérite d'être lucide.

La politique n'a pas de fondement naturel, – les deux
états de nature décrits dans le mythe l'ont montré – et elle
n'a pas non plus de fondement éthique, la vertu pouvant
être cause d'une guerre civile larvée ou déclarée entre
« faucons » et « colombes ». L'Étranger déclare pourtant
qu'il vient d'élaborer une « politique vraiment conforme
à la nature ». À la nature humaine ? Il vaut mieux
chercher le moyen apte à surmonter son instabilité et ses
contradictions que s'y conformer. Ce moyen s'est révélé
être paradoxalement l'opinion, puissance intermédiaire
entre le non-savoir et le savoir et dont l'objet est lui
aussi intermédiaire entre le non-existant sans mélange
et l'existant sans mélange[1]. L'opinion partagée sur les
valeurs n'en est pas moins le fondement solide de l'unité
politique, mais cette homodoxie ne réussit à prévaloir
qu'en persuadant les citoyens qu'ils sont tous dotés d'une
âme possédant une part divine – autre sorte de « noble
mensonge ». Serait-ce alors à la nature du politique
que l'Étranger s'est conformé ? Le problème est qu'il a
dédoublé le politique, son savoir et son pouvoir pouvant
s'incarner en deux hommes différents, l'un servant de
conseiller à l'autre et tenant lieu de « l'inspiration divine »
dont parlait Socrate à la fin du *Ménon*. Lequel des deux
serait alors par nature le véritable politique ? La possibilité

---

1. *Rép.* V, 478c-e.

de le dédoubler indique que cette question n'est tout simplement pas pertinente : ni la nature de sa science ni celle de son action n'exigent la possession d'une nature spécifique. Ce serait alors plutôt à la nature de l'art politique, donc à sa véritable nature, que la politique définie dans le Dialogue s'est conformée. Comme elle a affaire à des hommes dont l'opinion est la seule manière de « penser » et sans doute d'éviter de le faire, c'est en elle que la politique trouve son fondement, à condition de la rendre droite et communément partagée et de la soustraire à ceux qui possèdent l'art de la manipuler à leur profit. Le politique a besoin pour cela du tri opéré par l'éducation, puis de l'action des sciences parentes qui donneront à l'opinion sur les valeurs toute la stabilité dont elle est capable. Le tissu dont la conclusion du *Politique* fait l'éloge en résulte : c'est donc à la nature d'un art d'assemblage tel que le tissage que l'art politique doit se conformer. Toutefois, élever au rang de « lien divin » l'opinion, elle qui, même vraie, se caractérise par sa fluctuation, n'est pas le moindre paradoxe d'un Dialogue qui en offre beaucoup.

Celui-là résulte cependant d'une réflexion qui se développe tout au long en arrière-plan : la plupart des arts, y compris l'art politique, sont des savoirs, innés ou acquis, qui tirent leur origine de la nature. Quelle nature faut-il reconnaître à la Nature pour qu'un art politique, et tout art en général soit possible ? Cette question était posée dans le *Sophiste*[1] : tous les vivants mortels et tout ce qui pousse sur la terre à partir de semences et de racines ainsi que tous les corps inanimés qui s'agrègent dans le sein de la terre en viennent-ils à exister grâce à l'action d'un

1. *Soph.*, 261c1-9.

ouvrier divin ? Ou, si l'on adopte la croyance et le langage de la multitude, est-ce à partir d'un ensemble d'éléments matériels, de causalités mécaniques et de mouvements spontanés dépourvus de pensée (*dianoia*) que la Nature les engendre[1] ? L'alternative était laissée ouverte et c'est la réflexion sur la *tekhnè* conduite dans le *Politique* qui fournit la médiation entre ces deux espèces de causalité. Car si l'organisation naturelle des corps animés et inanimés n'était que l'effet du hasard et d'une nécessité téléologique immanente, chaque technique résulterait d'une nécessité survenant par hasard, ce ne serait pas un art, mais un expédient. La question du rapport entre la nature de l'art et l'art propre à la nature ou, si l'on préfère, celle de l'origine et de la valeur de la technique, n'est pas le moindre intérêt de ce Dialogue.

---

1. Le *Politique* prépare la critique de l'« inintelligente opinion » développée en *Lois* X, 891c-892b.

Le texte grec

Le texte est celui établi par J. Burnet, *Platonis Opera*, tome I contenant les tétralogies I et II, Oxford, Clarendon Press, 1900. L'apparat critique ne mentionnera que les modifications qui lui ont été apportées.

A été consultée également la nouvelle édition d'Oxford, *Platonis Opera*, tome I, Oxford University Press, 1995, texte et apparat critique du *Politique* par D. B. Robinson.

Les références données en marge du texte grec (par exemple 264a, puis 5, 10, etc.) suivent la linéation de l'édition Burnet. Les barres insérées dans le texte grec marquent le début de chaque ligne.

Sigles utilisés dans l'apparat critique

B = Cod. Bodleianus Clarke 39, copié en 895 par Jean le Calligraphe pour Arethas de Césarée, milieu du IXe siècle.

T = Cod. Marcianus app. gr. 1, Constantinople, 2e moitié du Xe siècle.

W = Vindobonensis suppl. gr. 7, 2e moitié du XIe siècle.

La traduction

La traduction tente de rendre perceptible la grande diversité de styles qui est un des traits marquants du *Politique*.

Afin de marquer la technicité de la méthode de division qui y est utilisée, il a été décidé de conserver la « barbarie » des termes qu'elle forge. Les notes de bas de page en donnent la signification et précisent les renvois internes.

Les notes de fin donnent les raisons des modifications apportées au texte établi par Burnet; il s'agit généralement de phrases difficiles ayant, au cours des âges, donné lieu à des traductions et des interprétations différentes.

PLATON

LE POLITIQUE
ΠΟΛΙΤΙΚΟΣ

ΠΟΛΙΤΙΚΟΣ

ΣΩΚΡΑΤΗΣ, ΘΕΟΔΩΡΟΣ, ΞΕΝΟΣ,
ΣΩΚΡΑΤΗΣ Ο ΝΕΩΤΕΡΟΣ

ΣΩ. Ἦ πολλὴν χάριν ὀφείλω σοι τῆς Θεαιτήτου γνωρίσεως, ὦ Θεόδωρε, ἅμα καὶ τῆς τοῦ ξένου.

ΘΕΟ. Τάχα δέ γε, ὦ Σώκρατες, ὀφειλήσεις ταύτης τριπλασίαν· ἐπειδὰν τόν τε πολιτικὸν ἀπεργάσωνταί σοι
257a5 | καὶ τὸν φιλόσοφον.

ΣΩ. Εἶεν· οὕτω τοῦτο, ὦ φίλε Θεόδωρε, φήσομεν ἀκηκοότες εἶναι τοῦ περὶ λογισμοὺς καὶ τὰ γεωμετρικὰ κρατίστου; |

b   ΘΕΟ. Πῶς, ὦ Σώκρατες;

ΣΩ. Τῶν ἀνδρῶν ἕκαστον θέντες[1] τῆς ἴσης ἀξίας, οἳ τῇ τιμῇ πλέον ἀλλήλων ἀφεστᾶσιν ἢ κατὰ τὴν ἀναλογίαν τὴν τῆς ὑμετέρας τέχνης. |

5   ΘΕΟ. Εὖ γε νὴ τὸν ἡμέτερον θεόν, ὦ Σώκρατες, τὸν Ἄμμωνα, καὶ δικαίως, καὶ πάνυ μὲν οὖν μνημονικῶς ἐπέπληξάς μοι τὸ περὶ τοὺς λογισμοὺς ἁμάρτημα. καὶ σὲ μὲν ἀντὶ τούτων εἰς αὖθις μέτειμι· σὺ δ᾿ ἡμῖν, ὦ ξένε, μηδαμῶς ἀποκάμῃς χαριζόμενος, ἀλλ᾿ ἑξῆς, εἴτε τὸν
c πολιτικὸν ἄνδρα | πρότερον εἴτε τὸν φιλόσοφον προαιρῇ, προελόμενος διέξελθε.

---

1. b2 θέντες BTW : θέντος Heindorf

LE POLITIQUE

SOCRATE, THÉODORE, L'ÉTRANGER,
SOCRATE LE JEUNE

SOCRATE — Vraiment, Théodore, que de gratitude je te dois pour m'avoir fait connaître Théétète, ainsi que cet Étranger !

THÉODORE — Sous peu, Socrate, tu m'en devras le triple, quand ils auront fini de traiter pour toi du politique et du philosophe.

257a5

Socrate — C'est donc cela, mon cher Théodore, que nous déclarerons avoir entendu du plus grand expert en matière de calcul et de géométrie ?

Théodore — Que veux-tu dire, Socrate ?

b

Socrate — Que chacun de ces trois hommes a été posé[I] comme étant de valeur égale, eux qui, par leur mérite, sont plus distants l'un de l'autre que ne peut l'exprimer aucune de vos proportions mathématiques.

Théodore — Par notre dieu, Socrate, par Ammon, bien joué ! Ta critique de mon erreur de calcul a touché juste et relève donc d'une fort bonne mémoire en ce domaine. Au lieu de ces hommes, c'est à ta poursuite que je me mettrai une autre fois[II] ; mais pour toi, Étranger, fais-nous la grâce de continuer et, que ton choix se porte d'abord sur l'homme politique ou sur le philosophe, une fois ce choix fait, expose chacun d'eux en détail.

c

ΞΕ. Ταῦτ᾽, ὦ Θεόδωρε, ποιητέον· ἐπείπερ ἅπαξ γε ἐγκεχειρήκαμεν, οὐκ ἀποστατέον πρὶν ἂν αὐτῶν πρὸς τὸ τέλος ἔλθωμεν. ἀλλὰ γὰρ περὶ Θεαιτήτου τοῦδε τί
5 | χρὴ δρᾶν με;

ΘΕΟ. Τοῦ πέρι;

ΞΕ. Διαναπαύσωμεν αὐτὸν μεταλαβόντες αὐτοῦ τὸν συγγυμναστὴν τόνδε Σωκράτη; ἢ πῶς συμβουλεύεις;

ΘΕΟ. Καθάπερ εἶπες, μεταλάμβανε· νέω γὰρ ὄντε
10 ῥᾷον | οἴσετον πάντα πόνον ἀναπαυομένω. |

d   ΣΩ. Καὶ μὴν κινδυνεύετον, ὦ ξένε, ἄμφω ποθὲν ἐμοὶ συγγένειαν ἔχειν τινά. τὸν μέν γε οὖν ὑμεῖς κατὰ τὴν τοῦ προσώπου φύσιν ὅμοιον ἐμοὶ φαίνεσθαί φατε,
258a τοῦ δ᾽ἡμῖν ἡ | κλῆσις ὁμώνυμος οὖσα καὶ ἡ πρόσρησις παρέχεταί τινα οἰκειότητα. δεῖ δὴ τούς γε συγγενεῖς ἡμᾶς ἀεὶ προθύμως διὰ λόγων ἀναγνωρίζειν. Θεαιτήτω μὲν οὖν αὐτός τε συνέμειξα χθὲς διὰ λόγων καὶ νῦν
5 ἀκήκοα ἀποκρινομένου, Σωκράτους | δὲ οὐδέτερα· δεῖ δὲ σκέψασθαι καὶ τοῦτον. ἐμοὶ μὲν οὖν εἰς αὖθις, σοὶ δὲ νῦν ἀποκρινέσθω.

ΞΕ. Ταῦτ᾽ ἔσται. Ὦ Σώκρατες, ἀκούεις δὴ Σωκράτους;

ΝΕ. ΣΩ. Ναί.

ΞΕ. Συγχωρεῖς οὖν οἷς λέγει; |

10   ΝΕ. ΣΩ. Πάνυ μὲν οὖν. |

L'Étranger — C'est ce qu'il faut faire, Théodore ; et puisque nous avons une fois déjà pris les choses en main, nous ne devons pas abandonner avant d'avoir mené sur eux notre enquête à son terme. Mais, à propos de Théétète ici présent, que dois-je faire ?

Théodore — À quel sujet ?

L'Étranger — Lui donnerons-nous un peu de répit en le remplaçant par son compagnon d'exercice, le Socrate que voici ? Ou que me conseilles-tu ?

Théodore — Comme tu viens de dire, remplace-le. Puisqu'ils sont jeunes tous deux, ils supporteront plus facilement tout effort si on leur accorde une pause.

Socrate — D'ailleurs, il se peut bien, Étranger, que, **d** d'une façon ou d'une autre, tous deux aient avec moi une certaine parenté. Car à ce que vous dites, l'un me ressemble par les traits de son visage ; quant à l'autre, il porte le même nom que moi et cette appellation nous **258a** donne comme un air de famille. Or nous devons toujours mettre du cœur à renouer connaissance avec ceux qui nous sont parents en conversant avec eux. Hier, c'est avec Théétète que je me suis couplé et je viens juste à présent de l'entendre te répondre, tandis que pour Socrate, ni l'un ni l'autre ; lui aussi doit être soumis à examen. Je le ferai moi-même une autre fois, mais maintenant, qu'il te réponde à toi.

L'Étranger — Très bien. Socrate, entends-tu ce que dit Socrate ?

Socrate le Jeune — Oui.

L'Étranger — Es-tu d'accord avec ce qu'il dit ?

Socrate le Jeune — Tout à fait.

b   ΞΕ. Οὐ τὰ σὰ κωλύειν φαίνεται, δεῖ δὲ ἴσως ἔτι ἧττοντ
ἀμὰ διακωλύειν. ἀλλὰ δὴ μετὰ τὸν σοφιστὴν ἀναγκαῖον,
ὡς ἐμοὶ φαίνεται, τὸν πολιτικὸν ἄνδρα[1] διαζητεῖν νῷν·
καί μοι λέγε πότερον τῶν ἐπιστημόνων τιν' ἡμῖν καὶ
τοῦτον θετέον, ἢ πῶς; |

5   ΝΕ. ΣΩ. Οὕτως.

ΞΕ. Τὰς ἐπιστήμας ἄρα διαληπτέον, ὥσπερ ἡνίκα τὸν
πρότερον ἐσκοποῦμεν;

ΝΕ. ΣΩ. Τάχ' ἄν.

ΞΕ. Οὐ μὲν δὴ κατὰ ταὐτόν γε, ὦ Σώκρατες, φαίνεταί
10 | μοι τμῆμα.

ΝΕ. ΣΩ. Τί μήν; |

c   ΞΕ. Κατ' ἄλλο.

ΝΕ. ΣΩ. Ἔοικέν γε.

ΞΕ. Τὴν οὖν πολιτικὴν ἀτραπὸν πῇ τις ἀνευρήσει;
δεῖ γὰρ αὐτὴν ἀνευρεῖν, καὶ χωρὶς ἀφελόντας ἀπὸ τῶν
5 | ἄλλων ἰδέαν αὐτῇ μίαν ἐπισφραγίσασθαι, καὶ ταῖς
ἄλλαις ἐκτροπαῖς ἓν ἄλλο εἶδος ἐπισημηναμένους πάσας
τὰς ἐπιστήμας ὡς οὔσας δύο εἴδη διανοηθῆναι τὴν ψυχὴν
ἡμῶν ποιῆσαι.

ΝΕ. ΣΩ. Τοῦτ' ἤδη σὸν οἶμαι τὸ ἔργον, ὦ ξένε, ἀλλ' οὐκ
10 | ἐμὸν γίγνεται. |

d   ΞΕ. Δεῖ γε μήν, ὦ Σώκρατες, αὐτὸ εἶναι καὶ σόν, ὅταν
ἐμφανὲς ἡμῖν γένηται.

ΝΕ. ΣΩ. Καλῶς εἶπες.

1. b3 τὸν πολιτικὸν ἄνδρα W : πολιτικὸν τὸν ἄνδρα ΒΤ : τὸν ἄνδρα
secl. Burnet

L'Étranger — En ce qui te concerne, pas d'obstacle à b
ce qu'il paraît, et sans doute faut-il qu'il y en ait encore
moins de mon côté. Eh bien donc, il me semble qu'après
le sophiste, c'est l'homme politique qu'il est nécessaire
que nous cherchions tous deux. Dis-moi, faut-il le ranger
lui aussi parmi ceux qui possèdent une science, ou sinon,
comment procéder ?

Socrate le Jeune — Comme tu l'as dit.

L'Étranger — Il faut donc diviser les sciences comme
nous l'avons fait il y a peu en examinant le premier
personnage ?

Socrate le Jeune — Peut-être bien.

L'Étranger — Cependant, Socrate, pas selon la même
coupure, à ce qu'il me paraît.

Socrate le Jeune — Alors comment ?

L'Étranger — Selon une autre.

Socrate le Jeune — C'est probable !   c

L'Étranger — En fait, le sentier politique, par où aller
pour le trouver ? Car il faut le découvrir et le mettre à
part des autres en lui imprimant la marque d'un caractère
unique, et apposer sur les sentiers qui s'en écartent le
signe d'une espèce différente, de sorte que notre âme
conçoive l'ensemble des sciences comme comportant
deux espèces.

Socrate le Jeune — Cela, je crois, est désormais ton
affaire, Étranger, non la mienne.

L'Étranger — Il faudra bien pourtant, Socrate, que ce
soit aussi la tienne, lorsqu'elle sera devenue claire pour d
nous.

Socrate le Jeune — Tu as raison.

ΞΕ. Ἆρ' οὖν οὐκ ἀριθμητικὴ μὲν καί τινες ἕτεραι
5 ταύτῃ | συγγενεῖς τέχναι ψιλαὶ τῶν πράξεών εἰσι, τὸ δὲ
γνῶναι παρέσχοντο μόνον;

ΝΕ. ΣΩ. Ἔστιν οὕτως.

ΞΕ. Αἱ δέ γε περὶ τεκτονικὴν αὖ καὶ σύμπασαν
χειρουργίαν ὥσπερ ἐν ταῖς πράξεσιν ἐνοῦσαν σύμφυτον
e τὴν | ἐπιστήμην κέκτηνται, καὶ συναποτελοῦσι τὰ
γιγνόμενα ὑπ' αὐτῶν σώματα πρότερον οὐκ ὄντα.

ΝΕ. ΣΩ. Τί μήν;

ΞΕ. Ταύτῃ τοίνυν συμπάσας ἐπιστήμας διαίρει, τὴν
5 μὲν | πρακτικὴν προσειπών, τὴν δὲ μόνον γνωστικήν.

ΝΕ. ΣΩ. Ἔστω σοι ταῦθ' ὡς μιᾶς ἐπιστήμης τῆς ὅλης
εἴδη δύο.

ΞΕ. Πότερον οὖν τὸν πολιτικὸν καὶ βασιλέα καὶ
δεσπότην καὶ ἔτ' οἰκονόμον θήσομεν ὡς ἓν πάντα ταῦτα
10 | προσαγορεύοντες, ἢ τοσαύτας τέχνας αὐτὰς εἶναι
φῶμεν ὅσαπερ ὀνόματα ἐρρήθη; μᾶλλον δέ μοι δεῦρο
ἕπου.

ΝΕ. ΣΩ. Πῇ; |

259a ΞΕ. Τῇδε. εἴ τῴ τις τῶν δημοσιευόντων ἰατρῶν ἱκανὸς
συμβουλεύειν ἰδιωτεύων αὐτός, ἆρ' οὐκ ἀναγκαῖον αὐτῷ
προσαγορεύεσθαι τοὔνομα τῆς τέχνης ταὐτὸν ὅπερ ᾧ
συμβουλεύει; |

5 ΝΕ. ΣΩ. Ναί.

L'Étranger — Pour l'arithmétique et certains arts apparentés, nous voyons, c'est sûr, qu'ils sont détachés des actions, et que c'est seulement du connaître qu'ils produisent?

Socrate le Jeune — C'est bien le cas.

L'Étranger — Tandis que ceux qui touchent au charpentage et à toute autre activité manuelle possèdent comme un savoir naturellement immanent aux actions **e** qu'ils accomplissent et en arrivent à produire des choses corporelles qui n'existaient pas auparavant.

Socrate le Jeune — Alors quoi?

L'Étranger — Alors, divise de cette façon toutes les sciences, en appelant la première espèce « pratique » et la seconde « uniquement cognitive ».

Socrate le Jeune — Admettons que cette chose unique et prise dans son ensemble, la science, comporte pour toi ces deux espèces.

L'Étranger — Poserons-nous alors que toutes ces appellations, « politique », « roi », « maître » et « intendant », ne font qu'un, ou dirons-nous qu'il existe autant d'arts différents que de noms prononcés? Mais suis-moi plutôt par là.

Socrate le Jeune — Par où?

L'Étranger — Par ici. Si quelqu'un est capable de **259a** conseiller l'un des médecins publics alors que lui n'est qu'un médecin privé, ne doit-on pas forcément lui donner le même nom qu'à l'homme qu'il conseille, celui de l'art qu'ils possèdent tous deux?

Socrate le Jeune — Si.

ΞΕ. Τί δ᾿; ὅστις βασιλεύοντι χώρας ἀνδρὶ παραινεῖν δεινὸς ἰδιώτης ὢν αὐτός, ἆρ᾿οὐ φήσομεν ἔχειν αὐτὸν τὴν ἐπιστήμην ἣν ἔδει τὸν ἄρχοντα αὐτὸν κεκτῆσθαι;

ΝΕ. ΣΩ. Φήσομεν. |

b   ΞΕ. Ἀλλὰ μὴν ἥ γε ἀληθινοῦ βασιλέως βασιλική;

ΝΕ. ΣΩ. Ναί.

ΞΕ. Ταύτην δὲ ὁ κεκτημένος οὐκ, ἄντε ἄρχων ἄντεἰδιώτης ὢν τυγχάνῃ, πάντως κατά γε τὴν τέχνην
5 αὐτὴν | βασιλικὸς ὀρθῶς προσρηθήσεται;

ΝΕ. ΣΩ. Δίκαιον γοῦν.

ΞΕ. Καὶ μὴν οἰκονόμος γε καὶ δεσπότης ταὐτόν.

ΝΕ. ΣΩ. Τί μήν;

ΞΕ. Τί δέ; μεγάλης σχῆμα οἰκήσεως ἢ σμικρᾶς αὖ
10 | πόλεως ὄγκος μῶν τι πρὸς ἀρχὴν διοίσετον;

ΝΕ. ΣΩ. Οὐδέν. |

c   ΞΕ. Οὐκοῦν, ὃ νυνδὴ διεσκοπούμεθα, φανερὸν ὡς ἐπιστήμη μία περὶ πάντ᾿ ἐστὶ ταῦτα· ταύτην δὲ εἴτε βασιλικὴν εἴτε πολιτικὴν εἴτε οἰκονομικήν τις ὀνομάζει, μηδὲν αὐτῷ διαφερώμεθα. |

5   ΝΕ. ΣΩ. Τί γάρ;

ΞΕ. Ἀλλὰ μὴν τόδε γε δῆλον, ὡς βασιλεὺς ἅπας χερσικαὶ σύμπαντι τῷ σώματι σμίκρ᾿ ἄττα εἰς τὸ κατέχειν τὴν ἀρχὴν δύναται πρὸς τὴν τῆς ψυχῆς σύνεσιν καὶ ῥώμην.

L'Étranger — Et alors, celui qui, même s'il est un simple particulier, est habile à conseiller l'homme qui règne sur certains territoires, n'affirmerons-nous pas que c'est lui qui possède la science que celui qui gouverne devrait lui-même avoir acquise ?

Socrate le Jeune — Nous l'affirmerons.

L'Étranger — La science d'un véritable roi est bien la **b** science royale ?

Socrate le Jeune — Oui.

L'Étranger — Et celui qui la possède, qu'il se trouve gouverner ou être un simple particulier, est-ce qu'il ne sera pas, du fait même de sa compétence, tout à fait correct de l'appeler « royal » ?

Socrate – En tout cas, ce serait juste.

L'Étranger — De plus, c'est la même chose qu'un intendant et un maître d'esclaves.

Socrate le Jeune — Assurément.

L'Étranger — Mais alors ? Pour ce qui est de gouverner, y aurait-il une différence entre la structure d'une grosse propriété et le volume d'une petite cité ?

Socrate le Jeune — Aucune.

L'Étranger — Il est donc évident, d'après ce que **c** nous venons d'examiner, que tout cela relève d'une science unique ; et qu'on la nomme royale, politique ou domestique, cela ne fera pour nous aucune différence.

Socrate le Jeune — Laquelle en effet pourrait-on faire ?

L'Étranger — Mais ceci au moins est tout aussi évident : tout roi n'est capable que de fort petites choses s'il se fie à ses poings et à l'ensemble de son corps pour conserver son pouvoir, en comparaison de ce que lui apporte la sagacité et la force de son âme.

ΝΕ. ΣΩ. Δῆλον. |

10　　ΞΕ. Τῆς δὴ γνωστικῆς μᾶλλον ἢ τῆς χειροτεχνικῆς καὶ
d | ὅλως πρακτικῆς βούλει τὸν βασιλέα φῶμεν οἰκειότερον
εἶναι;

ΝΕ. ΣΩ. Τί μήν;

ΞΕ. Τὴν ἄρα πολιτικὴν καὶ πολιτικὸν καὶ βασιλικὴν καὶ
βασιλικὸν εἰς ταὐτὸν ὡς ἓν πάντα ταῦτα συνθήσομεν; |

5　　ΝΕ. ΣΩ. Δῆλον.

ΞΕ. Οὐκοῦν πορευοίμεθ᾽ ἂν ἑξῆς, εἰ μετὰ ταῦτα τὴν
γνωστικὴν διοριζοίμεθα;

ΝΕ. ΣΩ. Πάνυ γε.

ΞΕ. Πρόσεχε δὴ τὸν νοῦν ἂν ἄρα ἐν αὐτῇ τινα διαφυὴν
10 | κατανοήσωμεν.

ΝΕ. ΣΩ. Φράζε ποίαν. |

e　　ΞΕ. Τοιάνδε. λογιστική πού τις ἡμῖν ἦν τέχνη.

ΝΕ. ΣΩ. Ναί.

ΞΕ. Τῶν γνωστικῶν γε οἶμαι παντάπασι τεχνῶν.

ΝΕ. ΣΩ. Πῶς δ᾽ οὔ; |

5　　ΞΕ. Γνούσῃ δὴ λογιστικῇ τὴν ἐν τοῖς ἀριθμοῖς
διαφορὰν μῶν τι πλέον ἔργον δώσομεν ἢ τὰ γνωσθέντα
κρῖναι;

Socrate le Jeune — C'est évident.

L'Étranger — Disons alors, veux-tu, que c'est la science cognitive, plutôt que celle qui est manuelle et que toute science pratique en général, qui est la plus **d** propre au roi ?

Socrate le Jeune — Sans conteste.

L'Étranger — Donc, nous ramènerons au même science politique et politique, science royale et roi, estimant que tout cela ne fait qu'un ?

Socrate le Jeune — C'est évident.

L'Étranger — Ne passerions-nous donc pas à ce qui suit si, après cela, nous divisions la science cognitive ?

Socrate le Jeune — Absolument.

L'Étranger — Réfléchis à ceci : est-ce que nous n'allons pas percevoir en elle une fente naturelle ?

Socrate le Jeune — Dis-moi laquelle.

L'Étranger — Celle-ci : il existe sans doute selon nous, **e** un art du calcul.

Socrate le Jeune — Oui.

L'Étranger — Il relève totalement, je pense, des arts cognitifs.

Socrate le Jeune — Sans contredit.

L'Étranger — Étant admis qu'il connaît la différence existant entre les nombres, il n'y a sûrement aucune tâche supplémentaire à donner à cet art du calcul que celle de porter un jugement sur les objets qu'il connaît ?

ΝΕ. ΣΩ. Τί μήν;

ΞΕ. Καὶ γὰρ ἀρχιτέκτων γε πᾶς οὐκ αὐτὸς ἐργατικὸς ἀλλ᾽ ἐργατῶν ἄρχων. |

10   ΝΕ. ΣΩ. Ναί.

ΞΕ. Παρεχόμενός γέ που γνῶσιν ἀλλ᾽ οὐ χειρουργίαν.

ΝΕ. ΣΩ. Οὕτως. |

260a   ΞΕ. Δικαίως δὴ μετέχειν ἂν λέγοιτο τῆς γνωστικῆς ἐπιστήμης.

ΝΕ. ΣΩ. Πάνυ γε.

ΞΕ. Τούτῳ δέ γε οἶμαι προσήκει κρίναντι μὴ τέλος.
5 | ἔχειν μηδ᾽ ἀπηλλάχθαι, καθάπερ ὁ λογιστὴς ἀπήλλακτο, προστάττειν δὲ ἑκάστοις τῶν ἐργατῶν τό γε πρόσφορον ἕως ἂν ἀπεργάσωνται τὸ προσταχθέν.

ΝΕ. ΣΩ. Ὀρθῶς.

ΞΕ. Οὐκοῦν γνωστικαὶ μὲν αἵ τε τοιαῦται σύμπασαι
10 καὶ | ὁπόσαι συνέπονται τῇ λογιστικῇ, κρίσει δὲ καὶ
b ἐπιτάξει | διαφέρετον ἀλλήλοιν τούτω τὼ γένη;

ΝΕ. ΣΩ. Φαίνεσθον.

ΞΕ. Ἆρ᾽ οὖν συμπάσης τῆς γνωστικῆς εἰ τὸ μὲν ἐπιτακτικὸν μέρος, τὸ δὲ κριτικὸν διαιρούμενοι
5 προσείποιμεν, | ἐμμελῶς ἂν φαῖμεν διῃρῆσθαι;

ΝΕ. ΣΩ. Κατά γε τὴν ἐμὴν δόξαν.

Socrate le Jeune — Certes non.

L'Étranger — Et pour ce qui est des architectes : aucun ne travaille lui-même comme un ouvrier, mais il commande aux ouvriers.

Socrate le Jeune — Oui.

L'Étranger — En ce que, je pense, c'est une connaissance qu'il procure et non un travail de ses mains ?

Socrate le Jeune — Bien sûr.

L'Étranger — Il serait alors juste de dire que c'est à la **260a** science cognitive qu'il participe.

Socrate le Jeune — Parfaitement.

L'Étranger — Pourtant, une fois son jugement émis, il n'est convenable, à mon avis, ni qu'il considère qu'il en a fini, ni qu'il s'en aille comme le calculateur s'en est allé ; il doit au contraire prescrire à chacun des ouvriers la tâche qui lui correspond jusqu'à ce qu'ils aient achevé le travail prescrit.

Socrate le Jeune — Correct.

L'Étranger — Elles sont donc toutes cognitives, ces sciences, ainsi que toutes celles qui vont avec l'art du calcul, mais ces deux genres ne diffèrent-ils pas en ce que **b** les uns jugent et les autres prescrivent ?

Socrate le Jeune — Apparemment.

L'Étranger — Si donc nous divisons l'ensemble de la science cognitive, appelant une partie épitactique[1] et l'autre critique, dirons-nous que nous avons là une division qui sonne juste ?

Socrate le Jeune — C'est du moins mon opinion.

---

1. Épitactique : prescriptive.

ΞΕ. Ἀλλὰ μὴν τοῖς γε κοινῇ τι πράττουσιν ἀγαπητὸν ὁμονοεῖν.

ΝΕ. ΣΩ. Πῶς δ' οὔ; |

10 ΞΕ. Τούτου τοίνυν μέχριπερ ἂν αὐτοὶ κοινωνῶμεν, ἐατέον τά γε τῶν ἄλλων δοξάσματα χαίρειν.

ΝΕ. ΣΩ. Τί μήν; |

c ΞΕ. Φέρε δή, τούτοιν τοῖν τέχναιν ἡμῖν τὸν βασιλικὸν ἐν ποτέρᾳ θετέον; ἆρ' ἐν τῇ κριτικῇ, καθάπερ τινὰ θεατήν, ἢ μᾶλλον τῆς ἐπιτακτικῆς ὡς ὄντα αὐτὸν τέχνης θήσομεν, δεσπόζοντά γε; |

5 ΝΕ. ΣΩ. Πῶς γὰρ οὐ μᾶλλον;

ΞΕ. Τὴν ἐπιτακτικὴν δὴ τέχνην πάλιν ἂν εἴη θεατέον εἴ πῃ διέστηκεν. καί μοι δοκεῖ τῇδέ πῃ, καθάπερ ἡ τῶν καπήλων τέχνη τῆς τῶν αὐτοπωλῶν διώρισται τέχνης, d καὶ | τὸ βασιλικὸν γένος ἔοικεν ἀπὸ τοῦ τῶν κηρύκων γένους ἀφωρίσθαι.

ΝΕ. ΣΩ. Πῶς;

ΞΕ. Πωληθέντα που πρότερον ἔργα ἀλλότρια 5 παρα|δεχόμενοι δεύτερον πωλοῦσι πάλιν οἱ κάπηλοι.

ΝΕ. ΣΩ. Πάνυ μὲν οὖν.

ΞΕ. Οὐκοῦν καὶ τὸ κηρυκικὸν φῦλον ἐπιταχθέντ' ἀλλότρια νοήματα παραδεχόμενον αὐτὸ δεύτερον ἐπιτάττει πάλινἑτέροις. |

10 ΝΕ. ΣΩ. Ἀληθέστατα.

L'Étranger — Mais à coup sûr, ceux « du moins » qui font quelque chose en commun doivent s'estimer heureux d'être du même avis !

Socrate le Jeune — Bien sûr.

L'Étranger — Donc, aussi longtemps que nous partagerons ce travail, il faut dire au revoir aux opinions des autres.

Socrate le Jeune — Et comment !

L'Étranger — Eh bien, voyons : dans lequel de ces c deux arts nous faut-il ranger l'homme royal ? Est-ce dans l'art critique, à titre de simple observateur, ou poserons-nous plutôt qu'il relève de l'art épitactique, puisqu'il gouverne en maître ?

Socrate le Jeune — Plutôt cela, pas de doute.

L'Étranger — Il faut donc considérer cet art épitactique et voir par où on pourrait le diviser. Il me semble que ce serait par là : de même que l'art des revendeurs se distingue de l'art de ceux qui vendent leur propre production, le genre royal semble se séparer du d genre des hérauts.

Socrate le Jeune — Comment cela ?

L'Étranger — Les revendeurs prennent en charge des produits vendus quelque part une première fois par d'autres, et ils les vendent à leur tour une deuxième fois.

Socrate le Jeune — Absolument !

L'Étranger — Or, de même, la race des hérauts prend en charge des ordres conçus et prescrits par d'autres, et elle-même les prescrit à son tour à d'autres une deuxième fois.

Socrate le Jeune — Rien de plus vrai.

ΞΕ. Τί οὖν; εἰς ταὐτὸν μείξομεν βασιλικὴν
e ἑρμηνευτικῇ, | κελευστικῇ, μαντικῇ, κηρυκικῇ, καὶ
πολλαῖς ἑτέραις τούτων τέχναις συγγενέσιν, αἳ σύμπασαι
τό γ᾽ ἐπιτάττειν ἔχουσιν; ἢ βούλει, καθάπερ ἠκάζομεν
νυνδή, καὶ τοὔνομα παρεικάσωμεν, ἐπειδὴ καὶ σχεδὸν
5 ἀνώνυμον ὂν τυγχάνει τὸ τῶν αὐτ|επιτακτῶν γένος,
καὶ ταύτῃ ταῦτα διελώμεθα, τὸ μὲν τῶν βασιλέων γένος
εἰς τὴν αὐτεπιτακτικὴν θέντες, τοῦ δὲ ἄλλου παντὸς
ἀμελήσαντες, ὄνομα ἕτερον αὐτοῖς παραχωρήσαντες
θέσθαι τινά; τοῦ γὰρ ἄρχοντος ἕνεκα ἡμῖν ἡ μέθοδος ἦν
261a | ἀλλ᾽ οὐχὶ τοῦ ἐναντίου.

ΝΕ. ΣΩ. Πάνυ μὲν οὖν.

ΞΕ. Οὐκοῦν ἐπειδὴ τοῦτο μετρίως ἀφέστηκεν ἀπ᾽
ἐκείνων, ἀλλοτριότητι διορισθὲν πρὸς οἰκειότητα, τοῦτο
5 αὐτὸ πάλιν αὖ | διαιρεῖν ἀναγκαῖον, εἴ τινα τομὴν ἔτι
ἔχομεν ὑπείκουσαν ἐν τούτῳ;

ΝΕ. ΣΩ. Πάνυ γε.

ΞΕ. Καὶ μὴν φαινόμεθα ἔχειν· ἀλλ᾽ ἐπακολουθῶν
σύντεμνε. |

10 ΝΕ. ΣΩ. Πῇ;

ΞΕ. Πάντας ὁπόσους ἂν ἄρχοντας διανοηθῶμεν
b ἐπιτάξει | προσχρωμένους ἆρ᾽ οὐχ εὑρήσομεν γενέσεώς
τινος ἕνεκα προστάττοντας;

L'Étranger — Mais quoi? Ferons-nous entrer dans le même mélange l'art royal et l'herméneutique, la **e** kéleustique, la mantique, la kérukique[1], ainsi que bon nombre d'autres arts apparentés, du seul fait que tous possèdent assurément l'art de prescrire? Ou veux-tu plutôt que, comme nous venons de procéder par comparaison, ce soit aussi par comparaison que nous forgions son nom, puisque le genre « autépitactique » se trouve être quasiment anonyme? et que, puisque c'est par là que nous divisons, nous placions le genre des rois dans cet art autépitactique? Tandis que, sans nous soucier de l'ensemble de l'autre, nous permettions à ces arts-là de lui imposer un nom qui soit différent? Car c'est en vue du gouvernant que notre recherche faisait route, non en vue **261a** de son contraire.

Socrate le Jeune — Parfaitement.

L'Étranger — Donc, puisque voici bien mesuré l'écart qui sépare ce genre des autres, écart défini par l'opposition entre l'étranger et le propre, ne nous faut-il pas le diviser à son tour, si nous trouvons encore en lui une coupure qui s'y prête?

Socrate le Jeune — Certainement.

L'Étranger — Or, il semble bien que nous l'ayons; mais suis-moi et coupe avec moi.

Socrate le Jeune — Par où?

L'Étranger — Tous ceux dont nous pensons que c'est en recourant à des prescriptions qu'ils gouvernent, est-ce **b** que nous n'allons pas découvrir que les ordres qu'ils donnent visent à produire quelque chose?

---

1. L'herméneutique : l'art de l'interprète; la kéleustique : l'art du chef des rameurs; la mantique : l'art du devin; la kèrukique : l'art du héraut.

ΝΕ. ΣΩ. Πῶς δ᾽ οὔ;

ΞΕ. Καὶ μὴν τά γε γιγνόμενα πάντα δίχα διαλαβεῖν οὐ
5 | παντάπασι χαλεπόν.

ΝΕ. ΣΩ. Πῆ;

ΞΕ. Τὰ μὲν ἄψυχα αὐτῶν ἐστί που συμπάντων, τὰ
δ᾽ἔμψυχα.

ΝΕ. ΣΩ. Ναί. |

10   ΞΕ. Τούτοις δέ γε αὐτοῖς τὸ τοῦ γνωστικοῦ μέρος
ἐπιτακτικὸν ὄν, εἴπερ βουλόμεθα τέμνειν, τεμοῦμεν.

ΝΕ. ΣΩ. Κατὰ τί;

ΞΕ. Τὸ μὲν ἐπὶ ταῖς τῶν ἀψύχων γενέσεσιν αὐτοῦ
c τάτ|τοντες, τὸ δ᾽ ἐπὶ ταῖς τῶν ἐμψύχων· καὶ πᾶν οὕτως
ἤδη διαιρήσεται δίχα.

ΝΕ. ΣΩ. Παντάπασί γε.

ΞΕ. Τὸ μὲν τοίνυν αὐτῶν παραλίπωμεν, τὸ δ᾽
5 ἀναλάβω|μεν, ἀναλαβόντες δὲ μερισώμεθα εἰς δύο τὸ
σύμπαν.

ΝΕ. ΣΩ. Λέγεις δ᾽ αὐτοῖν ἀναληπτέον εἶναι πότερον;

ΞΕ. Πάντως που τὸ περὶ τὰ ζῷα ἐπιτακτικόν. οὐ γὰρ
δὴ τό γε τῆς βασιλικῆς ἐπιστήμης ἐστί ποτε τῶν ἀψύχων
ἐπιστατοῦν, οἷον ἀρχιτεκτονικόν, ἀλλὰ γενναιότερον,
d ἐν τοῖς | ζῴοις καὶ περὶ αὐτὰ ταῦτα τὴν δύναμιν ἀεὶ
κεκτημένον.

ΝΕ. ΣΩ. Ὀρθῶς.

Socrate le Jeune — Sans aucun doute.

L'Étranger — Or diviser en deux toutes les choses qui viennent à exister n'est pas du tout difficile.

Socrate le Jeune — En passant par où ?

L'Étranger — Les unes, je pense, sont inanimées, les autres animées.

Socrate le Jeune — Oui.

L'Étranger — C'est donc de ce point de vue que nous couperons, si toutefois nous souhaitons couper, la partie épitactique de la connaissance.

Socrate le Jeune — De quel point de vue ?

L'Étranger — En plaçant, d'un côté, celle visant à produire des choses inanimées, de l'autre, celle visant à c produire des choses animées ; et le tout sera ainsi tout de suite divisé en deux.

Socrate le Jeune — Parfait.

L'Étranger — Abandonnons donc l'une et reprenons l'autre, mais reprenons-la pour la partager tout entière en deux.

Socrate le Jeune — Laquelle des deux dis-tu qu'il faut reprendre ?

L'Étranger — Très certainement, la partie épitactique portant sur des vivants. Car avoir en charge des objets inanimés, comme c'est le cas de l'architectonique, ne relève jamais de la science royale ; celle-ci est chose plus noble, c'est parmi des vivants et sur des vivants qu'elle d exerce toujours sa puissance.

Socrate le Jeune — Très juste.

ΞΕ. Τήν γε μὴν τῶν ζῴων γένεσιν καὶ τροφὴν τὴν
μέντις ἂν ἴδοι μονοτροφίαν οὖσαν, τὴν δὲ κοινὴν τῶν ἐν
5 ταῖς | ἀγέλαις θρεμμάτων ἐπιμέλειαν.

ΝΕ. ΣΩ. Ὀρθῶς.

ΞΕ. Ἀλλ' οὐ μὴν τόν γε πολιτικὸν εὑρήσομεν
ἰδιοτρόφον, ὥσπερ βοηλάτην ἤ τινα ἱπποκόμον, ἀλλ'
ἱπποφορβῷ τε καὶ βουφορβῷ μᾶλλον προσεοικότα. |

10   ΝΕ. ΣΩ. Φαίνεταί γε δὴ ῥηθὲν νῦν. |

e   ΞΕ. Πότερον οὖν τῆς ζῳοτροφίας τὴν τῶν συμπόλλων
κοινὴν τροφὴν ἀγελαιοτροφίαν ἢ κοινοτροφικήν τινα
ὀνομάζομεν;

ΝΕ. ΣΩ. Ὁπότερον ἂν ἐν τῷ λόγῳ συμβαίνῃ. |

5   ΞΕ. Καλῶς γε, ὦ Σώκρατες· κἂν διαφυλάξῃς τὸ μὴ
σπουδάζειν ἐπὶ τοῖς ὀνόμασιν, πλουσιώτερος εἰς τὸ γῆρας
ἀναφανήσῃ φρονήσεως. νῦν δὲ τοῦτο μέν, καθάπερ
διακελεύῃ, ποιητέον· τὴν δὲ ἀγελαιοτροφικὴν ἆρ' ἐννοεῖς
262a πῇ·| τις δίδυμον ἀποφήνας τὸ ζητούμενον ἐν διπλασίοισι
τὰ νῦν ἐν τοῖς ἡμίσεσιν εἰς τότε ποιήσει ζητεῖσθαι;

ΝΕ. ΣΩ. Προθυμήσομαι. καί μοι δοκεῖ τῶν μὲν
ἀνθρώπων ἑτέρα τις εἶναι, τῶν δ' αὖ θηρίων ἄλλη τροφή. |

L'Étranger — Quant à la génération et l'élevage des vivants, on pourrait y distinguer, d'une part, celle qui est monotrophie, de l'autre, le soin apporté à des créatures groupées en troupeaux.

Socrate le Jeune — Très juste.

L'Étranger — Or nous n'allons sûrement pas découvrir que le politique se consacre à une idiotrophie[1] semblable à celle à l'égard de son cheval; il ressemble plutôt à un éleveur de chevaux ou de bœufs.

Socrate le Jeune — Formulé ainsi, c'est maintenant clair.

L'Étranger — À cette partie de la zootrophie, l'élevage e collectif d'un grand nombre, lequel de ces deux noms attribuons-nous : agelaiotrophie ou art koinotrophique[2] ?

Socrate le Jeune — L'un ou l'autre, au fil du discours.

L'Étranger — Bravo, Socrate! Si tu te gardes d'être pointilleux à l'égard des mots, tu te montreras plus riche de pensée sage en avançant en âge; pour l'instant, faisons comme tu l'ordonnes. Pour l'art agelaiotrophique, conçois-tu comment faire pour que, une fois montrée **262a** la dualité de l'objet de l'enquête, celui-ci ne soit plus recherché comme à présent dans une réalité qui est double, mais dans ses moitiés ?

Socrate le Jeune — Je vais me lancer vaillamment; il me semble qu'il y en a un qui élève des hommes, et un autre qui élève des bêtes.

1. Monotrophie : élevage d'un seul animal. Idiotrophie : élevage s'attachant à un animal particulier.
2. Zootrophie : élevage de vivants; agelaiotrophie : élevage en troupeaux; koinotrophique : art de l'élevage collectif.

5   ΞΕ. Παντάπασί γε προθυμότατα καὶ ἀνδρειότατα
δι ῄρησαι· μὴ μέντοι τοῦτό γε εἰς αὖθις κατὰ δύναμιν
πάσχωμεν.

ΝΕ. ΣΩ. Τὸ ποῖον;

ΞΕ. Μὴ σμικρὸν μόριον ἓν πρὸς μεγάλα καὶ πολλὰ
b | ἀφαιρῶμεν, μηδὲ εἴδους χωρίς· ἀλλὰ τὸ μέρος ἅμα
εἶδος ἐχέτω. κάλλιστον μὲν γὰρ ἀπὸ τῶν ἄλλων εὐθὺς
διαχωρίζειν τὸ ζητούμενον, ἂν ὀρθῶς ἔχῃ, καθάπερ ὀλίγον
σὺ πρότερον οἰηθεὶς ἔχειν τὴν διαίρεσιν ἐπέσπευσας
5 τὸν λόγον, ἰδὼν ἐπ' | ἀνθρώπους πορευόμενον· ἀλλὰ
γάρ, ὦ φίλε, λεπτουργεῖν οὐκ ἀσφαλές, διὰ μέσων δὲ
ἀσφαλέστερον ἰέναι τέμνοντας, καὶ μᾶλλον ἰδέαις ἄν
c τις προστυγχάνοι. τοῦτο δὲ διαφέρει τὸ | πᾶν πρὸς τὰς
ζητήσεις.

ΝΕ. ΣΩ. Πῶς, ὦ ξένε, λέγεις τοῦτο;

ΞΕ. Πειρατέον ἔτι σαφέστερον φράζειν εὐνοίᾳ τῆς
σῆς φύσεως, ὦ Σώκρατες. ἐν τῷ μὲν οὖν παρεστηκότι
5 τὰ νῦν | δηλῶσαι μηδὲν ἐνδεῶς ἀδύνατον· ἐπιχειρητέον
δέ τι καὶ σμικρῷ πλέον αὐτὸ προαγαγεῖν εἰς τὸ πρόσθεν
σαφηνείας ἕνεκα.

ΝΕ. ΣΩ. Ποῖον οὖν δὴ φράζεις διαιρουμένους ἡμᾶς
οὐκ ὀρθῶς ἄρτι δρᾶν; |

10   ΞΕ. Τοιόνδε, οἷον εἴ τις τἀνθρώπινον ἐπιχειρήσας
d δίχα | διελέσθαι γένος διαιροῖ καθάπερ οἱ πολλοὶ τῶν
ἐνθάδε διανέμουσι, τὸ μὲν Ἑλληνικὸν ὡς ἓν ἀπὸ πάντων

L'Étranger — Impossible, en vérité, de diviser plus vaillamment et courageusement ! Pourtant, évitons dans la mesure du possible, d'être à nouveau victime de ceci.

Socrate le Jeune — De quoi ?

L'Étranger — Ne détachons pas une unique petite portion en la séparant de plusieurs qui sont grandes, sans tenir compte de l'espèce, mais veillons à ce que la **b** partie soit en même temps une espèce. Il est excellent, certes, de séparer immédiatement du reste l'objet cherché, pour autant qu'on le fasse correctement ; ainsi, toi, tu viens de croire tenir la division et tu as précipité le raisonnement en voyant qu'il menait vers les hommes. Mais en fait, mon ami, travailler trop finement n'est pas sûr ; il est plus sûr d'avancer en coupant par le milieu, et c'est ainsi qu'on a le plus de chance de tomber sur les caractères spécifiques. Pour nos recherches, cela fait toute **c** la différence.

Socrate le Jeune — Que veux-tu dire par là, Étranger ?

L'Étranger — Tentons de l'expliquer encore plus clairement par égard pour un naturel comme le tien, Socrate. Bien qu'à dire vrai il soit impossible, dans la circonstance présente, de le montrer sans rien omettre, il faut néanmoins, dans un souci de clarté, entreprendre de faire avancer un peu les choses.

Socrate le Jeune — Qu'avons-nous donc commis selon toi d'incorrect en divisant comme nous venons de faire ?

L'Étranger — Une faute pareille à celle que l'on commettrait si, par exemple, entreprenant de diviser en deux le genre humain, on le divisait à la manière de la **d** plupart des gens d'ici : ils posent la race grecque comme une unité à part de toutes les autres, et quant à l'ensemble

ἀφαιροῦντες χωρίς, σύμπασι δὲ τοῖς ἄλλοις γένεσιν,
ἀπείροις οὖσι καὶ ἀμείκτοις καὶ ἀσυμφώνοις πρὸς ἄλληλα,
5 βάρβαρον μιᾷ κλήσει | προσειπόντες αὐτὸ διὰ ταύτην τὴν
μίαν κλῆσιν καὶ γένος ἓν αὐτὸ εἶναι προσδοκῶσιν· ἢ τὸν
ἀριθμόν τις αὖ νομίζοικατ' εἴδη δύο διαιρεῖν μυριάδα
e ἀποτεμνόμενος ἀπὸ πάντων, | ὡς ἓν εἶδος ἀποχωρίζων,
καὶ τῷ λοιπῷ δὴ παντὶ θέμενος ἓν ὄνομα διὰ τὴν κλῆσιν αὖ
καὶ τοῦτ' ἀξιοῖ γένος ἐκείνου χωρὶς ἕτερον ἐγγίγνεσθαι[1].
κάλλιον δέ που καὶ μᾶλλον κατ' εἴδηκαὶ δίχα διαιροῖτ' ἄν,
5 εἰ τὸν μὲν ἀριθμὸν ἀρτίῳ καὶ περιττῷ | τις τέμνοι, τὸ δὲ
αὖ τῶν ἀνθρώπων γένος ἄρρενι καὶ θήλει, Λυδοὺς δὲ ἢ
Φρύγας ἤ τινας ἑτέρους πρὸς ἅπαντας τάττων ἀποσχίζοι
τότε, ἡνίκα ἀπορεῖ γένος ἅμα καὶ μέρος εὑρίσκειν
263a | ἑκάτερον τῶν σχισθέντων.

ΝΕ. ΣΩ. Ὀρθότατα· ἀλλὰ γὰρ τοῦτο αὐτό, ὦ ξένε,
πῶς ἄν τις γένος καὶ μέρος ἐναργέστερον γνοίη, ὡς οὐ
ταὐτόν ἐστον ἀλλ' ἕτερον ἀλλήλοιν; |

5 ΞΕ. Ὦ βέλτιστε ἀνδρῶν, οὐ φαῦλον προστάττεις,
Σώκρατες. ἡμεῖς μὲν καὶ νῦν μακροτέραν τοῦ δέοντος
ἀπὸτοῦ προτεθέντος λόγου πεπλανήμεθα, σὺ δὲ ἔτι
πλέον ἡμᾶς κελεύεις πλανηθῆναι. νῦν μὲν οὖν, ὥσπερ
b εἰκός, ἐπανίωμεν | πάλιν· ταῦτα δὲ εἰς αὖθις κατὰ σχολὴν
καθάπερ ἰχνεύοντες μέτιμεν. οὐ μὴν ἀλλὰ τοῦτό γε αὖ
παντάπασιν φύλαξαι, μήποτε παρ' ἐμοῦ δόξῃς αὐτὸ
ἐναργῶς διωρισμένον ἀκηκοέναι.

---

1. e3 ἐγγίγνεσθαι BTW : ἐν γίγνεσθαι Stallbaum Burnet

des autres races, qui sont en nombre indéterminé, ne se mélangent pas entre elles et ne parlent pas la même langue, ils lui donnent l'appellation unique de « Barbare », s'imaginant en raison de cette appellation unique avoir affaire à un genre unique. Ou, autre exemple, c'est comme si l'on estimait diviser le nombre en deux espèces en détachant de tous les autres la myriade, la **e** séparant comme si elle était une seule espèce, et qu'on s'imagine qu'ayant attribué à tout le reste un seul nom, on la jugeait, en raison encore de cette appellation, digne d'advenir comme un genre à part et différent de l'autre [III]. Or on diviserait mieux, à mon avis, et d'une manière qui respecterait davantage les espèces et leur dualité, si l'on coupait le nombre selon le pair et l'impair et le genre humain en mâle et femelle, et si on ne mettait à part, les dressant en face de tous les autres, les Lydiens, les Phrygiens ou n'importe quel peuple, que lorsqu'il deviendrait impossible de découvrir une distinction dont **263a** chacun des deux termes soit à la fois genre et partie.

Socrate le Jeune — Tout à fait exact ; mais cela même, Étranger, comment le connaître plus clairement, que genre et partie ne sont pas la même chose mais deux choses différentes ?

L'Étranger — Excellent jeune homme, ce n'est pas une mince affaire que tu prescris là, Socrate. Nous voilà déjà errant plus loin qu'il ne faut du sujet que nous nous sommes proposé et voici que toi, tu nous invites à errer encore davantage. Revenons donc plutôt en arrière, c'est **b** plus raisonnable. Quant à ces questions, nous nous en mettrons en chasse une autre fois à loisir, tels de bons limiers. Toutefois, je le répète, garde-toi de croire jamais m'avoir entendu définir clairement ce point…

ΝΕ. ΣΩ. Τὸ ποῖον; |

5　　ΞΕ. Εἶδός τε καὶ μέρος ἕτερον ἀλλήλων εἶναι.

ΝΕ. ΣΩ. Τί μήν;

ΞΕ. Ὡς εἶδος μὲν ὅταν ᾖ του, καὶ μέρος αὐτὸ ἀναγκαῖον εἶναι τοῦ πράγματος ὅτουπερ ἂν εἶδος λέγηται· μέρος δὲ εἶδος οὐδεμία ἀνάγκη. ταύτῃ με ἢ 'κείνῃ μᾶλλον, ὦ
10　Σώκρατες, | ἀεὶ φάθι λέγειν.

ΝΕ. ΣΩ. Ταῦτ' ἔσται. |

c　　ΞΕ. Φράσον δή μοι τὸ μετὰ τοῦτο.

ΝΕ. ΣΩ. Ποῖον;

ΞΕ. Τὸ τῆς ἀποπλανήσεως ὁπόθεν ἡμᾶς δεῦρ' ἤγαγεν. οἶμαι μὲν γὰρ μάλιστα, ὅθεν ἐρωτηθεὶς σὺ τὴν
5　ἀγελαιοτρο|φίαν ὅπῃ διαιρετέον εἶπες μάλα προθύμως δύ' εἶναι ζῴωνγένη, τὸ μὲν ἀνθρώπινον, ἕτερον δὲ τῶν ἄλλων συμπάντων θηρίων ἕν.

ΝΕ. ΣΩ. Ἀληθῆ.

ΞΕ. Καὶ ἔμοιγε δὴ τότ' ἐφάνης μέρος ἀφαιρῶν
10　ἡγεῖσθαι | καταλιπεῖν τὸ λοιπὸν αὖ πάντων γένος ἕν, ὅτι
d　πᾶσι ταὐτὸν | ἐπονομάζειν ἔσχες ὄνομα, θηρία καλέσας.

ΝΕ. ΣΩ. Ἦν καὶ ταῦτα οὕτως.

Socrate le Jeune — Lequel ?

L'Étranger — Qu'espèce et partie sont différentes l'une de l'autre.

Socrate le Jeune — Alors, que devrais-je dire ?

L'Étranger — Que toutes les fois qu'une chose est une espèce, elle est nécessairement aussi une partie de la chose, quelle qu'elle soit, dont on la dit être une espèce, mais qu'il n'est nullement nécessaire qu'une partie soit une espèce. Qu'il en aille de cette façon plutôt que de l'autre, voila ce que tu déclareras toujours, Socrate, m'avoir entendu dire.

Socrate le Jeune — Ainsi ferai-je.

L'Étranger — Bien ; dis-moi ce qui vient après. c

Socrate le Jeune — Après quoi ?

L'Étranger — Après l'endroit à partir duquel nous nous sommes mis à divaguer jusqu'à arriver où nous sommes. Je crois que cela s'est produit surtout lorsque, interrogé sur la manière de diviser l'agélaiotrophie, tu t'es très vaillamment empressé de répondre qu'il y avait deux genres de vivants, l'un, humain, et l'autre formant une unité composée de toutes les autres bêtes.

Socrate le Jeune — C'est vrai.

L'Étranger — Et c'est alors qu'il m'est apparu clairement que, détachant une partie, tu croyais que tout le reste laissé de côté constituait à son tour un genre unique, parce que tu disposais d'un même nom pour en d désigner tous les membres, que tu as appelé « bêtes ».

Socrate le Jeune — C'est bien ce qui s'est passé.

ΞΕ. Τὸ δέ γε, ὦ πάντων ἀνδρειότατε, τάχ᾽ ἄν, εἴ που
φρόνιμόν ἐστί τι ζῷον ἕτερον, οἷον δοκεῖ τὸ τῶν γεράνων,
5 | ἤ τι τοιοῦτον ἄλλο, ὃ κατὰ ταὐτὰ ἴσως διονομάζει
καθάπερ καὶ σύ, γεράνους μὲν ἓν γένος ἀντιτιθὲν τοῖς
ἄλλοις ζῴοις καὶ σεμνῦνον αὐτὸ ἑαυτό, τὰ δὲ ἄλλα μετὰ
τῶν ἀνθρώπων συλλαβὸν εἰς ταὐτὸ οὐδὲν ἄλλο πλὴν ἴσως
e θηρία προσείποι. | πειραθῶμεν οὖν ἡμεῖς ἐξευλαβεῖσθαι
πάνθ᾽ ὁπόσα τοιαῦτα.

ΝΕ. ΣΩ. Πῶς;

ΞΕ. Μὴ πᾶν τὸ τῶν ζῴων γένος διαιρούμενοι, ἵνα
ἧττον αὐτὰ πάσχωμεν. |

5 ΝΕ. ΣΩ. Οὐδὲν γὰρ δεῖ.

ΞΕ. Καὶ γὰρ οὖν καὶ τότε ἡμαρτάνετο ταύτῃ.

ΝΕ. ΣΩ. Τί δή;

ΞΕ. Τῆς γνωστικῆς ὅσον ἐπιτακτικὸν ἡμῖν μέρος
ἦν πουτοῦ ζῳοτροφικοῦ γένους, ἀγελαίων μὴν ζῴων. ἢ
γάρ; |

10 ΝΕ. ΣΩ. Ναί. |

264a ΞΕ. Διῄρητο τοίνυν ἤδη καὶ τότε σύμπαν τὸ ζῷον τῷ
τιθασῷ καὶ ἀγρίῳ. τὰ μὲν γὰρ ἔχοντα τιθασεύεσθαι φύσιν
ἥμερα προσείρηται, τὰ δὲ μὴ ᾽θέλοντα ἄγρια.

ΝΕ. ΣΩ. Καλῶς. |

L'Étranger — Or, le plus courageux des garçons, au cas où il existerait un autre animal sensé – comme nous semblent l'être les grues ou quelque autre animal semblable –, il y a des chances pour qu'il distribue les noms exactement comme tu fais; que, par exemple, il dresse le genre « grues » comme un genre unique face aux autres animaux et se glorifie lui-même, tandis que les autres, hommes compris, il les enferme dans le même sac et ne leur donne probablement pas d'autre nom que celui de « bêtes ». Essayons, quant à nous, de nous protéger de **e** toute erreur de cette sorte.

Socrate le Jeune — Comment?

L'Étranger — En ne divisant pas la totalité du genre « animal », afin de risquer moins d'en être victimes.

Socrate le Jeune — Mieux vaut en effet l'éviter.

L'Étranger — Or c'est juste à ce moment qu'une erreur a été commise sur ce point.

Socrate le Jeune — Lequel?

L'Étranger — Toute la partie épitactique de la science cognitive concernait, selon nous, le genre zootrophique, plus précisément celui des animaux vivant en troupeaux, n'est-ce pas?

Socrate le Jeune — Si.

L'Étranger — Cela revenait dès lors à diviser la totalité **264a** du genre animal en domestique et sauvage. Car ceux dotés d'une nature qui se prête à être domestiquée sont dits « apprivoisés », alors que ceux qui ne la possèdent pas sont dits « sauvages ».

Socrate le Jeune — Très bien.

5 ΞΕ. Ἦν δέ γε θηρεύομεν ἐπιστήμην, ἐν τοῖς ἡμέροις ἥν τε καὶ ἔστιν, ἐπὶ τοῖς ἀγελαίοις μὴν ζητητέα θρέμμασιν.

ΝΕ. ΣΩ. Ναί.

ΞΕ. Μὴ τοίνυν διαιρώμεθα ὥσπερ τότε πρὸς ἅπαντα ἀποβλέψαντες, μηδὲ σπεύσαντες, ἵνα δὴ ταχὺ γενώμεθα
b | πρὸς τῇ πολιτικῇ. πεποίηκε γὰρ ἡμᾶς καὶ νῦν παθεῖν τὸ κατὰ τὴν παροιμίαν πάθος.

ΝΕ. ΣΩ. Ποῖον;

ΞΕ. Οὐχ ἡσύχους εὖ διαιροῦντας ἠνυκέναι βραδύτερον. |

5 ΝΕ. ΣΩ. Καὶ καλῶς γε, ὦ ξένε, πεποίηκε.

ΞΕ. Ταῦτ' ἔστω. πάλιν δ' οὖν ἐξ ἀρχῆς τὴν κοινοτροφικὴν πειρώμεθα διαιρεῖν· ἴσως γὰρ καὶ τοῦτο ὃ σὺ προθυμῇ διαπεραινόμενος ὁ λόγος αὐτός σοι κάλλιον μηνύσει. καί μοι φράζε. |

10 ΝΕ. ΣΩ. Ποῖον δή;

ΞΕ. Τόδε, εἴ τινων πολλάκις ἄρα διακήκοας· οὐ γὰρ δὴ
c | προστυχής γε αὐτὸς οἶδ' ὅτι γέγονας ταῖς ἐν τῷ Νείλῳ τιθασείαις τῶν ἰχθύων καὶ τῶν ἐν ταῖς βασιλικαῖς λίμναις. ἐν μὲν γὰρ κρήναις τάχ' ἂν ἴσως εἴης ἠσθημένος.

ΝΕ. ΣΩ. Πάνυ μὲν οὖν καὶ ταῦτα τεθέαμαι κἀκεῖνα
5 | πολλῶν ἀκήκοα.

ΞΕ. Καὶ μὴν χηνοβωτίας γε καὶ γερανοβωτίας, εἰ καὶ μὴ πεπλάνησαι περὶ τὰ Θετταλικὰ πεδία, πέπυσαι γοῦν καὶ πιστεύεις εἶναι.

L'Étranger — Or, la science dont nous sommes en chasse devait avoir et a affaire à des animaux apprivoisés : il faut donc la chercher du côté de celles portant sur des troupeaux.

Socrate le Jeune — Oui.

L'Étranger — Ne divisons alors pas, comme tout à l'heure, en considérant l'ensemble ; ne nous précipitons pas non plus, afin d'en arriver vite à l'art politique. Car **b** cela nous a valu de subir l'accident dont parle le proverbe.

Socrate le Jeune — Lequel ?

L'Étranger — « À ne pas prendre son temps, on arrive plus lentement »... à bien diviser.

Socrate le Jeune — Beau résultat en effet, Étranger !

L'Étranger — Soit. Retournons alors en arrière, et essayons de reprendre à nouveau du début la division de l'art koinotrophique, car ce que tu cherches avec tant d'ardeur, c'est sans doute le parcours complet du raisonnement qui te le révélera mieux. Dis-moi...

Socrate le Jeune — Quoi donc ?

L'Étranger — Ceci, au cas où tu en aurais souvent entendu parler par certains ; car tu n'as certainement pas eu l'occasion, je le sais, de te trouver toi-même auprès **c** des élevages de poissons du Nil ni de ceux des étangs du Grand Roi. Mais peut-être as-tu pu en voir dans certaines fontaines.

Socrate le Jeune — Oui, parfaitement, j'en ai vu, et pour les autres, j'ai entendu beaucoup de gens en parler.

L'Étranger — Et pour les parcs d'oies et les parcs de grues, même si tu n'as pas parcouru les plaines de Thessalie, tu en as appris l'existence et tu crois qu'ils existent ?

ΝΕ. ΣΩ. Τί μήν; |

d   ΞΕ. Τοῦδ' ἕνεκά τοι πάντα ἠρώτησα ταῦτα, διότι τῆς τῶν ἀγελαίων τροφῆς ἔστι μὲν ἔνυδρον, ἔστι δὲ καὶ ξηροβατικόν.

ΝΕ. ΣΩ. Ἔστι γὰρ οὖν. |

5   ΞΕ. Ἆρ' οὖν καὶ σοὶ συνδοκεῖ ταύτῃ δεῖν διχάζειν τὴν κοινοτροφικὴν ἐπιστήμην, ἐφ' ἑκατέρῳ τούτων τὸ μέρος αὐτῆς ἐπινέμοντας ἑκάτερον, τὸ μὲν ἕτερον ὑγροτροφικὸν ὀνομάζοντας, τὸ δ' ἕτερον ξηροτροφικόν;

ΝΕ. ΣΩ. Ἔμοιγε. |

10   ΞΕ.) Καὶ μὴν καὶ τὸ βασιλικὸν οὕτως οὐ ζητήσομεν
e | ὁποτέρας ἐστὶ τῆς τέχνης· δῆλον [δὴ] γὰρ παντί.

ΝΕ. ΣΩ. Πῶς δ' οὔ;

ΞΕ. Πᾶς μὲν δὴ τό γε ξηροτροφικὸν τῆς ἀγελαιοτροφίας διέλοιτ' ἂν φῦλον. |

5   ΝΕ. ΣΩ. Πῶς;

ΞΕ. Τῷ πτηνῷ τε καὶ πεζῷ διορισάμενος.

ΝΕ. ΣΩ. Ἀληθέστατα.

ΞΕ. Τί δέ; τὸ πολιτικὸν οὐ περὶ[1] τὸ πεζὸν ζητητέον; ἢ οὐκ οἴει καὶ τὸν ἀφρονέστατον ὡς ἔπος εἰπεῖν δοξάζειν
10 | οὕτως;

ΝΕ. ΣΩ. Ἔγωγε.

---

1. e8 οὐ περὶ Robinson : ὥσπερ BTW : ἢ περὶ Heindorf Burnet
Diès : ὡς περὶ τὸ πεζὸν <ὄν> Ast

Socrate le Jeune — Bien sûr !

L'Étranger — Je t'ai posé toutes ces questions parce **d** que l'élevage en troupeaux peut se faire soit en milieu humide, soit en milieu sec.

Socrate le Jeune — Hé oui !

L'Étranger — Es-tu donc toi aussi d'avis que la science koinotrophique doit être coupée en deux de cette façon, et qu'en attribuant l'une de ses deux parties à chacun de ces deux modes d'élevage, il faut nommer l'une « hygrotrophique », et l'autre « xèrotrophique » [1] ?

Socrate le Jeune — Je suis d'accord.

L'Étranger — Quant à l'activité royale, nous n'aurons sûrement pas à chercher duquel de ces deux arts elle **e** relève ; c'est évident pour tout un chacun.

Socrate le Jeune — Sans aucun doute.

L'Étranger — Tout un chacun diviserait donc la race xérotrophique de l'aglaiotrophie.

Socrate le Jeune — Comment ?

L'Étranger — En distinguant le volatile et le pédestre.

Socrate le Jeune — Très vrai.

L'Étranger — Alors ? N'est-ce pas du côté du pédestre qu'il faut chercher la chose politique ? Ne crois-tu pas que même l'être le plus dépourvu, si on peut dire, de bon sens, en jugerait ainsi ?

Socrate le Jeune — Moi ? Si.

---

1. Art hygrotrophique : art de l'élevage en milieu humide, xèrotrophique : en milieu sec.

ΞΕ. Τὴν δὲ πεζονομικήν, καθάπερ ἄρτι τὸν ἀριθμόν, δεῖ τεμνομένην δίχα ἀποφαίνειν.

ΝΕ. ΣΩ. Δῆλον. |

265a ΞΕ. Καὶ μὴν ἐφ᾽ ὅ γε μέρος ὥρμηκεν ἡμῖν ὁ λόγος, ἐπ᾽ ἐκεῖνο δύο τινὲ καθορᾶν ὁδὼ τεταμένα φαίνεται, τὴν μὲν θάττω, πρὸς μέγα μέρος σμικρὸν διαιρουμένην, τὴν δέ, ὅπερὲν τῷ πρόσθεν ἐλέγομεν ὅτι δεῖ μεσοτομεῖν 5 ὡς μάλιστα, τοῦτ᾽ | ἔχουσαν μᾶλλον, μακροτέραν γε μήν. ἔξεστιν οὖν ὁποτέραν ἂν βουληθῶμεν, ταύτην πορευθῆναι.

ΝΕ. ΣΩ. Τί δέ; ἀμφοτέρας ἀδύνατον;

ΞΕ. Ἅμα γ᾽, ὦ θαυμαστέ· ἐν μέρει γε μὴν δῆλον ὅτι δυνατόν. |

b ΝΕ. ΣΩ. Ἐν μέρει τοίνυν ἔγωγε ἀμφοτέρας αἱροῦμαι.

ΞΕ. Ῥάδιον, ἐπειδὴ τὸ λοιπὸν βραχύ· κατ᾽ ἀρχὰς μὴν καὶ μεσοῦσιν ἅμα τῆς πορείας χαλεπὸν ἂν ἦν ἡμῖν τὸ πρόσταγμα. νῦν δ᾽, ἐπειδὴ δοκεῖ ταύτῃ, τὴν μακροτέραν 5 πρότερον | ἴωμεν· νεαλέστεροι γὰρ ὄντες ῥᾷον αὐτὴν πορευσόμεθα. τὴν δὲ δὴ διαίρεσιν ὅρα.

ΝΕ. ΣΩ. Λέγε.

L'Étranger — Pour l'art pézonomique[1], il faut, comme on l'a fait il y a peu pour le nombre, montrer qu'il se coupe en deux.

Socrate le Jeune — Évidemment.

L'Étranger — Or, il me semble voir que deux routes **265a** s'étendent et conduisent à la partie vers laquelle s'est élancé notre discours, l'une plus rapide, qui consiste à diviser une petite partie en la posant face à une grande; l'autre, plus conforme à ce que nous avons dit avant - qu'il faut couper par le milieu autant que possible - est assurément plus longue. Libre à nous de cheminer sur celle que nous voulons.

Socrate le Jeune — Pourquoi pas sur les deux? C'est impossible?

L'Étranger — En même temps, jeune prodige? En revanche, sur l'une après l'autre, évidemment c'est possible.

Socrate le Jeune — Moi, je choisis de suivre les deux **b** l'une après l'autre!

L'Étranger — C'est assez facile, parce que le chemin qu'il nous reste à parcourir est assez court; si nous en étions au début, ou à la moitié, du chemin, il nous aurait été difficile de t'obéir. Mais, au point où nous sommes, et puisque cela te semble bon, prenons d'abord la voie plus longue; étant plus frais, nous cheminerons plus facilement. Regarde alors quelle division je fais.

Socrate le Jeune — Parle.

---

1. Art pézonomique : art de paître les marcheurs.

ΞΕ. Τὰ πεζὰ ἡμῖν τῶν ἡμέρων, ὅσαπερ ἀγελαῖα, διῃημένα ἐστὶ φύσει δίχα. |

10 ΝΕ. ΣΩ. Τίνι;

ΞΕ. Τῷ τῶν μὲν τὴν γένεσιν ἄκερων εἶναι, τῶν δὲ κεραφόρον. |

c ΝΕ. ΣΩ. Φαίνεται.

ΞΕ. Τὴν δὴ πεζονομικὴν διελὼν ἀπόδος ἑκατέρῳ τῷ μέρει λόγῳ χρώμενος. ἂν γὰρ ὀνομάζειν αὐτὰ βουληθῇς, ἔσται σοιπεριπεπλεγμένον μᾶλλον τοῦ δέοντος. |

5 ΝΕ. ΣΩ. Πῶς οὖν χρὴ λέγειν;

ΞΕ. Ὧδε· τῆς πεζονομικῆς ἐπιστήμης δίχα διαιρεθείσης τὸ μόριον θάτερον ἐπὶ τῷ κερασφόρῳ μέρει τῷ τῆς ἀγέλης ἐπιτετάχθαι, τὸ δὲ ἕτερον ἐπὶ τῷ τῆς ἀκεράτου. |

d ΝΕ. ΣΩ. Ταῦτ᾽ ἔστω ταύτῃ λεχθέντα· πάντως γὰρ ἱκανῶς δεδήλωται.

ΞΕ. Καὶ μὴν ὅ γε βασιλεὺς ἡμῖν αὖ καταφανὴς ὅτι κολοβὸν ἀγέλην τινὰ κεράτων νομεύει. |

5 ΝΕ. ΣΩ. Πῶς γὰρ οὐ δῆλος;

ΞΕ. Ταύτην τοίνυν καταθραύσαντες τὸ κινούμενον[1] αὐτῷ πειρώμεθα ἀποδοῦναι.

ΝΕ. ΣΩ. Πάνυ γε.

ΞΕ. Πότερον οὖν βούλει τῷ σχιστῷ τε καὶ τῷ
10 καλουμένῳ | μώνυχι διαιρεῖν αὐτὴν ἢ τῇ κοινογονίᾳ τε καὶ ἰδιογονίᾳ; μανθάνεις γάρ που.

---

1. d6 κινούμενον BTW : γιγνόμενον Cornarius Burnet

L'Étranger — Parmi les animaux apprivoisés qui sont pédestres, tous ceux qui vivent en troupeaux sont naturellement divisés en deux.

Socrate le Jeune — Par quoi ?

L'Étranger — Les uns naissent sans cornes, les autres portent des cornes.

Socrate le Jeune — Il semble bien.   c

L'Étranger — Cet art pézonomique, divisons-le en donnant une définition de chaque partie résultant de cette division. Car si tu voulais leur donner un nom, ce serait t'embrouiller plus qu'il n'est requis.

Socrate le Jeune — Comment en ce cas faut-il dire ?

L'Étranger — Ainsi : « quand la science pézonomique est divisée en deux, une partie s'applique à la partie cornue du troupeau, l'autre à la partie dépourvue de cornes. »

Socrate le Jeune — Va pour cette façon de dire ; elle d montre très suffisamment la chose.

L'Étranger — De la sorte, il est devenu tout à fait évident à nos yeux que le roi fait paître un troupeau amputé de cornes.

Socrate le Jeune — On ne peut plus évident.

L'Étranger — Disloquons ensuite ce troupeau afin d'en donner à ce roi un capable de mouvement[IV].

Socrate le Jeune — Volontiers.

L'Étranger — Que préfères-tu ? Diviser le troupeau d'après l'opposition sabot fendu et sabot, comme on dit, « entier », ou d'après celle entre reproduction croisée et spécifique ? Tu comprends bien, n'est-ce pas…

ΝΕ. ΣΩ. Τὸ ποῖον; |

e   ΞΕ. Ὅτι τὸ μὲν τῶν ἵππων καὶ ὄνων πέφυκεν ἐξ
ἀλλήλων γεννᾶν.

ΝΕ. ΣΩ. Ναί.

ΞΕ. Τὸ δέ γε λοιπὸν ἔτι τῆς λείας ἀγέλης τῶν ἡμέρων
5 | ἀμιγὲς γένει πρὸς ἄλληλα.

ΝΕ. ΣΩ. Πῶς δ᾽ οὔ;

ΞΕ. Τί δ᾽; ὁ πολιτικὸς ἄρ᾽ ἐπιμέλειαν ἔχειν φαίνεται
πότερα κοινογενοῦς φύσεως ἢ τινος ἰδιογενοῦς;

ΝΕ. ΣΩ. Δῆλον ὅτι τῆς ἀμείκτου. |

10   ΞΕ. Ταύτην δὴ δεῖ καθάπερ τὰ ἔμπροσθεν, ὡς ἔοικεν,
ἡμᾶς δίχα διαστέλλειν.

ΝΕ. ΣΩ. Δεῖ γὰρ οὖν. |

266a   ΞΕ. Καὶ μὴν τό γε ζῷον, ὅσον ἥμερον καὶ ἀγελαῖον,
σχεδὸν πλὴν γενοῖν δυοῖν πᾶν ἤδη κατακεκερμάτισται.
τὸ γὰρ τῶν κυνῶν οὐκ ἐπάξιον καταριθμεῖν γένος ὡς ἐν
ἀγελαίοις θρέμμασιν. |

5   ΝΕ. ΣΩ. Οὐ γὰρ οὖν. ἀλλὰ τίνι δὴ τὼ δύο διαιροῦμεν;

ΞΕ. Ὧιπερ καὶ δίκαιόν γε Θεαίτητόν τε καὶ σὲ
διανέμειν, ἐπειδὴ καὶ γεωμετρίας ἅπτεσθον.

ΝΕ. ΣΩ. Τῷ;

ΞΕ. Τῇ διαμέτρῳ δήπου καὶ πάλιν τῇ τῆς διαμέτρου
10 | διαμέτρῳ.

Socrate le Jeune — Quoi donc?

L'Étranger — … que, par nature, les chevaux et les e
ânes peuvent s'engendrer mutuellement.

Socrate le Jeune — Oui.

L'Étranger — Au lieu que le reste du troupeau
apprivoisé au front lisse, c'est sans se mélanger avec
d'autres espèces qu'il engendre.

Socrate le Jeune — Certes.

L'Étranger — Alors? Le politique, duquel de ces deux
groupes a-t-il soin? de celui dont la génération naturelle
est croisée, ou de celui dont elle est spécifique?

Socrate le Jeune — Évidemment, de celui qui ne se
mélange pas.

L'Étranger — Or celui-ci, comme les précédents, il
faut semble-t-il le partager en deux.

Socrate le Jeune — Il le faut, pas de doute.

L'Étranger — Eh bien, tout ce que le genre animal 266a
contient d'apprivoisé vivant en troupeau, le voilà donc à
peu près tout entier déjà morcelé, à l'exception de deux
genres. Car pour celui des chiens, on ne peut le compter
parmi les créatures qu'on élève en troupeaux.

Socrate le Jeune — Assurément non. Mais par quoi
alors divisons-nous ces deux genres?

L'Étranger — Par cela même que Théétète et toi
utilisez fort justement pour partager, puisque vous vous
adonnez tous deux à la géométrie.

Socrate le Jeune — Quoi donc?

L'Étranger —Mais par la diagonale, bien sûr! Et, à
nouveau, par la diagonale de la diagonale.

ΝΕ. ΣΩ. Πῶς εἶπες; |

b   ΞΕ. Ἡ φύσις, ἣν τὸ γένος ἡμῶν τῶν ἀνθρώπων κέκτηται, μῶν ἄλλως πως εἰς τὴν πορείαν πέφυκεν ἢ καθάπερ ἡ διάμετρος ἡ δυνάμει δίπους;

ΝΕ. ΣΩ. Οὐκ ἄλλως. |

5   ΞΕ. Καὶ μὴν ἥ γε τοῦ λοιποῦ γένους πάλιν ἐστὶ κατὰ δύναμιν αὖ τῆς ἡμετέρας δυνάμεως διάμετρος, εἴπερ δυοῖν γέ ἐστι ποδοῖν δὶς πεφυκυῖα.

ΝΕ. ΣΩ. Πῶς δ' οὐκ ἔστι; καὶ δὴ καὶ σχεδὸν ὃ βούλει δηλοῦν μανθάνω. |

10   ΞΕ. Πρὸς δὴ τούτοις ἕτερον αὖ τι τῶν πρὸς γέλωτα
c | εὐδοκιμησάντων ἄν, ὦ Σώκρατες, ἆρα καθορῶμεν ἡμῖν γεγονὸς ἐν τοῖς διῃρημένοις;

ΝΕ. ΣΩ. Τὸ ποῖον;

ΞΕ. Τὸ ἀνθρώπινον ἡμῶν ἅμα γένος συνειληχὸς καὶ
5 | συνδεδραμηκὸς γένει τῷ τῶν ὄντων γενναιοτάτῳ καὶ ἅμα εὐχερεστάτῳ.

ΝΕ. ΣΩ. Καθορῶ καὶ μάλ' ἀτόπως συμβαῖνον.

ΞΕ. Τί δ'; οὐκ εἰκὸς ὕστατα ἀφικνεῖσθαι τὰ βραδύτατα;

ΝΕ. ΣΩ. Ναί, τοῦτό γε. |

10   ΞΕ. Τόδε δὲ οὐκ ἐννοοῦμεν, ὡς ἔτι γελοιότερος ὁ βασιλεὺς φαίνεται μετὰ τῆς ἀγέλης συνδιαθέων καὶ
d σύνδρομα | πεπορευμένος τῷ τῶν ἀνδρῶν αὖ πρὸς τὸν εὐχερῆ βίον ἄριστα γεγυμνασμένῳ;

Socrate le Jeune — Explique-toi.

L'Étranger — La nature, celle que possède notre genre **b**
à nous les hommes, qu'est-ce qui la dispose à marcher,
sinon la diagonale de puissance deux pieds ?

Socrate le Jeune — Rien d'autre.

L'Étranger — Or, pour ce qui est du genre restant,
c'est une diagonale de notre propre puissance qui le fait,
puisqu'elle est par nature de deux fois deux pieds.

Socrate le Jeune — Mais c'est bien sûr ! Je comprends
à peu près où tu veux en venir.

L'Étranger — S'il n'y avait que cela, Socrate ! Car
autre chose pourrait bien nous couvrir du ridicule le plus **c**
achevé, et, tout bien considéré, n'est-ce pas là un résultat
de nos divisions précédentes ?

Socrate le Jeune — Lequel ?

L'Étranger — Notre espèce humaine se retrouve
partager le même terrain et rivaliser à la course avec le
genre d'êtres le plus noble et aussi le plus indolent !

Socrate le Jeune — Je vois ; quelle mésaventure
absurde !

L'Étranger — Hé oui ; les plus lents, c'est vraisemblable,
arriveront bons derniers à bon port [1] ?

Socrate le Jeune — C'est inévitable.

L'Étranger — Impossible qu'alors cela ne traverse
pas notre esprit, à savoir que celui qui paraît encore plus
ridicule, c'est ce roi qui court avec son troupeau et qui,
parcourant la piste, rivalise à la course avec l'homme qui **d**
pour sa part, bénéficie du meilleur entraînement à cette
vie indolente ?

---

1. Tentative pour rendre le jeu de mot : ὗς, le porc, τὰ ὕστατα, les
derniers.

ΝΕ. ΣΩ. Παντάπασι μὲν οὖν.

ΞΕ. Νῦν γάρ, ὦ Σώκρατες, ἐκεῖνό ἐστι καταφανὲς
5 μᾶλλον | τὸ ῥηθὲν τότ᾽ ἐν τῇ περὶ τὸν σοφιστὴν ζητήσει.

ΝΕ. ΣΩ. Τὸ ποῖον;

ΞΕ. Ὅτι τῇ τοιᾷδε μεθόδῳ τῶν λόγων οὔτε
σεμνοτέρου μᾶλλον ἐμέλησεν ἢ μή, τόν τε σμικρότερον
οὐδὲν ἠτίμακε πρὸ τοῦ μείζονος, ἀεὶ δὲ καθ᾽ αὑτὴν
περαίνει τἀληθέστατον. |

10 ΝΕ. ΣΩ. Ἔοικεν.

ΞΕ. Οὐκοῦν μετὰ τοῦτο, ἵνα μή με φθῇς ἐρωτήσας τὴν
e | βραχυτέραν ὁδὸν ἥτις τότε ἦν ἐπὶ τὸν τοῦ βασιλέως
ὅρον, αὐτός σοι πρότερον ἔλθω;

ΝΕ. ΣΩ. Σφόδρα γε.

ΞΕ. Λέγω δὴ δεῖν τότε εὐθὺς τὸ πεζὸν τῷ δίποδι πρὸς
5 | τὸ τετράπουν γένος διανεῖμαι, κατιδόντα δὲ τἀνθρώπινον
ἔτι μόνῳ τῷ πτηνῷ συνειληχὸς τὴν δίποδα ἀγέλην πάλιν
τῷ ψιλῷ καὶ τῷ πτεροφυεῖ τέμνειν, τμηθείσης δὲ αὐτῆς
καὶ τότ᾽ ἤδη τῆς ἀνθρωπονομικῆς δηλωθείσης τέχνης,
φέροντα τὸν πολιτικὸν καὶ βασιλικὸν οἷον ἡνίοχον εἰς
10 αὐτὴν ἐνστή|σαντα, παραδοῦναι τὰς τῆς πόλεως ἡνίας
ὡς οἰκείας καὶ αὐτῷ ταύτης οὔσης τῆς ἐπιστήμης. |

Socrate le Jeune — Ah ça! Absolument!

L'Étranger — À présent donc, Socrate, voici que devient plus clair ce qui a été dit lors de notre recherche sur le sophiste.

Socrate le Jeune — Quoi donc?

L'Étranger — Que cette méthode discursive ne se soucie pas davantage de ce qui est plus vénérable que de ce qui ne l'est pas et ne dédaigne nullement le plus petit au profit du plus grand; mais que toujours, ne s'appuyant que sur elle-même, elle tente de pénétrer ce qu'il y a de plus vrai.

Socrate le Jeune — Cela en a bien l'air.

L'Étranger — Bien, après cela, pour éviter que tu ne me devances en me demandant quelle était cette voie e la plus courte dont nous avons dit qu'elle mènerait à la définition du roi, puis-je y arriver moi-même, avant toi?

Socrate le Jeune — Mais certainement.

L'Étranger — Je dis donc qu'il faut en ce cas partager le pédestre en opposant immédiatement le bipède au genre quadrupède, puis, constatant que l'espèce volatile est seule avec le genre humain à avoir ce caractère, couper à son tour le troupeau bipède selon le nu et l'emplumé; une fois celui-ci coupé et l'art anthroponomique[1] désormais mis au jour, y porter l'homme politique et royal, l'établir comme cocher et lui remettre les rênes de la cité, puisque c'est à lui qu'elle est propre et qu'elle appartient, cette science.

---

1. L'anthroponomique : l'art de paître le troupeau humain.

267a NE. ΣΩ. Καλῶς καὶ καθαπερεὶ χρέος ἀπέδωκάς
μοι τὸν λόγον, προσθεὶς τὴν ἐκτροπὴν οἷον τόκον καὶ
ἀναπληρώσας αὐτόν.

ΞΕ. Φέρε δὴ καὶ συνείρωμεν ἐπανελθόντες ἐπὶ τὴν
5 ἀρχὴν | μέχρι τῆς τελευτῆς τὸν λόγον τοῦ ὀνόματος τῆς
τοῦ πολιτικοῦ τέχνης.

NE. ΣΩ. Πάνυ μὲν οὖν.

ΞΕ. Τῆς γνωστικῆς τοίνυν ἐπιστήμης ἡμῖν ἦν
κατ' ἀρχὰς μέρος ἐπιτακτικόν· τούτου δὲ ἀπεικασθὲν
b τὸ μόριον αὐτεπι|τακτικὸν ἐρρήθη. ζῳοτροφικὴ δὲ
πάλιν αὐτεπιτακτικῆς οὐ τὸ σμικρότατον τῶν γενῶν
ἀπεσχίζετο· καὶ ζῳοτροφικῆς εἶδος ἀγελαιοτροφικόν,
ἀγελαιοτροφικοῦ δ' αὖ πεζονομικόν· τοῦ δὲ πεζονομικοῦ
μάλιστα ἀπετέμνετο τέχνη τῆς ἀκεράτου φύσεως
5 | θρεπτική. ταύτης δ' αὖ τὸ μέρος οὐκ ἔλαττον τριπλοῦν
συμπλέκειν ἀναγκαῖον, ἂν εἰς ἕν τις αὐτὸ ὄνομα
συναγαγεῖν βουληθῇ, γενέσεως ἀμείκτου νομευτικὴν
c ἐπιστήμην προσ|αγορεύων. τὸ δ' ἀπὸ τούτου τμῆμα, ἐπὶ
ποίμνῃ δίποδι μέρος ἀνθρωπονομικὸν ἔτι λειφθὲν μόνον,
τοῦτ' αὐτό ἐστιν ἤδη τὸ ζητηθέν, ἅμα βασιλικὸν ταὐτὸν
κληθὲν καὶ πολιτικόν.

NE. ΣΩ. Παντάπασι μὲν οὖν. |

5 ΞΕ. Ἆρά γ', ὦ Σώκρατες, ἀληθῶς ἡμῖν τοῦτο καθάπερ
σὺ νῦν εἴρηκας οὕτως ἐστὶ καὶ πεπραγμένον;

NE. ΣΩ. Τὸ ποῖον δή;

Socrate le Jeune — Bien dit, et c'est comme pour 267a
t'acquitter d'une dette que tu m'as expliqué ce que je te
demandais, en y ajoutant à titre d'intérêts cette digression
pour solde de tout compte !

L'Étranger — Allons, reprenons depuis le début et
enchaînons jusqu'à la fin les étapes de la définition de ce
nom : l'art du politique.

Socrate le Jeune — Volontiers.

L'Étranger — De la science cognitive, il y avait
pour nous, au début, une partie épitactique ; par
comparaison, une portion de celle-ci a été appelée b
autépitactique. L'élevage zootrophique, à son tour, a
été coupé de l'art autépitactique dont il est un genre,
et certes pas le moindre ; de cet art zootrophique une
espèce est l'agelaiotrophique, et, de l'agelaiotrophique
la pézonomique est à sont tour une espèce ; de l'art
pézonomique a été découpé principalement celui de
nourrir la race des bêtes sans cornes. Pour la partie de
celui-ci, qui n'en est pas la moins importante, un triple
entrelacement est nécessaire si on souhaite la rassembler
sous un nom unique : appelons-la « science nomeutique c
de la race à génération non croisée ». Enfin, le segment
qui en est issu, seule partie restant encore du troupeau
bipède, est l'art anthroponomique, celui-là même qui était
l'objet de la recherche, appelé à la fois royal et politique.

Socrate le Jeune — C'est parfait !

L'Étranger — En ce qui nous concerne, Socrate, le
travail est-il et a-t-il été vraiment accompli comme tu
viens de le dire ?

Socrate le Jeune — Mais quel travail ?

ΞΕ. Τὸ παντάπασιν ἱκανῶς εἰρῆσθαι τὸ προτεθέν; ἢ τοῦτ' αὐτὸ καὶ μάλιστα ἡ ζήτησις ἐλλείπει, τὸ τὸν λόγον d | εἰρῆσθαι μέν πως, οὐ μὴν παντάπασί γε τελέως ἀπειργάσθαι;

ΝΕ. ΣΩ. Πῶς εἶπες;

ΞΕ. Ἐγὼ νῷν πειράσομαι τοῦτ' αὐτὸ ὃ διανοοῦμαι νῦν ἔτι μᾶλλον δηλῶσαι. |

5   ΝΕ. ΣΩ. Λέγοις ἄν.

ΞΕ. Οὐκοῦν τῶν νομευτικῶν ἡμῖν πολλῶν φανεισῶν ἄρτι τεχνῶν μία τις ἦν ἡ πολιτικὴ καὶ μιᾶς τινος ἀγέλης ἐπιμέλεια;

ΝΕ. ΣΩ. Ναί. |

10   ΞΕ. Ταύτην δέ γε διώριζεν ὁ λόγος οὐχ ἵππων εἶναι τροφὸν οὐδ' ἄλλων θηρίων, ἀλλ' ἀνθρώπων κοινοτροφικὴν ἐπιστήμην.

ΝΕ. ΣΩ. Οὕτως. |

e   ΞΕ. Τὸ δὴ τῶν νομέων πάντων διάφορον καὶ τὸ τῶν βασιλέων θεασώμεθα.

ΝΕ. ΣΩ. Τὸ ποῖον;

ΞΕ. Εἴ τις τῶν ἄλλων τῳ, τέχνης ἄλλης ὄνομα ἔχων, 5 | κοινῇ τῆς ἀγέλης σύντροφος εἶναί φησι καὶ προσποιεῖται.

ΝΕ. ΣΩ. Πῶς φής;

L'Étranger — Avons-nous répondu de façon « parfaitement » suffisante à la question posée ? Ou le défaut majeur de notre recherche n'est-il pas d'avoir à peu près formulé une définition, sans toutefois en avoir **d** élaboré une qui soit complètement achevée ?

Socrate le Jeune — Que me dis-tu là ?

L'Étranger — Je vais essayer de nous montrer encore mieux à tous deux ce que je pense.

Socrate le Jeune — Tu pourrais t'expliquer ?

L'Étranger — Parmi les nombreuses formes de nomeutiques[1] qui nous sont apparues tout à l'heure, il y avait un art unique, l'art politique, auquel revenait le soin d'une seule espèce de troupeau ?

Socrate le Jeune — Oui.

L'Étranger — Et cet art-là a été défini comme portant, non pas sur l'élevage des chevaux ou d'autres bêtes, mais comme étant la science koinotrophique des hommes.

Socrate le Jeune — Tout juste.

L'Étranger — Considérons donc en quoi tous les **e** autres pasteurs diffèrent des rois.

Socrate le Jeune — En quoi ?

L'Étranger — Voyons s'il en existe un devant lequel un autre, portant le nom d'un autre art, viendra affirmer et prétendre qu'il est tout autant que lui éleveur de son troupeau ?

Socrate le Jeune — Que veux-tu dire ?

---

1. La nomeutique : l'art de l'élevage.

ΞΕ. Οἷον οἱ ἔμποροι καὶ γεωργοὶ καὶ σιτουργοὶ πάντες, καὶ πρὸς τούτοις γυμνασταὶ καὶ τὸ τῶν ἰατρῶν γένος, οἶσθ' ὅτι τοῖς περὶ τὰ ἀνθρώπινα νομεῦσιν, οὓς 268a πολιτικοὺς ἐκαλέ|σαμεν, παντάπασι τῷ λόγῳ διαμάχοιντ' ἂν οὗτοι σύμπαντες, ὡς σφεῖς τῆς τροφῆς ἐπιμελοῦνται τῆς ἀνθρωπίνης, οὐ μόνον ἀγελαίων ἀνθρώπων ἀλλὰ καὶ τῆς τῶν ἀρχόντων αὐτῶν;

ΝΕ. ΣΩ. Οὐκοῦν ὀρθῶς ἂν λέγοιεν; |

5 ΞΕ. Ἴσως. καὶ τοῦτο μὲν ἐπισκεψόμεθα, τόδε δὲ ἴσμεν, ὅτι βουκόλῳ γε οὐδεὶς ἀμφισβητήσει περὶ τούτων οὐδενός, ἀλλ' αὐτὸς τῆς ἀγέλης τροφὸς ὁ βουφορβός, αὐτὸς ἰατρός, αὐτὸς οἷον νυμφευτὴς καὶ περὶ τοὺς τῶν b γιγνομένων τόκους | καὶ λοχείας μόνος ἐπιστήμων τῆς μαιευτικῆς. ἔτι τοίνυν παιδιᾶς καὶ μουσικῆς ἐφ' ὅσον αὐτοῦ τὰ θρέμματα φύσει μετείληφεν, οὐκ ἄλλος κρείττων παραμυθεῖσθαι καὶ κηλῶν πραΰνειν, μετά τε 5 ὀργάνων καὶ ψιλῷ τῷ στόματι τὴν τῆς | αὑτοῦ ποίμνης ἄριστα μεταχειριζόμενος μουσικῇ. καὶ δὴ καὶ τῶν ἄλλων πέρι νομέων ὁ αὐτὸς τρόπος. ἢ γάρ;

ΝΕ. ΣΩ. Ὀρθότατα.

ΞΕ. Πῶς οὖν ἡμῖν ὁ λόγος ὀρθὸς φανεῖται καὶ c ἀκέραιος | ὁ περὶ τοῦ βασιλέως, ὅταν αὐτὸν νομέα καὶ τροφὸν ἀγέλης ἀνθρωπίνης θῶμεν μόνον ἐκκρίνοντες μυρίων ἄλλων ἀμφισβητούντων;

ΝΕ. ΣΩ. Οὐδαμῶς. |

L'Étranger — Par exemple : les négociants, les agriculteurs et les boulangers, auxquels peuvent s'ajouter les maîtres de gymnastique et la famille des médecins, tous ceux-là, tu sais qu'ils batailleraient ferme avec force arguments contre ces pasteurs d'affaires humaines que nous avons appelés « politiques », soutenant que **268a** ce sont eux qui prennent soin de l'élevage humain, non seulement de celui des hommes composant le troupeau, mais de celui de leurs gouvernants eux-mêmes ?

Socrate le Jeune — N'auraient-ils donc pas raison de le dire ?

L'Étranger — Peut-être. C'est à examiner, mais ce que nous savons, par contre, c'est qu'à un gardien de bœufs, en tout cas, personne n'adresse la moindre contestation : c'est lui, le bouvier, qui est l'éleveur de son troupeau, lui qui est son médecin, lui qui est pour ainsi dire son marieur, et pour les naissances et les accouchements, il est seul à s'y connaître dans l'art des sages-femmes. **b** En outre, et pour autant que la nature de ses bêtes leur permet de prendre part au jeu et à la musique, nul n'est plus apte que lui à les réconforter ou les apaiser en les charmant ; et qu'il use d'instruments ou seulement de sa bouche, il excelle à exécuter la musique adaptée à son propre troupeau. Il en va naturellement de même pour les autres pasteurs, n'est-ce pas ?

Socrate le Jeune — Tout à fait exact.

L'Étranger — Comment alors notre définition du roi peut-elle nous paraître « correcte » et sans faille quand, en **c** posant que lui seul est le pasteur et l'éleveur du troupeau humain, nous l'extrayons ainsi de dizaines de milliers d'autres prétendants ?

Socrate le Jeune — D'aucune façon.

5 ΞΕ. Οὐκοῦν ὀρθῶς ὀλίγον ἔμπροσθεν ἐφοβήθημεν ὑποπτεύσαντες μὴ λέγοντες μέν τι τυγχάνοιμεν σχῆμα βασιλικόν, οὐ μὴν ἀπειργασμένοι γε εἶμέν πω δι᾽ ἀκριβείας τὸν πολιτικόν, ἕως ἂν τοὺς περικεχυμένους αὐτῷ καὶ τῆς συννομῆς αὐτῷ ἀντιποιουμένους περιελόντες 10 καὶ χωρίσαντες ἀπ᾽ ἐκείνων | καθαρὸν μόνον αὐτὸν ἀποφήνωμεν; |

d   ΝΕ. ΣΩ. Ὀρθότατα μὲν οὖν.

ΞΕ. Τοῦτο τοίνυν, ὦ Σώκρατες, ἡμῖν ποιητέον, εἰ μὴ μέλλομεν ἐπὶ τῷ τέλει καταισχῦναι τὸν λόγον. ΝΕ. ΣΩ. Ἀλλὰ μὴν οὐδαμῶς τοῦτό γε δραστέον. |

5   ΞΕ. Πάλιν τοίνυν ἐξ ἄλλης ἀρχῆς δεῖ καθ᾽ ἑτέραν ὁδὸν πορευθῆναί τινα.

ΝΕ. ΣΩ. Ποίαν δή;

ΞΕ. Σχεδὸν παιδιὰν ἐγκερασαμένους· συχνῷ γὰρ μέρει δεῖ μεγάλου μύθου προσχρήσασθαι, καὶ τὸ e λοιπὸν δή, καθάπερ | ἐν τοῖς πρόσθεν, μέρος ἀεὶ μέρους ἀφαιρουμένους ἐπ᾽ ἄκρον ἀφικνεῖσθαι τὸ ζητούμενον. οὐκοῦν χρή;

ΝΕ. ΣΩ. Πάνυ μὲν οὖν.

ΞΕ. Ἀλλὰ δὴ τῷ μύθῳ μου πάνυ πρόσεχε τὸν νοῦν, 5 | καθάπερ οἱ παῖδες· πάντως οὐ πολλὰ ἐκφεύγεις παιδιὰς ἔτη.

ΝΕ. ΣΩ. Λέγοις ἄν.

L'Étranger — Ce n'est donc pas sans raison que tout à l'heure nous craignions et soupçonnions qu'en parlant ainsi, c'est une esquisse du roi que nous nous trouvions avoir tracée, mais que nous n'en aurions pas fini avec l'homme politique tant que, après l'avoir arraché au flot de tous ceux qui l'assaillent et lui réclament le partage de son art et l'avoir séparé d'eux, nous le fassions voir, lui seul, dans toute sa pureté ?

Socrate le Jeune — On avait tout à fait raison.

L'Étranger — Voici donc, Socrate, ce qu'il nous faut **d** faire, si nous ne voulons pas que cette définition finisse par sombrer dans la honte.

Socrate le Jeune — Il faut à tout prix l'éviter !

L'Étranger — Il faut donc prendre un autre point de départ et cheminer en suivant une autre route.

Socrate le Jeune — Laquelle ?

L'Étranger — En y mêlant quelque chose comme du jeu. Car il nous faut utiliser une large portion d'un mythe grandiose et pour ce qui reste, comme nous l'avons fait **e** précédemment, couper chaque fois une partie d'une partie et ainsi atteindre jusqu'à son extrême pointe l'objet cherché. Il le faut, n'est-ce pas ?

Socrate le Jeune — Oui, absolument.

L'Étranger — Eh bien, prête toute ton attention à ce mythe de mon invention, comme font les enfants ; il n'y a d'ailleurs pas tant d'années que tu es sorti des jeux de l'enfance !

Socrate le Jeune — Tu n'as qu'à parler !

ΞΕ. Ἦν τοίνυν καὶ ἔτι ἔσται τῶν πάλαι λεχθέντων πολλά τε ἄλλα καὶ δὴ καὶ τὸ περὶ τὴν Ἀτρέως τε καὶ
10 | Θυέστου λεχθεῖσαν ἔριν φάσμα. ἀκήκοας γάρ που καὶ ἀπομνημονεύεις ὅ φασι γενέσθαι τότε.

ΝΕ. ΣΩ. Τὸ περὶ τῆς χρυσῆς ἀρνὸς ἴσως σημεῖον φράζεις. |

269a ΞΕ. Οὐδαμῶς, ἀλλὰ τὸ περὶ τῆς μεταβολῆς δύσεώς τε καὶ ἀνατολῆς ἡλίου καὶ τῶν ἄλλων ἄστρων, ὡς ἄρα ὅθεν μὲν ἀνατέλλει νῦν εἰς τοῦτον τότε τὸν τόπον ἐδύετο, ἀνέτελλε δ᾽ ἐκ τοῦ ἐναντίου, τότε δὲ δὴ μαρτυρήσας ἄρα
5 ὁ θεὸς Ἀτρεῖ | μετέβαλεν αὐτὸ ἐπὶ τὸ νῦν σχῆμα.

ΝΕ. ΣΩ. Λέγεται γὰρ οὖν δὴ καὶ τοῦτο.

ΞΕ. Καὶ μὴν αὖ καὶ τήν γε βασιλείαν ἣν ἦρξε Κρόνος πολλῶν ἀκηκόαμεν. |

b ΝΕ. ΣΩ. Πλείστων μὲν οὖν.

ΞΕ. Τί δέ; τὸ τοὺς ἔμπροσθεν φύεσθαι γηγενεῖς καὶ μὴ ἐξ ἀλλήλων γεννᾶσθαι;

ΝΕ. ΣΩ. Καὶ τοῦτο ἓν τῶν πάλαι λεχθέντων. |

5 ΞΕ. Ταῦτα τοίνυν ἔστι μὲν σύμπαντα ἐκ ταὐτοῦ πάθους, καὶ πρὸς τούτοις ἕτερα μυρία καὶ τούτων ἔτι θαυμαστότερα, διὰ δὲ χρόνου πλῆθος τὰ μὲν αὐτῶν ἀπέσβηκε, τὰ δὲ διεσπαρμένα εἴρηται χωρὶς ἕκαστα ἀπ᾽
c ἀλλήλων. ὃ δ᾽ ἐστὶν πᾶσι | τούτοις αἴτιον τὸ πάθος οὐδεὶς εἴρηκεν, νῦν δὲ δὴ λεκτέον· εἰς γὰρ τὴν τοῦ βασιλέως ἀπόδειξιν πρέψει ῥηθέν.

L'Étranger — Il y avait donc une fois et il y aura encore, entre autres légendes du temps jadis, celle notamment du prodige lié à la querelle d'Atrée et de Thyeste. J'imagine que tu as entendu ce qu'on raconte être arrivé et que tu t'en souviens ?

Socrate le Jeune — Tu veux sans doute parler de ce signe divin qu'était la brebis à toison d'or ?

L'Étranger — Pas du tout, mais de celui de **269a** l'interversion du coucher et du lever du soleil et des autres astres : là où ils se lèvent maintenant, c'est là qu'ils se couchaient alors et ils se levaient au point opposé ; c'est à ce moment que le dieu, pour témoigner en faveur d'Atrée, renversa leur cours en celui qui existe actuellement.

Socrate le Jeune — En effet, on raconte aussi cela.

L'Étranger — Et sur le règne de Kronos, nous avons aussi entendu beaucoup d'histoires ?

Socrate le Jeune — Une bonne quantité, c'est sûr.   **b**

L'Étranger — Mais ne raconte-t-on pas que les hommes de jadis naissaient de la terre et ne s'engendraient pas les uns les autres ?

Socrate le Jeune — Oui, c'est aussi une des choses que l'on raconte depuis la nuit des temps.

L'Étranger — Or elles résultent toutes d'un même événement, et, outre celles-là, de milliers d'autres plus étonnantes encore ; mais une longue période de temps a fait que parmi elles les unes se sont éteintes, tandis que d'autres ont été racontées séparément en ordre dispersé. Or l'événement responsable de tout cela, personne n'en **c** a parlé et le moment est venu de le faire ; car, une fois formulé, il contribuera de manière appropriée à faire voir ce qu'est le roi.

ΝΕ. ΣΩ. Κάλλιστ᾽ εἶπες, καὶ λέγε μηδὲν ἐλλείπων.

ΞΕ. Ἀκούοις ἄν. τὸ γὰρ πᾶν τόδε τοτὲ μὲν αὐτὸς ὁ
5 | θεὸς συμποδηγεῖ πορευόμενον καὶ συγκυκλεῖ, τοτὲ δὲ
ἀνῆκεν, ὅταν αἱ περίοδοι τοῦ προσήκοντος αὐτῷ μέτρον
εἰλήφωσιν ἤδη χρόνου, τὸ δὲ πάλιν αὐτόματον εἰς
d τἀναντία περιάγεται, | ζῷον ὂν καὶ φρόνησιν εἰληχὸς ἐκ
τοῦ συναρμόσαντος αὐτὸ κατ᾽ ἀρχάς. τοῦτο δὲ αὐτῷ τὸ
ἀνάπαλιν ἰέναι διὰ τόδ᾽ ἐξ ἀνάγκης ἔμφυτον γέγονε.

ΝΕ. ΣΩ. Διὰ τὸ ποῖον δή; |

5 ΞΕ. Τὸ κατὰ ταὐτὰ καὶ ὡσαύτως ἔχειν ἀεὶ καὶ ταὐτὸν
εἶναι τοῖς πάντων θειοτάτοις προσήκει μόνοις, σώματος
δὲ φύσις οὐ ταύτης τῆς τάξεως. ὂν δὲ οὐρανὸν καὶ
κόσμον ἐπωνομάκαμεν, πολλῶν μὲν καὶ μακαρίων παρὰ
τοῦ γεννήσαντος μετείληφεν, ἀτὰρ οὖν δὴ κεκοινώνηκέ
e γε | καὶ σώματος· ὅθεν αὐτῷ μεταβολῆς ἀμοίρῳ
γίγνεσθαι διὰ παντὸς ἀδύνατον, κατὰ δύναμίν γε μὴν
ὅτι μάλιστα ἐν τῷ αὐτῷ κατὰ ταὐτὰ μίαν φορὰν κινεῖται·
διὸ τὴν ἀνακύκλησιν εἴληχεν, ὅτι σμικροτάτην τῆς
5 αὑτοῦ κινήσεως παράλλαξιν. | αὐτὸ δὲ ἑαυτὸ στρέφειν
ἀεὶ σχεδὸν οὐδενὶ δυνατὸν πλὴν τῷ τῶν κινουμένων αὖ
πάντων ἡγουμένῳ· κινεῖν δὲ τούτῳ τοτὲ μὲν ἄλλως, αὖθις

Socrate le Jeune — On ne peut mieux dire : parle sans rien omettre.

L'Étranger — Alors, écoute! Cet univers-ci, tantôt le dieu lui-même en guide entièrement la marche et l'accompagne dans sa rotation, mais tantôt il le laisse aller, chaque fois que les révolutions ont épuisé la mesure de temps appropriée, et alors, de son mouvement propre, l'univers commence à tourner en sens inverse, en tant qu'il est un vivant et que, dès l'origine, celui qui d l'a organisé l'a doté de pensée sage. Cette tendance à la marche rétrograde lui est nécessairement innée, pour la raison que voici.

Socrate le Jeune — Laquelle?

L'Étranger — Se tenir toujours dans les mêmes rapports et se comporter de façon semblable, être le même, cela convient seulement aux plus divins de tous les êtres, mais la nature corporelle ne relève pas de cet ordre. Ce que nous nommons Ciel et Monde a beau avoir reçu de celui qui l'engendra une large part de dons bienheureux, il n'en a pas moins part à un corps. De là vient qu'exister e en étant totalement exempt de changement, cela lui est impossible, bien que, dans la mesure de sa puissance, il se meuve d'un mouvement unique dans un même lieu et selon les mêmes rapports. Voilà pourquoi il a reçu en partage le mouvement circulaire rétrograde, parce que celui-ci représente le plus petit écart par rapport au mouvement qui lui est propre. Car se faire tourner toujours soi-même par soi-même, cela n'est possible à pratiquement rien, sinon à celui qui conduit toutes les choses qui sont mues ; or à cet être, mouvoir tantôt dans un sens et tantôt en sens contraire, cela n'est pas permis.

δὲ ἐναντίως οὐ θέμις. ἐκ πάντων δὴ τούτων τὸν κόσμον μήτε αὐτὸν χρὴ φάναι στρέφειν ἑαυτὸν ἀεί, μήτ' αὖ ὅλον ἀεὶ ὑπὸ θεοῦ στρέφεσθαι διττὰς καὶ ἐναντίας

270a | περιαγωγάς, μήτ' αὖ δύο τινὲ θεὼ φρονοῦντε ἑαυτοῖς ἐναντία στρέφειν αὐτόν, ἀλλ' ὅπερ ἄρτι ἐρρήθη καὶ μόνον λοιπόν, τοτὲ μὲν ὑπ' ἄλλης συμποδηγεῖσθαι θείας αἰτίας, τὸ ζῆν πάλιν ἐπικτώμενον καὶ λαμβάνοντα ἀθανασίαν

5 ἐπισκευαστὴν | παρὰ τοῦ δημιουργοῦ, τοτὲ δ' ὅταν ἀνεθῇ, δι' ἑαυτὸν[1] αὐτὸν ἰέναι, κατὰ καιρὸν ἀφεθέντα τοιοῦτον, ὥστε ἀνάπαλιν πορεύεσθαι πολλὰς περιόδων μυριάδας διὰ δ[2] τὸ μέγιστον ὂν καὶ ἰσορροπώτατον ἐπὶ μικροτάτου βαῖνον ποδὸς ἰέναι. |

b   ΝΕ. ΣΩ. Φαίνεται γοῦν δὴ καὶ μάλα εἰκότως εἰρῆσθαι πάνθ' ὅσα διελήλυθας.

ΞΕ. Λογισάμενοι δὴ συννοήσωμεν τὸ πάθος ἐκ τῶν νῦν λεχθέντων, ὃ πάντων ἔφαμεν εἶναι τῶν θαυμαστῶν

5 αἴτιον. | ἔστι γὰρ οὖν δὴ τοῦτ' αὐτό.

ΝΕ. ΣΩ. Τὸ ποῖον;

ΞΕ. Τὸ τὴν τοῦ παντὸς φορὰν τοτὲ μὲν ἐφ' ἃ νῦν κυκλεῖται φέρεσθαι, τοτὲ δ' ἐπὶ τἀναντία.

ΝΕ. ΣΩ. Πῶς δή; |

10   ΞΕ. Ταύτην τὴν μεταβολὴν ἡγεῖσθαι δεῖ τῶν περὶ τὸν

c | οὐρανὸν γιγνομένων τροπῶν πασῶν εἶναι μεγίστην καὶ τελεωτάτην τροπήν.

ΝΕ. ΣΩ. Ἔοικε γοῦν.

---

1. a5 δι' ἑαυτὸν BTW : δι' ἑαυτοῦ Eusèbe Burnet
2. a7 δὲ BT : om. W Eusèbe : δὴ Stallbaum Burnet

Pour toutes ces raisons, il ne faut dire ni que le Monde tourne toujours lui-même par lui-même ; ni, inversement, qu'un dieu lui imprime toujours en son entier des révolutions doubles et contraires, et pas davantage qu'elles **270a** seraient dues à je ne sais quel couple de dieux animés d'intentions mutuellement opposées. Mais, comme on vient de le dire, reste cette seule hypothèse : tantôt, guidé par une cause divine qui accompagne sa marche, il se remet à vivre et reçoit de son démiurge une immortalité restaurée, et tantôt, chaque fois qu'il est laissé à lui-même, il va lui-même par lui-même [V], ayant été délaissé à un moment suffisamment favorable pour pouvoir parcourir d'un mouvement rétrograde plusieurs dizaines de milliers de révolutions et, étant immense et parfaitement équilibré, il va, marchant sur un pied minuscule.

Socrate le Jeune — Tout ce que tu viens de raconter **b** semble très vraisemblable.

L'Étranger — Eh bien, en raisonnant à partir de ce que nous venons de dire, nous arriverons à comprendre l'événement que nous avons affirmé responsable de tous ces étonnants prodiges. Voici, de fait, en quoi il consiste.

Socrate le Jeune — En quoi ?

L'Étranger — Il tient à ce que le mouvement de l'univers le porte tantôt à des rotations semblables à celles de maintenant, et tantôt à des rotations en sens contraire.

Socrate le Jeune — Comment cela ?

L'Étranger — Ce changement de direction doit être considéré comme le plus important et le plus radical de **c** tous les renversements qui affectent le Ciel.

Socrate le Jeune — Du moins, c'est vraisemblable.

ΞΕ. Μεγίστας τοίνυν καὶ μεταβολὰς χρὴ νομίζειν
5 γί|γνεσθαι τότε τοῖς ἐντὸς ἡμῖν οἰκοῦσιν αὐτοῦ.

ΝΕ. ΣΩ. Καὶ τοῦτο εἰκός.

ΞΕ. Μεταβολὰς δὲ μεγάλας καὶ πολλὰς καὶ παντοίας
συμφερομένας ἆρ' οὐκ ἴσμεν τὴν τῶν ζῴων φύσιν ὅτι
χαλεπῶς ἀνέχεται; |

10   ΝΕ. ΣΩ. Πῶς δ' οὔ;

ΞΕ. Φθοραὶ τοίνυν ἐξ ἀνάγκης τότε μέγισται
συμβαίνουσι τῶν τε ἄλλων ζῴων, καὶ δὴ καὶ τὸ τῶν
d ἀνθρώπων | γένος ὀλίγον τι περιλείπεται· περὶ δὲ
τούτους ἄλλα τε παθήματα πολλὰ καὶ θαυμαστὰ καὶ
καινὰ συμπίπτει, μέγιστον δὲ τόδε καὶ συνεπόμενον τῇ
τοῦ παντὸς ἀνειλίξει τότε, ὅταν ἡ τῆς νῦν καθεστηκυίας
ἐναντία γίγνηται τροπή. |

5   ΝΕ. ΣΩ. Τὸ ποῖον;

ΞΕ. Ἣν ἡλικίαν ἕκαστον εἶχε τῶν ζῴων, αὕτη πρῶτον
μὲν ἔστη πάντων, καὶ ἐπαύσατο πᾶν ὅσον ἦν θνητὸν ἐπὶ τὸ
γεραίτερον ἰδεῖν πορευόμενον, μεταβάλλον δὲ πάλιν ἐπὶ
e | τοὐναντίον οἷον νεώτερον καὶ ἁπαλώτερον ἐφύετο·
καὶ τῶν μὲν πρεσβυτέρων αἱ λευκαὶ τρίχες ἐμελαίνοντο,
τῶν δ' αὖ γενειώντων αἱ παρειαὶ λεαινόμεναι πάλιν
ἐπὶ τὴν παρελθοῦσαν ὥραν ἕκαστον καθίστασαν, τῶν
5 δὲ ἡβώντων τὰ | σώματα λεαινόμενα καὶ σμικρότερα
καθ' ἡμέραν καὶ νύκτα ἑκάστην γιγνόμενα πάλιν εἰς
τὴν τοῦ νεογενοῦς παιδὸς φύσιν ἀπῄει, κατά τε τὴν
ψυχὴν καὶ κατὰ τὸ σῶμα ἀφομοιούμενα· τὸ δ' ἐντεῦθεν
ἤδη μαραινόμενα κομιδῇ τὸ πάμπαν ἐξηφανίζετο.

L'Étranger — Il faut donc estimer que c'est aussi à ce moment qu'adviennent les plus grands changements pour nous, qui habitons à l'intérieur du Ciel.

Socrate le Jeune — Cela aussi, c'est vraisemblable.

L'Étranger — Or, lorsque des changements importants et aussi nombreux que variés surviennent, ne savons-nous pas que la nature des vivants les supporte difficilement ?

Socrate le Jeune — Qui pourrait l'ignorer ?

L'Étranger — Des destructions considérables frappent donc fatalement les vivants, et spécialement le genre humain, dont il ne reste que très peu de survivants ; **d** ceux-ci sont victimes de quantité d'accidents, aussi stupéfiants qu'insolites, mais le plus grave est celui-ci, et il découle de la rétrogradation de l'univers, chaque fois que sa rotation va en sens contraire de celle qui prévaut maintenant.

Socrate le Jeune — De quel accident s'agit-il ?

L'Étranger — Quel que soit l'âge de chacun des vivants, il s'arrêta d'abord d'avancer pour tous, et tout ce qu'il y avait de mortels, cessant d'offrir le spectacle d'un vieillissement croissant, se mit à changer en sens contraire **e** et devint comme plus jeune et plus tendre ; les cheveux blancs des vieillards noircissaient, les joues de ceux dont la barbe commençait à pousser redevenaient lisses, ramenant chacun à son printemps d'autrefois ; quant aux corps des adolescents, jour après jour et nuit après nuit, ils se lissaient et rapetissaient, rejoignant ainsi l'état d'un enfant nouveau-né, auquel ils finissaient par ressembler par l'âme et par le corps ; puis, continuant dès lors à se consumer, ils finissaient par disparaître complètement.

10 τῶν δ' αὖ βιαίως τελευτώντων ἐν τῷ τότε χρόνῳ | τὸ
τοῦ νεκροῦ σῶμα τὰ αὐτὰ ταῦτα πάσχον παθήματα διὰ
271a | τάχους ἄδηλον ἐν ὀλίγαις ἡμέραις διεφθείρετο.

ΝΕ. ΣΩ. Γένεσις δὲ δὴ τίς τότ' ἦν, ὦ ξένε, ζῴων; καὶ
τίνα τρόπον ἐξ ἀλλήλων ἐγεννῶντο;

ΞΕ. Δῆλον, ὦ Σώκρατες, ὅτι τὸ μὲν ἐξ ἀλλήλων οὐκ
5 ἦν | ἐν τῇ τότε φύσει γεννώμενον, τὸ δὲ γηγενὲς εἶναί
ποτε γένος λεχθὲν τοῦτ' ἦν τὸ κατ' ἐκεῖνον τὸν χρόνον
ἐκ γῆς πάλιν ἀναστρεφόμενον, ἀπεμνημονεύετο δὲ ὑπὸ
τῶν ἡμετέρων προγόνων τῶν πρώτων, οἳ τελευτώσῃ
b μὲν τῇ προτέρᾳ | περιφορᾷ τὸν ἑξῆς χρόνον ἐγειτόνουν,
τῆσδε δὲ κατ' ἀρχὰς ἐφύοντο· τούτων γὰρ οὗτοι κήρυκες
ἐγένονθ' ἡμῖν τῶν λόγων, οἳ νῦν ὑπὸ πολλῶν οὐκ ὀρθῶς
ἀπιστοῦνται. τὸ γὰρ ἐντεῦθεν οἶμαι χρὴ συννοεῖν.
5 ἑπόμενον γάρ ἐστι τῷ τοὺς πρεσβύτας | ἐπὶ τὴν τοῦ
παιδὸς ἰέναι φύσιν, ἐκ τῶν τετελευτηκότων αὖ, κειμένων
δὲ ἐν γῇ, πάλιν ἐκεῖ συνισταμένους καὶ ἀναβιωσκομένους,
ἕπεσθαι τῇ τροπῇ συνανακυκλουμένης εἰς τἀναντία τῆς
c γενέσεως, καὶ γηγενεῖς δὴ κατὰ τοῦτον τὸν | λόγον ἐξ
ἀνάγκης φυομένους, οὕτως ἔχειν τοὔνομα καὶ τὸν λόγον,
ὅσους μὴ θεὸς αὐτῶν εἰς ἄλλην μοῖραν ἐκόμισεν.

ΝΕ. ΣΩ. Κομιδῇ μὲν οὖν τοῦτό γε ἕπεται τοῖς
ἔμπροσθεν. ἀλλὰ δὴ τὸν βίον ὃν ἐπὶ τῆς Κρόνου φῂς εἶναι
5 |δυνάμεως, πότερον ἐν ἐκείναις ἦν ταῖς τροπαῖς ἢ ἐν ταῖσδε;

Le cadavre de ceux qui en ce temps-là mouraient de mort violente souffrait des mêmes accidents, et il se détruisait avec une telle rapidité qu'il devenait invisible en quelques **271a** jours.

Socrate le Jeune — Mais alors, Étranger, comment naissaient-ils en ce temps-là, les vivants ? De quelle façon pouvaient-ils s'engendrer les uns les autres ?

L'Étranger — Évidemment, Socrate, s'engendrer les uns les autres n'était pas inscrit dans la nature qu'ils avaient alors : la race née de la terre, dont on raconte qu'elle exista un jour, c'est en ce temps-là qu'elle en surgissait ; nos plus anciens ancêtres en ont gardé la mémoire, eux qui, vivant au cours de l'époque suivante, venaient tout de suite après la fin de la période antérieure et en étaient **b** proches, mais prenaient naissance au commencement de celle-ci. Ce sont eux qui furent pour nous les hérauts de ces récits auxquels la plupart des gens refusent à tort aujourd'hui de croire. Or je pense qu'il y a là matière à réflexion. Car du retour des vieilles gens à leur nature enfantine, il découle que ce sont des morts gisant en terre que se reconstituent à nouveau sur place et reprennent vie les vivants et qu'ils épousent ainsi le mouvement du renversement, la génération se mettant à tourner avec lui en sens contraire ; être de cette façon « nés de la Terre », ils le sont bien, puisque selon notre raisonnement [VI] ils en **c** poussent nécessairement et tiendraient de là leur nom et leur légende – tous ceux d'entre eux du moins qu'un dieu n'aurait pas emportés vers une autre destinée.

Socrate le Jeune — Hé ! oui, il est certain que cela découle de ce qui précède. Mais la vie que tu dis être menée sous le pouvoir de Kronos, est-ce qu'elle était vécue lors de ces renversements-là, ou lors de ceux-ci ?

τὴν μὲν γὰρ τῶν ἄστρων τε καὶ ἡλίου μεταβολὴν δῆλον
ὡς ἐν ἑκατέραις συμπίπτει ταῖς τροπαῖς γίγνεσθαι.

ΞΕ. Καλῶς τῷ λόγῳ συμπαρηκολούθηκας. ὃ δ' ἤρου
d | περὶ τοῦ πάντα αὐτόματα γίγνεσθαι τοῖς ἀνθρώποις,
ἥκιστα τῆς νῦν ἐστι καθεστηκυίας φορᾶς, ἀλλ' ἦν
καὶ τοῦτο τῆς ἔμπροσθεν. τότε γὰρ αὐτῆς πρῶτον
τῆς κυκλήσεως ἦρχεν ἐπιμελούμενος ὅλης ὁ θεός, ὡς
5 νῦν¹ κατὰ τόπους ταὐτὸν τοῦτο, | ὑπὸ θεῶν ἀρχόντων
πάντῃ² τὰ τοῦ κόσμου μέρη διειλημμένα· καὶ δὴ καὶ τὰ
ζῷα κατὰ γένη καὶ ἀγέλας οἷον νομῆς θεῖοι διειλήφεσαν
e δαίμονες, αὐτάρκης εἰς πάντα ἕκαστος ἑκάστοις | ὧν οἷς
αὐτὸς ἔνεμεν, ὥστε οὔτ' ἄγριον ἦν οὐδὲν οὔτε ἀλλήλων
ἐδωδαί, πόλεμός τε οὐκ ἐνῆν οὐδὲ στάσις τὸ παράπαν·
ἄλλα θ' ὅσα τῆς τοιαύτης ἐστὶ κατακοσμήσεως ἑπόμενα,
μυρία ἂν εἴη λέγειν. τὸ δ' οὖν τῶν ἀνθρώπων λεχθὲν
5 | αὐτομάτου πέρι βίου διὰ τὸ τοιόνδε εἴρηται. θεὸς ἔνεμεν
αὐτοὺς αὐτὸς ἐπιστατῶν, καθάπερ νῦν ἄνθρωποι, ζῷον
ὂν ἕτερον θειότερον, ἄλλα γένη φαυλότερα αὑτῶν
νομεύουσι· νέμοντος δὲ ἐκείνου πολιτεῖαί τε οὐκ ἦσαν

1. d4 ὡς νῦν BTW : ὡς δ' αὖ Burnet : ὡς δ' αὖ Robinson
2. d5 πάντῃ BTW : πάντ' ἦν Stallbaum, Burnet : πάντη ἦν Robinson

Car il est évident que le changement du sens des
révolutions de la marche des astres et du soleil survient
aussi bien lors de chacune des deux.

L'Étranger — Tu as parfaitement suivi le
raisonnement. Mais ce que tu demandais, à quel moment   **d**
tout naît spontanément pour les hommes, cela ne
caractérise pas du tout le mouvement céleste actuel mais
appartenait aussi[1] au mouvement antérieur. Alors, en
effet, c'est sa révolution circulaire que le dieu dirigeait
dans un premier temps et il en prenait entièrement
soin, comme cela se passe à présent de la même façon
pour les régions, les parties du monde étant totalement
réparties entre eux par les dieux qui les gouvernent[VII].
Et naturellement, les vivants aussi avaient été répartis
en genres et en troupeaux par des démons – sortes de
pasteurs divins dont chacun subvenait indépendamment
à tous les besoins de ceux qu'il paissait ; aussi n'y avait-il   **e**
pas d'espèce sauvage, aucune ne servait de nourriture à
une autre ; entre elles, ni guerre ni dissension d'aucune
sorte. Quant aux autres conséquences d'une telle organisation, il y en aurait des milliers et milliers à énumérer.
Mais pour en arriver à ce qu'on raconte de la vie des
hommes et du mode spontané de son existence, voici
à peu près comment on peut l'expliquer : un dieu
lui-même les faisait paître et les dirigeait, tout comme
à présent les hommes, espèce animale différente et
plus divine, font paître les autres espèces animales
qui leur sont inférieures. Comme c'est un dieu qui
les faisait paître, nul besoin de constitution politique,

---

1. Comme y appartient le renversement du mode de génération qui
vient d'être décrit.

272a οὐδὲ κτήσεις | γυναικῶν καὶ παίδων· ἐκ γῆς γὰρ
ἀνεβιώσκοντο πάντες, οὐδὲν μεμνημένοι τῶν πρόσθεν·
ἀλλὰ τὰ μὲν τοιαῦτα ἀπῆν πάντα, καρποὺς δὲ ἀφθόνους
εἶχον ἀπό τε δένδρων καὶ πολλῆς ὕλης ἄλλης, οὐχ ὑπὸ
5 γεωργίας φυομένους, ἀλλ᾽ | αὐτομάτης ἀναδιδούσης
τῆς γῆς. γυμνοὶ δὲ καὶ ἄστρωτοι θυραυλοῦντες τὰ
πολλὰ ἐνέμοντο· τὸ γὰρ τῶν ὡρῶν αὐτοῖς ἄλυπον
b ἐκέκρατο, μαλακὰς δὲ εὐνὰς εἶχον ἀναφυομένης ἐκ | γῆς
πόας ἀφθόνου. τὸν δὴ βίον, ὦ Σώκρατες, ἀκούεις μὲν
τὸν τῶν ἐπὶ Κρόνου· τόνδε δ᾽ ὃν λόγος ἐπὶ Διὸς εἶναι,
τὸν νυνί, παρὼν αὐτὸς ᾔσθησαι· κρῖναι δ᾽ αὐτοῖν τὸν
εὐδαιμονέστερον ἆρ᾽ ἂν δύναιό τε καὶ ἐθελήσειας; |

5 ΝΕ. ΣΩ. Οὐδαμῶς.

ΞΕ. Βούλει δῆτα ἐγώ σοι τρόπον τινὰ διακρίνω;

ΝΕ. ΣΩ. Πάνυ μὲν οὖν.

ΞΕ. Εἰ μὲν τοίνυν οἱ τρόφιμοι τοῦ Κρόνου,
παρούσης αὐτοῖς οὕτω πολλῆς σχολῆς καὶ δυνάμεως
10 πρὸς τὸ μὴ μόνον | ἀνθρώποις ἀλλὰ καὶ θηρίοις διὰ
c λόγων δύνασθαι συγγίγνε|σθαι, κατεχρῶντο τούτοις
σύμπασιν ἐπὶ φιλοσοφίαν, μετά τε θηρίων καὶ μετ᾽
ἀλλήλων ὁμιλοῦντες, καὶ πυνθανόμενοι παρὰ πάσης
φύσεως εἴ τινά τις ἰδίαν δύναμιν ἔχουσα ᾔσθετό τι
διάφορον τῶν ἄλλων εἰς συναγυρμὸν φρονήσεως,
5 εὔκριτον | ὅτι τῶν νῦν οἱ τότε μυρίῳ πρὸς εὐδαιμονίαν
διέφερον· εἰ δ᾽ ἐμπιμπλάμενοι σίτων ἄδην καὶ ποτῶν

ni de posséder femmes et enfants puisque, sortant de   272a
la terre, ils revenaient tous à la vie, sans garder aucun
souvenir du passé. Mais s'il n'y avait rien de tout cela,
en revanche ils avaient à profusion les fruits des arbres
et d'innombrables taillis, fruits qui poussaient sans être
cultivés mais fournis spontanément par la terre. Ils
vivaient nus, dormaient le plus souvent sans lit, à la belle
étoile, car les saisons avaient été tempérées pour leur
éviter de souffrir, et molles étaient leurs couches, faites de
l'herbe foisonnante qui poussait de la terre. La vie dont   b
tu viens de m'entendre parler, Socrate, est la vie que l'on
menait sous le règne de Kronos. Quant à celle qu'on dit
être menée sous le règne de Zeus, la vie de maintenant, tu
as bien toi-même conscience qu'elle t'est présente. Est-ce
que tu te sentirais capable et accepterais de juger laquelle
des deux est la plus heureuse?

Socrate le Jeune — Certes non!

L'Étranger — Veux-tu alors que ce soit moi qui décide
en quelque façon pour toi?

Socrate le Jeune — Volontiers.

L'Étranger — Eh bien, si les nourrissons de Kronos,
disposant d'un loisir si abondant et du pouvoir de
discuter, non seulement avec des hommes, mais avec
des bêtes, mettaient tous ces avantages au service de la   c
philosophie, en liant conversation entre eux comme avec
les bêtes et en s'informant auprès de chaque nature, pour
voir si chacune n'aurait pas une capacité de percevoir
qui lui serait particulière et différente des autres, afin de
recueillir de la pensée sage, alors il est aisé de juger que ceux
d'alors l'emportaient mille fois sur ceux de maintenant
pour ce qui est du bonheur. Mais si au contraire, gorgés
de nourritures et de boissons, ils se racontaient les

διελέγοντο πρὸς ἀλλήλους καὶ τὰ θηρία μύθους οἷοι[1]

d δὴ καὶ τὰ νῦν περὶ αὐτῶν | λέγονται, καὶ τοῦτο, ὥς γε
κατὰ τὴν ἐμὴν δόξαν ἀποφήνασθαι, καὶ μάλ' εὔκριτον.
ὅμως δ' οὖν ταῦτα μὲν ἀφῶμεν, ἕως ἂν ἡμῖν μηνυτής τις
ἱκανὸς φανῇ, ποτέρως οἱ τότε τὰς ἐπιθυμίας εἶχον περὶ
5 τε ἐπιστημῶν καὶ τῆς τῶν λόγων χρείας· | οὗ δ' ἕνεκα
τὸν μῦθον ἠγείραμεν, τοῦτο λεκτέον, ἵνα τὸ μετὰ τοῦτο
εἰς τὸ πρόσθεν περαίνωμεν. ἐπειδὴ γὰρ πάντων τούτων
χρόνος ἐτελεώθη καὶ μεταβολὴν ἔδει γίγνεσθαι καὶ

e | δὴ καὶ τὸ γήινον ἤδη πᾶν ἀνήλωτο γένος, πάσας
ἑκάστης τῆς ψυχῆς τὰς γενέσεις ἀποδεδωκυίας, ὅσα
ἦν ἑκάστη προς ταχθὲν τοσαῦτα εἰς γῆν σπέρματα
πεσούσης, τότε δὴ τοῦ παντὸς ὁ μὲν κυβερνήτης, οἷον
5 πηδαλίων οἴακος ἀφέμενος, | εἰς τὴν αὑτοῦ περιωπὴν
ἀπέστη, τὸν δὲ δὴ κόσμον πάλιν ἀνέστρεφεν εἱμαρμένη
τε καὶ σύμφυτος ἐπιθυμία. πάντες οὖν οἱ κατὰ τοὺς
τόπους συνάρχοντες τῷ μεγίστῳ δαίμονι θεοί, γνόντες

273a ἤδη τὸ γιγνόμενον, ἀφίεσαν αὖ τὰ μέρη τοῦ | κόσμου τῆς
αὑτῶν ἐπιμελείας· ὁ δὲ μεταστρεφόμενος καὶ συμβάλλων,
ἀρχῆς τε καὶ τελευτῆς ἐναντίαν ὁρμὴν ὁρμηθείς, σεισμὸν
πολὺν ἐν ἑαυτῷ ποιῶν ἄλλην αὖ φθορὰν ζῴων παντοίων
ἀπηργάσατο. μετὰ δὲ ταῦτα προελθόντος ἱκανοῦ
5 | χρόνου, θορύβων τε καὶ ταραχῆς ἤδη παυόμενος καὶ
τῶν σεισμῶν γαλήνης ἐπιλαβόμενος εἴς τε τὸν εἰωθότα
δρόμον τὸν ἑαυτοῦ κατακοσμούμενος ᾔει, ἐπιμέλειαν

1. c7 οἷοι W Eusèbe : οἷα BT Burnet ergo [μύθους] seclusit

uns aux autres aussi bien qu'aux bêtes des histoires
semblables à celles qu'on raconte à présent à leur sujet,
dans ce cas aussi – pour te dire du moins mon opinion –　d
la chose est très facile à juger. Quoi qu'il en soit, laissons
cela, jusqu'à ce que se présente à nous un informateur
capable de nous dire vers quoi inclinaient les désirs des
hommes de ce temps pour ce qui touche les sciences et
l'usage des discours. Il nous faut dire quel fut notre but
lorsque nous avons tiré de son sommeil cette histoire, afin
de parcourir jusqu'à son terme ce qui vient après. Une
fois achevé le temps dévolu à toutes ces choses et que le
moment fut venu où un changement dut se produire;
une fois que, naturellement, se trouva déjà entièrement　e
anéantie la race née de la terre, et que chaque âme,
ayant acquitté son lot de générations, eut ensemencé
la terre autant de fois qu'il lui avait été imparti, c'est
alors que le pilote de l'univers, ayant pour ainsi dire
abandonné la barre du gouvernail, se retira dans son
poste d'observation, et que son désir congénital et
prédestiné poussa le monde à inverser sa marche. Tous
les dieux qui, selon les régions, gouvernaient de concert
avec la divinité la plus importante, connaissant déjà ce
qui se produisait, abandonnèrent à leur tour les parties
du monde confiées à leurs soins. Faisant alors volte-face　273a
et conjuguant dans son élan l'impulsion contraire d'un
mouvement qui commence et d'un mouvement qui finit,
le Monde produisit en son sein un violent ébranlement
qui fit, cette fois encore, des ravages parmi toutes sortes
de vivants; après quoi, un temps suffisant s'étant écoulé,
il mit enfin un terme à ses turbulences et à son tumulte,
et ayant imposé à ses tremblements une accalmie, il
reprit progressivement, en recouvrant son ordre, la
course habituelle qui est la sienne, prenant seul soin et

b καὶ κράτος ἔχων | αὐτὸς τῶν ἐν αὑτῷ τε καὶ ἑαυτοῦ, τὴν
τοῦ δημιουργοῦ καὶ πατρὸς ἀπομνημονεύων διδαχὴν
εἰς δύναμιν. κατ᾽ ἀρχὰς μὲν οὖν ἀκριβέστερον ἀπετέλει,
τελευτῶν δὲ ἀμβλύτερον· τούτων δὲ αὐτῷ τὸ σωματοειδὲς
5 τῆς συγκράσεως αἴτιον, τὸ | τῆς πάλαι ποτὲ φύσεως
σύντροφον, ὅτι πολλῆς ἦν μετέχον ἀταξίας πρὶν εἰς τὸν
νῦν κόσμον ἀφικέσθαι. παρὰ μὲν γὰρ τοῦ συνθέντος
c πάντα καλὰ κέκτηται· παρὰ δὲ τῆς ἔμπροσθεν | ἕξεως,
ὅσα χαλεπὰ καὶ ἄδικα ἐν οὐρανῷ γίγνεται, ταῦτα ἐξ
ἐκείνης αὐτός τε ἔχει καὶ τοῖς ζῴοις ἐναπεργάζεται. μετὰ
μὲν οὖν τοῦ κυβερνήτου τὰ ζῷα τρέφων ἐν αὑτῷ σμικρὰ
μὲν φλαῦρα, μεγάλα δὲ ἐνέτικτεν ἀγαθά· χωριζόμενος
5 δὲ ἐκείνου | τὸν ἐγγύτατα χρόνον ἀεὶ τῆς ἀφέσεως
κάλλιστα πάντα διάγει, προϊόντος δὲ τοῦ χρόνου καὶ
λήθης ἐγγιγνομένης ἐν αὐτῷ μᾶλλον καὶ δυναστεύει
d τὸ τῆς παλαιᾶς ἀναρμοστίας | πάθος, τελευτῶντος δὲ
ἐξανθεῖ τοῦ χρόνου καὶ σμικρὰ μὲν τἀγαθά, πολλὴν
δὲ τὴν τῶν ἐναντίων κρᾶσιν ἐπεγκεραννύμενος ἐπὶ
διαφθορᾶς κίνδυνον αὐτοῦ τε ἀφικνεῖται καὶ τῶν ἐν
αὑτῷ. διὸ δὴ καὶ τότ᾽ ἤδη θεὸς ὁ κοσμήσας αὐτόν,
5 καθο|ρῶν ἐν ἀπορίαις ὄντα, κηδόμενος ἵνα μὴ χειμασθεὶς
ὑπὸ ταραχῆς διαλυθεὶς εἰς τὸν τῆς ἀνομοιότητος ἄπειρον
e ὄντα | τόπον[1] δύῃ, πάλιν ἔφεδρος αὐτοῦ τῶν πηδαλίων
γιγνόμενος, τὰ νοσήσαντα καὶ λυθέντα ἐν τῇ καθ᾽ ἑαυτὸν
προτέρᾳ περιόδῳ στρέψας, κοσμεῖ τε καὶ ἐπανορθῶν
ἀθάνατον αὐτὸν καὶ ἀγήρων ἀπεργάζεται. τοῦτο μὲν

---

1. e1 τόπον BTW Plotinus : πόντον Simplicius Proclus Burnet

étant seul maître de ce qu'il renferme et de lui-même,
car il se ressouvenait, dans la mesure de ses forces, de **b**
l'enseignement reçu de son démiurge et père. Au début, il
le suivait assez exactement, mais à la fin, c'était de manière
plus confuse ; en était responsable l'élément corporel
inhérent à sa composition, héritage de son antique nature,
car celle-ci participait d'un immense désordre avant de
parvenir à son arrangement actuel. C'est en effet de celui
qui l'a composé que le Monde tient toutes ses beautés,
tandis que de son état antérieur naît tout ce que l'univers **c**
contient de malheurs et d'iniquités : c'est de cet état qu'il
les tient lui-même et les fait exister chez les vivants. Tant
donc que c'était avec l'aide de son pilote qu'il nourrissait
les vivants qui sont en lui, minimes étaient les maux et
grands étaient les biens qu'il engendrait. Même séparé
de lui, dans chaque période qui suit immédiatement cet
abandon, il dirige toutes choses au mieux, tandis que
plus le temps s'avance et plus croît en lui l'oubli, plus
domine l'état de son ancienne inharmonie et, lorsque ce **d**
temps touche à sa fin, elle s'épanouit totalement ; infimes
sont alors les biens qu'il mélange à l'abondance de leurs
contraires, au risque d'en arriver à se détruire lui-même
et tout ce qu'il renferme. Voilà donc pourquoi le dieu
qui l'a organisé jadis, voyant dans quelles difficultés
sans issue il se trouve et redoutant que, pris dans la
tempête et disloqué par ses assauts, le monde ne sombre
dans le lieu illimité de la dissemblance, vient alors se **e**
rasseoir à son gouvernail ; ayant remis d'aplomb ce qui
a été endommagé et disloqué au cours de la révolution
antérieure où le monde allait de son propre mouvement,
il l'ordonne et, en le redressant, le rend immortel et
toujours jeune. Voilà donc la finalité de tout ce qui a été

5 οὖν τέλος ἁπάντων εἴρηται· | τὸ δ᾽ ἐπὶ τὴν τοῦ βασιλέως
ἀπόδειξιν ἱκανὸν ἐκ τοῦ πρόσθεν ἁπτομένοις τοῦ λόγου·
στρεφθέντος γὰρ αὖ τοῦ κόσμου τὴν ἐπὶ τὴν νῦν γένεσιν
ὁδὸν τὸ τῆς ἡλικίας αὖ πάλιν ἵστατο καὶ καινὰ τἀναντία
ἀπεδίδου τοῖς τότε. τὰ μὲν γὰρ ὑπὸ σμικρότητος ὀλίγου
10 δέοντα ἠφανίσθαι τῶν ζῴων ηὐξάνετο, | τὰ δ᾽ ἐκ γῆς
νεογενῆ σώματα πολιὰ φύντα πάλιν ἀποθνῄσκοντα
εἰς γῆν κατῄει. καὶ τἆλλά τε πάντα μετέβαλλε,
274a | ἀπομιμούμενα καὶ συνακολουθοῦντα τῷ τοῦ παντὸς
παθήματι, καὶ δὴ καὶ τὸ τῆς κυήσεως καὶ γεννήσεως καὶ
τροφῆς μίμημα συνείπετο τοῖς πᾶσιν ὑπ᾽ ἀνάγκης· οὐ γὰρ
ἐξῆν ἔτ᾽ ἐν γῇ δι᾽ ἑτέρων συνιστάντων φύεσθαι ζῷον,
5 ἀλλὰ καθάπερ τῷ κόσμῳ | προσετέτακτο αὐτοκράτορα
εἶναι τῆς αὑτοῦ πορείας, οὕτω δὴ κατὰ ταὐτὰ καὶ τοῖς
μέρεσιν αὐτοῖς δι᾽ αὑτῶν, καθ᾽ ὅσον οἷόν τ᾽ ἦν, φύειν τε
b καὶ γεννᾶν καὶ τρέφειν προσετάττετο ὑπὸ τῆς | ὁμοίας
ἀγωγῆς. οὗ δὲ ἕνεκα ὁ λόγος ὥρμηκε πᾶς, ἐπ᾽ αὐτῷ νῦν
ἐσμὲν ἤδη. περὶ μὲν γὰρ τῶν ἄλλων θηρίων πολλὰ ἂν καὶ
μακρὰ διεξελθεῖν γίγνοιτο, ἐξ ὧν ἕκαστα καὶ δι᾽ ἃς αἰτίας
μεταβέβληκε· περὶ δὲ ἀνθρώπων βραχύτερα καὶ μᾶλλον
5 | προσήκοντα. τῆς γὰρ τοῦ κεκτημένου καὶ νέμοντος
ἡμᾶς δαίμονος ἀπερημωθέντες ἐπιμελείας, τῶν πολλῶν
αὖ θηρίων, ὅσα χαλεπὰ τὰς φύσεις ἦν, ἀπαγριωθέντων,
αὐτοὶ δὲ ἀσθενεῖς ἄνθρωποι καὶ ἀφύλακτοι γεγονότες
c διηρπάζοντο   ὑπ᾽ | αὐτῶν,   καὶ   ἔτ᾽ ἀμήχανοι   καὶ

dit. Et pour ce qui est de démontrer la nature du roi, il
nous suffit de poursuivre notre discours à partir de ce qui
précède. Quand en effet le Monde se renversa à nouveau
et s'engagea sur la voie menant au mode de génération
actuel, le cours des âges s'arrêta une fois encore et
provoqua, pour ceux qui vivaient alors, des phénomènes
nouveaux et contraires aux précédents. Ceux des vivants
que leur petitesse condamnait, ou peu s'en faut, à
disparaître se remirent à croître, tandis que les corps tout
juste nés de la terre avec des cheveux blancs mouraient
à nouveau et y retournaient. Et tout le reste changeait,
imitant et accompagnant l'état qui frappait l'univers ; en   274a
particulier, gestation, génération et nourrissage suivaient
nécessairement le cours de toutes choses et en étaient
l'imitation. Impossible en effet désormais à un être vivant
de pousser dans la terre par l'action conjointe d'éléments
différents, mais, de même qu'il avait été prescrit au
monde d'être maître de sa propre marche, à ses parties
aussi, en raison des mêmes décrets, il avait été prescrit
de croître, d'engendrer et de se nourrir elles-mêmes par
elles-mêmes, autant qu'il leur était possible, en obéissant
à une orientation semblable. Le but auquel tendait ce   b
discours tout entier, nous y voici à présent. Pour les
autres bêtes, passer en revue les circonstances à la suite
desquelles et les causes en vertu desquelles chaque espèce
a subi des changements réclamerait un exposé bien trop
abondant et trop long. Mais pour les hommes, ce sera
plus court et plus à propos. Car, privés du soin du démon
qui nous avait en partage et nous paissait, comme toutes
celles des bêtes dont les natures étaient agressives étaient
devenues sauvages, les hommes, par eux-mêmes faibles
et privés de protection, étaient par elles mis en pièces ;
qui plus est, dans les premiers temps, ils étaient encore   c

ἄτεχνοι κατὰ τοὺς πρώτους ἦσαν χρόνους, ἅτε τῆς μὲν
αὐτομάτης τροφῆς ἐπιλελοιπυίας, πορίζεσθαι δὲ οὐκ
ἐπιστάμενοί πω διὰ τὸ μηδεμίαν αὐτοὺς χρείαν πρότερον
5 ἀναγκάζειν. ἐκ τούτων πάντων ἐν μεγά|λαις ἀπορίαις
ἦσαν. ὅθεν δὴ τὰ πάλαι λεχθέντα παρὰ θεῶν δῶρα ἡμῖν
δεδώρηται μετ' ἀναγκαίας διδαχῆς καὶ παιδεύσεως, πῦρ
d μὲν παρὰ Προμηθέως, τέχναι δὲ παρ' Ἡφαί|στου καὶ τῆς
συντέχνου, σπέρματα δὲ αὖ καὶ φυτὰ παρ' ἄλλων· καὶ
πάνθ' ὁπόσα τὸν ἀνθρώπινον βίον συγκατεσκεύακεν
ἐκ τούτων γέγονεν, ἐπειδὴ τὸ μὲν ἐκ θεῶν, ὅπερ ἐρρήθη
νυνδή, τῆς ἐπιμελείας ἐπέλιπεν ἀνθρώπους, δι' ἑαυτῶν
5 | τε ἔδει τήν τε διαγωγὴν καὶ τὴν ἐπιμέλειαν αὐτοὺς
αὑτῶν ἔχειν καθάπερ ὅλος ὁ κόσμος, ᾧ συμμιμούμενοι
καὶ συνεπόμενοι τὸν ἀεὶ χρόνον νῦν μὲν οὕτως, τοτὲ δὲ
e ἐκείνως ζῶμέν | τε καὶ φυόμεθα. καὶ τὸ μὲν δὴ τοῦ μύθου
τέλος ἐχέτω, χρήσιμον δὲ αὐτὸν ποιησόμεθα πρὸς τὸ
κατιδεῖν ὅσον ἡμάρτομεν ἀποφηνάμενοι τὸν βασιλικόν
τε καὶ πολιτικὸν ἐν τῷ πρόσθε λόγῳ. |

5 ΝΕ. ΣΩ. Πῶς οὖν καὶ πόσον ἁμάρτημα φῂς εἶναι
γεγονὸς ἡμῖν;

ΞΕ. Τῇ μὲν βραχύτερον, τῇ δὲ μάλα γενναῖον καὶ
πολλῷ μεῖζον καὶ πλέον ἢ τότε.

ΝΕ. ΣΩ. Πῶς; |

sans industrie et sans arts, de sorte que, la nourriture ne s'offrant plus d'elle-même, ils ignoraient encore comment se la procurer, faute d'avoir connu auparavant la pression du besoin. En conséquence de tout cela, ils étaient en proie à de grandes difficultés. Telle est l'origine des dons que, selon d'antiques légendes, des dieux nous ont offerts, en y joignant l'enseignement et l'apprentissage indispensables : le feu, don de Prométhée, les arts, dons d'Héphaïstos et de sa collaboratrice, les semences enfin, **d** et les plantes, présents d'autres dieux. Tout ce qui a aidé à l'équipement de la vie humaine est né de ces dons, puisque, ainsi que l'on vient de le dire, le soin dispensé par les dieux faisait défaut aux hommes et qu'ils étaient bien obligés d'assurer leur existence par eux-mêmes et, à l'instar du Monde tout entier, de prendre eux-mêmes soin d'eux-mêmes. C'est en imitant ce monde et en suivant son cours que, pour l'éternité du temps, nous vivons et croissons à présent de cette façon et jadis de l'autre. **e** Mettons donc un terme à notre fable et faisons en sorte qu'elle nous soit utile pour voir à quel point nous nous sommes trompés dans notre présentation du roi et du politique lors de notre précédent discours.

Socrate le Jeune — En quoi donc consiste la faute que nous avons, selon toi, commise et quelle en est la gravité ?

L'Étranger — Sur un certain point elle est assez légère, mais sur un autre, elle est considérable, beaucoup plus grande et beaucoup plus étendue que tout à l'heure.

Socrate le Jeune — Comment cela ?

10　　ΞΕ. Ὅτι μὲν ἐρωτώμενοι τὸν ἐκ τῆς νῦν περιφορᾶς
καὶ γενέσεως βασιλέα καὶ πολιτικὸν τὸν ἐκ τῆς ἐναντίας
275a περιόδου | ποιμένα τῆς τότε ἀνθρωπίνης ἀγέλης
εἴπομεν, καὶ ταῦτα θεὸν ἀντὶ θνητοῦ, ταύτῃ μὲν πάμπολυ
παρηνέχθημεν· ὅτι δὲ συμπάσης τῆς πόλεως ἄρχοντα
αὐτὸν ἀπεφήναμεν, ὅντινα δὲ τρόπον οὐ διείπομεν, ταύτῃ
5　δὲ αὖ τὸ μὲν λεχθὲν ἀληθές, | οὐ μὴν ὅλον γε οὐδὲ σαφὲς
ἐρρήθη, διὸ καὶ βραχύτερον ἢ κατ᾽ ἐκεῖνο ἡμαρτήκαμεν.

ΝΕ. ΣΩ. Ἀληθῆ.

ΞΕ. Δεῖ τοίνυν τὸν τρόπον, ὡς ἔοικε, διορίσαντας
τῆς ἀρχῆς τῆς πόλεως οὕτω τελέως τὸν πολιτικὸν ἡμῖν
10　εἰρῆσθαι | προσδοκᾶν.

ΝΕ. ΣΩ. Καλῶς. |

b　　ΞΕ. Διὰ ταῦτα μὴν καὶ τὸν μῦθον παρεθέμεθα, ἵνα
ἐδείξαιτο περὶ τῆς ἀγελαιοτροφίας μὴ μόνον ὡς πάντες
αὐτῆς ἀμφισβητοῦσι τῷ ζητουμένῳ τὰ νῦν, ἀλλὰ κἀκεῖνον
αὐτὸν ἐναργέστερον ἴδοιμεν, ὃν προσήκει μόνον κατὰ τὸ
5　παράδειγμα | ποιμένων τε καὶ βουκόλων τῆς ἀνθρωπίνης
ἐπιμέλειαν ἔχοντα τροφῆς τούτου μόνον ἀξιωθῆναι τοῦ
προσρήματος.

ΝΕ. ΣΩ. Ὀρθῶς.

ΞΕ. Οἶμαι δέ γ᾽, ὦ Σώκρατες, τοῦτο μὲν ἔτι μεῖζον ἢ
c　| κατὰ βασιλέα εἶναι τὸ σχῆμα τὸ τοῦ θείου νομέως, τοὺς
δ᾽ ἐνθάδε νῦν ὄντας πολιτικοὺς τοῖς ἀρχομένοις ὁμοίους
τε εἶναι μᾶλλον πολὺ τὰς φύσεις καὶ παραπλησιαίτερον
παιδείας μετειληφέναι καὶ τροφῆς. |

L'Étranger — En ce que, interrogés à propos du politique et du roi tels qu'ils sont issus du cycle actuel et du mode actuel de génération, c'est du pasteur issu de la période opposée, de celui qui s'occupait du troupeau **275a** humain d'alors, que nous avons parlé et, ce faisant, d'un dieu au lieu d'un mortel – et ainsi nous nous sommes complètement égarés ; par ailleurs, nous l'avons montré dirigeant la cité tout entière, mais sans expliquer de quelle façon il le faisait, de sorte que, cette fois, ce que nous disions était vrai mais ni complet ni clair, et c'est pourquoi nous avons commis là une faute plus légère que la première.

Socrate le Jeune — C'est vrai.

L'Étranger — C'est donc, semble-t-il, la façon dont il gouverne la cité qu'il nous faut définir, si nous voulons espérer voir achevé notre exposé du politique.

Socrate le Jeune — Tu as raison.

L'Étranger — Or c'est justement pour ces raisons **b** que nous avons proposé ce mythe, afin qu'il montre à propos de l'élevage en troupeaux non seulement que tous disputent ce nom à celui que nous cherchons à présent, mais afin, aussi, que nous puissions voir nous-mêmes plus clairement celui qui, étant seul à prendre soin de l'élevage humain conformément au modèle des pâtres et des bouviers, est aussi le seul à qui il convient de l'attribuer.

Socrate le Jeune — C'est juste.

L'Étranger — Eh bien, à mon avis, Socrate, cette figure du pasteur divin est encore trop grande pour un roi ; les **c** politiques d'ici et de maintenant sont beaucoup plus semblables à ceux qu'ils gouvernent par leur nature, et la façon dont ils ont été éduqués et élevés les en rapproche encore davantage.

5   ΝΕ. ΣΩ. Πάντως που.

ΞΕ. Ζητητέοι γε μὴν οὐδὲν ἂν εἶησαν οὔθ' ἧττον οὔτε μᾶλλον, εἴθ' οὕτως εἴτ' ἐκείνως πεφύκασιν.

ΝΕ. ΣΩ. Πῶς γὰρ οὔ;

ΞΕ. Τῇδε δὴ πάλιν ἐπανέλθωμεν. ἣν γὰρ ἔφαμεν
10 αὑτ|επιτακτικὴν μὲν εἶναι τέχνην ἐπὶ ζῴοις, οὐ μὴν ἰδίᾳ γε
d   ἀλλὰ | κοινῇ τὴν ἐπιμέλειαν ἔχουσαν, καὶ προσείπομεν δὴ τότε εὐθὺς ἀγελαιοτροφικήν – μέμνησαι γάρ;

ΝΕ. ΣΩ. Ναί.

ΞΕ. Ταύτης τοίνυν πῃ διημαρτάνομεν. τὸν γὰρ
5   πολιτικὸν | οὐδαμοῦ συνελάβομεν οὐδ' ὠνομάσαμεν, ἀλλ' ἡμᾶς ἔλαθεν κατὰ τὴν ὀνομασίαν ἐκφυγών.

ΝΕ. ΣΩ. Πῶς;

ΞΕ. Τοῦ τὰς ἀγέλας ἑκάστας τρέφειν τοῖς μὲν ἄλλοις που πᾶσι μέτεστι νομεῦσι, τῷ πολιτικῷ δὲ οὐ μετὸν
e   ἐπηνέγ|καμεν τοὔνομα, δέον τῶν κοινῶν ἐπενεγκεῖν τι σύμπασιν.

ΝΕ. ΣΩ. Ἀληθῆ λέγεις, εἴπερ ἐτύγχανέ γε ὄν.

ΞΕ. Πῶς δ' οὐκ ἦν τό γε θεραπεύειν που πᾶσι κοινόν, μηδὲν διορισθείσης τροφῆς μηδέ τινος ἄλλης πραγματείας;
5 | ἀλλ' ἤ τινα ἀγελαιοκομικὴν ἢ θεραπευτικὴν ἢ καί τινα ἐπιμελητικὴν αὐτὴν ὀνομάσασιν ὡς κατὰ πάντων

Socrate le Jeune — Complètement, même!

L'Étranger — Mais qu'ils aient cette nature ou l'autre, nous n'en serons ni plus ni moins obligés de partir à leur recherche.

Socrate le Jeune — Bien sûr.

L'Étranger — Revenons donc sur nos pas en suivant cette voie : l'art que nous avons dit être « autépitactique » et qui s'exerce sur les vivants en prenant soin d'eux, non pas individuellement mais collectivement, nous l'avons **d** alors d'emblée nommé « agelaiotrophique »[1] – tu t'en souviens, n'est-ce pas?

Socrate le Jeune — Oui.

L'Étranger — C'est sur ce point que nous avons dû commettre une certaine erreur. Car le politique, nulle part nous ne l'avons attrapé ou ne l'avons nommé, mais il nous a échappé à notre insu quant à la dénomination à lui donner.

Socrate le Jeune — De quelle façon?

L'Étranger — Nourrir son propre troupeau, c'est le lot, je suppose, de tous les pasteurs, mais le politique, lui, n'avait pas droit à ce nom : il aurait fallu lui appliquer un **e** nom qui soit commun à tous.

Socrate le Jeune — C'est vrai, si toutefois il s'en trouve un.

L'Étranger — Comment était-il possible de ne pas voir que le fait de soigner est, je pense, commun à tous, à condition de ne le définir ni comme élevage ni comme aucune autre pratique? Alors qu'en dénommant cet art « agelaiokomique » ou « thérapeutique » ou

1. Autépitactique : *cf.* 260e; agelaiotrophique : *cf.* 261e-262a.

ἐξῆν περικαλύπτειν καὶ τὸν πολιτικὸν ἅμα τοῖς ἄλλοις, ἐπειδὴ δεῖν τοῦτ᾽ ἐσήμαινεν ὁ λόγος. |

276a   ΝΕ. ΣΩ. Ὀρθῶς. ἀλλ᾽ ἡ μετὰ τοῦτο διαίρεσις αὖ τίνα τρόπον ἐγίγνετ᾽ ἄν;

ΞΕ. Κατὰ ταὐτὰ καθ᾽ ἅπερ ἔμπροσθεν διηρούμεθα τὴν ἀγελαιοτροφικὴν πεζοῖς τε καὶ ἁπτῆσι, καὶ ἀμείκτοις τε
5 καὶ | ἀκεράτοις, τοῖς αὐτοῖς ἄν που τούτοις διαιρούμενοι καὶ τὴν ἀγελαιοκομικὴν τήν τε νῦν καὶ τὴν ἐπὶ Κρόνου βασιλείαν περιειληφότες ἂν ἦμεν ὁμοίως ἐν τῷ λόγῳ.

ΝΕ. ΣΩ. Φαίνεται· ζητῶ δὲ αὖ τί τὸ μετὰ τοῦτο.

ΞΕ. Δῆλον ὅτι λεχθέντος οὕτω τοῦ τῆς
b ἀγελαιοκομικῆς | ὀνόματος οὐκ ἄν ποτε ἐγένεθ᾽ ἡμῖν τό τινας ἀμφισβητεῖν ὡς οὐδ᾽ ἐπιμέλεια τὸ παράπαν ἐστίν, ὥσπερ τότε δικαίως ἠμφεσβητήθη μηδεμίαν εἶναι τέχνην ἐν ἡμῖν ἀξίαν τούτου τοῦ θρεπτικοῦ προσρήματος, εἰ
5 δ᾽ οὖν τις εἴη, πολλοῖς πρότερον | αὐτῆς καὶ μᾶλλον προσήκειν ἤ τινι τῶν βασιλέων.

ΝΕ. ΣΩ. Ὀρθῶς.

ΞΕ. Ἐπιμέλεια δέ γε ἀνθρωπίνης συμπάσης κοινωνίας οὐδεμία ἂν ἐθελήσειεν ἑτέρα μᾶλλον καὶ προτέρα τῆς
c βασιλικῆς φάναι καὶ κατὰ πάντων ἀνθρώπων ἀρχῆς εἶναι τέχνη.

ΝΕ. ΣΩ. Λέγεις ὀρθῶς.

« épimélétique », on tenait une dénomination capable d'englober à la fois le politique et tous les autres, puisque c'est cela que le raisonnement signifiait de faire.

Socrate le Jeune — Exact. Mais pour ce qui est de la **276a** division qui s'ensuit, comment s'y prendre ?

L'Étranger — Exactement selon les mêmes caractères employés auparavant pour diviser l'art agelaiotrophique : en « pédestres », « non volants », « non croisant » et « sans cornes » [1]. En divisant à peu près de la même façon l'art agelaiokomique, nous aurions pu envelopper dans cette définition la royauté actuelle et celle de l'âge de Kronos.

Socrate le Jeune — Apparemment. Mais je me demande à nouveau ce qui vient après.

L'Étranger — Il est évident que, si le nom de l'art agelaiokomique avait été ainsi expliqué, il ne nous serait **b** jamais arrivé de nous voir objecter qu'il n'était absolument en rien un « soin », comme tout à l'heure il nous a été légitimement opposé qu'il n'existait, chez nous, aucun art digne d'être dénommé nourricier, et que, s'il y en avait un, beaucoup y pourraient prétendre de préférence et à meilleur droit que n'importe quel roi.

Socrate le Jeune — C'est exact.

L'Étranger — Pour ce qui est du soin de la communauté humaine dans son ensemble, aucun art ne serait prêt à déclarer qu'il s'en occupe plus que l'art royal **c** et avant lui, et qu'il est l'art du gouvernement de tous les hommes.

Socrate le Jeune — Tu dis juste.

1. *Cf.* 265b-e.

ΞΕ. Μετὰ ταῦτα δέ γε, ὦ Σώκρατες, ἆρ᾽ ἐννοοῦμεν ὅτι πρὸς αὐτῷ δὴ τῷ τέλει συχνὸν αὖ διημαρτάνετο; |

5   ΝΕ. ΣΩ. Τὸ ποῖον;

ΞΕ. Τόδε, ὡς ἄρ᾽ εἰ καὶ διενοήθημεν ὅτι μάλιστα τῆς δίποδος ἀγέλης εἶναί τινα θρεπτικὴν τέχνην, οὐδέν τι μᾶλλον ἡμᾶς ἔδει βασιλικὴν αὐτὴν εὐθὺς καὶ πολιτικὴν ὡς ἀποτετελεσμένην προσαγορεύειν. |

10   ΝΕ. ΣΩ. Τί μήν;

ΞΕ. Πρῶτον μέν, ὃ λέγομεν, τοὔνομα
d μετασκευω|ρήσασθαι, πρὸς τὴν ἐπιμέλειαν μᾶλλον προσαγαγόντας ἢ τὴν τροφήν, ἔπειτα ταύτην τέμνειν· οὐ γὰρ σμικρὰς ἂν ἔχοι τμήσεις ἔτι.

ΝΕ. ΣΩ. Ποίας; |

5   ΞΕ. Ἧι τε τὸν θεῖον ἄν που διειλόμεθα νομέα χωρὶς καὶ τὸν ἀνθρώπινον ἐπιμελητήν.

ΝΕ. ΣΩ. Ὀρθῶς.

ΞΕ. Αὖθις δέ γε τὴν ἀπονεμηθεῖσαν ἐπιμελητικὴν δίχα τέμνειν ἀναγκαῖον ἦν.

ΝΕ. ΣΩ. Τίνι;

ΞΕ. Τῷ βιαίῳ τε καὶ ἑκουσίῳ.

ΝΕ. ΣΩ. Τί δή; |

e   ΞΕ. Καὶ ταύτῃ που τὸ πρότερον ἁμαρτάνοντες εὐηθέστερα τοῦ δέοντος εἰς ταὐτὸν βασιλέα καὶ τύραννον συνέθεμεν, ἀνομοιοτάτους ὄντας αὐτούς τε καὶ τὸν τῆς ἀρχῆς ἑκατέρου τρόπον. |

L'Étranger — Après cela, Socrate, ne concevons-nous pas quelle faute, et grossière celle-là, nous avons à nouveau commise juste au moment de toucher au terme ?

Socrate le Jeune — Laquelle ?

L'Étranger — Celle-ci : alors même que nous aurions été fermement convaincus de l'existence d'un art de nourrir le troupeau bipède, nous n'aurions pas été autorisés pour autant à le nommer immédiatement royal et politique, comme si nous en avions fini avec lui.

Socrate le Jeune — Et donc ?

L'Étranger — Il faut, comme nous venons de le dire, tout d'abord transformer ce nom en l'orientant plus vers **d** le « soin » que vers la « nourriture », puis découper cet art du soin, car il comporte encore des sections qui ne sont pas négligeables.

Socrate le Jeune — Lesquelles ?

L'Étranger — Celle qui nous aurait permis de mettre à part, je pense, pasteur divin et soigneur humain.

Socrate le Jeune — Très juste.

L'Étranger — Oui, mais cet art de soigner ainsi séparé, il aurait été nécessaire de le couper à nouveau en deux.

Socrate le Jeune — Par quoi ?

L'Étranger — Par ce critère : « contrainte » et « consentement ».

Socrate le Jeune — Pourquoi cela ?

L'Étranger — Parce que, je crois, c'est là que nous **e** nous sommes trompés, et plus niaisement qu'il n'est permis : nous avons ramené au même « roi » et « tyran », alors qu'en eux-mêmes et dans leurs manières respectives de gouverner ils sont on ne peut plus dissemblables.

5   ΝΕ. ΣΩ. Ἀληθῆ.

ΞΕ. Νῦν δέ γε πάλιν ἐπανορθούμενοι, καθάπερ εἶπον, τὴν ἀνθρωπίνην ἐπιμελητικὴν δίχα διαιρώμεθα, τῷ βιαίῳ τε καὶ ἑκουσίῳ;

ΝΕ. ΣΩ. Πάνυ μὲν οὖν. |

10   ΞΕ. Καὶ τὴν μέν γέ που τῶν βιαίων τυραννικήν, τὴν δὲ ἑκούσιον καὶ ἑκουσίων διπόδων ἀγελαιοκομικὴν ζῴων προσειπόντες πολιτικήν, τὸν ἔχοντα αὖ τέχνην ταύτην καὶ ἐπιμέλειαν ὄντως ὄντα βασιλέα καὶ πολιτικὸν ἀποφαινώμεθα; |

277a   ΝΕ. ΣΩ. Καὶ κινδυνεύει γε, ὦ ξένε, τελέως ἂν ἡμῖν οὕτως ἔχειν ἡ περὶ τὸν πολιτικὸν ἀπόδειξις.

ΞΕ. Καλῶς ἂν, ὦ Σώκρατες, ἡμῖν ἔχοι. δεῖ δὲ μὴ σοὶ μόνῳ ταῦτα, ἀλλὰ κἀμοὶ μετὰ σοῦ κοινῇ συνδοκεῖν. νῦν δὲ | κατά γε τὴν ἐμὴν οὔπω φαίνεται τέλεον ὁ βασιλεὺς ἡμῖν σχῆμα ἔχειν, ἀλλὰ καθάπερ ἀνδριαντοποιοὶ παρὰ καιρὸν ἐνίοτε σπεύδοντες πλείω καὶ μείζω τοῦ δέοντος b   ἕκαστα τῶν | ἔργων ἐπεμβαλλόμενοι βραδύνουσι, καὶ νῦν ἡμεῖς, ἵνα δὴ πρὸς τῷ ταχὺ καὶ μεγαλοπρεπῶς δηλώσαιμεν τὸ τῆς ἔμπροσθεν ἁμάρτημα διεξόδου, τῷ βασιλεῖ νομίσαντες πρέπειν μεγάλα παραδείγματα 5   ποιεῖσθαι, θαυμαστὸν ὄγκον ἀράμενοι | τοῦ μύθου, μείζονι τοῦ δέοντος ἠναγκάσθημεν αὐτοῦ μέρει προσχρήσασθαι· διὸ μακροτέραν τὴν ἀπόδειξιν

Socrate le Jeune — C'est vrai.

L'Étranger — Certes, et le moment est venu d'opérer un nouveau redressement, en divisant, comme je le disais, en deux l'art humain de soigner selon qu'il use de contrainte ou est accepté de plein gré ?

Socrate le Jeune — Parfaitement.

L'Étranger — Et, alors que nous qualifions de « tyrannique » celui qui s'exerce en usant de moyens violents, ne pourrons-nous pas appeler « politique » l'art agelaiokomique qui fait appel au bon gré et s'exerce sur des troupeaux de bipèdes consentants ? et proclamer roi et politique authentique celui qui possède cet art et prend soin de cette façon ?

Socrate le Jeune — Il y a même des chances, Étranger, **277a** qu'ainsi nous soyons venus a bout de notre démonstration concernant le politique !

L'Étranger — Voilà qui serait pour nous une bonne affaire, Socrate ! Mais il ne faut pas que ce soit ton avis à toi seul, je dois le partager moi aussi. Or en fait, à mon avis à moi, notre figure du Roi ne paraît pas encore être achevée. Au contraire, tels des sculpteurs que leur ardeur intempestive presse quelquefois de charger et d'amplifier chacune de leurs œuvres plus qu'il ne faut et en retardent **b** ainsi l'accomplissement, nous aussi, dans notre désir d'indiquer rapidement et avec grandeur d'âme l'erreur de notre parcours précédent, et convaincus que la fabrication de modèles grandioses était ce qui convenait au Roi, nous avons chargé sur nos épaules une masse prodigieuse de légende, nous trouvant ainsi contraints d'en utiliser une part bien plus grande qu'il n'eût fallu. Aussi avons-nous composé une démonstration trop longue sans avoir

πεποιήκαμεν καὶ πάντως τῷ μύθῳ τέλος οὐκ ἐπέθεμεν,
c ἀλλ' ἀτεχνῶς ὁ | λόγος ἡμῖν ὥσπερ ζῷον τὴν ἔξωθεν
μὲν περιγραφὴν ἔοικεν ἱκανῶς ἔχειν, τὴν δὲ οἷον τοῖς
φαρμάκοις καὶ τῇ συγκράσει τῶν χρωμάτων ἐνάργειαν
οὐκ ἀπειληφέναι πω. γραφῆς δὲ καὶ συμπάσης χειρουργίας
5 λέξει καὶ λόγῳ δηλοῦν πᾶν ζῷον | μᾶλλον πρέπει τοῖς
δυναμένοις ἕπεσθαι· τοῖς δ' ἄλλοις διὰ χειρουργιῶν.

ΝΕ. ΣΩ. Τοῦτο μὲν ὀρθῶς· ὅπῃ δὲ ἡμῖν οὔπω φῂς
ἱκανῶς εἰρῆσθαι δήλωσον. |

d ΞΕ. Χαλεπόν, ὦ δαιμόνιε, μὴ παραδείγμασι χρώμενον
ἱκανῶς ἐνδείκνυσθαί τι τῶν μειζόνων. κινδυνεύει γὰρ
ἡμῶν ἕκαστος οἷον ὄναρ εἰδὼς ἅπαντα πάντ' αὖ πάλιν
ὥσπερ ὕπαρ ἀγνοεῖν. |

5 ΝΕ. ΣΩ. Πῶς τοῦτ' εἶπες;

ΞΕ. Καὶ μάλ' ἀτόπως ἔοικά γε ἐν τῷ παρόντι κινήσας
τὸ περὶ τῆς ἐπιστήμης πάθος ἐν ἡμῖν.

ΝΕ. ΣΩ. Τί δή;

ΞΕ. Παραδείγματος, ὦ μακάριε, αὖ μοι καὶ τὸ
10 παράδειγμα | αὐτὸ δεδέηκεν. |

e ΝΕ. ΣΩ. Τί οὖν; λέγε μηδὲν ἐμοῦ γε ἕνεκα ἀποκνῶν.

ΞΕ. Λεκτέον ἐπειδὴ καὶ σύ γε ἕτοιμος ἀκολουθεῖν.
τοὺς γάρ που παῖδας ἴσμεν, ὅταν ἄρτι γραμμάτων
ἔμπειροι γίγνωνται – |

5 ΝΕ. ΣΩ. Τὸ ποῖον;

aucunement réussi à donner du fini à notre mythe. Notre discours, au contraire, est tout bonnement semblable à un **c** portrait dont le contour paraît assez bien tracé, mais qui n'a pas encore reçu la vivacité que donnent la peinture et le mélange des couleurs. Mais ce n'est pas par la peinture, pas plus que par n'importe quelle œuvre de la main, c'est par une manière de dire et par du langage qu'il convient de montrer toute figure vivante à ceux qui sont capables de suivre ; aux autres c'est par des œuvres manuelles.

Socrate le Jeune — C'est exact, cela ; mais montre-moi en quoi selon toi notre exposé est encore insuffisant.

L'Étranger — Il est difficile, divin garçon, sans user **d** de paradigmes, de faire connaître de façon suffisamment claire une réalité de quelque importance, car chacun de nous risque bien d'être comme en un rêve savant en toutes choses, mais de se retrouver tout ignorer quand il est comme à l'état de veille.

Socrate le Jeune — Que veux-tu dire par là ?

L'Étranger — C'est de façon tout à fait déconcertante que j'ai l'air d'avoir, à l'instant même, mis en mouvement l'affection qui en nous est le propre de la science.

Socrate le Jeune — Mais quelle affection ?

L'Étranger — Un paradigme, bienheureux jeune homme, il m'en faut un aussi pour le paradigme lui-même.

Socrate le Jeune — Mais parle donc, sans tant hésiter **e** à cause de moi !

L'Étranger — Il faut bien que je parle, puisque tu es prêt à me suivre ! Nous savons, en effet, je pense, que, lorsque les enfants viennent tout juste de faire leur première expérience avec les lettres…

Socrate le Jeune — Que quoi ?

ΞΕ. Ὅτι τῶν στοιχείων ἕκαστον ἐν ταῖς βραχυτάταις καὶ ῥᾴσταις τῶν συλλαβῶν ἱκανῶς διαισθάνονται, καὶ τἀληθῆ φράζειν περὶ ἐκεῖνα δυνατοὶ γίγνονται. |

278a   ΝΕ. ΣΩ. Πῶς γὰρ οὔ;

ΞΕ. Ταὐτὰ δέ γε ταῦτα ἐν ἄλλαις ἀμφιγνοοῦντες πάλιν δόξῃ τε ψεύδονται καὶ λόγῳ.

ΝΕ. ΣΩ. Πάνυ μὲν οὖν. |

5   ΞΕ. Ἆρ' οὖν οὐχ ὧδε ῥᾷστον καὶ κάλλιστον ἐπάγειν αὐτοὺς ἐπὶ τὰ μήπω γιγνωσκόμενα;

ΝΕ. ΣΩ. Πῶς;

ΞΕ. Ἀνάγειν πρῶτον ἐπ' ἐκεῖνα ἐν οἷς ταὐτὰ ταῦτα ὀρθῶς ἐδόξαζον, ἀναγαγόντας δὲ τιθέναι παρὰ τὰ μήπω
b | γιγνωσκόμενα, καὶ παραβάλλοντας ἐνδεικνύναι τὴν αὐτὴν ὁμοιότητα καὶ φύσιν ἐν ἀμφοτέραις οὖσαν ταῖς συμπλοκαῖς, μέχριπερ ἂν πᾶσι τοῖς ἀγνοουμένοις τὰ δοξαζόμενα ἀληθῶς παρατιθέμενα δειχθῇ, δειχθέντα δέ,
5 παραδείγματα οὕτω γιγ|νόμενα, ποιήσῃ τῶν στοιχείων ἕκαστον πάντων ἐν πάσαις ταῖς συλλαβαῖς τὸ μὲν ἕτερον
c ὡς τῶν ἄλλων ἕτερον ὄν, τὸ | δὲ ταὐτὸν ὡς ταὐτὸν ἀεὶ κατὰ ταὐτὰ ἑαυτῷ προσαγορεύεσθαι.

ΝΕ. ΣΩ. Παντάπασι μὲν οὖν.

L'Étranger — …qu'ils distinguent de façon satisfaisante chacun des éléments dans les syllabes les plus courtes, c'est-à-dire les plus faciles, et deviennent capables d'énoncer des vérités au sujet de ces éléments.

Socrate le Jeune — C'est certain.   **278a**

L'Étranger — Et que dans d'autres syllabes, ils redeviennent indécis à propos de ces mêmes lettres, et se trompent dans ce qu'ils croient comme dans ce qu'ils disent.

Socrate le Jeune — Tout à fait.

L'Étranger — Or, n'est-ce pas en procédant ainsi qu'on les mènera le plus facilement et le mieux vers ce qu'ils ne connaissent pas encore ?

Socrate le Jeune — En procédant comment ?

L'Étranger — D'abord, les ramener aux cas où ils avaient une opinion droite sur ces mêmes lettres, puis, cela étant fait, placer à côté les cas qu'ils ne connaissent pas encore[VIII] ; ensuite, en les confrontant, montrer **b** ce qui se ressemble et a même nature dans ces deux combinaisons, jusqu'à ce que les éléments sur lesquels ils ont des opinions vraies, placés à côté de tous ceux qu'ils ignorent, et que, une fois montrées et ainsi devenues des paradigmes, elles leur permettent, pour chacun des éléments dans toutes les syllabes, de dire de chacun qu'il est différent en tant qu'il diffère des autres, et qu'il est même, en tant qu'il est toujours même que lui-même **c** sous tous les rapports.

Socrate le Jeune — Absolument.

ΞΕ. Οὐκοῦν τοῦτο μὲν ἱκανῶς συνειλήφαμεν, ὅτι παραδείγματός γ' ἐστὶ τότε γένεσις, ὁπόταν ὂν ταὐτὸν ἐν
5 ἑτέρῳ | διεσπασμένῳ δοξαζόμενον ὀρθῶς καὶ συναχθὲν περὶ ἑκάτερον καὶ[1] συνάμφω μίαν ἀληθῆ δόξαν ἀποτελῇ;

ΝΕ. ΣΩ. Φαίνεται.

ΞΕ. Θαυμάζοιμεν ἂν οὖν εἰ ταὐτὸν τοῦτο ἡμῶν ἡ ψυχὴ
d | φύσει περὶ τὰ τῶν πάντων στοιχεῖα πεπονθυῖα τοτὲ μὲν ὑπ' ἀληθείας περὶ ἓν ἕκαστον ἔν τισι συνίσταται, τοτὲ δὲ περὶ ἅπαντα ἐν ἑτέροις αὖ φέρεται, καὶ τὰ μὲν αὐτῶν ἁμῇ γέ πῃ τῶν συγκράσεων ὀρθῶς δοξάζει, μετατιθέμενα δ'
5 εἰς τὰς τῶν | πραγμάτων μακρὰς καὶ μὴ ῥᾳδίους συλλαβὰς ταὐτὰ ταῦτα πάλιν ἀγνοεῖ;

ΝΕ. ΣΩ. Καὶ θαυμαστόν γε οὐδέν.

ΞΕ. Πῶς γάρ, ὦ φίλε, δύναιτο ἄν τις ἀρχόμενος ἀπὸ
e | δόξης ψευδοῦς ἐπί τι τῆς ἀληθείας καὶ μικρὸν μέρος ἀφικόμενος κτήσασθαι φρόνησιν;

ΝΕ. ΣΩ. Σχεδὸν οὐδαμῶς.

ΞΕ. Οὐκοῦν ταῦτα εἰ ταύτῃ πέφυκεν, οὐδὲν
5 δὴ πλημμε|λοῖμεν ἂν ἐγώ τε καὶ σὺ πρῶτον μὲν ἐπιχειρήσαντες ὅλου παραδείγματος ἰδεῖν τὴν φύσιν ἐν σμικρῷ κατὰ μέρος ἄλλῳ παραδείγματι, μετὰ δὲ ταῦτα μέλλοντες, ἐπὶ τὸ τοῦ βασιλέως μέγιστον ὂν ταὐτὸν εἶδος ἀπ' ἐλαττόνων φέροντές ποθεν, διὰ παραδείγματος

---

1. c6 καὶ BW Robinson : ὡς T Burnet

L'Étranger — Voilà donc qui est suffisamment compris : un paradigme en vient à se constituer lorsque, un même élément se trouvant dans un assemblage nettement distinct du premier, donne lieu à une opinion droite, et que, une fois rapproché du précédent, il donne lieu, pour chacun des deux et pour les deux ensemble, à une opinion unique et vraie ?

Socrate le Jeune — Apparemment.

L'Étranger — Serions-nous donc surpris que notre âme subisse naturellement les mêmes fluctuations eu égard aux éléments de toutes choses ? que tantôt, sous l'effet de la vérité, elle acquière de la fermeté au sujet de chaque élément de certains composés, et, que tantôt, à l'égard de tous ceux inclus dans certains autres, elle se laisse au contraire déporter ? et que, sur certains éléments de ces mélanges, elle ait pu acquérir, au petit bonheur, une opinion droite, mais qu'une fois ces mêmes éléments transposés dans les longues et difficiles syllabes des choses, elle soit à nouveau incapable de les reconnaître ?

Socrate le Jeune — Il n'y a là rien de surprenant.

L'Étranger — Le moyen, en effet, mon ami, quand on part d'une opinion fausse, d'arriver à saisir ne serait-ce qu'une parcelle de vérité et d'acquérir de la pensée ?

Socrate le Jeune — Ce n'est guère possible.

L'Étranger — Mais, s'il en va ainsi naturellement, toi et moi ne ferions aucune fausse note si, ayant d'abord entrepris de voir sur un petit paradigme particulier la nature du paradigme en général, nous avions après cela l'intention d'appliquer à la figure du roi - grandiose s'il en est - une chose de la même espèce, prise dans quelque sujet de moindre importance, pour essayer

10 ἐπιχειρεῖν αὖ τὴν τῶν κατὰ πόλιν θεραπείαν | τέχνῃ
γνωρίζειν, ἵνα ὕπαρ ἀντ' ὀνείρατος ἡμῖν γίγνηται;

ΝΕ. ΣΩ. Πάνυ μὲν οὖν ὀρθῶς. |

279a   ΞΕ. Πάλιν δὴ τὸν ἔμπροσθε λόγον ἀναληπτέον, ὡς
ἐπειδὴ τῷ βασιλικῷ γένει τῆς περὶ τὰς πόλεις ἐπιμελείας
ἀμφισβητοῦσι μυρίοι, δεῖ δὴ πάντας ἀποχωρίζειν
τούτους καὶ μόνον ἐκεῖνον λείπειν καὶ πρὸς τοῦτο δὴ
5 παραδείγματος | ἔφαμεν δεῖν τινος ἡμῖν.

ΝΕ. ΣΩ. Καὶ μάλα.

ΞΕ. Τί δῆτα παράδειγμά τις ἄν, ἔχον τὴν αὐτὴν
πολιτικὴ πραγματείαν, σμικρότατον παραθέμενος ἱκανῶς
b ἂν εὕροι τὸ | ζητούμενον; βούλει πρὸς Διός, ὦ Σώκρατες,
εἰ μή τι πρόχειρον ἕτερον ἔχομεν, ἀλλ' οὖν τήν γε
ὑφαντικὴν προελώμεθα; καὶ ταύτην, εἰ δοκεῖ, μὴ πᾶσαν;
ἀποχρήσει γὰρ ἴσως ἡ περὶ τὰ ἐκ τῶν ἐρίων ὑφάσματα·
5 τάχα γὰρ ἂν ἡμῖν καὶ τοῦτο τὸ | μέρος αὐτῆς μαρτυρήσειε
προαιρεθὲν ὃ βουλόμεθα.

ΝΕ. ΣΩ. Τί γὰρ οὔ;

ΞΕ. Τί δῆτα οὔ, καθάπερ ἐν τοῖς ἔμπροσθε τέμνοντες
μέρη μερῶν ἕκαστον διῃρούμεθα, καὶ νῦν περὶ ὑφαντικὴν
c | ταὐτὸν τοῦτ' ἐδράσαμεν, καὶ κατὰ δύναμιν ὅτι μάλιστα
διὰ βραχέων ταχὺ πάντ' ἐπελθόντες πάλιν ἤλθομεν ἐπὶ
τὸ νῦν χρήσιμον;

ΝΕ. ΣΩ. Πῶς λέγεις; |

5   ΞΕ. Αὐτὴν τὴν διέξοδον ἀπόκρισίν σοι ποιήσομαι.

ΝΕ. ΣΩ. Κάλλιστ' εἶπες.

une fois encore, à l'aide d'un paradigme, de connaître méthodiquement l'art du soin des hommes qui habitent la cité, afin de passer du rêve à la veille ?

Socrate le Jeune — Tu as tout à fait raison.

L'Étranger — Il nous faut donc revenir une fois de **279a** plus au discours que nous tenions tout à l'heure, à savoir que des milliers de prétendants disputent au genre royal le soin à donner aux cités, et le séparer de tous ces gens-là pour ne garder que lui seul ; c'est justement pour cela que nous affirmions avoir besoin d'un paradigme.

Socrate le Jeune — Assurément.

L'Étranger — Et donc, quel modèle, ayant, bien que très petit, la même tâche que l'art politique, suffirait, mis en parallèle avec lui, à nous faire trouver ce que nous cherchons ? Veux-tu, par Zeus, Socrate, si nous n'avons **b** rien d'autre sous la main, que nous choisissions, eh bien, le tissage ? Et, si tu es d'accord, pas le tissage tout entier ? Car peut-être le tissage des laines suffira-t-il ; il est fort possible, en effet, que cette partie du tissage nous apporte le témoignage que nous souhaitons.

Socrate le Jeune — Pourquoi pas ?

L'Étranger — Oui, pourquoi pas ? Nous divisions précédemment chaque chose en découpant des parties de parties, alors pourquoi ne pas en faire autant maintenant pour le tissage, et ne pas les parcourir toutes le plus **c** brièvement et rapidement possible afin de revenir ensuite à notre recherche actuelle ?

Socrate le Jeune — Que veux-tu dire ?

L'Étranger — Le parcours lui-même te donnera la réponse.

Socrate le Jeune — Bien répondu.

ΞΕ. Ἔστι τοίνυν πάντα ἡμῖν ὁπόσα δημιουργοῦμεν καὶ κτώμεθα, τὰ μὲν ἕνεκα τοῦ ποιεῖν τι, τὰ δὲ τοῦ μὴ πάσχειν ἀμυντήρια· καὶ τῶν ἀμυντηρίων τὰ μὲν ἀλεξιφάρμακα
d καὶ | θεῖα καὶ ἀνθρώπινα, τὰ δὲ προβλήματα· τῶν δὲ προβλημάτων τὰ μὲν πρὸς τὸν πόλεμον ὁπλίσματα, τὰ δὲ φράγματα· καὶ τῶν φραγμάτων τὰ μὲν παραπετάσματα, τὰ δὲ πρὸς χειμῶνας καὶ καύματα ἀλεξητήρια· τῶν δὲ
5 ἀλεξητηρίων τὰ μὲν στε|γάσματα, τὰ δὲ σκεπάσματα· καὶ τῶν σκεπασμάτων ὑποπετάσματα μὲν ἄλλα, περικαλύμματα δὲ ἕτερα· περικαλυμμάτων δὲ τὰ μὲν
e ὁλόσχιστα, σύνθετα δὲ ἕτερα· τῶν δὲ συνθέτων | τὰ μὲν τρητά, τὰ δὲ ἄνευ τρήσεως συνδετά· καὶ τῶν ἀτρή των τὰ μὲν νεύρινα φυτῶν ἐκ γῆς, τὰ δὲ τρίχινα· τῶν δὲ τριχίνων τὰ μὲν ὕδασι καὶ γῇ κολλητά, τὰ δὲ αὐτὰ αὑτοῖς συνδετά. τούτοισι δὴ τοῖς ἐκ τῶν ἑαυτοῖς συνδουμένων
5 | ἐργασθεῖσιν ἀμυντηρίοις καὶ σκεπάσμασι τὸ μὲν ὄνομα ἱμάτια ἐκαλέσαμεν· τὴν δὲ τῶν ἱματίων μάλιστα
280a ἐπιμελουμένην | τέχνην, ὥσπερ τότε τὴν τῆς πόλεως πολιτικὴν εἴπομεν, οὕτω καὶ νῦν ταύτην προσείπωμεν ἀπ' αὐτοῦ τοῦ πράγματος ἱματιουργικήν; φῶμεν δὲ καὶ ὑφαντικήν, ὅσον ἐπὶ τῇ τῶν ἱματίων ἐργασίᾳ μέγιστον
5 ἦν μόριον, μηδὲν διαφέρειν πλὴν | ὀνόματι ταύτης τῆς ἱματιουργικῆς, καθάπερ κἀκεῖ τότε τὴν βασιλικὴν τῆς πολιτικῆς;

L'Étranger — Or donc, toutes les choses que nous fabriquons et acquérons ont pour but, les unes, de produire quelque chose, les autres de nous empêcher de pâtir de quelque chose. Parmi ces moyens de défense, les uns sont des antidotes divins et humains, les autres des moyens **d** de faire obstacle ; parmi ces moyens de faire obstacle, les uns sont des armements guerriers, les autres des clôtures ; parmi ces clôtures, les unes sont des rideaux ou des tentures, les autres des abris contre le froid ou contre la chaleur ; parmi ces abris contre le froid ou la chaleur, les unes sont des toitures, les autres des protections pour le corps. Parmi ces protections pour le corps, certaines s'étendent par terre, d'autres l'enveloppent ; parmi celles qui enveloppent le corps, les unes sont faites d'une seule pièce, les autres de plusieurs pièces assemblées ; parmi celles faites de plusieurs pièces, les unes sont assemblées par perforation, les autres sans perforation ; parmi celles **e** assemblées sans perforation, les unes sont faites de fibres de plantes poussant dans la terre, les autres de poils ; parmi celles faites de poils, les unes sont assemblées par un collage d'eau et de terre, les autres par un ajustage des poils entre eux. Or c'est à ces dernières, à ces moyens de se défendre et de s'abriter faits de poils assemblés, que l'on a donné le nom de « vêtements ». Quant à l'art qui s'occupe principalement des vêtements, de même que l'on vient **280a** d'appeler « politique » l'art de prendre soin de la « *polis* »[1], ne le nommerons-nous pas maintenant lui aussi d'après ce dont il s'occupe : « himatiourgique » ? Et ne dirons-nous pas que l'art huphantique, pour autant qu'il est la partie la plus importante de la confection des vêtements, ne diffère que de nom de cet art himatiourgique, tout comme nous avons dit que l'art royal ne différait pas de l'art politique[2] ?

1. En 279a3.
2. *Cf.* 259b-c.

ΝΕ. ΣΩ. Ὀρθότατά γε.

ΞΕ. Τὸ μετὰ τοῦτο δὴ συλλογισώμεθα ὅτι τὴν ἱματίων
b | ὑφαντικὴν οὕτω ῥηθεῖσάν τις τάχ᾽ ἂν ἱκανῶς εἰρῆσθαι
δόξειεν, μὴ δυνάμενος συννοεῖν ὅτι τῶν μὲν ἐγγὺς
συνεργῶν οὔπω διώρισται, πολλῶν δὲ ἑτέρων συγγενῶν
ἀπεμερίσθη.

ΝΕ. ΣΩ. Ποίων, εἰπέ, συγγενῶν; |

5   ΞΕ. Οὐχ ἕσπου τοῖς λεχθεῖσιν, ὡς φαίνῃ· πάλιν
οὖν ἔοικεν ἐπανιτέον ἀρχόμενον ἀπὸ τελευτῆς. εἰ
γὰρ συννοεῖς τὴν οἰκειότητα, τὴν μὲν διετέμομεν, ἀπ᾽
αὐτῆς νυνδὴ τὴν τῶν στρωμάτων σύνθεσιν περιβολῇ
χωρίζοντες καὶ ὑποβολῇ. |

10   ΝΕ. ΣΩ. Μανθάνω. |

c   ΞΕ. Καὶ μὴν τὴν ἐκ τῶν λίνων καὶ σπάρτων καὶ
πάντων ὁπόσα φυτῶν ἄρτι νεῦρα κατὰ λόγον εἴπομεν,
δημιουργίαν πᾶσαν ἀφείλομεν· τήν τε αὖ πιλητικὴν
ἀφωρισάμεθα καὶ τὴν τρήσει καὶ ῥαφῇ χρωμένην
5 σύνθεσιν, ἧς ἡ πλείστη | σκυτοτομική.

ΝΕ. ΣΩ. Πάνυ μὲν οὖν.

ΞΕ. Καὶ τοίνυν τὴν τῶν ὁλοσχίστων σκεπασμάτων
θεραπείαν δερματουργικὴν καὶ τὰς τῶν στεγασμάτων,
ὅσαι τε ἐν οἰκοδομικῇ καὶ ὅλῃ τεκτονικῇ καὶ ἐν ἄλλαις
d τέχναις ῥευμάτων | στεκτικαὶ γίγνονται, συμπάσας

Socrate le Jeune — Très juste.

L'Étranger — Cela dit, réfléchissons à ceci : on pourrait considérer qu'ainsi formulé, l'art de tisser a **b** été suffisamment défini, et cela faute d'être capable de comprendre qu'il n'a pas encore été distingué des arts qui lui sont proches et coopèrent avec lui, tandis qu'il a été séparé de beaucoup d'autres qui lui sont parents.

Socrate le Jeune — De quels parents parles-tu ?

L'Étranger — Tu n'as apparemment pas suivi ce que j'ai dit ; il semble donc qu'il faille revenir en arrière en commençant par la fin. Car si « proximité » veut dire pour toi quelque chose, c'est un « proche » que nous venons de détacher du tissage en distinguant ce qui se met autour et ce qui se met en dessous.

Socrate le Jeune — Je comprends.

L'Étranger — Et ce que l'on fait avec le lin, la sparte **c** et tout ce que nous avons appelé par analogie les « nerfs » des plantes, cette fabrication tout entière, nous l'avons écartée ; et nous avons aussi laissé de côté l'art pilétique, avec l'assemblage qui use de perforation et de suture dont la partie principale est l'art skutotomique[1].

Socrate le Jeune — Parfaitement.

L'Étranger — Quant à la dermatourgique qui apprête des protections corporelles composées d'une seule pièce, et tout ce qui entre dans l'oikodomique, et la tectonique en général, ainsi que les arts stektiques qui s'emploient à **d** retenir les eaux courantes : tous ces arts, nous les avons écartés, avec tous ceux qui, diakôlutiques[2], fournissent

1. Pilétique : art du feutrage ; skutotomique : cordonnerie.
2. Dermatourgique : pelleterie ; oikodomique : art de construire des maisons ; skektique : art de retenir ; diakôlutique : art d'empêcher.

ἀφείλομεν, ὅσαι τε περὶ τὰς κλοπὰς καὶ τὰς βίᾳ πράξεις
διακωλυτικὰ ἔργα παρέχονται τέχναι φραγμάτων, περί τε
γένεσιν ἐπιθηματουργίας οὖσαι καὶ τὰς τῶν θυρωμάτων
5 πήξεις, γομφωτικῆς ἀπονεμηθεῖσαι | μόρια τέχνης· τήν
τε ὁπλοποιικὴν ἀπετεμόμεθα, μεγάλης καὶ παντοίας
e τῆς προβληματουργικῆς τμῆμα οὖσαν δυνάμεως· | καὶ
δὴ καὶ τὴν μαγευτικὴν τὴν περὶ τὰ ἀλεξιφάρμακα κατ᾽
ἀρχὰς εὐθὺς διωρισάμεθα σύμπασαν, καὶ λελοίπαμεν, ὡς
δόξαιμεν ἄν, αὐτὴν τὴν ζητηθεῖσαν ἀμυντικὴν χειμώνων,
ἐρεοῦ προβλήματος ἐργαστικήν, ὄνομα δὲ ὑφαντικὴν
λεχθεῖσαν. |

5 ΝΕ. ΣΩ. Ἔοικε γὰρ οὖν.

ΞΕ. Ἀλλ᾽ οὐκ ἔστι πω τέλεον, ὦ παῖ, τοῦτο λελεγμένον.
ὁ γὰρ ἐν ἀρχῇ τῆς τῶν ἱματίων ἐργασίας ἁπτόμενος
281a τοὐναντίον | ὑφῇ δρᾶν φαίνεται.

ΝΕ. ΣΩ. Πῶς;

ΞΕ. Τὸ μὲν τῆς ὑφῆς συμπλοκή τίς ἐστί που.

ΝΕ. ΣΩ. Ναί. |

5 ΞΕ. Τὸ δέ γε τῶν συνεστώτων καὶ συμπεπιλημένων
διαλυτική.

ΝΕ. ΣΩ. Τὸ ποῖον δή;

ΞΕ. Τὸ τῆς τοῦ ξαίνοντος τέχνης ἔργον. ἢ τὴν ξαντικὴν
τολμήσομεν ὑφαντικὴν καὶ τὸν ξάντην ὡς ὄντα ὑφάντην
10 | καλεῖν;

ΝΕ. ΣΩ. Οὐδαμῶς.

des ouvrages capables de faire obstacle aux vols et aux actes de violence et qui, produisant des couvercles et fixant des portes, sont des portions de la gomphôtique. Nous avons retranché aussi l'hoplopoiique, section d'une industrie importante et diversifiée, la problèmatourgique[1]; et, **e** en écartant dès le début toute la partie de l'art magique relative aux antidotes, nous n'avons laissé – pouvions-nous croire – que ce que nous cherchions, cet art de protéger du froid consacré à la fabrication de défenses de laine qui porte le nom de tissage.

Socrate le Jeune — Il semble bien.

L'Étranger — Mais notre discours est encore loin d'être achevé, jeune homme. Car celui qui met la première main à la confection des vêtements a bien l'air de faire le **281a** contraire de tisser.

Socrate le Jeune — Comment cela ?

L'Étranger — Tisser c'est bien entrelacer ?

Socrate le Jeune — Oui.

L'Étranger — Mais pour ce qui a été contracté et compressé par feutrage, c'est démêler qu'il faut.

Socrate le Jeune — De quoi parles-tu ?

L'Étranger — De ce que fait l'art du cardeur. Est-ce que nous oserons appeler sa xantique : « huphantique »[2], et dire du cardeur qu'il est un tisserand ?

Socrate le Jeune — Certainement pas.

---

1. Gomphôtique : menuiserie; hoplopoiique : fabrication des armes; problèmatourgique : art de fabriquer des moyens de défense.
2. Xantique : cardage; huphantique : tissage.

ΞΕ. Καὶ μὴν τήν γε αὖ στήμονος ἐργαστικὴν καὶ κρόκης εἴ τις ὑφαντικὴν προσαγορεύει, παράδοξόν τε καὶ b ψεῦδος | ὄνομα λέγει.

ΝΕ. ΣΩ. Πῶς γὰρ οὔ;

ΞΕ. Τί δέ; κναφευτικὴν σύμπασαν καὶ τὴν ἀκεστικὴν πότερα μηδεμίαν ἐπιμέλειαν μηδέ τινα θεραπείαν ἐσθῆτος 5 | θῶμεν, ἢ καὶ ταύτας πάσας ὡς ὑφαντικὰς λέξομεν;

ΝΕ. ΣΩ. Οὐδαμῶς.

ΞΕ. Ἀλλὰ μὴν τῆς γε θεραπείας ἀμφισβητήσουσιν αὗται σύμπασαι καὶ τῆς γενέσεως τῆς τῶν ἱματίων τῇ τῆς ὑφαντικῆς δυνάμει, μέγιστον μὲν μέρος ἐκείνῃ διδοῦσαι, 10 | μεγάλα δὲ καὶ σφίσιν αὐταῖς ἀπονέμουσαι. |

c ΝΕ. ΣΩ. Πάνυ γε.

ΞΕ. Πρὸς τοίνυν ταύταις ἔτι τὰς τῶν ἐργαλείων δημιουργοὺς τέχνας, δι᾽ ὧν ἀποτελεῖται τὰ τῆς ὑφῆς ἔργα, δοκεῖν χρὴ τό γε συναιτίας εἶναι προσποιήσασθαι 5 παντὸς | ὑφάσματος.

ΝΕ. ΣΩ. Ὀρθότατα.

ΞΕ. Πότερον οὖν ἡμῖν ὁ περὶ τῆς ὑφαντικῆς λόγος, οὗ προειλόμεθα μέρους, ἱκανῶς ἔσται διωρισμένος, ἐὰν ἄρ᾽ αὐτὴν τῶν ἐπιμελειῶν ὁπόσαι περὶ τὴν ἐρεᾶν ἐσθῆτα, εἰς d τὴν | καλλίστην καὶ μεγίστην πασῶν τιθῶμεν· ἢ λέγοιμεν μὲν ἄν τι ἀληθές, οὐ μὴν σαφές γε οὐδὲ τέλεον, πρὶν ἂν καὶ ταύτας αὐτῆς πάσας περιέλωμεν;

ΝΕ. ΣΩ. Ὀρθῶς. |

L'Étranger — Il en va de même pour ce qui est de la fabrication de la chaîne et de la trame : appeler cela « tissage » serait lui donner un nom inhabituel et **b** trompeur.

Socrate le Jeune — Sans aucun doute.

L'Étranger — Encore ceci. Est-ce que nous déciderons que la knapheutique et l'akestique[1] ne se soucient ni ne prennent soin de l'habillement, ou sinon, devrons-nous dire que tous deux sont du tissage ?

Socrate le Jeune — En aucune façon.

L'Étranger — Et pourtant, tous deux disputeront au tissage le soin et la production des vêtements, et même s'ils lui en concèdent la part la plus importante, ils s'en attribueront une fort grande.

Socrate le Jeune — C'est certain.   **c**

L'Étranger — Ajoute encore les arts qui fabriquent les outils de production des tissus : il y a tout lieu de croire qu'eux aussi prétendent être à tout le moins des causes auxiliaires de chaque tissu.

Socrate le Jeune — Très juste.

L'Étranger — Mais est-ce que notre définition du tissage, de la partie que nous avons choisie, sera suffisamment cernée du fait de lui donner la place la plus belle et la **d** plus importante dans tous les soins relatifs à l'habillement de laine ? Ou bien dirions-nous là quelque chose qui est vrai, mais ni clair ni final tant que nous n'aurons pas dégagé cet art du soin de tous ceux qui l'entourent ?

Socrate le Jeune — Exact.

---

1. Knapheutique : foulage ; akestique : couture, ravaudage.

5   ΞΕ. Οὐκοῦν μετὰ ταῦτα ποιητέον ὃ λέγομεν, ἵν᾽
ἐφεξῆς ἡμῖν ὁ λόγος ἴῃ;

ΝΕ. ΣΩ. Πῶς δ᾽ οὔ;

ΞΕ. Πρῶτον μὲν τοίνυν δύο τέχνας οὔσας περὶ πάντα
τὰ δρώμενα θεασώμεθα. |

10   ΝΕ. ΣΩ. Τίνας;

ΞΕ. Τὴν μὲν γενέσεως οὖσαν συναίτιον, τὴν δ᾽ αὐτὴν
αἰτίαν.

ΝΕ. ΣΩ. Πῶς; |

e   ΞΕ. Ὅσαι μὲν τὸ πρᾶγμα αὐτὸ μὴ δημιουργοῦσι, ταῖς
δὲ δημιουργούσαις ὄργανα παρασκευάζουσιν, ὧν μὴ παρα
γενομένων οὐκ ἄν ποτε ἐργασθείη τὸ προστεταγμένον
ἑκάστῃ τῶν τεχνῶν, ταύτας μὲν συναιτίους, τὰς δὲ αὐτὸ
5   τὸ πρᾶγμα | ἀπεργαζομένας αἰτίας.

ΝΕ. ΣΩ. Ἔχει γοῦν λόγον.

ΞΕ. Μετὰ τοῦτο δὴ τὰς μὲν περί τε ἀτράκτους καὶ
κερκίδας καὶ ὁπόσα ἄλλα ὄργανα τῆς περὶ τὰ ἀμφιέσματα
γενέσεως κοινωνεῖ, πάσας συναιτίους εἴπωμεν, τὰς δὲ
10   αὐτὰ | θεραπευούσας καὶ δημιουργούσας αἰτίας;

ΝΕ. ΣΩ. Ὀρθότατα. |

282a   ΞΕ. Τῶν αἰτιῶν δὴ πλυντικὴν μὲν καὶ ἀκεστικὴν καὶ
πᾶσαν τὴν περὶ ταῦτα θεραπευτικήν, πολλῆς οὔσης τῆς
κοσμητικῆς, τοὐνταῦθα αὐτῆς μόριον εἰκὸς μάλιστα περι
λαμβάνειν ὀνομάζοντας πᾶν τῇ τέχνῃ τῇ κναφευτικῇ. |

L'Étranger — Donc, après cela il nous faut faire ce que nous disons, afin que notre discours suive une progression continue ?

Socrate le Jeune — Oui, bien sûr.

L'Étranger — D'abord, considérons que, pour tout ce qu'on fait, il y a deux arts.

Socrate le Jeune — Lesquels ?

L'Étranger — L'un est cause auxiliaire de sa venue à existence, l'autre, cause directe.

Socrate le Jeune — Comment cela ?

L'Étranger — Tous les arts qui ne fabriquent pas la **e** chose elle-même, mais fournissent à ceux qui la fabriquent des instruments sans lesquels aucun de ces arts ne saurait jamais accomplir sa tâche propre, ceux-là sont des causes auxiliaires, tandis que ceux qui produisent la chose même sont des causes.

Socrate le Jeune — Voilà qui certes a du sens

L'Étranger — Après quoi, ces arts relatifs aux fuseaux, aux navettes et à tous les autres instruments participant à la production des vêtements, nous les dirons tous causes auxiliaires, tandis que ceux qui en prennent soin et les fabriquent, nous les dirons causes ?

Socrate le Jeune — Très juste.

L'Étranger — Pour ces arts-causes que sont pluntique, **282a** akestique, et toute thérapeutique des vêtements, – car en ce domaine l'art kosmétique est vaste – il est parfaitement naturel de les rassembler tous en une portion, qui portera dans son ensemble le nom « d'art knapheutique »[1].

---

1. Pluntique : lavage ; thérapeutique : art de prendre soin ; kosmétique : art d'arranger, d'apprêter.

5 ΝΕ. ΣΩ. Καλῶς.

ΞΕ. Καὶ μὴν ξαντική γε καὶ νηστικὴ καὶ πάντα αὖ τὰ περὶ τὴν ποίησιν αὐτὴν τῆς ἐσθῆτος ἧς λέγομεν μέρη, μία τίς ἐστι τέχνη τῶν ὑπὸ πάντων λεγομένων, ἡ ταλασιουργική. |

10 ΝΕ. ΣΩ. Πῶς γὰρ οὔ; |

b ΞΕ. Τῆς δὴ ταλασιουργικῆς δύο τμήματά ἐστον, καὶ τούτοιν ἑκάτερον ἅμα δυοῖν πεφύκατον τέχναιν μέρη.

ΝΕ. ΣΩ. Πῶς;

ΞΕ. Τὸ μὲν ξαντικὸν καὶ τὸ τῆς κερκιστικῆς ἥμισυ καὶ 5 | ὅσα τὰ συγκείμενα ἀπ᾽ ἀλλήλων ἀφίστησι, πᾶν τοῦτο ὡς ἓν φράζειν τῆς τε ταλασιουργίας αὐτῆς ἐστί που, καὶ μεγάλα τινὲ κατὰ πάντα ἡμῖν ἤστην τέχνα, ἡ συγκριτική τε καὶ διακριτική.

ΝΕ. ΣΩ. Ναί.

ΞΕ. Τῆς τοίνυν διακριτικῆς ἥ τε ξαντικὴ καὶ τὰ νυνδὴ c | ῥηθέντα ἅπαντά ἐστιν· ἡ γὰρ ἐν ἐρίοις τε καὶ στήμοσι διακριτική, κερκίδι μὲν ἄλλον τρόπον γιγνομένη, χερσὶ δὲ ἕτερον, ἔσχεν ὅσα ἀρτίως ὀνόματα ἐρρήθη.

ΝΕ. ΣΩ. Πάνυ μὲν οὖν. |

Socrate le Jeune — Tu as raison.

L'Étranger — Mais la xantique, la nèstique et tout ce que nous disons être des parties concourant cette fois à la production directe de l'habillement, cela ne fait qu'un art unique, désigné par tous comme « talasiourgique »[1].

Socrate le Jeune — Pas d'objection.

L'Étranger — Or, de l'art talasiourgique il y a deux **b** sections, et chacune est une partie constituée par deux arts à la fois.`

Socrate le Jeune — Comment cela ?

L'Étranger — La xantique, et la moitié de la kerkistique et toutes les opérations qui démêlent ce qui a été emmêlé, tout cela, il est je crois possible d'en parler comme d'un seul art relevant de la talasiourgique elle-même, et nous savons par ailleurs qu'il y a selon nous deux grands arts, d'application universelle, l'art suncritique[2] et l'art diacritique[IX].

Socrate le Jeune — Oui.

L'Étranger — Or la xantique et tout ce que nous venons de dire relèvent de l'art diacritique ; car l'art **c** diacritique qui s'exerce sur des laines ou des fils de la chaîne et qui, dans ce dernier cas, se fait avec une navette et dans le premier avec les mains, porte tous les noms que nous venons d'énumérer.

Socrate le Jeune — Absolument.

---

1. Xantique : cardage ; nèstique : filage ; talasiourgique : art de travailler la laine.
2. Kerkistique : art propre à la navette (cf. *Crat.*, 388b). Art suncritique : art d'assembler.

5   ΞΕ. Αὖθις δὴ πάλιν συγκριτικῆς μόριον ἅμα καὶ
ταλασιουργίας ἐν αὐτῇ γιγνόμενον λάβωμεν· ὅσα
δὲ τῆς διακριτικῆς ἦν αὐτόθι, μεθιῶμεν σύμπαντα,
δίχα τέμνοντες τὴν ταλασιουργίαν διακριτικῷ τε καὶ
συγκριτικῷ τμήματι.

NE. ΣΩ. Διῃρήσθω. |

10   ΞΕ. Τὸ συγκριτικὸν τοίνυν αὖ σοι καὶ ταλασιουργικὸν
d | ἅμα μόριον, ὦ Σώκρατες, διαιρετέον, εἴπερ ἱκανῶς
μέλλομεν τὴν προρρηθεῖσαν ὑφαντικὴν αἱρήσειν.

NE. ΣΩ. Οὐκοῦν χρή.

ΞΕ. Χρὴ μὲν οὖν· καὶ λέγωμέν γε αὐτῆς τὸ μὲν εἶναι
5 | στρεπτικόν, τὸ δὲ συμπλεκτικόν.

NE. ΣΩ. Ἆρ’ οὖν μανθάνω; δοκεῖς γάρ μοι τὸ περὶ
τὴν τοῦ στήμονος ἐργασίαν λέγειν στρεπτικόν.

ΞΕ. Οὐ μόνον γε, ἀλλὰ καὶ κρόκης· ἢ γένεσιν
ἄστροφόν τινα αὐτῆς εὑρήσομεν; |

10   NE. ΣΩ. Οὐδαμῶς. |

e   ΞΕ. Διόρισαι δὴ καὶ τούτοιν ἑκάτερον· ἴσως γὰρ ὁ
διορισμὸς ἔγκαιρος ἄν σοι γένοιτο.

NE. ΣΩ. Πῇ;

ΞΕ. Τῇδε· τῶν περὶ ξαντικὴν ἔργων μηκυνθέν τε καὶ
5 | σχὸν πλάτος λέγομεν εἶναι κάταγμά τι;

NE. ΣΩ. Ναί.

L'Étranger — Prenons à son tour une portion de l'art suncritique qui en soit aussi une de l'art de travailler la laine et, pour toutes celles qui relèvent ici de l'art diacritique, laissons-les toutes de côté et découpons l'art de travailler la laine en deux sections, l'une diacritique et l'autre suncritique.

Socrate le Jeune — Estime que c'est divisé.

L'Étranger — Mais cette portion suncritique, qui **d** est aussi une portion de l'art talasiourgique, il faut, Socrate, la diviser à son tour si nous voulons capturer convenablement ce que nous disons être le tissage.

Socrate le Jeune — Il le faut ?

L'Étranger — Bien sûr qu'il le faut. Et disons qu'il lui appartient pour une part de tordre, pour l'autre d'entrelacer.

L'Étranger — Est-ce que j'ai bien compris ? Tu me sembles dire que « tordre » se rapporte à la fabrication de la chaîne.

L'Étranger — Pas seulement, mais aussi à celle de la trame. Ou trouverons-nous un moyen de la fabriquer sans la tordre ?

Socrate le Jeune — Non.

L'Étranger — Alors, définis aussi chacune des deux – **e** au cas où cette définition te viendrait à point nommé.

Socrate le Jeune — Par où ?

L'Étranger — Par là : parmi les produits de la xantique, est-ce qu'il n'y en a pas un qui atteint de la longueur et de l'épaisseur, et que nous appelons « peloton » de laine ?

Socrate le Jeune — Si.

ΞΕ. Τούτου δὴ τὸ μὲν ἀτράκτῳ τε στραφὲν καὶ στερεὸν νῆμα γενόμενον στήμονα μὲν φάθι τὸ νῆμα, τὴν δὲ ἀπευθύ νουσαν αὐτὸ τέχνην εἶναι στημονονητικήν. |

10   ΝΕ. ΣΩ. Ὀρθῶς.

ΞΕ. Ὅσα δέ γε αὖ τὴν μὲν συστροφὴν χαύνην λαμβάνει, τῇ δὲ τοῦ στήμονος ἐμπλέξει πρὸς τὴν τῆς γνάψεως ὁλκὴν ἐμμέτρως τὴν μαλακότητα ἴσχει, ταῦτ' ἄρα κρόκην μὲν τὰ νηθέντα, τὴν δὲ ἐπιτεταγμένην αὐτοῖς
283a εἶναι τέχνην τὴν | κροκονητικὴν φῶμεν.

ΝΕ. ΣΩ. Ὀρθότατα.

ΞΕ. Καὶ μὴν τό γε τῆς ὑφαντικῆς μέρος ὃ προυθέμεθα, παντί που δῆλον ἤδη. τὸ γὰρ συγκριτικῆς
5   τῆς | ἐν ταλασιουργίᾳ μόριον ὅταν εὐθυπλοκίᾳ κρόκης καὶ στήμονος ἀπεργάζηται πλέγμα, τὸ μὲν πλεχθὲν σύμπαν ἐσθῆτα ἐρεᾶν, τὴν δ' ἐπὶ τούτῳ τέχνην οὖσαν προσαγορεύομεν ὑφαντικήν.

ΝΕ. ΣΩ. Ὀρθότατα. |

b   ΞΕ. Εἶεν· τί δή ποτε οὖν οὐκ εὐθὺς ἀπεκρινάμεθα πλεκτικὴν εἶναι κρόκης καὶ στήμονος ὑφαντικήν, ἀλλὰ περιήλθομεν ἐν κύκλῳ πάμπολλα διοριζόμενοι μάτην;

ΝΕ. ΣΩ. Οὔκουν ἔμοιγε, ὦ ξένε, μάτην οὐδὲν τῶν
5 | ῥηθέντων ἔδοξε ῥηθῆναι.

L'Étranger — Or, une fois tourné au moyen d'un fuseau et produit un fil solide, tu diras que c'est le fil de la chaîne, et que l'art qui met ce fil en droite ligne est l'art stèmononètique[1].

Socrate le Jeune — Exact.

L'Étranger — Mais tous les fils qui ne reçoivent qu'une torsion lâche et qui ont ce qu'il faut de souplesse pour s'entrelacer avec la chaîne tout en résistant à la traction exercée par l'apprêtage, ceux-là, disons que ce sont les fils de la trame, et que l'art qui préside leur arrangement est **283a** l'art krokonètique.

Socrate le Jeune — Très juste.

L'Étranger — Donc, la partie de l'art huphantique que nous nous sommes proposée, je pense qu'elle est à présent claire pout tout un chacun : toutes les fois que la partie de l'art suncritique entrant dans la talasiourgie réalise un entrelacement en croisant perpendiculairement la trame et la chaîne en un tissu, nous appelons l'ensemble de ce qui a été entrelacé « habit de laine », et l'art qui s'y rapporte « huphantique ».

Socrate le Jeune — On ne peut plus juste.

L'Étranger — Soit. Mais alors, pourquoi n'avons-nous **b** pas répondu tout de suite : « le tissage est l'art d'entrelacer la chaîne et la trame », au lieu de tourner ainsi en rond en accumulant des distinctions inutiles ?

Socrate le Jeune — Pour moi, Étranger, je crois que rien de ce qui a été dit ne l'a été en vain.

---

1. Stèmononètique : art de filer la chaîne ; krokonètique : art de filer la trame.

ΞΕ. Καὶ θαυμαστόν γε οὐδέν· ἀλλὰ τάχ᾽ ἄν, ὦ μακάριε, δόξειε. πρὸς δὴ τὸ νόσημα τὸ τοιοῦτον, ἂν ἄρα πολλάκις ὕστερον ἐπίῃ – θαυμαστὸν γὰρ οὐδέν – λόγον ἄκουσόν c τινα | προσήκοντα περὶ πάντων τῶν τοιούτων ῥηθῆναι.

ΝΕ. ΣΩ. Λέγε μόνον.

ΞΕ. Πρῶτον τοίνυν ἴδωμεν πᾶσαν τήν τε ὑπερβολὴν καὶ τὴν ἔλλειψιν, ἵνα κατὰ λόγον ἐπαινῶμεν καὶ ψέγωμεν 5 τὰ | μακρότερα τοῦ δέοντος ἑκάστοτε λεγόμενα καὶ τἀναντία περὶ τὰς τοιάσδε διατριβάς.

ΝΕ. ΣΩ. Οὐκοῦν χρή.

ΞΕ. Περὶ δὴ τούτων αὐτῶν ὁ λόγος ἡμῖν οἶμαι γιγνόμενος ὀρθῶς ἂν γίγνοιτο. |

10   ΝΕ. ΣΩ. Τίνων;

ΞΕ. Μήκους τε πέρι καὶ βραχύτητος καὶ πάσης d ὑπεροχῆς | τε καὶ ἐλλείψεως· ἡ γάρ που μετρητικὴ περὶ πάντ᾽ ἐστὶ ταῦτα.

ΝΕ. ΣΩ. Ναί.

ΞΕ. Διέλωμεν τοίνυν αὐτὴν δύο μέρη· δεῖ γὰρ δὴ πρὸς 5 | ὃ νῦν σπεύδομεν.

ΝΕ. ΣΩ. Λέγοις ἂν τὴν διαίρεσιν ὅπῃ.

ΞΕ. Τῇδε· τὸ μὲν κατὰ τὴν πρὸς ἄλληλα μεγέθους καὶ σμικρότητος κοινωνίαν, τὸ δὲ [τὸ] κατὰ τὴν τῆς γενέσεως ἀναγκαίαν οὐσίαν. |

10   ΝΕ. ΣΩ. Πῶς λέγεις;

L'Étranger — Cela ne m'étonne pas ; mais, bienheureux jeune homme, cela pourrait peut-être paraître tel. Et contre une telle maladie, au cas où tu en serais souvent atteint plus tard, ce qui n'aurait rien d'étonnant, écoute le raisonnement qu'il convient de se c tenir dans toutes les situations de ce genre.

Socrate le Jeune — Dis-moi…

L'Étranger — Voyons d'abord tout ce qui concerne l'excès et le défaut, afin de disposer d'une raison de louer et blâmer ce qui, chaque fois, aura été dit de plus long qu'il ne faut, ou le contraire, lors d'entretiens comme ceux-ci.

Socrate le Jeune — Puisqu'il le faut.

L'Étranger — Or, je pense que c'est en s'appliquant précisément à ce genre de sujets que notre discours procéderait correctement.

Socrate le Jeune — Quel genre de sujets ?

L'Étranger — La longueur, la brièveté et tout ce qui est en excès ou en défaut ; car c'est bien sur tout cela que d porte la métrétique ?

Socrate le Jeune — Oui.

L'Étranger — Divisons-la alors en deux parties ; il le faut pour arriver vite à notre but.

Socrate le Jeune — Pourrais-tu me dire par où diviser ?

L'Étranger — Par là : d'un côté, la relation mutuelle de la grandeur et de la petitesse, de l'autre la manière d'être exigée par toute venue à existence.

Socrate le Jeune — Que veux-tu dire ?

ΞΕ. Ἆρ' οὐ κατὰ φύσιν δοκεῖ σοι τὸ μεῖζον μηδενὸς ἑτέρου δεῖν μεῖζον λέγειν ἢ τοῦ ἐλάττονος, καὶ τοὔλαττον e αὖ | τοῦ μείζονος ἔλαττον, ἄλλου δὲ μηδενός;

ΝΕ. ΣΩ. Ἔμοιγε.

ΞΕ. Τί δέ; τὸ τὴν τοῦ μετρίου φύσιν ὑπερβάλλον καὶ ὑπερβαλλόμενον ὑπ' αὐτῆς ἐν λόγοις εἴτε καὶ ἐν ἔργοις 5 ἆρ' | οὐκ αὖ λέξομεν ὡς ὄντως γιγνόμενον, ἐν ᾧ καὶ διαφέρουσι μάλιστα ἡμῶν οἵ τε κακοὶ καὶ οἱ ἀγαθοί[1];

ΝΕ. ΣΩ. Φαίνεται.

ΞΕ. Διττὰς ἄρα ταύτας οὐσίας καὶ κρίσεις τοῦ μεγάλου καὶ τοῦ σμικροῦ θετέον, ἀλλ' οὐχ ὡς ἔφαμεν ἄρτι πρὸς 10 | ἄλληλα μόνον δεῖν, ἀλλ' ὥσπερ νῦν εἴρηται μᾶλλον τὴν μὲν πρὸς ἄλληλα λεκτέον, τὴν δ' αὖ πρὸς τὸ μέτριον· οὗ δὲ ἕνεκα, μαθεῖν ἆρ' ἂν βουλοίμεθα;

ΝΕ. ΣΩ. Τί μήν; |

284a ΞΕ. Εἰ πρὸς μηδὲν ἕτερον τὴν τοῦ μείζονος ἐάσει τις φύσιν ἢ πρὸς τοὔλαττον, οὐκ ἔσται ποτὲ πρὸς τὸ μέτριον· ἦ γάρ;

ΝΕ. ΣΩ. Οὕτως. |

5 ΞΕ. Οὐκοῦν τὰς τέχνας τε αὐτὰς καὶ τἄργα αὐτῶν σύμπαντα διολοῦμεν τούτῳ τῷ λόγῳ, καὶ δὴ καὶ τὴν ζητουμένην νῦν πολιτικὴν καὶ τὴν ῥηθεῖσαν ὑφαντικὴν ἀφανιοῦμεν; ἅπασαι γὰρ αἱ τοιαῦταί που τὸ τοῦ μετρίου πλέον καὶ ἔλαττον οὐχ ὡς οὐκ ὂν ἀλλ' ὡς ὂν χαλεπὸν

---

1. e6 οἱ ἀγαθοί B : ἀγαθοί TW Burnet

L'Étranger — Ne te semble-t-il pas qu'il faille dire ceci : le plus grand n'est tel que par rapport à du plus petit, et le plus petit tel que par rapport à du plus grand, **e** et à rien d'autre ?

Socrate le Jeune — C'est aussi mon avis.

L'Étranger — Et qu'en est-il de ceci : ce qui, dans nos discours ou dans nos actes, est en excès ou en défaut par rapport à la nature de ce qui est bien mesuré, n'est-ce pas en cela que se distinguent surtout ceux d'entre nous qui sont mauvais ou bons ?

Socrate le Jeune — C'est clair.

L'Étranger — En conséquence, nous devons poser, pour le grand et le petit, un double mode d'existence et un double critère de distinction, et ne pas les considérer seulement, comme nous venons de le faire, l'un relativement à l'autre ; mais, comme on le dit maintenant, les apprécier sans doute l'un par rapport à l'autre, mais aussi les rapporter à du bien mesuré. Pourquoi il le faut, c'est bien ce que nous aimerions comprendre ?

Socrate le Jeune — Certes !

L'Étranger — Si on ne rapporte la nature du plus **284a** grand à rien d'autre qu'à du plus petit, elle n'aura jamais de rapport au bien mesuré, n'est-ce pas ?

Socrate le Jeune — Si.

L'Étranger — Mais, avec ce discours-là, n'allons-nous pas totalement détruire les arts eux-mêmes et toutes leurs œuvres, et en particulier faire disparaître celui que nous cherchons à présent, ainsi que celui que nous avons appelé « huphantique » ? Car pour tous les arts de cette sorte, être en excès et en défaut par rapport au bien mesuré n'est pas quelque chose d'irréel, mais une réalité fâcheuse eu égard

148

b περὶ τὰς πράξεις | παραφυλάττουσι, καὶ τούτῳ δὴ τῷ τρόπῳ τὸ μέτρον σῴζουσαι πάντα ἀγαθὰ καὶ καλὰ ἀπεργάζονται.

ΝΕ. ΣΩ. Τί μήν;

ΞΕ. Οὐκοῦν ἂν τὴν πολιτικὴν ἀφανίσωμεν, ἄπορος 5 ἡμῖν | ἢ μετὰ τοῦτο ἔσται ζήτησις τῆς βασιλικῆς ἐπιστήμης;

ΝΕ. ΣΩ. Καὶ μάλα.

ΞΕ. Πότερον οὖν, καθάπερ ἐν τῷ σοφιστῇ προσηναγκά σαμεν εἶναι τὸ μὴ ὄν, ἐπειδὴ κατὰ τοῦτο διέφυγεν ἡμᾶς ὁ λόγος, οὕτω καὶ νῦν τὸ πλέον αὖ καὶ 10 ἔλαττον μετρητὰ | προσαναγκαστέον γίγνεσθαι μὴ πρὸς c ἄλληλα μόνον ἀλλὰ καὶ | πρὸς τὴν τοῦ μετρίου γένεσιν; οὐ γὰρ δὴ δυνατόν γε οὔτε πολιτικὸν οὔτ' ἄλλον τινὰ τῶν περὶ τὰς πράξεις ἐπιστήμονα ἀναμφισβητήτως γεγονέναι τούτου μὴ συνομολογηθέντος.

ΝΕ. ΣΩ. Οὐκοῦν καὶ νῦν ὅτι μάλιστα χρὴ ταὐτὸν 5 | ποιεῖν.

ΞΕ. Πλέον, ὦ Σώκρατες, ἔτι τοῦτο τὸ ἔργον ἢ 'κεῖνο – καίτοι κἀκείνου γε μεμνήμεθα τὸ μῆκος ὅσον ἦν – ἀλλ' ὑποτίθεσθαι μὲν τὸ τοιόνδε περὶ αὐτῶν καὶ μάλα δίκαιον.

ΝΕ. ΣΩ. Τὸ ποῖον; |

d ΞΕ. Ὡς ποτε δεήσει τοῦ νῦν λεχθέντος πρὸς τὴν περὶ αὐτὸ τἀκριβὲς ἀπόδειξιν. ὅτι δὲ πρὸς τὰ νῦν καλῶς καὶ ἱκανῶς δείκνυται, δοκεῖ μοι βοηθεῖν μεγαλοπρεπῶς ἡμῖν οὗτος ὁ λόγος, ὡς ἄρα ἡγητέον ὁμοίως τὰς τέχνας πάσας 5 εἶναι, | μεῖζόν τε ἅμα καὶ ἔλαττον μετρεῖσθαι μὴ πρὸς

à leurs actions, ils s'en gardent et c'est de cette façon, en **b** sauvegardant la mesure, qu'ils accomplissent des œuvres bonnes et belles.

Socrate le Jeune — Sans contredit.

L'Étranger — Si donc nous abolissons l'art politique, notre recherche de la science royale ne s'en retrouvera-t-elle pas après cela dans l'impasse ?

Socrate le Jeune — Absolument !

L'Étranger — Donc, de même que dans le cas du sophiste, nous avons forcé le non-être à être, puisque c'est là que notre discours a trouvé un refuge, ne nous faut-il pas maintenant forcer le plus et le moins à devenir commensurables, non seulement l'un à l'autre, mais **c** aussi en vue de la production du bien mesuré ? car il est assurément impossible de soustraire à toute contestation l'existence d'un expert en science politique, ou en n'importe quel savoir se rapportant à des actions, si l'on accorde pas ce point.

Socrate le Jeune — Donc, maintenant, c'est surtout cela qu'il faut faire.

L'Étranger — Cette tâche, Socrate, est encore plus considérable que la précédente – et pourtant nous nous rappelons combien elle a été longue ! Mais il est tout à fait légitime d'avancer là-dessus une hypothèse de ce genre.

Socrate le Jeune — Laquelle ?

L'Étranger — Qu'un jour il sera besoin de ce qui est **d** dit à présent pour démontrer ce qu'est l'exactitude en elle-même. Quant à montrer bien et suffisamment ce qui nous occupe, ce raisonnement me paraît nous apporter un secours magnifique quand il faut tenir à la fois et que tous les arts existent au même titre, et que le plus grand

ἄλληλα μόνον ἀλλὰ καὶ πρὸς τὴν τοῦ μετρίου γένεσιν. τούτου τε γὰρ ὄντος ἐκεῖνα ἔστι, κἀκείνων ὄντων ἔστι καὶ τοῦτο[1], μὴ δὲ ὄντος ποτέρου τούτων οὐδέτερον αὐτῶν ἔσται ποτέ. |

e   ΝΕ. ΣΩ. Τοῦτο μὲν ὀρθῶς· ἀλλὰ τί δὴ τὸ μετὰ τοῦτο;

ΞΕ. Δῆλον ὅτι διαιροῖμεν ἂν τὴν μετρητικήν, καθάπερ ἐρρήθη, ταύτῃ δίχα τέμνοντες, ἓν μὲν τιθέντες αὐτῆς μόριον συμπάσας τέχνας ὁπόσαι τὸν ἀριθμὸν καὶ μήκη 5 καὶ βάθη | καὶ πλάτη καὶ ταχυτῆτας πρὸς τοὐναντίον μετροῦσιν, τὸ δὲ ἕτερον, ὁπόσαι πρὸς τὸ μέτριον καὶ τὸ πρέπον καὶ τὸν καιρὸν καὶ τὸ δέον καὶ πάνθ' ὁπόσα εἰς τὸ μέσον ἀπῳκίσθη τῶν ἐσχάτων.

ΝΕ. ΣΩ. Καὶ μέγα γε ἑκάτερον τμῆμα εἶπες, καὶ πολὺ 10 | διαφέρον ἀλλήλοιν.

ΞΕ. Ὃ γὰρ ἐνίοτε, ὦ Σώκρατες, οἰόμενοι δή τι σοφὸν 285a | φράζειν πολλοὶ τῶν κομψῶν λέγουσιν, ὡς ἄρα μετρητικὴ περὶ πάντ' ἐστὶ τὰ γιγνόμενα, τοῦτ' αὐτὸ τὸ νῦν λεχθὲν ὂν τυγχάνει. μετρήσεως μὲν γὰρ δή τινα τρόπον πάνθ' ὁπόσα ἔντεχνα μετείληφεν· διὰ δὲ τὸ μὴ 5 κατ' εἴδη συνειθίσθαι | σκοπεῖν διαιρουμένους ταῦτά τε τοσοῦτον διαφέροντα συμβάλλουσιν εὐθὺς εἰς ταὐτὸν ὅμοια νομίσαντες, καὶ τοὐναντίον αὖ τούτου δρῶσιν b ἕτερα οὐ κατὰ μέρη διαιροῦντες, δέον, ὅταν | μὲν τὴν τῶν πολλῶν τις πρότερον αἴσθηται κοινωνίαν, μὴ προαφίστασθαι πρὶν ἂν ἐν αὐτῇ τὰς διαφορὰς ἴδῃ πάσας ὁπόσαιπερ ἐν εἴδεσι κεῖνται, τὰς δὲ αὖ παντοδαπὰς

et le plus petit ne se mesurent pas seulement relativement l'un à l'autre mais aussi par rapport à la production du bien mesuré. Car si cela existe, ceux-ci existent aussi, et si ceux-ci existent, cela existe aussi ; mais si l'un des deux n'existe pas, aucun d'eux n'existera jamais [X].

Socrate le Jeune — C'est exact, mais après ?   e

L'Étranger — Il est évident que pour diviser la métrétique comme il vient d'être dit, nous la couperons en deux en posant, d'un côté, comme portion de celle-ci, tous les arts qui mesurent par rapport à leurs contraires le nombre ainsi que longueurs, profondeurs, largeurs, vitesses ; et, de l'autre, tous ceux qui se réfèrent au bien mesuré, c'est-à-dire au convenable, à l'opportun, au requis et à tout ce qui tient le milieu entre des extrêmes.

Socrate le Jeune — Chacune des sections dont tu viens de parler est bien grande, et elles diffèrent beaucoup l'une de l'autre.

L'Étranger — Ah Socrate ! C'est ce que disent parfois nombre d'experts, convaincus qu'ils sont d'énoncer une sage maxime : que toutes les choses qui viennent à   285a être relèvent d'une métrétique – et c'est ce qui se trouve être dit à présent. La mesure, en effet, toutes les choses produites avec art en participent d'une façon ou d'une autre ; mais, parce que ces experts ne sont pas habitués à les examiner, si différentes soient-elles, en divisant selon les espèces, ils les ramènent immédiatement au même parce qu'ils les jugent semblables, ou font tout le contraire quand ils les posent comme différentes, mais sans diviser selon les parties [XI] ; alors qu'il est requis,   b chaque fois qu'on commence par percevoir ce qui fait communiquer les éléments d'une multiplicité, de ne pas abandonner avant d'avoir vu toutes les différences,

ἀνομοιότητας, ὅταν ἐν πλήθεσιν ὀφθῶσιν, μὴ δυνατὸν
5 εἶναι δυσωπού|μενον παύεσθαι πρὶν ἂν σύμπαντα τὰ
οἰκεῖα ἐντὸς μιᾶς ὁμοιότητος ἕρξας γένους τινὸς οὐσίᾳ
περιβάληται. ταῦτα μὲν οὖν ἱκανῶς περί τε τούτων καὶ περὶ
τῶν ἐλλείψεων καὶ ὑπερβολῶν εἰρήσθω· φυλάττωμεν δὲ
c μόνον ὅτι δύο γένη | περὶ αὐτὰ ἐξηύρηται τῆς μετρητικῆς,
καὶ ἅ φαμεν αὔτ᾽ εἶναι μεμνώμεθα.

ΝΕ. ΣΩ. Μεμνησόμεθα.

ΞΕ. Μετὰ τοῦτον δὴ τὸν λόγον ἕτερον προσδεξώμεθα
5 | περὶ αὐτῶν τε τῶν ζητουμένων καὶ περὶ πάσης τῆς ἐν
τοῖς τοιοῖσδε λόγοις διατριβῆς.

ΝΕ. ΣΩ. Τὸ ποῖον;

ΞΕ. Εἴ τις ἀνέροιτο ἡμᾶς τὴν περὶ γράμματα
συνουσίαν τῶν μανθανόντων, ὁπόταν τις ὁτιοῦν ὄνομα
10 ἐρωτηθῇ τίνων | ἐστὶ γραμμάτων, πότερον αὐτῷ τότε
d φῶμεν γίγνεσθαι τὴν | ζήτησιν ἑνὸς ἕνεκα μᾶλλον τοῦ
προβληθέντος ἢ τοῦ περὶ πάντα τὰ προβαλλόμενα
γραμματικωτέρῳ γίγνεσθαι;

ΝΕ. ΣΩ. Δῆλον ὅτι τοῦ περὶ ἅπαντα.

ΞΕ. Τί δ᾽ αὖ νῦν ἡμῖν ἡ περὶ τοῦ πολιτικοῦ ζήτησις;

5 | ἕνεκα αὐτοῦ τούτου προβέβληται μᾶλλον ἢ τοῦ περὶ
πάντα διαλεκτικωτέροις γίγνεσθαι;

ΝΕ. ΣΩ. Καὶ τοῦτο δῆλον ὅτι τοῦ περὶ πάντα.

aussi nombreuses soient-elles, résidant dans les espèces ; et, inversement, pour les dissemblances de toutes sortes que l'on observe dans les multitudes, on doit se montrer incapable de s'arrêter, tout décontenancé, avant de faire entrer hardiment tous leurs caractères propres au sein d'une ressemblance unique et de les entourer par la manière d'être propre à un genre déterminé. Bien ! Sur ce sujet, sur les défauts et les excès, en voilà assez dit ; gardons seulement à l'esprit que nous y avons trouvé deux genres de métrétique, et souvenons-nous de ce que c nous les avons affirmé être.

Socrate le Jeune — Nous nous en souviendrons.

L'Étranger — Après ce discours, faisons bon accueil à cet autre, qui a trait aux objets mêmes de nos recherches ainsi qu'à tout le temps passé en de telles discussions.

Socrate le Jeune — De quoi s'agit-il ?

L'Étranger — Suppose que l'on nous interroge sur l'étude requise pour apprendre ses lettres : quand on demande à quelqu'un de quelles lettres est fait tel ou tel mot, dirions-nous qu'en l'incitant à chercher, le but est de le rendre capable de résoudre ce seul problème, ou bien d de le rendre plus apte à résoudre tous les problèmes posés par la lecture et l'écriture ?

Socrate le Jeune — Pour les résoudre tous, évidemment.

L'Étranger — Qu'en est-il alors de notre recherche au sujet du politique ? Est-ce en vue de lui que nous nous la sommes proposée, ou plutôt pour devenir meilleurs dialecticiens sur tout sujet ?

Socrate le Jeune — Pour le devenir en tous domaines, c'est évident.

ΞΕ. Ἦ που τὸν τῆς ὑφαντικῆς γε λόγον αὐτῆς ταύτης
ἕνεκα θηρεύειν οὐδεὶς ἂν ἐθελήσειεν νοῦν ἔχων· ἀλλ᾽ οἶμαι
10 | τοὺς πλείστους λέληθεν ὅτι τοῖς μὲν τῶν ὄντων ῥαδίως
e | καταμαθεῖν αἰσθηταί τινες ὁμοιότητες πεφύκασιν, ἃς
οὐδὲν χαλεπὸν δηλοῦν, ὅταν αὐτῶν τις βουληθῇ τῷ
λόγον αἰτοῦντι περί του μὴ μετὰ πραγμάτων ἀλλὰ χωρὶς
λόγου ῥαδίως ἐνδείξασθαι· τοῖς δ᾽ αὖ μεγίστοις οὖσι
286a καὶ τιμιωτάτοις | οὐκ ἔστιν εἴδωλον οὐδὲν πρὸς τοὺς
ἀνθρώπους εἰργασμένον ἐναργῶς, οὗ δειχθέντος τὴν τοῦ
πυνθανομένου ψυχὴν ὁ βουλόμενος ἀποπληρῶσαι, πρὸς
τῶν αἰσθήσεών τινα προσαρμόττων, ἱκανῶς πληρώσει.
5 διὸ δεῖ μελετᾶν λόγον ἑκάστου | δυνατὸν εἶναι δοῦναι καὶ
δέξασθαι· τὰ γὰρ ἀσώματα[1] κάλλιστα ὄντα καὶ μέγιστα,
λόγῳ μόνον ἄλλῳ δὲ οὐδενὶ σαφῶς δείκνυται, τούτων
b δὲ ἕνεκα πάντ᾽ ἐστὶ τὰ νῦν λεγόμενα. ῥᾴων | δ᾽ ἐν τοῖς
ἐλάττοσιν ἡ μελέτη παντὸς πέρι μᾶλλον ἢ περὶ τὰ μείζω.

ΝΕ. ΣΩ. Κάλλιστ᾽ εἶπες.

ΞΕ. Ὧν τοίνυν χάριν ἅπανθ᾽ ἡμῖν ταῦτ᾽ ἐρρήθη περὶ
5 | τούτων, μνησθῶμεν.

ΝΕ. ΣΩ. Τίνων;

ΞΕ. Ταύτης τε οὐχ ἥκιστα αὐτῆς ἕνεκα τῆς δυσχερείας
ἣν περὶ τὴν μακρολογίαν τὴν περὶ τὴν ὑφαντικὴν ἀπεδεξά
μεθα δυσχερῶς, καὶ τὴν περὶ τὴν τοῦ παντὸς ἀνείλιξιν

---

1. a5 ἀσώματα κάλλιστα edd. : ἀσώματα, κάλλιστα Burnet Diès
Robinson

L'Étranger — Quant à la définition du tissage, j'imagine que personne en son bon sens ne consentirait à la pourchasser par intérêt pour le tissage. Mais je crois qu'il échappe à la plupart des gens que, pour certains des êtres qui sont faciles à comprendre, il existe certaines **e** ressemblances naturelles, perceptibles et nullement difficiles à montrer à qui demande une explication de l'un d'eux, chaque fois qu'on veut le lui faire voir clairement sans compliquer les choses et sans recourir à du discours. En revanche, pour les réalités les plus grandes et les plus précieuses, il n'existe aucune image façonnée de manière **286a** à être claire pour les hommes que l'on pourrait montrer si on souhaite rassasier l'âme de celui qui s'enquiert, et qui, appropriée à l'un des organes des sens, soit capable de la satisfaire. Voilà pourquoi il faut s'exercer à être capable de rendre raison et d'entendre raison de chaque chose ; car les réalités incorporelles qui sont les plus belles et les plus importantes XII ne peuvent être montrées clairement que par un discours rationnel, et par rien d'autre – et c'est en vue de telles réalités qu'est dit tout ce qui est dit à présent. Or, en toutes choses, il est plus facile de s'exercer sur des **b** réalités plus petites que sur de plus grandes.

Socrate le Jeune — Fort bien dit.

L'Étranger — Sur ce, rappelons-nous pourquoi nous avons parlé de tout cela.

Socrate le Jeune — Pourquoi ?

L'Étranger — La raison, et certes pas la moindre, est le sentiment pénible éprouvé lors de ce long discours – vraiment pénible ! – sur le tissage, comme lors de celui sur la révolution rétrograde de l'univers, et de celui sur

10 καὶ | τὴν τοῦ σοφιστοῦ περὶ[1] τῆς τοῦ μὴ ὄντος οὐσίας,
ἐννοοῦντες ὡς ἔσχε μῆκος πλέον, καὶ ἐπὶ τούτοις δὴ πᾶσιν
c ἐπεπλήξαμεν | ἡμῖν αὐτοῖς, δείσαντες μὴ περίεργα ἅμα καὶ
μακρὰ λέγοιμεν. ἵν' οὖν εἰς αὖθις μηδὲν πάσχωμεν τοιοῦτον,
τούτων ἕνεκα πάντων τὰ πρόσθε νῷν εἰρῆσθαι φάθι.

NE. ΣΩ. Ταῦτ' ἔσται. λέγε ἑξῆς μόνον. |

5 ΞΕ. Λέγω τοίνυν ὅτι χρὴ δὴ μεμνημένους ἐμὲ καὶ σὲ
τῶν νῦν εἰρημένων τόν τε ψόγον ἑκάστοτε καὶ ἔπαινον
ποιεῖσθαι βραχύτητος ἅμα καὶ μήκους ὧν ἂν ἀεὶ πέρι
λέγωμεν, μὴ πρὸς ἄλληλα τὰ μήκη κρίνοντες ἀλλὰ κατὰ
d τὸ | τῆς μετρητικῆς μέρος ὃ τότε ἔφαμεν δεῖν μεμνῆσθαι,
πρὸς τὸ πρέπον.

NE. ΣΩ. Ὀρθῶς.

ΞΕ. Οὐ τοίνυν οὐδὲ πρὸς τοῦτο πάντα. οὔτε
5 γὰρ πρὸς | τὴν ἡδονὴν μήκους ἁρμόττοντος οὐδὲν
προσδεησόμεθα, πλὴν εἰ πάρεργόν τι· τό τε αὖ πρὸς τὴν
τοῦ προβληθέντος ζήτησιν, ὡς ἂν ῥᾷστα καὶ τάχιστα
εὕροιμεν, δεύτερον ἀλλ' οὐ πρῶτον ὁ λόγος ἀγαπᾶν
παραγγέλλει, πολὺ δὲ μάλιστα καὶ πρῶτον τὴν μέθοδον
e αὐτὴν τιμᾶν τοῦ κατ' εἴδη δυνατὸν εἶναι διαιρεῖν, | καὶ

---

1. b9 περὶ Robinson : πέρι Burnet

l'existence du non-être qui environne le sophiste^{XIII 1} :
nous avions conscience que leur étendue était excessive,
et nous nous faisions des reproches, craignant qu'il n'y ait **c**
là que digressions en même temps que longueurs. Dis-toi
que c'est pour ne pas éprouver pareille chose à nouveau
que nous avons énoncé tout ce qui précède.

Socrate le Jeune — Admettons, mais continue.

L'Étranger — Je dis donc que toi et moi, nous devons
nous souvenir de ce qui vient d'être dit chaque fois que
nous aurons à blâmer ou louer la brièveté comme la
longueur de nos discours sur quelque sujet que ce soit,
afin d'apprécier leur taille non pas comparativement
mais d'après cette partie de la métrétique dont nous **d**
disions tout à l'heure qu'il fallait se souvenir : d'après la
convenance.

Socrate le Jeune — Tu as raison.

L'Étranger — Encore que toutes choses ne soient pas
mesurables ainsi. Nous n'aurons cependant aucun besoin
d'ajuster la longueur au plaisir qu'elle peut procurer,
sinon accessoirement ; quant à la régler en fonction de la
stricte recherche du problème posé, dans l'idée que l'on
pourrait ainsi découvrir très facilement et vite la solution,
le discours rationnel nous recommande de n'y voir qu'un
intérêt secondaire et nullement primordial, et de mettre
en honneur de très loin et au premier rang la voie de
recherche qui rend apte à diviser selon les espèces ; et en
particulier, si un discours d'une extrême longueur rend **e**

1. Voir la note 2, p. 159, au texte grec ; sur quoi portait le discours,
sur les génitifs qui suivent, περὶ τῆς τοῦ μὴ ὄντος οὐσίας, ou sur celui
qui précède, τοῦ σοφιστοῦ πέρι ? Ce serait plutôt sur ceux portant sur
le non-être, et non sur le sophiste en général – mais le discours portait
forcément sur les deux.

δὴ καὶ λόγον, ἄντε παμμήκης λεχθεὶς τὸν ἀκούσαντα
εὑρετικώτερον ἀπεργάζηται, τοῦτον σπουδάζειν καὶ τῷ
μήκει μηδὲν ἀγανακτεῖν, ἀντ᾽ αὖ βραχύτερος, ὡσαύτως·
ἔτι δ᾽ αὖ πρὸς τούτοις τὸν περὶ τὰς τοιάσδε συνουσίας
5   ψέγοντα λόγων | μήκη καὶ τὰς ἐν κύκλῳ περιόδους οὐκ
ἀποδεχόμενον, ὅτι χρὴ τὸν τοιοῦτον μὴ πάνυ¹ ταχὺ
287a μηδ᾽ εὐθὺς οὕτω μεθιέναι ψέξαντα | μόνον ὡς μακρὰ
τὰ λεχθέντα, ἀλλὰ καὶ προσαποφαίνειν οἴεσθαι δεῖν
ὡς βραχύτερα ἂν γενόμενα τοὺς συνόντας ἀπηργάζετο
διαλεκτικωτέρους καὶ τῆς τῶν ὄντων λόγῳ δηλώσεως
εὑρετικωτέρους, τῶν δὲ ἄλλων καὶ πρὸς ἄλλ᾽ ἄττα
5 | ψόγων καὶ ἐπαίνων μηδὲν φροντίζειν μηδὲ τὸ παράπαν
ἀκούειν δοκεῖν τῶν τοιούτων λόγων. καὶ τούτων μὲν
ἅλις, εἰ καὶ σοὶ ταύτῃ συνδοκεῖ· πρὸς δὲ δὴ τὸν πολιτικὸν
b | ἴωμεν πάλιν, τῆς προρρηθείσης ὑφαντικῆς αὐτῷ
φέροντες τὸ παράδειγμα.

ΝΕ. ΣΩ. Καλῶς εἶπες, καὶ ποιῶμεν ἃ λέγεις.

ΞΕ. Οὐκοῦν ἀπό γε τῶν πολλῶν ὁ βασιλεὺς ὅσαι
5 | σύννομοι, μᾶλλον δὲ ἀπὸ πασῶν τῶν περὶ τὰς ἀγέλας
διακεχώρισται· λοιπαὶ δέ, φαμέν, αἱ κατὰ πόλιν αὐτὴν
τῶν τε συναιτίων καὶ τῶν αἰτίων, ἃς πρώτας ἀπ᾽ ἀλλήλων
διαιρετέον.

ΝΕ. ΣΩ. Ὀρθῶς. |

10   ΞΕ. Οἶσθ᾽ οὖν ὅτι χαλεπὸν αὐτὰς τεμεῖν δίχα; τὸ δ᾽
c | αἴτιον, ὡς οἶμαι, προϊοῦσιν οὐχ ἧττον ἔσται καταφανές.

ΝΕ. ΣΩ. Οὐκοῦν χρὴ δρᾶν οὕτως.

1. e6 πάνυ ταχὺ TW : πανταχὺ B : [πάνυ] secl. Burnet

l'auditeur plus inventif, il faut le suivre sérieusement sans
s'indigner de sa longueur, et s'il est assez court, faire de
même. À quoi il faut encore ajouter ceci : celui qui en de
tels entretiens blâme la longueur des discours et n'accepte
pas qu'ils tournent en rond, il ne faut pas, bien pressés
de le voir s'en aller, le laisser partir aussitôt qu'il se sera **287a**
contenté d'en blâmer la longueur, mais penser qu'il doit
démontrer en plus que, plus courts, ils auraient rendu
ceux qui écoutent meilleurs dialecticiens et plus inventifs
dans l'art de faire voir les êtres par le discours. Quant aux
blâmes et aux éloges portant sur tel ou tel autre point, ne
pas s'en soucier le moins du monde et n'avoir même pas
l'air de prêter l'oreille à ce genre de discours. Mais assez
sur ce sujet, si tu es aussi de mon avis. Revenons donc au
politique, pour lui appliquer le paradigme du tissage dont **b**
nous avons parlé.

Socrate le Jeune — Tu as raison, faisons ce que tu dis.

L'Étranger — Nous avions donc séparé celui du roi
des nombreux arts qui sont proches, surtout de tous ceux
qui ont rapport aux troupeaux. Restent alors, disons-nous,
ceux qui, dans la cité elle-même, relèvent des causes et des
causes auxiliaires, qu'il faut commencer par distinguer les
uns des autres.

Socrate le Jeune — C'est exact.

L'Étranger — Tu sais combien il est difficile de les
couper en deux ? En allant quand même de l'avant, la
raison de cette difficulté ne nous apparaîtra pas moins, **c**
je crois.

Socrate le Jeune — C'est donc ce qu'il faut faire.

ΞΕ. Κατὰ μέλη τοίνυν αὐτὰς οἷον ἱερεῖον διαιρώμεθα, ἐπειδὴ δίχα ἀδυνατοῦμεν. δεῖ γὰρ εἰς τὸν ἐγγύτατα ὅτι
5 | μάλιστα τέμνειν ἀριθμὸν ἀεί.

ΝΕ. ΣΩ. Πῶς οὖν ποιῶμεν τὰ νῦν;

ΞΕ. Ὥσπερ ἔμπροσθεν, ὁπόσαι παρείχοντο ὄργανα περὶ τὴν ὑφαντικήν, πάσας δήπου τότε ἐτίθεμεν ὡς συναιτίους.

ΝΕ. ΣΩ. Ναί. |

10   ΞΕ. Καὶ νῦν δὴ ταὐτὸν μὲν τοῦτο, ἔτι δὲ μᾶλλον ἢ τόθ᾽
d | ἡμῖν ποιητέον. ὅσαι γὰρ σμικρὸν ἢ μέγα τι δημιουργοῦσι κατὰ πόλιν ὄργανον, θετέον ἁπάσας ταύτας ὡς οὔσας συναιτίους. ἄνευ γὰρ τούτων οὐκ ἄν ποτε γένοιτο πόλις οὐδὲ πολιτική, τούτων δ᾽ αὖ βασιλικῆς ἔργον τέχνης οὐδέν που θήσομεν. |

5   ΝΕ. ΣΩ. Οὐ γάρ.

ΞΕ. Καὶ μὲν δὴ χαλεπὸν ἐπιχειροῦμεν δρᾶν ἀποχωρίζοντες τοῦτο ἀπὸ τῶν ἄλλων τὸ γένος· ὅτι γὰρ οὖν τῶν ὄντων ὡς ἔστιν[1] ἑνός γέ τινος ὄργανον εἰπόντα
e δοκεῖν εἰρηκέναι | τι πιθανόν. ὅμως δὲ ἕτερον αὖ τῶν ἐν πόλει κτημάτων εἴπωμεν τόδε.

ΝΕ. ΣΩ. Τὸ ποῖον;

1. d8 ὡς ἔστιν BTW : ἔστιν ὡς Campbell Burnet Robinson

L'Étranger — Divisons-les donc membre par membre comme nous ferions pour une victime sacrificielle puisque nous ne pouvons pas les diviser en deux, car il faut toujours couper en restant le plus proche possible de ce nombre.

Socrate le Jeune — Soit; comment allons-nous dès lors nous y prendre?

L'Étranger — Comme tout à l'heure[1] : toutes les techniques procurant ses instruments au tissage, nous les avons, je crois, comptées comme causes auxiliaires.

Socrate le Jeune — Oui.

L'Étranger — Eh bien, c'est cela même qu'il nous faut faire maintenant, mais plus largement encore : ce sont tous **d** les arts qui, dans la cité, fabriquent un instrument petit ou grand qui doivent être posés comme étant auxiliaires, car sans eux, il n'y aurait ni cité ni art politique; mais pas de doute qu'aucune tâche propre à l'art royal ne saurait leur être attribuée?

Socrate le Jeune — Non, assurément.

L'Étranger — C'est une chose difficile que nous entreprenons de faire, en tentant de séparer ce genre des autres; car en fait, de n'importe lequel des genres qui existent, dire qu'il est l'instrument d'un autre semble être une affirmation vraisemblable. Pourtant, parmi les objets **e** possédés qui se rencontrent dans une cité, il en est un dont il nous faut dire ceci…

Socrate le Jeune — Quoi donc?

1. En 281e.

ΞΕ. Ὡς οὐκ ἔστι ταύτην τὴν δύναμιν ἔχον. οὐ γὰρ ἐπὶ
5 | γενέσεως αἰτίᾳ πήγνυται, καθάπερ ὄργανον, ἀλλ' ἕνεκα
τοῦ δημιουργηθέντος σωτηρίας.

ΝΕ. ΣΩ. Τὸ ποῖον;

ΞΕ. Τοῦτο ὃ δὴ ξηροῖς καὶ ὑγροῖς καὶ ἐμπύροις καὶ
ἀπύροις παντοδαπὸν εἶδος ἐργασθὲν ἀγγεῖον, ὃ δὴ¹ μιᾷ
10 κλήσει | προσφθεγγόμεθα, καὶ μάλα γε συχνὸν εἶδος καὶ
288a τῇ ζητουμένῃ | γε, ὡς οἶμαι, προσῆκον οὐδὲν ἀτεχνῶς
ἐπιστήμῃ.

ΝΕ. ΣΩ. Πῶς γὰρ οὔ;

ΞΕ. Τούτων δὴ τρίτον ἕτερον εἶδος κτημάτων
πάμπολυ κατοπτέον πεζὸν καὶ ἔνυδρον καὶ πολυπλανὲς
5 καὶ ἀπλανὲς | καὶ τίμιον καὶ ἄτιμον, ἓν δὲ ὄνομα ἔχον, διότι
πᾶν ἕνεκά τινος ἐφέδρας ἐστί, θᾶκος ἀεί τινι γιγνόμενον.

ΝΕ. ΣΩ. Τὸ ποῖον;

ΞΕ. Ὄχημα αὐτό που λέγομεν, οὐ πάνυ πολιτικῆς
ἔργον, ἀλλὰ μᾶλλον πολὺ τεκτονικῆς καὶ κεραμικῆς καὶ
10 | χαλκοτυπικῆς.

ΝΕ. ΣΩ. Μανθάνω. |

b   ΞΕ. Τί δὲ τέταρτον; ἆρ' ἕτερον εἶναι τούτων λεκτέον,
ἐν ᾧ τὰ πλεῖστά ἐστι τῶν πάλαι ῥηθέντων, ἐσθής τε
σύμπασα καὶ τῶν ὅπλων τὸ πολὺ καὶ τείχη πάντα θ' ὅσα
γήινα περιβλήματα καὶ λίθινα, καὶ μυρία ἕτερα; προβολῆς
5 δὲ | ἕνεκα συμπάντων αὐτῶν εἰργασμένων δικαιότατ'

---

1. e9 ὃ δὴ secl. Ast Burnet

L'Étranger — Que cette capacité-là, lui ne la possède pas : il n'est pas, comme l'instrument, agencé pour être une cause productrice, mais en vue de sauvegarder ce qui a été fabriqué.

Socrate le Jeune — Qu'est-il donc ?

L'Étranger — Cette espèce très variée, faite pour contenir des choses solides ou liquides et que l'on met ou non sur le feu, celle nous appelons du nom unique de « récipient », espèce assurément très vaste et qui, pour la science que nous cherchons, n'offre à mon avis **288a** absolument rien de pertinent.

Socrate le Jeune — Sans conteste.

L'Étranger — Il faut observer maintenant une troisième espèce d'objets possédés, espèce différente et très étendue, terrestre ou aquatique, très mobile ou au contraire fixée, prisée ou méprisée, dotée pourtant d'un seul nom, puisqu'elle est tout entière destinée à fournir un support servant toujours d'assise à quelque chose.

Socrate le Jeune — De quoi parles-tu ?

L'Étranger — Je suppose que c'est ce que nous appelons « véhicule », lequel n'est nullement l'ouvrage de l'art politique mais de celui du menuisier, du potier et du forgeron.

Socrate le Jeune — Compris.

L'Étranger — Quelle est alors la quatrième ? Ne faut-il **b** pas dire différente des précédentes celle qui inclut la plupart des objets énumérés tout à l'heure : l'ensemble des vêtements, la majeure partie de l'armement, toutes les murailles et tout ce qui est rempart de terre ou de pierre, et des milliers d'autres ? Tout cela ayant été fabriqué pour faire obstacle, le plus juste serait de lui donner le nom

ἂν ὅλον προσαγορεύοιτο πρόβλημα, καὶ πολλῷ μᾶλλον τέχνης οἰκοδομικῆς ἔργον καὶ ὑφαντικῆς τὸ πλεῖστον νομίζοιτ' ἂν ὀρθότερον ἢ πολιτικῆς.

ΝΕ. ΣΩ. Πάνυ μὲν οὖν. |

c   ΞΕ. Πέμπτον δὲ ἆρ' ἂν ἐθέλοιμεν τὸ περὶ τὸν κόσμον καὶ γραφικὴν θεῖναι καὶ ὅσα ταύτῃ προσχρώμενα καὶ μουσικῇ μιμήματα τελεῖται, πρὸς τὰς ἡδονὰς μόνον ἡμῶν ἀπειργασμένα, δικαίως δ' ἂν ὀνόματι περιληφθέντα ἑνί; |

5   ΝΕ. ΣΩ. Ποίῳ;

ΞΕ. Παίγνιόν πού τι λέγεται.

ΝΕ. ΣΩ. Τί μήν;

ΞΕ. Τοῦτο τοίνυν τούτοις ἓν ὄνομα ἅπασι πρέψει προς αγορευθέν· οὐ γὰρ σπουδῆς οὐδὲν αὐτῶν χάριν, 10 ἀλλὰ παιδιᾶς | ἕνεκα πάντα δρᾶται. |

d   ΝΕ. ΣΩ. Καὶ τοῦτο σχεδόν τι μανθάνω.

ΞΕ. Τὸ δὲ πᾶσιν τούτοις σώματα παρέχον, ἐξ ὧν καὶ ἐν οἷς δημιουργοῦσιν ὁπόσαι τῶν τεχνῶν νῦν εἴρηνται, παντοδαπὸν εἶδος πολλῶν ἑτέρων τεχνῶν ἔκγονον ὄν, 5 ἆρ' | οὐχ ἕκτον θήσομεν;

ΝΕ. ΣΩ. Τὸ ποῖον δὴ λέγεις;

ΞΕ. Χρυσόν τε καὶ ἄργυρον καὶ πάνθ' ὁπόσα μεταλλεύεται καὶ ὅσα δρυοτομικὴ καὶ κουρὰ σύμπασα τέμνουσα παρέχει τεκτονικῇ καὶ πλεκτικῇ· καὶ ἔτι e φλοιστικὴ φυτῶν | τε καὶ ἐμψύχων δέρματα σωμάτων περιαιροῦσα σκυτοτομικὴ, καὶ ὅσαι περὶ τὰ τοιαῦτά εἰσιν

d'art « défensif », art qu'il serait plus correct de considérer comme propre à celui de l'architecte et du tisserand qu'à l'art politique.

Socrate le Jeune — Bien sûr.

L'Étranger — Et accepterions-nous de poser comme c cinquième espèce celle relative à l'ornementation, la peinture, à toutes les imitations accomplies en recourant à cet art et à la musique, faites seulement pour nos plaisirs – espèce cernée à juste titre par un seul nom ?

Socrate le Jeune — Lequel ?

L'Étranger — Celui, je pense, de « jouet ».

Socrate le Jeune — Certainement.

L'Étranger — C'est bien de ce seul nom qu'il conviendra d'appeler toutes ces choses ; car aucune d'elles ne vise un but sérieux, mais toutes se font en vue du jeu.

Socrate le Jeune — Cela aussi, je le comprends assez d bien.

L'Étranger — Mais ce qui à tout cela fournit un corps, ce de quoi et en quoi tous les arts dont nous venons de parler fabriquent leurs œuvres, cette espèce très variée, fille d'un grand nombre d'autres arts, n'allons-nous pas la poser comme sixième ?

Socrate le Jeune — De quoi donc parles-tu ?

L'Étranger — De l'or, de l'argent, et de tout ce que l'on extrait des mines ; de ce que la druotomique et toute espèce de coupe et d'émondage fournissent à la tectonique et à la plectique ; et encore, de la phloistique des plantes et e de l'art skutotomique qui écorche les animaux [1], et de tous

1. Druotomique : art de l'abattage des arbres ; tectonique : charpenterie ; plectique : vannerie ; phloistique : art d'écorcer ; skutotomique : ici, art d'écorcher les animaux ; le terme est pris ici au sens large de « travail du cuir » et non de « cordonnerie ».

τέχναι, καὶ φελλῶν καὶ βύβλων καὶ δεσμῶν ἐργαστικαὶ
παρέσχον δημιουργεῖν σύνθετα ἐκ μὴ συντιθεμένων εἴδη
5 γενῶν. ἓν δὲ αὐτὸ προσαγορεύωμεν¹ πᾶν | τὸ πρωτογενὲς
ἀνθρώποις κτῆμα καὶ ἀσύνθετον καὶ βασιλικῆς ἐπιστήμης
οὐδαμῶς ἔργον ὄν.

ΝΕ. ΣΩ. Καλῶς.

ΞΕ. Τὴν δὴ τῆς τροφῆς κτῆσιν, καὶ ὅσα εἰς τὸ σῶμα
συγκαταμειγνύμενα ἑαυτῶν μέρεσι μέρη σώματος εἰς τὸ
289a | θεραπεῦσαί τινα δύναμιν εἴληχε, λεκτέον ἕβδομον
ὀνομάσαντας αὐτὸ σύμπαν ἡμῶν εἶναι τροφόν, εἰ μή τι
κάλλιον ἔχομεν ἄλλο θέσθαι· γεωργικὴ δὲ καὶ θηρευτικὴ
καὶ γυμναστικὴ καὶ ἰατρικὴ καὶ μαγειρικὴ πᾶν ὑποτιθέντες
5 ὀρθότερον | ἀποδώσομεν ἢ τῇ πολιτικῇ.

ΝΕ. ΣΩ. Πῶς γὰρ οὔ;

ΞΕ. Σχεδὸν τοίνυν ὅσα ἔχεται κτήσεως, πλὴν τῶν
ἡμέρων ζῴων, ἐν τούτοις ἑπτὰ οἶμαι γένεσιν εἰρῆσθαι.
σκόπει δέ· ἦν γὰρ δικαιότατα μὲν ἂν τεθὲν κατ' ἀρχὰς τὸ
b | πρωτογενὲς εἶδος, μετὰ δὲ τοῦτο ὄργανον, ἀγγεῖον,
ὄχημα, πρόβλημα, παίγνιον, θρέμμα. παραλείπομεν δέ,
εἴ τι μὴ μέγα λέληθεν, εἴς τι τούτων δυνατὸν ἁρμόττειν,
οἷον ἡ τοῦ νομίσματος ἰδέα καὶ σφραγίδων καὶ παντὸς

---

1. e4 (e5 Robinson) προσαγορεύωμεν BW : προσαγορεύομεν T
Burnet

les arts qui gravitent autour d'eux, ceux qui travaillant le liège, le papyrus et tout ce qui peut servir de lien et permettre de fabriquer des espèces composées à partir de genres non composés. Cette espèce une, appelons la tout entière « acquisition première-née de l'humanité »; elle ne procède à aucun assemblage et n'est en rien l'œuvre de la science royale.

Socrate le Jeune — Bien.

L'Étranger — Quant à l'acquisition de la nourriture et de toute substance qui, en venant se mélanger au corps, a le pouvoir d'en entretenir les parties grâce à ses **289a** parties propres, disons que c'est une septième espèce, la nommant en bloc « notre nourricière », si nous n'avons pas de terme plus beau à lui appliquer; et si c'est à l'art géorgique, théreutique, gymnastique, iatrique et mageirique[1] que nous l'attribuons toute, ce sera plus correct que de l'attribuer à l'« art politique ».

Socrate le Jeune — Incontestablement.

L'Étranger — Avec ces sept genres, voilà je crois à peu près énuméré tout ce qu'il est possible d'acquérir, animaux domestiques exceptés. Mais regarde : il eût été plus juste de placer au début l'espèce « première-née », et **b** à sa suite « l'instrument », « le récipient », « le véhicule », « le moyen de défense », « le jouet », « la nourriture » – nous laissons de côté ce qui peut nous avoir échappé de peu important et qui pourrait s'ajuster à l'un des genres précédents, par exemple ce caractère qui est commun à la monnaie, aux sceaux et à tout ce qui est poinçon; car ces

---

1. Géorgique : agriculture; théreutique : art de la chasse; iatrique : art médical; mageirique : art de la boucherie – sur le *mageiros*, boucher-sacrificateur, voir Brisson-Pradeau, *op. cit.*, note 248, p. 247.

5 | χαρακτῆρος. γένος τε γὰρ ἐν αὐτοῖς ταῦτα οὐδὲν ἔχει μέγα σύννομον, ἀλλὰ τὰ μὲν εἰς κόσμον, τὰ δὲ εἰς ὄργανα βίᾳ μέν, ὅμως δὲ πάντως ἑλκόμενα συμφωνήσει. τὰ δὲ περὶ ζῴων κτῆσιν τῶν ἡμέρων, πλὴν δούλων, ἡ
c | πρότερον ἀγελαιοτροφικὴ διαμερισθεῖσα πάντ᾽ εἰληφυῖα ἀναφανεῖται.

ΝΕ. ΣΩ. Πάνυ μὲν οὖν.

ΞΕ. Τὸ δὲ δὴ δούλων καὶ πάντων ὑπηρετῶν λοιπόν,
5 ἐν | οἷς που καὶ μαντεύομαι τοὺς περὶ αὐτὸ τὸ πλέγμα ἀμφισβη τοῦντας τῷ βασιλεῖ καταφανεῖς γενήσεσθαι, καθάπερ τοῖς ὑφάνταις τότε τοὺς περὶ τὸ νήθειν τε καὶ ξαίνειν καὶ ὅσα ἄλλα εἴπομεν. οἱ δὲ ἄλλοι πάντες, ὡς συναίτιοι λεχθέντες, ἅμα τοῖς ἔργοις τοῖς νυνδὴ ῥηθεῖσιν
d ἀνήλωνται καὶ ἀπεχωρί|σθησαν ἀπὸ βασιλικῆς τε καὶ πολιτικῆς πράξεως.

ΝΕ. ΣΩ. Ἐοίκασι γοῦν.

ΞΕ. Ἴθι δὴ σκεψώμεθα τοὺς λοιποὺς προσελθόντες ἐγγύθεν, ἵνα αὐτοὺς εἰδῶμεν βεβαιότερον. |

5 ΝΕ. ΣΩ. Οὐκοῦν χρή.

ΞΕ. Τοὺς μὲν δὴ μεγίστους ὑπηρέτας, ὡς ἐνθένδε ἰδεῖν, τοὐναντίον ἔχοντας εὑρίσκομεν οἷς ὑπωπτεύσαμεν ἐπιτήδευμα καὶ πάθος.

ΝΕ. ΣΩ. Τίνας; |

choses n'ont en commun aucun genre important, mais en tirant de force les unes vers le genre ornementation et les autres vers le genre instrument, si on les tire bien comme il faut, elles finiront bien par s'accorder avec eux. Quant à la possession d'animaux apprivoisés, esclaves non compris, elle relève manifestement de l'emprise de **c** l'art agelaiotrophique qui a été précédemment divisé.

Socrate le Jeune — Tout à fait.

L'Étranger — Quant au reste, esclaves et serviteurs en tout genre, c'est parmi eux, je crois le deviner, qu'apparaîtront en pleine lumière ceux qui disputent au roi la confection du tissu lui-même comme tout à l'heure c'était ceux qui s'occupaient de filer, de carder et de toutes les activités dont nous avons parlé qui la disputaient aux tisserands. Et pour tous les autres, qualifiés d'auxiliaires, nous nous en sommes débarrassés avec les autres tâches que nous venons de mentionner et nous les avons séparés **d** de l'activité royale et politique.

Socrate le Jeune — C'est ce qui semble, en tout cas.

L'Étranger — Allons, examinons de plus près ceux qui restent afin d'en avoir une connaissance plus assurée.

Socrate le Jeune — Oui, il le faut.

L'Étranger — Les serviteurs par excellence, à les voir du point où nous sommes, nous découvrons que leur occupation comme leur état d'esprit sont contraires à ce que nous avions soupçonné.

Socrate le Jeune — De qui s'agit-il ?

10 ΞΕ. Τοὺς ὠνητούς τε καὶ τῷ τρόπῳ τούτῳ κτητούς·
e οὓς | ἀναμφισβητήτως δούλους ἔχομεν εἰπεῖν; ἥκιστα
βασιλικῆς μεταποιουμένους τέχνης;

ΝΕ. ΣΩ. Πῶς δ' οὔ;

ΞΕ. Τί δέ; τῶν ἐλευθέρων ὅσοι τοῖς νυνδὴ ῥηθεῖσιν
5 εἰς | ὑπηρετικὴν ἑκόντες αὑτοὺς τάττουσι, τά τε
γεωργίας καὶ τὰ τῶν ἄλλων τεχνῶν ἔργα διακομίζοντες
ἐπ' ἀλλήλους καὶ ἀνισοῦντες, οἱ μὲν κατ' ἀγοράς, οἱ
δὲ πόλιν ἐκ πόλεως ἀλλάττοντες κατὰ θάλατταν καὶ
πεζῇ, νόμισμά τε πρὸς τὰ ἄλλα καὶ αὐτὸ πρὸς αὑτὸ
290a διαμείβοντες, οὓς ἀργυραμοιβούς τε | καὶ ἐμπόρους
καὶ ναυκλήρους καὶ καπήλους ἐπωνομάκαμεν, μῶν τῆς
πολιτικῆς ἀμφισβητήσουσί τι;

ΝΕ. ΣΩ. Τάχ' ἂν ἴσως τῆς γε τῶν ἐμπορευτικῶν.

ΞΕ. Ἀλλ' οὐ μὴν οὕς γε ὁρῶμεν μισθωτοὺς καὶ θῆτας
πᾶσιν ἑτοιμότατα ὑπηρετοῦντας, μή ποτε βασιλικῆς μετα
ποιουμένους εὕρωμεν.

ΝΕ. ΣΩ. Πῶς γάρ;

ΞΕ. Τί δὲ ἄρα τοὺς τὰ τοιάδε διακονοῦντας ἡμῖν
ἑκάστοτε;

ΝΕ. ΣΩ. Τὰ ποῖα εἶπες καὶ τίνας; |

L'Étranger — De ceux qu'on achète et dont on prend ainsi possession : c'est incontestablement des esclaves **e** que nous devons parler ? de ceux qui peuvent le moins prétendre à l'art royal ?

Socrate le Jeune — Évidemment.

L'Étranger — Mais alors, qu'en est-il de ceux des hommes libres qui se mettent eux-mêmes de leur plein gré au service de ceux dont on a parlé tout à l'heure[1], échangeant entre eux les produits de l'agriculture et des autres métiers et déterminant entre eux des équivalences, les uns s'établissant sur les marchés, les autres se déplaçant d'une cité à l'autre par mer et par terre, troquant monnaie **290a** contre marchandises et monnaie contre monnaie – ceux que nous nommons changeurs, commerçants, armateurs, revendeurs – émettront-ils une prétention quelconque à l'art politique ?

Socrate le Jeune — Peut-être bien qu'ils le feront, au moins à la commerciale.

L'Étranger — Toujours est-il que ceux que nous voyons tout à fait prêts à se mettre, comme salariés et hommes de peine, au service de tous, il y a peu de chance que nous les découvrions jamais prétendant à l'art royal.

Socrate le Jeune — C'est sûr.

L'Étranger — Et qu'en est-il de ceux qui nous rendent chaque fois ce genre de services ?

Socrate le Jeune — De quels services et de qui parles-tu ?

---

1. *Cf.* 287e1-289a6.

b ΞΕ. Ὧν τὸ κηρυκικὸν ἔθνος, ὅσοι τε περὶ γράμματα σοφοὶ γίγνονται πολλάκις ὑπηρετήσαντες, καὶ πόλλ᾽ ἄττα ἕτερα περὶ τὰς ἀρχὰς διαπονεῖσθαί τινες ἕτεροι πάνδεινοι, τί τούτους αὖ λέξομεν; |

5 ΝΕ. ΣΩ. Ὅπερ εἶπες νῦν, ὑπηρέτας, ἀλλ᾽ οὐκ αὐτοὺς ἐν ταῖς πόλεσιν ἄρχοντας.

ΞΕ. Ἀλλὰ οὐ μὴν οἶμαί γε ἐνύπνιον ἰδὼν εἶπον ταύτῃ πῃ φανήσεσθαι τοὺς διαφερόντως ἀμφισβητοῦντας τῆς πολιτικῆς. καίτοι σφόδρα γε ἄτοπον ἂν εἶναι δόξειε τὸ
c ζητεῖν | τούτους ἐν ὑπηρετικῇ μοίρᾳ τινί.

ΝΕ. ΣΩ. Κομιδῇ μὲν οὖν.

ΞΕ. Ἔτι δὴ προσμείξωμεν ἐγγύτερον ἐπὶ τοὺς μήπω βεβασανισμένους. εἰσὶ δὲ οἵ τε περὶ μαντικὴν ἔχοντές
5 | τινος ἐπιστήμης διακόνου μόριον· ἑρμηνευταὶ γάρ που νομίζονται παρὰ θεῶν ἀνθρώποις.

ΝΕ. ΣΩ. Ναί.

ΞΕ. Καὶ μὴν καὶ τὸ τῶν ἱερέων αὖ γένος, ὡς τὸ νόμιμόν φησι, παρὰ μὲν ἡμῶν δωρεὰς θεοῖς διὰ θυσιῶν
d ἐπιστῆμόν | ἐστι κατὰ νοῦν ἐκείνοις δωρεῖσθαι, παρὰ δὲ ἐκείνων ἡμῖν εὐχαῖς κτῆσιν ἀγαθῶν αἰτήσασθαι· ταῦτα δὲ διακόνου τέχνης ἐστί που μόρια ἀμφότερα.

ΝΕ. ΣΩ. Φαίνεται γοῦν. |

5 ΞΕ. Ἤδη τοίνυν μοι δοκοῦμεν οἷόν γέ τινος ἴχνους ἐφ᾽ ὃ πορευόμεθα προσάπτεσθαι. τὸ γὰρ δὴ τῶν ἱερέων σχῆμα καὶ τὸ τῶν μάντεων εὖ μάλα φρονήματος

L'Étranger — Du peuple des hérauts, de tous ceux qui b
sont devenus experts dans l'art de lire et d'écrire à force
d'avoir rendu des services en ce domaine, et de certains
autres qui se démènent très habilement en toutes sortes
de tâches en rapport avec les magistratures ; d'eux, à leur
tour, que dirons-nous ?

Socrate le Jeune — Ce que tu viens de dire : qu'ils sont
des serviteurs mais ne dirigent rien dans les cités.

L'Étranger — Cependant je n'ai pas rêvé, je pense, en
disant que c'est en allant par là que se montreraient ceux
qui prétendent le plus à l'art politique. Or il paraîtrait
bien absurde de les chercher dans une portion de l'art de c
servir.

Socrate le Jeune — En effet !

L'Étranger — Approchons-nous donc encore plus
de ceux qui n'ont pas encore été mis à la question [XIV].
Ce sont d'abord ceux qui, s'occupant de divination,
détiennent une portion de la science du service, car ils
sont, j'imagine, considérés comme les interprètes des
dieux auprès des hommes.

Socrate le Jeune — Oui.

L'Étranger — Et il y a aussi la caste des prêtres qui à
son tour, comme la tradition l'affirme, sait offrir en notre
nom aux dieux des sacrifices qui leur agréent, et leur d
demander par des prières de nous accorder des faveurs.
Or ces deux choses, n'est-ce pas, sont deux portions de
l'art du service ?

Socrate le Jeune — Enfin, apparemment.

L'Étranger — Nous me semblons donc désormais
tenir une piste sur laquelle cheminer. Car prêtres et devins
ont un maintien tout enflé d'importance et ils jouissent

πληροῦται καὶ δόξαν σεμνὴν λαμβάνει διὰ τὸ μέγεθος
τῶν ἐγχειρημάτων, ὥστε περὶ μὲν Αἴγυπτον οὐδ᾽ ἔξεστι
e βασιλέα χωρὶς ἱερατικῆς | ἄρχειν, ἀλλ᾽ ἐὰν ἄρα καὶ
τύχῃ πρότερον ἐξ ἄλλου γένους βιασάμενος, ὕστερον
ἀναγκαῖον εἰς τοῦτο εἰστελεῖσθαι αὐτὸν τὸ γένος· ἔτι
δὲ καὶ τῶν Ἑλλήνων πολλαχοῦ ταῖς μεγίσταις ἀρχαῖς
5 τὰ μέγιστα τῶν περὶ τὰ τοιαῦτα θύματα εὕροι τις | ἂν
προσταττόμενα θύειν. καὶ δὴ καὶ παρ᾽ ὑμῖν οὐχ ἥκιστα
δῆλον ὃ λέγω· τῷ γὰρ λαχόντι βασιλεῖ φασιν τῇδε τὰ
σεμνότατα καὶ μάλιστα πάτρια τῶν ἀρχαίων θυσιῶν ἀπο
δεδόσθαι.

ΝΕ. ΣΩ. Καὶ πάνυ γε. |

291a   ΞΕ. Τούτους τε τοίνυν τοὺς κληρωτοὺς βασιλέας
ἅμα καὶ ἱερέας, καὶ ὑπηρέτας αὐτῶν καί τινα ἕτερον
πάμπολυνὄχλον σκεπτέον, ὃς ἄρτι κατάδηλος νῦν ἡμῖν
γέγονεν ἀποχωρισθέντων τῶν ἔμπροσθεν. |

5   ΝΕ. ΣΩ. Τίνας δ᾽ αὐτοὺς καὶ λέγεις;

ΞΕ. Καὶ μάλα τινὰς ἀτόπους.

ΝΕ. ΣΩ. Τί δή;

ΞΕ. Πάμφυλόν τι γένος αὐτῶν, ὥς γε ἄρτι σκοπουμένῳ
φαίνεται. πολλοὶ μὲν γὰρ λέουσι τῶν ἀνδρῶν εἴξασι καὶ
b Κεν|ταύροις καὶ τοιούτοισιν ἑτέροις, πάμπολλοι δὲ
Σατύροις καὶ τοῖς ἀσθενέσι καὶ πολυτρόποις θηρίοις·
ταχὺ δὲ μεταλλάττουσι τάς τε ἰδέας καὶ τὴν δύναμιν εἰς
ἀλλήλους. καὶ μέντοι μοι νῦν, ὦ Σώκρατες, ἄρτι δοκῶ
κατανενοηκέναι τοὺς ἄνδρας. |

d'un prestige dû à la grandeur de leurs entreprises, si bien qu'en Égypte il n'est pas permis au roi de gouverner sans exercer aussi la prêtrise. Et si par hasard il a commencé **e** par avoir recours à la force pour s'extraire de cette caste, il lui sera nécessaire par la suite de se faire initier[XV] en relation avec la caste sacerdotale. Chez les Grecs aussi, dans bien des endroits, on peut découvrir que c'est aux plus hautes magistratures qu'est assignée la charge de procéder aux plus importants des sacrifices de ce genre. Ce que je dis n'est pas moins évident chez vous en particulier, car on rapporte que les plus solennels et les mieux consacrés des sacrifices ancestraux y sont confiés à celui que le sort a fait roi.

Socrate le Jeune — Parfaitement.

L'Étranger — Or ces rois tirés au sort qui sont en **291a** même temps prêtres, examinons-les avec leurs serviteurs et cette autre foule si nombreuse qui vient maintenant de nous apparaître, une fois séparés de ceux déjà évoqués.

Socrate le Jeune — Mais de qui parles-tu?

L'Étranger — De gens à coup sûr très étranges.

Socrate le Jeune — En quoi donc?

L'Étranger — C'est une engeance où se mêlent toutes sortes de tribus, du moins tel qu'il devient évident dès qu'on l'examine. En effet, nombre de ces hommes ressemblent à des lions, à des Centaures et autres créatures **b** du même type, un plus grand nombre encore à des Satyres et à des bêtes sans force mais fertiles en expédients. En un instant, ils échangent entre eux leurs caractères et leur puissance. Au fait, maintenant, Socrate, je crois que je viens juste de comprendre qui sont ces hommes.

5 ΝΕ. ΣΩ. Λέγοις ἄν· ἔοικας γὰρ ἄτοπόν τι καθορᾶν.

ΞΕ. Ναί· τὸ γὰρ ἄτοπον ἐξ ἀγνοίας πᾶσι συμβαίνει. καὶ γὰρ δὴ καὶ νῦν αὐτὸς τοῦτ' ἔπαθον· ἐξαίφνης ἠμφεγνόησα c | κατιδὼν τὸν περὶ τὰ τῶν πόλεων πράγματα χορόν.

ΝΕ. ΣΩ. Ποῖον;

ΞΕ. Τὸν πάντων τῶν σοφιστῶν μέγιστον γόητα καὶ ταύτης τῆς τέχνης ἐμπειρότατον· ὃν ἀπὸ τῶν ὄντως 5 ὄντων | πολιτικῶν καὶ βασιλικῶν καίπερ παγχάλεπον ὄντα ἀφαιρεῖν ἀφαιρετέον, εἰ μέλλομεν ἰδεῖν ἐναργῶς τὸ ζητούμενον.

ΝΕ. ΣΩ. Ἀλλὰ μὴν τοῦτό γε οὐκ ἀνετέον.

ΞΕ. Οὔκουν δὴ κατά γε τὴν ἐμήν. καί μοι φράζε τόδε.

ΝΕ. ΣΩ. Τὸ ποῖον; |

d ΞΕ. Ἆρ' οὐ μοναρχία τῶν πολιτικῶν ἡμῖν ἀρχῶν ἐστι μία;

ΝΕ. ΣΩ. Ναί.

ΞΕ. Καὶ μετὰ μοναρχίαν εἴποι τις ἂν οἶμαι τὴν ὑπὸ τῶν ὀλίγων δυναστείαν. |

5 ΝΕ. ΣΩ. Πῶς δ' οὔ;

ΞΕ. Τρίτον δὲ σχῆμα πολιτείας οὐχ ἡ τοῦ πλήθους ἀρχή, δημοκρατία τοὔνομα κληθεῖσα;

ΝΕ. ΣΩ. Καὶ πάνυ γε.

Socrate le Jeune — Pourrais-tu t'expliquer ? Tu as l'air d'avoir sous les yeux quelque chose d'en effet très étrange.

L'Étranger — Oui. Car chez tout le monde, c'est d'une ignorance qu'advient en l'étrangeté. Et je viens justement moi-même d'en être la victime : soudain, je ne savais que croire en voyant le chœur qui gravite autour des affaires c de la cité.

Socrate le Jeune — Quel chœur ?

L'Étranger — Le plus grand magicien de tous les sophistes et le plus expérimenté en cet art, celui qu'il faut séparer – bien que cela soit très difficile – de ceux qui sont vraiment des hommes royaux et politiques si nous voulons voir clairement ce que nous cherchons.

Socrate le Jeune — Cela au moins, ce n'est pas une chose à laisser filer.

L'Étranger — Ah ça non, c'est bien mon avis ! Mais dis-moi ceci…

Socrate le Jeune — Quoi ?

L'Étranger — Est-ce que la monarchie n'est pas pour d nous une forme unique de gouvernement politique ?

Socrate le Jeune — Si.

L'Étranger — Et après la monarchie, on mentionnerait, je pense, la domination d'un petit nombre.

Socrate le Jeune — Évidemment.

L'Étranger — Et le troisième type de constitution, n'est-ce pas le gouvernement du grand nombre, auquel on donne le nom de démocratie ?

Socrate le Jeune — Absolument.

ΞΕ. Τρεῖς δ' οὖσαι μῶν οὐ πέντε τρόπον τινὰ
10 γίγνονται, | δύ' ἐξ ἑαυτῶν ἄλλα πρὸς αὐταῖς ὀνόματα
τίκτουσαι;

ΝΕ. ΣΩ. Ποῖα δή; |

e   ΞΕ. Πρὸς τὸ βίαιόν που καὶ ἑκούσιον ἀποσκοποῦντες
νῦν καὶ πενίαν καὶ πλοῦτον καὶ νόμον καὶ ἀνομίαν ἐν
αὐταῖς γιγνόμενα διπλῆν ἑκατέραν τοῖν δυοῖν διαιροῦντες
μοναρχίαν μὲν προσαγορεύουσιν ὡς δύο παρεχομένην
5 εἴδη δυοῖν ὀνόμασι, | τυραννίδι, τὸ δὲ βασιλικῇ.

ΝΕ. ΣΩ. Τί μήν;

ΞΕ. Τὴν δὲ ὑπ' ὀλίγων γε ἑκάστοτε κρατηθεῖσαν
πόλιν ἀριστοκρατίᾳ καὶ ὀλιγαρχίᾳ.

ΝΕ. ΣΩ. Καὶ πάνυ γε. |

10   ΞΕ. Δημοκρατίας γε μήν, ἐάντ' οὖν βιαίως ἐάντε
292a ἑκουσίως | τῶν τὰς οὐσίας ἐχόντων τὸ πλῆθος ἄρχῃ, καὶ
ἐάντε τοὺς νόμους ἀκριβῶς φυλάττον ἐάντε μή, πάντως
τοὔνομα οὐδεὶς αὐτῆς εἴωθε μεταλλάττειν.

ΝΕ. ΣΩ. Ἀληθῆ. |

5   ΞΕ. Τί οὖν; οἰόμεθά τινα τούτων τῶν πολιτειῶν ὀρθὴν
εἶναι τούτοις τοῖς ὅροις ὁρισθεῖσαν, ἑνὶ καὶ ὀλίγοις καὶ
πολλοῖς, καὶ πλούτῳ καὶ πενίᾳ, καὶ τῷ βιαίῳ καὶ ἑκουσίῳ,
καὶ μετὰ γραμμάτων καὶ ἄνευ νόμων συμβαίνουσαν
γίγνεσθαι;

ΝΕ. ΣΩ. Τί γὰρ δὴ καὶ κωλύει; |

b   ΞΕ. Σκόπει δὴ σαφέστερον τῇδε ἑπόμενος.

ΝΕ. ΣΩ. Πῇ;

L'Étranger — De trois qu'elles sont ne deviennent-elles pas d'une certaine manière cinq, en donnant naissance à deux autres noms qui s'ajoutent aux précédents ?

Socrate le Jeune — Lesquels

L'Étranger — Si l'on considère, comme de nos **e** jours je crois, ce qui se trouve en elles de contrainte et de consentement, de pauvreté et de richesse, de loi et d'absence de lois, on divise chacune des deux premières formes en deux ; comme la monarchie présente deux espèces, on l'appelle de deux noms, « tyrannie » et « royauté »…

Socrate le Jeune — Bien sûr !

L'Étranger — …mais chaque fois qu'une cité est dominée par un petit nombre, on parle d'« aristocratie » et d'« oligarchie ».

Socrate le Jeune — Parfaitement.

L'Étranger — Quant à la démocratie, que ce soit par la force ou avec leur consentement que le grand nombre **292a** y commande aux possédants, et en respectant ou non scrupuleusement les lois, dans tous les cas, personne ne s'avise d'en changer le nom.

Socrate le Jeune — C'est vrai.

L'Étranger — Alors ? Pensons-nous qu'aucune de ces constitutions puisse être droite quand elle est définie par ces critères : l'un, le petit nombre et le grand nombre, la richesse et la pauvreté, la contrainte et le consentement, et le fait de se trouver dotée ou non de lois écrites ?

Socrate le Jeune — Qu'est-ce donc qui l'en empêche ?

L'Étranger — Tu y verras plus clair en me suivant **b** par là.

Socrate le Jeune — Par où ?

ΞΕ. Τῷ ῥηθέντι κατὰ πρώτας πότερον ἐμμενοῦμεν ἢ διαφωνήσομεν; |

5 ΝΕ. ΣΩ. Τῷ δὴ ποίῳ λέγεις;

ΞΕ. Τὴν βασιλικὴν ἀρχὴν τῶν ἐπιστημῶν εἶναί τινα ἔφαμεν, οἶμαι.

ΝΕ. ΣΩ. Ναί.

ΞΕ. Καὶ τούτων γε οὐχ ἁπασῶν, ἀλλὰ κριτικὴν δήπου
10 | τινὰ καὶ ἐπιστατικὴν ἐκ τῶν ἄλλων προειλόμεθα.

ΝΕ. ΣΩ. Ναί.

ΞΕ. Κἀκ τῆς ἐπιστατικῆς τὴν μὲν ἐπ᾽ ἀψύχοις ἔργοις,
c | τὴν δ᾽ ἐπὶ ζῴοις· καὶ κατὰ τοῦτον δὴ τὸν τρόπον μερίζοντες δεῦρ᾽ ἀεὶ προεληλύθαμεν, ἐπιστήμης οὐκ ἐπιλανθανόμενοι, τὸ δ᾽ ἥτις οὐχ ἱκανῶς πω δυνάμενοι διακριβώσασθαι.

ΝΕ. ΣΩ. Λέγεις ὀρθῶς. |

5 ΞΕ. Τοῦτ᾽ αὐτὸ τοίνυν ἄρ᾽ ἐννοοῦμεν, ὅτι τὸν ὅρον οὐκ ὀλίγους οὐδὲ πολλούς, οὐδὲ τὸ ἑκούσιον οὐδὲ τὸ ἀκούσιον, οὐδὲ πενίαν οὐδὲ πλοῦτον γίγνεσθαι περὶ αὐτῶν χρεών, ἀλλά τινα ἐπιστήμην, εἴπερ ἀκολουθήσομεν τοῖς πρόσθεν; |

d ΝΕ. ΣΩ. Ἀλλὰ μὴν τοῦτό γε ἀδύνατον μὴ ποιεῖν.

ΞΕ. Ἐξ ἀνάγκης δὴ νῦν τοῦτο οὕτω σκεπτέον, ἐν τίνι ποτὲ τούτων ἐπιστήμη συμβαίνει γίγνεσθαι περὶ ἀνθρώπων ἀρχῆς, σχεδὸν τῆς χαλεπωτάτης καὶ μεγίστης

L'Étranger — Continuerons-nous à être d'accord avec les propos tenus pour commencer, ou en ferons-nous entendre qui soient discordants?

Socrate le Jeune — De quoi parles-tu?

L'Étranger — Nous avons dit, je crois, que le gouvernement royal relevait d'une certaine science?

Socrate le Jeune — Oui.

L'Étranger — Et du moins pas de toutes, mais naturellement d'une science critique et directive[XVI], à l'exclusion des autres?

Socrate le Jeune — Oui.

L'Étranger — Et dans la science directive, nous avons séparé celle qui porte sur des produits inanimés de celle qui porte sur des vivants. Et c'est donc en partageant **c** toujours de cette façon que nous sommes arrivés jusqu'ici, sans oublier qu'il s'agit d'une science, mais sans avoir encore été capables de définir avec précision de laquelle.

Socrate le Jeune — C'est exact.

L'Étranger — N'en venons-nous pas ainsi à comprendre que le critère qui s'impose n'est ni le petit nombre ni le grand nombre, ni le consentement ni la contrainte, ni la pauvreté ni la richesse, mais une certaine science, si toutefois nous voulons poursuivre en accord avec nos propos précédents?

Socrate le Jeune — Voilà en tout cas ce qu'il est **d** impossible de ne pas vouloir.

L'Étranger — De toute nécessité, il faut donc sans tarder examiner ceci: en laquelle de ces constitutions vient-il jamais à naître une science se rapportant au gouvernement des hommes – science presque la plus

5 κτήσασθαι. | δεῖ γὰρ ἰδεῖν αὐτήν, ἵνα θεασώμεθα
τίνας ἀφαιρετέον ἀπὸ τοῦ φρονίμου βασιλέως, οἳ
προσποιοῦνται μὲν εἶναι πολιτικοὶ καὶ πείθουσι πολλούς,
εἰσὶ δὲ οὐδαμῶς.

ΝΕ. ΣΩ. Δεῖ γὰρ δὴ ποιεῖν τοῦτο, ὡς ὁ λόγος ἡμῖν

προείρηκεν. |

e   ΞΕ. Μῶν οὖν δοκεῖ πλῆθός γε ἐν πόλει ταύτην τὴν

ἐπιστήμην δυνατὸν εἶναι κτήσασθαι;

ΝΕ. ΣΩ. Καὶ πῶς;

ΞΕ. Ἀλλ᾽ ἄρα ἐν χιλιάνδρῳ πόλει δυνατὸν ἑκατόν
5 τινας | ἢ καὶ πεντήκοντα αὐτὴν ἱκανῶς κτήσασθαι;

ΝΕ. ΣΩ. Ῥᾴστη μεντᾶν οὕτω γ᾽ εἴη πασῶν τῶν τεχ-
νῶν· ἴσμεν γὰρ ὅτι χιλίων ἀνδρῶν ἄκροι πεττευταὶ
τοσοῦτοι πρὸς τοὺς ἐν τοῖς ἄλλοις Ἕλλησιν οὐκ ἂν
γένοιντό ποτε, μή τι δὴ βασιλῆς γε. δεῖ γὰρ δὴ τόν γε τὴν
10 βασιλικὴν | ἔχοντα ἐπιστήμην, ἄν τ᾽ ἄρχῃ καὶ ἐὰν μή, κατὰ
293a τὸν ἔμ|προσθε λόγον ὅμως βασιλικὸν προσαγορεύεσθαι.

ΞΕ. Καλῶς ἀπεμνημόνευσας. ἑπόμενον δὲ οἶμαι
τούτῳ τὴν μὲν ὀρθὴν ἀρχὴν περὶ ἕνα τινὰ καὶ δύο καὶ
παντάπασιν ὀλίγους δεῖ ζητεῖν, ὅταν ὀρθὴ γίγνηται. |

5   ΝΕ. ΣΩ. Τί μήν;

difficile et la plus importante à acquérir ? C'est elle en effet qu'il faut voir, si nous voulons considérer quels sont ceux qu'il faut séparer du roi réfléchi et sage : gens qui prétendent être des politiques et en persuadent bon nombre, mais ne le sont en aucune manière.

Socrate le Jeune — À coup sûr, c'est ce qu'il faut faire, le raisonnement nous l'avait dit d'avance.

L'Étranger — Bien, alors peut-on croire que dans e une cité une masse de gens soit capable d'acquérir cette science ?

Socrate le Jeune — Comment le serait-elle ?

L'Étranger — Mais se peut-il que dans une cité d'un millier d'hommes[XVII] une centaine ou même une cinquantaine soient capables de l'acquérir de façon satisfaisante ?

Socrate le Jeune — À ce compte, elle serait la plus facile de toutes les techniques ; car nous savons fort bien que ne se trouverait pas – si l'on regarde ceux du reste de la Grèce – un pareil nombre de joueurs de trictrac éminents sur mille[XVIII], à plus forte raison de rois ! C'est donc celui qui détient la science royale, qu'il gouverne ou non, qui doit, conformément au précédent raisonnement[1] et quoi **293a** qu'il en soit, être nommé « homme royal ».

L'Étranger — Tu as raison de me le rappeler. Et il s'ensuit, je crois, que la forme droite de gouvernement, c'est en un seul, ou deux, ou un très petit nombre qu'il faut la chercher, toutes les fois qu'elle est droite.

Socrate le Jeune — Assurément.

---

1. *Cf.* 259b3-5, repris en 292b6.

ΞΕ. Τούτους δέ γε, ἐάντε ἑκόντων ἄντ' ἀκόντων
ἄρχωσιν, ἐάντε κατὰ γράμματα ἐάντε ἄνευ γραμμάτων,
καὶ ἐὰν πλουτοῦντες ἢ πενόμενοι, νομιστέον, ὥσπερ νῦν
ἡγούμεθα, κατὰ τέχνην ἡντινοῦν ἀρχὴν ἄρχοντας. τοὺς
b ἰατροὺς | δὲ οὐχ ἥκιστα νενομίκαμεν, ἐάντε ἑκόντας ἐάντε
ἄκοντας ἡμᾶς ἰῶνται, τέμνοντες ἢ κάοντες ἤ τινα ἄλλην
ἀλγηδόνα προσάπτοντες, καὶ ἐὰν κατὰ γράμματα ἢ χωρὶς
γραμμάτων, καὶ ἐὰν πένητες ὄντες ἢ πλούσιοι, πάντως
5 οὐδὲν ἧττον | ἰατρούς φαμεν, ἕωσπερ ἂν ἐπιστατοῦντες
τέχνῃ, καθαίροντες εἴτε ἄλλως ἰσχναίνοντες εἴτε καὶ
αὐξάνοντες, ἂν μόνον ἐπ' ἀγαθῷ τῷ τῶν σωμάτων, βελτίω
c ποιοῦντες ἐκ χειρόνων, | σῴζωσιν οἱ θεραπεύοντες
ἕκαστοι τὰ θεραπευόμενα· ταύτῃ θήσομεν, ὡς οἶμαι, καὶ
οὐκ ἄλλῃ, τοῦτον ὅρον ὀρθὸν εἶναι μόνον ἰατρικῆς καὶ
ἄλλης ἡστινοσοῦν ἀρχῆς.

ΝΕ. ΣΩ. Κομιδῇ μὲν οὖν. |

5 ΞΕ. Ἀναγκαῖον δὴ καὶ πολιτειῶν, ὡς ἔοικε, ταύτην
ὀρθὴν διαφερόντως εἶναι καὶ μόνην πολιτείαν, ἐν ᾗ τις
ἂν εὑρίσκοι τοὺς ἄρχοντας ἀληθῶς ἐπιστήμονας καὶ
οὐ δοκοῦντας μόνον, ἐάντε κατὰ νόμους ἐάντε ἄνευ
d νόμων ἄρχωσι, καὶ ἑκόντων ἢ | ἀκόντων, καὶ πενόμενοι
ἢ πλουτοῦντες, τούτων ὑπολογιστέον οὐδὲν οὐδαμῶς
εἶναι κατ' οὐδεμίαν ὀρθότητα.

L'Étranger — Quant à ces gouvernants, qu'ils gouvernent par ailleurs avec le consentement de leurs sujets ou contre leur gré, qu'ils s'appuient ou non sur des textes de lois, qu'ils soient riches ou pauvres, il faut estimer – comme nous le croyons à présent – que c'est en fonction d'un art qu'ils gouvernent, quel que soit ce gouvernement. Les médecins, au demeurant, nous **b** ne les estimons pas moins qu'ils nous soignent de gré ou de force, coupant ou brûlant nos chairs ou nous infligeant quelque autre traitement douloureux, qu'ils se conforment à des règles écrites ou qu'ils s'en passent, et qu'ils soient pauvres ou riches ; en tout état de cause, nous ne les déclarons pas moins médecins aussi longtemps que c'est en vertu d'un art qu'ils font leurs prescriptions, nous purgeant ou usant d'un autre procédé pour nous faire maigrir ou au contraire grossir, pourvu qu'ils n'aient d'autre but que le bien de notre corps, de le faire passer d'un état pire à un état meilleur, et que tous, chacun pour **c** son compte, ne soignent que pour assurer la sauvegarde de ceux qu'ils soignent. C'est là, je pense, et pas ailleurs, que nous dirons résider le seul critère correct de l'art médical et de n'importe quel exercice d'autorité.

Socrate le Jeune — Oui, exactement.

L'Étranger — Dès lors, à ce qu'il semble, celle des constitutions qui est droite au plus haut point et est la seule à être une constitution est forcément celle en laquelle on trouverait des gouvernants pourvus d'une véritable science et n'en ayant pas seulement la réputation, qu'ils gouvernent conformément à des lois ou sans lois, avec le consentement de leurs sujets ou contre leur gré, qu'ils **d** soient pauvres ou riches : rien de tout cela ne doit être pris en compte s'agissant d'aucune sorte de rectitude.

ΝΕ. ΣΩ. Καλῶς.

ΞΕ. Καὶ ἐάντε γε ἀποκτεινύντες τινὰς ἢ καὶ
5 ἐκβάλλοντες | καθαίρωσιν ἐπ᾽ ἀγαθῷ τὴν πόλιν, εἴτε
καὶ ἀποικίας οἷον σμήνη μελιττῶν ἐκπέμποντές ποι
σμικροτέραν ποιῶσιν, ἤ τινας ἐπεισαγόμενοί ποθεν
ἄλλους ἔξωθεν πολίτας ποιοῦντες αὐτὴν αὔξωσιν, ἔωσπερ
ἂν ἐπιστήμῃ καὶ τῷ δικαίῳ προσχρώμενοι σῴζοντες ἐκ
e χείρονος βελτίω ποιῶσι κατὰ δύναμιν, | ταύτην τότε καὶ
κατὰ τοὺς τοιούτους ὅρους ἡμῖν μόνην ὀρθὴν πολιτείαν
εἶναι ῥητέον· ὅσας δ᾽ ἄλλας λέγομεν, οὐ γνησίας οὐδ᾽
ὄντως οὔσας λεκτέον, ἀλλὰ μεμιμημένας ταύτην, ἃς μὲν
ὡς εὐνόμους λέγομεν, ἐπὶ τὰ καλλίω, τὰς δὲ ἄλλας ἐπὶ τὰ
5 | αἰσχίονα μεμιμῆσθαι[1].

ΝΕ. ΣΩ. Τὰ μὲν ἄλλα, ὦ ξένε, μετρίως ἔοικεν εἰρῆσθαι·
τὸ δὲ καὶ ἄνευ νόμων δεῖν ἄρχειν χαλεπώτερον ἀκούειν
ἐρρήθη.

ΞΕ. Μικρόν γε ἔφθης με ἐρόμενος, ὦ Σώκρατες.
294a ἔμελ|λον γάρ σε διερωτήσειν ταῦτα πότερον ἀποδέχῃ
πάντα, ἤ τι καὶ δυσχεραίνεις τῶν λεχθέντων· νῦν δ᾽ ἤδη
φανερὸν ὅτι τοῦτο βουλησόμεθα τὸ περὶ τῆς τῶν ἄνευ
νόμων ἀρχόντων ὀρθότητος διελθεῖν ἡμᾶς. |

5 ΝΕ. ΣΩ. Πῶς γὰρ οὔ;

ΞΕ. Τρόπον τινὰ μέντοι δῆλον ὅτι τῆς βασιλικῆς ἐστιν
ἡ νομοθετική· τὸ δ᾽ ἄριστον οὐ τοὺς νόμους ἐστὶν ἰσχύειν
ἀλλ᾽ ἄνδρα τὸν μετὰ φρονήσεως βασιλικόν. οἶσθ᾽ ὅπῃ;

1. e5 (e6 Robinson) μεμιμῆσθαι BTW Diès Robinson: secl.
Stallbaum Burnet

Socrate le Jeune — Tu as raison.

L'Étranger — Et si c'est en condamnant à mort ou même en exilant certains habitants qu'ils purgent pour son bien la cité, si c'est en envoyant ici ou là des colons semblables à des essaims d'abeilles qu'ils en diminuent la taille ou au contraire la font grossir en y introduisant des étrangers dont ils font des citoyens – aussi longtemps que c'est en usant de science et de justice qu'ils la sauvegardent et la font passer d'un état pire au meilleur état possible, c'est de cette constitution, définie d'après de tels critères, **e** que nous devons dire qu'elle est seule à être droite; quant aux autres, il nous faut dire qu'elles sont bâtardes et ne sont même pas des constitutions, mais sont des contrefaçons de la première, les unes – celles dont nous disons qu'elles sont régies par de bonnes lois – pour en imiter les traits les plus beaux, et les autres, les plus laids.

Socrate le Jeune — Sur tout le reste, Étranger, ton discours me semble n'avoir rien d'excessif. Mais dire qu'il faut gouverner sans lois, voilà qui est assez rude à entendre!

L'Étranger — Ta question, Socrate, anticipe de peu la mienne. J'allais en effet te demander si tu acceptais **294a** tout ce que j'ai dit, ou si tu trouvais un point difficile à supporter. Voilà donc à présent qui est clair : nous souhaitons discuter en détail la question de savoir si ceux qui gouvernent sans lois gouvernent droitement?

Socrate le Jeune — Oui, c'est bien cela.

L'Étranger — En un certain sens, il est évident que l'art législatif relève de la science royale. Pourtant, le meilleur n'est pas que la force appartienne aux lois, mais à l'homme qui, avec le secours de la pensée sage, est un homme royal. Sais-tu comment j'y arrive?

ΝΕ. ΣΩ. Πῇ δὴ λέγεις; |

10   ΞΕ. Ὅτι νόμος οὐκ ἄν ποτε δύναιτο τό τε ἄριστον
b καὶ | τὸ δικαιότατον ἀκριβῶς πᾶσιν ἅμα περιλαβὼν
τὸ βέλτιστον ἐπιτάττειν· αἱ γὰρ ἀνομοιότητες τῶν τε
ἀνθρώπων καὶ τῶν πράξεων καὶ τὸ μηδέποτε μηδὲν ὡς
ἔπος εἰπεῖν ἡσυχία ἄγειν τῶν ἀνθρωπίνων οὐδὲν ἐῶσιν
5 ἁπλοῦν ἐν οὐδενὶ περὶ | ἁπάντων καὶ ἐπὶ πάντα τὸν
χρόνον ἀποφαίνεσθαι τέχνην οὐδ᾽ ἡντινοῦν. ταῦτα δὴ
συγχωροῦμέν που;

ΝΕ. ΣΩ. Τί μήν;

ΞΕ. Τὸν δέ γε νόμον ὁρῶμεν σχεδὸν ἐπ᾽ αὐτὸ τοῦτο
c | συντείνοντα, ὥσπερ τινὰ ἄνθρωπον αὐθάδη καὶ ἀμαθῆ
καὶ μηδένα μηδὲν ἐῶντα ποιεῖν παρὰ τὴν ἑαυτοῦ τάξιν,
μηδ᾽ ἐπερωτᾶν μηδένα, μηδ᾽ ἄν τι νέον ἄρα τῳ συμβαίνῃ
βέλτιον παρὰ τὸν λόγον ὃν αὐτὸς ἐπέταξεν. |

5   ΝΕ. ΣΩ. Ἀληθῆ· ποιεῖ γὰρ ἀτεχνῶς καθάπερ εἴρηκας
νῦν ὁ νόμος ἡμῖν ἑκάστοις.

ΞΕ. Οὐκοῦν ἀδύνατον εὖ ἔχειν πρὸς τὰ μηδέποτε
ἁπλᾶ τὸ διὰ παντὸς γιγνόμενον ἁπλοῦν;

ΝΕ. ΣΩ. Κινδυνεύει. |

10   ΞΕ. Διὰ τί δή ποτ᾽ οὖν ἀναγκαῖον νομοθετεῖν,
d ἐπειδήπερ | οὐκ ὀρθότατον ὁ νόμος; ἀνευρετέον τούτου
τὴν αἰτίαν.

ΝΕ. ΣΩ. Τί μήν;

Socrate le Jeune — Dis-moi comment ?

L'Étranger — En ceci, qu'aucune loi ne serait jamais capable d'embrasser avec exactitude ce qui est pour tous à la fois le meilleur et le plus juste, de façon à prescrire ce **b** qui vaut le mieux ; car les dissemblances entre les hommes comme entre les actes, et le fait que jamais aucune des affaires humaines ne reste, pour ainsi dire, en repos, tout cela interdit à un art, quel qu'il soit, d'émettre un décret absolu valant pour tous domaines et en tout temps. Nous sommes bien d'accord là-dessus, je suppose ?

Socrate le Jeune — Certes.

L'Étranger – Or, nous le voyons, c'est à cela même que tend plus ou moins la loi, comme fait un homme **c** présomptueux et ignare qui n'autorise personne à rien faire de contraire à ce qu'il ordonne, ni à lui poser aucune question, pas même si, finalement, advient quelque chose de neuf et de meilleur allant à l'encontre de ce que lui-même a édicté.

Socrate le Jeune — C'est vrai ; la loi se comporte absolument comme tu viens de le dire envers chacun d'entre nous.

L'Étranger — Il serait donc impossible à ce qui est toujours simple de bien s'adapter à des choses qui ne le sont jamais ?

Socrate le Jeune — C'est à craindre.

L'Étranger — Pourquoi serait-il alors jamais nécessaire de faire des lois, si la loi n'est pas une chose **d** absolument correcte ? Voilà ce dont il faut découvrir la cause.

Socrate le Jeune — C'est sûr.

ΞΕ. Οὐκοῦν καὶ παρ' ὑμῖν εἰσί τινες οἷαι καὶ ἐν ἄλλαις πόλεσιν ἀθρόων ἀνθρώπων ἀσκήσεις, εἴτε πρὸς δρόμον
5 εἴτε | πρὸς ἄλλο τι, φιλονικίας ἕνεκα;

ΝΕ. ΣΩ. Καὶ πάνυ γε πολλαί.

ΞΕ. Φέρε νῦν ἀναλάβωμεν πάλιν μνήμῃ τὰς τῶν τέχνῃ γυμναζόντων ἐπιτάξεις ἐν ταῖς τοιαύταις ἀρχαῖς.

ΝΕ. ΣΩ. Τὸ ποῖον; |

10 ΞΕ. Ὅτι λεπτουργεῖν οὐκ ἐγχωρεῖν ἡγοῦνται καθ' ἕνα ἕκαστον, τῷ σώματι τὸ προσῆκον ἑκάστῳ προστάττοντες,
e | ἀλλὰ παχύτερον οἴονται δεῖν ὡς ἐπὶ τὸ πολὺ καὶ ἐπὶ πολλοὺς τὴν τοῦ λυσιτελοῦντος τοῖς σώμασι ποιεῖσθαι τάξιν.

ΝΕ. ΣΩ. Καλῶς.

ΞΕ. Διὸ δή γε καὶ ἴσους πόνους νῦν διδόντες ἀθρόοις
5 | ἅμα μὲν ἐξορμῶσιν, ἅμα δὲ καὶ καταπαύουσι δρόμου καὶ πάλης καὶ πάντων τῶν κατὰ τὰ σώματα πόνων.

ΝΕ. ΣΩ. Ἔστι ταῦτα.

ΞΕ. Καὶ τὸν νομοθέτην τοίνυν ἡγώμεθα, τὸν ταῖσιν ἀγέλαις ἐπιστατήσοντα τοῦ δικαίου πέρι καὶ τῶν πρὸς
295a ἀλλή|λους συμβολαίων, μή ποθ' ἱκανὸν γενήσεσθαι πᾶσιν ἀθρόοις προστάττοντα ἀκριβῶς ἑνὶ ἑκάστῳ τὸ προσῆκον ἀποδιδόναι.

ΝΕ. ΣΩ. Τὸ γοῦν εἰκός.

L'Étranger — N'y a-t-il pas chez vous [XIX], comme dans d'autres cités, des groupes d'hommes qui s'entraînent à certains exercices physiques, afin de remporter des victoires à la course ou à quelque autre épreuve ?

Socrate le Jeune — Et comment, on n'en manque pas !

L'Étranger — Eh bien, remettons-nous maintenant en mémoire les directives techniques données par les maîtres de gymnastique en pareilles circonstances.

Socrate le Jeune — À savoir ?

L'Étranger — Qu'ils jugent qu'il n'y a pas lieu pour eux de travailler trop finement [1] cas par cas et d'ajuster ce qu'ils prescrivent à la condition physique de chacun, mais croient au contraire qu'il faut prescrire plus en gros ce qui **e** sera physiquement profitable la plupart du temps et dans la majorité des cas.

Socrate le Jeune — Bien.

L'Étranger — C'est pourquoi ils imposent des épreuves également fatigantes à tous les membres du groupe et leur donnent à tous à la fois le même signal de départ et le même signal de fin, que ce soit pour la course, la lutte ou tout autre exercice physique.

Socrate le Jeune — Cela se passe bien de cette façon.

L'Étranger — Estimons donc qu'il en va de même pour le législateur, lui qui devra prescrire aux troupeaux ce qui relève du droit et des obligations réciproques contenues dans les contrats, sans être jamais capable, **295a** quand il dicte ses prescriptions à l'ensemble, d'assigner à chacun ce qui lui convient en propre…

Socrate le Jeune — C'est au moins très vraisemblable.

1. λεπτουργεῖν, *cf.* 262b6.

ΞΕ. Ἀλλὰ τὸ τοῖς πολλοῖς γε οἶμαι καὶ ὡς ἐπὶ τὸ πολὺ
5 | καί πως οὑτωσὶ παχυτέρως ἑκάστοις τὸν νόμον θήσειν¹,
καὶ ἐν γράμμασιν ἀποδιδοὺς καὶ ἐν ἀγραμμάτοις, πατρίοις
δὲ ἔθεσι νομοθετῶν.

ΝΕ. ΣΩ. Ὀρθῶς.

ΞΕ. Ὀρθῶς μέντοι. πῶς γὰρ ἄν τις ἱκανὸς γένοιτ᾽ ἄν
b | ποτε, ὦ Σώκρατες, ὥστε διὰ βίου ἀεὶ παρακαθήμενος
ἑκάστῳ δι᾽ ἀκριβείας προστάττειν τὸ προσῆκον; ἐπεὶ
τοῦτ᾽ ἂν δυνατὸς ὤν, ὡς οἶμαι, τῶν τὴν βασιλικὴν
ὁστισοῦν ὄντως ἐπιστήμην εἰληφότων σχολῇ ποτ᾽ ἂν
5 ἑαυτῷ θεῖτ᾽ ἐμποδίσματα γράφων | τοὺς λεχθέντας
τούτους νόμους.

ΝΕ. ΣΩ. Ἐκ τῶν νῦν γοῦν, ὦ ξένε, εἰρημένων.

ΞΕ. Μᾶλλον δέ γε, ὦ βέλτιστε, ἐκ τῶν μελλόντων
ῥηθήσεσθαι.

ΝΕ. ΣΩ. Τίνων δή; |

10 ΞΕ. Τῶν τοιῶνδε. εἴπωμεν γὰρ δὴ πρός γε ἡμᾶς αὐτοὺς
c | ἰατρὸν μέλλοντα ἢ καί τινα γυμναστικὸν ἀποδημεῖν
καὶ ἀπέσεσθαι τῶν θεραπευομένων συχνόν, ὡς οἴοιτο,
χρόνον μὴ μνημονεύσειν οἰηθέντα τὰ προσταχθέντα
τοὺς γυμναζομένους ἢ τοὺς κάμνοντας, ὑπομνήματα
5 γράφειν ἂν ἐθέλειν | αὐτοῖς, ἢ πῶς;

ΝΕ. ΣΩ. Οὕτως.

---

1. a5 θήσειν BTW : θήσει Stephanus Burnet Robinson

L'Étranger — …tout en étant capable, je suppose, d'édicter[XX] une loi valable dans la majorité des cas pour le plus grand nombre et en gros à peu près pour chacun, soit sous une forme écrite, soit sans écrire mais en donnant force de loi à des coutumes ancestrales.

Socrate le Jeune — C'est exact.

L'Étranger — Bien sûr que c'est exact! Car comment quelqu'un serait-il jamais capable, Socrate, de prescrire **b** avec exactitude à chacun ce qu'il convient de faire, à moins de passer toute sa vie assis à ses côtés? À ce que je crois, du moment qu'en serait capable l'un de ceux ayant véritablement acquis la science royale, il est difficile d'imaginer qu'il se mettrait à dresser devant lui des obstacles en écrivant les lois dont nous parlons.

Socrate le Jeune — En effet, Étranger, du moins d'après ce que nous venons de dire.

L'Étranger — Oui, et encore plus, excellent ami, d'après ce que nous allons dire.

Socrate le Jeune — Quoi donc?

L'Étranger — Quelque chose de ce genre. Disons-nous en effet ceci à nous-mêmes : si un médecin ou un **c** maître de gymnase, sur le point de partir en un voyage qui, croit-il, le tiendra éloigné assez longtemps de ceux qu'il traite, pensait que ses élèves ou ses patients ne se souviendront pas de ses prescriptions, il souhaiterait rédiger à leur intention des ordonnances écrites, n'est-ce pas? Ou comment ferait-il?

Socrate le Jeune — Comme cela.

ΞΕ. Τί δ' εἰ παρὰ δόξαν ἐλάττω χρόνον ἀποδημήσας
ἔλθοι πάλιν; ἆρ' οὐκ ἂν παρ' ἐκεῖνα τὰ γράμματα
τολμήσειεν ἄλλ' ὑποθέσθαι, συμβαινόντων ἄλλων
d βελτιόνων τοῖς κάμ|νουσι διὰ πνεύματα ἤ τι καὶ ἄλλο
παρὰ τὴν ἐλπίδα τῶν ἐκ Διὸς ἑτέρως πως τῶν εἰωθότων
γενόμενα, καρτερῶν δ' ἂν ἡγοῖτο δεῖν μὴ ἐκβαίνειν
τἀρχαῖά ποτε νομοθετηθέντα μήτε αὐτὸν προστάττοντα
5 ἄλλα μήτε τὸν κάμνοντα ἕτερα | τολμῶντα παρὰ τὰ
γραφέντα δρᾶν, ὡς ταῦτα ὄντα ἰατρικὰ καὶ ὑγιεινά, τὰ δὲ
ἑτέρως γιγνόμενα νοσώδη τε καὶ οὐκ ἔντεχνα· ἢ πᾶν τὸ
e τοιοῦτον ἔν γε ἐπιστήμῃ συμβαῖνον καὶ | ἀληθεῖ τέχνῃ
περὶ ἅπαντα παντάπασι γέλως ἂν ὁ μέγιστος γίγνοιτο
τῶν τοιούτων νομοθετημάτων;

ΝΕ. ΣΩ. Παντάπασι μὲν οὖν.

ΞΕ. Τῷ δὲ τὰ δίκαια δὴ καὶ ἄδικα καὶ καλὰ καὶ αἰσχρὰ
5 | καὶ ἀγαθὰ καὶ κακὰ γράψαντι καὶ ἄγραφα νομοθετήσαντι
ταῖς τῶν ἀνθρώπων ἀγέλαις, ὁπόσαι κατὰ πόλιν ἐν
ἑκάσταις νομεύονται κατὰ τοὺς τῶν γραψάντων νόμους,
ἂν ὁ μετὰ τέχνης γράψας ἤ τις ἕτερος ὅμοιος ἀφίκηται,
296a μὴ ἐξέστω δὴ | παρὰ ταῦτα ἕτερα προστάττειν; ἢ καὶ
τοῦτο τὸ ἀπόρρημα οὐδὲν ἧττον ἂν ἐκείνου τῇ ἀληθείᾳ
γελοῖον φαίνοιτο;

ΝΕ. ΣΩ. Τί μήν;

L'Étranger — Mais que se passera-t-il si son voyage dure moins longtemps que prévu et qu'il s'en retourne chez lui ? Est-ce qu'il ne se permettrait pas de substituer d'autres prescriptions à celles qu'il a écrites, au cas où des améliorations seraient survenues chez ses patients du **d** fait des vents ou de quel qu'autre changement inespéré et inaccoutumé touchant des phénomènes relevant de Zeus ? Ou est-ce qu'il s'obstinerait et, considérant qu'il ne faut jamais transgresser les anciennes règles, s'interdisait d'en prescrire de nouvelles, son patient n'osant pour sa part rien faire de contraire aux ordonnances écrites dans l'idée que ces dernières émanent de l'art médical et contribuent à la santé, tandis que tout ce qui serait prescrit différemment serait malsain et irait contre les règles de l'art ? Est-ce que toute conduite semblable, survenant en matière de science et d'art véritable, n'en viendrait pas, **e** absolument et en toutes circonstances, à jeter sur de telles façons de légiférer le ridicule le plus éclatant ?

Socrate le Jeune — Sans le moindre doute.

L'Étranger — Mais quand c'est sur les choses justes et injustes, décentes et honteuses, bonnes et mauvaises que portent les lois écrites ou non écrites édictées pour les troupeaux humains – tous ceux qui répartis dans chaque cité paissent en suivant des lois écrites – ne sera-t-il pas permis au législateur qui les a rédigées avec compétence, ou à un autre qui lui serait semblable, de formuler **296a** d'autres prescriptions allant à l'encontre de celles-là ? Est-ce qu'une telle interdiction ne serait pas au moins aussi ridicule que la précédente ?

Socrate le Jeune — Bien sûr.

ΞΕ. Οἶσθ' οὖν ἐπὶ τῷ τοιούτῳ λόγον τὸν παρὰ τῶν
5 | πολλῶν λεγόμενον;

ΝΕ. ΣΩ. Οὐκ ἐννοῶ νῦν γ' οὕτως.

ΞΕ. Καὶ μὴν εὐπρεπής. φασὶ γὰρ δὴ δεῖν, εἴ τις
γιγνώσκει παρὰ τοὺς τῶν ἔμπροσθεν βελτίους νόμους,
νομοθετεῖν τὴν ἑαυτοῦ πόλιν ἕκαστον πείσαντα, ἄλλως
δὲ μή. |

10 ΝΕ. ΣΩ. Τί οὖν; οὐκ ὀρθῶς; |

b ΞΕ. Ἴσως. ἂν δ' οὖν μὴ πείθων τις βιάζηται τὸ βέλτιον,
ἀπόκριναι, τί τοὔνομα τῆς βίας ἔσται; μὴ μέντοι πω, περὶ
δὲ τῶν ἔμπροσθεν πρότερον.

ΝΕ. ΣΩ. Ποῖον δὴ λέγεις; |

5 ΞΕ. Ἄν τις ἄρα μὴ πείθων τὸν ἰατρευόμενον, ἔχων
δὲ ὀρθῶς τὴν τέχνην, παρὰ τὰ γεγραμμένα τὸ βέλτιον
ἀναγκάζῃ δρᾶν παῖδα ἤ τινα ἄνδρα ἢ καὶ γυναῖκα, τί
τοὔνομα τῆς βίας ἔσται ταύτης; ἆρ' οὐ πᾶν μᾶλλον ἢ τὸ
παρὰ τὴν τέχ νην λεγόμενον ἁμάρτημα τὸ νοσῶδες; καὶ
c πάντα ὀρθῶς | εἰπεῖν ἔστι πρότερον τῷ βιασθέντι περὶ τὸ
τοιοῦτον πλὴν ὅτι νοσώδη καὶ ἄτεχνα πέπονθεν ὑπὸ τῶν
βιασαμένων ἰατρῶν;

ΝΕ. ΣΩ. Ἀληθέστατα λέγεις.

ΞΕ. Τί δὲ ἡμῖν δὴ τὸ παρὰ τὴν πολιτικὴν τέχνην
5 ἁμάρ|τημα λεγόμενόν ἐστιν; ἆρ' οὐ τὸ αἰσχρὸν καὶ [τὸ]
κακὸν καὶ ἄδικον;

L'Étranger — Tu sais sans doute ce que la plupart disent sur un tel sujet ?

Socrate le Jeune — Pour l'instant, cela m'échappe.

L'Étranger — Leur discours est certes tout à fait plausible : ils affirment que si quelqu'un connaît de meilleures lois que celles de nos devanciers, il doit les promulguer dans sa propre cité après avoir persuadé chaque citoyen, et pas autrement.

Socrate le Jeune — Eh bien ? N'est-ce pas correct ?

L'Étranger — Peut-être. Si donc quelqu'un, sans **b** chercher à persuader, contraint de force au meilleur, quel nom, réponds-moi, donner à cet usage de la force ? Mais attends, pas encore, reprenons d'abord les exemples précédents.

Socrate le Jeune — De quoi parles-tu ?

L'Étranger — Supposons qu'un médecin, peu soucieux de persuader son patient mais ayant de son art une connaissance sans faille, oblige un enfant, un homme, une femme à faire ce qui vaut le mieux contrairement aux prescriptions écrites, quel nom donner à cet usage de la force ? N'importe lequel, n'est-ce pas, plutôt que de parler de faute allant « à l'encontre de l'art », c'est-à-dire de traitement pernicieux ? Et celui qui a l'a subi aura le droit **c** de dire tout ce qui lui plaît, sauf qu'il a subi de la part des médecins des traitements nuisibles et manifestement contraires à l'art médical ?

Socrate le Jeune — Tu dis vrai.

L'Étranger — En quoi consiste pour nous ce qui pourrait être tenu pour une faute envers l'art politique ? N'est-ce pas ce qui est honteux, mauvais, injuste ?

ΝΕ. ΣΩ. Παντάπασί γε.

ΞΕ. Τῶν δὴ βιασθέντων παρὰ τὰ γεγραμμένα καὶ
πάτρια δρᾶν ἕτερα δικαιότερα καὶ ἀμείνω καὶ καλλίω τῶν
d ἔμπροσθεν, | φέρε, τὸν τῶν τοιούτων αὖ ψόγον περὶ τῆς
τοιαύτης βίας, ἆρ', εἰ μέλλει μὴ καταγελαστότατος εἶναι
πάντων, πάντ' αὐτῷ μᾶλλον λεκτέον ἑκάστοτε πλὴν ὡς
αἰσχρὰ καὶ ἄδικα καὶ κακὰ πεπόνθασιν οἱ βιασθέντες ὑπὸ
τῶν βιασαμένων; |

5   ΝΕ. ΣΩ. Ἀληθέστατα λέγεις.

ΞΕ. Ἀλλ' ἆρα ἐὰν μὲν πλούσιος ὁ βιασάμενος ᾖ,
δίκαια, ἂν δ' ἄρα πένης, ἄδικα τὰ βιασθέντα ἐστίν;
ἢ κἂν πείσας κἂν μὴ πείσας τις, πλούσιος ἢ πένης, ἢ
e κατὰ γράμματα ἢ | παρὰ γράμματα, δρᾷ μὴ σύμφορα ἢ
σύμφορα[1], τοῦτον δεῖ καὶ περὶ ταῦτα τὸν ὅρον εἶναι τόν
γε ἀληθινώτατον ὀρθῆς πόλεως διοικήσεως, ὃν ὁ σοφὸς
καὶ ἀγαθὸς ἀνὴρ διοικήσει τὸ τῶν ἀρχομένων; ὥσπερ
297a ὁ κυβερνήτης τὸ τῆς νεὼς καὶ | ναυτῶν ἀεὶ συμφέρον
παραφυλάττων, οὐ γράμματα τιθεὶς ἀλλὰ τὴν τέχνην
νόμον παρεχόμενος, σῴζει τοὺς συνναύτας, οὕτω καὶ
κατὰ τὸν αὐτὸν τρόπον τοῦτον παρὰ τῶν οὕτως ἄρχειν
δυναμένων ὀρθὴ γίγνοιτ' ἂν πολιτεία, τὴν τῆς τέχνης
5 | ῥώμην τῶν νόμων παρεχομένων κρείττω; καὶ πάντα

---

1. e1 δρᾷ μὴ σύμφορα ἢ σύμφορα BTW : δρᾷ σύμφορα Hermann
Burnet Robinson

Socrate le Jeune — Absolument.

L'Étranger — Alors, ceux que l'on contraint à transgresser des lois écrites ou des coutumes ancestrales afin de les amener à commettre des actions différentes mais plus justes, meilleures, plus belles que les précédentes, dis-moi : quand ils blâmeront la violence subie, ce blâme, **d** s'ils veulent éviter qu'il les couvre du plus grand ridicule, ne doit-il pas exprimer n'importe reproche plutôt que celui d'avoir été victimes de traitements honteux, injustes et mauvais de la part des auteurs de cette violence ?

Socrate le Jeune — C'est très vrai, ce que tu dis là.

L'Étranger — Mais est-ce que la violence subie est juste si celui qui l'inflige est riche, et injuste au cas où il serait pauvre ? Ou ne faut-il pas plutôt demander si l'auteur de cette violence – qu'il l'ait infligée en usant de persuasion ou en s'en abstenant, en étant riche ou en étant pauvre, en suivant des lois écrites ou en les transgressant – fait des **e** choses nuisibles ou utiles[XXI] ? N'est-ce pas cela, je veux dire la considération de ces choses, qu'il faut tenir pour être le critère le plus véritable de la droite administration de la cité, celui que l'homme sage et bon adoptera pour gérer les affaires de ceux qu'il dirige ? Tout comme le capitaine de vaisseau[1], qui veille constamment à ce qui **297a** est avantageux pour son navire et ses marins sans édicter de règles écrites mais en donnant à son art force de loi, assure la sauvegarde de ses compagnons de navigation, c'est exactement de la même façon, n'est-ce pas, que ceux qui sont capables de gouverner ainsi feront naître une constitution droite, en faisant de la force de leur art une force supérieure à celle des lois ? Et quoi qu'ils fassent, il

1. *Cf.* 272e4.

ποιοῦσι τοῖς ἔμφροσιν ἄρχουσιν οὐκ ἔστιν ἁμάρτημα,
b μέχριπερ ἂν | ἕν μέγα φυλάττωσι, τὸ μετὰ νοῦ καὶ τέχνης
δικαιότατον ἀεὶ διανέμοντες τοῖς ἐν τῇ πόλει σῴζειν τε
αὐτοὺς οἷοί τε ὦσιν καὶ ἀμείνους ἐκ χειρόνων ἀποτελεῖν
κατὰ τὸ δυνατόν;

ΝΕ. ΣΩ. Οὐκ ἔστ' ἀντειπεῖν παρά γε ἃ νῦν εἴρηται. |

5   ΞΕ. Καὶ μὴν πρὸς ἐκεῖνα οὐδὲ ἀντιρρητέον.

ΝΕ. ΣΩ. Τὰ ποῖα εἶπες;

ΞΕ. Ὡς οὐκ ἄν ποτε πλῆθος οὐδ' ὡντινωνοῦν τὴν
τοι αύτην λαβὸν ἐπιστήμην οἷόν τ' ἂν γένοιτο μετὰ νοῦ
c διοικεῖ | πόλιν, ἀλλὰ περὶ σμικρόν τι καὶ ὀλίγον καὶ τὸ ἕν
ἐστι ζητητέον τὴν μίαν ἐκείνην πολιτείαν τὴν ὀρθήν, τὰς
δ' ἄλλας μιμήματα θετέον, ὥσπερ καὶ ὀλίγον πρότερον
ἐρρήθη, τὰς μὲν ἐπὶ τὰ καλλίονα, τὰς δ' ἐπὶ τὰ αἰσχίω
μιμουμένας ταύτην. |

5   ΝΕ. ΣΩ. Πῶς τί τοῦτ' εἴρηκας; οὐδὲ γὰρ ἄρτι δῆθεν
κατέμαθον τὸ περὶ τῶν μιμημάτων.

ΞΕ. Καὶ μὴν οὐ φαῦλόν γε, ἂν κινήσας τις τοῦτον τὸν
λόγον αὐτοῦ καταβάλῃ καὶ μὴ διελθὼν ἐνδείξηται τὸ νῦν
d | γιγνόμενον ἁμάρτημα περὶ αὐτό.

est impossible à des gouvernants sensés de commettre une erreur pourvu qu'ils prennent garde à « l'unique **b** chose importante » [XXII] : distribuer en toute occasion aux citoyens, avec art et intelligence, ce qui est le plus juste, afin d'assurer leur sauvegarde et de les rendre meilleurs autant qu'il est possible, de mauvais qu'ils étaient ?

Socrate le Jeune — Impossible de contredire, au moins ce qui vient d'être affirmé.

L'Étranger — Et tout autant de le faire à l'égard de ce que nous avions dit avant [1].

Socrate le Jeune — À quoi fais-tu allusion ?

L'Étranger — À cela, qu'il est impossible à une multitude, quels que soient ceux qui la composent, de devenir jamais capable, grâce à l'acquisition d'une telle science, d'administrer la cité avec intelligence, mais que **c** c'est dans un petit nombre, chez quelques individus ou même un seul, qu'il faut chercher cette constitution unique, celle qui est droite ; quant aux autres, il faut, ainsi que nous l'avons dit un peu auparavant [2], les poser comme des imitations, les unes l'imitant pour le plus beau, les autres pour le plus honteux.

Socrate le Jeune — Que veux-tu dire par là ? Car je l'avoue, tout à l'heure non plus, je n'ai pas compris cette histoire d'« imitations ».

L'Étranger — Et ce ne serait assurément pas une petite histoire si après avoir soulevé une telle question on la laissait tomber, au lieu de montrer en détail la faute **d** commise à présent à son sujet.

1. En 292a.
2. En 293e3-6.

ΝΕ. ΣΩ. Ποῖον δή;

ΞΕ. Τοιόνδε τι δεῖ γε ζητεῖν, οὐ πάνυ σύνηθες οὐδὲ ῥᾴδιον ἰδεῖν· ὅμως μὴν πειρώμεθα λαβεῖν αὐτό. φέρε 5 γάρ· ὀρθῆς ἡμῖν | μόνης οὔσης ταύτης τῆς πολιτείας ἣν εἰρήκαμεν, οἶσθ᾽ ὅτι τὰς ἄλλας δεῖ τοῖς ταύτης συγγράμμασι χρωμένας οὕτω σῴζεσθαι, δρώσας τὸ νῦν ἐπαινούμενον, καίπερ οὐκ ὀρθότατον ὄν;

ΝΕ. ΣΩ. Τὸ ποῖον; |

e ΞΕ. Τὸ παρὰ τοὺς νόμους μηδὲν μηδένα τολμᾶν ποιεῖν τῶν ἐν τῇ πόλει, τὸν τολμῶντα δὲ θανάτῳ ζημιοῦσθαι καὶ πᾶσι τοῖς ἐσχάτοις. καὶ τοῦτ᾽ ἔστιν ὀρθότατα καὶ κάλλιστ᾽ ἔχον ὡς δεύτερον, ἐπειδὰν τὸ πρῶτόν τις μεταθῇ τὸ νυνδὴ 5 | ῥηθέν· ᾧ δὲ τρόπῳ γεγονός ἐστι τοῦτο ὃ δὴ δεύτερον ἐφήσαμεν, διαπερανώμεθα. ἦ γάρ;

ΝΕ. ΣΩ. Πάνυ μὲν οὖν.

ΞΕ. Εἰς δὴ τὰς εἰκόνας ἐπανίωμεν πάλιν, αἷς ἀναγκαῖον ἀπεικάζειν ἀεὶ τοὺς βασιλικοὺς ἄρχοντας |

10 ΝΕ. ΣΩ. Ποίας;

ΞΕ. Τὸν γενναῖον κυβερνήτην καὶ τὸν ἑτέρων πολλῶν ἀντάξιον ἰατρόν. κατίδωμεν γὰρ δή τι σχῆμα ἐν τούτοις αὐτοῖς πλασάμενοι.

ΝΕ. ΣΩ. Ποῖόν τι; |

Socrate le Jeune — Quelle faute ?

L'Étranger — Une faute du genre de celles qu'il faut relever, bien qu'elle ne soit ni courante ni facile à voir ; essayons quand même de la saisir. Allons-y donc. Puisqu'il n'y a pour nous qu'une seule constitution droite, celle dont nous avons parlé, tu sais que les autres doivent assurer leur salut en lui empruntant ses codes écrits, pratique louée de nos jours bien qu'elle ne soit pas ce qu'on puisse faire de plus correct ?

Socrate le Jeune — De quoi s'agit-il ?

L'Étranger — Du fait qu'aucun des habitants de la cité e n'ose rien faire de contraire aux lois, et que celui qui l'ose soit puni de mort et des peines les plus extrêmes. Et c'est bien là ce qui est le plus correct et le plus beau comme deuxième possibilité, si on introduit un changement dans la première dont nous venons de parler. Mais parcourons le chemin qui a fait surgir ce que nous avons appelé la « deuxième possibilité ». Tu es d'accord ?

Socrate le Jeune — Certainement.

L'Étranger — Il nous faut alors revenir à ces images, toujours indispensables pour se représenter par comparaison les gouvernants royaux.

Socrate le Jeune — Quelles images ?

L'Étranger — Celles du noble pilote et du médecin « homme qui en vaut une multitude d'autres » [XXIII]. Considérons-les donc en leur donnant la figure de personnages de fiction.

Socrate le Jeune — Quelle figure ?

298a ΞΕ. Τοιόνδε· οἷον εἰ πάντες περὶ αὐτῶν διανοηθεῖμεν
ὅτι δεινότατα ὑπ' αὐτῶν πάσχομεν. ὃν μὲν γὰρ ἂν
ἐθελήσωσιν ἡμῶν τούτων ἑκάτεροι σῴζειν, ὁμοίως δὴ
σῴζουσιν, ὃν δ' ἂν λωβᾶσθαι βουληθῶσιν, λωβῶνται
5 τέμνοντες καὶ κάοντες | καὶ προστάττοντες ἀναλώματα
φέρειν παρ' ἑαυτοὺς οἷον φόρους, ὧν σμικρὰ μὲν εἰς τὸν
κάμνοντα καὶ οὐδὲν ἀναλίσκουσιν, τοῖς δ' ἄλλοις αὐτοί
b τε καὶ οἱ οἰκέται χρῶνται· καὶ | δὴ καὶ τελευτῶντες ἢ
παρὰ συγγενῶν ἢ παρά τινων ἐχθρῶν τοῦ κάμνοντος
χρήματα μισθὸν λαμβάνοντες ἀποκτεινύασιν. οἵ
τ' αὖ κυβερνῆται μυρία ἕτερα τοιαῦτα ἐργάζονται,
καταλείποντές τε ἔκ τινος ἐπιβουλῆς ἐν ταῖς ἀναγωγαῖς
5 ἐρήμους, | καὶ σφάλματα ποιοῦντες ἐν τοῖς πελάγεσιν
ἐκβάλλουσιν εἰς τὴν θάλατταν, καὶ ἕτερα κακουργοῦσιν.
εἰ δὴ ταῦτα διανοηθέντες βουλευσαίμεθα περὶ αὐτῶν
c βουλήν τινα, τούτων | τῶν τεχνῶν μηκέτι ἐπιτρέπειν
ἄρχειν αὐτοκράτορι μηδετέρᾳ μήτ' οὖν δούλων μήτ'
ἐλευθέρων, συλλέξαι δ' ἐκκλησίαν ἡμῶν αὐτῶν, ἢ
σύμπαντα τὸν δῆμον ἢ τοὺς πλουσίους μόνον, ἐξεῖναι δὲ
5 καὶ ἰδιωτῶν καὶ τῶν ἄλλων δημιουργῶν περί τε | πλοῦ
καὶ περὶ νόσων γνώμην ξυμβαλέσθαι καθ' ὅτι χρὴ τοῖς
φαρμάκοις ἡμᾶς καὶ τοῖς ἰατρικοῖς ὀργάνοις πρὸς τοὺς
κάμνοντας χρῆσθαι, καὶ δὴ καὶ τοῖς πλοίοις τε αὐτοῖς καὶ
d | τοῖς ναυτικοῖς ὀργάνοις εἰς τὴν τῶν πλοίων χρείαν
καὶ περὶ τοὺς κινδύνους τούς τε πρὸς αὐτὸν τὸν πλοῦν
ἀνέμων καὶ θαλάττης πέρι καὶ πρὸς τὰς τοῖς λῃσταῖς

L'Étranger — Celle-ci : suppose qu'à leur sujet nous **298a**
pensions tous qu'ils nous font subir les traitements les
plus terribles. Car celui d'entre nous que l'un comme
l'autre peuvent souhaiter sauver, certes ils le sauvent, mais
celui d'entre nous que les médecins souhaitent maltraiter,
ils le maltraitent, en coupant, brûlant, et en imposant des
dépenses dont ils perçoivent le montant comme si c'était
des tributs, dont ils ne consacrent qu'une petite part,
voire aucune, au patient, le reste étant réservé à leur usage
et à celui de leur familiers ; et comme on peut s'y attendre, **b**
pour finir ils se font payer par des parents ou par des
ennemis du patient pour le faire périr ! Les capitaines de
navire commettent pour leur part des milliers de forfaits
de ce genre, lorsque, à la suite de quelque complot, ils
échouent leurs passagers et les laissent seuls avant de
reprendre le large, ou font en mer de fausses manœuvres
qui les projettent par-dessus bord, sans parler d'autres
crimes. Si donc, réfléchissant à tout cela, nous délibérions
à leur sujet comme si nous tenions un Conseil, notre **c**
décret serait : ne plus permettre à aucun des arts en
question d'exercer un pouvoir absolu, que ce soit sur des
esclaves ou des hommes libres ; mais nous réunir nous-
mêmes en une assemblée, comprenant soit le peuple en
totalité, soit seulement les riches, et permettre à de simples
particuliers et à des spécialistes en d'autres métiers [XXIV]
d'exprimer leur opinion au sujet de la navigation et des
maladies, tant sur la manière dont il faut, à l'endroit
des malades, user des remèdes comme des instruments
médicaux ; et bien entendu aussi, sur la manière d'utiliser
les navires eux-mêmes et les instruments de navigation, **d**
ceux qui servent tant à naviguer qu'à prévenir les dangers
de la traversée provoqués par les vents et l'état

ἐντεύξεις, καὶ ἐὰν ναυμαχεῖν ἄρα δέῃ που μακροῖς πλοίοις
5 πρὸς ἕτερα τοιαῦτα· | τὰ δὲ τῷ πλήθει δόξαντα περὶ
τούτων, εἴτε τινῶν ἰατρῶν καὶ κυβερνητῶν εἴτ' ἄλλων
e ἰδιωτῶν συμβουλευόντων, γράψαντας | ἐν κύρβεσί τισι
καὶ στήλαις, τὰ δὲ καὶ ἄγραφα πάτρια θεμένους ἔθη, κατὰ
ταῦτα ἤδη πάντα τὸν ἔπειτα χρόνον ναυτίλλεσθαι καὶ
τὰς τῶν καμνόντων θεραπείας ποιεῖσθαι.

NE. ΣΩ. Κομιδῇ γε εἴρηκας ἄτοπα. |

5   ΞΕ. Κατ' ἐνιαυτὸν δέ γε ἄρχοντας καθίστασθαι τοῦ
πλήθους, εἴτε ἐκ τῶν πλουσίων εἴτε ἐκ τοῦ δήμου παντός,
ὃς ἂν κληρούμενος λαγχάνῃ· τοὺς δὲ καταστάντας
ἄρχοντας ἄρχειν κατὰ τὰ γράμματα κυβερνῶντας τὰς
ναῦς καὶ τοὺς κάμνοντας ἰωμένους. |

10   NE. ΣΩ. Ταῦτ' ἔτι χαλεπώτερα.

ΞΕ. Θεῶ δὴ καὶ τὸ μετὰ ταῦτα ἑπόμενον. ἐπειδὰν γὰρ
δὴ τῶν ἀρχόντων ἑκάστοις ὁ ἐνιαυτὸς ἐξέλθῃ, δεήσει
δικαστήρια καθίσαντας ἀνδρῶν, ἢ τῶν πλουσίων ἐκ
299a προκρίσεως ἢ | σύμπαντος αὖ τοῦ δήμου τοὺς λαχόντας,
εἰς τούτους εἰσάγει τοὺς ἄρξαντας καὶ εὐθύνειν,
κατηγορεῖν δὲ τὸν βουλόμενον ὡς οὐ κατὰ τὰ γράμματα
τὸν ἐνιαυτὸν ἐκυβέρνησε τὰς ναῦς οὐδὲ κατὰ τὰ παλαιὰ
5 τῶν προγόνων ἔθη· ταὐτὰ δὲ ταῦτα | καὶ περὶ τῶν τοὺς

de la mer ou liés aux rencontres de pirates et, en cas de combat naval, décider que ce sont de longs vaisseaux qui doivent s'affronter à de longs vaisseaux. Enfin, quelles que soient les décisions qu'il « ait plu » à la majorité de prendre sur ces questions, que ce soit sur le conseil de certains médecins, de pilotes ou de simples particuliers, après les avoir inscrites sur des tablettes tournantes[XXV] **e** ou sur des stèles et en avoir établi d'autres à titre de coutumes ancestrales non écrites, décréter que c'est en s'y conformant qu'il faudra désormais et pour tout le temps à venir naviguer et soigner les malades.

Socrate le Jeune — Ce que tu dis est proprement extravagant.

L'Étranger — Oui ; et il nous faudra encore instituer chaque année des magistrats tirés au sort, pris parmi les riches ou dans la masse du peuple, et décréter que c'est selon les lois écrites que ces magistrats ainsi institués exerceront leur charge, qu'ils pilotent des navires ou traitent des patients.

Socrate le Jeune — Voilà qui est encore plus dur à accepter !

L'Étranger — Considère aussi ce qui vient après cela. Quand donc, au bout d'une année, chacun des magistrats arrivera au terme de sa charge, il faudra faire siéger des tribunaux composés soit d'hommes choisis parmi les riches sur une liste dressée à l'avance, soit d'hommes tirés **299a** au sort dans l'ensemble du peuple, et y faire comparaître les magistrats pour vérifier leur gestion ; qui le souhaitera pourra les accuser de n'avoir pas, au cours de l'année écoulée, piloté les navires conformément aux règles écrites ou selon les antiques coutumes et ces mêmes dispositions vaudront pour ceux qui soignent les malades. Pour ceux

κάμνοντας ἰωμένων· ὧν δ᾽ ἂν καταψηφισθῇ τιμᾶν ὅτι χρὴ
παθεῖν αὐτῶν τινας ἢ ἀποτίνειν.

ΝΕ. ΣΩ. Οὐκοῦν ὅ γ᾽ ἐθέλων καὶ ἑκὼν ἐν τοῖς
b τοιούτοις | ἄρχειν δικαιότατ᾽ ἂν ὁτιοῦν πάσχοι καὶ
ἀποτίνοι.

ΞΕ. Καὶ τοίνυν ἔτι δεήσει θέσθαι νόμον ἐπὶ πᾶσι τού
τοις, ἄν τις κυβερνητικὴν καὶ τὸ ναυτικὸν ἢ τὸ ὑγιεινὸν καὶ
ἰατρικῆς ἀλήθειαν περὶ πνεύματά τε καὶ θερμὰ καὶ ψυχρὰ
5 | ζητῶν φαίνηται παρὰ τὰ γράμματα καὶ σοφιζόμενος
ὁτιοῦνπερὶ τὰ τοιαῦτα, πρῶτον μὲν μήτε ἰατρικὸν αὐτὸν
μήτε κυβερνητικὸν ὀνομάζειν ἀλλὰ μετεωρολόγον,
ἀδολέσχην τινὰ σοφιστήν, εἶθ᾽ ὡς διαφθείροντα ἄλλους
c νεωτέρους καὶ ἀνα|πείθοντα ἐπιτίθεσθαι κυβερνητικῇ
καὶ ἰατρικῇ μὴ κατὰ νόμους, ἀλλ᾽ αὐτοκράτορας ἄρχειν
τῶν πλοίων καὶ τῶν νοσούντων, γραψάμενον εἰσάγειν
τὸν βουλόμενον οἷς ἔξεστιν εἰς δή τι δικαστήριον· ἂν
5 δὲ παρὰ τοὺς νόμους καὶ τὰ γεγραμμένα | δόξῃ πείθειν
εἴτε νέους εἴτε πρεσβύτας, κολάζειν τοῖς ἐσχάτοις.
οὐδὲν γὰρ δεῖν τῶν νόμων εἶναι σοφώτερον· οὐδένα
γὰρ ἀγνοεῖν τό τε ἰατρικὸν καὶ τὸ ὑγιεινὸν οὐδὲ τὸ
κυβερνητικὸν καὶ ναυτικόν· ἐξεῖναι γὰρ τῷ βουλομένῳ
d μανθάνειν | γεγραμμένα καὶ πάτρια ἔθη κείμενα. ταῦτα
δὴ περί τε ταύτας τὰς ἐπιστήμας εἰ γίγνοιτο οὕτως ὡς
λέγομεν, ὦ Σώκρατες, καὶ στρατηγικῆς καὶ συμπάσης
ἡστινοσοῦν θηρευτικῆς καὶ γραφικῆς ἢ συμπάσης

qui auront fait l'objet d'une condamnation, il faudra fixer la peine que certains devront subir ou l'amende qu'ils auront à payer.

Socrate le Jeune — Eh bien, celui qui consentirait de bon gré à assurer une charge dans des conditions pareilles, le condamner à subir ladite peine ou à payer l'amende ne b
serait que justice !

L'Étranger — Il faudra cependant, pour couronner le tout, établir encore la loi suivante : « Quiconque sera pris en train de chercher, ailleurs que dans les lois écrites, l'art du pilotage et de la navigation, ou ce qui concerne la santé et la vérité médicale à propos des vents, de la chaleur et froid, et de faire son petit savant en ces domaines, pour commencer, on ne l'appellera ni "médecin" ni "pilote", mais "discoureur en l'air", "sophiste bavard"[XXVI] ; ensuite, n'importe laquelle des personnes autorisées qui le désire pourra rédiger un acte d'accusation et le faire comparaître devant un tribunal pour avoir corrompu la jeunesse et l'avoir persuadée de s'appliquer à l'art naval et à l'art c
médical sans se conformer à des lois, mais en exerçant un pouvoir absolu sur navires et malades ; et s'il ressort qu'il persuade des gens jeunes ou vieux d'aller à l'encontre des lois et des règles écrites, il subira les derniers châtiments. » Nul besoin, en effet, d'être plus savants que les lois, vu que personne n'ignore ce qui regarde l'art médical et la santé, non plus que l'art naval et nautique, puisqu'il est loisible à qui le désire d'apprendre les règles écrites et les d
coutumes ancestrales. Si donc, Socrate, les choses avaient lieu pour les sciences comme nous le disons, qu'il s'agisse de l'art stratégique et en général de toute espèce d'art thèreutique, de l'art graphique ou de n'importe quelle

5 μέρος ότιοῦν μιμητικῆς καὶ τεκτονικῆς | καὶ συνόλης
ὁποιασοῦν σκευουργίας ἢ καὶ γεωργίας καὶ τῆς περὶ τὰ
φυτὰ συνόλης τέχνης, ἢ καί τινα ἱπποφορβίαν αὖ κατὰ
συγγράμματα θεασαίμεθα γιγνομένην ἢ σύμπασαν
ἀγελαιοκομικὴν ἢ μαντικὴν ἢ πᾶν ὅτι μέρος διακονικὴ
e | περιείληφεν, ἢ πεττείαν ἢ σύμπασαν ἀριθμητικὴν ψιλὴν
εἴτε ἐπίπεδον εἴτ᾽ ἐν βάθεσιν εἴτ᾽ ἐν τάχεσιν οὖσάν που, –
περὶ ἅπαντα ταῦτα οὕτω πραττόμενα τί ποτ᾽ ἂν φανείη,
κατὰ συγγράμματα γιγνόμενα καὶ μὴ κατὰ τέχνην; |

5   ΝΕ. ΣΩ. Δῆλον ὅτι πᾶσαί τε αἱ τέχναι παντελῶς
ἀνάόλοιντο ἡμῖν, καὶ οὐδ᾽ εἰς αὖθις γένοιντ᾽ ἄν ποτε διὰ
τὸνἀποκωλύοντα τοῦτον ζητεῖν νόμον· ὥστε ὁ βίος, ὢν
καὶ νῦν χαλεπός, εἰς τὸν χρόνον ἐκεῖνον ἀβίωτος γίγνοιτ᾽
ἂν τὸ παράπαν. |

300a   ΞΕ. Τί δὲ τόδε; εἰ κατὰ συγγράμματα μὲν ἀναγκάζοι
μεν ἕκαστον γίγνεσθαι τῶν εἰρημένων καὶ τοῖς
συγγράμμασιν ἡμῶν ἐπιστατεῖν τὸν χειροτονηθέντα
ἢ λαχόντα ἐκ τύχης, οὗτος δὲ μηδὲν φροντίζων τῶν
5 γραμμάτων ἢ κέρδους ἕνεκέν | τινος ἢ χάριτος ἰδίας παρὰ
ταῦτ᾽ ἐπιχειροῖ δρᾶν ἕτερα, μηδὲν γιγνώσκων, ἆρα οὐ τοῦ
κακοῦ τοῦ πρόσθεν μεῖζον ἂν ἔτι τοῦτο γίγνοιτο κακόν;

     ΝΕ. ΣΩ. Ἀληθέστατά γε[1]. |

---

1. a8 γε T Robinson : om. BW [γε] Burnet

partie de l'art mimétique en général, de la tectonique et en général de toute fabrication d'équipement, de l'agriculture et en général de toute technique de culture des plantes, ou si nous devions voir aussi régis par des règles écrites une sorte d'élevage des chevaux ou, en général, d'art agelaiokomique, de mantique ou en général de toute partie comprise dans la diakonique[1], du trictrac **e** ou de l'arithmétique en général, soit pure, soit appliquée à la surface, au volume et, j'imagine, au mouvement – quel spectacle pourrait offrir toutes ces activités pratiquées de la sorte, conformément à des règles écrites au lieu de l'être selon l'art?

Socrate le Jeune — Il est clair que nous assisterions à la ruine de tous les arts et qu'ils ne pourraient jamais renaître, du fait que la loi ferait obstacle à toute recherche. De sorte que la vie, qui même à présent est déjà pénible, deviendrait alors complètement invivable.

L'Étranger — Et que dis-tu de ceci? Supposons **300a** chacune des activités évoquées contrainte de s'exercer suivant des règles écrites et supposons que l'un d'entre nous, désigné par un vote à main levée ou par le sort pour veiller sur elles, se moque de ces écrits et entreprenne, soit pour son profit personnel, soit par favoritisme, de les transgresser et d'agir autrement alors même qu'il n'y connaît rien : est-ce qu'il n'en résulterait pas un mal encore pire que le précédent?

Socrate le Jeune — Là oui, rien de plus vrai!

---

1. Théreutique : art de la chasse; tectonique : menuiserie; agelaiokomique : art de prendre soin des troupeaux : diakonique : art de service. La supériorité du savoir technique appelle ce retour à un langage « savant ».

b ΞΕ. Παρὰ γὰρ οἶμαι τοὺς νόμους τοὺς ἐκ πείρας πολλῆς κειμένους καί τινων συμβούλων ἕκαστα χαριέντως συμβουλευσάντων καὶ πεισάντων θέσθαι τὸ πλῆθος, ὁ παρὰ ταῦτα τολμῶν δρᾶν, ἁμαρτήματος
5 ἁμάρτημα πολλαπλάσιον ἀπεργα|ζόμενος, ἀνατρέποι πᾶσαν ἂν πρᾶξιν ἔτι μειζόνως τῶν συγγραμμάτων.

ΝΕ. ΣΩ. Πῶς δ᾽ οὐ μέλλει;

ΞΕ. Διὰ ταῦτα δὴ τοῖς περὶ ὁτουοῦν νόμους καὶ
c συγ|γράμματα τιθεμένοις δεύτερος πλοῦς τὸ παρὰ ταῦτα μήτε ἕνα μήτε πλῆθος μηδὲν μηδέποτε ἐᾶν δρᾶν μηδ᾽ ὁτιοῦν.

ΝΕ. ΣΩ. Ὀρθῶς. |

5 ΞΕ. Οὐκοῦν μιμήματα μὲν ἂν ἑκάστων ταῦτα εἴη τῆς ἀληθείας, τὰ παρὰ τῶν εἰδότων εἰς δύναμιν εἶναι γεγραμμένα;

ΝΕ. ΣΩ. Πῶς δ᾽ οὔ;

ΞΕ. Καὶ μὴν τόν γε εἰδότα ἔφαμεν, τὸν ὄντως
10 πολιτι|κόν, εἰ μεμνήμεθα, ποιήσειν τῇ τέχνῃ πολλὰ εἰς τὴν αὑτοῦ πρᾶξιν τῶν γραμμάτων οὐδὲν φροντίζοντα,
d ὁπόταν ἄλλ᾽ αὑτῷ | βελτίω δόξῃ παρὰ τὰ γεγραμμένα ὑφ᾽ αὑτοῦ καὶ ἐπεσταλμένα ἀποῦσίν τισιν.

ΝΕ. ΣΩ. Ἔφαμεν γάρ.

L'Étranger — Oui, car je crois que celui qui ose agir b
à l'encontre de lois établies grâce à une vaste expérience,
dont chacune a été proposée par des conseillers qui ont
avec talent persuadé la foule de les promulguer, que
celui-là, donc, commet une faute cent fois pire que l'autre
et ruinerait bien plus complètement chaque activité que
les règles écrites.

Socrate le Jeune — Comment pourrait-il en aller
autrement ?

L'Étranger — C'est pourquoi, pour ceux qui établis-
sent des lois et des règles écrites sur quelque sujet que ce c
soit, une « seconde navigation » consiste à interdire qu'un
individu ou une foule fasse rien, jamais, qui si peu que ce
soit aille à leur encontre.

Socrate le Jeune — Exact.

L'Étranger — Mais alors, les imitations de la vérité de
chaque chose ne seraient-elles pas celles qui, provenant
de ceux qui savent, sont consignées par écrit autant qu'il
est possible ?

Socrate le Jeune — Sans conteste.

L'Étranger — Et pourtant, si notre mémoire est
bonne, nous avons dit que celui qui sait, le véritable
politique, agira dans nombre de cas en vertu de l'art qui
est le sien sans se soucier aucunement des règles écrites,
chaque fois qu'il juge préférables des mesures allant à
l'encontre de celles qu'il a lui-même rédigées et prescrites d
pour le temps où il serait absent [1].

Socrate le Jeune — Nous l'avons dit, en effet.

1. *Cf.* 294a-b.

ΞΕ. Οὐκοῦν ἀνὴρ ὁστισοῦν εἷς ἢ πλῆθος ὁτιοῦν,
5 οἷς ἂν | νόμοι κείμενοι τυγχάνωσι, παρὰ ταῦτα ὅτι ἂν
ἐπιχειρήσωσι ποιεῖν ὡς βέλτιον ἕτερον ὄν, ταὐτὸν δρῶσι
κατὰ δύναμιν ὅπερ ὁ ἀληθινὸς ἐκεῖνος;

ΝΕ. ΣΩ. Πάνυ μὲν οὖν.

ΞΕ. Ἆρ' οὖν εἰ μὲν ἀνεπιστήμονες ὄντες τὸ τοιοῦτον
10 | δρῷεν, μιμεῖσθαι μὲν ἂν ἐπιχειροῖεν τὸ ἀληθές, μιμοῖντ'
e ἂν | μέντοι παγκάκως· εἰ δ' ἔντεχνοι, τοῦτο οὐκ ἔστιν ἔτι
μίμημα ἀλλ' αὐτὸ τὸ ἀληθέστατον ἐκεῖνο;

ΝΕ. ΣΩ. Πάντως που.

ΞΕ. Καὶ μὴν ἔμπροσθέ γε ὡμολογημένον ἡμῖν κεῖται
5 | μηδὲν πλῆθος μηδ' ἡντινοῦν δυνατὸν εἶναι λαβεῖν
τέχνην.

ΝΕ. ΣΩ. Κεῖται γὰρ οὖν.

ΞΕ. Οὐκοῦν εἰ μὲν ἔστι βασιλική τις τέχνη, τὸ τῶν

πλουσίων πλῆθος καὶ ὁ σύμπας δῆμος οὐκ ἄν ποτε
λάβοι τὴν πολιτικὴν ταύτην ἐπιστήμην. |

10 ΝΕ. ΣΩ. Πῶς γὰρ ἄν;

ΞΕ. Δεῖ δὴ τὰς τοιαύτας γε ὡς ἔοικε πολιτείας, εἰ
301a μέλ|λουσι καλῶς τὴν ἀληθινὴν ἐκείνην τὴν τοῦ ἑνὸς
μετὰ τέχνης ἄρχοντος πολιτείαν εἰς δύναμιν μιμήσεσθαι,
μηδέποτε κειμένων αὐτοῖς τῶν νόμων μηδὲν ποιεῖν παρὰ
τὰ γεγραμμένα καὶ πάτρια ἔθη. |

5 ΝΕ. ΣΩ. Κάλλιστ' εἴρηκας.

L'Étranger — Donc, quand le premier individu venu ou une foule quelconque, qui se trouvent disposer de lois établies pour eux, entreprennent de les transgresser parce qu'ils estiment meilleure une autre façon d'agir, ne font-ils pas, autant que cela leur est possible, la même chose que ce politique véritable?

Socrate le Jeune — Absolument!

L'Étranger — Si c'est en étant dépourvus de savoir qu'ils font ce genre de choses, ils entreprendraient bien d'imiter ce qui est vrai mais l'imiteraient tout de travers? **e** Mais s'ils disposent d'un art, ce n'est plus là de l'imitation, mais la chose elle-même dans toute sa vérité?

Socrate le Jeune — Très certainement, je crois.

L'Étranger — Cependant, nous étions d'accord tout à l'heure pour poser qu'aucune foule n'a la capacité d'acquérir quelque art que ce soit.[1]

Socrate le Jeune — Nous l'étions en effet.

L'Étranger — Alors, s'il existe un certain art royal, la foule des riches et le peuple tout entier ne pourront jamais acquérir cette science politique.

Socrate le Jeune — Comment le pourraient-ils?

L'Étranger — Si donc des constitutions, du moins celles qui semblent en être, souhaitent imiter le plus **301a** parfaitement possible cette constitution véritable – celle où un seul homme gouverne grâce à son art –, elles ne doivent jamais, une fois les lois établies pour elles, rien faire qui aille à l'encontre des règles écrites et des coutumes ancestrales.

Socrate le Jeune — Excellemment dit.

1. *Cf.* 292e.

ΞΕ. Ὅταν ἄρα οἱ πλούσιοι ταύτην μιμῶνται, τότε ἀριστοκρατίαν καλοῦμεν τὴν τοιαύτην πολιτείαν· ὁπόταν δὲ τῶν νόμων μὴ φροντίζωσιν, ὀλιγαρχίαν.

ΝΕ. ΣΩ. Κινδυνεύει. |

10 ΞΕ. Καὶ μὴν ὁπόταν αὖθις εἷς ἄρχῃ κατὰ νόμους,
b μιμού|μενος τὸν ἐπιστήμονα, βασιλέα καλοῦμεν, οὐ διορίζοντες ὀνόματι τὸν μετ᾽ ἐπιστήμης ἢ δόξης κατὰ νόμους μοναρχοῦντα.

ΝΕ. ΣΩ. Κινδυνεύομεν. |

5 ΞΕ. Οὐκοῦν κἄν τις ἄρα ἐπιστήμων ὄντως ὢν εἷς ἄρχῃ, πάντως τό γε ὄνομα ταὐτὸν βασιλεὺς καὶ οὐδὲν ἕτερον προσρηθήσεται· διὰ δὴ τὰ πέντε ὀνόματα τῶν νῦν λεγομένων πολιτειῶν ἓν μόνον γέγονεν[1].

ΝΕ. ΣΩ. Ἔοικε γοῦν. |

10 ΞΕ. Τί δ᾽ ὅταν μήτε κατὰ νόμους μήτε κατὰ ἔθη πράττῃ
c | τις εἷς ἄρχων, προσποιῆται δὲ ὥσπερ ὁ ἐπιστήμων ὡς ἄρα παρὰ τὰ γεγραμμένα τό γε βέλτιστον ποιητέον, ᾖ δέ τις ἐπιθυμία καὶ ἄγνοια τούτου τοῦ μιμήματος ἡγουμένη, μῶν οὐ τότε τὸν τοιοῦτον ἕκαστον τύραννον κλητέον;|

5 ΝΕ. ΣΩ. Τί μήν;

ΞΕ. Οὕτω δὴ τύραννός τε γέγονε, φαμέν, καὶ βασιλεὺς καὶ ὀλιγαρχία καὶ ἀριστοκρατία καὶ δημοκρατία, δυσχερανάν τῶν τῶν ἀνθρώπων τὸν ἕνα ἐκεῖνον μόναρχον, καὶ ἀπιστησάντων μηδένα τῆς
d τοιαύτης ἀρχῆς ἄξιον ἂν γενέσθαι ποτέ, | ὥστε ἐθέλειν

1. b7 διὰ δὴ BTW : δι᾽ ἃ δὴ Laur. 85. 6 Burnet Diès τὰ πέντε ὀνόματα BTW Burnet : τὰ πάντα ὀνόματα Diès Robinson b8 ἓν μόνον BTW Burnet : πέντε μόνον Diès Robinson transposuit Robinson ex b7-8 ad c7-9

L'Étranger — Et quand ce sont des riches qui l'imitent, nous appelons cette constitution « aristocratie », mais s'ils n'ont aucun souci des lois, nous parlons d'« oligarchie ».

Socrate le Jeune — Cela se peut.

L'Étranger — D'autre part, si un jour un seul gouverne conformément aux lois en imitant celui qui sait, nous **b** l'appellerons « roi », sans distinguer par un nom différent celui qui gouverne en vertu d'un savoir du monarque qui gouverne en vertu d'une opinion conforme aux lois.

Socrate le Jeune — Possible que nous le fassions.

L'Étranger — Nous l'appellerons donc résolument du même nom, « roi », et de nul autre ; voilà pourquoi les cinq noms de ce que nous appelons aujourd'hui des « constitutions » se réduisent finalement à un seul [XXVII].

Socrate le Jeune — C'est vraisemblable, en tout cas.

L'Étranger — Mais quel nom employer quand un dirigeant unique n'agit conformément ni aux lois, ni aux coutumes, et affecte de savoir ce qu'il y a de mieux à **c** faire même si cela va à l'encontre des lois, alors que c'est l'appétit et l'ignorance qui guident son imitation ? Pas de doute, n'est-ce pas, que tout individu de cette espèce doit être nommé « tyran » ?

Socrate le Jeune — Aucun doute !

L'Étranger — C'est donc bien ainsi, disons-nous, que sont advenus le tyran et le roi, l'oligarchie, l'aristocratie et la démocratie : en raison de l'aversion éprouvée par les hommes à l'égard de ce monarque unique et de leur refus de croire que quiconque puisse un jour être digne de détenir une telle autorité, c'est-à-dire veuille et **d**

καὶ δυνατὸν εἶναι μετ' ἀρετῆς καὶ ἐπιστήμης ἄρχοντα τὰ
δίκαια καὶ ὅσια διανέμειν ὀρθῶς πᾶσιν, λωβᾶσθαι δὲ καὶ
ἀποκτεινύναι καὶ κακοῦν ὃν ἂν βουληθῇ ἑκάστοτε ἡμῶν·
5   ἐπεὶ γενόμενόν γ' ἂν οἷον λέγομεν ἀγαπᾶσθαί τε ἂν | καὶ
οἰκεῖν διακυβερνῶντα εὐδαιμόνως ὀρθὴν ἀκριβῶς μόνον
πολιτείαν.

ΝΕ. ΣΩ. Πῶς δ' οὔ;

ΞΕ. Νῦν δέ γε ὁπότε οὐκ ἔστι γιγνόμενος, ὡς δὴ
e | φαμεν, ἐν ταῖς πόλεσι βασιλεὺς οἷος ἐν σμήνεσιν
ἐμφύεται, τό τε σῶμα εὐθὺς καὶ τὴν ψυχὴν διαφέρων εἷς,
δεῖ δὴ συνελθόντας συγγράμματα γράφειν, ὡς ἔοικεν,
μεταθέοντας τὰ τῆς ἀληθεστάτης πολιτείας ἴχνη. |

5   ΝΕ. ΣΩ. Κινδυνεύει.

ΞΕ. Θαυμάζομεν δῆτα, ὦ Σώκρατες, ἐν ταῖς
τοιαύταις πολιτείαις ὅσα συμβαίνει γίγνεσθαι κακὰ καὶ
ὅσα συμβήσεται, τοιαύτης τῆς κρηπῖδος ὑποκειμένης
αὐταῖς, τῆς κατὰ γράμματα καὶ ἔθη μὴ μετὰ ἐπιστήμης
302a πραττούσης τὰς | πράξεις, ἢ ἑτέρα[1] προσχρωμένη παντὶ
κατάδηλος ὡς πάντ' ἂν διολέσειε τὰ ταύτῃ γιγνόμενα;
ἢ ἐκεῖνο ἡμῖν θαυμαστέον μᾶλλον, ὡς ἰσχυρόν τι πόλις
ἐστὶ φύσει; πάσχουσαι γὰρ δὴ τοιαῦτα αἱ πόλεις νῦν
5   χρόνον ἀπέραντον, ὅμως ἔνιαί | τινες αὐτῶν μόνιμοί
τέ εἰσι καὶ οὐκ ἀνατρέπονται· πολλαὶ μὴν ἐνίοτε
καὶ καθάπερ πλοῖα καταδυόμενα διόλλυνται καὶ
διολώλασι καὶ ἔτι διολοῦνται διὰ τὴν τῶν κυβερνητῶν
καὶ ναυτῶν μοχθηρίαν τῶν περὶ τὰ μέγιστα μεγίστην

1. a1 ᾗ add. Stephanus Ficino : <ᾗ> Burnet

puisse, en gouvernant avec vertu et science, distribuer correctement à tous ce qu'exigent justice et piété au lieu de mutiler, de tuer, de maltraiter celui d'entre nous qu'il lui plairait. Et pourtant, si se présentait un homme tel que nous le décrivons, il serait aimé et, en l'administrant, il assurerait une traversée heureuse à la seule constitution qui soit absolument droite.

Socrate le Jeune — C'est certain.

L'Étranger — Mais en réalité, et puisqu'il ne naît pas, dirons-nous, de roi dans les cités comme il en éclot dans **e** les essaims, individu d'emblée unique par sa supériorité de corps et d'âme, il faut bien, semble-t-il, se réunir pour rédiger des règles écrites, en suivant les traces de la constitution la plus vraie.

Socrate le Jeune — C'est un risque à courir.

L'Étranger — Faut-il alors nous étonner, Socrate, qu'autant de maux surviennent et qu'autant de maux surviendront dans de pareilles « constitutions », si tel est le fondement sur lequel elles reposent – agir en se conformant à des textes écrits et des coutumes et non pas avec science – alors qu'il est évident que, si toute autre **302a** activité en faisait usage, celui-ci vouerait à la ruine tout ce qu'elle produirait de cette façon ? Ce qui devrait nous étonner davantage, n'est-ce pas plutôt de voir à quel point une cité est chose naturellement forte ? Car les cités subissent des maux semblables depuis un temps infini, et pourtant quelques-unes d'entre elles tiennent bon et résistent aux bouleversements. Pourtant, de temps à autre, plusieurs, comme des navires qui sombrent, périssent, ont péri et périront encore par la faute de la piètre capacité de leurs pilotes et de leurs matelots ; coupables de

b ἄγνοιαν | εἰληφότων, οἳ περὶ τὰ πολιτικὰ κατ᾽ οὐδὲν
γιγνώσκοντες ἡγοῦνται κατὰ πάντα σαφέστατα πασῶν
ἐπιστημῶν ταύτην εἰληφέναι.

ΝΕ. ΣΩ. Ἀληθέστατα. |

5   ΞΕ. Τίς οὖν δὴ τῶν οὐκ ὀρθῶν πολιτειῶν τούτων
ἥκιστα χαλεπὴ συζῆν, πασῶν χαλεπῶν οὐσῶν, καὶ τίς
βαρυτάτη; δεῖ τι κατιδεῖν ἡμᾶς, καίπερ πρός γε τὸ νῦν
προτεθὲν ἡμῖν πάρεργον λεγόμενον; οὐ μὴν ἀλλ᾽ εἴς γε
τὸ ὅλον ἴσως ἅπανθ᾽ ἕνεκα τοῦ τοιούτου πάντες δρῶμεν
χάριν. |

10   ΝΕ. ΣΩ. Δεῖ· πῶς δ᾽ οὔ; |

c   ΞΕ. Τὴν αὐτὴν τοίνυν φάθι τριῶν οὐσῶν χαλεπὴν
διαφερόντως ἅμα[1] γίγνεσθαι καὶ ῥάστην.

ΝΕ. ΣΩ. Πῶς φῄς;

ΞΕ. Οὐκ ἄλλως, πλὴν μοναρχίαν φημὶ καὶ ὀλίγων
5 ἀρχὴν | καὶ πολλῶν, εἶναι τρεῖς ταύτας ἡμῖν λεγομένας
τοῦ νῦν ἐπικεχυμένου λόγου κατ᾽ ἀρχάς.

ΝΕ. ΣΩ. Ἦσαν γὰρ οὖν.

ΞΕ. Ταύτας τοίνυν δίχα τέμνοντες μίαν ἑκάστην
ἓξ ποιῶμεν, τὴν ὀρθὴν χωρὶς ἀποκρίναντες τούτων
10 ἑβδόμην. |

ΝΕ. ΣΩ. Πῶς; |

---

1. c2 διαφερόντως ἅμα TW : ἅμα om. B Burnet

l'ignorance la plus grave sur les sujets les plus importants, et sans avoir la plus petite connaissance des affaires **b** politiques, ils s'imaginent que, de toutes les sciences, il est on ne peut plus clair que c'est celle-là qu'ils possèdent.

Socrate le Jeune — C'est la pure vérité.

L'Étranger — Quelle est donc, parmi les constitutions qui ne sont pas droites, la moins pénible à supporter, étant donné qu'elles le sont toutes, et quelle est la plus écrasante ? C'est ce sur quoi il nous faut jeter un coup d'œil, quoique par rapport à ce qui vient de se proposer à nous, cela doive être dit accessoire ; il n'en demeure pas moins qu'en somme, c'est peut-être en ayant en vue une chose de ce genre que, tous, nous faisons tout ce que nous faisons.

Socrate le Jeune — Il le faut ; comment l'éviter ?

L'Étranger — Dis alors que, des trois qui existent, **c** c'est la même qui est à la fois particulièrement pénible et la plus facile à vivre.

Socrate le Jeune — Qu'est-ce que tu me chantes ?

L'Étranger — Rien d'autre, sinon que la monarchie, le gouvernement d'un petit nombre et celui d'un grand nombre sont les trois constitutions dont nous parlons depuis le début d'un raisonnement dont le flot à présent nous submerge.

Socrate le Jeune — En effet, c'était d'elles.

L'Étranger — Coupons-les donc chacune en deux pour en faire six, et pour celle qui est droite, mettons-la à part comme septième.

Socrate le Jeune — Comment cela ?

d ΞΕ. Ἐκ μὲν τῆς μοναρχίας βασιλικὴν καὶ τυραννικήν, ἐκ δ' αὖ τῶν μὴ πολλῶν τήν τε εὐώνυμον ἔφαμεν ἀριστοκρατίαν καὶ ὀλιγαρχίαν· ἐκ δ' αὖ τῶν πολλῶν τότε μὲν ἁπλῆν ἐπονομάζοντες ἐτίθεμεν δημοκρατίαν, νῦν δ'

5 αὖ | καὶ ταύτην ἡμῖν θετέον ἐστὶ διπλῆν.

ΝΕ. ΣΩ. Πῶς δή; καὶ τίνι διαιροῦντες ταύτην;

ΞΕ. Οὐδὲν διαφέροντι τῶν ἄλλων, οὐδ' εἰ τοὔνομα

e ἤδη | διπλοῦν ἐστι ταύτης· ἀλλὰ τό γε κατὰ νόμους ἄρχειν καὶ παρανόμως ἔστι καὶ ταύτῃ καὶ ταῖς ἄλλαις.

ΝΕ. ΣΩ. Ἔστι γὰρ οὖν.

ΞΕ. Τότε μὲν τοίνυν τὴν ὀρθὴν ζητοῦσι τοῦτο τὸ τμῆμα

5 | οὐκ ἦν χρήσιμον, ὡς ἐν τοῖς πρόσθεν ἀπεδείξαμεν· ἐπειδὴ δὲ ἐξείλομεν ἐκείνην, τὰς δ' ἄλλας ἔθεμεν ἀναγκαίας, ἐν ταύταις δὴ τὸ παράνομον καὶ ἔννομον ἑκάστην διχοτομεῖ τούτων.

ΝΕ. ΣΩ. Ἔοικεν τούτου νῦν ῥηθέντος τοῦ λόγου. |

10 ΞΕ. Μοναρχία τοίνυν ζευχθεῖσα μὲν ἐν γράμμασιν ἀγαθοῖς, οὓς νόμους λέγομεν, ἀρίστη πασῶν τῶν ἕξ· ἄνομος δὲ χαλεπὴ καὶ βαρυτάτη συνοικῆσαι. |

303a ΝΕ. ΣΩ. Κινδυνεύει.

ΞΕ. Τὴν δέ γε τῶν μὴ πολλῶν, ὥσπερ ἑνὸς καὶ πλήθους τὸ ὀλίγον μέσον, οὕτως ἡγησώμεθα μέσην ἐπ'

L'Étranger — De la monarchie découle une qui est **d** royale et une qui est tyrannique, et du gouvernement qui n'est pas celui du grand nombre est issue, à ce que nous disions, une aristocratie, au nom de bon augure, et une oligarchie. Quant à ce qui dérive du gouvernement d'un grand nombre, nous avions posé tout à l'heure, ce que nous avons tout simplement appelé démocratie, mais maintenant il nous faut la poser elle aussi comme double.

Socrate le Jeune — Comment cela ? En la divisant par quoi ?

L'Étranger — Par rien qui soit différent, même si elle ne possède toujours pas de double nom. En tout cas, **e** gouverner conformément ou non à des lois est possible autant pour elle que pour les autres.

Socrate le Jeune — Effectivement.

L'Étranger — Quand nous étions en train de chercher la constitution droite, cette coupe n'était pas utile, comme nous l'avons démontré précédemment. Mais puisque nous avons mis à part cette dernière et que nous avons posé les autres comme inévitables, c'est le critère de l'illégal et du légal qui coupe chacune d'elles en deux.

Socrate le Jeune — Apparemment, d'après ce qui vient d'être dit.

L'Étranger — Donc, quand une monarchie est soumise au joug de bonnes règles écrites, que nous appelons lois, elle est la meilleure des six ; mais dépourvue de lois, elle est pénible et la plus pesante à vivre.

Socrate le Jeune — C'est à craindre.   **303a**

L'Étranger — Quant au gouvernement d'un petit nombre, comme « peu » est un moyen terme entre un seul et beaucoup, estimons qu'il tient le milieu entre les deux,

ἀμφότερα· τὴν δ᾽ αὖ τοῦ πλήθους κατὰ πάντα ἀσθενῆ
5 καὶ μηδὲν μήτε | ἀγαθὸν μήτε κακὸν μέγα δυναμένην ὡς
πρὸς τὰς ἄλλας διὰ τὸ τὰς ἀρχὰς ἐν ταύτῃ διανενεμῆσθαι
κατὰ σμικρὰ εἰς πολλούς. διὸ γέγονε πασῶν μὲν νομίμων
τῶν πολιτειῶν οὐσῶν τούτων χειρίστη, παρανόμων
b δὲ οὐσῶν συμπασῶν βελτίστη· | καὶ ἀκολάστων μὲν
πασῶν οὐσῶν ἐν δημοκρατίᾳ νικᾷ ζῆν, κοσμίων δ᾽ οὐσῶν
ἥκιστα ἐν ταύτῃ βιωτέον, ἐν τῇ πρώτῃ δὲ πολὺ πρῶτόν
τε καὶ ἄριστον, πλὴν τῆς ἑβδόμης· πασῶν γὰρ ἐκείνην
5 γε ἐκκριτέον, οἷον θεὸν ἐξ ἀνθρώπων, ἐκ τῶν | ἄλλων
πολιτειῶν.

ΝΕ. ΣΩ. Φαίνεται ταῦθ᾽ οὕτω συμβαίνειν τε καὶ
γίγνεσθαι, καὶ ποιητέον ᾗπερ λέγεις.

ΞΕ. Οὐκοῦν δὴ καὶ τοὺς κοινωνοὺς τούτων τῶν
c πολιτειῶν | πασῶν πλὴν τῆς ἐπιστήμονος ἀφαιρετέον ὡς
οὐκ ὄντας πολιτικοὺς ἀλλὰ στασιαστικούς, καὶ εἰδώλων
μεγίστων προστάτας ὄντας καὶ αὐτοὺς εἶναι τοιούτους,
μεγίστους δὲ ὄντας μιμητὰς καὶ γόητας μεγίστους
5 γίγνεσθαι τῶν σοφιστῶν | σοφιστάς.

ΝΕ. ΣΩ. Κινδυνεύει τοῦτο εἰς τοὺς πολιτικοὺς
λεγομένους περιεστράφθαι τὸ ῥῆμα ὀρθότατα.

ΞΕ. Εἶεν· τοῦτο μὲν ἀτεχνῶς ἡμῖν ὥσπερ δρᾶμα,
καθάπερ ἐρρήθη νυνδὴ Κενταυρικὸν ὁρᾶσθαι καὶ
d Σατυρικόν τινα | θίασον, ὃν δὴ χωριστέον ἀπὸ πολιτικῆς
εἴη τέχνης· νῦν δ᾽ οὕτω πάνυ μόγις ἐχωρίσθη.

ΝΕ. ΣΩ. Φαίνεται.

alors que celui de la multitude est faible à tous points de
vue et, comparé aux autres, incapable autant d'un grand
bien que d'un grand mal, du fait de l'émiettement des
pouvoirs entre un grand nombre de gens. Pour cette
raison, de toutes les constitutions soumises à des lois, elle
est la pire, tandis qu'elle est la meilleure de toutes celles
qui ne respectent pas les lois ; et si toutes sont déréglées, b
c'est vivre en démocratie qui remporte la palme, tandis
que si toutes sont bien réglées[XXVIII], elle est la dernière à
choisir ; mais c'est vivre dans la première qui est de loin
le meilleur et occupe le premier rang – à l'exception de la
septième, car, celle-là, on doit la distinguer de toutes les
autres, elle est comme un dieu parmi les hommes.

Socrate le Jeune — Il semble qu'il en aille et en soit
bien ainsi : faisons juste comme tu dis.

L'Étranger — En conséquence, il faut écarter ceux qui
prennent part à toutes ces constitutions, à l'exception de c
celle qui procède d'un savoir : ce ne sont pas des politiques
mais des factieux, chefs présidant aux plus illusoires des
simulacres et simulacres eux-mêmes ; mimes et magiciens
les plus insignes, ils sont les plus grands sophistes de tous
les sophistes.

Socrate le Jeune — Voilà un mot qui risque d'avoir été
fort justement retourné contre les soi-disant politiques.

L'Étranger — Soit. Nous voilà tout bonnement dans
une sorte de drame, comme lorsque nous disions tout
à l'heure avoir sous les yeux une troupe dansante de
Centaures et de Satyres qu'il nous fallait séparer de l'art d
politique[1]. C'est maintenant chose faite, non sans peine.

Socrate le Jeune — Apparemment.

1. *Cf.* 291a-c.

ΞΕ. Τούτου δέ γ' ἕτερον ἔτι χαλεπώτερον λείπεται τῷ
5 | συγγενές τε ὁμοῦ τ' εἶναι μᾶλλον τῷ βασιλικῷ γένει
καὶ δυσκαταμαθητότερον· καί μοι φαινόμεθα τοῖς τὸν
χρυσὸν καθαίρουσι πάθος ὅμοιον πεπονθέναι.

ΝΕ. ΣΩ. Πῶς;

ΞΕ. Γῆν που καὶ λίθους καὶ πόλλ' ἄττα ἕτερα
10 ἀποκρί|νουσι καὶ ἐκεῖνοι πρῶτον οἱ δημιουργοί· μετὰ δὲ
e ταῦτα | λείπεται συμμεμειγμένα τὰ συγγενῆ τοῦ χρυσοῦ
τίμια καὶ πυρὶ μόνον ἀφαιρετά, χαλκὸς καὶ ἄργυρος, ἔστι
δ' ὅτε καὶ ἀδάμας, ἃ¹ μετὰ βασάνων ταῖς ἑψήσεσι μόγις
ἀφαιρεθέντα τὸν λεγόμενον ἀκήρατον χρυσὸν εἴασεν
5 ἡμᾶς ἰδεῖν αὐτὸν | μόνον ἐφ' ἑαυτοῦ.

ΝΕ. ΣΩ. Λέγεται γὰρ οὖν δὴ ταῦτα οὕτω γίγνεσθαι.

ΞΕ. Κατὰ τὸν αὐτὸν τοίνυν λόγον ἔοικε καὶ νῦν ἡμῖν
τὰ μὲν ἕτερα καὶ ὁπόσα ἀλλότρια καὶ τὰ μὴ φίλα πολιτικῆς
ἐπιστήμης ἀποκεχωρίσθαι, λείπεσθαι δὲ τὰ τίμια καὶ
10 συγ|γενῆ. τούτων δ' ἐστί που στρατηγία καὶ δικαστικὴ
304a καὶ ὅση | βασιλικὴ κοινωνοῦσα ῥητορεία πείθουσα τὸ
δίκαιον συνδια κυβερνᾷ τὰς ἐν ταῖς πόλεσι πράξεις· ἃ δὴ
τίνι τρόπῳ ῥᾷστά τις ἀπομερίζων δείξει γυμνὸν καὶ μόνον
ἐκεῖνον καθ' αὑτὸν τὸν ζητούμενον ὑφ' ἡμῶν; |

5   ΝΕ. ΣΩ. Δῆλον ὅτι τοῦτό πῃ δρᾶν πειρατέον.

ΞΕ. Πείρας μὲν τοίνυν ἕνεκα φανερὸς ἔσται· διὰ δὲ
μουσικῆς αὐτὸν ἐγχειρητέον δηλῶσαι. καί μοι λέγε.

---

1. e2 ἃ add. Stephanus Ficino : <ἃ> Burnet

L'Étranger — Il reste cependant une troupe encore plus difficile à écarter car elle offre plus de parenté avec la race royale et est plus difficile à comprendre. Nous m'avons tout l'air d'être dans une situation semblable à ceux qui affinent l'or.

Socrate le Jeune — Comment cela?

L'Étranger — Je suppose que ces ouvriers commencent eux aussi par séparer la terre, les pierres et beaucoup d'autres choses; après quoi, restent encore **e** mélangés avec l'or des métaux précieux de la même famille et qui ne peuvent en être détachés que par le feu : le bronze, l'argent, parfois aussi l'adamas; une fois péniblement éliminés grâce à des cuissons répétées, ils nous laissent voir ce que l'on appelle de l'or « pur », tout seul en lui-même.

Socrate le Jeune — On dit en effet que cela se passe ainsi.

L'Étranger — Or il semble que ce soit de cette façon que nous venons de séparer de la science politique tout ce qui en diffère et lui est étranger et hostile, pour laisser ce qui est précieux et apparenté. Dans ce lot se trouvent, je pense, l'art militaire, judiciaire et ce qui relève d'une rhétorique **304a** qui, en s'alliant à la science royale et en persuadant ce qui est juste, pilote avec elle les activités intérieures des cités. Quel moyen nous permettra donc de les écarter le plus facilement afin de montrer celui que nous cherchons dans sa nudité toute pure et seul en lui-même?

Socrate le Jeune — Il est évident qu'il faut essayer de le faire d'une manière où d'une autre.

L'Étranger — Bien, s'il ne s'agit que d'essayer, il se montrera! Et c'est la musique qui va nous aider à le faire paraître. Alors, dis-moi...

ΝΕ. ΣΩ. Τὸ ποῖον; |

b   ΞΕ. Μουσικῆς ἔστι πού τις ἡμῖν μάθησις, καὶ ὅλως τῶν περὶ χειροτεχνίας ἐπιστημῶν;

ΝΕ. ΣΩ. Ἔστιν.

ΞΕ. Τί δέ; τὸ δ' αὖ τούτων ἡντινοῦν εἴτε δεῖ μανθάνειν
5 | ἡμᾶς εἴτε μή, πότερα φήσομεν ἐπιστήμην αὖ καὶ ταύτην εἶναί τινα περὶ αὐτὰ ταῦτα, ἢ πῶς;

ΝΕ. ΣΩ. Οὕτως, εἶναι φήσομεν.

ΞΕ. Οὐκοῦν ἑτέραν ὁμολογήσομεν ἐκείνων εἶναι ταύτην;

ΝΕ. ΣΩ. Ναί. |

10   ΞΕ. Πότερα δὲ αὐτῶν οὐδεμίαν ἄρχειν δεῖν ἄλλην
c ἄλλης, | ἢ ἐκείνας ταύτης, ἢ ταύτην δεῖν ἐπιτροπεύουσαν ἄρχειν συμπασῶν τῶν ἄλλων;

ΝΕ. ΣΩ. Ταύτην ἐκείνων.

ΞΕ. Τὴν εἰ δεῖ μανθάνειν ἢ μὴ τῆς μανθανομένης καὶ
5 | διδασκούσης ἄρα σύ γε ἀποφαίνῃ δεῖν ἡμῖν ἄρχειν;

ΝΕ. ΣΩ. Σφόδρα γε.

ΞΕ. Καὶ τὴν εἰ δεῖ πείθειν ἄρα ἢ μὴ τῆς δυναμένης πείθειν;

ΝΕ. ΣΩ. Πῶς δ' οὔ; |

Socrate le Jeune — Quoi?

L'Étranger — Nous admettons, j'imagine, qu'il y a quelque chose comme un apprentissage de la musique et en général de toutes les sciences ayant trait à une b activité manuelle?

Socrate le Jeune — Oui.

L'Étranger – Et sur ce point? Décider laquelle de ces sciences il nous faut ou non apprendre, ne dirons-nous pas que cela aussi dépend d'une science portant sur les objets en question? Tu ne crois pas?

Socrate le Jeune — Mais oui, il y en a une.

L'Étranger — Nous accorderons donc qu'elle est différente des autres?

Socrate le Jeune — Oui.

L'Étranger — Et dirons-nous qu'aucune d'elles ne doit en diriger aucune autre, ou que les autres doivent c diriger celle-là, ou que celle-là doit contrôler et diriger les autres?

Socrate le Jeune — Elle, les autres.

L'Étranger — Entre celle qui décide s'il faut apprendre ou non et celle qui est apprise et qui enseigne, tu es donc bien d'avis que pour nous, c'est la première qui doit diriger l'autre?

Socrate le Jeune — Formellement.

L'Étranger — Et de même pour celle qui décide s'il y a lieu ou non de persuader, relativement à celle qui a le pouvoir de persuader?

Socrate le Jeune — Évidemment.

10 ΞΕ. Εἶεν· τίνι τὸ πειστικὸν οὖν ἀποδώσομεν
d ἐπι|στήμῃ πλήθους τε καὶ ὄχλου διὰ μυθολογίας ἀλλὰ μὴ
διὰ διδαχῆς;

ΝΕ. ΣΩ. Φανερὸν οἶμαι καὶ τοῦτο ῥητορικῇ δοτέον
ὄν.

ΞΕ. Τὸ δ᾿ εἴτε διὰ πειθοῦς εἴτε[1] διά τινος βίας δεῖ
5 | πράττειν πρός τινας ὁτιοῦν ἢ τὸ παράπαν ἔχειν[2], τοῦτ᾿
αὖ ποίᾳ προσθήσομεν ἐπιστήμῃ;

ΝΕ. ΣΩ. Τῇ τῆς πειστικῆς ἀρχούσῃ καὶ λεκτικῆς.

ΞΕ. Εἴη δ᾿ ἂν οὐκ ἄλλη τις, ὡς οἶμαι, πλὴν ἡ τοῦ
πολιτικοῦ δύναμις. |

10 ΝΕ. ΣΩ. Κάλλιστ᾿ εἴρηκας.

ΞΕ. Καὶ τοῦτο μὲν ἔοικε ταχὺ κεχωρίσθαι πολιτικῆς
e τὸ | ῥητορικόν, ὡς ἕτερον εἶδος ὄν, ὑπηρετοῦν μὴν ταύτῃ.

ΝΕ. ΣΩ. Ναί.

ΞΕ. Τί δὲ περὶ τῆς τοιᾶσδ᾿ αὖ δυνάμεως διανοητέον;

ΝΕ. ΣΩ. Ποίας; |

5 ΞΕ. Τῆς ὡς πολεμητέον ἑκάστοις οἷς ἂν προελώμεθα
πολεμεῖν, εἴτε αὐτὴν ἄτεχνον εἴτε ἔντεχνον ἐροῦμεν;

ΝΕ. ΣΩ. Καὶ πῶς ἂν ἄτεχνον διανοηθεῖμεν, ἥν γε ἡ
στρατηγικὴ καὶ πᾶσα ἡ πολεμικὴ πρᾶξις πράττει;

---

1. d4 εἴτε διά τινος T : εἴτε καὶ διά BW Burnet Robinson
2. d6 ἔχειν BTW : <ἡσυχίαν> ἔχειν add. Hermann Burnet Diès
Robinson

L'Étranger — Bien. À quelle science attribuerons-nous donc la capacité de persuader une multitude et des **d** foules en leur racontant des histoires, et non pas en leur enseignant quelque chose ?

Socrate le Jeune — Je crois que cela aussi est assez clair : à la rhétorique.

L'Étranger — Quant à savoir si, à l'égard de telle ou telle sorte de gens, c'est en usant de persuasion ou d'une forme quelconque de violence qu'il faut agir, ou en général comment se comporter ou absolument ne rien faire[XXIX], à quelle science allons-nous en attribuer la décision ?

Socrate le Jeune — À celle qui dirige l'art de persuader et de parler.

L'Étranger — Qui ne pourrait, je pense, rien être d'autre que la puissance de l'homme politique.

Socrate le Jeune — Très bien dit.

L'Étranger — À vrai dire, la chose rhétorique, semble-t-il, a été rapidement séparée de la politique, en tant **e** qu'elle constitue une espèce différente, et est à son service.

Socrate le Jeune — Oui.

L'Étranger — Mais, à son tour, que doit-on penser de ce pouvoir-là ?

Socrate le Jeune — Lequel ?

L'Étranger — Celui de décider comment faire la guerre à tous ceux auxquels nous aurions décidé de la faire : dirons-nous qu'elle ne relève pas d'un art ou qu'elle en relève ?

Socrate le Jeune — Vraiment, comment pourrions-nous penser que la stratégie et toute action militaire ne relèvent pas d'un art ?

ΞΕ. Τὴνδεἴτεπολεμητέονεἴτεδιὰφιλίαςἀπαλλακτέον
10 | οἵαν τε καὶ ἐπιστήμονα διαβουλεύσασθαι, ταύτης
ἑτέραν ὑπολάβωμεν ἢ τὴν αὐτὴν ταύτῃ;

ΝΕ. ΣΩ. Τοῖς   πρόσθεν   ἀναγκαῖον   ἑπομένοισιν
ἑτέραν. |

305a   ΞΕ. Οὐκοῦν ἄρχουσαν ταύτης αὐτὴν ἀποφανούμεθα,
εἴπερ τοῖς ἔμπροσθέν γε ὑποληψόμεθα ὁμοίως;

ΝΕ. ΣΩ. Φημί.

ΞΕ. Τίν' οὖν ποτε καὶ ἐπιχειρήσομεν οὕτω δεινῆς καὶ
5 | μεγάλης τέχνης συμπάσης τῆς πολεμικῆς δεσπότιν
ἀποφαίνεσθαι πλήν γε δὴ τὴν ὄντως οὖσαν βασιλικήν;

ΝΕ. ΣΩ. Οὐδεμίαν ἄλλην.

ΞΕ. Οὐκ ἄρα πολιτικὴν θήσομεν, ὑπηρετικήν γε
οὖσαν, τὴν τῶν στρατηγῶν ἐπιστήμην. |

10   ΝΕ. ΣΩ. Οὐκ εἰκός. |

b   ΞΕ. Ἴθι δή, καὶ τὴν τῶν δικαστῶν τῶν ὀρθῶς
δικαζόντων θεασώμεθα δύναμιν.

ΝΕ. ΣΩ. Πάνυ μὲν οὖν.

ΞΕ. Ἆρ' οὖν ἐπὶ πλέον τι δύναται τοῦ περὶ τὰ
5 συμ|βόλαια πάνθ' ὁπόσα κεῖται νόμιμα παρὰ νομοθέτου
βασιλέως παραλαβοῦσα, κρίνειν εἰς ἐκεῖνα σκοποῦσα
τά τε δίκαια ταχθέντ' εἶναι καὶ ἄδικα, τὴν αὐτῆς ἰδίαν
ἀρετὴν παρεχομένη τοῦ μήθ' ὑπό τινων δώρων μήθ' ὑπὸ
c φόβων μήτε οἴκτων μήθ' | ὑπό τινος ἄλλης ἔχθρας μηδὲ
φιλίας ἡττηθεῖσα παρὰ τὴν τοῦ νομοθέτου τάξιν ἐθέλειν
ἂν τἀλλήλων ἐγκλήματα διαιρεῖν;

L'Étranger — Mais celle qui peut prendre une décision délibérée quand il s'agit de savoir s'il faut faire la guerre ou traiter à l'amiable, devrons-nous la poser comme différente de celle-ci ou comme identique à elle ?

Socrate le Jeune — Différente, nécessairement, pour tous ceux qui ont suivi ce qui a été dit.

L'Étranger — Nous proclamerons donc qu'elle **305a** commande à la première, si nous voulons être conséquents avec ce que nous avons dit ?

Socrate le Jeune — Je dis oui.

L'Étranger — Mais cet art si terrible et si important qu'est, dans son ensemble, l'art de la guerre, quel art pourrions-nous bien lui donner comme maître, sinon celui qui véritablement est royal ?

Socrate le Jeune — Aucun autre.

L'Étranger — Puisqu'elle lui est subordonnée, nous ne poserons donc pas comme étant « politique » la science des chefs militaires.

Socrate le Jeune — Ce ne serait guère vraisemblable.

L'Étranger — Alors, avançons, et considérons la **b** puissance propre aux juges qui jugent droitement.

Socrate le Jeune — Absolument.

L'Étranger — Est-ce que son pouvoir ne se limite pas à recevoir du roi-législateur toutes les dispositions légales en matière de contrats, à rendre un jugement en examinant ce qui a été édicté comme étant juste et injuste en pareille matière, en y apportant la vertu qui lui est propre : ne pas se laisser fléchir par des cadeaux, des craintes ou des sentiments de compassion, de haine ou d'amitié et ne **c** jamais consentir à trancher entre les griefs réciproques des parties contrairement à ce qu'a prescrit le législateur ?

ΝΕ. ΣΩ. Οὔκ, ἀλλὰ σχεδὸν ὅσον εἴρηκας ταύτης ἐστὶ
5 | τῆς δυνάμεως ἔργον.

ΞΕ. Καὶ τὴν τῶν δικαστῶν ἄρα ῥώμην ἀνευρίσκομεν
οὐ βασιλικὴν οὖσαν ἀλλὰ νόμων φύλακα καὶ ὑπηρέτιν
ἐκείνης.

ΝΕ. ΣΩ. Ἔοικέν γε.

ΞΕ. Τόδε δὴ κατανοητέον ἰδόντι συναπάσας τὰς
10 ἐπιστή|μας αἳ εἴρηνται, ὅτι πολιτική γε αὐτῶν οὐδεμία
d ἀνεφάνη. | τὴν γὰρ ὄντως οὖσαν βασιλικὴν οὐκ αὐτὴν
δεῖ πράττειν ἀλλ᾿ ἄρχειν τῶν δυναμένων πράττειν,
γιγνώσκουσαν τὴν ἀρχήν τε καὶ ὁρμὴν τῶν μεγίστων ἐν
ταῖς πόλεσιν ἐγκαιρίας τε πέρι καὶ ἀκαιρίας, τὰς δ᾿ ἄλλας
τὰ προσταχθέντα δρᾶν. |

5 ΝΕ. ΣΩ. Ὀρθῶς.

ΞΕ. Διὰ ταῦτα ἄρα ἃς μὲν ἄρτι διεληλύθαμεν, οὔτ᾿
ἀλλήλων οὔθ᾿ αὑτῶν ἄρχουσαι, περὶ δέ τινα ἰδίαν αὑτῆς
οὖσα ἑκάστη πρᾶξιν, κατὰ τὴν ἰδιότητα τῶν πράξεων
τοὔνομα δικαίως εἴληφεν ἴδιον. |

e ΝΕ. ΣΩ. Εἴξασι γοῦν.

ΞΕ. Τὴν δὲ πασῶν τε τούτων ἄρχουσαν καὶ τῶν
νόμων καὶ συμπάντων τῶν κατὰ πόλιν ἐπιμελουμένην καὶ
πάντα συνυφαίνουσαν ὀρθότατα, τοῦ κοινοῦ τῇ κλήσει
5 περιλα|βόντες τὴν δύναμιν αὐτῆς, προσαγορεύοιμεν
δικαιότατ᾿ ἄν, ὡς ἔοικε, πολιτικήν.

ΝΕ. ΣΩ. Παντάπασι μὲν οὖν.

Socrate le Jeune — Non, il ne va pas plus loin : la tâche qui appartient à ce pouvoir-là est à peu près telle que tu le dis.

L'Étranger — Et donc, la force des juges, nous découvrons qu'elle n'est pas royale, mais qu'en tant que gardienne des lois, elle est la servante de celle qui l'est.

L'Étranger — Ce dont nous devons prendre conscience après avoir observé toutes les sciences dont nous avons parlé, est qu'aucune d'entre elles ne s'est révélée être politique. Car celle qui est réellement royale **d** ne doit rien faire elle-même mais commander à celles qui ont la capacité de faire, parce qu'elle connaît les moments où il est opportun ou non de commencer et de lancer les activités publiques les plus importantes, tandis que les autres doivent faire ce qui leur a été prescrit.

Socrate le Jeune — Exact.

L'Étranger — C'est pourquoi, étant donné que celles que nous venons de passer en revue ne se commandent ni réciproquement ni à elles-mêmes, chacune ne s'occupant que de l'activité qui lui est propre, c'est en fonction de la particularité de leurs activités qu'elles reçoivent à juste titre le nom qui leur est propre.

Socrate le Jeune — Apparemment, du moins.   **e**

L'Étranger — Quant à celle qui les commande toutes, qui prend soin des lois ainsi que de tous ceux qui habitent la cité et qui tisse toutes choses ensemble le plus correctement possible, si nous en embrassions la puissance par une appellation de ce qui lui est commun, nous l'appellerions, il semble, très légitimement, « politique ».

Socrate le Jeune — Absolument.

ΞΕ. Οὐκοῦν δὴ καὶ κατὰ τὸ τῆς ὑφαντικῆς παράδειγμα βουλοίμεθ' ἂν ἐπεξελθεῖν αὐτὴν νῦν, ὅτε καὶ πάντα τὰ
10 γένη | τὰ κατὰ πόλιν δῆλα ἡμῖν γέγονε;

ΝΕ. ΣΩ. Καὶ σφόδρα γε. |

306a ΞΕ. Τὴν δὴ βασιλικὴν συμπλοκήν, ὡς ἔοικε, λεκτέον ποία τέ ἐστι καὶ τίνι τρόπῳ συμπλέκουσα ποῖον ἡμῖν ὕφασμα ἀποδίδωσιν.

ΝΕ. ΣΩ. Δῆλον. |

5 ΞΕ. Ἦ χαλεπὸν ἐνδείξασθαι πρᾶγμα ἀναγκαῖον ἄρα γέγονεν, ὡς φαίνεται.

ΝΕ. ΣΩ. Πάντως γε μὴν ῥητέον.

ΞΕ. Τὸ γὰρ ἀρετῆς μέρος ἀρετῆς εἴδει διάφορον εἶναί τινα τρόπον τοῖς περὶ λόγους ἀμφισβητητικοῖς καὶ μάλ'
10 | εὐεπίθετον πρὸς τὰς τῶν πολλῶν δόξας.

ΝΕ. ΣΩ. Οὐκ ἔμαθον.

ΞΕ. Ἀλλ' ὧδε πάλιν. ἀνδρείαν γὰρ οἶμαί σε ἡγεῖσθαι
b | μέρος ἓν ἀρετῆς ἡμῖν εἶναι.

ΝΕ. ΣΩ. Πάνυ γε.

ΞΕ. Καὶ μὴν σωφροσύνην γε ἀνδρείας μὲν ἕτερον, ἓν δ' οὖν καὶ τοῦτο μόριον ἧς κἀκεῖνο. |

5 ΝΕ. ΣΩ. Ναί.

ΞΕ. Τούτων δὴ πέρι θαυμαστόν τινα λόγον ἀποφαίνεσθαι τολμητέον.

ΝΕ. ΣΩ. Ποῖον;

L'Étranger — Eh bien, n'est-ce pas en appliquant le paradigme du tissage que nous souhaiterions poursuivre son examen, maintenant que tous les genres contenus dans la cité nous sont devenus évidents ?

Socrate le Jeune — Très certainement.

L'Étranger — L'entrelacement royal, il semble donc **306a** qu'il faille dire quel il est et de quelle manière il doit entrelacer pour nous donner quelle sorte de tissu.

Socrate le Jeune — C'est évident.

L'Étranger — C'est là une chose bien difficile qu'il nous faut réussir à montrer, à ce qu'il m'apparaît.

Socrate le Jeune — En tout cas, il nous faut certainement en parler.

L'Étranger — Le fait qu'une partie de la vertu soit en quelque sorte différente de l'espèce de la vertu offre à n'en pas douter aux amateurs de controverses une belle occasion d'aller à l'encontre des opinions du grand nombre.

Socrate le Jeune — Je ne comprends pas.

L'Étranger — Alors, recommençons. Le courage en effet, tu considères, j'imagine, que c'est pour nous une **b** partie une de la vertu.

Socrate le Jeune — Assurément.

L'Étranger — Et par ailleurs, que la modération est autre chose que le courage et qu'elle est donc elle-aussi, comme l'autre, une portion de la vertu.

Socrate le Jeune — Oui.

L'Étranger — Eh bien, il faut, à leur sujet, oser proposer un raisonnement étonnant.

Socrate le Jeune — Lequel ?

ΞΕ. Ὡς ἐστὸν κατὰ δή τινα τρόπον εὖ μάλα πρὸς
10 ἀλλήλας ἔχθρὰ καὶ στάσιν ἐναντίαν ἔχετον[1] ἐν πολλοῖς
τῶν ὄντων.

ΝΕ. ΣΩ. Πῶς λέγεις;

ΞΕ. Οὐκ εἰωθότα λόγον οὐδαμῶς· πάντα γὰρ οὖν δὴ
c | ἀλλήλοις τά γε τῆς ἀρετῆς μόρια λέγεταί που φίλια.

ΝΕ. ΣΩ. Ναί.

ΞΕ. Σκοπῶμεν δὴ προσσχόντες τὸν νοῦν εὖ μάλα
πότερον οὕτως ἁπλοῦν ἐστι τοῦτο, ἢ παντὸς μᾶλλον
5 αὐτῶν ἔχει | διαφορὰν τοῖς συγγενέσιν ἔς τι;

ΝΕ. ΣΩ. Ναί, λέγοις ἂν πῇ σκεπτέον.

ΞΕ. Ἐν τοῖς σύμπασι χρὴ ζητεῖν ὅσα καλὰ μὲν λέγομεν,
εἰς δύο δὲ αὐτὰ τίθεμεν ἐναντία ἀλλήλων εἴδη.

ΝΕ. ΣΩ. Λέγ᾽ ἔτι σαφέστερον. |

10 ΞΕ. Ὀξύτητα καὶ τάχος, εἴτε κατὰ σώματα εἴτ᾽ ἐν
d | ψυχαῖς εἴτε κατὰ φωνῆς φοράν, εἴτε αὐτῶν τούτων εἴτε
ἐν εἰδώλοις ὄντων, ὁπόσα μουσικὴ μιμουμένη καὶ ἔτι
γραφικὴ μιμήματα παρέχεται, τούτων τινὸς ἐπαινέτης εἴτε
αὐτὸς πώποτε γέγονας εἴτε ἄλλου παρὼν ἐπαινοῦντος
ᾔσθησαι; |

5 ΝΕ. ΣΩ. Τί μήν;

ΞΕ. Ἦ καὶ μνήμην ἔχεις ὅντινα τρόπον αὐτὸ δρῶσιν
ἐν ἑκάστοις τούτων;

ΝΕ. ΣΩ. Οὐδαμῶς.

---

1. b10 ἔχθρὰ Campbell Robinson : ἔχθραν BTW Burnet   ἔχετον
BTW Robinson : ἔχοντε Par. 1808sv Burnet

L'Étranger — Qu'elles sont d'une certaine façon farouchement ennemies l'une de l'autre et rivalisent dans un grand nombre d'êtres.

Socrate le Jeune — Où veux-tu en venir ?

L'Étranger — À un discours qui n'a vraiment rien d'habituel; car on dit plutôt, si je ne me trompe, que toutes les portions de la vertu sont amies entre elles.   **c**

Socrate le Jeune — Oui.

L'Étranger — Examinons alors avec une grande attention si c'est aussi simple que cela, ou si bien plutôt quelqu'une d'entre elles ne se trouve pas en désaccord avec celles qui lui sont apparentées.

Socrate le Jeune — Oui, mais dis par où passer pour examiner.

L'Étranger – Il faut chercher en tous domaines toutes les choses que nous disons belles, mais que nous rangeons pourtant dans deux espèces mutuellement contraires.

Socrate le Jeune — Explique-toi encore plus clairement.

L'Étranger — Vivacité et vitesse, soit dans les corps, soit dans les âmes, soit dans l'émission de la voix, qu'elles   **d** appartiennent à ces choses ou se trouvent dans leurs images – dans toutes les imitations que fournissent la musique imitative ou encore l'art graphique – n'en as-tu jamais fait toi-même l'éloge ou ne l'as-tu jamais entendu faire par quelqu'un d'autre en ta présence ?

Socrate le Jeune — Si, bien sûr.

L'Étranger — Et as-tu aussi en mémoire la manière dont ils font cet éloge en chacune de ces occasions ?

Socrate le Jeune — Pas du tout.

ΞΕ. Ἆρ᾽ οὖν δυνατὸς αὐτὸ ἂν γενοίμην, ὥσπερ καὶ
10 | διανοοῦμαι, διὰ λόγων ἐνδείξασθαί σοι; |

e ΝΕ. ΣΩ. Τί δ᾽ οὔ;

ΞΕ. Ῥᾴδιον ἔοικας ἡγεῖσθαι τὸ τοιοῦτον· σκοπώμεθα δ᾽
οὖν αὐτὸ ἐν τοῖς ὑπεναντίοις γένεσι. τῶν γὰρ δὴ πράξεων
ἐν πολλαῖς καὶ πολλάκις ἑκάστοτε τάχος καὶ σφοδρότητα
5 | καὶ ὀξύτητα διανοήσεώς τε καὶ σώματος, ἔτι δὲ καὶ
φωνῆς, ὅταν ἀγασθῶμεν, λέγομεν αὐτὸ ἐπαινοῦντες μιᾷ
χρώμενοι προσρήσει τῇ τῆς ἀνδρείας.

ΝΕ. ΣΩ. Πῶς;

ΞΕ. Ὀξὺ καὶ ἀνδρεῖον πρῶτόν πού φαμεν, καὶ ταχὺ
10 καὶ | ἀνδρικόν, καὶ σφοδρὸν ὡσαύτως· καὶ πάντως
ἐπιφέροντες τοὔνομα ὃ λέγω κοινὸν πάσαις ταῖς φύσεσι
ταύταις ἐπαινοῦμεν αὐτάς.

ΝΕ. ΣΩ. Ναί. |

307a ΞΕ. Τί δέ; τὸ τῆς ἠρεμαίας αὖ γενέσεως εἶδος ἆρ᾽ οὐ
πολλάκις ἐπῃνέκαμεν ἐν πολλαῖς τῶν πράξεων;

ΝΕ. ΣΩ. Καὶ σφόδρα γε.

ΞΕ. Μῶν οὖν οὐ τἀναντία λέγοντες ἢ περὶ ἐκείνων
5 | τοῦτο φθεγγόμεθα;

ΝΕ. ΣΩ. Πῶς;

ΞΕ. Ὡς ἡσυχαῖά πού φαμεν ἑκάστοτε καὶ σωφρονικά,
περί τε διάνοιαν πραττόμενα ἀγασθέντες καὶ κατὰ
τὰς πράξεις αὖ βραδέα καὶ μαλακά, καὶ ἔτι περὶ φωνὰς
10 γιγνό|μενα λεῖα καὶ βαρέα, καὶ πᾶσαν ῥυθμικὴν
b κίνησιν καὶ ὅλην | μοῦσαν ἐν καιρῷ βραδυτῆτι

L'Étranger — Serais-je alors capable de trouver les mots pour te le montrer, sans trahir ma pensée ?

Socrate le Jeune — Et pourquoi pas ?   e

L'Étranger — Tu m'as l'air de croire que c'est là chose assez facile. Examinons-la donc dans des genres où elles s'opposent. En effet, souvent et dans de nombreuses actions, chaque fois que nous admirons la rapidité, l'impétuosité et la vivacité de la pensée, du corps ou encore de la voix, nous n'utilisons pour les louer qu'un seul terme : celui de « vigueur ».

Socrate le Jeune — Comment cela ?

L'Étranger — Nous disons d'abord que quelque chose est, mettons, vif et vigoureux, ou rapide et vigoureux, et de même pour impétueux ; et généralement, c'est en appliquant en commun à tous ces genres de choses ce nom dont je parle que nous en faisons l'éloge.

Socrate le Jeune — Oui.

L'Étranger — D'autre part, souvent, n'est-ce pas à son   **307a**
tour l'espèce de tranquillité avec laquelle de nombreuses activités se déroulent que nous louons ?

Socrate le Jeune — Oui, tout à fait.

L'Étranger — Et n'est-ce pas alors en prononçant des mots contraires aux précédents ?

Socrate le Jeune — Comment cela ?

L'Étranger — Chaque fois, je crois, que nous disons « tranquille » et « empreint de modération » ce que nous admirons, que cela concerne la pensée, ou s'applique à des actions pondérées et douces, ou encore à des voix produisant des sons unis et graves, ainsi qu'à tout mouvement rythmique et à la musique dans son ensemble   **b**

προσχρωμένην, οὐ τὸ τῆς ἀνδρείας ἀλλὰ τὸ τῆς κοσμιότητος ὄνομα ἐπιφέρομεν αὐτοῖς σύμπασιν.

ΝΕ. ΣΩ. Ἀληθέστατα. |

5   ΞΕ. Καὶ μὴν ὁπόταν αὖ γε ἀμφότερα γίγνηται ταῦθ᾽ ἡμῖν ἄκαιρα, μεταβάλλοντες ἑκάτερα αὐτῶν ψέγομεν ἐπὶ τἀναντία πάλιν ἀπονέμοντες τοῖς ὀνόμασιν.

ΝΕ. ΣΩ. Πῶς;

ΞΕ. Ὀξύτερα μὲν αὐτὰ γιγνόμενα τοῦ καιροῦ καὶ
10 θάττω | καὶ σκληρότερα φαινόμενα [καὶ] ὑβριστικὰ
c καὶ μανικὰ λέ|γοντες, τὰ δὲ βαρύτερα καὶ βραδύτερα καὶ μαλακώτερα δειλὰ καὶ βλακικά· καὶ σχεδὸν ὡς τὸ πολὺ ταῦτά τε καὶ τὴν σώφρονα φύσιν καὶ τὴν ἀνδρείαν τὴν τῶν ἐναντίων, οἷον πολεμίαν διαλαχούσας στάσιν
5 ἰδέας, οὔτ᾽ ἀλλήλαις μειγνυ|μένας ἐφευρίσκομεν ἐν ταῖς περὶ τὰ τοιαῦτα πράξεσιν, ἔτι τε τοὺς ἐν ταῖς ψυχαῖς αὐτὰς ἴσχοντας διαφερομένους ἀλλήλοις ὀψόμεθα ἐὰν μεταδιώκωμεν.

ΝΕ. ΣΩ. Ποῦ δὴ λέγεις;

ΞΕ. Ἐν πᾶσί τε δὴ τούτοις οἷς νῦν εἴπομεν, ὡς εἰκός
d |τε ἐν ἑτέροις πολλοῖς. κατὰ γὰρ οἶμαι τὴν αὑτῶν ἑκατέροις συγγένειαν τὰ μὲν ἐπαινοῦντες ὡς οἰκεῖα σφέτερα, τὰ δὲ τῶν διαφόρων ψέγοντες ὡς ἀλλότρια, πολλὴν εἰς ἔχθραν ἀλλήλοις καὶ πολλῶν πέρι καθίστανται. |

5   ΝΕ. ΣΩ. Κινδυνεύουσιν.

quand elle use d'une pondération opportune – à tout cela, ce n'est pas le nom de « vigueur » que nous appliquons, mais celui de « bien tempéré ».

Socrate le Jeune — C'est très vrai.

L'Étranger — De plus, chaque fois que l'un de ces deux ensembles de qualités se manifeste à nous inopportunément, nous changeons de langage et blâmons chacune avec des mots qui lui assignent des effets contraires.

Socrate le Jeune — Comment ?

L'Étranger — Lorsqu'elles sont plus vives qu'il n'est opportun et présentent une rapidité et une sécheresse excessives, nous les disons « extravagantes » et « folles » ; et pour celles qui paraissent trop lentes, trop pondérées c et trop douces, c'est « veules » et « mollassonnes » que nous disons. Et presque toujours, ces qualités, ainsi que la nature modérée en général et la vigueur propre aux qualités opposées, se découvrent à nous dans ces sortes d'activité comme des caractères qui campent dans une posture hostile, incapables ainsi de se mêler les uns aux autres, et qui plus est nous verrons s'affronter, si nous les suivons de près, ceux qui les possèdent en leurs âmes.

Socrate le Jeune — Où donc ?

L'Étranger — Dans tous les domaines que nous venons d'évoquer, mais probablement aussi dans d beaucoup d'autres. Car, à ce que je crois, en raison de leur parenté avec l'une ou l'autre de ces qualités, ils louent certaines choses parce qu'elles leur sont proches et en blâment d'autres parce qu'elles leur sont étrangères, et en viennent à nourrir une hostilité sans nombre les uns envers les autres sur une foule de sujets.

Socrate le Jeune — C'est à craindre

ΞΕ. Παιδιὰ τοίνυν αὕτη γέ τις ἡ διαφορὰ τούτων ἐστὶ τῶν εἰδῶν· περὶ δὲ τὰ μέγιστα νόσος συμβαίνει πασῶν ἐχθίστη γίγνεσθαι ταῖς πόλεσιν.

ΝΕ. ΣΩ. Περὶ δὴ ποῖα φῄς; |

e ΞΕ. Περὶ ὅλην, ὥς γε εἰκός, τὴν τοῦ ζῆν παρασκευήν. οἱ μὲν γὰρ δὴ διαφερόντως ὄντες κόσμιοι τὸν ἥσυχον ἀεὶ βίον ἕτοιμοι ζῆν, αὐτοὶ καθ᾽ αὑτοὺς μόνοι τὰ σφέτερα αὐτῶν πράττοντες, οἴκοι τε αὖ πρὸς ἅπαντας οὕτως
5 ὁμιλοῦντες, καὶ | πρὸς τὰς ἔξωθεν πόλεις ὡσαύτως ἕτοιμοι πάντα ὄντες τρόπον τινὰ ἄγειν εἰρήνην· καὶ διὰ τὸν ἔρωτα δὴ τοῦτον ἀκαιρότερον ὄντα ἢ χρή, ὅταν ἃ βούλονται πράττωσιν, ἔλαθον αὐτοί τε ἀπολέμως ἴσχοντες καὶ τοὺς νέους ὡσαύτως διατιθέντες, ὄντες
10 τε ἀεὶ τῶν ἐπιτιθεμένων, ἐξ ὧν | οὐκ ἐν πολλοῖς ἔτεσιν
308a αὐτοὶ καὶ παῖδες καὶ σύμπασα ἡ | πόλις ἀντ᾽ ἐλευθέρων πολλάκις ἔλαθον αὑτοὺς γενόμενοι δοῦλοι.

ΝΕ. ΣΩ. Χαλεπὸν εἶπες καὶ δεινὸν πάθος.

ΞΕ. Τί δ᾽ οἱ πρὸς τὴν ἀνδρείαν μᾶλλον ῥέποντες; ἆρ᾽
5 | οὐκ ἐπὶ πόλεμον ἀεί τινα τὰς αὑτῶν συντείνοντες πόλεις διὰ τὴν τοῦ τοιούτου βίου σφοδροτέραν τοῦ δέοντος ἐπιθυμίαν εἰς ἔχθραν πολλοῖς καὶ δυνατοῖς καταστάντες ἢ πάμπαν διώλεσαν ἢ δούλας αὖ καὶ ὑποχειρίους τοῖς ἐχθροῖς ὑπέθεσαν τὰς αὑτῶν πατρίδας; |

L'Étranger — Et encore, le conflit entre gens de cette espèce n'est qu'une aimable plaisanterie. Mais quand il touche les affaires les plus importantes, il devient une maladie, la plus détestable qui puisse s'abattre sur les cités.

Socrate le Jeune — De quelles affaires parles-tu?

L'Étranger — Comme il est vraisemblable, de celle **e** qui touche à l'économie générale de la vie. Car ceux qui sont au plus haut degré tempérés, c'est une vie toujours tranquille qu'ils s'apprêtent à vivre; ils s'occupent de leurs affaires tout seuls dans leur coin, et dans leur pays, c'est ce genre de rapports qu'ils entretiennent avec tout le monde, de même qu'à l'égard des cités étrangères ils sont prêts à négocier n'importe quelle paix. Et à cause de ce désir passionné, bien plus indifférent qu'il ne faudrait à ce qu'il serait opportun de faire, ils finissent sans s'en rendre compte, quand ils agissent comme ils le souhaitent, par être eux-mêmes incapables de faire la guerre et par en rendre les jeunes gens incapables, se mettant ainsi en permanence à la merci de leurs assaillants; de sorte que peu d'années suffisent souvent pour qu'eux, leurs enfants et toute leur cité, de libres qu'ils étaient, se retrouvent **308a** esclaves avant de s'en être aperçus.

Socrate le Jeune — Dur et terrible sort que tu décris là!

L'Étranger — Et que dire de ceux qui sont plutôt enclins au courage? Est-ce qu'ils n'entraînent pas toujours leurs cités dans quelque guerre par suite de leur penchant, plus violent qu'il ne faudrait, pour ce genre d'existence? Ne les exposent-ils pas à la haine de peuples nombreux et puissants, et par là n'en viennent-ils pas à ruiner complètement leur propre patrie, ou à en faire l'esclave et à la soumettre au joug de ses ennemis?

b ΝΕ. ΣΩ. Ἔστι καὶ ταῦτα.

ΞΕ. Πῶς οὖν μὴ φῶμεν ἐν τούτοις ἀμφότερα ταῦτα τὰ γένη πολλὴν πρὸς ἄλληλα ἀεὶ καὶ τὴν μεγίστην ἴσχειν ἔχθραν καὶ στάσιν; |

5 ΝΕ. ΣΩ. Οὐδαμῶς ὡς οὐ φήσομεν.

ΞΕ. Οὐκοῦν ὅπερ ἐπεσκοποῦμεν κατ᾽ ἀρχὰς ἀνηυρήκαμεν, ὅτι μόρια ἀρετῆς οὐ σμικρὰ ἀλλήλοις διαφέρεσθον φύσει καὶ δὴ καὶ τοὺς ἴσχοντας δρᾶτον τὸ αὐτὸ τοῦτο;

ΝΕ. ΣΩ. Κινδυνεύετον. |

10 ΞΕ. Τόδε τοίνυν αὖ λάβωμεν.

ΝΕ. ΣΩ. Τὸ ποῖον; |

c ΞΕ. Εἴ τίς που τῶν συνθετικῶν ἐπιστημῶν πρᾶγμα ὁτιοῦν τῶν αὑτῆς ἔργων, κἂν εἰ τὸ φαυλότατον, ἑκοῦσα ἐκ μοχθηρῶν καὶ χρηστῶν τινων συνίστησιν, ἢ πᾶσα ἐπιστήμη πανταχοῦ τὰ μὲν μοχθηρὰ εἰς δύναμιν 5 ἀποβάλλει, τὰ δὲ | ἐπιτήδεια καὶ χρηστὰ ἔλαβεν, ἐκ τούτων δὲ καὶ ὁμοίων καὶ ἀνομοίων ὄντων, πάντα εἰς ἓν αὐτὰ συνάγουσα, μίαν τινὰ δύναμιν καὶ ἰδέαν δημιουργεῖ.

ΝΕ. ΣΩ. Τί μήν; |

d ΞΕ. Οὐδ᾽ ἄρα ἡ κατὰ φύσιν ἀληθῶς οὖσα ἡμῖν πολιτικὴ μή ποτε ἐκ χρηστῶν καὶ κακῶν ἀνθρώπων ἑκοῦσα εἶναι συστήσηται πόλιν τινά, ἀλλ᾽ εὔδηλον ὅτι παιδιᾷ πρῶτον

Socrate le Jeune — Cela est vrai aussi. **b**

L'Étranger — Comment alors ne pas reconnaître qu'en cela, ces deux genres de caractères entretiennent toujours, l'un envers l'autre, une haine et une hostilité portées à leur plus haut degré ?

Socrate le Jeune — Impossible de ne pas le reconnaître.

L'Étranger — Nous avons donc ainsi trouvé, n'est-ce pas, ce que nous cherchions au début, à savoir que, par nature, des parties de la vertu, et non des moindres, s'opposent l'une à l'autre et entraînent naturellement ceux qui les possèdent à faire de même ?

Socrate le Jeune — Il y a des chances.

L'Étranger — Prenons donc à présent le point que voici.

Socrate le Jeune — Lequel ?

L'Étranger — Sans doute celui de savoir si, parmi les **c** sciences de l'assemblage, il en existe une qui, quel que soit l'objet sur lequel elle œuvre, fût-il le plus humble, le compose délibérément à partir d'éléments de mauvaise qualité et d'éléments utiles ; ou bien si toute science, en tout domaine, rejette autant qu'il est possible les éléments de mauvaise qualité pour ne retenir que ceux qui sont adaptés et utiles, et à partir de ceux-ci, qu'ils soient semblables ou dissemblables, fabrique en les assemblant tous une chose unique en sa capacité et son caractère propre.

Socrate le Jeune — Bien sûr !

L'Étranger — Notre politique, celle qui est vraiment **d** conforme à la nature, ne composera donc jamais

βασανιεῖ, μετὰ δὲ τὴν βάσανον αὖ τοῖς δυναμένοις
5 παιδεύειν | καὶ ὑπηρετεῖν πρὸς τοῦτ' αὐτὸ παραδώσει,
προστάττουσα καὶ ἐπιστατοῦσα αὐτή, καθάπερ ὑφαντικὴ
τοῖς τε ξαίνουσι καὶ τοῖς τἄλλα προπαρασκευάζουσιν ὅσα
πρὸς τὴν πλέξιν αὐτῆς συμπαρακολουθοῦσα προστάττει
e καὶ ἐπιστατεῖ, τοι|αῦτα ἑκάστοις ἐνδεικνῦσα τὰ ἔργα
ἀποτελεῖν οἷα ἂν ἐπιτήδεια ἡγῆται πρὸς τὴν αὑτῆς εἶναι
συμπλοκήν.

ΝΕ. ΣΩ. Πάνυ μὲν οὖν.

ΞΕ. Ταὐτὸν δή μοι τοῦθ' ἡ βασιλικὴ φαίνεται πᾶσι
5 | τοῖς κατὰ νόμον παιδευταῖς καὶ τροφεῦσιν, τὴν τῆς
ἐπιστατικῆς αὐτὴ δύναμιν ἔχουσα, οὐκ ἐπιτρέψειν ἀσκεῖν
ὅτι μή τις πρὸς τὴν αὑτῆς σύγκρασιν ἀπεργαζόμενος
ἦθός τι πρέπον ἀποτελεῖ, ταῦτα δὲ μόνα παρακελεύεσθαι
παιδεύειν· καὶ τοὺς μὲν μὴ δυναμένους κοινωνεῖν ἤθους
10 ἀνδρείου καὶ σώ|φρονος ὅσα τε ἄλλα ἐστὶ τείνοντα πρὸς
309a ἀρετήν, ἀλλ' εἰς | ἀθεότητα καὶ ὕβριν καὶ ἀδικίαν ὑπὸ
κακῆς βίᾳ φύσεως ἀπωθουμένους, θανάτοις τε ἐκβάλλει
καὶ φυγαῖς καὶ ταῖς μεγίσταις κολάζουσα ἀτιμίαις.

ΝΕ. ΣΩ. Λέγεται γοῦν πως οὕτως. |

5 ΞΕ. Τοὺς δὲ ἐν ἀμαθίᾳ τε αὖ καὶ ταπεινότητι πολλῇ
κυλινδουμένους εἰς τὸ δουλικὸν ὑποζεύγνυσι γένος.

ΝΕ. ΣΩ. Ὀρθότατα.

délibérément une cité à partir d'hommes utiles et d'hommes mauvais, mais il est clair qu'elle commencera d'abord par les soumettra à l'épreuve du jeu, et qu'après cette épreuve, elle les confiera à ceux capables d'éduquer et de servir à ce but, tout en ordonnant et en prescrivant, comme fait l'art du tissage à l'égard des cardeurs et de ceux qui préparent des choses nécessaires à son tressage : il commande et prescrit, indiquant à chacun les tâches à accomplir et qui sont selon lui adaptées à son travail **e** d'entrelacement.

Socrate le Jeune — Absolument.

L'Étranger — C'est exactement la même chose que fera, selon moi, l'art royal envers tous ceux qui éduquent et élèvent en respectant la loi, puisque c'est lui qui possède la puissance prescriptive : il ne leur permettra de pratiquer aucun exercice qui n'aboutirait pas à former un caractère convenant au mélange qu'il se propose d'effectuer, et c'est seulement ce qui est apte à le faire qu'il leur recommande d'enseigner. Quant à ceux qui sont incapables de partager des manières d'être courageuses et sages, ni aucune des tendances à la vertu, mais que la violence d'une nature mauvaise repousse vers le refus du **309a** divin, la démesure et l'injustice, il les rejette avec pour sanctions la mort, l'exil et les peines les plus infamantes.

Socrate le Jeune — C'est ainsi qu'il en va, du moins à ce qu'on dit.

L'Étranger — Mais ceux qui se vautrent dans l'ignorance et l'abjection, il en fait une espèce soumise au joug de l'esclavage.

Socrate le Jeune — Rien de plus correct !

ΞΕ. Τοὺς λοιποὺς τοίνυν, ὅσων αἱ φύσεις ἐπὶ τὸ
b γεν|ναῖον ἱκαναὶ παιδείας τυγχάνουσαι καθίστασθαι καὶ
δέξασθαι μετὰ τέχνης σύμμειξιν πρὸς ἀλλήλας, τούτων
τὰς μὲν ἐπὶ τὴν ἀνδρείαν μᾶλλον συντεινούσας, οἷον
στημονοφυὲς νομίσασ' αὐτῶν εἶναι τὸ στερεὸν ἦθος,
5 τὰς δὲ ἐπὶ τὸ κόσμιον | πίονί τε καὶ μαλακῷ καὶ κατὰ
τὴν εἰκόνα κροκώδει διανήματι προσχρωμένας, ἐναντία
δὲ τεινούσας ἀλλήλαις, πειρᾶται τοιόνδε τινὰ τρόπον
συνδεῖν καὶ συμπλέκειν.

ΝΕ. ΣΩ. Ποῖον δή; |

c ΞΕ. Πρῶτον μὲν κατὰ τὸ συγγενὲς τὸ ἀειγενὲς ὂν τῆς
ψυχῆς αὐτῶν μέρος θείῳ συναρμοσαμένη δεσμῷ, μετὰ δὲ
τὸ θεῖον τὸ ζῳογενὲς αὐτῶν αὖθις ἀνθρωπίνοις.

ΝΕ. ΣΩ. Πῶς τοῦτ' εἶπες αὖ; |

5 ΞΕ. Τὴν τῶν καλῶν καὶ δικαίων πέρι καὶ ἀγαθῶν καὶ
τῶν τούτοις ἐναντίων ὄντως οὖσαν ἀληθῆ δόξαν μετὰ
βεβαιώσεως, ὁπόταν ἐν ψυχαῖς ἐγγίγνηται, θείαν φημὶ ἐν
δαιμονίῳ γίγνεσθαι γένει.

ΝΕ. ΣΩ. Πρέπει γοῦν οὕτω. |

d ΞΕ. Τὸν δὴ πολιτικὸν καὶ τὸν ἀγαθὸν νομοθέτην ἆρ'
ἴσμεν ὅτι προσήκει μόνον δυνατὸν εἶναι τῇ τῆς βασιλικῆς
μούσῃ τοῦτο αὐτὸ ἐμποιεῖν τοῖς ὀρθῶς μεταλαβοῦσι
παιδείας, οὓς ἐλέγομεν νυνδή;

ΝΕ. ΣΩ. Τὸ γοῦν εἰκός.

L'Étranger — Pour les autres – tous ceux dont les natures se trouvent capables, si elles sont éduquées, de **b** se tourner vers ce qui est noble et, grâce à l'art royal, de se mêler les unes avec les autres – comme la nature des uns tend plutôt vers la vigueur, l'art royal estime que leur caractère rigide est comparable à celui d'un fil de chaîne, tandis que la nature des autres tend davantage vers ce qui est bien tempéré, il estime, pour filer l'image, qu'en vertu de sa souplesse et de sa douceur elle est comme un fil de trame ; et puisque leurs tendances sont contraires, il s'efforce de les lier ensemble et de les entrelacer de la façon que voici.

Socrate le Jeune — Laquelle ?

L'Étranger — Tout d'abord, en se fondant sur la **c** parenté de la partie éternelle de leur âme, il la met à l'unisson grâce à un lien divin, ensuite, après cette partie divine, c'est la partie animale qu'il assemble à son tour par des liens humains.

Socrate le Jeune — Là encore, que veux-tu dire ?

L'Étranger — Toutes les fois qu'une opinion réellement vraie et ferme sur ce qui est beau, juste, bon et sur leurs contraires naît dans des âmes, je déclare que c'est une opinion divine qui survient dans une espèce démonique.

Socrate le Jeune — Il convient en tout cas de le déclarer.

L'Étranger — Or ne savons-nous pas que c'est au politique seul, c'est-à-dire au bon législateur, qu'il revient, grâce à la Muse de l'art royal, de pouvoir inculquer cette opinion à ceux qui ont su tirer profit de leur éducation et dont nous venons de parler ?

Socrate le Jeune — C'est au moins raisonnable.

ΞΕ. Ὃς δ᾽ ἂν δρᾶν γε, ὦ Σώκρατες, ἀδυνατῇ τὸ τοιοῦτον, μηδέποτε τοῖς νῦν ζητουμένοις ὀνόμασιν αὐτὸν προσαγορεύωμεν.

ΝΕ. ΣΩ. Ὀρθότατα. |

10   ΞΕ. Τί οὖν; ἀνδρεία ψυχὴ λαμβανομένη τῆς τοιαύτης
e | ἀληθείας ἆρ᾽ οὐχ ἡμεροῦται καὶ τῶν δικαίων μάλιστα οὕτω κοινωνεῖν ἂν ἐθελήσειεν, μὴ μεταλαβοῦσα δὲ ἀποκλινεῖ μᾶλλον πρὸς θηριώδη τινὰ φύσιν;

ΝΕ. ΣΩ. Πῶς δ᾽ οὔ; |

5   ΞΕ. Τί δὲ τὸ τῆς κοσμίας φύσεως; ἆρ᾽ οὐ τούτων μὲν μεταλαβὸν τῶν δοξῶν ὄντως σῶφρον καὶ φρόνιμον, ὥς γε ἐν πολιτείᾳ, γίγνεται, μὴ κοινωνῆσαν δὲ ὧν λέγομεν ἐπονεί διστόν τινα εὐηθείας δικαιότατα λαμβάνει φήμην;

ΝΕ. ΣΩ. Πάνυ μὲν οὖν. |

10   ΞΕ. Οὐκοῦν συμπλοκὴν καὶ δεσμὸν τοῦτον τοῖς μὲν κακοῖς πρὸς σφᾶς αὐτοὺς καὶ τοῖς ἀγαθοῖς πρὸς τοὺς κακοὺς μηδέποτε μόνιμον φῶμεν γίγνεσθαι, μηδέ τινα ἐπιστήμην αὐτῷ σπουδῇ πρὸς τοὺς τοιούτους ἂν χρῆσθαί ποτε;

ΝΕ. ΣΩ. Πῶς γάρ; |

310a   ΞΕ. Τοῖς δ᾽ εὐγενέσι γενομένοις τε ἐξ ἀρχῆς ἤθεσι θρεφθεῖσί τε κατὰ φύσιν μόνοις διὰ νόμων ἐμφύεσθαι, καὶ ἐπὶ τούτοις δὴ τοῦτ᾽ εἶναι τέχνῃ φάρμακον, καὶ

L'Étranger — Et celui qui est incapable, Socrate, d'accomplir une telle tâche, ne lui appliquons jamais les noms qui font l'objet de notre recherche.

Socrate le Jeune — Tout à fait correct.

L'Étranger — Eh bien, n'est-ce pas quand une âme courageuse est sous l'emprise d'une telle vérité qu'elle e s'adoucit et surtout devient capable de consentir à s'associer à des actions justes, alors que si elle n'est pas sous cette emprise, elle inclinera davantage vers la nature de telle ou telle bête sauvage ?

Socrate le Jeune — C'est inévitable.

L'Étranger — Et qu'en est-il de la nature bien tempérée ? Si elle a part à ces opinions, ne devient-elle pas réellement modérée et réfléchie, du moins autant que le requiert la vie dans une cité, tandis que si elle ne partage pas ce dont nous parlons, elle s'attire à très juste titre une honteuse réputation de niaiserie ?

Socrate le Jeune — Parfaitement.

L'Étranger — Donc, cet entrelacement et ce lien, ne nous faut-il pas affirmer qu'il ne sera jamais stable, ni entre des mauvais et des mauvais, ni entre des bons et des mauvais, et qu'aucune science ne saurait jamais s'en servir sérieusement à l'égard de gens de cette sorte ?

Socrate le Jeune — Comment le pourrait-elle, en effet ?

L'Étranger — C'est donc seulement dans les **310a** caractères de ceux qui, dès le début, ont un bon naturel et sont les seuls à avoir été élevés conformément à leur nature, que ce lien peut s'enraciner grâce à des lois ; c'est pour eux qu'existe ce remède créé par l'art, et, ainsi que

καθάπερ εἴπομεν τοῦτον θειότερον εἶναι τὸν σύνδεσμον
5 ἀρετῆς μερῶν | φύσεως ἀνομοίων καὶ ἐπὶ τὰ ἐναντία
φερομένων.

ΝΕ. ΣΩ. Ἀληθέστατα.

ΞΕ. Τοὺς μὴν λοιπούς, ὄντας ἀνθρωπίνους δεσμούς,
ὑπάρχοντος τούτου τοῦ θείου σχεδὸν οὐδὲν χαλεπὸν
οὔτε ἐννοεῖν οὔτε ἐννοήσαντα ἀποτελεῖν. |

b ΝΕ. ΣΩ. Πῶς δή, καὶ τίνας;

ΞΕ. Τοὺς τῶν ἐπιγαμιῶν καὶ παίδων κοινωνήσεων καὶ
τῶν περὶ τὰς ἰδίας ἐκδόσεις καὶ γάμους. οἱ γὰρ πολλοὶ τὰ
περὶ ταῦτα οὐκ ὀρθῶς συνδοῦνται πρὸς τὴν τῶν παίδων
5 | γέννησιν.

ΝΕ. ΣΩ. Τί δή;

ΞΕ. Τὰ μὲν πλούτου καὶ δυνάμεων ἐν τοῖς τοιούτοις
διώγματα τί καί τις ἂν ὡς ἄξια λόγου σπουδάζοι
μεμφόμενος;

ΝΕ. ΣΩ. Οὐδέν. |

10 ΞΕ. Μᾶλλον δέ γε δίκαιον τῶν περὶ τὰ γένη
c ποιουμένων | ἐπιμέλειαν τούτων πέρι λέγειν, εἴ τι μὴ κατὰ
τρόπον πράττουσιν.

ΝΕ. ΣΩ. Εἰκὸς γὰρ οὖν.

ΞΕ. Πράττουσι μὲν δὴ οὐδ᾽ ἐξ ἑνὸς ὀρθοῦ λόγου, τὴν
5 ἐν | τῷ παραχρῆμα διώκοντες ῥαστώνην καὶ τῷ τοὺς μὲν
πρὸς ὁμοίους αὐτοῖς ἀσπάζεσθαι, τοὺς δ᾽ ἀνομοίους μὴ
στέργειν, πλεῖστον τῇ δυσχερείᾳ μέρος ἀπονέμοντες.

nous l'avons dit, il est le lien le plus divin qui puisse unir des parties de la nature de la vertu qui sont dissemblables et tendent en deux sens contraires.

Socrate le Jeune — Rien de plus vrai.

L'Étranger — Quant aux autres, puisque ce sont des liens humains - l'existence de celui qui est divin étant acquise -, il n'y a presque aucune difficulté à les concevoir, ou, les ayant conçus, à les réaliser.

Socrate le Jeune — Comment cela? De quels liens b s'agit-il?

L'Étranger — De ceux constitués par les alliances, l'échange des enfants et par ce qui a trait, dans la sphère privée, aux jeunes filles données en mariage. Car, dans ces affaires, la plupart des gens forment ces unions d'une façon qui n'est pas appropriée à la procréation des enfants.

Socrate le Jeune — Et pourquoi cela?

L'Étranger — À cause de la poursuite de la richesse et du pouvoir! Mais pourquoi faire comme si de telles considérations valaient la peine qu'on les blâme?

Socrate le Jeune — Aucune raison de le faire.

L'Étranger — Il est plus légitime de parler de ceux que préoccupe le soin des lignages, pour le cas où ils c n'agiraient pas de façon appropriée.

Socrate le Jeune — C'est raisonnable, en tout cas.

L'Étranger — Or précisément, ils n'agissent pas en fonction de ce qui est l'unique raisonnement droit : ils poursuivent la facilité du moment et donnent leur affection à ceux qui sont semblables à eux; quant à ceux qui sont dissemblables, loin de les chérir, ils laissent leur répulsion prendre le dessus.

ΝΕ. ΣΩ. Πῶς;

ΞΕ. Οἱ μέν που κόσμιοι τὸ σφέτερον αὐτῶν ἦθος
10 ζη|τοῦσι, καὶ κατὰ δύναμιν γαμοῦσί τε παρὰ τούτων καὶ
d τὰς | ἐκδιδομένας παρ᾽ αὑτῶν εἰς τούτους ἐκπέμπουσι
πάλιν· ὡς δ᾽ αὕτως τὸ περὶ τὴν ἀνδρείαν γένος δρᾷ, τὴν
αὑτοῦ μετα διῶκον φύσιν, δέον ποιεῖν ἀμφότερα τὰ γένη
τούτων τοὐναντίον ἅπαν. |

5 ΝΕ. ΣΩ. Πῶς, καὶ διὰ τί;

ΞΕ. Διότι πέφυκεν ἀνδρεία τε ἐν πολλαῖς γενέσεσιν
ἄμεικτος γεννωμένη σώφρονι φύσει κατὰ μὲν ἀρχὰς
ἀκμάζειν ῥώμῃ, τελευτῶσα δὲ ἐξανθεῖν παντάπασι
μανίαις.

ΝΕ. ΣΩ. Εἰκός. |

10 ΞΕ. Ἡ δὲ αἰδοῦς γε αὖ λίαν πλήρης ψυχὴ καὶ ἀ
e |κέραστος τόλμης ἀνδρείας, ἐπὶ δὲ γενεὰς πολλὰς
οὕτω γεννηθεῖσα, νωθεστέρα φύεσθαι τοῦ καιροῦ καὶ
ἀποτελευτῶσα δὴ παντάπασιν ἀναπηροῦσθαι.

ΝΕ. ΣΩ. Καὶ τοῦτ᾽ εἰκὸς οὕτω συμβαίνειν. |

5 ΞΕ. Τούτους δὴ τοὺς δεσμοὺς ἔλεγον ὅτι χαλεπὸν
οὐδὲν συνδεῖν ὑπάρξαντος τοῦ περὶ τὰ καλὰ κἀγαθὰ μίαν
ἔχειν ἀμφότερα τὰ γένη δόξαν. τοῦτο γὰρ ἓν καὶ ὅλον ἐστὶ
βασιλικῆς συνυφάνσεως ἔργον, μηδέποτε ἐᾶν ἀφίστασθαι
σώφρονα ἀπὸ τῶν ἀνδρείων ἤθη, συγκερκίζοντα δὲ
10 |ὁμοδοξίαις καὶ τιμαῖς καὶ ἀτιμίαις καὶ δόξαις καὶ ὁμηρειῶν

Socrate le Jeune — Comment ?

L'Étranger — Les bien tempérés recherchent, je
pense, le caractère qui est le leur et, autant que possible,
c'est de ce côté qu'ils cherchent femme ; c'est aussi vers **d**
ces mêmes gens qu'ils envoient les filles qu'ils donnent en
mariage et la race vigoureuse en fait exactement autant,
courant après sa propre nature, alors qu'il faudrait que
l'une et l'autre de ces races fassent tout le contraire.

Socrate le Jeune — Comment ? Et pourquoi ?

L'Étranger — Parce qu'il est naturel que la vigueur,
lorsqu'elle a été engendrée durant de nombreuses
générations sans se mélanger avec la nature modérée,
commence par fleurir en sa force, et finisse par exploser
en de véritables folies furieuses.

Socrate le Jeune — C'est probable.

L'Étranger — D'autre part, et à l'inverse, l'âme qui est
trop pleine de retenue et s'est gardée de tout mélange avec **e**
une audace vigoureuse, quand elle a été engendrée ainsi
durant de nombreuses générations, finit par devenir plus
nonchalante qu'il n'est opportun et par être complétement
estropiée.

Socrate le Jeune – Cela aussi arrivera probablement.

L'Étranger — Tels sont donc les liens dont je disais
qu'il n'était nullement difficile de les nouer, à condition
que les deux races aient une seule et même opinion au
sujet des choses belles et bonnes. Car c'est là l'unique
et entière tâche du tissage royal : ne jamais permettre
que le caractère modéré se tienne à l'écart de ceux qui
sont courageux, mais, en les tissant ensemble avec une
navette faite d'une communauté d'opinions sur ce qui est
honorable et déshonorant et d'échanges mutuels de gages

ἐκδόσεσιν εἰς ἀλλήλους, λεῖον καὶ τὸ λεγόμενον εὐήτριον
311a | ὕφασμα συνάγοντα ἐξ αὐτῶν, τὰς ἐν ταῖς πόλεσιν ἀρχὰς
ἀεὶ κοινῇ τούτοις ἐπιτρέπειν.

ΝΕ. ΣΩ. Πῶς;

ΞΕ. Οὗ μὲν ἂν ἑνὸς ἄρχοντος χρεία συμβαίνῃ, τὸν
5 | ταῦτα ἀμφότερα ἔχοντα αἱρούμενον ἐπιστάτην· οὗ δ᾽ ἂν
πλειόνων, τούτων μέρος ἑκατέρων συμμειγνύντα. τὰ μὲν
γὰρ σωφρόνων ἀρχόντων ἤθη σφόδρα μὲν εὐλαβῆ καὶ
δίκαια καὶ σωτήρια, δριμύτητος δὲ καί τινος ἰταμότητος
ὀξείας καὶ πρακτικῆς ἐνδεῖται. |

10   ΝΕ. ΣΩ. Δοκεῖ γοῦν δὴ καὶ τάδε. |

b   ΞΕ. Τὰ δ᾽ ἀνδρεῖά γε αὖ πρὸς μὲν τὸ δίκαιον καὶ
εὐλαβὲς ἐκείνων ἐπιδεέστερα, τὸ δὲ ἐν ταῖς πράξεσι ἰταμὸν
διαφερόντως ἴσχει. πάντα δὲ καλῶς γίγνεσθαι τὰ περὶ
τὰς πόλεις ἰδίᾳ καὶ δημοσίᾳ τούτοιν μὴ παραγενομένοιν
5 ἀμφοῖν | ἀδύνατον.

ΝΕ. ΣΩ. Πῶς γὰρ οὔ;

ΞΕ. Τοῦτο δὴ τέλος ὑφάσματος εὐθυπλοκίᾳ
συμπλακὲν γίγνεσθαι φῶμεν πολιτικῆς πράξεως τὸ
τῶν ἀνδρείων καὶ σωφρόνων ἀνθρώπων ἦθος, ὁπόταν
c ὁμονοίᾳ καὶ φιλίᾳ κοινὸν | συναγαγοῦσα αὐτῶν τὸν
βίον ἡ βασιλικὴ τέχνη, πάντων μεγαλοπρεπέστατον
ὑφασμάτων καὶ ἄριστον ἀποτελέσασα ὥστ᾽ εἶναι κοινόν[1]
τούς τ᾽ ἄλλους ἐν ταῖς πόλεσι πάντας δούλους καὶ
5 ἐλευθέρους ἀμπίσχουσα, συνέχῃ τούτῳ τῷ πλέγ|ματι, καὶ

---

1. c2-3 ἀποτελέσασα ὥστε εἶναι κοινόν BTW : ὥστ᾽ εἶναι κοινόν
secl. Ast Burnet Diès Robinson : ὁμονοίᾳ καὶ φιλίᾳ ὥστε εἶναι κοινόν
transposuit Praechter Robinson

d'amitié, confectionner à partir d'eux une étoffe lisse et,
comme on dit, « bien tramée »[XXX]; enfin toujours leur **311a**
donner en commun les magistratures des cités.

Socrate le Jeune — Comment?

L'Étranger — Là où le besoin d'un unique gouvernant
se ferait sentir, en choisissant pour diriger celui qui possède
ces deux caractères; et là où il en faudrait plusieurs, en
faisant en sorte que chacun des deux entre pour une
part dans le mélange. Car le caractère des gouvernants
modérés est circonspect à l'excès, respectueux des règles
et conservateur, mais il manque de mordant et d'une
vivacité d'initiative en matière pratique.

Socrate le Jeune — Cela aussi semble être le cas.

L'Étranger — Quant aux caractères vigoureux, si par **b**
rapport aux précédents ils ont moins de respect des règles
et de circonspection, ils possèdent au plus haut degré
cette faculté d'initiative dès lors qu'il faut agir. Et pour
tout ce qui a trait aux cités, aussi bien dans la vie privée
que dans la vie publique, il est impossible que les choses
se déroulent bien si ces deux caractères ne se secondent
pas.

Socrate le Jeune — Évidemment.

L'Étranger — Voila donc ce que nous déclarons être
la finalité de l'action politique, le tissage d'une étoffe
résultant du droit entrecroisement du caractère propre
aux hommes courageux et modérés; dès lors que l'art
royal, en instaurant concorde et amitié, les amène à **c**
mener une vie commune et parachève, pour qu'elle soit
commune[XXXI], la plus magnifique et la plus excellente de
toutes les étoffes, il en enveloppe tous les habitants de la
cité, esclaves et hommes libres, les maintient ensemble au

καθ' ὅσον εὐδαίμονι προσήκει γίγνεσθαι πόλει τούτου μηδαμῇ μηδὲν ἐλλείπουσα ἄρχῃ τε καὶ ἐπιστατῇ.

ΝΕ. ΣΩ. Κάλλιστα αὖ τὸν βασιλικὸν ἀπετέλεσας ἄνδρα ἡμῖν, ὦ ξένε, καὶ τὸν πολιτικόν.

moyen de cet entrelacs et, pour autant qu'il appartienne à une cité d'être heureuse, c'est en veillant à ce que ce bonheur ne lui fasse défaut en rien et en nul endroit qu'il la gouverne et la dirige.

Socrate le Jeune — Cette fois encore, tu nous l'as parfaitement réussi, ton homme royal, Étranger, et l'homme politique aussi [XXXII].

NOTES A LA TRADUCTION

I. L'attraction du pluriel τῶν ἀνδρῶν peut expliquer la leçon des mss., θέντες, la corr. θέντος de Heindorf n'étant pas syntaxiquement beaucoup plus satisfaisante.

II. « je te revaudrai cela une autre fois » est la traduction unanimement adoptée. Μετέρχομαι, « aller à la recherche », « poursuivre » (*cf.* μέτιμεν, 263b2) peut signifier « rechercher pour se venger »; mais que faire alors d'ἀντὶ τούτων, et à quoi référer le pluriel τούτων? Socrate (μέν), a parlé d'une erreur à propos de trois hommes, et l'Étranger (δέ) est prié de parler d'eux : il est logique de supposer que c'est à eux que renvoie τούτων. Ce n'est pas un désir de revanche qui anime Théodore, mais celui de redonner la parole à l'Étranger.

III. Ch. Rowe adopte la correction ἓν γίγνεσθαι, mais traduit en plus ἐγγίγνεσθαι : « [comme si on] supposait qu'en recevant un nom cette classe aussi *viendrait à l'existence*, second genre *unique* séparé de l'autre. » Les deux s'impliquent en effet.

IV. La correction de Cornarius, γιγνόμενον pour κινούμενον, va à contresens de l'ensemble du passage : il ne faut pas donner au roi une espèce immobile de vivants, autrement dit des plantes, mais une espèce capable de mouvoir ses mains, condition de tous les arts manuels, ses pieds, pour s'ouvrir une multiplicité d'espaces à parcourir, et sa tête, ce qui lui permet de contempler le ciel étoilé qui resplendit au-dessus d'elle (Commentaire, p. 322-326).

V. Le δι' ἑαυτὸν des mss. fait du Monde la cause de son propre mouvement : διά + accusatif = « à cause de ». La lecture δι' ἑαυτοῦ d'Eusèbe reprise par Burnet va dans le sens du modèle de la sphère armillaire proposé par P.-M. Schuhl, selon lequel ce serait au moyen d'un dispositif mécanique que le Monde poursuivrait sa rotation en sens inverse : διά + génitif = « au moyen de ». Le monde abandonné à lui-même n'aurait alors aucune autonomie, il ne serait pas « son propre maître » (Commentaire, p. 342-343).

VI. κατὰ τοῦτον τὸν τρόπον, « de cette façon » : la correction d'Eusèbe tient peut-être à ce que λόγον serait pris en deux sens différents dans la même phrase. Mais « réfléchir » (συννοεῖν) et « nécessairement » (ἐξ ἀνάγκης) indiquent que l'Étranger justifie logiquement l'inversion du mode de génération.

VII. La phrase précédente oppose νῦν à ἔμπροσθεν du point de vue de la production spontanée. Si on lit ὡς νῦν, la phrase suivante oppose νῦν à τότε : à l'époque où le dieu dirigeait dans un premier temps (πρῶτον) la révolution circulaire (αὐτῆς ... τῆς κυκλήσεως) du mouvement céleste (αὐτῆς = φορᾶς) et en prenait soin en son entier (ὅλης). Deux solutions sont alors possibles. Ou bien remplacer νῦν par ὡς ou ὡς δ' αὖ, en raison de l'absence de particule de liaison, de sorte que la comparaison (ὡς, ταὐτὸν τοῦτο) ne porterait que sur ce qui avait lieu à l'époque de Kronos : un dieu gouvernait l'ensemble de la rotation, et chaque partie du monde était « à son tour » (αὖ) gouvernée par un dieu. Ou, option choisie et *lectio difficilior*, donner à νῦν son sens « informatif » : ce qui se passait alors (τότε) pour la révolution céleste est analogue à ce qui se passe maintenant (νῦν) pour chaque région – la répartition des régions « d'alors » entre différents dieux n'étant précisée que dans la phrase suivante (« sortes de pasteurs divins » etc.). Le second νῦν ferait ainsi allusion à la fable homérique rappelée par l'accusatif absolu qui suit, celle de la répartition des parties du Monde entre trois dieux olympiens, fable qui gouverne encore « à présent » l'ensemble du monde grec. Quoi qu'il en soit, le gouvernement et le soin du dieu ne s'exercent pas « sur l'ensemble du mouvement circulaire » (Diès), et ὡς νῦν ne peut porter que sur ce qui suit.

VIII. S'agit-il de placer (τιθέναι) les enfants (αὐτούς, a6, renvoyant à παῖδας, e3) devant des cas inconnus d'eux (Diès), ou de mettre en parallèle les cas connus (ἐκεῖνα, a8) et ceux encore inconnus ? L'« allusion discrète à l'étymologie de παρά-δειγμα » en b3 : παρατιθέμενα δειχθῇ (Campbell), va plutôt dans le second sens (Rowe).

IX. Pour l'art diacritique, art de séparer, avec une référence à la xantique et à la kerkistique, cf. *Soph.*, 226b8-d10.

X. Burnet reprend le neutre ἐκεῖνα par le féminin κἀκείνων οὐσῶν : la correction ἐκεῖναι εἰσι (Madvig, Robinson) vise à rendre cohérent l'usage du féminin pluriel (mss.) donc la référence aux τέχναι. On a opté pour l'usage cohérent du neutre d'un bout à l'autre de la phrase et adopté la correction de Stephanus : κἀκείνων ὄντων et celle de Cornarius : τοῦτο, parce qu'avec cette formulation elliptique l'Étranger semble vouloir « formaliser » son raisonnement de façon à ce qu'il s'applique à d'autres choses qu'aux τέχναι (Commentaire, p. 451-455).

XI. Ou : ceux qui la commettent « font, pour d'autres choses, tout le contraire, parce qu'ils ne les divisent pas en leurs parties » (Campbell, Diès, Robin et Rowe). Skemp paraphrase plus qu'il ne traduit, mais évite de parler « d'autres choses » : « they distinguish them but fail to distinguish according to the real distinctions. » Les premiers prennent ἕτερα comme le complément d'objet de διαιροῦντες : « divisant d'autres choses », alors qu'il peut en être le résultat : s'ils divisent, c'est qu'ils pensent avoir affaire à des choses différentes (Commentaire, p. 424-429).

XII. Sur la suppression de la virgule après ἀσώματα, qui a pour effet de diviser en deux espèces les réalités incorporelles (Commentaire, p. 438-441).

XIII. Sur quoi portait le discours, sur les génitifs qui suivent, περὶ τῆς τοῦ μὴ ὄντος οὐσίας, ou sur celui qui précède, τοῦ σοφιστοῦ πέρι? Ce serait plutôt sur ceux portant sur le non-être, et non sur le sophiste en général – mais le discours portait forcément sur les deux.

XIV. βεβασανισμένους : « mettre à la torture » pour obtenir des aveux. C'est ce que, selon Socrate, fait sa maïeutique pour voir si ce qui est enfanté est un simulacre ou une réalité (*Théét.*, 150c1), et c'est ce qu'a fait l'Étranger à l'égard du discours de son père Parménide (*Soph.*, 241d6).

XV. *eisthelesthai* : se faire initier. Le pharaon étant prêtre, et même le seul prêtre à proprement parler, il n'a pas besoin de se faire « introduire » dans cette caste, mais de se faire « initier » par elle.

XVI. « Directive », *epistatikè*, se substitue à « prescriptive », *epitaktikè* (*cf.* 260b3). C'est la partie séparée en 259e-260b qui est reprise et corrigée.

XVII. χιλιάνδρῳ : non pas « dix mille » hommes (Bailly), mais plus raisonnablement « mille hommes », conformément à l'adjectif χίλιοι (mille) et tous ses composés.

XVIII. « Joueurs de trictrac » : πεττευταί. La πεττεία était un jeu de pions sur un échiquier à trente-six cases, comparable au trictrac ou au jeu de dames; πρὸς τοὺς ἐν τοῖς ἄλλοις Ἕλλησιν : à quoi renvoie τοὺς? Aux « joueurs éminents » du reste de la Grèce (Campbell, Skemp), par rapport auxquels le niveau de ceux triés seulement dans un millier d'hommes ferait piètre figure? Ou au nombre total de joueurs éminents parmi les Grecs, pour en conclure que, même là, on n'en trouverait pas cinquante (Diès)? L'ensemble du passage va plutôt dans le sens de leur quantité que de leur qualité.

XIX. À Athènes, d'où sont originaires le jeune Socrate et son compagnon Théétète; le dialogue se déroule dans un gymnase (*Théét.*, 144c2).

XX. Si on opte pour θήσει, il faut expliquer la présence de l'article τὸ en a4. Selon Rowe, il ferait de ce qui suit en un accusatif relatif, d'où sa traduction « mais il édictera une loi pour chacun et pour tous, conformément au principe "pour la majorité du peuple, pour la majorité des lois et en gros à peu près ainsi" » (ma traduction). Il a semblé plus simple de garder la leçon θήσειν des mss. et de lire une suite de trois infinitifs : μή ποθ' ἱκανὸν γενήσεσθαι ... τὸ προσῆκον ἀποδιδόναι ... ἀλλὰ τὸ τὸν νόμον θήσειν.

XXI. La plupart des éditeurs suppriment μὴ σύμφορα ἢ, estimant sans doute que des mesures nuisibles ne sauraient servir de critère. Mais jusqu'à la comparaison avec le capitaine de vaisseau, on a affaire à une interrogation indirecte : Ἀλλ' ἆρα ἐὰν ... ἢ κἂν ..., et ce qui complique les choses, comme l'a bien vu Rowe, est que s'offre d'abord un choix dont les trois termes doivent être rejetés, car ne prenant en compte que les *modalités* de l'action violente, ils ne peuvent servir de critères. Vient ensuite une alternative portant sur le valeur des *résultats* nuisibles ou avantageux de l'acte (μὴ σύμφορα ἢ σύμφορα : περὶ ταῦτα a été pris comme se rapportant à eux) : ce sont eux qui doivent servir de critère.

XXII. ἓν μέγα φυλάττωσι : citation de *Rép.* IV, 423e, où cette « unique chose importante » est dite être « l'éducation et la culture », τὴν παιδείαν... καὶ τροφήν.

XXIII. Citation de l'*Iliade*, XI, 514 : il est question de Machaon, fils d'Asclépios ; cf. *Banq.*, 214b.

XXIV. τῶν ἄλλων δημιουργῶν : en *Gorg.*, 452a1-2, médecins, pédotribes et hommes d'affaires sont qualifiés de *dèmiourgoi*.

XXV. τὰ δὲ τῷ πλήθει δόξαντα calque la formule de publication des décrets, « Il a plu à l'Assemblée », Ἔδοξὲ τῇ βουλῇ, ou « au peuple », τῷ δήμῳ ; τὰ δόξαντα peut signifier « les décrets » (Sophocle, *Électre*, 23). κύρβεις : à Athènes, tablettes triangulaires où étaient gravées les anciennes lois ; elles formaient une pyramide à trois côtés tournant sur un pivot.

XXVI. μετεωρολόγον, ἀδολέσχην : pour l'association entre ces deux termes, leitmotiv du « mépris des intellectuels », cf. *Crat.*, 401b6-8 et *Phèdre*, 269e9-270a1, à propos de l'utilisation rhétorique d'Anaxagore par Périclès : « Les plus importants des arts requièrent tous un bavardage alambiqué et des considérations élevées (ἀδολεσχίας καὶ μετεωρολογίας) à propos des phénomènes célestes. » Sur ce rappel du procès de Socrate (Commentaire, p. 527-528).

XXVII. Si l'on suit Burnet : « …voilà justement pourquoi c'est à une seule et unique dénomination, celle de "régime politique", que nous avons réduit les cinq dénominations de ce à quoi on applique aujourd'hui ce nom » (Robin) ; « and as a result of this the five names of what are now called constitutions have become only one » – selon Rowe, ce nom unique serait « royauté ». La nature du nom unique (ἓν μόνον) pose donc un problème. Il disparaît avec Diès, δι᾽ ἃ δὲ τὰ πάντα ὀνόματα τῶν νῦν λεγομένων πολιτειῶν πέντε μόνον γέγονεν : « …c'est pourquoi l'ensemble des constitutions que l'on distingue actuellement ne comporte pas plus de cinq noms », de même Brisson-Pradeau : « tous (πάντα) les noms des constitutions actuellement distingués en font cinq ». *E*, ε majuscule, notation en grec ancien du chiffre cinq, aurait été mal lu EN (ἕν : « un »). Pour la traduction proposée, voir Commentaire, p. 540-543.

XXVIII. On peut hésiter entre prendre καὶ ἀκολάστων μὲν πασῶν οὐσῶν… κοσμίων οὐσῶν comme des génitifs absolus (si toutes sont déréglées… toutes étant réglées), ou comme des génitifs partitifs : « de toutes celles qui sont déréglées… ou réglées ». Dans le premier cas, le génitif donne la raison du choix, dans le second il précise les termes entre lesquels choisir.

XXIX. Les traducteurs acceptent tous l'ajout ἡσυχίαν d'Hermann, mais, à l'exception de Brisson-Pradeau : « ou tout simplement se tenir tranquille », ils ne le traduisent pas :

« ou simplement ne rien faire » (Diès). Cela permet de donner à τὸ παράπαν (« en général », « absolument ») le sens de « simplement » qu'il n'a que dans des expressions négatives, et Rowe a raison de l'éviter : « or indeed to do nothing at all ». Il a été jugé possible de refuser un ajout assez lourd et de garder le texte des mss. en donnant à ἔχειν son sens de « se comporter » et en considérant τὸ παράπαν comme un adverbe de manière. ἢ τὸ παράπαν ἔχειν conserverait ainsi sa généralité à la question πράττειν... ὁτιοῦν.

XXX. Selon le lexicographe Pollux (*Onomasticon*, VII 35), le terme εὐήτριον figure dans un drame satyrique perdu d'Eschyle, *Les Pêcheurs* (fr. 47 Radt, Mette D. 466), et il remarque qu'Eschyle l'utilise en parlant non d'un vêtement, mais d'un filet de pêche.

XXXI. On ne peut que sympathiser avec ceux qui jugent mal placé ou assez inutile le ὥστε εἶναι κοινόν (« pour qu'elle soit commune ») qui suit ἀποτελέσασα dans les mss. Ast, suivi par Burnet, propose de supprimer ces trois mots, tandis que Praechter, suivi par Robinson, transporte ὥστ' εἶναι de c3 en c1 : « ayant assemblé leur vie *pour qu'elle soit* commune » (ὥστ' εἶναι κοινόν), Que conclure de ces suggestions, sinon que ce membre de phrase n'est ni absolument nécessaire, ni peut-être totalement inutile ? Burnet, Diès et Rowe mettent l'expression entre crochets droits et les deux derniers ne la traduisent pas, mais tant qu'à faire, autant garder franchement le texte des mss., puisqu'il donne un sens parfaitement acceptable (voir la note de Robin *ad loc.*).

XXXII. Sur l'attribution de cette dernière réplique – Socrate le Jeune, ou comme l'a pensé Schleiermacher, Socrate – les interprètes sont partagés (il faut noter que les mss. ne précisent pas le nom des différents interlocuteurs). Pour les raisons de ne pas l'attribuer à Socrate, voir Commentaire, p. 602-603.

COMMENTAIRE

LE PROLOGUE (257A-258B)

SocRATE – Vraiment, Théodore, que de gratitude je te
dois pour m'avoir fait connaître Théétète, ainsi que cet
Étranger !

Socrate « rend grâce » à Théodore de lui avoir fait
rencontrer Théétète en même temps que l'Étranger,
car il vient de les entendre réussir à définir le sophiste.
La scène d'exposition du *Politique* n'a pas à introduire
les personnages, les présentations ont été faites dans
le prologue du *Sophiste*. Le Dialogue s'ouvrait sur la
rencontre de Socrate avec un Étranger venu d'Élée, et
c'est un mot prononcé par Théodore – cet étranger est
vraiment « philosophe » – que Socrate relève pour en tirer
l'objet de l'enquête poursuivie au cours des Dialogues
suivants. Il demande à cet étranger si les gens de son pays
estiment qu'à ces trois noms, « sophiste », « politique » et
« philosophe », correspondent trois genres différents, ou
deux, ou un seul. Les questions à traiter et la méthode
à employer y sont décidées, la direction de la recherche
attribuée et le changement d'interlocuteur prévu[1]. Le
prologue du *Politique* peut donc se restreindre à une
courte page, alors que celui du *Sophiste* en comportait au
moins le double. Au début du *Politique*, Théodore prie
donc l'Étranger de leur faire « la grâce » de poursuivre

1. *Soph.*, 217a6-7, 218b.

le programme prévu ; au début du *Sophiste*, Socrate lui demandait de leur faire la grâce de dire quelle méthode il allait choisir, et Théétète l'appuyait : c'est bien une grâce qu'il fera à tous. La présence du terme *kharis* et du verbe qui en dérive, *kharizomai*[1], relève-t-elle d'un simple échange de politesses ? Socrate avait commencé par voir en l'Étranger un « dieu de la réfutation », autrement dit un éristique (*Soph.*, 216b5-6) ; l'enseignement « gracieux » qu'il accepte de donner suffit à l'en distinguer. Théodore dans le *Politique* et Socrate dans le *Sophiste* expriment donc leur gratitude, mais leurs motifs sont différents. La gratitude du premier va en avant : Théodore sera reconnaissant au visiteur de bien vouloir continuer, et celle du second en arrière : Socrate est reconnaissant à Théodore de lui avoir présenté l'Étranger. Sa gratitude tient d'abord au fait que celui-ci avait répondu dans le *Sophiste* que ses compatriotes distinguaient bien trois genres, ce qui à Athènes n'est justement pas le cas.

LE CONTEXTE ATHÉNIEN

Pour les Athéniens, le philosophe est soit un sophiste, – Aristophane et le procès de Socrate en témoignent – soit un philosophe politique, comme le soutient Isocrate. Ce second point a été réglé à la fin de l'*Euthydème*, lorsque Socrate évoque le calcul, apparemment « tout à fait raisonnable » (*eikos*, 305e1, l'un des mots favoris d'Isocrate), de ceux qui souhaitent prendre une part mesurée de philosophie et une part mesurée de politique. Faire de la philosophie politique, c'est vouloir échapper,

---

1. *kharis* : *Soph.*, 216c2, *Pol.*, 257a1, *kharizesthai* : *Soph.*, 217e5, *kekharismenos* : 218 a5, *kharizomenos* : *Pol.*, 257b9, *enkekheirèkamen*, 257c3.

grâce à un juste dosage de l'une et de l'autre, aux périls inhérents à chacune. Car l'une discutaille à perte de vue sur le sens des mots au lieu de traiter de problèmes importants, entendons « politiques », et l'autre ne cesse de batailler sans jamais prendre de la hauteur. Socrate élabore alors une logique de la valeur de « l'intermédiaire ». Car, objecte-t-il, de deux choses l'une (306a-b). Ou bien philosophie et politique sont toutes deux bonnes, bien que n'ayant pas le même objet; celui de la philosophie politique résultant de l'addition d'une partie de l'objet propre à chaque discipline, il sera inférieur à chacun des deux. Ou bien l'une est bonne et l'autre mauvaise : la philosophie politique vaudra alors soit moins que la vraie philosophie, soit moins que l'utile action politique. Par conséquent, c'est seulement dans le cas où toutes deux seraient mauvaises que la philosophie politique vaudrait mieux. En en proclamant la supériorité, Isocrate est conduit à tenir les « philosophes » pour des sophistes, et les politiques pour des politiciens [1] : il n'y a pour lui qu'un seul genre, celui des philosophes politiques. Ce rappel du contexte athénien explique pourquoi c'est à un étranger que Socrate pose sa question.

QUELLE SORTE DE CONTINUITÉ ?

Dans le Prologue du *Politique*, l'Étranger n'a plus qu'à choisir entre continuer par le politique et par le philosophe. Le commencement de ce Dialogue n'a donc rien d'aléatoire, il s'inscrit dans une continuité et ne constitue qu'une partie du programme prévu. De plus,

---

1. Voir M. Dixsaut, « Isocrate contre des sophistes sans sophistique », dans B. Cassin (éd.), *Le Plaisir de parler, Études de sophistique comparée,* Paris, Minuit, 1986, p. 63-85.

deux Dialogues de cette séquence, *Sophiste* et *Politique*, se
caractérisent par l'insistance avec laquelle ils se réfèrent
au passé. Le *Sophiste* nous renvoyait déjà triplement en
arrière. D'abord, vers le passé proche d'un accord conclu
« la veille », à la fin du *Théétète*. Comme Socrate devait se
rendre au Portique du Roi pour répondre à l'accusation
intentée contre lui par Mélétos, il n'avait pas donné
rendez-vous à Théodore l'après-midi, mais « demain
matin ». Pour pouvoir affirmer une continuité entre ces
trois Dialogues, il faut donc sauter par-dessus le procès et
la mort de Socrate. Ils n'en pèsent pas moins lourdement.
Car le *Théétète*, le *Sophiste* et la totalité du *Politique*
montrent que l'erreur consistant à assimiler Socrate à
un sophiste n'a pas été tragique seulement pour Socrate,
mais pour Athènes et toute politique en général[1]. À cette
mémoire sous-jacente s'ajoute celle d'un passé récent
que Socrate n'a pas partagé, sa question faisant à son
insu écho à une conversation que Théodore et l'Étranger
venaient d'avoir hors récit. Mais Socrate se souvient d'un
passé plus lointain, de la discussion qu'il avait eu dans sa
jeunesse avec un Parménide déjà fort âgé.

Dans ce prologue du *Sophiste*, la continuité ne
peut être affirmée qu'à deux conditions : occulter un
événement réel et inoubliable, et faire état de deux
dialogues dont l'un (celui entre Théodore et l'Étranger)
est probablement aussi fictif que l'autre (entre Socrate
et Parménide) est chronologiquement impossible. La
continuité affirmée dans le prologue du *Politique* est en
revanche inconditionnelle, et la liaison avec le *Sophiste* est
la plus étroite jamais établie par Platon entre deux de ses
Dialogues, au point que la première phrase du *Politique*
pourrait aussi bien être la dernière du *Sophiste*. La

---

1. *Théét.*, 172a-b, *Soph.*, 268b.

mémoire des Dialogues qui l'ont précédé et l'anticipation rétrospective de celui qui est censé le suivre jouent dans le *Politique* un rôle déterminant. Elle prescrit donc, ou devrait prescrire, un mode de lecture différent de celui des Dialogues socratiques. À quoi cela tient-il?

Quand une question porte sur « la chose-même », qu'il s'agisse de la vertu, de la mort ou du plaisir, il faut chercher à la définir en l'ouvrant sur un sens encore inconnu : c'est la réminiscence qui doit intervenir. Mais dans les Dialogues composant la trilogie, la question est de savoir si chacun des trois *noms* recouvre bien quelque chose, et quelque chose de différent des deux autres. C'est pourquoi il faut recourir à une autre sorte de dialectique, une dialectique capable de rendre compte de la possibilité et des conséquences de toutes les autres sortes de discours, à l'exception de celui de Socrate – du Socrate de Platon. C'est de cette dialectique parménidéenne que Socrate et l'Étranger ont la mémoire[1]. Elle va avoir pour conséquence de faire taire Socrate et sa dialectique qui ne porte jamais sur la justesse des noms mais sur la nature des « choses mêmes ».

L'ordre de la série est décidé au coup par coup, sans qu'une raison en soit jamais fournie, et ce n'est pas pour en fournir une que Socrate intervient dans ce prologue. Le souci d'accorder un répit à chacun des deux jeunes interlocuteurs l'amène à fixer un chassé-croisé entre questionneurs et répondants : « hier » il s'est couplé avec Théétète dans le *Théétète*, « maintenant » (*nun*) il vient de l'entendre répondre à l'Étranger dans le *Sophiste*, et « une autre fois » (*authis*), il s'entretiendra avec Socrate le Jeune. Bizarre chronologie, où le « maintenant » est un maintenant passé et où le maintenant à venir, le *Politique*,

1. Voir Introduction, p. 14-15.

est omis, comme si ces deux Dialogues, *Sophiste* et *Politique* ne faisaient qu'un seul « maintenant ». En outre, ce n'est plus, comme dans le *Sophiste*, le *Parménide* qui est pour Socrate le quatrième Dialogue venant compléter la trilogie annoncée, c'est le *Théétète*.

Pourquoi le Théétète ?

Pourquoi est-ce le *Théétète* qui transforme la trilogie en tétralogie ? Tout ce qu'il semble raisonnable de tenir pour un savoir s'y trouve récusé, mais cette conclusion négative est plutôt le préalable nécessaire à la définition du sophiste, lui qui prétend tout savoir du savoir, c'est-à-dire qu'il est impossible, puisque savoir, c'est percevoir. Tout savoir perceptif étant essentiellement singulier, informulable et par conséquent incommunicable, il donne naissance à des opinions dont la généralité conventionnelle est facilement ébranlable. À quoi cependant le *Théétète* peut-il servir quand c'est la définition du politique que l'on cherche ? Une première raison est que la finalité maïeutique conférée à toute recherche à la fin du *Théétète* est présente dans le *Politique*. En ne considérant l'ordre à suivre que du point de vue du changement de questionneur et de répondant, Socrate ne « badine » pas. Car la nature du répondant est déterminante quant au choix de la méthode : Parménide choisit comme interlocuteur celui « qui fera le moins d'embarras » et l'Étranger en veut un qui « se laisse facilement conduire et n'est pas d'humeur agressive »[1]. Dans la plupart des Dialogues socratiques, Socrate affronte un sophiste ou un de ses disciples, ou un prêtre, un général, bref un interlocuteur qui se croit savant et défend des opinions dont Socrate démontre l'absence de fondement, ce qui lui permet de recentrer

---

1. *Parm.*, 137b, *Soph.*, 217c10.

la question sur l'essence de la chose et de définir au moins ce qu'elle n'est pas [1]. En choisir un qui soit jeune est au contraire nécessaire à la méthode employée par l'Étranger : parce qu'elle est rationnelle, elle demande à être *suivie*. Le fait que Théétète et Socrate le Jeune soient mathématiciens garantit qu'ils en sont capables, l'opinion n'a pas droit de cité en mathématiques. Mais comme leur jeunesse est « encore loin de la vérité des choses », ils peuvent se laisser influencer par des préjugés culturels ou être ensorcelés par des discours, comme Théétète l'est par ceux de Protagoras. Socrate le Jeune ne semble cependant pas avoir besoin, comme Théétète, d'être rendu « moins lourd » et « plus doux » envers ceux qui l'entourent [2]. Pourtant, lorsque le jeune garçon commet une première erreur, il la commet à cause de sa nature fougueuse, et quand il a du mal à accepter qu'une constitution puisse se passer de lois, c'est sa culture démocratique qui parle. Socrate a donc raison de juger que lui aussi doit être « soumis à examen », et l'Étranger va lui administrer de petites leçons de dialectique destinées à réfuter ses erreurs donc à le purifier de ses opinions fausses. Socrate donne ainsi à la dialectique parménidéenne la dimension maïeutique qui lui faisait défaut, puisque selon Parménide et son disciple Zénon d'Élée elle n'a pour finalité qu'un entraînement, un exercice d'assouplissement logique [3].

La seconde raison de faire du *Théétète* le quatrième Dialogue se trouve dans une de ces leçons, ou plus exactement dans celle que l'Étranger ne voudra pas donner. La question posée par le Socrate le Jeune (263a2-4) : « Mais cela même, Étranger, comment le

---

1. *Théét.*, 187a1-3.
2. Cf. *Théét.*, 151e-152a et 210b11 *sq.*
3. Cf. *Parm.*, 136a-e.

connaître plus clairement, que genre et partie ne sont pas la même chose mais diffèrent l'un de l'autre? » renvoie en effet à deux apories rencontrées dans le *Théétète*[1]. La théorie rapportée par Théétète a pour postulat que seul ce qui est complexe est connaissable, alors que ses éléments peuvent seulement être nommés. Ainsi, on distingue les lettres de l'alphabet par leur nom (alpha, bêta etc.) mais la syllabe que des lettres composent est connaissable dans la mesure où elle est décomposable en ses éléments. D'où cette alternative : si une syllabe est la somme des lettres qui la composent et si elle est connaissable, les lettres (*stoikheia*) qui en sont les parties (*merè*), doivent l'être aussi. Mais si l'on estime qu'étant un tout entier (*holon*), elle n'a pas de parties et possède en elle-même sa propre intelligibilité, son propre caractère distinctif (*idea*), ses éléments sont inconnaissables. L'apprentissage de la lecture (ou de la musique) réfute le second membre de l'alternative : la connaissance claire des éléments y est indispensable à celle du tout. Il n'existe donc selon Socrate aucune différence entre totalité, somme de parties (*to pan*), et tout, tout entier (*to holon*) : ce qui est composé de parties est forcément la totalité complète de ces parties.

Or, lorsque Parménide examine les conséquences sur les autres de l'hypothèse « si l'un est relativement »[2], c'est le fait d'avoir des parties qui les caractérise, car sinon ils ne seraient pas différents de l'un. Il n'y a « parties » que de ce qui est un tout unifié et complet (*holon*) et non pas d'une multiplicité, puisqu'il faut que cette multiplicité soit unifiée et par là entièrement totalisée pour qu'elle ait des parties. L'un sera donc le tout un et entier de ses parties,

---

1. *Théét.*, 203a-205e.
2. C'est la quatrième hypothèse développée par Parménide dans le *Parménide*.

et chacune, toutes les fois qu'elle est partie de ce tout
unique, sera une partie en elle-même une – une espèce.
Car si on isole par la pensée la plus petite partie possible
et considère ce qu'elle est *avant* de participer à l'un,
« tant que c'est ainsi que nous examinerons elle-même
en elle-même cette nature autre que l'idée (*eidos*), nous
ne pourrons toujours en voir que la pluralité illimitée »[1].
Dans le *Parménide*, l'un entendu comme « tout entier »
communique son unité à chacune de ses parties, car ces
parties sont des espèces logiquement saisissables, donc
ne sont véritablement des parties qu'en participant à ce
tout. Le *Théétète* renverse donc cette affirmation. Que dit
l'Étranger dans le *Politique* ? Que cette question devra être
explorée à loisir (263b), autrement dit qu'elle ne l'a pas
encore été, en tout cas pas de manière à être résolue. Mais
néanmoins suffisamment pour pouvoir affirmer, avec
Parménide, qu'une partie n'est pas nécessairement une
espèce (Lydiens ou Phrygiens « font partie » mais ne sont
pas des « espèces » de l'espèce humaine), et avec Socrate
que c'est en distinguant et définissant correctement les
parties qu'elles seront des espèces et que le tout qu'elles
constituent sera connu. Tel est bien le but des divisions du
Politique, celle des sciences comme celle du tissage : faire
que les parties que la science politique doit unifier soient
des espèces pouvant entrer dans la confection du tissu qui
enveloppe de son unité la cité.

La continuité de la séquence n'est donc pas seulement
dramatique, chronologique ou programmatique, d'abord
parce qu'elle implique la mémoire des problèmes posés
dans le *Parménide* et le *Théétète*, ensuite parce qu'elle
répond à une nécessité à la fois logique et politique. Il
était *nécessaire* d'examiner le sophiste avant le politique

1. *Parm.*, 157c-158c.

et le philosophe, puisque pour lui, il n'y a qu'un seul genre : le sien ; il peut mimer aussi bien le philosophe que le politique, et réussir à se faire passer pour tel aux yeux de la plupart des gens. Il est tout aussi *nécessaire* d'examiner le politique avant le philosophe, la thèse du philosophe gouvernant soutenue dans la *République* ne laissant subsister que deux genres ; il faut donc que le roi philosophe disparaisse du *Politique* pour qu'il y en ait trois.

Le Philosophe ?

Reste en effet la question du Dialogue censé achever la série, le *Philosophe*. Elle n'est pas posée par le *Politique*, mais lorsque Socrate dit qu'il interrogera le jeune Socrate « une autre fois », il paraît difficile de ne pas penser que c'est le Dialogue du *Philosophe* qu'il annonce. Cette question a donné lieu à de multiples hypothèses, d'autant qu'aucune source antique n'atteste que ce Dialogue ait jamais existé[1]. Mais il suffit peut-être là encore de se souvenir de ce qui a été dit à un moment du *Sophiste*, à savoir que ce qui devrait venir après, le philosophe, a été découvert « en premier ». Après avoir parlé de l'éclatante lumière de la région où il réside, l'Étranger déclare : « c'est donc dans un lieu de ce genre que nous le découvrirons et maintenant et par la suite, si nous le cherchons ». Il ne dit

1. Le livre de M.L. Gill, *Philosophos : Plato's Missing Dialogue* (Oxford, Oxford University Press, 2012) fait le tour de la question. Pour J. Klein (*Plato's Trilogy. Theaetetus, the Sophist, and the Statesman*, Chicago, University of Chicago Press, 1977), ce Dialogue n'est pas seulement manquant, il est inutile et la trilogie se réduit à deux Dialogues : le *Sophiste* et le *Politique*. Ce que P. Friedländer (*Plato. The Dialogues*, vol. 3 : *Second and Third Period*, London, Routledge & Kegan Paul, 1969, note 5, p. 525) résume en quelques mots : « il ne peut pas y avoir un dialogue particulier concernant le philosophe parce qu'il est présent en tous » (ma traduction).

pas « maintenant *ou* par la suite », qu'on pourrait entendre comme « tout de suite ou plus tard », mais « *et* maintenant *et* par la suite », indiquant une répétition et non pas une tâche à venir, comme le signifie également la clause éventuelle « si nous le cherchons » et non pas « quand nous le chercherons », laquelle un peu plus loin devient « si nous le souhaitons encore »[1]. Toutes les fois que se déploie la puissance dialectique, on tient le philosophe : il ne manque pas, dans les Dialogues de Platon, d'occasions d'apprendre ce qu'est pour lui un philosophe. En ce cas, la tétralogie redeviendrait à nouveau trilogie, le philosophe étant positivement incommensurable, donc inintégrable.

Dans le prologue du *Politique*, les personnages soucieux de continuité sont Théodore, qui prie l'Étranger de choisir, « à la suite », lequel, du politique et du philosophe, il souhaite à présent définir, puis l'Étranger, qui accorde qu'il leur faut « aller jusqu'au bout » de ce qu'ils ont « pris en main ». Tous deux tiennent à exécuter le programme promis. Pour Théodore comme sans doute pour Théétète et le jeune Socrate, la raison est qu'ils sont tous, à des degrés divers, experts en matière de calcul et de géométrie, deux sciences ayant pour but d'arriver méthodiquement à résoudre un problème. Dans le *Théétète*[2], Théodore souhaite par deux fois se mettre en retrait sous le prétexte que son âge l'empêche d'acquérir une pratique suffisante de la discussion ; dans le *Politique* il renvoie à « une autre fois » son entretien avec Socrate à propos de sa « faute de calcul » et, pour en finir avec un problème qu'il juge sans doute « hors-sujet », il donne la parole à l'Étranger.

1. *Soph.*, 253c8, e8, 254b4.
2. Cf. *Théét.*, 146b1-7, 168e-169b.

L'Erreur de Théodore (257A3-B8)

Quand il réplique aux remerciements de Socrate, Théodore établit une égalité arithmétique entre des termes qu'il estime donc être de valeur égale et de mérite (*timè*) égal : avoir présenté à Socrate un Étranger capable de définir les trois genres devra lui valoir trois fois plus de gratitude que si celui-ci n'en définissait qu'un seul. Socrate s'étonnant qu'un grand mathématicien puisse commettre une telle erreur, Théodore le félicite de sa mémoire et invoque Ammon. Dans le *Phèdre*, Socrate fait appel à l'oracle d'Ammon, dieu égyptien de la mémoire, pour se moquer de ceux qui s'imaginent « que des discours écrits sont plus qu'un moyen de faire se ressouvenir des choses dont ces écrits traitent celui qui en a un savoir ». Le roi Thamous vient d'objecter à Teuth, dieu inventeur, entre autres, des mathématiques et de l'écriture, que cette dernière invention ne dotera les hommes que d'une mémoire étrangère [1]; or il ne faut pas seulement sauvegarder ce qu'on a appris, mais ce qu'on a compris (selon les deux sens de *manthanô* précisés dans l'*Euthydème*) [2], et cela n'a lieu qu'à l'intérieur de l'âme. L'écriture peut servir de *pharmakon* à la première sorte des sauvegarde, pas à la seconde. Ammon n'est donc pas pour Socrate le dieu de la mémoire, mais de la bonne mémoire, celle qui caractérise le naturel philosophe. Mais qu'est-il pour Théodore ? Il complimente Socrate de la justesse de son reproche (*dikaiôs*), ce qui implique un sens droit de la mesure [3], et ajoute l'adverbe *mnèmonikôs*,

---

1. *Phèdre*, 275c8-d3, 274e-275b.
2. *Euthyd.*, 277e-278a.
3. Dans le *Théétète* (161d8 *sq.*), *dikaiôs* arrive dans un contexte où il est également question de valeur, de mérite et de mesure : Protagoras

un hapax signifiant que la mémoire en question est précise et sans faille[1]. De quoi, selon Théodore, Socrate se souvient-il ?

Sur ce point, les avis diffèrent. Bien que le rapport entre les trois genres défie selon Socrate toute mise en « proportion » (*analogia*) de type mathématique, certains commentateurs pensent qu'il s'agit de substituer à une égalité arithmétique une égalité géométrique, ou proportionnelle (comme la nomme Aristote), ce qui suppose l'évaluation préalable de la valeur de chacun des termes par référence à une juste mesure[2]. Le texte des *Lois* sur ces deux types d'égalité peut paraître justifier cette interprétation[3]. Mais la formulation numérique ne serait alors qu'une métaphore, en réalité qualitative : le sophiste vaudrait « mille » fois moins que le politique et le philosophe. D'autres sont plus prudents : le rapprochement avec les *Lois* pourrait « suggérer » que « Platon n'abandonnerait pas si facilement l'idée d'établir une proportion exacte entre le politique et le sophiste »[4]. Que Platon le juge impossible tiendrait à l'état des mathématiques de son temps, et l'incommensurabilité serait en quelque sorte provisoire. D'autres enfin

peut-il être mesure de sa propre *sophia*, peut-il à bon droit (*dikaiôs*) se juger digne d'enseigner à des jeunes gens, moyennant un salaire considérable ?

1. Sur les cinq occurrences de l'adjectif *mnèmonikos,* trois caractérisent la méthode d'Hippias, détenteur d'un savoir « encyclopédique » : *Hipp. Min.,* 368d6, 369a7 ; *Hipp. Maj.,* 285e10. Voir M. Dixsaut, « La bonne mémoire de Socrate (*Pol.,* 257b5-7) » dans *Plato's Statesman*, A. Havlicek, J. Jirsa and K. Thein (eds), Praha, Oikoumene, 2013, p. 11-26.

2. S. Rosen, *Le Politique de Platon, op. cit.,* p. 10-11.

3. *Lois* VI, 756e *sq.*

4. J.B. Skemp, *Plato's Statesman*, London, Routledge and Kegan Paul, 1952, n. 1 p. 119-120.

combinent la thèse de l'égalité proportionnelle et celle de l'incommensurabilité : l'erreur consisterait « à traiter comme des quantités égales des termes dont la valeur diffère au contraire de manière proportionnelle » et on aurait là « une allusion à la méthode de calcul permettant d'approcher les valeurs irrationnelles »[1]. Il y a bien, dans le passage mathématique du *Théétète*, une référence à la découverte par Théodore de l'incommensurabilité de certaines « puissances »[2]. Mais l'incommensurabilité des trois termes n'est justement pas de nature mathématique, et Théodore se trompe encore en croyant qu'il a fait une « faute de calcul ».

Il y a incommensurabilité parce que la valeur de deux des trois outrepasse toute mesure – de façon négative, dans le cas du sophiste, et positive dans celui du philosophe[3]. Le premier genre, celui du sophiste, ne produit que des images et n'est lui-même qu'une image : entre une image, ce « réel non-être », et les êtres qui sont en vérité, la différence est ontologique, donc incommensurable. Le philosophe cherche pour sa part à comprendre « ce qu'est en elle-même la nature de chaque être par la partie de l'âme qui convient, celle qui est apparentée », et il « regarde alors vers ce qui est divin »[4]. C'est en ce sens qu'il est « un homme divin ». Dans la bouche des Lacédémoniennes comme dans celle de Théodore[5], cette expression n'a sans doute qu'un sens emphatique, aussi emphatique que lorsqu'il présente l'Étranger comme un

1. Comme Brisson-Pradeau dans leur édition du *Politique*, *op. cit.*, n. 7 p. 214.
2. *Théét.*, 147d.
3. Voir C. Rowe, *Plato. Statesman*, *op. cit.*, note ad 257b3-4, p. 177.
4. Cf. *Rép.* VI, 490b et *Phédon*, 79d.
5. Cf. *Ménon*, 99d et *Soph.*, 216b8-c1.

homme tout à fait « philosophe ». Dans celle de Socrate, dire d'un homme qu'il est divin, cela renvoie à l'affinité existant entre l'âme du philosophe et la nature « divine » des réalités qu'il cherche à comprendre. S'efforcer de s'assimiler au divin est à coup sûr une forme de démesure, même si pour un philosophe cela veut simplement dire penser. Mais de quel philosophe parle alors Socrate ? Du philosophe tel qu'il le conçoit, non pas de celui tel que le conçoivent Théodore et l'Étranger. D'un philosophe dont la dialectique n'est pas faite d'erreurs rectifiées mais d'inspirations subites et d'impasses imprévues et qui consacre toute son énergie à inventer comment questionner et répondre autrement, faute de quoi on cesse de penser et ne fait pas penser. En ce sens, le philosophe outrepasse toute mesure, même juste. Mais le politique, lui, n'est pas « incommensurable » et en se mettant à sa recherche on risque d'oublier l'incommensurabilité des deux autres.

PARENTÉS (257B8-258B5)

L'Étranger demande à Théodore son avis sur le choix du prochain interlocuteur, et Socrate, à qui on ne demandait rien, en profite pour intervenir une dernière fois, en plaisantant sur la parenté que les deux jeunes garçons paraissent avoir avec lui. Là encore, il semble être « hors-sujet ». Socrate, certes, plaisante, mais comme toujours il plaisante sérieusement. À la différence de la ressemblance, qui peut être artificiellement produite et apporte toujours avec elle la difficulté de la symétrie, la parenté est un lien naturel. Cependant, c'est l'aspect de son visage qui apparente Théétète à Socrate et cette apparence physique risque d'être trompeuse ; quant à l'homonymie censée l'apparenter à Socrate le Jeune, elle a encore plus de

chance de faire croire à une parenté fictive. Il revient donc
à ceux qui écoutent de se souvenir que, dans le *Théétète* [1],
Théodore passait vite sur cette peu flatteuse ressemblance
physique pour passer à la description d'une nature
unissant miraculeusement deux tempéraments opposés,
unité dont le politique doit produire la copie en tissant
la cité. Le Jeune Socrate va justifier son homonymie en
ne se contentant pas d'approuver ; il se montre réticent,
n'admet certaines affirmations que comme probables ou
vraisemblables, n'hésite pas à dire qu'il ne comprend pas,
et il est capable de faire siennes les questions qu'on lui pose,
comme le lui enjoint l'Étranger (258c8-d3) et comme le
prouvent aussi les erreurs qu'il commet. Le terme utilisé
par Socrate, « parenté », ne se limite cependant pas à ce
lien maïeutique, il a une signification dialectique. Dans le
Sophiste, l'Étranger donne à sa manière de raisonner « le
but d'acquérir l'intelligence de tous les arts en s'efforçant
de réfléchir sur leur parenté ou leur absence de parenté,
et de ce point de vue elle les estime tous également » [2].
Diviser correctement consiste à dénoncer les parentés
fictives (dont l'homonymie est souvent l'artisan), et à
rendre évidentes des parentés paradoxales qu'il faut
affirmer sans se soucier du ridicule – par exemple entre le
sophiste et le pêcheur à la ligne, le politique et le tisserand,
ou entre le stratège et le tueur de poux, l'homme et le
cochon. Savoir discerner la parenté de ces activités, être
paradoxal, est la condition de la neutralité axiologique
qui doit présider à toute recherche dialectique.

« Or nous devons toujours mettre du cœur à renouer
connaissance avec ceux qui nous sont parents en
conversant avec eux », dit Socrate. La sorte de parenté que

---

1. *Théét.*, 143e4-144b7.
2. *Soph.*, 227b.

Socrate peut se reconnaître avec les deux jeunes garçons
ne fait pas de doute : dans le *Théétète*, Euclide rapporte que
Socrate a été « émerveillé par sa parenté avec Théétète et
par sa nature » et Socrate confirme que Théodore ne s'est
pas trompé sur elle[1]. « Par égard pour un naturel comme
le tien », dit l'Étranger à Socrate le jeune (262c3-4) quand
il va tenter de lui montrer plus clairement la différence
entre espèce et partie. La parenté est un lien naturel
qui n'est pas extérieur, mais intérieur, l'appartenance
à un même genre doit être « ardemment » (*prothumôs*)
reconnue, ce qui signifie intériorisée. Cela ne peut se faire
que *dia logôn*, discursivement, dialectiquement

LA DIVISION DES SCIENCES (258B-268D)

Platon a dévalué, définitivement, le terme « sophiste »
et, en substantivant dans le *Phédon* l'adjectif *philosophos*,
il a fait entrer le personnage du philosophe sur la scène
du monde. Ce n'est pas dans le *Politique* que l'adjectif
politikos se trouve substantivé, il l'est déjà dans *l'Apologie
de Socrate* où c'est par « l'un des politiques » que Socrate
commence son enquête, et conclut que ces « politiques »
ont « la réputation de savoir quelque chose » mais ne
savent en réalité absolument rien. Dans le *Gorgias*, le terme
désigne aussi les hommes politiques du temps, critiqués
par Socrate pour leur incompétence et leur injustice[2]. Le
verdict est sévère : les politiques n'ont aucun savoir de
ce dont ils parlent et ils se trompent généralement sur ce
qu'ils doivent faire – bien que cela puisse, dit Socrate à la
fin du *Ménon*, être compensé chez certains par une sorte
d'inspiration divine.

1. *Théét.*, 142c8, 155d2.
2. Cf. *Apol.*, 21e6-22a1 ; *Gorg.*, 473e, 513b, 519c, 527d. 2.

Dans le *Politique*, l'Étranger commence par poser cette question : faut-il, comme cela vient d'être fait pour le sophiste, ranger le politique « lui aussi parmi ceux qui possèdent une science » ? Pour Socrate le Jeune, cela ne fait aucun doute, mais pour qui a entendu ou lu l'*Apologie* de Socrate, cela ne va pas vraiment de soi. Mais cette première séparation entre savants et non-savants est nécessaire, car elle permet de rompre avec la perspective adoptée dans la *République*. Le substantif « politique » ne peut pas y figurer, car c'est son savoir de ce qui est bon que le philosophe particularise en l'appliquant aux affaires de la cité, et l'appliquer n'en fait pas « un politique ». Si en revanche c'est son savoir qui définit le politique, ce savoir doit être politique. Le politique fait partie de ceux qui savent : telle est la thèse qui va être soutenue par l'ensemble du Dialogue. Elle relève d'une décision qu'il faut prendre si l'on veut que le politique constitue un genre différent de celui du philosophe. Cette décision est en outre « pré-méthodologique »[1], d'abord parce qu'elle a pour effet de dépouiller le terme des connotations péjoratives que lui valait sa référence à des politiques existants, ensuite parce que la définition du politique ne peut donc qu'être normative. Ce n'est pas le fait de s'occuper des affaires publiques les plus importantes qui le caractérise, c'est un savoir et non pas un domaine d'activité.

Ce savoir étant inclus dans une division de toutes les sciences, il en est nécessairement une espèce, mais à la différence des autres sciences, c'est la division qui en *construit* l'existence. Il n'y a en effet aucun exemple de ce politique savant, alors que, s'agissant du sophiste, il n'y

---

1. Voir S. Rosen, *Le Politique de Platon, op. cit.*, p. 47.

en avait que trop. Tout sophiste prétend disposer d'un art, c'est un *tekhnitès* : c'est donc l'art (*tekhnè*), autrement dit tout le champ des savoirs humains débouchant sur des activités pratiques, qu'il fallait diviser. Bien que les deux termes, *epistèmè* et *tekhnè* soient dans le *Politique* interchangeables, le terme *tekhnitès* n'est jamais appliqué au politique. L'art politique est pourtant bien un art, une *tekhnè*, mais celui qui le possède doit être dit « savant » (*epistèmôn*). L'Étranger y insiste : pour définir cet art, il faut diviser *toutes* les sciences, et l'inclure dans cette division fait de cet art une science.

DIVISER TOUTES LES SCIENCES (258B7-D3)

Qu'est-ce qui peut diviser toutes les sciences, sinon une science ? Cette science est-elle alors extérieure au tout qu'elle divise, ou s'y inclut-elle ? Si elle lui est extérieure, c'est qu'elle n'est pas une science, et si elle s'y inclut, c'est qu'elle possède à la fois la science de ce qu'est une science et la science d'elle-même – cette possibilité étant discutée dans le *Charmide*, sans être d'ailleurs absolument rejetée [1]. Il est en tout cas nécessaire d'accorder à une science « hors champ » le pouvoir de décider si les espèces séparées au cours de la division méritent ou non le nom de sciences. Ce paradoxe logique bien connu frappe chaque entreprise de division de « toutes les sciences ».

Un paradoxe logique

La raison avancée dans le *Politique* pour procéder à cette division sonne moins comme une raison que comme un postulat : le politique *doit* posséder un savoir pour bien gouverner, donc pour mériter son nom, et ce

1. Cf. *Charm.*, 168e-172c.

savoir doit être défini et distingué de tous les autres. Des
trois espèces de savoir en cause, – sophistique, politique,
philosophique – seul celui du politique serait définissable
comme un savoir particulier puisque distinct de la science
qui entreprend de le définir. Mais quelle serait alors la
nature de cette dernière ? Les Dialogues nous proposent
plusieurs autres divisions de l'ensemble des sciences,
et toutes rencontrent ces problèmes ; mais si chacune
les résout assez différemment toutes s'accordent sur ce
point : une seule mérite le nom de science.

Autres divisions platoniciennes des sciences

La distinction établie dans l'*Euthydème* entre sciences
de la production et sciences de l'usage offre en raccourci
un modèle du rapport entre sciences mathématiques et
science dialectique : « quant aux géomètres, astronomes,
calculateurs », qui sont à leur façon des chasseurs, « ce
sont des réalités qu'ils soumettent à investigation » mais
ils ne savent pas comment utiliser ce qu'ils capturent,
et « pour cette raison, sans doute, ils confient aux
dialecticiens l'art d'utiliser leurs découvertes, du moins
s'ils ne sont pas totalement insensés[1] ». Si la priorité de
la science de l'usage sur celle de la production vaut en ce
cas, elle vaut *a fortiori* pour tous les autres, en particulier
pour la science des discours et la science militaire. La
seule science de l'usage est la dialectique, et elle prévaut
sur toute science de la production.

Dans la *République*, Socrate commence par poser
que « tous les arts (*tekhnai*) ne s'occupent généralement
que des opinions et des appétits des hommes et ne se
développent tous qu'en vue de la production, de la
fabrication et de l'entretien de choses naturelles ou

1. *Euthyd.*, 290c.

artificielles ». Ils constituent la partie « pratique » de la science, mais ce n'est pas seulement le genre d'objets dont ils s'occupent qui les caractérise : ils ont pour but de satisfaire les désirs des hommes et se soumettent aux opinions communes quant à l'utilité et la valeur de ces objets. Certains pourtant, les arts mathématiques, « saisissent quelque chose de ce qui est » mais ne le connaissent que « comme en rêve ». Leur infériorité était déjà implicitement affirmée par le sectionnement de la partie intelligible de la Ligne, et elle l'est explicitement lorsque Socrate ne reconnaît qu'à la méthode dialectique la capacité de saisir « ce qu'est chaque chose » à la lumière de la vérité. D'où il découle que « celles que précédemment nous avons appelées "sciences" (*epistèmai*), pour nous conformer à l'usage commun, doivent recevoir un autre nom, plus clair que celui d'opinion mais plus obscur que celui de science ». Cependant, débattre sur le nom serait superflu : il suffit de comprendre que la dialectique « doit être placée au sommet des sciences, et qu'aucune autre étude (*mathèma*) ne peut à bon droit être mise plus haut qu'elle »[1].

La situation des arts mathématiques est encore pire dans la division des sciences du *Philèbe*. Socrate commence par scinder chaque activité manuelle en une partie contenant plus ou moins de clarté et d'exactitude, et l'autre qui n'est que routine et procède par conjectures empiriques. La première partie est « hégémonique » : plus elle est importante en un art, plus cet art possède de « précision et de vérité ». L'art de l'architecte qui « use de mesure et de plus d'instruments précis que les autres » –instruments qui, comme le cordeau, l'équerre et le compas sont eux-mêmes les produits techniques

---

1. Cf. *Rép.* VII, 510c-511d, 533b-e, 534e2-5.

d'un savoir mathématique – est supérieur à ceux du musicien, du médecin, du pilote ou du stratège, mais tous relèvent d'un même genre. Les sciences mathématiques se trouvent ainsi dédoublées en pures et appliquées[1]. Les mathématiques appliquées, architecture y compris, relèvent donc de la partie « hégémonique » des arts manuels ; les mathématiques pures ont plus de vérité, mais « la puissance dialectique » est celle qui a le plus de pureté et de vérité « et elle nous renierait si nous jugions bon d'en mettre une autre au-dessus d'elle »[2].

Quel que soit le point de vue adopté, celui du bon usage, de l'éducation ou « de la pureté et de la vérité », la science dialectique est la science par excellence. Reconnaître son « incommensurable » supériorité rend acceptable son insertion dans une division des sciences mais les autres risquent d'en perdre ce nom, comme cela leur arrive dans la *République* et le *Philèbe*. Et si on ne l'y insère pas, celles-ci prolifèrent, leurs fonctions empiètent les unes sur les autres, elles sont difficiles à regrouper et difficiles à séparer, elles rivalisent et revendiquent.

Dans le *Politique*, la science dialectique semble absente : le verbe *dialegesthai* est employé dans le mythe en son sens courant de « parler avec » (272c6). C'est pourtant le terme « dialecticien », deux fois au comparatif, qui révèle le vrai but du Dialogue : « rendre plus dialecticiens » (285d6, 287a3). Une science dialectique doit donc bien y être à l'œuvre, sinon elle ne pourrait pas nous rendre « plus dialecticiens ». Mais le fait que la méthode de division (qu'elle soit parménidéenne ou

---

1. La *République* (527a-b) oppose une géométrie visant la connaissance (*gnôseôs heneka*) à celle utilisée en vue d'une action (*praxeôs heneka*).

2. *Phil.*, 54b, 57e6-7.

socratique) relève de la puissance dialectique n'implique
nullement que la dialectique soit la science nécessaire
à un véritable politique et, sur ce point, l'argument *ex
silentio* semble valable. Les seules sciences mentionnées
par la division comme étant purement cognitives sont les
mathématiques : est-ce plutôt cette espèce de science que
doit posséder le politique ? La question semble d'autant
plus indécidable que deux paradigmes s'opposent. Celui
de l'architecte, détenteur d'une science mathématique,
est convoqué pour montrer comment une science
critique peut aussi être directive. Les mathématiques
appartiennent à la partie cognitive de la science et en sont
les seuls exemples, et rien n'est dit de leur relation, encore
moins de leur subordination, à la science dialectique.
Quant au paradigme du tissage, il fait de l'entrelacement
(*sumplokè*) l'activité politique par excellence, puisque
distinguer des espèces contraires et les rassembler dans
un même genre, les envelopper dans une totalité, sont
les opérations dont dépend l'unité de la cité, or ce sont
des opérations éminemment dialectiques. Cependant,
le politique n'a toujours affaire qu'à une seule sorte de
contraires, et il les entrelace toujours de la même façon.

L'alternative, mathématique ou dialectique, n'est
jamais posée, et le silence gardé s'explique si l'on admet
que l'Étranger n'utilise pas une dialectique ne pouvant
porter que sur des Idées (platoniciennes), mais une
dialectique qui produit, grâce à des coupures logiques,
des espèces logiques. Si cette dialectique n'est pas
platonico-socratique, elle ne possède pas la supériorité
absolue d'une dialectique qu'il faut être philosophe pour
pouvoir manier correctement. Elle n'a que la supériorité
propre à toute procédure rationnelle, capacité nommée
cognitive et critique dans cette première division :

elle produit des connaissances et est capable de juger (*krinein*) de la validité de leurs résultats, de les enchaîner logiquement et de les rectifier si besoin est. Il n'était donc nullement nécessaire d'en dire plus, cette double capacité étant commune aux sciences mathématiques et à la dialectique, à la condition que celle-ci ne soit pas socratique mais parménidéenne[1]. Nommer « critique » la science cognitive suffit, celle du politique pourra donc être tantôt plus dialectique et tantôt plus mathématique selon le problème qu'il rencontre. Cela permet en outre d'insérer cette science dans la division qu'elle effectue sans que les autres sciences cessent d'être des sciences, car le paradoxe logique est résolu en quelque sorte *a minima*, par expulsion de la démesure ou méta-mesure divine de la dialectique socratique. Ses procédures, rassembler-unifier et diviser-séparer sont conservées, mais aménagées de telle sorte qu'il faut bien avouer que personne ne risque d'en devenir amoureux[2].

QUE DIVISE LA PREMIÈRE DIVISION ? HYPOTHÈSE

La première division commence-t-elle par rassembler des choses, les sciences, qui toutes participent à l'Idée de science et en tirent leur nom[3] ? À coup sûr, Platon donne

---

1. Voir *supra*, Introduction, p. 15-17.
2. Comme l'est Socrate, cf. *Phèdre*, 266b.
3. Thèse soutenue par S. Delcomminette, *L'Inventivité dialectique dans les Dialogues de Platon* (Bruxelles, Ousia, 2000). L'analyse des étapes de la division est extrêmement précise et utile, mais selon l'auteur ce qui est à diviser est « tout ce qui appartient au genre science, tout ce qui participe à l'Idée de science » (p. 98). La division procéderait donc d'Idées en Idées ; voir, dans le même sens Brisson-Pradeau, *op. cit*, p. 28 : « il n'y a rien de surprenant à considérer que la division s'opère "selon les Formes" », la majuscule indiquant qu'il s'agit de Formes intelligibles.

cette puissance éponyme aux Idées, mais sont-elles les seules à la posséder ? Faut-il nécessairement donner à la division pour objets des Idées, prises au sens platonicien de ce terme, si l'on ne veut pas y voir une méthode taxinomique semblable à celle des classifications en histoire naturelle ? Il existe une troisième possibilité : que ces « idées » (*eidè*) soient des espèces logiques comme le voulait Parménide[1], mais encore faut-il en déterminer plus précisément la nature.

À la fin du Livre V de la *République*, Socrate veut démontrer en quoi science et opinion diffèrent, et comme c'est d'abord la nature de la science qui doit être définie tout en évitant la circularité de son auto-définition, il déclare ceci :

> Nous affirmerons que les puissances (*dunameis*) sont un certain genre d'êtres (*genos ti tôn ontôn*), grâce auxquelles nous pouvons ce que nous pouvons, et en général toute autre chose peut précisément ce qu'elle peut […] Écoute ce qui m'apparaît à leur sujet. Une puissance n'a selon moi ni couleur, ni forme, ni aucune des qualités de même sorte comme il y en a dans beaucoup d'autres choses et dont il me suffit de considérer en moi-même quelques unes afin de distinguer et dire que les unes sont différentes des autres. Dans une puissance, au contraire, je considère seulement ceci : à quoi elle s'applique et ce qu'elle accomplit, et c'est pour cette raison que j'ai nommé (*ekalesa*) chacune « puissance » ; à celles qui s'appliquent à la même chose et accomplissent la même chose je donne le même nom (*kalô*), et un nom différent à celle qui s'applique à autre chose et accomplit autre chose. […] La science, déclares-tu que c'est une certaine puissance, ou dans quel autre genre la ranges-tu ?

1. Voir *supra*, Introduction, p. 17-19.

— Dans celui-là, et elle est assurément celle qui, de toutes, possède la plus grande force. (*Rép.* V, 477c-d)

Les puissances constituent un troisième « genre d'êtres », un genre qui n'a aucune propriété sensible et ne désigne cependant pas « ce que cela est essentiellement » mais « ce par quoi cela peut ce qu'il peut ». Une puissance n'est pas définie par sa participation à une Idée, mais par la sorte d'actions qu'elle est capable d'accomplir et par la nature des objets sur lesquels sa capacité d'agir s'exerce. Quand une division divise des puissances, les critères adoptés pour distinguer entre elles et opérer les coupures successives doivent donc suivre la règle énoncée par Socrate : « à celles d'entre elles qui s'appliquent à la même chose et effectuent la même chose je donne le même nom, et un nom différent à celles qui s'appliquent à autre chose et effectuent autre chose. » Les espèces produites par la division sont ainsi déterminées par la nature de ce qu'elles *peuvent accomplir*[1]. L'hypothèse selon laquelle la première division du *Politique* divise, non pas des Idées ou des réalités sensibles, mais des fonctions (*erga*), des puissances, des capacités, doit évidemment être prouvée, et ne peut l'être que si l'on en suit pas à pas les étapes.

PREMIÈRE PARTIE :
LA DIVISION DES SCIENCES (258D4-261A3)

Découvrir « le sentier politique » impose un sectionnement des sciences différent de celui visant à capturer le sophiste : celui-ci n'a pas de « sentier » propre, tout chemin peut conduire à lui et c'est l'ubiquité de son art que révèlent les premières définitions du *Sophiste*.

---

1. Voir *supra*, Introduction, p. 20-22.

Première étape (258d4-e7)

1) La première étape de la division distingue deux espèces de science : « les sciences purement cognitives » dont l'arithmétique et les arts qui lui sont apparentés sont l'exemple, et celles ayant trait à des activités manuelles, comme le charpentage. Le terme « cognitif » (*gnôstikè*) n'apparaît que dans ce Dialogue ; il est forgé par Platon en opposition à des activités qui sont nommées « pratiques », terme qui avant Platon signifiait « efficace ». Le *logos* doit en effet apposer à chaque genre qu'il constitue en le séparant un signe différentiel qui le distingue de tous les autres objets de l'enquête – genre (*genos*) ou espèce (*eidos*) : là encore, l'Étranger semble ne pas être « pointilleux dans le choix des mots ». En user indifféremment est pourtant un trait caractéristique de cette sorte de dialectique : il signifie que ce n'est pas une différence extensionnelle qui existe entre le tout et ses parties et que leur rapport est d'un autre ordre, constitutif et constructif. Lorsqu'une Idée « s'empare » d'une chose pour lui donner son *idea* et son nom, la chose peut en effet accepter ou refuser de participer à cette Idée (*Phédon*, 103e *sq.*), ce qu'une espèce d'art tirant de la division son existence même et son nom ne peut faire qu'à la condition de proposer de lui-même une autre définition. En outre, le nom donné par l'Idée à la chose appartient à la langue grecque : le définir dialectiquement consistera à évacuer les significations colportées par la langue commune afin de lui en donner une capable de résister à l'épreuve de la vérité. En revanche, la plupart des espèces d'art produits par une division n'ont pas de nom dans la langue. Certains d'entre eux seront condamnés à l'anonymat, mais le plus souvent, leurs noms seront fabriqués en assortissant du suffixe –*ikè* la

fonction propre à cet art[1]. Dans un langage technique, le caractère propre (*idea*) s'identifie à la capacité ou la fonction (*dunamis*) : la chose produite par toute science d'assemblage (*sunthètikè*) fabrique, en en assemblant tous les éléments, « une chose unique en sa capacité (*dunamis*) et son caractère propre (*idea*) » (308c1-7). Forger ce langage permet de rompre avec le système de la langue, porteur des valorisations de l'opinion. Mais il faut reconnaître que l'éponymie de la puissance engendre des noms assez « barbares » : le langage de la division est peu agréable à l'oreille et il est dépourvu de tout pouvoir évocateur. Mais en fabriquant ces noms, le dialecticien signifie son droit de contrôle sur les mots : il en évacue les images, exclut toute équivocité, et ne vise qu'à combler une déficience de la langue grâce à un syntagme logique résultant d'une division. Dans le *Sophiste*, la question du nom « convenable » à donner aux espèces divisées est « difficile », parce que « nos devanciers », en raison de leur grief irréfléchi à l'égard des divisions, nous ont légué une langue « nécessairement pauvre en dénominations »[2]. Quand ce sont des techniques qu'il faut diviser, l'art du dialecticien doit faire comme elles et forger techniquement leurs noms.

1. Cf. *Soph.*, 267d. Sur les néologismes du *Sophiste* et du *Politique*, voir L. Campbell, *The Sophistes and Politicus of Plato* (1867), repr. New York, Arno Press, 1973, p. XXV-XXVI; sur le suffixe *–ikos* chez Platon, voir P. Chantraine, *Études sur le vocabulaire grec*, Paris, Klincksieck, 1956, p. 132-135. L'Annexe 1 de l'édition Brisson-Pradeau, *op. cit.*, p. 273-281, est sur ce point très utile.

2. Pour le lien entre l'activité de dénomination qui doit suivre la coupe diairétique, cf. *Pol.*, 279e6 : *ekalesamen*, 280a1 : *eipomen*, a2 : *proseipomen*, a4 : *onomati*, c2 : *eipomen*, e4 : *onoma*, 281a10 : *prosagoreuei*, b1 : *onoma*, e9 : *eipômen*, 282a4 : *onomazontas*, a7 : *legomen*, c3 : *onomata*.

Quant au savoir propre aux sciences pratiques, il est
« comme naturellement immanent aux actions qu'elles
effectuent » : ce sont des savoir-faire qui font venir à
existence des choses corporelles alors que les sciences
cognitives ne produisent que du « connaître » et sont
« détachées » (*psilai*) des actions. En son sens premier,
psilos désigne ce qui est sans plumes, poils ou cheveux,
d'où « ce qui n'est pas accompagné de », par exemple
une poésie non accompagnée de chant est « pure » en ce
qu'elle est seule[1]. Être « sans rapport avec » n'est donc
pas une privation mais une détermination positive qui
confère à la chose son autonomie. Une science cognitive
engendre des connaissances « pures » de tout rapport à des
actions, or « connaître » est une activité (*praxis*) comme
le sont penser et parler. Socrate demande à Théétète « que
devons-nous faire ? » et le dialecticien philosophe est
défini dans le *Sophiste* par ce « qu'il est capable de faire »[2].
Dans le *Politique*, ceux qui prennent part à une recherche
font (*prattousin*, 260b7) quelque chose ensemble. Une
science cognitive n'a donc pas de *rapport* à l'action,
mais elle *est* en elle-même une action. Avec quelle sorte
d'actions n'a-t-elle alors pas de rapport ? Avec celles qui
« produisent des choses corporelles » et ont forcément
le corps du producteur pour instrument. En agissant,
une science cognitive produit de l'intelligibilité, pas des
choses corporelles.

1. Cf. *Phèdre*, 278c.
2. Faire (*draô*) : cf. *Théét.*, 164c2 et *Soph.*, 253d5. *draô* « exprime
l'idée d'agir chez Homère avec la spécification du service rendu », et
en attique avec l'accent mis « sur la responsabilité prise » plutôt que
sur « celle de la réalisation d'un acte » (P. Chantraine, *Dictionnaire
étymologique de la langue grecque, Histoire des mots*, t. I, Paris,
Klincksieck, 1990, *s.v.* 1 *draô*, p. 297).

Deuxième étape (258e8-d5)

L'unité de la science étant scindée en deux espèces : certaines sciences ne visent qu'à connaître, et d'autres qu'à produire des choses, il serait logique de se demander à laquelle des deux, cognitive ou pratique, appartient la science politique. Au lieu de quoi, c'est un problème de dénomination qui est posé : quand nous disons « politique », « roi », « maître » (chef des esclaves) et « intendant domestique », ces noms désignent-ils une même chose, ou y a-t-il autant d'arts différents qu'il y a de noms ? Dans le second discours tenu par Socrate dans le *Phèdre* [1], le politique n'occupe que le troisième rang dans une hiérarchie des âmes dont le critère est le degré d'intensité décroissant de leur vision de la plaine de vérité. Il vient après le roi, bon législateur et le gouvernant habile à faire la guerre, et figure au même niveau que l'« intendant » (*oikonomikos*) chargé de gérer un grand domaine et qu'un « homme d'affaires » (*khrèmastistikos*). Le *Politique* supprime l'écart entre ces trois rangs : toutes ces fonctions requièrent un même savoir. En gagnant une extension inusitée, le terme perd sa connotation péjorative : il ne se définit plus par, il n'est plus possible de l'assimiler à un pasteur chargé de subvenir aux besoins et aux plaisirs de son troupeau, donc de l'identifier aux politiques démagogues qui rendent les citoyens pires au lieu de les rendre meilleurs [2].

Dans le *Phèdre*, le roi respectueux des lois occupe le premier rang dans le « cortège des âmes » mais le politique, l'intendant et l'homme d'affaires occupent le troisième. Politique et intendant sont associés, mais

1. *Phèdre*, 248d.
2. Cf. *Gorg.*, 519e.

non pas assimilés, et nettement dissociés du roi[1]. Il
suffit d'avoir lu la *République* pour comprendre qu'il est
possible d'identifier politique et roi (philosophe), mais
voir un politique dans un maître d'esclaves est d'autant
plus déconcertant que, dans cette même *République*,
ce sont les grands empires barbares qui, à la différence
des démocraties grecques, nomment « maîtres » les
gouvernants et « esclaves » les gouvernés[2]. Cela a pu
faire croire que l'ordre du texte avait été bouleversé,
mais *despotès* est ici une fonction et non pas un mode
redoutable d'exercice du pouvoir : le maître répartit les
travaux entre les esclaves et l'intendant est chargé de la
gestion des ressources vitales de la maison (*oikos*). Ils
exercent pourtant leur pouvoir dans un espace privé et
à des fins privées, alors que roi et politique le font dans
un espace public et prennent des décisions lourdes de
conséquences pour l'ensemble des citoyens. Prouver
que chacun de ces deux hommes est un « politique »
impliquerait donc au moins un examen de chacune de
leurs tâches. Or, « suis-moi plutôt par là » dit l'Étranger.
Une analogie permet en effet d'économiser cet examen :
le médecin public choisi par la cité (il s'agit souvent de
médecins militaires) et le médecin privé exercent la même
fonction et l'exercice public ou privé de leur savoir n'a sur
lui aucune incidence[3]. À la condition toutefois d'accorder
au médecin privé la capacité de conseiller (*sumbouleuein*)
le médecin public : conseiller, c'est « délibérer ensemble »
d'une mesure à prendre, ce pourquoi les hommes
politiques étaient aussi nommés *sumbouloi*. Qu'il exerce

---

1. Cf. *Phèdre,* 248d.
2. *Rép.* V, 463a-b.
3. Cf. *Gorgias,* 514d4.

publiquement le pouvoir ou soit le « conseiller privé du prince », c'est celui qui possède l'art de gouverner qui règne[1].

« Maître d'esclaves et intendant » sont donc « une même chose » puisque leur compétence est la même, mais on pourrait penser que la taille de l'objet sur lequel leur compétence s'exerce les distingue du roi. L'*oikos* désigne la demeure privée mais si elle appartient à de riches propriétaires, elle peut renfermer des unités de production et de consommation considérables[2]. L'Étranger peut donc établir entre l'*oikos*, le grand domaine, et la *polis*[3] un rapport géométrique d'homothétie, et c'est encore l'absence de différence quant à l'exercice du commandement qu'il rejette[4]. Politique, roi, maître d'esclaves et intendant domestique exercent un même art de gouvernement sur des groupes d'hommes dont le nombre et la nature importent peu. Cela semble pourtant être contredit lorsque l'Étranger affirme plus loin : « de même que tout à l'heure on a appelé "politique" l'art de prendre soin de la *polis*, ne dénommerons-nous pas aussi maintenant [l'art de prendre soin des vêtements] d'après la chose dont il s'occupe en propre ? » (279e6-280a3). Cette dénomination par l'objet est cepedant contredite à son tour à propos des noms à donner aux sciences auxiliaires du politique : « c'est de la particularité de leurs activités qu'elles tirent à juste titre le nom qui leur est particulier »

1. Sur ce dédoublement, voir p. 401-402, 537-540.

2. Voir É. Helmer, *La Part du bronze, Platon et l'économie,* Paris, Vrin, 2010, p. 213-215.

3. Contrairement à Xénophon, *Économique* XIII, 5 ; XXI, 2 ; *Mémorables* III, 4, 12.

4. Ce dont Aristote ne tient pas compte : cf. *Politiques* I 1, 1252a7-23.

(305d-e). Quelle est la bonne règle de dénomination, la fonction, ou l'objet ? De fait, il n'y en a qu'une : c'est la puissance qui est éponyme, et c'est elle qui détermine ce sur quoi elle est capable d'agir. La dénomination par l'objet renvoie à la capacité d'agir sur cet objet, lequel doit être capable de pâtir de cette action. Que l'on veuille donc appeler la science unique qui caractérise le bon politique « royale, politique, ou économique, cela ne fait aucune différence ».

« C'est donc d'une science cognitive plutôt (*mallon*) que d'une science manuelle et en général pratique que nous dirons que le roi est plus proche (*oikeioteron*) ? » (259c10-d1). Plutôt plus proche : il n'y a là qu'une question de degrés, et elle va être tranchée par la division suivante.

2) Le savoir du politique vient d'être inclus dans le genre des sciences cognitives, mais le politique ne saurait se limiter à connaître et il faut diviser à son tour le genre cognitif. Il présente une « fente naturelle » (*diaphuè*), mot qui désigne la fente naturelle qu'offrent à leur découpage certains fruits, ou la veine, la faille, présente en certaines pierres. Peut-on y voir le rappel des « articulations naturelles » que doit respecter le boucher-sacrificateur du *Phèdre*[1] ? Ces articulations sont propres à la nature de la chose, celle d'éros ou du délire, alors que la fente se situe ici dans un objet résultant de la division précédente. Il vient d'être dit que la science politique est « plutôt plus proche » des savoirs purs de tout rapport à des actions : c'est là que se trouve la fente, et à vrai dire la faille. Si l'architecte doit participer à une science cognitive, mathématique en l'occurrence, cette participation ne

―――――――――

1. *Phèdre*, 265e1-2.

suffit pas à faire de lui un architecte. S'il veut accomplir sa tâche, il doit aussi commander à des ouvriers alors que celle d'un mathématicien se limite à « juger » (*krinein*), à apprécier la validité des connaissances qu'il a produites. En fait, ni le mathématicien ni l'architecte ne se désintéressent des conséquences de leur science, mais le premier en évalue la solidité et la cohérence alors que le second, après « en avoir jugé », doit veiller à ce que le plan qu'il a élaboré soit correctement accompli. Le paradigme a toutefois sa limite, car l'architecture aboutit à une construction matérielle : la science politique est donc plus proche qu'elle d'une science cognitive. De plus, l'architecte ne dirige que des travailleurs manuels, or ce n'est ni seulement ni principalement à eux que l'homme royal a affaire. Pour qu'il ne soit pas en position de « spectateur » et commande en maître à toutes les sciences pratiques, il est nécessaire d'assouplir la définition donnée précédemment : ce ne sont plus des « œuvres de la main », elles sont « en général » pratiques. Compte tenu de ces clauses, – l'une restrictive : la science cognitive n'est pas seulement critique, et l'autre extensive : elle peut s'appliquer aux arts pratiques en général – la science cognitive se divise en critique et directive. L'art politique est un art directif.

Troisième étape (258d6-261a2)

Cette coupure faite, il faut à présent diviser l'art directif.

3) La coupure fait cette fois appel à une analogie : l'art politique est à l'art des vendeurs de leur propre production (*autopôlôn*) ce que l'art des interprètes, « l'herméneutique » propre aux hérauts, devins ou chefs

des rameurs est à celui des revendeurs, qui commercialisent des marchandises produites par d'autres. Prescrire, c'est donner des ordres, or ces ordres peuvent être décidés par celui qui les donne ou être simplement transmis par lui – distinction déjà établie dans le *Sophiste* (223d1-2). L'art politique est un art auto-prescriptif, « autépitactique ». Le genre laissé à gauche n'a pas non plus de nom dans la langue, mais pourquoi l'Étranger, qui vient juste d'en forger deux et en forgera tant par la suite, n'en fabrique-t-il pas un pour lui ? Un nom sera cependant donné plus loin à tous ceux compris dans ce genre, et il n'aura pas à être forgé : « serviteurs » (290b-e). La raison avancée : « car c'est en vue du gouvernant que notre recherche fait route, non en vue de son contraire », fait de l'art laissé à gauche non pas l'autre, mais le contraire de l'art placé à droite. Cela ne vaut pour aucune des autres divisions : chaque fois, l'art placé dans la partie droite est mis en face d'une partie différente et non pas contraire. La preuve en est que le nom de la différence propre aux arts pratiques est relatif à la partie qui leur fait face : « manuelle » quand elle est séparée de « cognitive », elle est dite « pratique » si c'est de « directive » qu'elle se sépare. Maître et serviteur ne sont pas plus des termes contraires que gouvernant et gouverné, ce sont des corrélatifs : pas de maître sans serviteur ni de serviteur sans maître. En revanche, relayer des ordres venus d'ailleurs est bien le contraire de prescrire des ordres dont on est seul à décider : l'autonomie est le contraire de l'hétéronomie.

Prescrire est donc la médiation entre savoir et agir, leur articulation nécessaire. C'est une des avancées les plus notables du *Politique* car elle permet au politique de faire ce que le gouvernant-philosophe de la *République* ne pouvait pas faire en raison de la différence radicale de son savoir. À partir de cette première médiation le politique va pouvoir en inventer d'autres. Au lieu par exemple de se borner à « mêler et broyer des couleurs » pour tracer les images des vertus dont il est le seul détenteur et le seul à connaître l'essence [1], il va, en prescrivant leur juste mesure, établir le lien qui manquait entre vertus pures et vertus populaires, « démotiques ».

La science politique est donc critique, directive et auto-prescriptive : la conclusion de cette première partie de la division ne sera pas remise en question. Ce n'est pas le cas des sectionnements qui vont suivre et vont définir sur quoi, ou plutôt sur qui, ce pouvoir s'exerce. La coupure entre les deux parties de la division est si nette que, lors de sa récapitulation (267a8-c4), l'Étranger s'efforcera de les recoller en rappelant que le genre « élevage des vivants » (zootrophique) avait été coupé de la partie auto-prescriptive « dont il est un genre et non le moindre ». Si la division définissait des genres de savoirs, puis classait des espèces animales, les espèces résultant de cette classification ne pourraient entrer dans aucun des genres distingués par la division. La conclusion s'impose : il ne s'agit pas de classer des espèces animales existantes. Quant à diviser des Idées, on voit encore plus mal comment l'Idée « bipède », par exemple, pourrait participer à l'Idée d'une science auto-prescriptive.

Quelle est alors la question à laquelle la seconde partie de la division tente de répondre ? Très évidemment celle-ci : à quelle sorte de vivants peut s'appliquer la partie auto-prescriptive de la science cognitive ? Prescrire

---

1. *Rép.* V, 400d.

ne peut s'adresser qu'à un troupeau d'animaux jugés *capables* d'obéir ou de désobéir aux ordres prescrits. Seul le « genre d'êtres » des puissances peut englober dans un même genre des savoirs et ce, ou ceux, auxquels ces savoirs s'appliquent. L'hypothèse est vérifiée.

SECONDE PARTIE : LA DIVISION DES ÊTRES *ANIMÉS*
(261A3-268D4)

Étapes 4, 5 et 6 (261a3-262a2)

Les ordres donnés ont toujours en vue une *genesis* : ils visent à faire venir quelque chose à existence. Puisqu'elles viennent à exister, ces choses sont des choses en devenir. Un pasteur se soucie de la génération de ses animaux, mais la *genesis* va par la suite être laissée de côté au profit de l'élevage (*trophè*) et du soin (*epimeleia*)[1]. Un politique devrait pourtant s'en soucier puisque, selon la *République*, c'est l'erreur commise sur le nombre nuptial qui sera cause de la dégénérescence de la constitution parfaite – il ne naîtra plus de naturels philosophes[2]. À la fin du *Politique*, le « lien humain » consistera à accoupler courageuses et modérés, et vice-versa. Quand il fait de la reproduction un objet politique, le ton de Platon se fait ironique mais, si dans la *République* ce problème *est* politique en ce qu'il touche à la possibilité même de l'existence de la belle cité, dans le *Politique* il ne concerne que l'unité à imposer aux citoyens habitant une cité déjà existante. L'hypothèse n'est donc pas l'hypothèse radicale

---

1. *Cf.* 261d-e : *trophè, monotrophia, idiotrophia, zôotrophia, agelaiotrophia, koinotrophikè; epimeleia* : 261d5.
2. *Rép.* VIII, 546b *sq.*

et radicalement aléatoire du roi philosophe, mais ce n'est pas non plus celle de l'existence du politique. C'est *l'existence de la science* capable de faire du politique un véritable politique qui est l'hypothèse que cette division doit prouver. D'une science qui n'est pas plus « divine » que celle de l'architecte ou du tisserand, et qu'ils puissent servir de paradigmes en est la preuve. Tout comme la leur, c'est sur des réalités en devenir qu'elle exerce sa puissance, pas sur des Idées.

4) Diviser celles-ci, dit l'Étranger, n'est pas difficile : ces réalités sont soit animées, soit inanimées, mais Socrate le Jeune n'en demande pas moins laquelle des deux il faudra reprendre. Les politiques ordinaires se préoccupent en effet de faire produire des êtres inanimés, « des navires, des fortifications, des arsenaux »[1]. Ils ne les produisent pas eux-mêmes, mais ils se trompent en y voyant une tâche politique : celle de la science royale est de diriger des vivants, et en cela elle est « plus noble ». C'est donc par cette distinction que la partie prescriptive de la science cognitive doit se couper, « si toutefois nous souhaitons couper ». La clause est surprenante : il semble que l'Étranger ne serait pas fâché de s'arrêter là. Il n'a pas tort.

5) La manière de faire naître et d'élever des vivants peut s'appliquer soit à un seul, soit à un troupeau.

6) Pour l'élevage collectif, évidemment propre au politique, Socrate le Jeune fait preuve d'audace : « Je vais me lancer vaillamment ; il me semble qu'il y en a un qui élève des hommes, et un autre qui élève des bêtes. » Ce qui provoque une première petite leçon de méthode.

---

1. Cf. *Gorg.*, 517c.

UNE LEÇON DE DIALECTIQUE (262A3-264B6)

La précipitation (262a3-c7)

C'est d'abord son excès de vaillance que l'Étranger reproche au jeune garçon. Socrate enjoignait pourtant à Théétète de répondre « vaillamment »[1], et l'Étranger invitait ce même Théétète à mettre de l'ardeur à conclure la deuxième définition du sophiste. Au début du *Politique*, Socrate dit qu'il faut faire preuve de cœur pour reconnaître ceux qui nous sont parents. Cet appel au *thumos*, ardeur, vaillance qui caractérisait les héros ou certains peuples comme les Thraces et les Scythes, s'accorde mal avec la docilité requise. La vaillance est cependant le propre de la jeunesse, et il en faut pour suivre des entreprises aussi labyrinthiques et aussi radicalement renversantes que celles du *Théétète*, du *Sophiste* et du *Politique*. Or non seulement Théétète et Socrate le Jeune les suivent sans faiblir, mais ils encouragent, l'un, Socrate et l'autre, l'Étranger, à ne pas abandonner, à aller jusqu'au bout. Tous deux répondent à ce que Parménide attendait de ses interlocuteurs : ils « répondent tout à fait ce qu'ils pensent ». Mais sa vaillance pousse Socrate le Jeune à « précipiter le logos », il se croit capable de fournir immédiatement la réponse. Or « à ne pas prendre le temps de bien faire on arrive plus lentement », dit le proverbe (264b). Cette sagesse proverbiale est comme à son habitude vraie et fausse, car il n'y a rien de blâmable en soi à aller droit au but, c'est même « une excellente chose », et l'Étranger ne se prive pas de le faire ; mais lui « tombe juste », alors que le jeune Socrate a mis « une seule

1. Cf. *Théét.*, 146d1-3, 187b8, 204b2-4 ; *Soph.*, 224c5. Socrate dit à Criton que l'ardeur (*prothumia*) est louable si elle s'accompagne de rectitude (*Criton*, 46b1-2).

petite portion en face d'une multiplicité considérable de parties ». Est-ce par précipitation qu'il s'est trompé, ou est-ce parce qu'il s'est trompé que l'Étranger lui reproche sa précipitation ? Ce n'est en tout cas pas la seule cause de son erreur.

Le nom et la chose (262c8-262e3)

Pour se faire comprendre, l'Étranger prend deux exemples de division erronée : il va justifier la règle en procédant à une démonstration par l'absurde. Son premier exemple, la division du genre humain en Grecs et Barbares, n'est pourtant pas absurde. Les Grecs avaient quelques raisons de se croire un peuple « à part de tous les autres » : une même langue, les mêmes dieux unissaient des cités démocratiques où la liberté de parole était garantie à chaque citoyen. Mais si l'hellénité peut être une *idea*, il n'en va pas de même de la « barbarie », terme appliqué à des peuples dont la multitude est illimitée et « qui ne se mêlent ni ne s'entendent entre eux ». La coupure ne se fonde donc que sur une « appellation unique ». D'où ce premier conseil : vouloir chaque fois donner un nom à la partie possédant un caractère propre (*idea*) pourrait compliquer inutilement la tâche, apporter une définition (*logos*) suffit. S'il est correct, un nom ne fait que « rassembler » la définition obtenue par entrelacement (*sumplekein*)[1], il n'est qu'une définition abrégée. C'est d'elle que le nom tire son sens et c'est grâce à elle qu'il se réfère correctement à la chose ; sinon, il risque d'induire une opinion fausse. Croire qu'une appellation unique suffise à « faire advenir » un genre revient à renverser le rapport entre le nom et la chose[2] – entre le genre logique

---

1. *Cf.* 265c2-4, 267b6.
2. Sur ce « faire advenir » (*eggignesthai*), voir note III à la traduction.

résultant de la division et sa dénomination, si l'on juge
utile de lui en donner une. Que l'unité d'un nom puisse
faire croire à l'unité d'un genre est ici évident, puisque les
Grecs y ont effectivement cru.

L'origine de l'erreur

En séparant les Grecs des Barbares, ce n'est pas une
différence qu'on pose mais une opposition, sans doute
celle entre sauvages et apprivoisés, civilisés ; or de sauvages
il ne manque pas chez les Grecs, et chez les hommes en
général. L'erreur de Socrate le Jeune fournit le premier
exemple d'une espèce qui ne se sépare que parce qu'elle
se surévalue. Outre la rectification logique apportée par
une dialectique parménidéenne, elle appelle une critique
de l'ethnocentrisme dont témoigne l'appellation même
de « Barbares »[1].

L'absurdité du second exemple saute aux yeux.
Personne assurément n'aurait l'idée aberrante de séparer
le nombre dix mille de tous les autres nombres, et il
semble peu probable que la myriade éprouve un désir
d'auto-glorification – à moins toutefois que, ce terme
ayant en grec le sens qualitatif d'« innombrable », il ne
soit pas impossible d'imaginer que, si la myriade était
sensée, elle pourrait se vanter de n'être pas un nombre...
Il est en revanche tout à fait possible de supposer que
les grues, ou n'importe quelle espèce animale « sensée »
(dotée de *phronèsis*)[2], distribueraient les noms selon le

---

1. Sur l'hellénocentrisme, voir H. Joly, *Platon et la question des
étrangers*, Paris, Vrin, 1992, p. 84-89.
2. Sur la grue, *cf.* Euripide, *Hélène*, v. 1480. Selon Aristote,
Hist. an. IX 10, 614b18-19 : « beaucoup d'actions sensées (*phronima*)
semblent être le fait des grues » : la grue est un animal grégaire
(*Hist. an.* I 1, 488a3-4) dont la société est organisée, qui fait œuvre
commune (a7) et est soumise à un chef (a11-12).

même principe et prétendraient être à part de toutes les autres créatures, hommes compris. Cette hypothèse n'est nullement extravagante, et elle reçoit dans le *Timée* une extension et une explication inattendues. Les servants du Démiurge auraient recouvert la tête d'un os plus fin mais plus fragile afin qu'elle ait une sensibilité plus fine et soit plus sensée[1] – plus sensée que d'autres parties et organes corporels, dont Timée vient de montrer la plus ou moins grande capacité de se comporter avec prudence et discernement. Partout où il y a de la vie, il y a de la sensibilité, donc à des degrés différents une certaine conscience, une certaine sagesse, de la prudence et du discernement; « sensé » (*phronimos*) signifie tout cela. Opposer hommes et bêtes n'est donc pas seulement commettre l'erreur logique consistant à tenir pour spécifique une capacité générique, c'est une faute issue de la croyance en la supériorité de sa propre espèce, elle procède d'un anthropocentrisme. Néanmoins, il y a bien en l'homme une différence, mais pas celle qu'il croit. Sa différence, c'est sa capacité de s'interroger sur sa différence, et qu'il réponde de travers à la question n'annule pas sa capacité de la poser. Si les hommes ne sont pas des bêtes, cela ne tient pas à leur nature mais à la part « divine » qui, en les poussant à s'interroger sur leur nature, fait de cette nature un ensemble de possibilités et non une détermination figée.

La règle de la dichotomie (262e3-263a1)

La division des nombres aurait été mieux faite si on avait divisé le genre en deux espèces, paire et impaire, en prenant pour critère divisible/indivisible par deux. Pour

---

1. Cf. *Tim.*, 75c6.

le genre humain, il vaudrait mieux le partager en mâle et femelle, car « l'homme engendre et la femme enfante »[1], toutes les autres capacités pouvant être communes à l'un et l'autre sexe. La règle de distinction des puissances joue dans les deux cas : puissance de pâtir ou de refuser de pâtir d'une division par deux dans le premier, puissance d'agir en engendrant ou en enfantant dans le second. Quand c'est une puissance d'agir ou de pâtir qui sert de critère, elle confère son *idea* à chacune des espèces, alors que d'autres sortes de critère n'y réussissent pas, comme le prouve justement l'erreur de Socrate le Jeune. La règle de la dichotomie n'est donc pas impérative, elle est seulement « plus sûre ». Diviser les nombres selon le pair et l'impair aboutit à deux parties strictement égales, mais rien ne garantit qu'il existe une quantité égale de mâles et de femelles ; le critère n'est donc pas quantitatif, « extensionnel ». C'est la possession exclusive d'un caractère commun (*idea*) par chacune des deux parties qui doit commander la division, ce caractère commun s'identifiant à la puissance propre de chacune. La division s'arrête quand la multiplicité à laquelle elle aboutit n'est plus unifiable, mais constituée de parcelles indivisibles et fluctuantes : Lydiens et Phrygiens appartiennent au genre « homme », mais une quantité illimitée de groupements semblables peuvent se former, essaimer et disparaître au cours de l'Histoire[2]. Socrate le Jeune comprend enfin

---

1. *Rép.* V, 454d10-e1.

2. L. Campbell (*The Sophistes and Politicus, op. cit.*, n. 2 p. 20) rappelle le mépris attaché à ces deux peuples : « t'imagines-tu avoir devant toi un Lydien, un Phrygien, quelque esclave payé de ton argent et bon pour tes insultes ? » (Euripide, *Alceste*, v. 675). Dans le *Cratyle* (410a), la langue phrygienne est une langue « barbare ».

que genre et partie ne sont pas la même chose, et réclame davantage d'explications quant à leur manière de différer.

Espèce et partie (263a2-e7)

La seule règle dont il doive se souvenir pour l'instant, dit l'Étranger, est que, si toute espèce (*eidos* se substituant à *genos*) est nécessairement une partie (*meros*), toute partie n'est pas nécessairement une espèce. Et, pour que la discussion ne « s'égare » pas, l'examen de leur différence est renvoyé à « une autre fois ». Ne seraient-ce pas plutôt les erreurs auxquelles sa transgression donne lieu qui démontrent la validité de la règle ? Voir par où couper, comme toute « vertu » cela s'apprend et ne s'apprend pas : il faut conjuguer capacité naturelle et exercice. Car s'il y a des règles, il n'y a pas de règles de l'application des règles. Pour résumer celles formulées dans cette première leçon : 1) ne pas se précipiter – mais il est bien plus beau d'aller vite et de tomber juste ; 2) ne pas croire que, s'il y a un mot, il y a une chose – bien que, une fois l'espèce constituée, lui donner un nom puisse « sceller » son existence distincte ; 3) ne pas avoir de préjugés quant à la « dignité » de ce que l'on divise – ce qui n'exclut pas l'existence d'une hiérarchie entre les espèces résultant de la division ; 4) ne pas confondre espèce et partie, encore qu'une espèce soit une partie, et que l'Étranger parle plus souvent de « partie » que d'« espèce ». Quant à savoir quel paradigme ou quelle analogie introduire pour expliquer une règle, cela est remis à l'inventivité du dialecticien.

Après avoir administré cette bizarre leçon, l'Étranger repart en arrière.

RETOUR AUX ÉTAPES DE LA DIVISION (263E8-267D12)

Animaux sauvages et apprivoisés (263e8-264b9)

La distinction (5) entre élevage d'un seul et élevage en troupeau en avait « déjà » posé une autre, autrement dit elle découlait de l'hypothèse que ne peuvent vivre en troupeaux que des animaux apprivoisés. L'ensemble du genre animal avait été divisé en « sauvages » et « apprivoisés » : « ceux qui ont une nature apte à se laisser domestiquer sont appelés "apprivoisés" et ceux qui n'ont pas une telle nature "sauvages" » (264a2-3). Cette remarque faite en passant est décisive quant à la nature de la méthode : elle ne divise pas des espèces déterminées par *le fait* de vivre ou non en troupeau, ce qui impliquerait faussement la *possession* par l'une du caractère sauvage et par l'autre du caractère apprivoisé. La coupure passe entre une *capacité* naturelle de consentir à être domestiqué et une capacité naturelle de le refuser. La science prescriptive dirige et élève des vivants qui ne sont pas naturellement consentants, mais qui sont capables de consentir. La distinction entre « sauvage » et « apprivoisé » ne va au demeurant jamais sans problème. Dans le *Sophiste*, l'Étranger divise la chasse en chasse aux animaux sauvages et chasse aux animaux apprivoisés, et Théétète reste sans voix : il y aurait donc une chasse aux animaux apprivoisés ? L'Étranger réplique : « Oui, si du moins l'homme est un animal apprivoisé. » La première éducation de la *République* doit « redresser » en certains leur sauvagerie naturelle alors qu'elle doit « préserver » la douceur naturelle des autres (*hemeros* signifie « apprivoisé », et par extension « doux, paisible, civilisé »). Dans la digression du *Théétète*[1], le bétail auquel le roi a

---

1. Cf. *Soph.*, 222b6-7 ; *Rép.* III, 410c-e ; *Théét.* 174d6-7.

affaire est « plus rétif », plus « rebelle à se laisser paître et traire ». Mais c'est l'Athénien qui énonce le principe de l'anthropologie zoologique de Platon :

> l'homme, disons-nous, est un animal apprivoisé (*hemeron*) ; cependant, si par hasard il reçoit une éducation droite et se trouve doté d'un bon naturel, il devient d'ordinaire l'animal le plus divin et le plus apprivoisé de tous, mais s'il n'est ni suffisamment ni convenablement éduqué, il devient l'animal le plus sauvage (*agriotaton*) que la terre ait porté » (*Lois* VI, 766a1-4)[1].

L'homme peut *devenir*, et ce devenir n'est pas soumis comme le devenir biologique à des lois implacables, tout dépend de l'éducation. L'Étranger va le dire autrement à la fin du *Politique* (309e) : l'âme incapable « de consentir à s'associer à des actions justes [...] inclinera davantage vers la nature de telle ou telle bête sauvage. » L'homme, animal au devenir incertain, est en outre un animal mimétique ; en conséquence, le bestiaire humain comporte une multiplicité d'espèces sauvages et apprivoisées. Dans le *Phédon*[2], les hommes dont l'âme est trop attachée au corps se mettent à ressembler de plus en plus à ce qu'ils sont : à des ânes, ou des loups, des faucons, des milans, ou encore à des abeilles, des guêpes, des fourmis. Il ne s'agit pas de réincarnations, mais de véritables catégories anthropologiques. Le politique doit donc élever le seul troupeau qui ne soit pas homogène.

---

1. Voir M. Dixsaut, *Le Naturel philosophe*, Paris, Vrin, [1985] 2016[5], p. 112-120.
2. *Phédon,* 80e-81a.

Étapes 7 à 11 (264b10-266d10)

Il ne fallait pas diviser tous les animaux, dit alors l'Étranger, mais seulement l'élevage collectif, et divisons-le

7) en élevage de troupeaux vivant soit en milieu aquatique, soit en milieu sec,

8) ces derniers pouvant être volatiles ou pédestres.

Au moment de diviser les marcheurs, deux voies s'ouvrent, une courte et l'autre plus longue, et Socrate le Jeune, en enfant qu'il est encore, dit qu'il préférerait « les deux ». Si on commence par la voie la plus longue,

9) les pédestres peuvent être cornus ou sans cornes,

10) à reproduction spécifique ou croisée – mais le garçon avait le choix : le critère aurait pu être sabot fendu ou entier. Jusqu'à cette dernière division, « le genre animal, tout ce qu'il comporte d'apprivoisé et de sauvage, se trouve à peu près tout entier déjà morcelé (*katakeker-matistai*) en deux genres ». Curieux verbe pour qui voudrait dire qu'il a été correctement divisé, et curieuse restriction qui jette un doute sur la rigueur et le sérieux de ce qui précède. Enfin une dernière coupure distingue

11) les bipèdes des quadrupèdes, ce qui donne lieu à une petite plaisanterie géométrique où le terme « puissance » refait son apparition [1]. Les deux dernières étapes donnent au roi une espèce « capable de mouvement » : locomotion et reproduction sont des mouvements, ce que n'étaient pas tous les caractères énumérés précédemment [2]. S'il n'était pas capable de se mouvoir, comment ce troupeau pourrait-il « rivaliser à la course », et s'il n'était pas

---

1. Cf. *Théét.*, 147d. Sur cette plaisanterie, voir J.B. Skemp, *Plato's Statesman, op. cit.*, note 1 p. 139, et l'Annexe 2 de ce volume.
2. Voir note IV à la traduction.

capable d'engendrer, les animaux qui le composent ne seraient pas des « animaux », ils ne seraient pas vivants.

Les deux voies

La division a abouti à un résultat que l'Étranger juge ridicule et Socrate le Jeune absurde : le roi, avec son troupeau, se trouverait alors rivaliser à la course avec l'un des hommes les mieux habitués au genre de vie le plus insouciant, le plus enclin au laisser-aller, et le plus ignorant[1] : le pasteur d'un troupeau de cochons (ce n'est d'ailleurs pas la seule fois que les deux interlocuteurs courent le risque d'être ridicules, *cf.* 296a1-2). La voie longue a morcelé le genre en onze espèces, mais elle a eu le mérite de ne s'appuyer que sur elle-même « pour chercher ce qui est le plus vrai », sans tenir compte du caractère mesquin ou vénérable de ce qu'elle examine. Cette règle n'est pas une règle méthodologique au sens strict, c'est plutôt une règle déontologique semblable à celle que, dans le *Gorgias*, Zeus imposait aux juges des Enfers : juger les hommes « nus », dépouillés de tous les attributs qui, de leur vivant, témoignaient de leur richesse, de leur puissance ou de leur gloire. L'impartialité des juges, que l'on peut baptiser « neutralité axiologique » pour en faire une règle de la méthode, conduisait dans le *Sophiste* à identifier l'art du général à celui du tueur de poux. En la rappelant, l'Étranger indique que l'intention de cette neutralité n'est pas neutre. Elle vise à rabattre une prétention, elle ne se laisse pas impressionner par l'allure vénérable que l'objet se donne : elle est ironique.

---

1. Le nom de cette race indolente n'est pas prononcé, mais le jeu de mots sur *hus*, le cochon, et *hustata*, « bons derniers », permet de les identifier. Voir *Rép.* VII, 535e : l'âme de celui qui, « tel un pourceau, se vautre dans son ignorance ».

Mais dans le *Politique*, quelle prétention faut-il rabattre ? Pas celle de l'homme en tant qu'homme, mais celle de l'espèce à laquelle il appartient. Par nature, cette espèce n'a rien de « vénérable », rien qui en elle-même soit digne de « respect ». C'est pourquoi la règle ne s'applique ni à la science jugée « plus noble » consistant à gouverner des vivants, ni au politique. Un politique dont il faut au contraire reconnaître la supériorité en le donnant comme « cocher » au troupeau bipède et en lui confiant « les rênes de la cité ». Sa science le ferait-elle appartenir à une espèce différente ? C'est ce qu'affirme l'Étranger dans le mythe : du temps de Kronos, « un dieu paissait et gouvernait les hommes, comme à présent les hommes, espèce différente et plus divine, paissaient les autres races animales qui leur sont inférieures » (271e5-7). Voici ce qu'en dit dans les *Lois* Kronos lui même :

> Se rendant compte (comme nous l'avons nous-mêmes exposé) qu'aucun naturel humain n'est capable, quand il est investi d'un pouvoir personnel et absolu, d'administrer l'ensemble des affaires humaines sans s'emplir de démesure et d'injustice, Kronos, réfléchissant à cela, mit alors à la tête de nos cités en qualité de rois et de chefs, non pas des hommes, mais des êtres d'un genre divin et meilleur, des démons, ainsi que nous faisons à présent pour notre bétail et tout ce qu'il y a comme troupeaux d'animaux domestiques ; ce ne sont pas des bœufs que nous prenons pour gouverner des bœufs, ni des chèvres pour diriger des chèvres, mais c'est nous-mêmes qui leur commandons en maîtres (*despozomen*), notre genre (*genos*) étant supérieur au leur. (*Lois* IV, 713c5-d5)

Kronos, en parfait accord avec l'Étranger comme avec l'Athénien, n'a pas grande confiance dans l'espèce humaine lorsqu'il s'agit de se gouverner elle-même, mais il lui accorde pourtant une supériorité « démonique » sur les animaux. Le pouvoir absolu corrompt absolument, aucun homme n'y résiste : il faut donc soit qu'il existe des « hommes divins », soit limiter ce pouvoir autocratique par des lois, qui ne seront bonnes que si un être démonique les rédige. Tous les paradoxes et difficultés de la pensée politique de Platon se trouvent concentrés dans ce texte.

La voie courte (266d11-267a3)

L'Étranger revient à la voie courte. Elle divise « tout de suite » les marcheurs

1) en bipèdes et quadrupèdes puis

2) en animaux « nus » (*psiloi*) et emplumés. L'homme, objet de l'art du politique, est un bipède sans plumes. Être bipède est son dernier trait spécifique dans les deux voies, et il n'a rien de « ridicule » : c'est sa station debout qui permet à l'animal humain d'avoir les mains libres, condition de tous les arts manuels, et de regarder en haut, d'avoir « le ciel étoilé au-dessus de sa tête ». Dans le mythe du *Phédon*, les hommes habitent on ne sait quel creux de la terre et, tels des poissons qui prendraient la surface de la mer pour du ciel, ils sont, par paresse et par faiblesse, incapables de « lever la tête » et de voir les astres du ciel. Dans le *Timée*, c'est « la vision des mouvements périodiques de l'univers » qui nous a conduits « à fabriquer le nombre et à concevoir le temps », et « de tous les discours tenus sur l'univers aucun n'aurait pu être prononcé si nous n'avions vu ni les astres, ni le soleil, ni le ciel »[1]. Être bipède, c'est donc posséder une puissance qui en confère deux autres. Mais être « nu » signifie être sans ailes, « or c'est l'aile qui par nature a la puissance

---

1. Cf. *Phédon*, 109c-110b, *Tim.*, 47a-b.,

d'entraîner vers le haut ce qui pèse »; c'est elle, « parmi toutes les choses corporelles, qui a en quelque façon le plus de rapport avec ce qui est divin, c'est-à-dire ce qui est beau, sage, bon et toute qualité du même ordre ». Ces qualités « nourrissent et augmentent le plus le plumage de l'âme », alors que les défauts contraires causent sa perte [1]. Tout bon politique ne devrait-il pas se donner pour tâche de transformer un bipède naturellement sans plumes en un bipède emplumé ? Cette tâche impossible est celle qu'un philosophe prescrirait peut-être à son philosophe gouvernant, mais tous deux sont absents du *Politique*.

Récapitulation et failles de la méthode (267a4-d12)

Un choix a donc été laissé deux fois à Socrate le Jeune : la division perd son caractère nécessaire, le chemin suivi peut à volonté être plus rapide ou plus lent, les critères deviennent aléatoires, ou plutôt se montrent enfin aléatoires. Il n'est pas facile, alors, de donner tort à Aristote : l'Étranger semble bien procéder par « n'importe quelle différence », toutes les coupures sont faites « par accident » et se succèdent en s'additionnant sans s'enchaîner [2]. Tantôt le critère est quantitatif, tantôt c'est le milieu qui intervient, tantôt la morphologie de l'animal et tantôt son mode de reproduction ou de locomotion. Entendue comme une classification scientifique des animaux, le moins qu'on puisse dire est qu'elle n'est pas très rigoureuse. Et s'il fallait faire preuve d'un esprit de sérieux égal à celui d'Aristote et des commentateurs qui le suivent, on pourrait relever toutes les erreurs que cette

1. *Phèdre*, 246d6–e2.
2. Voir P. Pellegrin, *La Classification des animaux chez Aristote*, Paris, Les Belles Lettres, 1982, p. 25-72. Voir aussi D. El Murr, *Savoir et gouverner*, *op. cit.*, p. 122-139.

division comporte : l'existence d'exceptions (il existe des troupeaux d'animaux sauvages, les loups, par exemple), ou d'espèces participant de deux genres posés comme exclusifs (les oiseaux appartiennent tantôt au genre aquatique et tantôt au genre terrestre), et ainsi de suite. Et ajouter que, en lançant un poulet plumé dans l'Académie, Diogène commet une faute logique quand il dit : « voici l'homme de Platon », car être plumé n'est pas la même chose qu'être naturellement « nu ».

Plus sérieusement, on pourrait reprocher à la méthode de diviser par des termes « privatifs », mais il faut préciser à ce propos que ce n'est pas le terme *apteros*, sans ailes ou sans plumes, qui est utilisé par l'Étranger, mais *psilos*, nu [1]. En revanche, pour des termes comme *akeratos*, sans cornes, ou *ameiktos*, non croisé, il peut sembler légitime de les estimer « privatifs ». La catégorie aristotélicienne de la privation est la forme logique désignant l'absence dans un sujet d'un certain prédicat, et privation s'oppose à possession. Elle a son importance dans une logique prédicative, puisque c'est la présence d'un prédicat qui détermine le sujet, tandis que son absence est impuissante à en constituer un. Mais la logique de Platon n'est pas prédicative, elle est « verbale » : c'est un verbe qui détermine l'état ou l'action de l'agent désigné par un nom, et c'est au verbe qu'il revient de décider de ses possibilités d'accord et de désaccord avec le nom [2]. Les caractères distinctifs tels que « sans cornes » ou « non croisé » ne renvoient donc ni à une privation ni à une négation, le croire serait oublier

1. Le mot *apteros* n'apparaît que dans l'ouvrage apocryphe des *Définitions*, 415a.
2. Cf. *Soph.*, 262d-e.

le corollaire sémantique du *Phédon*[1] : les mots formés grâce au préfixe grec « privatif » α- (équivalent au préfixe français in-) comme *amousos*, inculte, ou *adikos*, injuste, signifient un « refus de recevoir » de la culture ou de la justice. C'est sa participation à une Idée contraire à celle dont elle participe essentiellement que la chose refuse. Platon pense donc dynamiquement en termes de refus ou de rejet ce qu'Aristote pense statiquement en termes de privation ou d'appartenance à un genre ou une espèce[2]. Dans le *Politique*, l'objet ne peut pas recevoir un caractère (*idea*) signifiant une capacité différente de celle qu'il doit avoir pour être l'objet cherché. C'est sa puissance propre qui lui donne son *idea* et son nom, et elle est séparée chaque fois d'une puissance propre à l'espèce laissée à gauche. La règle de distinction des puissances commande donc aussi la seconde partie de la division, même si ce n'est pas immédiatement évident. L'Étranger avait pourtant dit que ce n'est pas sur des choses inanimées mais sur des vivants que la science royale exerce toujours sa puissance (261d1). Encore faut-il que ces vivants soient tels qu'elle puisse l'exercer sur eux : qu'ils soient capables, et de plus acceptent, d'en pâtir.

L'Étranger ne part donc pas d'un inventaire, aussi exhaustif que possible, des espèces animales vivant en troupeau afin de les répartir en différents genres, espèces et sous-espèces. Ce serait interpréter sa méthode de division à l'envers. C'est elle qui, en fonction d'un caractère commun, *idea*, sépare l'espèce pouvant conduire à la définition cherchée et qui du même coup en constitue une

1. *Phédon,* 105d-e.
2. Voir M. Dixsaut, *Platon. Phédon*, Paris, GF-Flammarion, 1991, Introduction, p. 160-161.

autre qui ne le peut pas. Le problème est donc : pourquoi choisir tel ou tel caractère ? Et la seule réponse possible est : parce que la puissance propre à l'objet cherché l'impose. Tous les critères adoptés successivement répondent à cette unique question : quelles capacités l'objet – le vivant humain en l'occurrence – doit-il avoir pour que l'art du politique puisse s'exercer sur lui ? Il doit être animé : capable de se mouvoir non seulement dans l'espace mais dans le temps (être capable de devenir, et en particulier d'être éduqué) ; vivre en troupeau, donc être apte à coexister avec ses semblables ; en milieu sec : ne pas être « immergé » dans un milieu limitant son regard ; sans cornes, car une tête protégée par des cornes a une sensibilité moins fine[1] ; à reproduction spécifique, ce qui garantit la possibilité de la transmission de l'éducation ; bipède, pour les raisons avancées plus haut ; mais sans plumes, ce qui cette fois dénote non une capacité, mais une incapacité : incapable de s'envoler, l'homme est rivé à la terre. Cela dit pour sortir aussi brièvement que possible de problèmes qui obnubilent la plupart des commentateurs.

DE L'ART POLITIQUE AU ROI ET SES RIVAUX
(267E1-268D4)

La division a défini l'art politique et royal comme un art de paître les homme : elle semble donc avoir répondu à la question posée. Mais l'Étranger doute alors de la justesse de ce qui était une conception très répandue du pouvoir politique : « Considérons donc en quoi tous les

---

1. L'Étranger dit que l'espèce sans cornes est une espèce « tronquée, mutilée (*kolobos*) de cornes » (265d4) mais, de même que « sans plumes » est remplacé par « nus », « sans cornes » est remplacé par « au front lisse » (265e4).

autres pasteurs diffèrent des rois […] Voyons s'il en existe un devant lequel un autre, portant le nom d'un autre art, viendra affirmer et prétendre qu'il est tout autant que lui éleveur de son troupeau[1]? » Tout pasteur d'un troupeau d'animaux concentre en un seul et même art toutes les fonctions de l'élevage et les accomplit toutes lui-même (*autos*, répété trois fois en 268a7-8). Il est le seul à savoir le faire et « personne d'autre ». Certaines de ses activités reçoivent des noms qui les rendent applicables au troupeau humain (médecin, sage-femme, marieur, musicien), la transposition pouvant donc se faire dans les deux sens, de l'animal à l'humain et de l'homme à l'animal. Appliquée à l'art politique, la métaphore peut avoir fonction de modèle, et la division a pu ranger l'art politique dans le genre des arts « nomeutiques » et le définir comme élevage collectif d'un troupeau de bipèdes sans plumes. Mais le modèle pastoral devient inadéquat si on l'applique au politique : il est impossible à un seul homme d'exercer sur les individus d'un troupeau humain toutes les fonctions que le bouvier exerce sur le corps et l'âme de ses animaux. Pourquoi est-ce impossible ?

Si cette question était posée, elle conduirait à reposer celle de la différence entre l'homme et l'animal, question d'essence qu'une dialectique socratique ne saurait éviter. Car la véritable erreur de la division est que, visant à définir le troupeau humain, elle en fait un troupeau homogène semblable aux autres troupeaux. Or « humain » n'est ni un prédicat naturel – tout ce qui a figure d'homme n'est pas nécessairement humain – ni un prédicat générique.

---

1. La métaphore du « pasteur d'hommes » vient d'Homère (par ex. *Il.* I, 263), et est promise à une longue fortune : entre autres, Xénophon, *Cyr.* VIII, 2, 14; I, 1, 1-3; *Mém.* I, 2, 32 et III, 2, 1, et Thrasymaque : *Rép.* I, 343b1-c1.

L'Étranger a trop vite pris pour hypothèse l'unité d'un genre, en adoptant pour seul critère le fait d'être un vivant doté de certaines particularités corporelles. L'homme, certes, est un animal, et il fallait rabattre sa prétention à ne pas en être un, mais c'est un animal auquel sa constitution physiologique donne des possibilités que les autres animaux n'ont pas, possibilités que chaque homme exploite ou n'exploite pas à sa manière. Ces possibilités en font un animal instable, et cette instabilité fait obstacle à son inclusion *naturelle* en un genre commun. En ne tirant pas correctement les conséquences de sa leçon de dialectique, et en posant comme hypothèse ce qui se révélera être le résultat de l'action du politique, l'Étranger n'est pas seulement arrivé à un résultat ridicule, il s'est trompé d'anthropologie.

Le résultat de la division précédente n'est cependant pas rejeté, et pour l'heure, l'Étranger constate que cette sorte de pasteur est le seul à avoir des rivaux, constatation qui suffit à déplacer la question de l'art politique vers le politique, et plus exactement vers le roi. Si sa différence d'avec les autres pasteurs existe, il faut dégager d'abord les conséquences de cette hypothèse sur le roi lui-même : jusque là, c'est une esquisse qui en a été tracée, on ne l'a pas fait voir « dans toute sa pureté » ; puis examiner celles sur « les autres » et voir si leurs revendications sont ou non justifiées. La méthode propre à la dialectique parménidéenne permet d'esquiver les questions qu'une dialectique socratique ne manquerait pas de soulever, et elle éclaire la logique de ce qui va suivre : la nécessité de prendre un nouveau point de départ et d'employer un mythe pour dessiner la figure royale, après quoi il faudra distinguer les différents genres de rivaux, ce qui va requérir l'application d'un paradigme.

Les pasteurs, rivaux du politique

La première raison du doute de l'Étranger est qu'assimiler, sans plus de nuances, le politique à un pasteur qui nourrit et soigne ses bêtes, c'est accorder aux acteurs économiques le droit de revendiquer un pouvoir politique, puisque ce sont eux les nourriciers et les soigneurs du troupeau humain. La seconde raison est que l'action politique concerne l'ensemble de la cité, et de la cité aux citoyens la transitivité n'est pas directe mais diversement relayée. Ces médiations indispensables distinguent l'art politique des arts pratiques : directif et auto-prescriptif, il ne fait rien lui-même, il fait faire.

Nombreux sont ceux qui revendiquent l'art de « prendre soin de l'élevage humain ». Lors de la division, certains exemples ont été choisis parce qu'ils feront ensuite partie des prétendants au titre de « politiques » : la race des hérauts, comprenant secrétaires savants en écriture qui « se démènent très habilement en toutes sortes de tâches en rapport avec les magistratures » – réapparaîtra parmi les arts subordonnés ; la distinction entre producteurs vendeurs de leurs propres produits et revendeurs a servi d'analogie pour définir la différence propre aux arts auto-prescriptifs, mais vendeurs et revendeurs vont être et relégués dans les arts subordonnés[1]. Il peut paraître plus surprenant de ranger parmi les pasteurs les commerçants, les agriculteurs, les boulangers, les médecins et les maîtres de gymnastique. Un tel regroupement s'explique par la confusion, allègrement entretenue tout au long de la division, entre les notions de production, de soin, de

---

1. Les hérauts : 260d7-e2, 290b1-7 ; vendeurs et revendeurs : 260c6-e6, 290a1.

nourrissage et d'élevage[1]. Confusion d'ailleurs justifiée, puisque toutes ces fonctions se trouvent effectivement réunies chez des éleveurs tels que le berger ou le bouvier. Le politique peut être assimilé à l'éleveur d'un troupeau, mais peut-il l'être dès lors qu'on passe du modèle de l'éleveur à celui du pasteur, le suffixe – *nomikè*, « art de faire paître », apparaissant avec l'art pézonomique puis anthroponomique ? Le résumé de la première division (267a8-c3) amalgame élevage ou art agelaiotrophique, nourrissage ou art threptique et art de paître ou nomeutique. L'art de « paître les hommes » recouvre donc des fonctions auxquelles il n'est pas difficile de rattacher les métiers énumérés : le boulanger et l'agriculteur produisent et nourrissent, le médecin et le marieur prennent soin, le négociant nourrit et prend soin, et ainsi de suite. Quand il s'agit de prendre soin de l'âme, la pratique pastorale se répartit en différents métiers : pédagogues en tout genre, orateurs et sophistes, nourrices et mères qui transmettent les antiques légendes ; ce sont là autant d'agents éducatifs, qui président aux jeux, enseignent la musique, apaisent ou stimulent. Il faudrait donc leur accorder aussi un pouvoir politique, le risque étant qu'ils colportent les valeurs d'un monde privé indexé sur le souci du corps et les appétits sensibles au détriment d'un monde commun. Avec l'image du cocher auquel confier les rênes de la cité (266e10), l'incohérence est à son comble, puisque le cocher dirige sans nourrir ni prendre lui-même soin de son attelage – à moins qu'étant la seule image adéquate, ce soit elle qui dénonce l'inadéquation des autres.

---

1. Production : 261a11-b3, soin : 265e6, nourrissage et élevage : 261d4.

Le modèle pastoral est donc le cheval de Troie d'une politique remise grâce à lui aux bons soins d'éducateurs peu dignes de confiance, et surtout à ceux des agents économiques. La gradation de leurs revendications potentielles est sur ce point éloquente. Ils se déclarent dans un premier temps « co-éleveurs » du troupeau, puis font valoir que ce sont eux qui nourrissent les hommes, leurs chefs inclus. Cette fonction étant la première et la plus nécessaire de toutes, pourquoi devraient-ils partager le pouvoir avec des dirigeants qui dépendent d'eux, et remettre le pouvoir à un politique dont la spécificité a tout simplement disparu ?

Pour sa part, Socrate le Jeune ne voit pas pourquoi ils n'auraient pas raison de tenir ce discours. En lui répondant « peut-être », que lui accorde l'Étranger ? Qu'ils auraient raison si l'art politique était défini exclusivement comme « art nourricier du troupeau humain » ? Il annoncerait alors la rectification opérée par le mythe ainsi que la subordination des agents économiques (289c4-290a7). Mais ce « peut-être » indique aussi que la question n'est pas simple, car l'existence de la cité et sa conservation relèvent en effet de l'économie. Dans la *République*, la « première cité » naît de la coopération et de la spécialisation des tâches requises par la diversité des besoins, dont le premier à satisfaire est celui de la nourriture[1]. Or le besoin (*khreia*) n'est pas un lien social, il rassemble sans unir, et la coopération renforce au contraire la différence naturelle des aptitudes : elle n'engendre qu'une complémentarité, non une communauté et encore moins une « amitié » (*philia*). La cité n'est alors qu'une

1. *Rép.* II, 369b-d.

association de producteurs, un marché réglé seulement par le petit nombre des besoins naturels et nécessaires. Mais l'émergence du politique à partir de l'économique enracine la nécessité d'une organisation politique dans l'avidité illimitée, proprement humaine, des besoins (la *pleonexia*), maladie originaire que la fiction de la santé d'une cité pré-politique sert à révéler.

Comment pourtant refuser de qualifier de « politiques » ces « myriades » d'activités qui ont en charge « l'élevage » du troupeau humain, si le politique est un pasteur ? Tout dépend de ce qu'on entend par « politique ». Ne pas régler avec précision le sens de cette notion et l'usage de ce mot laisse ouverte la possibilité d'une politique consistant uniquement à veiller à la production de biens de consommation et à leurs échanges. Pour éviter la confusion du politique et de l'économique, dont la *République* a montré qu'elle était préjudiciable à la cité dès lors que les besoins nécessaires laissent place à l'inflation des désirs et qu'avec la monnaie s'instaure la propriété privée[1], il faut admettre que l'économie et la politique font toutes deux la cité, mais que, n'y faisant pas la même chose, elles ne font pas la même cité, car seule la politique peut tisser ensemble les citoyens, alors que, laissée à elle-même, l'économie ne fait que les diviser.

Le mythe qui suit n'interrompra donc la division que pour pouvoir mieux la continuer, et l'analyse du paradigme en fera autant. Il faudra ensuite recommencer « à couper chaque fois une partie d'une partie » afin « d'atteindre jusqu'à son extrême pointe l'objet cherché ».

---

1. Par exemple *Rép.* III, 417a6-b6.

LE MYTHE (268D-277D)

La nécessité d'éliminer les rivaux du politique a déplacé le problème de l'art politique vers celui qui le détient, de sorte qu'il est normal « de craindre et soupçonner » que, d'une question définitionnelle, le discours soit passé à la peinture d'un portrait. Mais pourquoi est-il nécessaire de raconter une si longue histoire pour arriver à en donner une image, qui en outre ne sera pas jugée satisfaisante ? Quel est le rôle de ce mythe dans l'économie du Dialogue ? Un rôle certainement non négligeable, comme l'indique le fait qu'il se trouve associé à la « digression » du *Sophiste* sur le non-être[1], mais lequel ? Corriger certaines étapes de la division et remettre l'enquête sur le droit chemin ? Ou, comme l'avait fait le *Timée* pour la science des phénomènes physiques et physiologiques, inscrire la science politique dans un cadre cosmologique ? Ou encore, montrer l'absence de fondement naturel de l'art politique tout en indiquant la nécessité de son action ? Les caractère problématique de sa finalité ne pouvant que susciter bon nombre de divergences interprétatives, le mythe du *Politique* est sans aucun doute le plus commenté et le plus discuté de tous les mythes platoniciens. Il est en effet le plus difficile à interpréter.

POURQUOI UN MYTHE ?

La division a pris comme modèle du politique le pasteur d'un troupeau d'animaux, et il s'est révélé être à la fois trop humble et trop étendu en raison de la diversité des fonctions qu'il exige. Le mythe va lui en donner un

1. Voir *infra*, p. 450-451.

autre, celui d'un dieu pasteur. La distance radicale entre ces deux modèles rend nécessaire de suivre une « autre voie », mais pourquoi est-ce un mythe qu'il faut alors fabriquer ?

En prenant comme hypothèse l'existence du véritable politique, la division a abouti à des conclusions ridicules faute d'avoir tenu compte de la différence entre le pasteur d'un troupeau humain et les autres pasteurs. Le mythe va partir d'une autre hypothèse et tirer les conséquences de la présence et de l'absence d'un pasteur divin dans « le tout » – ou plutôt, en recourant à la métaphore nautique du « commandant de navire »[1], de sa présence et de son absence au gouvernail du vaisseau de l'univers (*to pan*, « le tout », « l'univers »). L'Étranger demande alors à Socrate le Jeune de prêter toute son attention à ce mythe « comme font les enfants » : il présente sa fable comme une fable. En admettant que tous deux proposent une cosmologie, le mythe avec lequel le mythe du *Politique* a le plus de parenté est celui du *Timée* et Timée commençait par cet avertissement : sur les questions « touchant les dieux et la genèse de l'univers » il ne faut pas s'étonner si les explications données « ne sont pas totalement d'accord avec elles-mêmes, ni poussées à la dernière exactitude »; mais si « on nous offre en ces matières une vraisemblable histoire, il ne convient pas d'aller chercher plus loin »[2]. Cependant, le mythe cosmologique du *Timée* prend appui sur la vision d'un modèle intelligible, il nous donne à voir le monde comme une image faite à sa semblance, c'est pourquoi il peut être dit « vraisemblable ». Le mythe du *Politique* ne prend appui que sur lui même et il utilise des

1. Elle sera appliquée au « navire de la cité » de 296e à 299c.
2. *Tim.*, 28c.

débris de légende; il est plus « mythologique », autrement
dit, c'est une pure fiction, œuvre de l'imagination. À la
différence des grands mythes eschatologiques, aucune
référence à l'expérience ne peut venir en confirmer
la justesse, et à la différence de celui du *Timée*, aucune
intelligibilité ne le valide. Il n'est pas vraisemblable, il
est totalement invraisemblable, et par là d'autant plus
fascinant.

Est-ce à dire qu'il ne mérite pas d'être interprété?
Socrate déclare dans le *Phèdre* qu'il n'a pas de temps à
perdre pour interpréter des légendes, ce qui revient à
les transformer en allégories[1]. De plus, c'est au sophiste
que vient d'être attribué l'art consistant à produire des
simulacres parlés « capables de faire croire à la vérité
de ce qui est dit ». Cette habileté magistrale définit le
sophiste et fait croire à l'existence « d'un savoir universel
et surhumain » chez celui qui les produit[2]. Mais le
philosophe de Platon ne se prive pas de « raconter
des histoires », car c'est pour lui un « divertissement
splendide »[3], et le narrateur du mythe du *Politique* est
superlativement doté d'un « savoir surhumain ». Il
occupe une situation surplombante, analogue à celle du
narrateur du mythe du *Phédon* ou d'Er le Pamphylien
dans la *République*, mais encore plus extrême car elle ne
se situe pas dans un espace infra- ou supra-mondain.
Où en effet faut-il se placer pour regarder un « tout »,
celui de l'univers, dont celui qui le regarde fait partie?
Nulle part. Ce n'est donc pas sa situation dans un espace
qui détermine ce regard, c'est ce regard qui engendre

1. *Phèdre*, 229e4-230a6.
2. *Soph.*, 234b-d.
3. *Phèdre*, 276e1.

l'espace où peut se situer ce qu'il voit, comme c'est lui qui, en donnant à voir la répétition indéfinie des cycles de l'univers engendre la sorte de temps que cette répétition alternée requiert. L'existence de cet univers n'est ainsi que le résultat d'un récit. Quand il est platonicien, ce récit n'est ni un conte bon pour des enfants, ni une sorcellerie sophistique : il faut l'interpréter car il donne à voir ce que voit celui qui le raconte. Il est donc lui-même le produit d'une interprétation[1]. De ce fait, il doit avoir une finalité, celui qui le raconte ne le raconte pas pour rien, ce qu'il voit vaut la peine d'être vu.

Celui du *Politique* a au moins deux finalités. La première, contextuelle, consiste à clarifier le résultat de la division précédente :

> Or c'est justement pour ces raisons que nous avons proposé ce mythe, afin qu'il *montre* (*endexaito*) à propos de l'élevage en troupeaux non seulement que tous disputent ce nom à celui que nous cherchons à présent, mais afin, aussi, que *nous puissions voir* (*idoimen*) nous-mêmes plus clairement celui qui, étant seul à prendre soin de l'élevage humain conformément au modèle des pâtres et des bouviers, est aussi le seul à qui il convient de l'attribuer. (275b1-7)

Le mythe a fait voir plus clairement quels étaient les rivaux d'un politique assimilé à un pasteur, mais il a aussi fait voir ce qu'est ce pasteur lui-même. Or sur ce dernier point, il s'est trompé, il a pris « de trop grands modèles ». En le prenant, il a néanmoins fait voir autre chose : il a projeté une inquiétante lumière sur la nature de l'univers. Tout mythe platonicien procède à un renversement du

---

1. Voir, M. Dixsaut, « Mythe et interprétation » dans *Études platoniciennes* II : *Platon et la question de l'âme*, Paris, Vrin, 2013, p. 245-260.

réel en « fantastique » et du fantastique en réalité véritable, conférant ainsi à ce que nous vivons une inquiétante étrangeté. Dans le mythe du *Politique* ce renversement est poussé à la limite. Si les révolutions de l'univers ont sur les vivants des conséquences aussi violentes que celles que le mythe décrit, quel sens peuvent bien avoir les efforts du politique humain ? Remonter à l'origine des événements qui frappent l'univers ne peut qu'en montrer le caractère dérisoire, puisque le dieu, non seulement ne peut pas empêcher ces événements de se produire, mais il en est la cause. Dieu qui au demeurant n'est pas tout puissant puisque ses allers et retours sont strictement délimités par le temps (272d8-e1). À la lumière du mythe et insérée dans l'immensité du temps de l'univers, la durée infinitésimale des fragments de temps où les politiques, bons ou mauvais, s'agitent et disparaissent, rend leurs problèmes et même leur existence dérisoires. Après avoir examiné si ce qu'on dit des affaires humaines est vrai – que c'est un dieu, et avec le dieu, le hasard et l'occasion qui les gouverne toutes – et estimé qu'il serait plus « gentil » de leur ajouter l'art (*tekhnè*) [1], l'Athénien se montre plus loin beaucoup moins gentil et dit cruellement la vérité :

> Or il est certain que les affaires des hommes ne sont pas dignes d'un grand sérieux, et pourtant il est nécessaire de les prendre au sérieux ; et cela, ce n'est pas de chance. (*Lois* VII, 803b 3-5).

Avec son mythe, l'Étranger fait voir à quel point elles ne méritent pas d'être prises au sérieux, mais dans tout le reste du Dialogue, il montre aussi à quel point il est nécessaire de le faire et d'ajouter l'art, en tout premier lieu l'art politique. Conte invraisemblable et juste bon pour les enfants, ou récit d'événements ayant lieu dans

1. *Lois* IV, 709b7-c1.

un temps primordial et qui déterminent les destinées de l'humanité : ce mythe réussit à être les deux à la fois

PRÉALABLES ET MATÉRIAUX (268D5-269C3)

Timée ne juge pas inutile d'affirmer que, si « pour faire une pause, laissant de côté les raisonnements qui portent sur des êtres qui sont toujours, on en examine de vraisemblables portant sur le devenir et qu'on se procure ainsi un plaisir sans remords, c'est à un jeu (*paidia*) modéré et raisonnable qu'on se livre au cours de sa vie »[1]. Au moment de prendre un nouveau point de départ, l'Étranger dit qu'il va « verser quelque chose qui tient du jeu ». Comme la plus grande part va se dérouler d'un seul tenant (*sukhnôi*), Socrate le Jeune passe donc du statut d'interlocuteur à celui d'auditeur prêt à entrer dans le jeu. Mythe et jeu ont un rapport à l'enfance, ils exigent tous deux une suspension de l'incrédulité à laquelle la souplesse d'esprit de l'enfant se prête aisément. Tout jeu suppose en effet que l'on obéisse à ses règles sans pour autant les prendre au sérieux; elles définissent un monde conventionnel et provisoirement autonome, qui ne tient que par l'espèce particulière de croyance que lui accordent les joueurs[2].

Aucune forme d'hypertextualité ne va sans une part de jeu, dit Genette[3]. Le mythe narré par l'Étranger est

1. *Tim.*, 59c7-d2.
2. Les jeux des enfants se voient, dans d'autres Dialogues, attribuer une utilité pédagogique et politique (voir p. 583-584) ; mais tel n'est pas le but du jeu que l'Étranger nous invite ici à jouer.
3. G. Genette, *Palimpsestes : la littérature au second degré*, Paris, Seuil, 1982 et *Fiction et Diction*, nouvelle édition, Paris, Seuil, [1991] 2004. Ce mythe est un objet purement « poétique », au sens où il l'entend.

particulièrement « hypertextuel », il est composé à partir de lambeaux d'antiques légendes qui n'ont laissé que des traces dispersées dans la mémoire des hommes. L'Étranger va en restaurer l'unité en leur donnant comme origine un seul et même événement (*pathos*)[1]. Les légendes utilisées ont initialement été transmises par une tradition orale mais elles ont été transcrites, et c'est à leur réécriture que nous avons affaire. Texte se superposant donc à d'autres textes avec lesquels il entretient une relation massive ou discrète, déclarée ou implicite, le mythe du *Politique* est un objet dont on ne peut saisir le sens qu'en se reportant à ses « hypotextes » déclarés : ses « matériaux ». L'Étranger va additionner trois histoires bien connues de tous : la querelle d'Atrée et de Thyeste, le récit de la royauté de Kronos, et la légende des autochtones, ces hommes nés de la terre dont les Athéniens prétendaient être les descendants. Pourquoi les avoir choisies ? Parce qu'elles relatent toutes, à des degrés divers, des épisodes engageant des questions de souveraineté et de légitimité.

La querelle légendaire d'Atrée et de Thyeste oppose deux frères jumeaux quant à leur droit de succession au trône de leur père Pélops, querelle qui marque le début de la malédiction des Atrides. Le jeune Socrate croit qu'il s'agit de la légende de la brebis d'or, car c'est l'élément qui frappe le plus l'imagination. Cette brebis était un présent de Zeus à Atrée, mais Thyeste le lui avait dérobé ; le peuple de Mycènes ayant décidé que le possesseur de la toison d'or serait leur roi, Thyeste fut choisi. Zeus

---

1. *Pathos* a dans les tragédies le sens d'événement brutal, d'accident, de désastre (*cf.* Eschyle, *Perses*, v. 436, Sophocle, *Œdipe Roi*, v. 732, *Ajax*, v. 313, etc.), comme l'a vu Aristote qui le définit comme « une action destructrice et douloureuse [...] accomplie au grand jour » (*Poétique*, 1452b 11-13).

intervint alors et, en contraignant le soleil à changer sa course, il força Thyeste à abdiquer et Atrée lui succéda. Homère désigne Atrée comme un « pasteur d'hommes » et Thyeste comme étant « riche en troupeaux »[1] : plus que toute autre, cette légende pose une question que le mythe est censé résoudre : « qui, parmi les pasteurs prétendants au titre de roi, doit légitimement gouverner? »

C'est encore une querelle de succession entre Kronos et Zeus, aboutissant au remplacement d'une génération divine, les Cronides, par une autre, les Ouranides, qui explique le choix de l'Étranger. Si l'on en croit Hésiode, Kronos est le dieu d'un âge d'or révolu, comme il l'est dans le *Politique* et dans les *Lois*, mais dans le mythe final du *Gorgias* le dieu appartient à une époque où « les jugements des morts étaient mal rendus »[2] : sa figure royale est fondamentalement équivoque. La transposition platonicienne du mythe homérique et hésiodique (271c-272d) ne l'est pas moins[3]. Mais si la description de la vie sous le règne de Kronos est parodique, elle est aussi « ironique » dans la mesure où elle *met en question* une certaine représentation du bonheur.

Enfin, la légende des fils de la Terre (*gègeneis*) concerne le mode de génération, de croissance et de reproduction

1. *Iliade* II, v. 105-106.
2. *Gorg.*, 523c2-3. Voir D. El Murr, « Hesiod, Plato and the Golden Age : Hesiodic motifs in the Myth of the *Politicus* », in *Plato and Hesiod*, G.R. Boys-Stones and J.M. Haubold (eds), Oxford, Oxford University Press, 2010, p. 276-297.
3. Cf. *Odyssée* VI, v. 43-46, VII, v. 113-132) et *TJ*, v. 109-126. Elle s'inspire probablement aussi d'un arrière-fond satirique : plusieurs fragments de comédies datant de la fin du Ve siècle montrent qu'elles poussaient à l'absurde le motif de la production spontanée de la nature et du genre de vie qui en découle; voir *Poetae Comici Graeci*, ed. R. Kassel et C. Austin, vol. V, Berlin, W. de Gruyter, 1986.

des hommes. Elle fait partie de l'imaginaire collectif athénien, et cette « topique athénienne » est dotée d'une forte connotation politique[1]. Dans le *Ménexène*, Socrate, ne peut s'empêcher de se sentir « plus vénérable », pendant trois jours, après avoir ouï l'oraison funèbre des Athéniens morts à la guerre prononcée par Périclès, mais surtout prétexte à une glorification d'Athènes. Il se livre à son tour à cet exercice dont l'autochtonie est un élément essentiel, car elle institue un lien direct entre la terre et la cité et par là un lien de « fraternité » entre les citoyens d'Athènes – leur caractère exceptionnel légitimant leur désir impérialiste. Socrate l'utilise dans la *République* tout en lui déniant son caractère athénien – il fait référence à « quelque légende phénicienne » – car il juge ce « noble mensonge » profitable à l'unité de la belle cité[2]. L'autochtonie est toujours un mensonge mais son usage politique peut être noble ou ignoble. Dans le *Politique*, l'Étranger semble d'ailleurs éviter scrupuleusement l'usage du terme « autochtones » et lui préfère celui de « nés de la Terre » (*gègeneis*) pour désigner les hommes de l'âge gouverné par le dieu, alors que dans le *Sophiste*, le terme s'applique à ces terribles « fils de la Terre » qui soutiennent que « tout ce qu'ils ne peuvent pas serrer dans leurs mains n'existe absolument pas »[3]. L'autochtonie se trouve ainsi vidée de toute puissance

1. Cf. *Ménex.*, 253b3. Voir N. Loraux, « L'autochtonie : une topique athénienne », dans *Les Enfants d'Athéna. Idées athéniennes sur la citoyenneté et la division des sexes*, Paris, [1981] éd. aug. d'une postface, Paris, Seuil, 1990, p. 35-73. Voir aussi *Né de la terre. Mythe et politique à Athènes*, Paris, Seuil, 1996.
2. *Rép.* III, 414b-e.
3. *Soph.*, 247c.

politique unificatrice, elle appartient à un âge où ni la cité, ni un art politique ne peuvent exister.

LES CYCLES COSMIQUES (269C4-270B3)

L'Étranger va donner à ces débris de légendes la cohérence qui leur faisait défaut en en fournissant la cause :

> Cet univers-ci, tantôt le dieu lui-même en guide entièrement la marche et l'accompagne dans sa rotation, mais tantôt il le laisse aller, chaque fois que les révolutions ont épuisé la mesure de temps appropriée, et alors, de son mouvement propre, l'univers commence à tourner en sens inverse, en tant qu'il est un vivant et que, dès l'origine, celui qui l'a organisé l'a doté de pensée sage (*phronèsis*). (269c4-d2)

L'alternance (269c4-d3)

Est d'abord mentionnée l'alternance de deux phases de la vie de l'univers, dont le mouvement de rotation est tantôt guidé par le dieu et tantôt abandonné par lui, l'univers étant alors laissé à son mouvement propre. L'Étranger généralise ainsi l'inversion et la réinversion exceptionnelles de la marche du soleil et des astres (ce signe par lequel Zeus marqua sa préférence pour Atrée) en un perpétuel mouvement d'alternance de deux cycles de l'univers. Le mouvement autonome de l'univers n'est pourtant pas présenté comme une catastrophe, mais comme étant le propre d'un vivant que son Démiurge a doté de pensée sage (*phronèsis*), ce pourquoi il continue, même abandonné, à tourner rond. En quel sens prendre ici ce terme, *phronèsis* ? Partout où il y a mouvement et vie, il y a pour Platon une forme de pensée, ou de conscience, et si même la langue (*glôttè*) en bénéficie selon le *Timée*, le mouvement qui meut l'univers entier ne risque pas d'en être dépourvu[1]. Quand elle est associée à ce mouvement auto-moteur qu'est la vie, la *phronèsis* ne désigne pas une faculté rationnelle et cognitive, elle est entendue en son sens « tragique » de bon sens, de perception juste des événements liée à une mémoire des expériences passées et des avertissements adressés, bref à tout ce qui permet de répondre à une situation d'une façon qui n'est ni délirante ni folle mais droite, sensée et raisonnable. Résister à la démesure (*hubris*) et à l'aveuglement, c'est cette sagesse qui, dans les tragédies, manque au héros, et c'est elle qui risque de finir par manquer au Monde.

Corporel et incorporel (269d3-e7)

Lorsque l'univers n'est plus mû par une action étrangère et divine, il saisit l'occasion (*kairos*) de se mouvoir *par lui-même*, d'être la *cause* de son mouvement et non pas un simple *moyen* de poursuivre son mouvement[2]. L'univers parcourt alors un circuit rétrograde de milliers de cycles. « Cette tendance à la marche rétrograde lui est nécessairement innée, pour la raison que voici ». La raison est qu'il y a en lui un désir connaturel découlant de sa nature corporelle[3]. Que désire ce désir ? Se mouvoir de son propre mouvement, s'affranchir d'une direction venant de l'extérieur, ou retourner au désordre qui était son état originel ? L'un implique l'autre. Ce désir croissant détermine les conséquences de *l'inversion* du sens de la

---

1. Voir M. Dixsaut, « Les sens platoniciens de la *phronèsis* », *Études platoniciennes* I : *Platon et la question de la pensée*, Paris, Vrin, 2000, p. 94-108.

2. Voir la note V à la traduction.

3. Pour ce désir connaturel, *sumphutos epithumia*, *cf.* 272e6, 273b4-5.

rotation (269e1-4, 272e5), il n'a aucun effet sur la rotation elle-même, qui se poursuit grâce à la *phronèsis* reçue du dieu.

Ce schéma a été contesté par ceux qui estiment quasi nulle la contribution de la *phronèsis* au mouvement du monde et en attribuent exclusivement la cause au Démiurge. À l'époque où le dieu est présent, il est la cause de la rotation du monde, tandis qu'à l'époque de son retrait, le monde tournerait du fait de sa propre inertie, ou encore prolongerait l'impulsion initiale à la manière d'une torsion qui se détend. Le mouvement de l'univers serait alors purement mécanique, la déperdition liée aux frottements étant limitée par la taille minuscule du pivot qui soutient sa masse énorme[1]. Les verbes « conduire avec » (*sumpodègei, sumpodègeisthai*), et « aider à tourner » (*sugkuklei*) diraient donc que le dieu doit lutter contre la résistance que lui oppose le facteur corporel ? Cela va non seulement à l'encontre de « l'association » (*sun-*) connotée par ces verbes, mais contredit le caractère spontané (*automaton*) du mouvement de l'univers abandonné à lui-même.

Se comporter toujours de la même façon et être toujours même est le propre « des réalités les plus divines » et ne convient pas à ce qui est d'ordre corporel, or ce que nous appelons « Ciel et Monde » en participent. Quelles sont ces réalités les plus divines ? Évidement les réalités intelligibles, d'autant que le verbe « participer » (*meteilèphen*) est repris par *kekoinônèke*, « avoir communauté avec », la *koinônia* étant dans le *Phédon* une

---

1. Selon P.-M. Schuhl, Platon aurait pour modèle une sphère armillaire posée sur un petit pivot et suspendue par un fil à un crochet (« Sur le mythe du *Politique* », repris dans *Études sur la fabulation platonicienne*, Paris, Vrin, 1968, p. 79-98).

désignation possible de la participation. Mais la formule s'applique ici à « celui qui se meut soi-même de soi-même et meut toutes les autres choses qui, contrairement à lui, sont mues »[1]. Or le dieu qui meut l'univers se meut avec lui puisqu'il ne quitte jamais le navire. Tout dieu qu'il est, il n'est pas transcendant et lui aussi tourne en rond, mais il tourne « soi-même de soi-même ». Y a-t-il lieu alors de spéculer sur l'existence d'une « âme du monde » ? Si l'univers est un vivant, il est « animé », donc doit avoir une âme, mais si elle n'est pas évoquée, c'est sans doute parce que ce mythe n'en a pas besoin. Il suffit à l'Étranger de rappeler que réalités intelligibles et auto-mouvement du Démiurge jouissent du double privilège d'être « toujours » et d'être « toujours mêmes », donc de se comporter toujours de la même façon quel que soit le rapport qu'ils entretiennent avec d'autres réalités. Participer au genre du Même est refusé à l'univers, qui n'a pas d'autre manière d'être que de devenir. Cependant, en raison de sa sagesse innée, le Monde tourne toujours à la même place et selon les mêmes rapports, ce qui est préférable à se déplacer en zigzaguant. Il ne peut pas se mouvoir en tous sens et participer à toutes les sortes de changement, mais seulement à ce changement minimal qu'est la rétrogradation (*anakuklèsis*)[2]. Son mouvement circulaire rétrograde est celui qui « représente le plus petit écart par rapport au mouvement qui lui est propre ». Entre quoi et quoi cet écart s'établit-il ? Le mouvement rétrograde est-il le plus petit écart possible par rapport au mouvement *originel* de l'univers ? Étant donné la nature « innée » du désir, le mouvement allant en sens inverse

1. 269e6-7, cf. *Lois* X, 898b5-8.
2. Sur le sens controversé d'*anakuklèsis*, voir en 271b7 l'usage de l'adjectif *sunanakukloumenè* à propos d'un mouvement rétrograde.

est tout aussi originel que le précédent. Il est donc plus probable que l'inversion de la direction de l'univers est le plus petit écart par rapport au mouvement qui est le sien, celui d'une rotation régulière qui est dite être « la course habituelle qui est la sienne » (273a6). Le fait qu'il y ait deux rotations de sens contraire, et non pas une, est la participation minimale au désordre que l'univers puisse tolérer.

S'agissant de l'univers, l'Étranger doit satisfaire à deux exigences contradictoires : étant l'œuvre d'un Démiurge qui l'a bien composé, il participe à un ordre immuable et régulier, mais doté d'un corps, il doit participer aussi au désordre originel (*ataxia*) que le Démiurge a réglé sans toutefois l'effacer (273b6-7).

L'inversion de la rotation : ses causes? (269e7-270b9)

Il faut alors examiner les hypothèses qui permettraient d'éviter cette contradiction interne. La première ne laisserait subsister qu'un seul facteur, soit en supprimant l'action du dieu, ce qui ferait de l'univers le seul responsable de sa propre rotation, soit en accordant à l'action divine un pouvoir égal sur les deux cycles. La distinction entre le corporel et l'incorporel permet de rejeter ces deux options. L'impossibilité d'être « toujours » responsable de son mouvement tient à la nature corporelle de l'univers, car ce marqueur d'éternité, « toujours », est aussi un marqueur ontologique, il distingue les réalités essentielles et intelligibles des réalités corporelles en devenir. Mais il n'est pas davantage permis (*ou themis*) au dieu de « mouvoir tantôt (*tote*) dans un sens, tantôt (*tote*) dans le sens contraire » (269e5-7). Il doit donc y avoir deux principes moteurs agissant en sens contraire, mais cela équivaut-il l'hypothèse de deux divinités gouvernant

chacune un âge dont la nature est contraire – comme
c'est le cas chez Empédocle[1] ? Et cette seconde hypothèse
peut-elle être écartée pour la même raison que doit l'être,
dans les *Lois*[2], celle d'une bonne et d'une mauvaise Âme
du Monde, puisque ce qui est divin procède toujours avec
intelligence (*noûs*) et jamais avec déraison (*anoia*) ? Il ne
semble pas, car si le mouvement circulaire est celui « qui
se rapproche le plus de l'intellect et de la pensée sage
(*phronèsis*) »[3], et si le dieu en est toujours responsable,
il ne saurait l'être de sa rotation en sens inverse. Cette
seconde hypothèse n'est pas repoussée pour une raison
morale, mais pour une raison ontologique, ou plutôt la
bonté est indissociable de la rationalité : quand il meut
le Monde, le dieu ne peut le faire que rationnellement,
donc être bon. Son retrait est donc la seule hypothèse
possible : le Monde est tantôt piloté par le dieu et tantôt
livré à lui-même. Cela suffit à expliquer l'inversion de la
rotation sans qu'il soit nécessaire de faire intervenir un
autre et adverse principe divin.

Cependant, si le mouvement imprimé à l'ensemble
du navire de l'univers par son pilote présente une
régularité qui le rend aussi proche (*peri* + accusatif)
qu'il est possible des réalités intelligibles, une chose
l'en différencie : ce pilote ne se comporte pas toujours
de la même façon à l'égard de son navire, et il est bien
responsable de la nature contraire, du désordre propre à

---

1. Voir D. O'Brien, « L'Empédocle de Platon », *Revue des études
grecques* 110, 1997, 381-398.
    2. Cf. *Lois* X, 896e-897b.
    3. Cf. *Tim.*, 34a2-3. « Probablement parce que c'est le seul mouve-
ment qui présente une simplicité, une régularité et une permanence qui
l'apparentent à la forme intelligible, objet de l'intellect » (L. Brisson,
Platon. Timée/Critias, Paris, GF-Flammarion, 1992, p. 41).

l'autre âge du Monde. Parce que celui-ci est de nature corporelle ? Mais si, pendant une longue période, le dieu peut prendre entièrement soin du Monde et de tout ce qu'il contient, qu'est-ce qui l'empêche de continuer à le faire ? Le temps : ce dieu est éternel comme l'est tout dieu, mais son action n'en est pas moins soumise à « la mesure du temps » assignée aux révolutions de l'univers. Que le Monde, étant corporel, ne puisse toujours être conduit par la pensée sage qui lui a été accordée, ne puisse rester même et « se comporter toujours de la même façon », est une chose ; mais que le dieu, lui, ne puisse pas toujours lui imposer de le faire en est une autre. Est-ce parce qu'il doit agir dans le temps et sur des réalités corporelles incapables de se soustraire au devenir ? Certes, mais ces « réalités les plus divines » que sont les Idées imposent à toutes les choses qui en participent leur essence et leur nom, pour tout le temps où elles existent. Le dieu ne peut donc être rangé au nombre de ces réalités, car tout dieu qu'il soit, il n'agit pas toujours de la même façon. Qu'il puisse cependant reprendre le commandement et éviter ainsi au navire de sombrer, cela apparente étrangement l'action de ce pilote divin à celle du politique tel que l'Étranger la conçoit. De sorte qu'il est possible de se demander quel est le modèle et quelle est l'image : est-ce le dieu qui doit servir de modèle au politique, ou le politique tel qu'il le conçoit qui a servi à Platon de modèle pour imaginer son dieu ?

En raison de l'alternance entre son omniprésence et son absence quasi totale, se succèdent donc deux grands cycles se parcourant en sens contraire et se répétant éternellement[1], car, comme dans le *Timée*, ce

---

1. *Cf.* 272e5, 273e5, 274d 6-8.

qui a commencé dans le temps n'est pas nécessairement voué à s'y achever. Ces cycles sont coupés chaque fois par une période de troubles violents accompagnant le changement de direction. Le devenir cyclique se trouve ainsi rythmé par deux renversements : l'un, quand il passe d'un cycle dirigé par le dieu au cycle où il est abandonné par lui, ce qui provoque destructions massives, inversion de la marche des âges et du processus de génération, qui va alors des morts aux vivants ; l'autre, quand le sens de la rotation s'inverse de nouveau, allant du cycle où il est délaissé par le dieu à celui où le dieu revient s'installer à la barre, ce qui a pour effet d'inverser une nouvelle fois la croissance biologique et de bouleverser le mode de génération. Une fois interrompue par un renversement, la rotation du Monde reprend sa course régulière, mais en sens inverse. Et ainsi de suite. L'écart n'en est pas moins un écart qui a des effets considérables et catastrophiques sur tout ce que le Monde contient, et en particulier sur les vivants. Car si les vivants naissent des morts, il faut aussi que les morts naissent des vivants, sinon, comme le dit l'argument cyclique du *Phédon*, la Nature serait boiteuse. Le cycle de la vie et de la mort imite ainsi chacun des deux cycles cosmiques.

Cette interprétation a le mérite de la clarté et de la symétrie, et dès l'Antiquité, c'est ainsi que l'alternance des cycles cosmiques a été comprise [1].

---

1. Voir J. Dillon, « The Neoplatonic Exegesis of the Statesman Myth », *in* C. Rowe (ed.), *Reading the Statesman*, Proceedings of the III Symposium Platonicum, Sankt Augustin, Academia Verlag, 1995, p. 364-374.

Deux ou trois phases ?

Certains exégètes, fort dignes par ailleurs de respect, ont pourtant proposé de remplacer cette interprétation traditionnelle par la succession de trois périodes : la première, celle du gouvernement de Kronos, la seconde, anonyme ou correspondant au premier moment de l'âge de Zeus, où il abandonne un monde totalement déserté du divin et voué au désordre, et une troisième, celle où Zeus prendrait la barre, qui serait l'époque où nous vivons actuellement. Telle est l'hypothèse avancée en particulier par Luc Brisson, l'interprétation en deux phases présentant selon lui de graves contradictions[1]. Or une première remarque s'impose. De 269c4 à 271c4, les deux âges ne sont jamais désignés comme étant, l'un « l'âge de Kronos », et l'autre « l'âge de Zeus ». L'Étranger n'a parlé que du « dieu » anonyme qui dirige la marche de l'univers : il accompagne sa révolution, est la cause de son ordonnancement harmonieux, de son engendrement, il le fait tourner en deux révolutions alternantes et contraires et il entraîne certains des fils de la Terre vers d'autres destinées (271c2). Chaque fois que l'Étranger revient sur les révolutions de l'univers ou sur les modes de génération, l'anonymat prévaut : c'est le dieu qui commande et prend soin de la totalité du mouvement circulaire (271d4), lui qui au premier âge paissait les hommes (271e5) et que suivent les autres dieux quand il abandonne le navire (272e8). Kronos n'est nommé que trois fois dans le

---

1. Voir *Platon. Le Politique, op. cit.*, p. 38-45. Avant cette version de 2011, Brisson en avait proposé deux différentes : « Interprétation du mythe du *Politique* » [1995], reprise et corrigée dans *Lectures de Platon*, Paris, Vrin, 2000, p. 169-205.

mythe [1] et, à la fin de sa longue réponse à Socrate le Jeune, l'Étranger oppose « cette vie que tu *entends dire* être celle de ceux vivant sous le règne de Kronos » à celle « *qu'on dit* être menée sous le règne de Zeus... » – d'un Zeus dont il n'avait prononcé le nom qu'à propos de la légende d'Atrée et de Thyeste. Ce dieu ne réapparaîtra qu'une seule fois dans le Dialogue : le législateur devra à l'instar du médecin modifier ses prescriptions, « au cas où des améliorations seraient survenues chez ses patients du fait des vents ou de quelque autre changement inespéré et inaccoutumé touchant des phénomènes relevant de Zeus » (294 c-d). Bien loin de gouverner « notre âge », il n'est que le dieu présidant aux phénomènes atmosphériques ; il est donc encore moins bien traité que Kronos.

Pourquoi l'Étranger accepte-t-il de renoncer à un anonymat, si persistant qu'on peut l'estimer délibéré, au profit de noms relevant d'un simple ouï-dire et appartenant à une mythologie qui n'est pas la sienne ? Renoncement au demeurant très provisoire, car le nom de Zeus ne sera plus jamais prononcé dans le mythe, et celui de Kronos réapparaîtra pour la dernière fois dans la leçon à en tirer (276a6). Son règne aura malgré tout bénéficié d'un assez long développement, alors qu'aucune divinité ne préside à l'âge abandonné du dieu. Parler d'âge de Kronos et d'âge de Zeus comme si cela allait de soi est donc un présupposé qui, en dépit de sa commodité,

---

1. En 271c4, 272b2, 8. Il est fait allusion à Kronos en *Crat.*, 396b3, 401e2-404a5, *Euth.*, 287b3, *Eutyphr.*, 8b3, *Gorg.*, 523a6, b4, *Hipp. Min.*, 229 b 7, *Rép.* II, 377e8, 378a1, *Banq.*, 195b7, *Tim.*, 41a1. Pour la figure de Kronos dans les *Lois* IV, 712e-714b, voir L. Brisson « Un monde abandonné à lui-même » dans J. Dillon and M. Dixsaut (eds), *Agonistes : Essays in Honour of D. O'Brien*, London, Ashgate, 2005, p. 25-36.

n'est pas sans conséquence. Ce que Brisson finit par reconnaître, tout en disant qu'en distinguant le règne de Kronos de celui de Zeus il ne distingue que « des époques différentes »[1]. Or penser en termes d'époques et non pas de révolutions autorise à constituer une série linéaire qui permet d'en ajouter, une, deux, trois ou quatre, et en fait un nombre indéterminé[2], tandis que penser en termes de révolutions, c'est n'en poser que deux, tournant en sens opposés. C'est aussi suivre la lettre du texte.

Mais la raison essentielle de s'opposer à l'interprétation traditionnelle en deux âges est que le mythe semblerait dire que l'âge d'or est un âge où le monde tourne « à l'endroit », donc que le nôtre, celui de « maintenant », tourne à l'envers et subit une entropie irrémédiable. Cet extrême pessimisme ne saurait s'accorder avec les passages du *Timée* (et du livre X des *Lois*) où le Démiurge se réjouit d'avoir fabriqué le meilleur monde possible. Le « meilleur Monde possible », mais peut-être pas le meilleur tout court, car dans ce monde, il n'y a pas de place pour la philosophie, remplacée par l'astronomie et la musique (sciences de l'harmonie et du rythme)[3]. Le but est donc d'assurer à l'époque où nous vivons la jouissance d'une présence divine écartant « définitivement » tout risque de corruption du Monde, une reproduction sexuée

1. Platon. *Le Politique, op. cit.*, p. 41, n. 1. Pour une critique de cette interprétation voir P. Vidal-Naquet, « Le mythe platonicien du *Politique*. Les ambiguïtés de l'âge d'or et de l'histoire », repris dans *Le Chasseur Noir*, Paris, Maspero, 1981, p. 361-380 ; voir aussi J.-F. Mattéi, *Platon et le miroir du mythe. De l'âge d'or à l'Atlantide*, Paris, P.U.F., 1996, p. 75-80.

2. Comme fait G.R. Carone, qui en compte quatre, les bouleversements intermédiaires étant pour elle des « époques » (« Reversing the Myth of the *Politicus* », *Classical Quarterly* 54, 1, 2004, 88-108).

3. Cf. *Tim.*, 30a1-b1 et 47b1.

garantissant la stabilité des espèces animales ; époque heureuse, où les hommes prendraient « mutuellement soin » les uns des autres[1]. La troisième époque mettrait donc « définitivement » fin à l'alternance des cycles.

L'avantage d'une lecture en trois phases est à peu près le même pour Rowe, mais pour une raison différente : il consiste à faire que « l'Univers qui doit se débrouiller par lui-même (le nôtre) ira désormais dans la même direction que l'univers contrôlé par la divinité », ce qui lui semble approprié « étant donné qu'il s'agit d'une créature rationnelle (269 d)[2]. » Si notre Monde est rationnel, les hommes que nous sommes le sont aussi, au moins en droit, comme l'affirme le *Critias*. Dans le *Politique*, le Monde est assurément doté de *phronèsis*, mais cela ne signifie nullement qu'il est rationnel : il lui suffit d'être « raisonnable ». Ce n'est pas la « part divine » de l'âme, celle qui dans la *République* est caractérisée comme une « chose rationnelle » (*logistikon*) qui le conduit, car alors elle serait capable de surmonter le désir connaturel qui fait tourner l'univers en sens inverse. Comme tout vivant, celui-ci est doté d'une sorte de pensée prudente et sage qui pour sa part en est incapable, bien qu'elle permette à l'univers abandonné du dieu d'être maître aussi bien des choses qui sont en lui que de lui-même[3]. Le motif de cette interprétation en trois phases est au fond le même, voir dans notre époque la synthèse heureuse des deux autres : elle n'est pas abandonnée du divin, quel que soit le sens donné à ce mot, et les hommes jouissent néanmoins d'une autonomie qui leur permet de prendre rationnellement

1. *Platon. Le Politique, op. cit.*, p. 44.
2. C. Rowe, *Plato. Statesman, op. cit.*, Introduction, p. 13.
3. *Cf.* 273a7-b1, 274d5.

soin d'eux-mêmes et des autres. La politique pointerait ainsi son nez dans ce dernier âge, et la troisième phase correspondrait[1] à la cité des Atlantes ; mais, en raison de leur caractère humain, ceux-ci finissent par céder à une cupidité et un appétit de pouvoir que leur raison et leur sagesse n'a pas pu contrôler. Ils ne font en cela qu'imiter l'univers tel que le mythe du *Politique* le dépeint. C'est en dernière analyse l'anthropologie de Platon qui suscite cette réaction qu'est l'hypothèse des trois phases : les hommes de « maintenant » ne peuvent pas être les animaux repus et apprivoisés de l'âge de Kronos, et pas davantage être les animaux sauvages de celui abandonné du dieu. Or toute la réflexion politique de Platon repose sur cette anthropologie. L'homme n'est pas un animal naturellement rationnel, il est seulement capable de raison[2], c'est pourquoi il n'est pas un animal politique et pourquoi il faut inventer les moyens qui le rendront capable d'en devenir un.

Cette nouvelle interprétation a toutefois le mérite de poser un problème réel, celui de la fonction de ce mythe dans un Dialogue traitant de la science et de l'action politiques. Car elle y est tantôt inutile et tantôt impossible. Vérité difficilement tolérable, d'où la volonté de donner à une *réalité* qui est « la nôtre » une place acceptable dans le temps *fictif* du mythe, et elle ne l'a dans aucun

1. Cf. *Critias*, 121a-b.
2. Pour parodier Swift : ses *Voyages* [de Gulliver], écrit-il à Pope le 29 septembre 1725, ont pour fondement une « grande misanthropie » ; ils sont destiné à prouver « la fausseté de cette définition, *animal rationale*, et de montrer que ce devrait être seulement *rationis capax* ». Dans le livre IV de ses *Voyages*, Swift oppose le règne d'une raison sans intelligence incarné dans les Chevaux à celui de l'animalité incarné dans les Yahoos – deux états de nature dont aucun n'est flatteur.

des deux cycles. Ce qui n'est pas très rationnel, mais peut sembler être confirmé par l'usage obsessionnel de l'adverbe « maintenant » (*nun*) (pas moins, sauf erreur, de vingt-et-une occurrences). Implique-t-il cette curieuse insertion de la réalité dans la fiction?

Il faut commencer par écarter les références relatives au déroulement du discours ainsi que celles qui rapportent ce que pensent ou croient certains de ce qu'on leur raconte, car elles réfèrent à un temps qui est celui de la narration[1]. L'usage le plus fréquent est celui où l'adverbe sert de référence pour comprendre, soit en quel sens va la rotation : en sens inverse de celui que nous constatons « maintenant »; soit, en se référant à la situation anthropologique actuelle, en quel sens va le cours des âges[2]. Ces deux derniers types de renvois « informatifs » sont internes à la temporalité du mythe, puisqu'ils servent à en opposer les deux époques. Cela vaut aussi pour l'usage comparatif – entre le gouvernement et le soin du dieu veillant à l'une des rotations de l'univers et celui des dieux veillant à présent sur chaque région du Monde; entre le rapport existant alors entre les dieux et les hommes et celui existant « maintenant » entre les hommes et les animaux; entre le bonheur propre à la vie sous Kronos et celui de la vie de « maintenant », ou encore entre les fables que les hommes de cet âge se racontent et celles que l'on raconte maintenant à leur sujet. « Le "maintenant" dont il est question en 271d4

1. Pour le déroulement du discours, *cf.* 269b5, 270b3, 274b2; pour ce que certains pensent de ce qu'on leur raconte, 271b3, 272b3, 272c5, 274d3.
2. Pour le sens de la rotation, *cf.* 269a3,5 270b7, d4, 271d2, 273b7, 274e10; pour la situation anthropologique actuelle, 271e6, 272c5, 273e7, 274d7, 274e10.

doit être lui-même interprété non pas comme opposant
le présent de notre expérience au passé mythique, mais
comme un présent lui-même mythique, éclairé par la
loi de périodicité que révèle le mythe[1]. » En outre, faire
dépendre d'un pastorat divin – celui de Zeus ou d'un dieu
anonyme – le salut des hommes d'un « maintenant » qui
serait réellement le nôtre, c'est commettre l'erreur qui
va être justement dénoncée par le mythe. Car c'est d'un
bon politique, de sa science et de son action que dépend
le bonheur des hommes, de sa royauté, pas de celle d'un
dieu. L'histoire cosmique des cycles de l'univers est une
fiction, et celle d'un politique sage peut-être une fiction
plus grande encore, mais seule une fiction peut agir sur
cette marionnette qu'est l'homme, créature qui ne peut se
passer ni de mythes, ni d'images, ni de mensonges.

Tout cela étant dit, il faut encore se demander si
l'usage du terme « maintenant » n'a pas une raison plus
profonde. Tout « maintenant » suppose un temps éclaté
en trois dimensions – passé, présent, avenir – et toutes
sont illusoires, fugitives et inconsistantes. Le temps dont
pâtissent les vivants n'est pas fait de parties, il les soumet
à sa fuite irréversible et à l'inégale faveur de ses moments.
L'éternité répétitive du cycle cosmique tient à la nature
corporelle de l'univers mais elle est rigoureusement et
cycliquement mesurée, tandis que la finitude imposée
par le temps linéaire – tant aux races mortelles qu'aux
individus qui les composent – est aléatoire et inévitable.
Ne faut-il pas tenir compte de cette fracture interne
du temps, et est-il impossible de supposer que l'usage

1. R. Brague, « L'isolation du sage. Sur un aspect du mythe du
Politique », dans son livre, *Du temps chez Platon et Aristote*, Paris, PUF,
1982, p. 85. Pour l'usage comparatif, *cf.* 271d4, 271e6 et 272b2-3, c5.

intempérant de l'adverbe « maintenant » serve à la rappeler ? Dans le *Timée*, le Démiurge fabrique cette image de l'éternité qu'est le temps pour rendre le Monde plus semblable à son modèle intelligible. L'éternité circulaire qui est celle de l'univers est-elle une éternité véritable, comme l'est celle du *Timée* ? Dans le *Politique*, la référence du temps à l'éternité se trouve inversée, ce n'est plus le temps qui est référé à l'éternité, mais l'éternité qui se trouve à la fois soumise à la loi du temps et rapportée de manière insistante à des « maintenant » dont la règle est la pluralité et la variabilité. Que le seul exemple d'une réalité éternelle et toujours même soit l'auto-mouvement rotatif d'un Démiurge mythique suffit à expliquer pareille inversion. En arrière de la distinction entre le corporel et l'incorporel, ce serait donc, encore et toujours, celle plus radicale entre l'être et le devenir qu'il ne faudrait pas oublier quand on lit ce mythe. Car si le temps n'est pas référé à l'éternité, ce n'est pas véritablement du temps mais du devenir, un devenir dont l'irrationalité ne peut jamais être expulsée, et qui, en ce sens, ne peut être que tragique.

L'ORDRE NARRATIF

Il faut à présent s'efforcer de suivre l'ordre narratif, un ordre qu'on serait tenté de juger pervers tant il s'applique à brouiller la succession qu'il décrit. Il est prudent de donner un schéma qui établisse, autant qu'il est possible, la correspondance entre ces deux ordres :

1. Le renversement de l'âge abandonné du dieu à l'âge de Kronos (270b10-271c2)

2. La vie sous le règne de Kronos (271c3-272d7)

3. Le renversement de l'âge de Kronos à l'âge abandonné du dieu (272d8-a5, 273e6-10)

4. L'âge abandonné du dieu (273a5-d4, 274a1-e1)

5. Le dieu reprend le gouvernail (273d4-e4), et nous voilà donc revenus à 1.

Renversement de l'âge abandonné
du dieu à l'âge de Kronos (270b10-271c2)

L'Étranger commence par décrire les bouleversements, terribles ou étonnants, infligés aux vivants par un renversement du cycle cosmique. Quand la rotation se renverse pour passer à l'état du monde *inverse de celui de maintenant*, le genre humain est réduit à un nombre infime de survivants, et la marche des âges s'arrête et s'inverse. Au lieu de vieillir, les hommes rajeunissent, et cette régression frappe autant l'âme que le corps. Ce rajeunissement fait sans doute que l'âme perd progressivement la mémoire de toutes les informations acquises au cours de la vie menée avec son corps, de toutes les aptitudes résultant d'un apprentissage, jusqu'à en arriver à l'état d'une enfant nouveau-né. Quant aux corps, continuant à rajeunir ils disparaissent, et d'autant plus rapidement s'il s'agit de morts violentes. Puisque cela ne prend en ce cas que peu de jours, on peut imaginer que les autres morts ne sont elles aussi qu'une affaire de jours, et pas d'années. Car le bouleversement ne constitue pas une époque, il est un moment de rupture entre deux époques. S'il n'existe plus d'adultes, la génération sexuelle n'est plus possible, et l'Étranger fait appel à la légende des « fils de la Terre », en insistant sur le fait qu'il s'agit d'une histoire transmise par nos tout premiers ancêtres, « ceux qui, vivant au cours de *l'époque suivante*, venaient tout de suite après la fin de *la période antérieure* et en étaient proches, mais naissaient au commencement de celle-ci ». Ce qui va être nommé plus loin « l'âge de Kronos » est donc pour eux une « période *antérieure* », et ils vivent au début de la révolution abandonnée du dieu, alors que, du point de vue du bouleversement, « l'âge de Kronos » est l'état *postérieur* à l'âge de « maintenant ». Mémoire des ancêtres et cycle cosmique vont ainsi en sens inverse, la mémoire va *en arrière* et remonte à l'âge de *Kronos*, et le bouleversement va *en avant*, vers lui. Il est difficile de ne pas se sentir un peu perdu, mais ce brouillage chronologique doit bien vouloir dire quelque chose. S'il nous arrache à la linéarité familière et imperturbable de ce que nous croyons être le temps, c'est probablement pour nous forcer à le penser autrement, c'est-à-dire à relativiser les catégories de l'avant et de l'après. Moments d'une alternance éternellement répétée, l'antérieur et le postérieur ne peuvent que s'échanger perpétuellement.

Revenons à nos ancêtres, qui forcément vivent à « notre âge ». Ils racontent des choses que la plupart des gens ont tort « aujourd'hui » de refuser de croire. Mieux vaut une croyance (*pistis*) innocente à des images qui ne sont que des fabrications de l'imagination humaine, disait Socrate dans le *Phèdre* : mieux vaut donc adopter la même attitude envers les survivants des grandes catastrophes qui « tenaient pour vrai ce qu'on racontait des dieux et de hommes » [1]. L'Étranger n'avait cependant jusque là fait appel à la croyance ni dans le cas de la légende d'Atrée et de Thyeste, ni dans celui du mythe de l'âge d'or. En quoi naître de la terre est-il moins fantastique ? Pourquoi le récit des ancêtres relèverait-il de l'Histoire et pas de la légende ?

---

1. *Lois* III, 679c2-8.

D'abord, parce que l'existence de ces « fils de la terre »
peut s'expliquer, pour peu qu'on y réfléchisse (*sunnoein*).
Du renversement de la rotation du monde, il s'ensuit
un renversement du mode de génération : les morts
ne naissent plus des vivants, mais les vivants naissent
« nécessairement » des morts enfouis en terre. Ils sont donc
« nés de la terre »[1]. Ensuite, le récit des ancêtres pourrait
servir de remède à une « enfance » qui n'est pas seulement
le propre des nourrissons de Kronos, si l'on se souvient
du reproche adressé par un vieux prêtre à Solon[2] : « Vous
autres Grecs, vous êtes perpétuellement enfants ! Vieux,
pas un Grec ne l'est […] Jeunes, vous l'êtes tous par l'âme,
car votre âme ne renferme aucune opinion antique, de
tradition reculée, ni aucun savoir blanchi par le temps. »
Aux yeux du prêtre, toute l'Histoire des historiens n'offre
que peu de différence avec « des contes pour enfants »,
car elle ignore tout des milliers de catastrophes, déluges
et tremblements de terre qui au cours de millénaires, et
même de milliers de millénaires, ont fait périodiquement
périr et renaître la race des hommes, y compris la plus
noble et la plus vaillante dont la « Cité qui est aujourd'hui
la vôtre descend pourtant ». L'Histoire ne cesserait donc
d'être une légende qu'à la condition de conserver la
mémoire des bouleversements de l'univers, au regard
desquels l'utilisation athénienne de l'autochtonie semble
assez dérisoire. En donnant aux Kronides le nom de « fils
de la Terre », l'Étranger en fait les plus anciens ancêtres
de la race humaine, et comme tout historien, il insiste sur
le fait que ses sources sont dignes de foi. Quant à ceux
emportés par le dieu vers en autre destin, leur privilège ne

1. Voir la note VI à la traduction.
2. Cf. *Tim.*, 22b-d.

tient chez Homère « qu'à la faveur capricieuse d'un dieu »
et qui n'a rien à voir avec le mérite ou la vertu, comme
le montre l'exemple de Ménélas [1]. Chez Hésiode, tous les
hommes de l'âge de Kronos devenaient les « démons »
protecteurs de toutes les générations suivantes : ce terme,
démons, conviendrait chez Platon plutôt aux philosophes,
qui ont l'habitude de se voir transportés dans les Îles des
Bienheureux et d'échapper ainsi au jugement des morts
comme aux réincarnations [2]. Car eux ont une mémoire
différente de celle acquise lors de l'union de l'âme et du
corps, une mémoire incapable d'oublier ce que l'âme a
appris et compris seule et par elle-même, et qui peut donc
ressaisir ce à quoi elle est apparentée, l'intelligible.

La vie sous le règne de Kronos (271c3-272d7)

> Mais la vie qui selon toi est menée sous le pouvoir de
> Kronos, est-ce qu'elle était vécue dans les susdites
> révolutions, ou dans celles-ci ? Car il est évident que
> le changement du cours des astres et du soleil survient
> aussi bien dans les unes que dans les autres. (271c4-7)

La question du garçon montre qu'il a fort bien suivi
le récit : chaque inversion de la rotation de l'univers
entraînant un bouleversement, à quelles inversions
correspond celui qui vient d'être décrit ? À celles qui font
passer de l'âge de Kronos à l'âge suivant, ou à celles qui
s'opèrent en sens inverse ? Et si le chamboulement dépeint
par l'Étranger se rapporte aux secondes, comme il a été
dit en 270d4-5, qu'implique-t-il quant au genre de vie

---

1. Voir le chapitre « L'Enlèvement. Les Îles des Bienheureux »
dans E. Rohde, *Psychè, le culte de l'âme chez les Grecs et leur
croyance à l'immortalité*, trad. A. Reymond, éd. revue et corrigée par
A. Marcinkowski, Paris, Les Belles Lettres, 2017, p. 51-82.
2. Hésiode, *TJ*, v. 123. Platon, *Phédon* 114c, *Rép.* VI, 519c5, 540b6.

vécue aux périodes suivantes, qui seraient alors celles du règne de Kronos ? Socrate le Jeune, qui tient visiblement tout ce qui vient d'être dit pour une sorte d'adaptation de la légende d'Atrée et de Thyeste, attend donc de l'Étranger qu'il recouse le dernier lambeau de légende, celui du règne de Kronos. Et en particulier qu'il dise dans laquelle des deux révolutions il le situe. L'Étranger n'ayant en effet parlé jusque là ni d'âge de Kronos, ni d'âge de Zeus, il serait quand même plus commode de donner au moins à l'un d'entre eux son nom traditionnel.

« Pour ce que tu demandais au sujet de toutes les choses naissant spontanément pour les hommes, elles ne relèvent pas du tout du mouvement céleste de maintenant, mais cela aussi relève du mouvement antérieur. » « Cela aussi », c'est-à-dire le bouleversement exposé, advient donc lors du passage de la « période antérieure », abandonnée du dieu, à l'âge de Kronos. On peut noter que le garçon ne disait rien des choses qui « naissant spontanément pour les hommes », mais le simple fait qu'il demande quelle « vie » on vivait sous Kronos suffit pour que l'Étranger comprenne quel genre de vie le jeune Socrate a en tête : celui vécu à un âge d'or décrit par les poètes. « Alors, en effet, c'est sa révolution circulaire [celle de l'univers] que le dieu dirigeait dans un premier temps et il en prenait entièrement soin, comme cela se passe à présent de la même façon pour les régions, les parties du monde étant totalement réparties entre eux par les dieux qui les gouvernent. » La différence est qu'alors un seul dieu gouvernait et prenait soin du mouvement circulaire, et confiait le gouvernement des régions à des dieux subalternes, tandis que maintenant les régions du Monde sont réparties entre trois dieux Olympiens

(Zeus, Poséidon et Hadès)[1]. Mais Socrate le Jeune peut ainsi comprendre ce que signifient gouvernement et soin divins, ainsi que le sens du mot « régions » (*topoi*) et de leur répartition, tous ces termes allant ensuite être appliqués à ce qui se passait « alors » : le « maintenant » est informatif[2]. Alors, un seul des dieux subalternes gouvernait chacune des régions qu'ils s'étaient réparties entre eux, comme le font maintenant chacun des trois dieux olympiens. Ces « génies divins » pourvoient aux besoins du troupeau d'animaux dont ils ont la charge, de sorte qu'*aucun* n'est sauvage, *aucun* n'en mange un autre et il n'y a *ni guerre* (*polemos*) *ni* dissension (*stasis*, 271e1-2). Une paix universelle, décrite négativement, règne alors entre tous les vivants, ce qui permet l'extension inusitée des mots « guerre » et « dissension ».

Qu'en est-il des hommes de ce temps ? L'âge d'or continue à être déterminé par tout ce qui en est absent (271e8-272a2) : *aucune* structure sociale, *ni* politique *ni* familiale, *aucun* souvenir du passé. L'homme est alors un animal asocial, apolitique et, comme tout animal, il est étranger à l'Histoire. Les nourrissons de Kronos sont au dieu qui les paît ce que les animaux d'aujourd'hui sont au berger qui en prend soin : cette analogie distingue implicitement pastorat divin et pastorat humain, tout en affirmant la ressemblance des troupeaux dont ces pasteurs ont la charge. La conclusion de cette énumération négative est que, « pour toutes les autres conséquences d'une pareille organisation, il y en aurait des milliers à décrire ». Inspirés par le texte d'Hésiode, les traducteurs,

---

1. Voir la note VII à la traduction.
2. Répartition de maintenant : *dieilèmmena*, 271d5, d'alors : *dieilèphèsan*, 271d7 ; « selon les régions » de maintenant : *kata topous*, 271d4, d'alors : *kata tous topous*, 272e6.

à l'exception de Rowe, glosent le relatif *osa* (« toutes les choses qui ») par tous « les biens », « les bienfaits », et on peut regretter qu'il n'existe pas de « point d'ironie ».

Suit enfin la brève description idyllique d'une nature dépourvue elle aussi de toute agressivité : les saisons étaient bien tempérées, et la terre produisait à profusion des fruits. Toute production étant naturelle et spontanée, tous les vivants, végétaux, animaux et hommes, poussent de la terre sans avoir à douloureusement travailler et s'engendrer. Nul besoin de lits, de vaisselle ni de vêtements, autrement dit d'objets fabriqués. Ce passage à l'idylle renvoie à un « hypo-texte » sans doute aussi important que celui généralement évoqué d'Hésiode. Dans la prairie élyséenne, une « vie douce est offerte aux humains : là, jamais de neige ni de longs hivers ni de pluie, et toujours le fleuve Océanos envoie les haleines du zéphyr pour rafraîchir les hommes – la vie que ces hommes mènent est à peu près analogue à celle vécue dans les « solides demeures des dieux »[1]. Cette terre de rêve, écrit Rohde, est située dans « un inaccessible lointain » comme l'est l'île des Phéaciens, ou l'île de Syriè, qui se trouve là « où le soleil se retourne ». Loin d'être causes de catastrophes, ces renversements (*tropai*) de la marche du soleil indiquent la nature exceptionnelle du lieu : ni à l'Orient, ni à l'Occident, il se situe à un point d'origine qui, comme tel, est hors du monde. Hypo-texte, car dans l'*Odyssée* comme dans le mythe du *Politique*, ce sont des conditions négatives (principalement atmosphériques) qui permettent de passer à l'image idyllique d'une nature continûment généreuse. Homère situe sa vie

---

1. La prairie élyséenne : *Od.*, IV, v. 566-569 ; les demeures des dieux : VI, v. 43-45.

bienheureuse aux confins de la terre, alors qu'Hésiode
situe son âge d'or dans le temps, sous le règne de Kronos,
mais espace et temps sont aussi imaginaires l'un que
l'autre et ils servent de cadre à une « inaltérable félicité ».
« C'est la libre activité poétique qui a créé ce refuge
de l'espérance humaine » écrit Rohde. Du récit d'une
énergie conquérante à la recherche des occasions de se
manifester au rêve d'une vie paisible soustraite à toute
forme de peine et consacrée à jouir du moment présent,
de l'âge héroïque de l'*Iliade* à l'âge idyllique peint dans
l'*Odyssée* : cette opposition sous-tend celle entre les deux
âges du mythe. Et elle suscite comme elle l'intervention
du narrateur : « Il est douteux, conclut Rohde, que le
poète de l'*Iliade* eût tenu pareil avenir pour digne de ses
héros, et l'on peut se demander si pareille félicité eût été
pour lui une félicité[1] ! »

Il est encore plus douteux que Platon ait tenu pareille
vie pour digne des humains. Chez Hésiode, les hommes
de l'âge d'or « vivaient comme des dieux »[2]; pour
l'Étranger, ils vivent comme des moutons sous la houlette
d'un pasteur divin[3]. Et, tandis qu'à l'âge d'or hésiodique
les hommes jouissent d'une éternelle jeunesse, ce qui
les rapproche de la condition divine[4], ils vont selon
l'Étranger de la vieillesse à l'enfance et retournent à
la terre dont ils sont sortis. À quoi donc ces hommes

---

1. Voir E. Rohde, *Psychè, le culte de l'âme chez les Grecs et leur
croyance à l'immortalité, op. cit.*, p. 62-63.

2. Hésiode, *TJ.* v. 112.

3. Voir C. Gill, « Plato and Politics : The *Critias* and The *Politicus* »,
Phronesis 24, 1979, 148-167.

4. *T.J.*, v. 113-115, trad. Mazon : « la vieillesse misérable sur eux ne
pesait pas; mais, toujours jeunes, ils s'égayaient dans les festins, loin de
tous les maux. »

passaient-ils leur temps, de quoi et à qui parlaient-ils ?
Il faut d'abord supposer que ces nourrissons de Kronos
disposaient d'un copieux loisir (*skholè*) : le temps du
travail, l'urgence de l'action, les tâches à accomplir pour
survivre ou exister socialement, le soin des enfants, tout
cela leur est épargné. Ce temps libéré de tout effort et de
tout souci libère à son tour leur parole ; elle n'est soumise
à aucune contrainte ni à aucun jugement, n'a ni à être
efficace ni à obéir à des considérations rhétoriques ou
esthétiques. Dans la digression du *Théétète*, le loisir est dit
être le propre du philosophe, mais au temps de Kronos
le loisir s'accompagne d'un radical décentrement : parler
n'est pas le propre de l'homme, et les hommes de ce temps
pourraient, s'ils en éprouvaient le désir, parler avec les bêtes
et apprendre des choses inouïes. « En s'informant auprès
de chaque nature pour savoir si elle possède une puissance
propre de percevoir quelque chose qui soit différent des
autres », ils recueilleraient de la sagesse (*phronèsis*) et
enrichiraient leur pensée trop humaine d'une grande
diversité de perception des choses, de l'espace, du temps,
du monde. La neutralisation des appétits corporels ne
laisserait donc subsister en eux qu'un seul désir, celui
d'apprendre. Mais comme apprendre veut seulement dire
s'enrichir d'une multiplicité d'expériences différentes, la
« philosophie » en question a son sens courant « de désir
de s'informer », non son sens platonicien. Toutefois, en
la pratiquant, les nourrissons de Kronos comprendraient
au moins que l'homme n'est pas un animal *supérieur*,
mais un animal *différent*, et que croire à sa supériorité
l'appauvrit plus que cela ne l'enrichit. Il est donc possible
d'imaginer que, de ce décentrement généralisé, résulterait
une espèce de « philosophie » encore inconnue. Pourtant,

une autre possibilité vient refroidir cet enthousiasme, car les hommes du temps de Kronos pourraient aussi bien, « gorgés de nourritures et de boissons », se raconter les uns aux autres et raconter aussi aux bêtes « des fables (*muthoi*) semblables à celles que l'on raconte à présent à leur sujet ».

Elles racontent des plaisirs modérés, puisque c'est la nature qui fournit nourriture et boisson aux hommes de ce temps : leur mode de vie s'inspire probablement de la « vie orphique », végétarienne et sobre[1], aucune bête ne servant de nourriture à aucune autre. Et c'est probablement la doctrine pythagoricienne de la métensomatose, selon laquelle les « âmes » réincarnées n'ont pas perdu l'usage de la parole en changeant d'espèce, qui inspire Platon quand il dote de parole toutes les bêtes. Parodie, donc, qui refuse à l'un et l'autre de ces courants d'être « philosophiques ». La présence de la philosophie est en fait aussi incertaine dans les deux âges du Monde, car elle ne dépend ni d'une cosmologie, ni d'une théologie, étant donné qu'être gouverné par des êtres divins n'exclut aucune des deux hypothèses et que leur bienveillance ne va pas jusqu'à inciter les hommes à « philosopher ». L'alternative reste ouverte, d'autant qu'il est impossible d'être sûr que, en ce temps pas plus qu'au nôtre, elle ait le moindre sens pour la plupart des hommes.

Deux représentations du bonheur s'affrontent, or c'est le bonheur de la cité que le politique devra assurer (311c5-6), mais quelle sorte de bonheur ? Rien n'est plus révélateur de la nature d'un homme que l'image qu'il se fait du bonheur, et il y a des chances que celle que s'en font généralement les hommes n'ait pas grand chose de

1. Cf. *Lois* VI, 782c.

commun avec celle que le politique leur garantit. Il faudra donc les faire changer d'avis, ce qui n'est pas facile si on se reporte aux efforts déployés par Socrate dans la *République* lorsqu'il s'agit de démontrer que le plus juste est le plus heureux : il présente trois arguments dont aucun n'est convaincant, tant l'opinion inverse se trouve vérifiée par l'expérience[1]. La question du bonheur est pourtant bien une question politique : dans le *Critias*, c'est une erreur sur le bonheur qui cause la perte des Atlantes[2], et il est à craindre que ce soit elle qui conduise toute civilisation à sa perte. À ce moment du *Politique*, la question de savoir laquelle des deux vies est la plus heureuse suscite une intervention du narrateur dans son récit : « si toutefois j'avais à déclarer mon opinion, la question serait facile à juger. » L'Étranger a rappelé au passage la nature du discours qu'il vient de tenir, car l'histoire qu'il vient de « réveiller » pourrait sans doute faire partie des « fables » que les hommes échangeaient entre eux et avec les bêtes. Il se contente donc de la raconter, et laisse à un informateur le soin de révéler vers quoi « penchaient les désirs des hommes de cet âge concernant les sciences et l'usage des discours ». Manière désinvolte de dire que l'herméneutique n'est pas ici son affaire ? Quand il s'agit d'un mythe platonicien, « l'antithèse entre originarité créatrice et secondarité herméneutique est inutilisable »[3]

1. *Rép.* IX, 575c-586e. Voir M. Dixsaut, « Le plus juste est le plus heureux », dans *Études sur la* République *de Platon*, vol. 1 : *De la justice*, M. Dixsaut dir., avec la collaboration d'A. Larivée, Paris, Vrin, 2005, p. 327-352. Voir dans le même volume T. Irwin, « Platon et le monisme de la raison pratique », p. 307-325 : p. 307-311.

2. *Critias*, 121b.

3. H. Blumenberg, *La Raison du mythe,* trad. de S. Dirschauer, Paris, Gallimard, 2005, p. 53.

– en d'autres termes, la façon dont l'histoire a été inventée et racontée laisse peu d'incertitude quant à la manière de l'interpréter. Le mythe n'a donc pas seulement pour finalité de démystifier la figure grandiose du roi, il doit aussi faire qu'une certaine image du bonheur cesse de n'être désespérante que pour quelques uns.

La loi du changement (272d8-273a5)

La loi du changement qui s'impose à tout être corporel et la mesure du temps impartie à chaque mode de génération ont pour conséquence que toute la race issue de la Terre est anéantie et que le pilote de l'univers se retire dans son poste d'observation. Pour lui, changer signifie seulement cesser d'accomplir sa fonction de guide, non pas en assumer une autre, mais sa puissance se trouve limitée par cette loi : tout ce qui a un commencement doit s'achever, non pas définitivement, mais pour pouvoir commencer à nouveau. Le retour cyclique est la seule forme d'éternité compatible avec ce qui n'est pas éternel par nature. Conformément à son destin et à son désir connaturel, le Monde se met donc à tourner en sens inverse et produit un énorme ébranlement, car son mouvement conjugue alors « les deux impulsions contraires d'un mouvement qui commence et d'un mouvement qui finit ». Comme le dit Parménide : « Eh bien, changer, on ne peut le faire sans changer[1] ! » Quand on change, ce qui commence ne vient pas *à la suite* de ce qui finit, le changement n'est pas une altération continue résultant de ce qui précède. L'âge abandonné du dieu n'a en rien été préparé par l'âge de Kronos, lequel à son tour ne le prépare en rien. Il y a saut d'un état à un autre état,

1. *Parm.*, 156c7-8.

saut qui a la brutalité imprévisible de tout changement et qui interrompt le cours progressif, accumulatif et continu du temps qui s'avance[1]. L'intervalle ne relie pas, il coupe, et c'est par rapport à lui que se détermine un avant et un après (*proteron husteron*). Non seulement les bouleversements cosmiques n'appartiennent ni à un âge ni à l'autre, mais ce sont eux qui permettent de dire que l'un vient « avant » et l'autre « après », ce qui, lorsqu'il s'agit d'un mouvement *circulaire*, est rien moins qu'évident.

Du bouleversement occasionné par ce renversement de la rotation, on ne sait à ce moment qu'une seule chose : qu'il fait périr toutes sortes d'espèces de vivants.

L'âge abandonné du dieu (273a5-d4)

Pour comprendre à quel état le Monde, qui prend alors le contrôle de lui-même, doit nécessairement en arriver, il est nécessaire de rappeler que le Démiurge a dû l'ordonner pour en faire un Monde (*kosmos*). Ce qui est corporel ne pouvant avoir qu'un ordre imposé du dehors, son état originel est nécessairement le désordre. Au désordre instantané lié à une cause externe – le renversement cosmique – succède donc un désordre progressif, un lent processus interne de dégradation. « L'élément corporel entrant dans sa composition, c'est-à-dire la propriété inhérente à son antique nature première » est la cause interne d'un oubli croissant. Plus le temps passe et plus l'enseignement du Démiurge s'efface, plus la nature corporelle du Monde reprend le dessus et plus s'accroît le désir qui lui est connaturel aux dépens de la pensée sage

---

1. Sur cet « instant du changement », voir M. Dixsaut, *Platon et la question de l'âme, op. cit.*, p. 156-159.

reçue de son père. Qu'est-ce qui reste alors ? La nature illimitée d'un désir que la pensée sage n'a pas réussi à soumettre, et une vie divine qui n'appartient plus qu'aux dieux.

D'où cette conclusion : « C'est en effet de celui qui l'a composé que le Monde tient toutes ses beautés, tandis que c'est de son état antérieur que naît tout ce que le Ciel contient de malheurs et d'iniquités, c'est de cet état qu'il les tient lui-même et les fait exister chez les vivants. » Les jugements de valeur vont alors proliférer. Tant qu'il avait joui de l'assistance divine, le Monde n'engendrait, à peu de choses près, que de grands biens. Délaissé par le dieu, le Monde conduit au début toutes choses au mieux, puis l'oubli croît et la proportion des biens et des maux s'inverse : « infimes sont alors les biens qu'il mélange à l'abondance de leurs contraires ». De quelle sorte de biens et de maux parle l'Étranger ? Des biens perdus de l'âge d'or, et des maux propres à l'âge abandonné du dieu ? Eux seuls peuvent se mélanger, car ils ne sont que relativement bons et mauvais, comme tous les biens qui ne sont pas « divins » mais « humains »[1]. Quel que soit le texte platonicien où ces termes apparaissent, ils appellent toujours un examen ; au lecteur de s'étonner ici de leur apparente évidence. Quoi qu'il en soit, le dieu vient reprendre le gouvernail pour éviter que le Monde ne sombre dans « le

---

1. *Cf.* en *Lois* I, 631c, la distinction entre biens divins – pensée, sage modération, justice et courage – et biens humains, santé, beauté, vigueur et richesse. Ces derniers peuvent être nuisibles (*Mén.*, 88e), et contribuer à la corruption du naturel philosophe (*Rép.* VI, 491c). Ils ne sont donc pas bons en eux-mêmes, mais seulement par leurs conséquences.

lieu (*topon*) illimité de la dissemblance »[1]. Quand il n'y a plus que des dissemblances, elles ne peuvent être que *mutuellement* dissemblables, donc ondoyantes, fugitives et « fantomatiques ». Elles se transforment perpétuellement et il n'y a plus rien dont on puisse dire qu'il « est », existe. Ce monde n'est alors qu'un monde de « semblances », qui s'évanouissent et s'émiettent aussitôt qu'advenues, de sorte qu'en fait il n'y a plus de « monde »[2]. Le dieu doit donc l'ordonner (*kosmein*) de nouveau et, ce faisant, il le rend immortel et incapable de vieillir. Mourir, vieillir, sont le propre des vivants, mais en ordonnant son désordre, le dieu rend le Monde semblable à lui.

La raison pour laquelle la description de l'âge abandonné du dieu a été ainsi différée est qu'il faut d'abord préciser à quoi elle peut servir : « Voilà donc la finalité (*telos*) de tout ce qui a été dit. » *Telos* peut signifier « fin » ou « finalité », mais la description de l'âge abandonné du dieu continue, et comme l'expression est reprise en 274b1 par : « Le but auquel tendait ce discours tout entier, nous y voici à présent », il est plus logique d'opter pour le sens de « finalité » (en revanche, en 274e1, c'est bien de la « fin » du mythe qu'il s'agit). Pour ce en quoi cela peut servir à

---

1. La substitution de *ponton*, l'océan, à *topon*, le lieu, ne se trouve que chez les néoplatoniciens tardifs à partir de Proclus, alors que Plotin se réfère à la « région » (voir J. Dillon, « The Neoplatonic Exegesis », art. cit.); la traduction de *topos* par « région » est chrétienne et médiévale (voir P. Courcelle, « Tradition néoplatonicienne et traditions chrétiennes de la "région de la dissemblance" (Platon, *Politique*, 273 d) », repris dans « *Connais-toi toi-même* » *de Socrate à Saint Bernard*, vol. III, Paris, Études Augustiniennes, 1975, p. 519-530).
2. Transposition de l'avant-dernière hypothèse du *Parménide* (sur la dissemblance, *cf.* 165c-d), celle où l'un n'est pas et où n'existe que la multiplicité illimitée et changeante des autres, qui sont donc perpétuellement dissemblables.

démontrer la nature du roi, « il suffit que nous reprenions notre discours à partir de ce qui a eu lieu précédemment ». C'est dans ce but que l'Étranger va décrire l'autre état du Monde. L'âge de Zeus ? Il s'est contenté, en ce qui le concerne, de s'en remettre à l'expérience du jeune Socrate (272b2-3), autrement dit de s'en débarrasser. C'est le monde privé de tout soin divin qu'il va dépeindre, un monde que justement aucun dieu ne gouverne.

Renversement de l'âge de Kronos
à l'âge abandonné du dieu (273e6-11)

La volte-face du Monde fait « cette fois encore, périr des vivants de toute sorte ». Elle entraîne en effet l'inversion de la marche des âges, car le mode autochtone de génération n'est plus possible. Les vivants qui, à l'âge précédent, avaient rajeuni jusqu'à être très petits se remettent à croître, quant à ceux nouvellement nés adultes (et non pas bébés) de la terre, ils grisonnent, finissent par mourir de vieillesse et retournent à la terre. Ce second renversement a donc des conséquences inverses du premier : les survivants vieillissent et meurent au lieu de rajeunir, les morts naissent des vivants et non plus les vivants des morts. Tout le reste fait la même volte-face, en particulier « la gestation, l'enfantement et le nourrissage » : ils ne se font plus par l'agglomération d'éléments étrangers aux semences versées dans la terre, mais par interaction mutuelle entre les sexes.

Retour à l'âge abandonné du dieu (274a1-e1)

de même qu'il avait été prescrit au Monde d'être lui-même le maître de sa propre marche, à ses parties aussi, en raison des mêmes décrets, il avait été prescrit

> de croître, d'engendrer et de se nourrir elles-mêmes
> par elles-mêmes, autant qu'il leur était possible, en
> obéissant à une orientation semblable. (274a4-b1)

Curieuse prescription, qui commande d'obéir à l'ordre de ne plus obéir. Que signifie alors pour le Monde de devenir « lui-même le maître » (*autokratôr*) ? Ce n'est qu'une manière aimable de lui enjoindre de prendre conscience de sa situation : il faut bien qu'il s'occupe de lui-même puisque personne d'autre ne le fait plus. Le Monde n'a donc pas pris l'initiative de sa propre autonomie, même s'il y prend goût par la suite. Il est également prescrit à ses parties de « concevoir, enfanter et nourrir par elles-mêmes », mais était-il nécessaire de raconter toute cette histoire de révolutions cosmiques pour en venir à dire que les hommes doivent s'occuper d'eux-mêmes ? Oui, afin de montrer que l'autonomie n'est ni une conquête, ni une valeur, qu'elle résulte d'un assujettissement à un état du macrocosme qui, tantôt lui concède une place toute relative, et tantôt la supprime. Elle ne consiste qu'à obéir à un destin que les hommes n'ont pas choisi.

Qu'en est-il alors de leur vie ? Dépourvue du soin du dieu, l'humanité doit avant tout prendre soin de se reproduire elle-même. Naître de la terre et y retourner sans avoir aucune mémoire du passé, ou être sexuellement engendré, donc soumis à une transmission à la fois génétique et culturelle, cela ne promet pas la même vie. L'une implique légèreté et discontinuité, l'autre continuité et héritage, donc un poids qui sera d'autant plus lourd que des erreurs d'accouplement auront été commises. À cela s'ajoute le fait que l'espèce humaine est menacée : la plupart des bêtes non apprivoisées deviennent féroces et les hommes deviennent leur proie. La Nature elle-même devient hostile, elle ne nourrit plus des hommes incapables d'inventer moyens et techniques de survie du fait « qu'aucun besoin (*khreia*) ne les y avait auparavant contraints ». C'est le besoin qui, dans la *République*, préside à la naissance de la première cité (II, 369b-370a), mais ce n'est pas une réponse politique que les hommes de cet âge vont apporter. Ils ne vont d'ailleurs en apporter aucune et ne survivent qu'à l'aide des présents de quelques dieux, c'est du moins ce que disent d'antiques légendes. Ces légendes, Protagoras s'en fait l'écho dans le mythe que Platon rapporte[1]. La leçon du mythe de Protagoras est claire : oubliée par Épiméthée, l'espèce humaine n'est pas dotée des moyens naturels de sa survie; Prométhée la prend en pitié et lui donne le feu, donc les arts, que les hommes s'empressent d'utiliser comme autant de moyens de destruction; pour les empêcher de s'entre-tuer, Zeus leur envoie Hermès qui donne à chacun son lot de « réserve » (*aidôs*) – intériorisation des normes sociales – et de justice (*dikè*), ce qui les rend capables de coexister et de s'organiser politiquement. Seule la politique peut donc humaniser l'homme et assurer le salut de l'espèce. Que Platon conserve-t-il de ce mythe? Pas grand chose, essentiellement parce que la politique n'a pas pour fondement la justice : être « juste » qualifie une structure politique que seule la science est capable de produire. En fait, n'est retenu de Protagoras que la représentation d'une condition naturelle caractérisée par le manque et l'impuissance, et avec elle le fait de dissimuler l'inventivité technique sous la fable transparente d'une donation

1. Cf. *Prot.,* 321c-d.

divine. Mais Platon va plus loin : le feu n'est plus le fruit d'un larcin, et là encore, c'est la représentation homérique de la *tekhnè* que Platon s'emploie à démystifier. Le Chant XVIII de l'*Iliade* représente Héphaistos s'agitant et suant pour forger les armes d'Achille : à une énumération très précise des métaux et des instruments utilisés par le dieu ainsi que des opérations qu'il effectue succède le prodige du résultat, ce bouclier dont la description même est un chef-d'œuvre. Avant d'être conçue comme un savoir-faire humainement transmissible, la *tekhnè* l'a été comme un pouvoir-faire miraculeux que seul un dieu pouvait gracieusement donner. Mais s'il est vrai qu'une fois parfaitement achevé, tout objet est un « objet d'art » qui transcende matériaux et moyens utilisés pour le fabriquer, c'est à l'inventivité des hommes qu'il convient d'attribuer cette magie [1].

Le mythe conclut sur une imitation oscillant entre ces deux manières de vivre et de pousser (*phuometha*), de « devenir conformément à une certaine nature » : « c'est en imitant ce dernier [l'univers] et en suivant son cours que, pour l'éternité du temps, nous vivons et poussons, aujourd'hui de cette façon, et jadis, de celle dont j'ai parlé. » Dans le mythe, les hommes n'ont pas le choix, ni à l'âge de Kronos – un choix n'existe alors que pour le narrateur, pas pour eux –, ni à l'âge abandonné par le dieu, la lutte pour leur survie les préoccupant entièrement. Mais quand les hommes appartenant au monde réel « imitent » l'une ou l'autre période, ils ont le choix [2]. Ils peuvent le fixer sur un seul possible, tels ces modérés et ces agressifs

---

1. Si elle est l'œuvre d'un bon potier, une marmite « bien lisse, bien arrondie, parfaitement cuite » est parfaitement belle (*Hipp. Maj.*, 288d).
2. Voir l'analyse de M. Lane, *Method and politics, op. cit.*, p. 108-111.

que le politique devra tisser ensemble – et à supposer que Zeus ait pris la barre, cela ne suffira pas à les faire changer d'avis. Ils imitent en cela le Monde, en intériorisant tantôt l'une et tantôt l'autre manière dont il se comporte. Tantôt ils ne comptent que sur eux mêmes, et tantôt s'en remettent à la divine providence. Mais dans l'un et l'autre cas, ce choix mimétique dépend de l'univers dans lequel ils vivent, ou plutôt croient vivre. Que les hommes soient condamnés à faire ce choix était donc l'une des finalités (*telos*) de ce mythe. Il est possible de penser qu'elle en était la principale, et que l'opposition entre climat rude et climat tempéré, dénuement et abondance, spontanément offert et douloureusement engendré ou techniquement produit, sauvage et apprivoisé, modération et courage, guerre et paix sont autant de métonymies de l'opposition primordiale entre les deux modes de révolution de l'univers.

Quel regard ce mythe nous invite-t-il à porter sur l'espèce humaine? Dans aucun des deux âges, l'animal humain ne se distingue vraiment de ces bêtes sans cornes définies par la division précédente [1]. Animal paisible et domestiqué comme celui vivant à l'âge de Kronos, ou bête sauvage et d'autant plus sauvage qu'elle est techniquement plus ingénieuse quand le monde est laissé à lui-même : Platon n'a jamais changé d'anthropologie. Il peut exister certaines exceptions, et comme toujours elle sont liées à une possible mais peu probable pratique de la philosophie.

---

1. L'Étranger continue à parler des hommes comme d'un troupeau d'animaux bipèdes (276e11) et à parler de « troupeaux humains » (294e8-9 et 295e6).

Ce n'est donc pas la traduction vraisemblable ou optimiste de chaque élément de ce mythe qui en donnera le sens, car cela revient à méconnaître le sens tragique et parfois tragi-comique que l'ensemble donne à voir. Les différents régimes du récit indiquent, ou devraient indiquer, que tous les épisodes ne devraient pas être compris exactement de la même façon. Il y a des moments où le mythe se fait métaphore d'un temps, d'un espace et d'un monde qui sont celui de l'auditeur (ou du lecteur). Celui-ci peut alors y lire l'instabilité de son espèce et l'incertitude de sa nature, car le mythe laisse ouverte la question de savoir, face à la figure d'homme rencontré en chacun de ces deux âges, si c'est bien là un homme. Quand il conteste son mythe, l'Étranger introduit des termes dont sa fiction dénature forcément la signification : philosophie, bonheur, biens et maux. Comment croire que ces mots n'ont pas pour celui qui les emploie un autre sens que celui que son mythe leur donne ? Derrière la voix du récitant « encore plus lointaine, une autre voix s'élève de temps en temps. Elle conteste le récit, en souligne les invraisemblances, montre tout ce qu'il y aurait d'impossible. Mais elle répond aussitôt à cette contestation qu'elle a fait naître ». Il vaut par conséquent peut-être mieux être attentif à « la trame des rapports établis, à travers le discours lui-même, entre celui qui parle et ce dont il parle » [1]. Celui qui parle ici, c'est l'Étranger, et beaucoup de rapports se trament entre lui et son discours. Il prend la parole pour blâmer l'erreur et la surcharge de son mythe tout en montrant son utilité, et surtout la façon dont il devrait être utilisé. Le cycle

---

1. M. Foucault, « L'arrière-fable » [1966] repris dans *Dits et écrits*, t. I : 1954-1975, Paris, Gallimard, 2001, p. 506.

des âges du monde introduit la distance capable de nous persuader que si nous « levions la tête » nous ne tiendrions plus pour réalités des simulacres, pour du bonheur ce qui est totale hétéronomie et nous ne confondrions plus bon politique et pasteur divin. Ce double jeu est quasiment la règle dans tous les mythes platoniciens.

L'Erreur commise (274E2-276C10)

En se retournant sur son mythe pour le juger, l'Étranger va lui donner une première finalité, puis une seconde. Il a d'abord servi à dénoncer une erreur commise par la division précédente : la figure du pasteur divin est trop haute pour le roi, elle appartient à l'âge de Kronos où la politique n'est pas possible en raison d'un excès de soins divins. Faut-il alors chercher le roi dans l'âge abandonné du dieu, qui souffre de l'excès inverse ? Il lui faudrait alors assumer les fonctions qui étaient celles des divinités subalternes à l'âge précédent. Il est d'ailleurs permis de se demander quelles fonctions celles-ci pouvaient bien assumer, puisque la Nature pourvoyait à tous les besoins comme à la santé et à la reproduction du troupeau, et quant à l'âme des animaux, elles ne semblaient nullement s'en soucier. Étant divines, il est possible qu'elles veillaient à l'équilibre du milieu naturel des régions qu'elles gouvernaient, ce que l'on ne saurait raisonnablement attendre du roi. Le mythe a donc proposé un modèle impossible à transposer d'une période à l'autre, et en continuant à faire du roi un pasteur dans celle abandonnée des dieux, il semble lui imposer une pluralité de fonctions analogues à celles du pâtre ou du bouvier, ce qui donnerait raison à tous les rivaux du roi précédemment examinés Quand l'Étranger explicite sa correction rétrospective, il commence par affirmer que gouverner *politiquement* une communauté humaine ne peut être assimilé au soin total prodigué aux hommes par les dieux, mais il ne peut pas être assimilé non plus au soin total dispensé par les bouviers ou les bergers. Le pastorat divin est donc un modèle adéquat pour tous les pastorats, à l'exception du pastorat politique.

Il aurait fallu trouver « un nom qui soit attribuable à tous » : ce nom est le « soin », l'art de soigner est commun à tous les pasteurs, ce qui n'autorisait pas à définir immédiatement l'art royal comme un art *nourrisseur* du troupeau bipède. Une fois le genre découvert, il faut ensuite le diviser en soin divin et soin humain, puis diviser à nouveau, car ce soin humain peut être imposé par la force ou accepté de plein gré, sinon on risquerait de confondre roi et tyran. Une seconde erreur, moindre que la première, a donc été commise, on n'a pas dit *comment* le roi pouvait gouverner la cité tout entière : par la force, comme un tyran, ou en s'appuyant sur le consentement des gouvernés? Socrate le Jeune estime la seconde hypothèse évidente, et il estime qu'ainsi la démonstration est achevée. Elle ne l'est pas, d'autant plus que ce critère, par contrainte ou de plein gré, va être rejeté par la suite (en 292c). Mais ce n'est pas la raison avancée par l'Étranger.

C'est un jugement esthétique qu'il porte pour finir sur son mythe : il en parle comme un critique d'art parlerait d'une œuvre ratée. Il réprouve le choix des modèles, blâme l'absence de relief, le mauvais mélange des couleurs et juge inutile la prodigieuse masse de légendes qui a été déversée, puisqu'elle n'a pas permis d'offrir un portrait, ou plutôt une statue – car les statues grecques étaient peintes – achevée du roi. Sa dernière remarque est assez surprenante : « Mais ce n'est pas par la peinture, pas plus que par n'importe quelle œuvre de la main, c'est par la manière de dire (*lexis*), c'est par le langage qu'il convient plutôt de montrer toute figure vivante (*zôon* : à la fois « vivant » et « figure représentée ») à ceux qui sont capables de suivre ; aux autres, c'est par des œuvres manuelles. » Raconter une histoire n'est évidemment pas une « activité manuelle », et pourtant sa « manière de dire » a la même fonction, elle se sert de mots pour produire des images. Avant de commencer son récit, Critias explique pourquoi sa tâche est plus difficile que ne l'a été celle de Timée : parler des dieux ainsi que du Ciel dans son ensemble à des hommes est plus facile que de leur parler d'hommes et de choses humaines. En raison de l'expérience qu'ils en ont, ils sont peu disposés à s'accommoder d'un simulacre et d'une ressemblance en trompe-l'œil[1]. Quand il porte sur son mythe un regard rétrospectif, ce n'est pas la description donnée des révolutions et des bouleversements de l'univers ou l'image du dieu qui le gouverne que l'Étranger critique ; il semble que tout cela se résume pour lui à une « surcharge » inutile. C'est de sa statue du roi qu'il ressent les manques. Peut-on parler du roi autrement que par image ? Le nommer « roi » et non pas « politique » permet d'en faire un personnage qu'il faut majestueusement représenter : se faire statufier fait partie de la fonction royale.

Le mythe n'a en fait jamais parlé du politique, mais il en a démontré l'impossibilité dans chacun des « états de nature » – états qui ne peuvent pas ne pas rappeler celui de Rousseau et celui de Hobbes, lesquels en arriveront à

---

1. *Critias*, 107a-108a.

la même conclusion : la politique n'a aucun fondement naturel. Que les hommes soient des frères enfantés par la Terre, leur mère, ou qu'ils soient les uns pour les autres des loups, rien ne les prédispose à vivre ensemble. L'Étranger est trop sévère pour son mythe : le récit de ces états de nature qui n'ont sans doute jamais existé sert, comme le dit Rousseau, « à bien juger de notre état présent »[1]. Avec son récit, l'Étranger n'a pas seulement démontré qu'une science politique était la condition de l'existence d'un véritable politique, il a démontré qu'il ne devait pas être un pasteur « proche en tous points de ceux qu'il gouverne ». On ne prend pas des bœufs pour gouverner des bœufs : une différence analogue à celle entre hommes et démons doit exister entre gouvernants et gouvernés. L'homme royal n'est pas un dieu, mais il doit être un « homme démonique » capable d'acquérir le savoir en fonction duquel il gouverne ou, à défaut, de recourir à un savant conseiller.

LE PARADIGME (277D-283B)

En 277d, l'enquête prend un nouveau tournant. Les « grands modèles » (*megala paradeigmata*, 277b4) employés par le mythe se sont avérés disproportionnés par rapport à la tâche qui avait justifié leur introduction. Aussi la narration de l'histoire cyclique de l'Univers et

1. J.-J. Rousseau, *Discours sur l'origine et les fondements de l'inégalité parmi les hommes*, Préface : « Car ce n'est pas une légère entreprise de démêler ce qu'il y a d'originaire et d'artificiel dans la nature actuelle de l'homme, et de bien connaître un état qui n'existe plus, qui n'a peut-être point existé, qui probablement n'existera jamais, et dont il est pourtant nécessaire d'avoir des notions justes pour bien juger de notre état présent. » Voir D. El Murr, « Rousseau, lecteur du *Politique* de Platon », *Revue française d'histoire des idées politiques*, 37, 2013, 5-33.

des vivants qui le peuplent n'a-t-elle pas rempli un de ses objectifs : isoler le politique de ses rivaux. Il convient donc désormais de ne pas faire un usage incontrôlé des modèles et de donner à *paradeigma* un sens tel qu'il puisse être dialectiquement utilisé.

QU'EST-CE QU'UN PARADIGME ?
(277D1-279B5)

Plutôt que de définir directement ce qu'est un paradigme, comme il aurait sans doute pu le faire, l'Étranger, par un curieux redoublement, préfère en offrir un paradigme. Cette manière de procéder, qui revient à appliquer à la notion même de modèle un modèle qui l'illustre, pourrait laisser croire que l'Étranger va plus en obscurcir la notion que l'élucider. Pourtant, cette approche indirecte a pour conséquence intéressante de mettre en lumière l'aspect procédural du paradigme en détaillant, de façon extrêmement précise, les règles qui président à la genèse (*genesis*, 278c4) de tout paradigme dialectique.

Le paradigme du paradigme (277d1-278c7)

Le paradigme convoqué par l'Étranger pour illustrer la nature du paradigme en général est souvent utilisé dans les Dialogues : il s'agit du paradigme des lettres (*grammata*). Encore faut-il préciser que ce n'est pas ici l'art du grammairien qui est modèle, comme c'est souvent le cas, mais celui du grammatiste[1]. La situation que décrit l'Étranger est celle de jeunes écoliers apprenant

---

1. Cette distinction est empruntée à H. Joly, « Platon entre le maître d'école et le fabriquant de mots : remarques sur les *grammata* », dans H. Joly (éd), *Philosophie du langage et grammaire dans l'Antiquité*, Bruxelles-Grenoble, ed. Ousia-Université des sciences sociales de Grenoble, 1986, p. 105-136.

à lire et à écrire. Ce choix ne doit évidemment rien au hasard car c'est l'opération de reconnaissance et de discrimination sur laquelle se fonde la didactique du lire et de l'écrire, bref l'activité (dialectique par excellence) de reconnaissance du simple dans le complexe et du même dans l'autre, qui intéresse ici l'Étranger.

Quelle est alors la situation des jeunes enfants lors de leurs premiers contacts avec les lettres ? Quand on leur montre, par exemple, un certain nombre de dissyllabes, ils ont la capacité, après un certain temps, de ne pas se tromper au sujet de ces éléments. Ils reconnaissent donc aisément Π et A dans la syllabe ΠA, mais ne parviennent plus à distinguer clairement chaque lettre, qu'ils connaissent pourtant, par exemple dans le mot ΠΑΡΑΔΕΙΓΜΑ. Les risques de confusion sont en effet particulièrement accrus dans le contexte spécifique de la graphie ancienne. Imaginons ce mot inclus dans un texte en écriture continue, en lettres majuscules et sans aucun signe diacritique : la capacité d'isoler les syllabes signifiantes demande un effort accru de mémorisation et de reconnaissance visuelle. Même si les jeunes enfants connaissent chaque dissyllabe, et même chaque lettre, de ce mot, ils peuvent s'avérer incapables de les reconnaître dans un tout complexe, et sont donc incapables, face à lui, de dire : ceci est un Π, ceci est un A, etc. [1].

Comment le grammatiste s'y prend-il pour permettre à ces jeunes écoliers de reconnaître les lettres qu'ils connaissent déjà et d'identifier des combinaisons toujours plus complexes ? Ainsi que l'explique la longue phrase de 278a8-c1, le grammatiste suit une procédure systématique

---

1. Pour plus de détails, voir D. El Murr, *Savoir et gouverner, op. cit.*, p. 47-51.

de mise en parallèle, consistant à mettre côte à côte (sur une pierre, ancêtre du tableau noir) des combinaisons simples et des combinaisons complexes dans lesquels on retrouve les mêmes éléments (*stoikheia* : *stoikheion* signifie le composant phonétique élémentaire de la syllabe, d'où la lettre écrite, cf. *Crat.*, 424b-c). L'écolier doit alors reconnaître le simple dans le complexe et identifier les identités entre les deux ensembles. La lettre ou la syllabe simple qu'il connaît et qu'il cherche à identifier dans la structure complexe est appelée « para-digme » parce que, en « montrant à côté », elle sert de modèle pour reconnaître les identités, discriminer ce qui est même et ce qui est autre (277b5-6). D'où l'on voit que si telle ou telle syllabe simple peut être à juste titre qualifiée de paradigme, elle ne peut l'être que dans le cadre d'un processus qui lui confère cette fonction. C'est donc l'opération de rapprochement elle-même qui constitue un modèle.

Pourquoi faire usage d'un modèle ? (278c8-279a6)

Une fois détaillé le processus présidant à la genèse d'un paradigme, l'Étranger généralise son propos aux « éléments de toutes choses » en identifiant (*tauton*) à la situation des jeunes enfants apprenant à lire et à écrire la situation épistémologique de « notre âme » (278c8), tantôt fermement établie dans la vérité pour tel ou tel élément dans tel composé auquel elle est confrontée, tantôt complétement perdue quand elle se trouve face aux mêmes éléments dans d'autres composés. Quels sont ces « éléments de toutes choses », ces « grandes et malaisées syllabes des choses » (*tôn pragmatôn*) auxquels l'Étranger fait ici allusion ? Il est prudent d'éviter toute lecture arbitrairement restrictive et de ne pas considérer comme évident qu'il ne peut s'agir ici que des Formes

intelligibles [1]. D'autant que, dans le *Cratyle*, ce processus
d'analyse et de synthèse s'applique d'abord à la peinture
quand elle veut reproduire des êtres vivants en mêlant
les couleurs, puis au discours dont les noms, en mêlant
des lettres et des syllabes, « imitent » nécessairement « les
choses » (*ta pragmata memimèna*, 425d2). La suite du
passage montre en effet que l'Étranger a en vue une tout
autre situation, qu'il juge courante, situation dans laquelle
il nous arrive de nous faire une opinion droite de quelque
chose, par chance, au petit bonheur, mais où cette opinion
droite n'est d'aucun secours dès que cette même chose
(ou l'élément, ou la combinaison simple) se retrouve
dans un ensemble ou une structure plus complexe. Je
peux, par exemple, avoir une opinion droite de l'art du
tissage et reconnaître aisément un tisserand à l'œuvre
en le distinguant de son voisin, le potier. Je reconnais
en effet que le geste du tisserand (l'entrelacement de
deux nappes croisées de fils) n'est pas le même que celui
du potier tournant la glaise. Mais suis-je pour autant
capable, grâce à cette opinion droite, de reconnaître que
le tisserand et le politique partagent un élément commun,
l'entrelacement ? Suis-je pour autant capable de voir qu'il
s'agit du même élément dans les deux ensembles ? Tout
dépend de la façon dont j'ai acquis cette opinion droite.
Si elle m'est échue par hasard, il est à parier qu'elle ne me
sera d'aucune utilité pour identifier son objet dans des
structures complexes (ici, la politique).

---

1. N'en déplaise à V. Goldschmidt, *Le Paradigme dans la
dialectique platonicienne*, Paris, Vrin, [1947] 1985, p. 67-81. L'extension
métaphorique des termes « éléments » et « syllabes » par ceux qui voient
en eux l'origine physique de l'univers est critiquée en *Timée*, 48b-c.

À quelle finalité épistémologique l'usage d'un paradigme répond-il quand il apparaît au sein d'une enquête dialectique ? Pour bon nombre de commentateurs [1], l'Étranger, dès le début du passage, ne ferait pas mystère que le bon usage du paradigme permet d'acquérir une *connaissance* de la cible qu'il vise : pourquoi, sinon, ferait-il allusion à l'hypothèse de la réminiscence en affirmant que « chacun de nous risque bien d'être comme en un rêve (*onar*) savant en toutes choses, mais de se retrouver tout ignorer quand il est comme à l'état de veille (*hupar*) » ? Selon cette interprétation, le paradigme, conçu ici par Platon comme un instrument privilégié de réminiscence, permettrait de passer d'un savoir latent à un savoir actuel (même partiel), ce qui justifierait qu'en 277d7, l'Étranger parle de cet « état (*pathos*) de la connaissance en nous ». Pourtant, à y regarder de près, le texte du *Politique* dit tout autre chose. Car « on trouve dans ce passage non pas deux mais trois états de l'âme : l'un où l'on saurait tout "comme en rêve" ; l'autre "qui ressemble à la veille", où l'on se rend compte qu'on ne sait réellement rien ; enfin un véritable état de veille qu'on échangerait contre un état de rêve, où on saurait quelque chose parce qu'on aurait fait l'effort de l'apprendre (grâce à l'usage d'un paradigme) [2]. » Autrement dit, dans le *Politique*, le problème n'est pas de fonder la possibilité du savoir et de son apprentissage par l'âme, mais seulement de rendre possible et intelligible le passage d'une connaissance vague, flottante, à une opinion qui soit

---

1. *Cf.* par exemple, V. Goldschmidt, *Le Paradigme*, *op. cit.*, p. 55-56 ; H. Cherniss, *Aristotle's Criticism of Plato and the Academy*, Baltimore, Johns Hopkins Press, 1944, p. 47, n. 36.

2. M. Dixsaut, *Métamorphoses de la dialectique*, *op. cit.*, p. 247-248.

ferme, c'est-à-dire vraie. Quand donc, un peu plus loin, l'Étranger insiste sur le fait que l'usage d'un paradigme ferait passer du rêve à la veille, il faut tenir compte du contexte : il s'agit « en usant d'un paradigme, d'entreprendre de connaître méthodiquement cet art de prendre soin des habitants de la cité », donc de passer de cette esquisse que constituent les précédentes définitions du politique à une connaissance réelle de ce qu'il est, grâce à l'application du paradigme à la poursuite de la division. Il ne s'agit plus d'un « savoir de toutes choses » qui s'évanouirait de lui-même à l'état de veille, mais d'une connaissance particulière qu'il faut s'efforcer d'acquérir méthodiquement. Rien dans le texte ne contraint par ailleurs à penser que la remarque de l'Étranger concerne l'usage du seul paradigme. Le *pathos* que suscite en nous la science peut tout aussi bien désigner l'effet du parcours effectué par le reste du Dialogue. *Passer du rêve à la veille*, quant à l'art du soin de la cité, voilà qui résume assez bien la tâche dévolue aux pages restantes du *Politique*.

Que le paradigme, à lui seul, ne produise pas une connaissance, mais assure un point de départ sûr et clair à l'examen dialectique est confirmé par un élément terminologique non négligeable du passage : la récurrence du vocabulaire de l'opinion droite[1]. Les cas correctement jugés par les jeunes enfants dans les syllabes simples sont dits être objets d'une opinion droite, puis d'une opinion vraie quand ils les reconnaissent dans des syllabes complexes. Les cas servant de paradigme sont par conséquent des opinions droites devenues vraies. De la même façon, l'opinion obtenue grâce à l'utilisation du paradigme et capable de reconnaître le même dans l'autre est une opinion droite conduisant à énoncer « une

1. *Cf.* 278a3, a6, b3, c6, 7, d4, 8.

unique opinion vraie ». Ce qui importe est d'arriver à une opinion qui soit vraie, bien sûr, mais qui soit aussi unique ; l'usage du paradigme a donc permis de relier ce qui est d'abord objet d'opinion droite au cas inconnu qui faisait naître en l'âme une incertitude (*amphignoountes*) – ce qui pouvait amener à énoncer une assertion vraie ou fausse – de sorte que, devenue fixe, cette opinion puisse être vraie donc unique. Quand elle est confrontée à certaines combinaisons du réel, l'âme peut opiner droitement mais parfois de manière hasardeuse ; en revanche, une fois ces combinaisons transposées dans des totalités plus complexes, elle retombe dans l'ignorance (*palin agnoei*). Le rôle du paradigme est de l'empêcher de retomber dans l'erreur, son rôle est de stabiliser l'opinion vraie. On comprend ainsi pourquoi l'Étranger explique à son jeune interlocuteur qu'il est impossible d'atteindre une vérité, si petite soit-elle, en partant d'une opinion fausse : l'opinion fausse est celle qui s'ignore elle-même comme telle. La fonction prépondérante du paradigme est précisément de permettre de partir d'une opinion vraie, c'est-à-dire d'une opinion qui se sait elle-même opinion et simplement opinion, et de conférer à l'enquête dialectique un point de départ mieux assuré.

Comment choisir un bon paradigme ? (279a7-b6)

Si telle est bien la fonction principale d'un paradigme dans une enquête dialectique, comment choisir pour une cible donnée le paradigme adéquat ? À cette question, ces pages du *Politique* apportent une réponse négative mais qui n'en est pas moins claire. Ces pages évoquent en effet un premier paradigme, l'apprentissage des *grammata*, puis un second, le tissage. Quels motifs l'Étranger allègue-t-il pour justifier ces choix ? Aucun. Pour le tissage, la

singularité de cette activité, qui sépare pour unir, avait
déjà été remarquée. Elle avait reçu d'Homère sa lettre de
noblesse : Pénélope ne cesse de détisser son ouvrage pour
tisser sa fidélité conjugale, et son action « déliante » (des
préoccupations trop humaines) et « reliante » (à ce qui est
vrai et vraiment apparenté à l'âme) est assimilée dans le
Phédon à celle de la philosophie[1]. Mais c'est la *Lysistrata*
d'Aristophane qui inspire l'Étranger, car le tissage y est
déjà un paradigme politique :

> « Vous, si vous aviez quelque bon sens, dit-elle au
> magistrat, c'est sur nos laines que vous prendriez exem-
> ple, pour conduire toutes les affaires. » À savoir : éliminer
> tous le mauvais éléments (tremper la laine), séparer les
> touffes où s'agglomèrent ceux qui veulent arriver aux
> charges (carder), puis mêler citoyens, métèques, alliés
> et débiteurs du trésor en un gros peloton et en tirer un
> fil (filer) avec lequel tisser un manteau pour le peuple.
> (v. 572-586).

C'est la référence à ce discours de Lysistrata qui
permet à l'Étranger d'affirmer que le tissage *des laines*
sera bien suffisant pour la tâche qui reste à accomplir :
séparer l'art politique de ses rivaux (278e4-10).

Ce qui ne devrait cependant pas empêcher l'Étranger,
qui à ce moment cesse d'être poète, de justifier son choix.
Sa légèreté apparente n'a d'autre but que de nous faire
comprendre que, s'il est à même de donner un paradigme
de ce qu'est un paradigme, c'est qu'il sait déjà ce qu'est un
paradigme, et que, de même, s'il choisit le tissage, c'est que
naturellement il sait déjà ce que doit faire l'art politique.
Certains commentateurs ont cru voir ici un défaut grevant
l'argumentation de l'Étranger[2]. Il est bien plus fécond de

1. Cf. *Phédon*, 84a2-b6.
2. H.D. Scodel, *Diaeresis and Myth, op. cit.*, p. 124.

considérer que l'Étranger vise à mettre en lumière que cette situation ambiguë est inévitable. Si le choix d'un paradigme ne s'explique jamais qu'*a posteriori*, c'est que ce choix dépend d'un facteur essentiel : l'intelligence du dialecticien qui le choisit et cherche, en l'utilisant, à définir. Si l'Étranger, qui aurait difficilement pu trouver paradigme plus approprié à l'art politique que le tissage [1], a fait ce choix, c'est bien qu'il perçoit la ressemblance frappante qui existe entre la tâche du tisserand et celle du politique. Certes, il n'explique en rien, ni ne justifie ce rapprochement. Mais il n'existe aucune méthode qu'il s'agirait d'appliquer pour s'assurer du bon choix d'un paradigme : ce choix est intrinsèquement lié à la situation dialectique dans laquelle il s'inscrit. Les techniques de la pêche à la ligne, du tissage, mais également celles de la médecine, de la musique ou de la grammaire – autant de modèles fréquents dans les Dialogues – ne sont pas en elles-mêmes des paradigmes ; elles ne le deviennent que lorsqu'une situation dialectique donnée les constitue comme telles, parce que leur ressemblance avec tel ou tel grand sujet est perçue par le dialecticien et vérifiée par l'examen [2]. Dans le cas du tissage, toutes les conditions d'un bon paradigme sont remplies : il s'agit d'une technique relativement simple, connue de tous, et n'impliquant ni jugement de valeur ni préjugé [3]. Mais cette technique, pour satisfaire aux conditions de tout bon paradigme, doit elle-même être explorée, c'est-à-dire divisée et définie.

---

1. Sur les raisons de ce choix, voir D. El Murr, *Savoir et gouverner*, *op. cit.*, p. 189-193.

2. V. Goldschmidt, *Le Paradigme*, *op. cit.*, p. 48-53, a raison d'insister sur l'importance de la *vérification* du paradigme.

3. Sur l'effet de neutralisation axiologique inhérent à tout paradigme, voir D. El Murr, *Savoir et gouverner*, *op. cit.*, p. 66-75.

LA DIVISION DU TISSAGE (279B7-283B5)

La longue division du tissage est selon toute vraisemblance l'analyse la plus détaillée qu'un auteur antique ait consacré à cet art. À ce titre, elle n'a pas manqué d'intéresser les historiens des techniques. Ces pages appellent pourtant également une lecture qui rende compte de leur contribution décisive à l'enquête sur le politique.

Du bon usage de l'écart

Que la division du tissage soit susceptible d'une lecture qui ferait d'elle autre chose qu'un document historique saute aux yeux, dès que l'on considère l'étrangeté terminologique du passage, ou mieux encore, son inventivité onomastique. Elle est précédée d'une première division visant à inscrire le tissage dans l'ensemble fonctionnel auquel il appartient, l'industrie des moyens de défense. Cette première division mène, comme celle qui la suit, à la définition de l'art du tissage finalement obtenue en 283b1-2; toutes deux suscitent la mention d'un nombre impressionnant de techniques et d'artisanats en tous genres : tissage des laines, mais aussi cardage, foulage, ravaudage, filage, et encore, pelleterie, feutrage, fabrication des tapis, menuiserie, armement [1] ... Depuis l'Antiquité, on a souvent relevé que cette partie du dialogue regorge

---

1. Devant un tel luxe de détails, certains commentateurs ont pu croire que Platon se moquait. Voir par exemple, J.B. Skemp, *Plato's Statesman*, *op. cit.*, p. 166, note à 284e4. Certains ont d'ailleurs du mal à goûter le sel de la plaisanterie : voir G.E.L. Owen, « Plato on the Undepictable », [1973] repris dans G.E.L. Owen, *Logic, Science and Dialectic. Collected papers in Greek Philosophy*, M. Nussbaum (ed.), London, Duckworth, 1986, 138-47 : p. 140.

probablement de néologismes et, sans nul doute, d'*hapax legomena*. Il n'y a pas lieu de s'en étonner. La division et l'inventivité terminologique à laquelle elle recourt sont les deux aspects d'une même méthode. À l'évidence, une langue naturelle, par différence avec tout langage formel ou symbolique, véhicule des valeurs, des préjugés, et des ambiguïtés (dont le *Cratyle* s'amuse à longueur de pages). En revanche, les espèces logiques résultant de la division n'ont pas forcément, et même rarement, de noms dans la langue. D'autant que ce sont des fonctions que la division divise : « c'est conformément à la nature propre de ces activités qu'elles [les techniques] ont acquis un nom qui leur est propre » (305d9-10). Les techniques ayant une nature technique, leurs noms doivent l'être également – autrement dit, il faut les fabriquer [1].

S'agissant du tissage, n'est-ce pas cependant faire beaucoup de bruit pour rien ? Confondre telle ou telle technique avec telle autre, par exemple la pelleterie avec le feutrage, ou, relativement au tissu, le foulage avec le ravaudage, ne présente en effet aucun enjeu véritable. L'Étranger suggère d'ailleurs lui-même, une fois le tissage clairement défini, que la minutieuse analyse des quatre pages précédentes s'avère, en définitive, foncièrement oiseuse : « Mais alors, pourquoi n'avons-nous pas répondu tout de suite : "le tissage est l'art d'entrelacer la chaîne et la trame", au lieu de tourner ainsi en rond en accumulant des distinctions inutiles ? » (283a10-b2). Cette remarque a pour but d'introduire au problème de la juste mesure, abordé dans les pages suivantes du dialogue. Mais là n'est pas son seul intérêt.

---

1. Voir *supra*, p. 299-300.

Si l'on tient compte de l'éclairage apporté par l'application du paradigme du tissage à l'art politique dans le reste du Dialogue, il est fort peu probable que cette division ait produit des distinctions vaines. Si l'Étranger avait fait plus court, si, comme il fait mine de le penser, il lui avait suffi de définir directement le tissage, le paradigme n'en aurait pas été un. Car Platon ne construit pas ici une vague métaphore de l'art politique, destinée à relever un point commun entre les deux arts : il établit une comparaison détaillée afin de retrouver dans l'art politique les structures propres et les opérations du modèle qu'est le tissage. Il met en parallèle, et par conséquent construit un écart. Comme l'écrit justement Claude Gaudin, « au lieu de les rapprocher l'un de l'autre, Platon va écarter au maximum les deux termes de la comparaison et c'est en cela que réside la technique philosophique [...]. L'écart est donc une tactique et sa première forme s'inscrit dans la durée, dans l'art de retarder une confrontation annoncée, celle de l'exemple avec le modèle [1] ». Platon n'offre donc pas une image du tissage, mais bien un paradigme, car la première se donne telle qu'elle est, immédiatement, avec la force et les risques de son « évidence », tandis que le second se construit patiemment et subit l'épreuve du logos, c'est-à-dire, dans ce contexte, de la division et de l'examen dialectique.

Aux ambiguïtés du langage que l'onomathurgie inhérente à la division vise à enrayer correspond la fausse évidence de l'image qui fait croire, pour certaines

1. C. Gaudin, « Le paradigme du tissage dans le *Politique* de Platon. Technique philosophique et philosophie de la technique » dans J.-P. Ginisti et F. Guéry (éd.), *Créer et produire des formes textiles*, Actes du colloque des 13 et 14 décembre 1984, Lyon, L'Hermès, p. 121-132 : p. 124.

réalités (celles qui sont totalement incorporelles ou celles qui, bien que corporelles, comportent tout de même une certaine rationalité[1]), qu'elle peut remplacer un logos et un savoir digne de ce nom. Au vu de la nature iconique que, pour Platon, les mots ont en plus de leur aptitude diacritique, il n'y a là rien d'étonnant. La distinction entre paradigme et image est ici tout à fait déterminante, car elle fait saisir que pour les choses qui ont vraiment de l'importance (la politique, ou la justice, par exemple), aucune image, qu'elle soit linguistique ou incarnée, y compris en un homme royal (telle était l'erreur principale commise par le mythe : tracer un portrait du roi), n'autorise à se dispenser du logos qui la fait saisir comme image, donc comme écart déficient par rapport à un modèle. Or le paradigme a pour spécificité de construire cet écart, sans le réduire ni l'occulter : l'étrangeté terminologique de la division du tissage et, en un sens, du *Politique* tout entier, répond précisément à cette volonté de mise à distance. Si Platon mentionne dans le seul *Politique* la dermatourgique, la gompphôtique, la problèmatourgique, la xantique, la knaphetique ou encore la nèstique, c'est pour insister sur l'obligation de désigner une réalité (ici, une technique) par l'appellation correspondant à la *capacité* que requiert la production de ses œuvres propres. Cela n'implique en rien que chacun de ces arts mérite, aux yeux de Platon, la peine que l'on prend à le définir. C'est seulement parce que le tissage est, comme la pêche à la ligne, un paradigme facile sur lequel on peut s'exercer à pratiquer les coupures voulues, que le dialecticien peut y voir un enjeu réellement important. C'est bien cet impératif propédeutique qui est capital, car

---

1. Voir 285d9-286b2 et *infra* p. 431-443.

c'est lui qui nous fait comprendre que, lorsque l'Étranger va plus loin s'attacher, en transposant le paradigme, à définir les différents arts subordonnés à la politique que sont la rhétorique, la magistrature, la stratégie ou encore l'éducation, ce n'est ni le sens courant, ni les différentes images que ces termes colportent qu'il faut entendre, mais bien quelque chose de radicalement neuf, une nouvelle norme, définie par l'application du paradigme à la division de l'art politique.

Les étapes de la division

Trois moments successifs rythment l'analyse minutieuse du tissage que l'Étranger amorce en 279c6 : la division des moyens de défense, d'abord, qui finit par aboutir à la définition de ce qu'est un vêtement (*himation*), puis par attribuer l'intégralité de l'art de la confection des vêtements au tissage. La séparation des arts parents, ensuite, puisqu'il apparaît que de nombreux arts ont été distingués du tissage, mais que parmi eux, certains ont seulement une parenté avec le tissage, tandis que d'autres lui sont directement liés et en sont les auxiliaires. La séparation (et la division) des arts auxiliaires, enfin, qui repose sur une distinction entre deux types de causes.

Quand il commence la division des moyens de défense, l'Étranger précise que la division du politique élaborée dans la première partie du dialogue est en quelque sorte un modèle de la méthode à suivre : « de même que nous divisions tout à l'heure chaque chose en découpant des parties de parties, pourquoi ne pas en faire autant à présent pour le tissage […] ? ». En dépit de l'emploi d'une même méthode de division dichotomique, c'est surtout la différence entre la division du politique et celle des moyens de défense qui frappe d'abord. En effet, alors que la première se caractérise par ses détours, ses pauses et ses bifurcations, bref par son errance, la seconde est on ne peut plus directe et rapide. Cet aspect se fait sentir jusque dans la syntaxe puisque c'est un même balancement en « d'une part…d'autre part » (*men…de*) répondant à un génitif partitif qui est répété tout au long d'une unique phrase (279c7-e4). Pourtant, cette division a plus qu'un point commun formel avec celle du politique : comme cette dernière, la division des moyens de défense a pour objectif de nous surprendre, c'est-à-dire de nous faire voir quelque chose qui est (ou plutôt que l'on croit être) bien connu, sous un jour singulier et nouveau. Car il est juste, et sans doute banal, de considérer que le vêtement est un moyen de défense, une protection contre les rigueurs du milieu. Ce qui est moins banal, en revanche, est d'inscrire la fabrication du vêtement dans toute une industrie humaine de la défense et de la protection, qui va de l'art de fabriquer des abris et des clôtures à celui de produire des armes, en passant par l'art de la confection des tapis ou celui des rideaux.

La division des moyens de défense (279c7-280a7)

Considérons cette division plus en détail, en commençant par le genre initial qu'il s'agit de diviser. La première division du *Sophiste*, pendant méthodologique de celle du tissage, commence par distinguer, dans l'ensemble « de toutes les arts » (219a8), deux espèces différentes, arts de production et arts d'acquisition. Dans le *Politique*, le point de départ n'est pas le même, puisque le genre initial à diviser, celui dans lequel on va trouver la définition du vêtement, est constitué de « toutes les choses que nous fabriquons et que nous acquérons » : autrement dit, les deux genres obtenus par la première coupe de la division de la pêche à la ligne se trouvent réunis et constituent le genre à explorer dans la division des arts parents du tissage. L'ensemble des arts est en effet un genre à ce point général qu'il est selon le contexte susceptible de multiples coupes toutes aussi valables, par principe, les unes que les autres. Ce point indique cependant, une fois de plus, qu'il faut se garder de considérer que la division platonicienne a pour objectif de proposer une taxonomie du réel : dans le *Politique*, la division ne définit ni des choses ni des Idées, mais des relations entre différentes puissances, différents arts, ou différentes fonctions. Si donc la division des arts parents du tissage rassemble ce que le *Sophiste* commence par distinguer, c'est tout simplement que la différence entre production et acquisition ne saurait être pertinente pour définir un tissu ou un vêtement, alors qu'elle est essentielle pour comprendre la nature de la chasse si importante dans le *Sophiste*.

La première coupe indique immédiatement ce qui va être en jeu dans la suite du *Politique*. Car il ne s'agit pas de savoir si un vêtement se produit ou s'acquiert, cela n'a ici aucune espèce d'importance : il s'agit de savoir *ce pour quoi* on produit ou acquiert des objets de ce type. Or il apparaît que tout ce qui ressortit à la production comme à l'acquisition vise deux buts différents : soit agir, faire quelque chose, soit éviter de pâtir de l'action d'une autre chose. L'Étranger est même plus précis, puisqu'il emploie le terme « moyens de défense » (*amuntèria*), afin de spécifier de quel genre de « pâtir » il s'agit de se garder : celui qui consiste à pâtir de l'action d'une cause extérieure et dangereuse[1]. Produire et acquérir répondent

1. Pour les deux seules autres occurrences de ce terme dans les Dialogues, cf. *Lois* XI, 920e3 et XII, 944d4 ; elles désignent dans les deux cas des moyens de défense armée.

donc à deux fins : l'action et la protection, et le tissage
correspond évidemment à la seconde. La deuxième coupe
précise ensuite la nature de cette protection, distinguant
les « antitdotes (*alexipharmaka*) divins et humains », d'un
côté, et les « moyens de faire obstacle » (*problèmata*), de
l'autre : d'un côté, une modification interne permettant
d'éviter la souffrance ou d'y remédier, de l'autre, une
protection externe, celle qui nous protège parce qu'elle fait
écran entre le danger et nous. Le terme *alexipharmakos*
n'apparaît que dans les *Lois* et ce sont les lois elles-mêmes
qui sont décrites comme autant de remèdes contre certains
discours (les poèmes et les types de discours où domine
le désir d'avoir raison) et, plus fondamentalement, contre
les pouvoirs de la *doxa*[1]. Quant au terme *problèma*, il
désigne dans le *Timée* la fonction protectrice de la chair
pour les organes internes du corps[2]. Dans le *Sophiste*,
Platon joue sur les deux sens du terme : le sophiste est
fertile en *problèmes* parce qu'il place sur la route de celui
qui le chasse de nombreux obstacles pour *se défendre et
se cacher*[3]. Mais quel genre d'écran protecteur le tissu
est-il ? La coupe suivante, distinguant les « armements
en vue de la guerre » (*hoplismata*) et les « clôtures »
(*phragmata*), écarte du membre de droite tout moyen de
défense belliqueux. Cela est loin d'être négligeable et dit
quelque chose d'important sur l'art politique lui-même.
Même si la fabrication de l'armure de l'hoplite et celle
du tissu ont une fonction protectrice similaire, elles
sont différentes. Il en va de même de l'art politique et
de l'art de la guerre : même si l'art politique ne peut se
passer de l'art de la guerre (donc d'une « industrie » de

1. *Lois* XII, 957d6.
2. *Tim.*, 74b7.
3. *Soph.*, 261a6.

l'armement), il ne saurait se confondre avec lui. La suite
du Dialogue nous apprend en effet que l'art politique doit
contrôler l'art militaire qui doit se contenter de servir la
décision politique. Il est vrai que l'Étranger ne distingue
pas armement et vêtement, mais armement et clôture, ou
barrière. Mais le critère de distinction n'en est pas moins
clair : il s'agit de distinguer deux types de protection
selon que cette menace est liée à la guerre, ou appartient
aux défenses habituelles en temps de paix, qui servent à se
prémunir contre toutes sortes d'agressions, mais pas à se
protéger contre les attaques d'autrui. On apprend ensuite
que dans le genre des clôtures, certaines permettent de se
protéger des effets de la lumière (« rideaux, ou tentures »,
parapetasmata), d'autres de ceux de la température
(« protections contre le froid et la chaleur »). Enfin, la suite
de la division différencie ce qui couvre et ce qui recouvre
l'individu, donc ce qui est de l'ordre de la toiture et ce qui
appartient au genre des tissus. Puis, progressivement, elle
explore les positions de ces étoffes (étendues par terre ou
recouvrant le corps), leur composition (faites d'une pièce
ou de plusieurs pièces), la modalité de celle-ci (perforée
ou non perforée), sa matière (végétale ou animale) et enfin
le travail opéré sur cette matière (collée ou assemblée).
Fort d'être enfin parvenu à définir ce qu'est un vêtement,
l'Étranger passe d'abord de l'objet à son art, donnant
à celui-ci le nom d'*art de la confection du vêtement*
(himatiourgique) parce qu'il est au *vêtement* (*himation*)
ce que la *cité* (*polis*) est à l'art *politique* (*politikè*), puis
conclut en disant que l'art de confection du vêtement et le
tissage sont une même chose.

Cette identification est si rapide qu'elle peut sembler
être injustifiée, et on peut y voir l'indice de l'incomplétude
du paradigme du tissage, donc la preuve qu'il n'y a

pas de paradigme satisfaisant de l'art politique[1]. Mais
rien n'oblige à recourir à une telle interprétation. Que
cherche à montrer l'Étranger ici ? Qu'il doit y avoir un
rapport non arbitraire entre un art, l'objet (*pragma*), de
ses soins et le nom qu'on doit lui accorder en fonction de
la relation qu'il entretient à son objet. Par conséquent, s'il
est un art qui tout spécialement prend soin du vêtement
(*himation*), il doit être désigné par son nom propre,
« himatiourgique ». Or, comme l'indique la note de Diès
à sa traduction de ce passage, l'himatiourgique est en
réalité, dans l'Antiquité, l'art du tailleur ou du couturier,
c'est-à-dire de celui qui, étant donnée la simplicité des
costumes antiques, ne modifie quasiment rien au travail
du tisserand. En ce cas, à considérer le terme même,
tout le mérite de la fabrication du tissu devrait revenir
au tailleur. Mais l'Étranger soutient, lui, que c'est l'art
qui contribue *réellement* à la confection du vêtement
qui doit être appelé « himatiourgique ». Aussi, entre le
tissage et l'himatiourgique, la différence n'est en réalité
que nominale.

L'importance de ce point apparaîtra clairement pour
peu que l'on rappelle, comme le fait l'Étranger à la fin du
passage, que cette différence est analogue à celle, niée au
début du Dialogue en 258e-259d, entre le politique et le
roi, ou l'art politique et l'art royal. Le dialogue n'a eu de
cesse d'identifier roi et politique, pour la simple raison
que la compétence correspondant à ces deux noms est
strictement la même, et qu'il n'existe donc entre eux aucune
différence réelle. Or c'est justement parce que le tailleur
ne modifie presqu'en rien la pièce de tissu que son art
ne mérite que secondairement le nom d'himatiourgique.

---

1. Voir S. Rosen, *Le Politique de Platon*, *op. cit.*, p. 162.

Si fabriquer un vêtement, c'est essentiellement le tisser, le titre de tailleur doit revenir au tisserand ou celui de tisserand recouvrir celui de tailleur. On aura reconnu ici l'un des éléments essentiels du Dialogue : on peut très bien ne détenir aucun titre, ni aucune reconnaissance officielle, et posséder le plus légitimement du monde l'art de gouverner ; réciproquement (les pages 291c-303d ont pour tâche de l'établir), ce n'est pas parce que l'on détient un titre que l'on dispose de la compétence à laquelle il est censé correspondre.

L'élimination des arts parents
et le tissage des laines (280a8-281d4)

Quels sont finalement les arts parents du tissage que la division d'objets précédente a permis d'éliminer de l'enquête ? L'Étranger, quand il récapitule la division en 280b-e, ne respecte pas du tout l'ordre d'apparition des différents sectionnements, mais suit un ordre à peu près inverse. La raison de ce choix est sans doute d'insister davantage sur les premiers arts éliminés, c'est-à-dire sur ceux qui sont plus directement parents du tissage. Contentons-nous donc de mentionner ceux-là.

La fin de la division permet en effet de séparer du tissage tout un ensemble d'arts qu'on pourrait dire liés à la fabrication d'un ameublement fonctionnel minimal (tapis, paniers, chaussures, vêtements de toutes sortes) : la confection des tapis, la pelleterie, la couture et la cordonnerie, la vannerie, le feutrage. Cette énumération est intéressante parce qu'elle permet de spécifier négative-ment les qualités du tissu de laine que Platon a choisi pour rendre compte de l'unité civique. L'élimination de la vannerie (qui suppose des motifs d'entrelacement exactement parallèles au tissage, mais sur une matière différente) et du feutrage (qui travaille la même matière que le tissu, mais n'entrelace pas) fait comprendre que c'est à la fois la matière et le mode d'unification présidant à la confection du tissu qui ont conduit Platon à choisir le tissu de laine. La vannerie entrelace des fibres végétales et ne permet pas d'instituer une continuité symbolique du pastorat au tissage, continuité qui structure la division unifiant le *Politique*; le feutrage, quant à lui, unifie en pressant, en collant par pression et non en entrelaçant : en ce sens, les fibres animales qu'il unifie ne sont en rien antagonistes, leur unification n'implique pas de résoudre une contrariété. L'élimination de ces arts parents permet ainsi de saisir ce qu'il y a de spécifique dans la confection d'un tissu de laine, et par là même de justifier le choix de l'Étranger.

L'élimination des arts auxiliaires (281d5-283b5)

Une fois les arts parents distingués du tissage, et celui-ci défini comme « cet art de défense contre le froid que nous cherchions, qui fabrique des protections de laine, et qui porte le nom de tissage » (280e2-3), l'Étranger examine, comme il l'avait fait pour les arts rivaux prenant soin du troupeau humain, un certain nombre d'artisanats pouvant prétendre satisfaire aussi à cette définition. Car le tissage n'est pas la seule technique participant à la confection du tissu : une fois la laine récoltée, il faut la filer, la carder pour démêler les fils solides des fils cassés ou fragiles, la laver, constituer la bobine de chaîne, celle de la trame, bref, traiter le matériau pour le rendre apte à être tissé. Ces différentes techniques énumérées, l'Étranger introduit alors une distinction entre deux types de causalité. On ne peut, en effet, en toute rigueur, mettre sur le même plan les artisanats qui fabriquent les instruments nécessaires au tissage, et ceux qui travaillent directement la laine. On distinguera donc les arts qui sont causes auxiliaires du soin de la laine et de la production du tissu, et ceux qui sont causes directes. Parmi les premiers, on trouve la fabrication du fuseau nécessaire à la filature et la fabrication de la navette indispensable au tissage lui-même ; parmi les seconds, le lavage, le ravaudage, le filage, le cardage. La division du tissage proprement dite ne s'arrête pourtant pas là et l'Étranger prend grand soin de rassembler ces différents arts sous des catégories génériques permettant de les inclure dans la division : ces arts rivaux sont tels parce qu'ils participent au *soin* et à la *fabrication* du tissu [1]. La distinction entre soin et fabrication permet de rassembler d'un côté le lavage et le ravaudage sous le genre de la knapheutique (l'art du foulage) et de l'autre, le cardage, le filage et les autres arts dédiés à la production sous le genre de la talasiourgique, ou art de travailler la laine. C'est bien sûr dans ce dernier genre que l'on trouvera le tissage. La dernière étape de la division consiste à scinder l'art de travailler la laine selon deux types distincts d'opération, dont le *Sophiste* (226b-d) a déjà fait usage : séparer et entrelacer. Tous les arts ressortissant au démêlage des fils, soit pour peigner la laine soit pour permettre l'entrelacement lui-même, sont inclus dans l'« art diacritique », tandis que les arts restants, à savoir la constitution du fil qui procède par torsion et l'entrelacement qui lie chaîne et trame, appartiennent à l'« art d'assembler » ou suncritique, que l'on peut donc diviser en deux sections : d'un côté, le filage, de l'autre, le tissage. Ce dernier se voit donc finalement défini rigoureusement comme l'art d'entrelacer la chaîne et la trame.

---

1. Au soin : *epimeleia* et *therapeia*, 281b4, puis *therapeutikè*, 282a2 ; à la fabrication : *genesis*, 281b8, puis *poièsis*, 282a7.

La même question revient, inlassablement : pourquoi, là encore, un tel luxe de détails ? Fions-nous cependant au jeune Socrate qui estime qu'aucune des distinctions précédentes n'a été faite en vain. Car la division du tissage met en place des différences qui trouveront leur utilité dans l'application du paradigme à la structure de la cité. Cela est vrai, à l'évidence, de la distinction entre cause auxiliaire et cause qui permettra de séparer de l'art politique tout un ensemble d'arts qui n'ont cessé de resurgir comme autant de prétendants depuis le début du dialogue. Mais c'est également vrai d'une autre caractéristique de la division du tissage qui, bien qu'implicite, va trouver, dans la fin du dialogue, une application politique capitale. La division, particulièrement si on la représente par un arbre linnéen ordonnant genres et espèces[1], pourrait laisser croire que le tissage est un art comme un autre, au même niveau que le cardage, le foulage, l'art de fabriquer la chaîne, ou celui de fabriquer la trame. Mais il n'en est rien, car ces autres arts sont *subordonnés* au tissage, qui d'une certaine façon les dirige, puisque lui seul accomplit la tâche que tous visent plus ou moins directement. Ainsi la division du tissage prend-elle socle sur une conception forte de la finalité, qui va s'avérer décisive pour définir l'art politique[2]. Le tissage, parce que lui seul sait ce que doit être le produit final (le tissu), se sert des autres arts comme autant d'instruments mis à sa disposition et leur donne des directives générales, bref il ordonne et prescrit.

---

1. Voir l'annexe 4, p. 610.
2. Voir, sur ce point, J. Cooper, « Plato's *Statesman* and Politics », *in* J. Cleary and G.M. Gurtler (eds.), *Proceedings of the Boston Area Colloquium in Ancient Philosophy*, vol. XIII, 1997, p. 80-83 et D. El Murr, « La division et l'unité du *Politique* de Platon », *Les Études philosophiques* 74 (3), 2005, 295-324 : 312-313.

En ce sens, le paradigme ne repose pas seulement sur la distinction entre causes et causes auxiliaires, mais aussi sur une distinction, au sein des causes, entre tous les autres arts et le tissage, finalité véritable des précédents, donc dirigeant leur activité singulière. Le texte du *Politique* confirmera ce point, mais seulement en 308d4-e2. Dans la cité, en effet, l'art royal véritable dirigera l'ensemble des éducateurs « comme fait l'art du tissage à l'égard des cardeurs et de ceux qui préparent d'autres choses nécessaires à son tressage : il commande et prescrit (*prostattei kai epistatei*), indiquant à chacun les tâches à accomplir et qui, selon lui, sont adaptées à son propre travail d'entrelacement ». Si l'Étranger se contente de décrire de façon neutre les autres arts liés au tissage en les qualifiant d'« auxiliaires » (*sunerga*), il ne fait aucun doute que la fonction architectonique, ou *épitactique*, du tissage est aussi une des fonctions décisives du paradigme.

LES DEUX MESURES (283B-287B)

La « longue et ennuyeuse » division du tissage a conduit à poser la question de la bonne mesure des discours. Cette question, lieu commun obligé de tout traité de rhétorique, devient l'occasion de faire de l'art de mesurer la condition indispensable de toute pratique, et de la pratique politique en particulier.

L'HÉRITAGE SOPHISTIQUE

Les sophistes ont été les premiers à élaborer une théorie de la perfection esthétique, et les théoriciens de l'art oratoire ont posé la question du style, des proportions et de la longueur convenables des discours[1]. Tous partent d'une même expérience : n'importe quel agencement habile de mots ou d'images est capable de produire une illusion de réalité et de vérité, il n'y a pas de limite à la puissance persuasive des discours quand ils sont faits avec art. « Vérité » et « réalité » ne sont que les effets variables et subjectifs résultant de ce qu'un langage donne à percevoir : le langage, dit Gorgias, est un « grand despote »[2], et c'est en artiste qu'il parle. Architectes et sculpteurs doivent tenir compte de la distorsion imposée par la perspective et ajuster leurs œuvres à la situation du spectateur, donc substituer aux proportions réelles des proportions apparentes pour réussir à produire cette illusion de réalité[3]. Quant au peintre, c'est à faire prendre ses tableaux pour les choses-mêmes qu'il s'emploie, et si des oiseaux viennent picorer ses raisins peints, il y voit la meilleur preuve de son art. Mais ce qui vaut pour ce que nous appelons les « beaux-arts », – que leur langage, imagé ou verbal, ne saurait se régler sur la nature des choses, et que son autonomie est la condition de sa puissance – peut-il être généralisé à tout art (*tekhnè*) ?

Selon le « tournant linguistique »[4] pris par la sophistique, tout est vrai parce que tout peut être dit, et rien n'est vrai parce que rien de ce qui est ne peut être dit. Le langage est donc en lui-même tout-puissant parce qu'à l'absence des choses, il substitue des images et des mots qui ne sont que des images. Il est ainsi libéré de la

---

1. Pour leur art poétique, voir p. 449. Pour la parodie des traités d'*Art Oratoire*, cf. *Phèdre*, 266d-267d.

2. Gorgias, *Éloge d'Hélène*, § 8.

3. Cf. *Soph.*, 235e-236b.

4. Voir A. Brancacci, *Antisthène. Le Discours propre*, Paris, Vrin, 2005.

responsabilité du vrai, tout en pouvant recourir au trope de la vérité : en enchaînant avec art des mots à des mots, les rhéteurs peuvent en effet persuader l'auditoire que le vrai est de leur côté[1]. Il faut donc réfléchir aux meilleurs moyens de le faire. « L'art des discours » n'ayant pour but que de parler avec art, il ne porte pas *sur* les discours, il porte sur l'art qui doit s'exprimer *dans* et *par* des discours[2]. Du tournant linguistique aux traités d'art oratoire, la voie est droite.

Macrologie et brachylogie :
deux catégories rhétoriques

Dans les Dialogues où Socrate se trouve face à ces maîtres du discours que sont Hippias, Gorgias ou Protagoras, il les prie de bien vouloir répondre brièvement, puisque chacun d'eux proclame être capable aussi bien de discours brefs, de « brachylogie », que de longs discours, de « macrologie »[3]. Ces deux termes appartiennent au vocabulaire technique forgé par les théoriciens de la rhétorique, qui affectionnaient les termes en *–logia*[4]. À quoi mesuraient-ils la longueur et la brièveté des discours ? Si l'on s'en tient à la « brachylogie » dont fait preuve Gorgias, il semble que, s'agissant d'entretiens où alternent questions et réponses, ce soit le nombre

1. Comme fait Gorgias, *Éloge d'Hélène* : « la parure d'un discours, c'est sa vérité » (§ 1), « en leur faisant voir la vérité, je ferai cesser l'ignorance » (§ 3) ; dans le même sens, *Défense de Palamède*, § 24, 28, 33 et 35.

2. *dia logôn, Gorg.*, 450b9-c1.

3. Cf. *Prot.*, 335c7-8, *Gorg.*, 449c1-3.

4. Voir par exemple ceux inventés par Polos : *diplasologia*, « style redoublé », *gnômologia*, « style sentencieux » et *eikonologia* « style imagé » (*Phèdre*, 267c1).

de mots prononcés qui comptent. Mais lorsque dans son *Éloge d'Hélène* il oppose le genre des « plaidoyers judiciaires » à celui des « discussions philosophiques », la différence se mesure à l'effet à produire : persuader un nombreux auditoire nécessite un long monologue « écrit avec art », alors que « les controverses entre discours philosophiques sont un moyen de montrer la rapidité d'esprit (*gnômè*) capable de faire aisément changer la confiance qu'accorde l'opinion »[1]. La volonté d'imprimer une opinion ou de contraindre à en changer permet de distinguer entre deux espaces, public ou privé, chacun imposant sa propre mesure du temps. La macrologie étant par nature monologique et la brachylogie dialogique, dérouler des monologues continus lors d'une discussion privée est inadapté[2]. Pour ce qui est des discours publics, ils doivent tenir compte de la clepsydre, leur temps est conventionnellement fixé[3]. La brièveté est en revanche de rigueur lors de discussions privées, et elle implique un discernement quasi-instantané de l'argument susceptible d'être efficace. C'est cette distinction que vise la dernière division du *Sophiste*. Elle coupe en deux l'imitation « ironique » (consciente d'en être une) et sépare celui qui exerce son art mimétique « en public, par de longs discours » de « celui qui, en privé, par des arguments brefs, contraint son interlocuteur à se contredire lui-même », quoi qu'il dise. La macrologie de l'orateur populaire est alors dite seulement « plus macrologique » (*makrologoteros*) que l'autre : long ou bref, ce genre de

1. Gorgias, *Éloge d'Hélène*, § 13.
2. Socrate rappelle aux sophistes (*Prot.*, 336b1-3) leur propre distinction entre discuter entre soi et parler comme un orateur devant le peuple (*dèmègorein*).
3. Cf. *Théét.*, 172e1.

discours est toujours trop long. Dans cette perspective sophistico-rhétorique, parler avec art signifie qu'un discours ne doit pas chercher, se tromper, se corriger, seulement se proférer ou se dérouler. Les seuls impératifs auxquels il doive se soumettre sont formels et entièrement relatifs à l'effet à produire.

Les règles rhétoriques de l'art de persuader

Puisqu'il faut parler « avec art », la différence entre les discours n'est pas seulement quantitative comme le prouve cette « plaisanterie » de Prodicos : « Il n'y a que moi […] qui ai trouvé l'art s'appliquant aux discours : ils ne doivent être ni longs, ni courts, mais d'une bonne mesure[1]. » Sur cette bonne mesure, la reconstruction de la doctrine sophistico-rhétorique est rendue délicate par le manque de textes, mais aussi par les témoignages critiques de certains rhéteurs postérieurs. On peut néanmoins tenter de définir le sens des termes utilisés à partir du principe dont ils dépendent : un discours public est, tout comme une discussion privée, une joute, un *agôn*, un jeu dont il faut maîtriser les règles. Dans cet espace agonistique, le discours ne rencontre que des forces dont la force est variable et qu'il faut savoir utiliser pour rendre fort un discours objectivement faible ou faible un discours fort[2], en fonction de l'opinion que l'on cherche à imposer ou retourner. Pour cela, il faut avoir un sens raffiné du temps[3],

1. *Phèdre*, 267b.
2. *Cf.* Aristote, *Rhét.* II, 1402a23, Protagoras B 6b DK.
3. « À ce jour, aucun rhéteur ni aucun philosophe n'a défini l'art du temps, pas même celui qui, le premier, a entrepris d'écrire sur ce sujet, Gorgias » (Denys d'Halicarnasse, *De compositione verborum* XII, 6). Selon Diogène Laërce, Protagoras aurait été le premier à en exposer la puissance (*kairoû dúnamin*, A1 DK).

percevoir soit le moment où les certitudes du public sont
hésitantes (*Phèdre*, 263b), soit celui où l'adversaire dérape
et son énergie baisse. L'opportun (*kairos*) introduit dans
le cours uniforme du temps une différence qualitative,
une faille, et savoir l'exploiter est un moyen essentiel de
l'action. Cela requiert une habileté dans l'art d'improviser,
habileté que l'orateur acquiert par l'expérience et l'usage.
Philostrate rapporte que Gorgias, s'étant avancé au milieu
du théâtre d'Athènes, « dit : "Proposez !" Le premier, il
osa ce trait de bravoure en public, indiquant par là qu'il
savait tout et pouvait parler sur tout, s'en remettant à
l'occasion (*kairôi*) »[1]. Quant au convenable (*prepon*),
Gorgias déclare dans son *Epitaphios logos* que les héros
étaient « ouverts à ce qui convient » : ils adaptaient
leur comportement à leur adversaire. Le convenable se
définit comme un ajustement du discours à la nature de
l'auditoire ou de l'adversaire, et il naît de l'adéquation de
l'expression au sujet traité grâce à l'harmonisation des
parties du discours. Mais selon Gorgias, la « loi la plus
divine » consiste « à dire, à taire et à faire ce qu'il faut
quand il faut (*to deon en tôi deonti*) »[2] : le *deon* désigne ce
qui est « requis » pour obtenir le résultat souhaité. Enfin,
le *meson* se réfère à la position médiane sur laquelle deux
thèses adverses doivent pouvoir s'entendre, il détermine
le compromis qui rendra possible le dialogue[3], comme
doivent le faire les ambassadeurs – rôle que les sophistes
ont souvent tenu. Hippias demande et conseille à

1. *Gorg.*, A 1a DK. Voir M. Trédé, *Kairos. L'À-propos et l'Occasion
(le mot et la notion d'Homère à la fin du IVᵉ siècle avant J.-C.)*, Paris,
Klincksieck, 1992, p. 247-253 et 288-294.

2. Le convenable : Gorgias, B 6, 5 DK ; le requis : B 6, 18 DK.

3. *Cf.* Isocrate, *Panathénaïque*, 113.

Protagoras et à Socrate « de se rencontrer à mi-chemin » :
Socrate doit donc mettre dans son discours « un peu de
générosité et d'élégance », et Protagoras devra « cesser
de s'enfuir vers la haute mer de l'éloquence et perdre
la terre de vue ». Il serait toutefois plus sûr de nommer
un arbitre qui « veillera à la longueur bien mesurée de
chacun de vos discours »[1]. Les traités de rhétorique sont
destinés à jouer ce rôle.

L'analogie médicale

Gorgias établit dans son *Éloge d'Hélène* un parallèle
entre l'action des drogues médicinales sur les corps et
celle des discours sur les âmes; lors de sa « Défense »,
Protagoras affirme : « le changement que le médecin
fait au moyen de drogues, le sophiste le fait par ses
discours[2]. » Tous les caractères donnés à la juste mesure
des discours ont pour origine le vocabulaire médical
employé dans certains traités hippocratiques[3]. Savoir à
quel moment administrer les drogues (la climatologie fait
partie de la médecine grecque), à quelles natures certaines
drogues conviennent et d'autres non, prescrire la durée
du traitement et trouver le moyen, en « tempérant » les
humeurs corporelles, de rétablir la juste proportion
entre le chaud et le froid, l'humide et le sec : un bon
médecin doit savoir apprécier tout cela. Le médecin fait
passer le corps du patient d'une mauvaise condition à
une meilleure, le sophiste en fait autant pour l'âme de

---

1. *Prot.*, 337e2-338a7. Sur l'origine sophistique et rhétorique de ces
termes, voir M.-A. Gavray, *Platon, héritier de Protagoras, Dialogue sur
les fondements de la démocratie*, Paris, Vrin, 2017, p. 96-97.

2. Gorgias, *Éloge d'Hélène*, § 14; Protagoras, *Théét.*, 167a4-6.

3. *Cf.* en particulier le traité de *l'Ancienne médecine* et le traité *De
l'art*; voir H. Joly, *Le Renversement platonicien*, *op. cit.*, p. 241-246.

l'auditeur, il la fait passer d'un état pire à un état meilleur
grâce à sa connaissance de la juste mesure. Sophistique et
rhétorique sont donc des « psychagogies »; indifférentes
au vrai et au faux, elles veulent imposer à l'âme des
auditeurs les meilleures opinions possibles, compte tenu
des circonstances et du contexte politique, juridique ou
culturel. La rhétorique, dit Gorgias, doit « persuader aussi
bien les juges au tribunal qu'au Conseil les membres du
Conseil, à l'Assemblée les membres de l'Assemblée, et
dans toute autre réunion qui sera politique »[1], et elle ne
doit donc pas tenir exactement le même type de discours.
Critères sophistiques et critères rhétoriques sont à la
fois relatifs, puisqu'ils sont mesurés par l'effet produit,
et subjectifs en tant qu'ils sont laissés à l'appréciation
du locuteur : Protagoras demande à Socrate s'il « doit
faire des réponses plus courtes qu'il ne faut », ou si elles
ne doivent pas plutôt être « de la longueur qu'il faut »;
Socrate acquiesce, et Protagoras répond : « selon toi ou
selon moi[2]? » La question est toujours de savoir qui est le
maître. La mesure, et en particulier celle des discours, est
toujours affaire de maîtrise et de contrôle de la situation[3] :
en ce sens, elle est essentiellement politique.

Platon hérite de la critique d'art inventée par les
sophistes lorsqu'il parle des sculpteurs qui « surchargent »
leurs œuvres plus qu'il n'est requis, de « l'esquisse » qui
manque du relief donné par les couleurs, ou des « couleurs
convenables ». Il emprunte également à la doctrine
sophistique de la mesure des discours les termes qui la
structurent. Mais s'il y a héritage, il n'est assumé que pour

1. Cf. *Gorg.*, 452e1-4.
2. *Prot.*, 334d6-7.
3. Cf. *Soph.*, 235e-236b, et H. Joly, *Le Renversement platonicien*,
op. cit. p. 269 et notes.

être critiqué car il a pour fondement la thèse célèbre de Protagoras. Quelle que soit la façon dont on la conçoive, que l'on entende par « homme » un être générique ou individuel et par « mesure » un critère conventionnel ou une maîtrise, c'est l'homme en tant qu'il sent ce qu'il sent qui est tenu pour être une unité de mesure. Être la mesure de ce qu'on sent ne rend pas capable de mesurer.

LES DEUX ESPÈCES DE MÉTRÉTIQUE (283C3-284E10)

L'Étranger examine d'abord tout ce qui regarde l'excès et le défaut, afin d'énoncer une règle pour louer ou blâmer en chaque cas ce qu'on aura dit « de plus long ou au contraire de plus court qu'il n'est requis (*tou deontos*) lors de nos discussions ». Seul un art comporte des règles, or, ainsi que le disait Socrate à Protagoras, « puisqu'elle est métrétique, elle est nécessairement, je pense, art et science (*tekhnè kai epistèmè*) »[1]. Il faut par conséquent, comme cela a été fait pour chacun des arts envisagés, examiner si elle offre une ligne de partage par où la diviser. Il existe forcément « une communauté (*koinônia*) mutuelle entre grandeur et petitesse » puisque toute mesure la suppose. Que signifie ce terme, *koinônia*? Qu'il s'agisse « de choses en devenir perceptibles ou d'êtres saisissables par le raisonnement seul », le fait de « communiquer » consiste dans les deux cas « en une passion (*pathèma*) ou une action (*poièma*) résultant d'une certaine puissance, à partir d'une rencontre mutuelle ». L'expression « puissance d'entrer en communication » s'applique donc aussi bien aux choses en devenir qu'aux

---

1. *Prot.*, 357b.

espèces logiques résultant d'une division[1]. Mesurer, c'est toujours mesurer « relativement à » (*pros*).

C'est par là que passe la coupure : si on veut que soit possible l'existence d'un art politique ou de n'importe quel autre art ayant un savoir « en matière d'actions », il faut contraindre « le plus et le moins à devenir commensurables non seulement l'un relativement (*pros*) à l'autre, mais aussi relativement (*pros*) à la genèse du bien mesuré ». Ce n'est donc pas la mesure qu'il faut diviser, c'est la métrétique, l'art de mettre en relation, de faire communiquer la chose à mesurer avec celle qui lui sert de mesure. Le dialecticien rencontre ainsi un problème spécifique puisqu'il doit diviser, non pas une Idée, mais une relation (*koinônia*). Comment divise-t-on une relation ? En espèces de relation.

La première espèce (283d4-e2)

« Il existe de nombreux arts chez les hommes »[2]. Cette phrase du *Gorgias* ne veut pas dire que toutes ces *tekhnai* ont même valeur, mais que beaucoup d'activités revendiquent d'être appelées « *tekhnai* », et le problème est de savoir comment distinguer et justifier la valeur de chacune. Certaines sont nées « expérimentalement de l'expérience », mais cela ne les disqualifie pas, d'autres se prévalent d'une origine divine, et cela ne suffit pas à en affirmer la valeur. Seule la possession d'une espèce de métrétique peut servir de critère, et c'est cet art qu'il faut diviser. En posant d'abord, d'un côté, « tous les arts qui mesurent par rapport à leurs contraires le nombre, ainsi que longueurs, profondeurs, largeurs, vitesses ».

---

1. Cf. *Soph.*, 248a10-b10 ; puissance d'entrer en communication (*dunamis koinônias* ou *epikoinônias*) : *cf.* 251e9, 252d2-3.
2. *Gorg.*, 448c4-5.

Mesurer consiste alors à référer une espèce de « grand »
– le beaucoup, le long, le lourd, l'étendu, le longtemps – à
une espèce de « petit » – le peu, le court, le léger, l'exigu,
le bref. L'Étranger passe aussitôt au comparatif : le plus
grand est toujours plus grand que du plus petit, le plus
petit toujours plus petit que du plus grand. Dans le
Philèbe, le processus allant du plus au moins appartient
au genre de l'illimité (*apeiron*) : chaque chose *devient*
perpétuellement à la fois plus grande qu'elle n'était et
plus petite qu'elle ne sera, ou inversement. Elle n'*est*
donc jamais grande ou petite, le plus et le moins « vont
toujours de l'avant sans s'arrêter, alors que le combien (*tò
posón*) est immobile »[1]. La première espèce de mesure
répond précisément à la question « combien ? », elle
attribue une quantité définie aux choses en devenir. Dire
par exemple de combien est grande une chose grande,
implique que le « petit » servant de grandeur de référence
soit arbitrairement mais définitivement stabilisé, fixé[2]. La
grandeur d'un nombre entier est mesurée par rapport à
l'unité arithmétique, celle d'une longueur par rapport à
une longueur étalon, et ainsi de suite. « Mesurer, compter
et peser sont de très favorables remèdes aux illusions des
sens », recourir à ces techniques dissipe « l'apparence du
plus grand ou du plus petit, ou du plus nombreux et du
plus lourd »[3]. Elles restituent aux choses leurs dimensions
réelles et donnent à des instruments techniques un droit
de contrôle sur les apparences. Cette première espèce

---

1. *Phil.*, 24a-d.
2. Il n'existait pas à l'époque de système métrique fixe, les unités
de mesure variaient d'une cité, voire d'un groupe ou d'un individu à
l'autre ; voir P. Demont, « La Formule de Protagoras : "l'homme est la
mesure de toutes choses" » dans *Problèmes de la morale antique*, sept
études réunies par P. Demont, Amiens, Faculté des Lettres, 1993, p. 45.
3. *Rép.* X, 602d.

de mesure est quantitative, relative, mais elle n'est pas subjectivement relative, elle représente au contraire le moyen le plus sûr d'échapper à la thèse protagoréenne. Si on se réfère à la division des sciences de la *République* et à la première division du *Politique*, les arts qui utilisent cette première espèce de mesure sont des sciences appliquées. La science politique en est une dans la *République*, puisque c'est le dialecticien-philosophe qu'il faut contraindre à redescendre dans la cité pour y *appliquer* son savoir. Dans le *Philèbe*, le savoir mathématique est la partie « hégémonique » des techniques et c'est l'importance qu'elle occupe dans ces différents arts qui permet de les hiérarchiser : l'art politique fait alors partie des techniques mathématisées[1]. Science appliquée ou technique mathématisée : la différence ne tient qu'au point de départ. La science politique est dans le *Politique* une science cognitive qui applique son savoir en prescrivant, mais il lui faut pour cela utiliser un art capable de calculer correctement les similitudes, les proportions et les inégalités. Les politiques tirent de cette première métrétique les règles « d'une mathématique politique et sociale »[2], mais ils doivent aussi produire « des choses bonnes et belles » (284a-b1). Cela, la première espèce de métrétique est incapable de le faire.

La seconde espèce (283e3-284e8)

« Eh bien, avec ce discours-là, n'allons-nous pas totalement détruire les arts eux-mêmes et toutes leurs œuvres », politique et art du tissage compris. Ce n'est pas

---

1. Voir p. 293-294.
2. Sur la « mathématique politique et sociale généralisée » qui préside à la cité des *Lois* voir H. Joly, *Le Renversement platonicien*, *op. cit.*, p. 369-370.

l'espèce quantitative de la métrétique qui, en elle-même, causerait leur ruine, mais le fait de lui donner l'exclusivité. En répondant à la question de la mesure (*metron*), la première espèce permet de calculer exactement les relations de grandeur et de petitesse à établir entre les éléments des choses auxquelles elle a affaire, mais elle est insuffisante quand il s'agit de produire. C'est alors « l'essence contraignante de la production » qu'il faut prendre pour règle, si l'on veut que le produit soit « bien mesuré » (*metrion*). Quels en sont les critères ? Tous les arts producteurs doivent produire « du bien mesuré, c'est-à-dire du convenable, de l'opportun, du requis et tout ce qui tient le milieu entre des extrêmes ». Le premier *kai* est explétif, l'énumération qui suit est celle des caractères auxquels reconnaître ce qui se trouve être bien mesuré, et cela suppose que le producteur ait pris l'un ou plusieurs d'entre eux comme critères. Leur juste appréciation confère aux produits un mode spécifique d'existence (*ousia*) qui les soustrait à la relativité des goûts et des couleurs, et c'est en se référant à ces critères qu'il faudra les louer ou les blâmer.

Ils sont tous empruntés à des théories sophistiques et rhétoriques, mais quelle nouvelle signification Platon leur accorde-t-il ? Avoir le sens du *kairos*, c'est concevoir le temps comme n'étant pas seulement l'image créée par le Démiurge, temps cosmologique qui s'avance selon une progression continûment et quantitativement réglée, et qui sert de mesure au temps social comme au temps biologique. Il faut admettre que tous les moments du temps ne sont pas égaux, qu'ils présentent des différences donnant prise aux actions humaines. Au politique d'être capable de les percevoir et de décider entre l'opportunité (*enkairia*) ou l'inopportunité (*akairia*) des décisions les plus importantes et de prescrire aux sciences parentes le moment d'agir, par exemple celui de déclarer la guerre et de faire la paix, ou d'enseigner une discipline (305d). Pour le convenable, c'est la *summetria*, l'accord des parties entre elles et avec le tout, qui le définit ; ainsi, l'art politique ne permettra aux éducateurs de faire pratiquer un exercice qu'à la condition qu'il contribue à former « un caractère (*èthos*) qui convienne au mélange qu'il se propose d'effectuer » : les caractères des citoyens sont les parties de ce tout qu'est la cité (308e2-4). Dans la *République*, cette fonction d'harmonisation (*sumphônia*) était attribuée à la vertu de modération ; dans le *Politique*, c'est l'art éducatif qui doit rendre les parties compatibles au tout, et il fait partie de l'art politique, seul capable de faire de la cité un tout. Mais il n'y a pas qu'une seule sorte de convenance : l'ajustement à l'objet en est une autre. C'est par exemple au discours plutôt qu'à une œuvre de la main qu'il convient de mettre en évidence la nature d'une chose vivante (277c) et la rhétorique ne doit pas s'ajuster à la quantité de l'auditoire mais aux qualités propres aux différents types d'âme. Enfin, c'est la convenance qui donne à la chose techniquement produite sa valeur, non celle du matériau utilisé : Phidias a eu raison de faire en pierre et non en ivoire la prunelle des yeux de son Athéna, la cuillère en bois de figuier donne à la soupe un bon fumet, ce que ne ferait pas une cuillère en or[1]. Ces derniers exemples indiquent le risque propre à la notion de convenance : si c'est la vision ou le goût qui en jugent, Protagoras n'a-t-il pas raison ? Chacun est en effet la seule mesure de ce qu'il sent. Mais goût et vision ne sont pas laissés à leur état naturel, ils sont éduqués par

---

1. Voir la discussion de l'*Hipp. Maj.*, 289b-e.

ces arts que sont la sculpture et la cuisine, ce sont eux aussi des produits culturels, et à ces arts de les former convenablement. C'est pourquoi il faut les soumettre à l'art politique. Le requis, l'obligatoire, lie pour sa part une multiplicité et lui impose une cohésion. Dans le *Cratyle*, *deon* a une double étymologie : selon l'une il « semble être un lien et un obstacle à l'écoulement », tandis que selon l'autre il est synonyme d'« avantageux, profitable, lucratif, bon, utile, inventif » parce qu'il est « ce qui circule partout en le mettant en ordre »; dans les deux cas, il est digne d'éloge. « Ce qui est bon et requis lie (*sundein*) et tient ensemble (*sunekhein*) » affirme le *Phédon*[1]. Chaque terme acquiert ainsi un sens fonctionnel : rendre opportun, harmoniser, lier, et tous trois relèvent de la seconde espèce de métrétique; le troisième, l'art du lien, est le plus nécessaire à l'art politique, mais il dépend des deux autres. Le long mythe utilisé dans le *Politique* a en conséquence transgressé ces trois impératifs de la juste mesure : « nous hâtant inopportunément (*para kairon*), « croyant qu'il convenait (*prepein*) de faire pour le roi de grands modèles », « nous avons été forcés de lui donner une plus grande part qu'il n'était requis » (*tou deontos*)[2]. Grâce à ses erreurs, il a démontré la valeur de la juste mesure.

À ces trois caractères s'ajoute le fait de tenir le milieu (*meson*). Le « bien mesuré » (*metrion*) se mesurerait-il relativement à l'excès et au défaut? En ce cas, il engendrerait une erreur inévitable de perspective : celui qui se situerait au milieu entre haut et bas croirait, s'il tombe vers le bas, que le milieu était en haut, ou s'il va vers le haut, qu'il était en bas. Cela aurait pour conséquence

1. *Crat.*, 418e5-419a9, *Phédon*, 99c5-6.
2. *Cf.* 277a6-7, b3-4, 5-6.

épistémologique qu'il serait possible de tenir l'opinion vraie pour un savoir, ou d'estimer au contraire que, par rapport à lui, elle n'est qu'ignorance, alors qu'elle tient le milieu entre les deux[1]. En matière éthique, cela voudrait dire confondre vie bien rangée et vie vertueuse si l'on se trouve « en bas », et vie bien rangée et vie méprisable si l'on se trouve « en haut ». Cette erreur a aussi des conséquences politiques : « peu étant le milieu entre l'un et le grand nombre » (303a), on pourrait en déduire que la meilleure des constitutions est l'oligarchie[2]. Le milieu quantitatif entre deux extrêmes ne saurait donc constituer une règle axiologique. Son calcul est un faux calcul quand il s'agit de choisir entre le meilleur et le pire, car en ce cas c'est le milieu qui doit déterminer les extrêmes, pas l'inverse, et cela en fonction d'une connaissance de ce qui, dans un domaine déterminé, est réellement bon.

De la mesure exacte à la juste mesure

« Rien d'imparfait ne peut être la mesure de rien. » Dans la *République*, sa connaissance de la puissance du Bien donne à la dialectique sa connaissance de ce qui est véritablement mesure : l'intelligibilité de l'Idée[3]. Dans le *Philèbe*, les différents aspects du bien mesuré sont des manifestations du Bien dans les choses en devenir. « C'est qu'un jour il sera besoin de ce qui est dit maintenant pour montrer ce qu'est l'exactitude en soi », affirme l'Étranger. Or, lorsque le *Philèbe* définit ce qu'est l'*exactitude en soi*,

1. Cf. *Rép.* IX, 584d6-e5, V, 479d.
2. La bonne constitution des *Lois* doit participer à ces deux constitutions « mères » que sont monarchie et démocratie, et joindre à l'intelligence la liberté et l'amitié (III, 693d) ; elle ne tient pas le milieu entre deux extrêmes, elle est le milieu (*meson*) où ces valeurs se conjuguent (VI, 756e9-10).
3. *Rép.* VI, 504e-505a.

c'est pour l'opposer à celle « de la plupart des arts », car
« tous ceux qui y consacrent leur labeur, c'est en usant
d'opinions et à propos de choses donnant matière à
opinion qu'ils cherchent avec tant d'efforts ». Ces choses
n'ont rien d'immuable ni de stable, et d'aucune d'entre
elles on ne peut affirmer que « sa naissance est certaine et
de la plus exacte vérité » [1]. Dans ce qui n'est pas pur mais
mélangé, on peut verser de la mesure et de la proportion,
mais pas de la vérité [2]. Dans le *Politique*, cette science
divine qu'est, dans la *République* comme dans le *Philèbe*,
la dialectique doit laisser la place à une autre sorte de
dialectique où s'efface la différence entre *epistèmè* et
tekhnè. La juste mesure en est la médiation, et en ce sens,
l'unique refuge permettant aux produits des arts humains
d'être de bons produits, autant qu'il leur est possible. Il
faut donc partir de l'hypothèse que les arts existent, et
que s'ils existent, le bien mesuré existe aussi. Car s'ils
n'existaient pas, la politique serait aussi impossible qu'elle
l'était dans chacune des deux révolutions décrites par le
mythe.

En outre, faire venir à existence un objet capable,
autant qu'il lui est possible, de participer à son Idée, ne
consiste pas à inscrire la forme, l'Idée, dans une matière,
conception aristotélicienne s'il en est. Prêter une telle
théorie à Platon revient à lui faire dire que l'ouvrier
humain doit nécessairement connaître l'Idée de l'objet
qu'il fabrique pour le produire correctement, ce qui
équivaut à supprimer la différence entre production
humaine et production divine de réalités. Quand il produit
le Monde, le Démiurge divin a les yeux fixés sur le modèle

1. *Phil.*, 58e-59c.
2. *Phil.*, 66a-d.

intelligible éternel qu'il est seul à voir. Faut-il penser que, comme cet ouvrier mythique, l'artisan humain prendrait l'Idée pour modèle et s'efforcerait de l'inscrire dans le sensible en respectant la mesure qui convient ? Le parallèle est évidemment boiteux : le Démiurge ne peut pas inscrire l'intelligible dans le sensible, puisque le sensible, c'est lui qui le produit, et il le produit à l'image de l'intelligible. Serait-ce alors parce qu'il doit les « imprimer » dans un « réceptacle » (*khôra*), dont l'agitation désordonnée opère un vannage, tamisage, filtrage qui sépare automatiquement les particules plus lourdes des plus légères, lesquelles lui fourniront les matériaux nécessaires à la confection des triangles élémentaires constitutifs des quatre éléments[1] ? Mais ce tri mécanique préalable n'est en rien comparable au cardage, qui ne sépare pas le semblable du dissemblable, mais le mauvais, l'inutilisable, du bon. Si le premier tri peut se faire sans art, mécaniquement, le second en suppose un, et il se fait en vue d'une fin particulière.

En outre, le mode divin de la production n'est pas dans le *Sophiste* le modèle de la production humaine de réalités : l'une produit des choses naturelles, l'autre seulement des artefacts. La division entre ces deux modes est « horizontale », elle surplombe les divisions « verticales » qui suivent. L'Étranger a donc raison de dire que « les arts qui concernent le charpentage et toute autre activité manuelle acquièrent la science qui est comme naturellement inhérente à leurs actions » (258d). C'est ce savoir inhérent à toute production manuelle qui rend les objets fabriqués aptes à accomplir leur tâche ; grâce à ce savoir, l'artisan choisit des matériaux de bonne qualité et adapte celui de ses outils aux matériaux qu'il travaille – la

1. Cf. *Tim.*, 52d-53b.

navette ne sera pas faite de la même matière si elle doit tisser du fil ou de la laine – et les rend utilisables (308c) ; ce savoir le conduit à calculer correctement le poids, la longueur, la largeur et la profondeur des éléments afin de donner à l'ensemble des proportions adaptées. C'est donc la présence en elle d'une mesure, quantitative et qualitative, qui permet d'affirmer que la chose produite est ce qu'elle doit être et mérite son nom, et cette présence peut être techniquement produite :

> Quand il se trouve privé de mesure (*metrou*) et de proportion (*summetrou*) naturelle, tout mélange (*sunkrasi*s), quel qu'il soit et de quelque façon qu'il se présente, corrompt nécessairement ses composants et en premier lui-même ; ce n'est pas un mélange mais une sorte de magma confus. (*Phil.*, 64d9-e2)

Mesure et proportion sont nécessaires pour que les produits – objets corporels, discours, vertus, « coutumes et pratiques » (294c-d) – soient réellement beaux et bons. Distinctes, les deux espèces de mesure doivent leur être toutes deux présentes, l'une pour en faire des réalités et non des apparences, l'autre pour garantir leur valeur. Tout art doit conjuguer les deux sans les confondre.

Leçon de dialectique (284e11-285d7)

« Chacune des sections dont tu viens de parler est bien grande, et elles diffèrent beaucoup l'une de l'autre » dit alors le jeune Socrate. Pour le dire moins poliment, il se demande comment il est possible de conjuguer les deux. L'Étranger réplique qu'il ne suffit pas de proclamer pompeusement « que la science de la mesure s'applique à tout ce qui vient à être », comme s'il n'y en avait qu'une et sans dire en quoi elle consiste. Rassembler des choses différentes en une même espèce puisque l'on « dispose d'un même nom pour les désigner », comme a déjà fait le jeune Socrate (263c)[1], témoigne d'une inexpérience dialectique et d'un désir de rassembler « immédiatement », ce qui met en question l'utilité même de la division, d'où une quatrième leçon de dialectique. L'erreur générale qui vient d'être évoquée – prendre pour même ce qui est autre – doit être précisée, c'est-à-dire divisée en deux erreurs « inverses », car l'unité du nom n'est pas la seule cause. Les experts n'étant pas habitués « à diviser selon les espèces (*eidè*) », ils « les ramènent immédiatement au même parce qu'ils les juge semblables ». Cette première erreur consiste à identifier des choses qui paraissent semblables, à croire par exemple que maïeutique et éristique sont un même art, puisque toutes deux tendent à purger l'âme de ses opinions au moyen de la réfutation (*elengkos*). Socrate et le sophiste se ressemblent, mais « comme le chien au loup », et « ce qui est par-dessus tout nécessaire est de se garder des ressemblances, car il n'y a pas de genre plus propre à nous faire glisser »[2]. Dans le Prologue du *Politique*, la plaisanterie de Socrate à propos de sa ressemblance avec les deux garçons annonçait un des principaux thèmes du Dialogue : les ressemblances peuvent n'être qu'apparentes, et il faudra vérifier discursivement si elles dissimulent des différences ou sont de véritables parentés.

Si cette première erreur consiste à identifier à tort ce qui est réellement différent, la seconde devrait « au

---

1. Cf. *Phil.*, 12e-14a : Protarque affirme que tout plaisir est semblable à un autre plaisir puisque ce sont tous deux des plaisirs.

2. *Soph.*, 231a-b.

contraire » différencier à tort ce qui est réellement même. Or son extrême concision la rend plus difficile à saisir. Comment en effet traduire cette affirmation elliptique ? Ces experts inexpérimentés font-ils tout le contraire « quand ils divisent des choses différentes mais non selon leurs parties », ou « quand ils posent des choses comme différentes mais sans les diviser selon les parties » ? Tout dépend de ce que l'on pense être la nature de cette erreur. La plupart des traducteurs comprennent que les deux erreurs diffèrent parce qu'elles portent sur des choses différentes[1]. Or ne pas diviser les objets dont on parle selon les espèces, donc croire que chacun constitue une même et indivisible chose, et ne pas diviser d'autres objets selon leurs parties, cela revient à coup sûr au même. Si les deux erreurs sont contraires, c'est plus probablement parce que, dans le premier cas, on ne divise pas, croyant que l'appartenance à un même genre suffit à rendre semblable tout ce qu'il contient : « c'est donc une même chose que la cuisine et la rhétorique » s'indigne Polos, à quoi Socrate réplique « Pas du tout, mais chacune est une partie (*morion*) d'une seule et même occupation », la flatterie[2]. Dans le second cas, on établit au contraire des différences entre les choses, mais sans diviser selon les parties. D'où la traduction proposée « posant comme différentes des choses mais sans diviser selon les parties ». Différencier sans diviser équivaut à se contenter de réponses énumératives comme font Hippias, Charmide ou Ménon à propos de la beauté, de la modération ou de la vertu. Les deux erreurs sont bien contraires : dans un cas on identifie ce qui est différent parce qu'on est

1. Voir note XI à la traduction.
2. *Gorg.*, 462e2-4.

incapable de déceler les différences spécifiques masquées par cette similitude apparente qu'est l'homonymie, dans l'autre on différencie ce qui est même parce qu'on ignore le trait commun existant entre les *parties* d'un même genre, trait occulté par la multiplicité des dissemblances qu'il peut offrir. Le dialecticien doit donc apprendre à fixer la frontière entre le semblable et le même, et entre le différent et le distinct.

Cela est confirmé par ce qui suit, lorsque l'Étranger oppose à chacune des deux erreurs ce qui devrait être fait :

> … alors qu'il est requis (*deon*), 1) toutes les fois qu'on commence par percevoir (*aisthètai*) une relation faisant communiquer (*koinônia*) des choses multiples, de ne pas abandonner avant d'avoir vu (*idèi*) en cette relation toutes les différences (*diaphoras*) résidant dans les espèces (*eidè*), et 2) inversement, une fois vues les dissemblances (*anomoiotètas*) de toutes sortes qui s'y trouvent, de se montrer incapable de s'arrêter, tout décontenancé, avant de faire (*herxas*) entrer tous leurs caractères propres au sein d'une ressemblance unique en les enserrant (*peribalètai*) par la manière d'être propre (*ousia*) à un genre déterminé. (285a8-b6)

Le vocabulaire de ce passage offre des particularités remarquables. La présence du verbe homérique et archaïque, *herdô* (faire)[1], inusité au présent et ici au participe aoriste, *herxas*, ainsi que le verbe *periballô* (jeter autour de, dresser une enceinte), donnent à ce texte une coloration plus épique que méthodologique,

---

1. Voir P. Chantraine, *Dictionnaire étymologique, op. cit.*, t. I, *sv. ergon*, p. 365-366 : le verbe *erdô*, faire, accomplir, signifie chez Homère, « s'engager dans une opération importante, qui engage », donc parfois à l'aoriste « faire un sacrifice ». Ce verbe « a rapidement disparu » et Platon l'emploie ici sous sa forme attique (*herdô*).

ou plutôt insistent sur l'aspect « héroïque » propre à
cette méthode. Aspect qu'accentuent les connotations
temporelles – « toutes les fois que », « avant de », « une
fois que », « commencer », « ne pas s'arrêter », « ne
pas abandonner » – montrant la difficulté de passer de
l'immédiatement donné à un discernement qui exige du
travail et du temps.

1) La première règle joue sur la différence entre
« percevoir » et « voir » : la *ressemblance* entre les éléments
d'une multiplicité est perçue immédiatement – par
exemple, celle entre tous les pasteurs d'un troupeau – mais
pour les différences, il faut apprendre à les voir. L'unité du
nom et la similitude apparente sont responsables de cette
première sorte d'erreur : s'en tenir à des ressemblances
et ne pas voir les différences, c'est se croire dispensé du
travail de division.

2) À l'inverse, si c'est face à une pluralité de
dissemblances que l'on se trouve, l'erreur consiste à
s'arrêter sans chercher à les unifier. Mais en ce cas, il ne
suffit pas de « voir », il faut « faire » : réduire d'abord la
multiplicité des dissemblances – entre un berger, un
bouvier et ainsi de suite, mais aussi entre un pasteur
humain et un pasteur divin – à des caractères propres
(*idia*), en ce cas nourrir et élever un troupeau ; ensuite,
stabiliser ceux-ci en les attribuant aux différentes parties
d'un genre déterminé, le soin, qui en les intégrant donnera
à toutes ses parties une même « manière d'être » (*ousia*).
Pour en revenir à la métrétique, quelle ressemblance en
effet pourrait-on percevoir immédiatement entre le fait
de semer ou de déclarer la guerre au moment opportun,
de faire comme il se doit en bois de figuier une cuillère à
soupe, ou de tenir un discours de la longueur convenable ?
Les dissemblances sont réelles, mais accessoires. Car

toutes ces activités relèvent d'une même puissance, elles
sont capables de donner à ce qu'elles font, ou produisent,
la mesure requise, convenable ou opportune. Cette
unique ressemblance, la production d'une chose « bien
mesurée », suffit à les faire entrer dans l'une des deux
espèces de métrétique. Il faut ici se souvenir que Platon *ne
distingue pas entre « genre » et « espèce »* : le « genre » qui
intègre les dissemblances est identique à l'espèce, il s'agit
par exemple du genre ou de l'espèce « production du bien
mesuré », mais considérés du point de vue de leur *genèse,
il y a une différence.* Une espèce se constitue quand le
dialecticien perçoit sa différence et divise en conséquence,
mais quand il découvre ce qui a la capacité d'intégrer les
dissemblances en une ressemblance unique, il le nomme
« genre ». La différence n'est donc pas extensionnelle
mais fonctionnelle. Génétiquement, et du point de vue
du dialecticien, il faut passer par la *ressemblance* instaurée
par le genre pour arriver à poser l'unité de l'espèce, ou de
la partie, ces deux derniers noms étant interchangeables.
La ressemblance est donc foncièrement ambivalente :
apparente, elle fait obstacle à la découverte des différences
(elle est la cause de la première erreur) ; réelle, elle est la
médiation nécessaire à l'unification de la partie, ou espèce
(elle est le moyen de rectifier la seconde). On a ici une
description *dynamique* du processus de recherche, d'où
les indications temporelles, correspondant aux moments
par lesquels est passé le dialecticien. Elle le rend apte à
relever et distinguer deux espèces d'erreur et à montrer
quelle sorte d'inexpérience en est la cause – mais pas à
prescrire des règles, car il n'existe pas de règles capables
de dire au dialecticien *comment* percevoir, voir, ou faire.

La finalité dialectique (285c4-d7)

En prescrivant la méthode « requise », ce discours a donc fait preuve de juste mesure, et l'Étranger a réussi à ajuster la puissance dialectique à des objets qui ne sont pas des choses en devenir, mais des puissances. Sa dialectique est en quelque sorte intermédiaire entre une dialectique sophistique qui ne s'attache qu'à renverser les dissemblances en ressemblances et inversement, et une dialectique « divine » qui, ne pouvant porter que sur des idées, se méfie de la ressemblance « ce genre glissant » qui risque de faire glisser et déraper la perception du même dans l'autre et de l'autre dans le même. C'est en cela aussi que la recherche du politique contraint à devenir « plus dialecticien » : elle contraint à ne pas voir dans la dialectique une méthode immuable.

La leçon de méthode de l'Étranger concerne donc à la fois « les objets mêmes de notre recherche » et « toute discussion passée à des discours de ce genre ». Pourtant, « personne en son bon sens ne consentirait à pourchasser la définition du tissage pour lui-même », et il en va de même de la définition du politique, la véritable ambition de l'enquête étant plutôt (*mallon*) de devenir meilleur dialecticien sur « tous les sujets », donc y compris sur ceux qui ne sont pas purement intelligibles. Cependant, la radicalité de cette affirmation a heurté plusieurs commentateurs, qui soit en déduisent que la finalité du Dialogue serait purement méthodologique[1], soit parlent à son sujet « d'aveu trompeur »[2]. « Plutôt » ne signifie certes pas « exclusivement », toutefois, pourquoi est-ce

1. C'est l'interprétation de H.S. Scodel, *Diaeresis and Myth*, *op. cit.*, p. 9 ; voir la critique de S. Delcomminette, *L'Inventivité*, *op. cit.*, p. 12.
2. Selon le mot de C. Castoriadis, *Sur le* Politique, *op. cit*, p. 54.

à propos de la définition du politique que la distinction entre ces deux finalités est si fortement affirmée ? Sans doute parce qu'il n'a pas de nature propre, et qu'en outre il ne suffit pas de connaître la définition de l'art politique pour être un bon politique. Autre chose est requis, la *République* nous l'a dit : seuls certains « naturels » sont capables de devenir philosophes, or seuls des philosophes peuvent être de bons gouvernants. Mais si telle est la raison pour laquelle le *Politique* ne définit finalement pas la nature du politique, cela n'implique nullement qu'il soit inutile de définir la nature du *savoir* et de l'*action* politiques, et c'est ce que va continuer à faire l'Étranger.

AUTRE LEÇON DE DIALECTIQUE (285D8-286B6)

Si on juge inutilement minutieuse la définition du tissage, c'est parce qu'une différence entre deux sortes de réalités échappe à la plupart des hommes. Il existe des êtres qui sont « plus faciles à comprendre parce qu'ils ont naturellement des ressemblances perceptibles » tandis que ceux « qui sont les plus grands et les plus précieux » ne possèdent « aucune image (*eidôlon*) façonnée de manière à être claire pour les hommes » dont on puisse se servir pour « satisfaire l'âme de qui s'en enquiert ». À quoi correspondent ces deux sortes de réalités ? Ce passage ayant fait couler beaucoup d'encre, disons que la seule chose certaine est qu'il existe un type de réalités dont on peut montrer des images sensibles à celui qui s'enquiert sur elles, images qui dispensent d'user de logos (*khôris logou*), et un autre type dont il n'y a pas d'images claires et que seul le logos peut faire connaître. À part cela, tout dans ce texte a donné lieu à discussion. Il existe en gros deux sortes de lecture visant à identifier ces deux sortes de réalités : l'une méthodologique et pédagogique, l'autre ontologique.

L'interprétation pédagogique [1]

Elle part d'un présupposé portant sur l'ordre chronologique des Dialogues : introduire dans ce passage la théorie des Idées serait méconnaître que Platon a enfin abjuré ses erreurs passées, en particulier dans le *Parménide* [2]. Comme la chronologie des Dialogues est sujette à discussion, il vaut mieux laisser cela de côté et regarder les principaux arguments.

– Platon ferait ici « une remarque philosophique de bon sens en des termes simples », et justifierait ainsi les reproches de l'Étranger à l'égard de sa fastidieuse définition du tissage [3] : il aurait pu se contenter de faire un dessin. La distinction qui suit oppose donc des réalités graphiquement « représentables » à des réalités « irreprésentables » et descriptibles seulement verbalement. Si quelqu'un demande ce qu'est une chose, il est plus facile de lui en montrer une image : n'importe quel maître d'école sait cela. Comme il est improbable qu'il ait sous la main les objets réels à montrer à ses élèves [4], si l'un d'eux lui demande ce qu'est une grue, il montrera une image de grue. Les « ressemblances perceptibles » sont donc des images fabriquées par

1. Elle a été soutenue par G.E.L. Owen, « Plato on the Undepictable », art. cit., p. 138-147.

2. *Cf.* G. Ryle, « Plato's Parmenides », repris dans *Studies in Plato's Metaphysics*, R.E. Allen (ed.), London, Routledge and Kegan Paul, p. 97-147.

3. G.E.L. Owen, « Plato on the Undepictable », art. cit., p. 349 (ma traduction).

4. *Ibid.*, p. 357.

des hommes à des fins pédagogiques, ce qui implique de dénier au verbe *pephukasin* toute signification « naturelle », et de le tenir pour synonyme du verbe « être »[1]. Pourtant, seules les images naturelles peuvent être faites *pour* les hommes, à la différence des images faites *par* des hommes, images techniques pouvant être claires (toutes les figures géométriques et astronomiques) ou obscures (comme les peintures, les dessins, mais aussi tous les mots d'un langage forgé par opinion que le *Cratyle* s'attache à démystifier). De plus, ces images, dit l'Étranger, doivent s'adapter « à l'un des organes des sens ». Il y a là une sérieuse difficulté pour la thèse pédagogique : toutes les réalités corporelles ne sont pas visibles, donc pas représentables. Comment donner l'image d'une odeur, ou d'un corps rugueux, ou d'une saveur salée ? Il vaudrait mieux que le maître d'école ait sous la main des *choses* à faire sentir, palper ou goûter – à moins qu'il ne faille ranger odeurs, saveurs et propriétés tactiles au nombre des réalités irreprésentables qui sont difficiles à comprendre ?

– Pour la seconde espèce de réalités, elles sont « incorporelles » mais ce ne sont pas des Idées, ce sont des concepts abstraits. Là encore, la généralisation fait problème, car si la dyade, par exemple, est irreprésentable, le triangle est représentable ainsi que toutes les réalités intelligibles objets de la géométrie et de l'astronomie. Elles sont pourtant assez clairement représentées par leurs images, puisqu'elles permettent aux mathématiciens, et au jeune esclave du *Ménon*, de raisonner sur elles. Dans

---

1. Ce qu'il est souvent, mais n'est pas toujours. C. Rowe (*Plato. Statesman, op. cit.*, note ad 285d10-e1, p. 211) souscrit sur ce point à l'interprétation d'Owen, mais selon lui, l'art du tissage serait « la ressemblance perceptible » de l'art politique, donc une image et non pas un paradigme.

les deux cas, l'interprétation se heurte à des exceptions : certaines réalités incorporelles sont clairement représentables et certaines réalités corporelles ne le sont pas.

– Le paradigme du tissage entrerait dans la catégorie des choses qu'une image claire permettrait de saisir. Toutefois, le tissage n'est pas un objet, mais un art : qui saisirait la complexité de l'art de tisser à la seule vue d'une peinture sur vase, ou même d'un tisserand à son métier ? Et qui pourrait « s'imaginer être devenu médecin pour avoir entendu dire dans un livre ou être tombé par hasard sur des remèdes » [1] ? Cette question vaut pour tous les arts ayant en vue des actions.

L'interprétation ontologique

Le but de l'interprétation pédagogique étant d'en combattre une autre et d'opposer du « bon sens » à une fumeuse théorie des Idées, il convient d'examiner celle qui lit dans ce texte l'opposition classique entre réalités corporelles et réalités incorporelles, ces dernières désignant des Idées. Les réalités incorporelles sont désignées par deux couples de superlatifs : « les plus grandes et les plus précieuses », « les plus belles et les plus grandes » ; ce seraient donc les réalités intelligibles dont les choses corporelles, perçues par les sens, ne sont que les images [2]. Les réalités corporelles auraient des images perceptibles claires, alors que les Idées requièrent une explication discursive. Mais cette distinction radicale est, elle aussi, difficile à tenir. L'ennui est en effet que les

1. *Phèdre*, 268c2-4.
2. Voir C.H. Kahn, « The Place of the *Statesman* in Plato's Later Works », *in* C. Rowe (ed.), *Reading the Statesman, op. cit.*, p. 57. Il est rejoint sur ce point par Rosen, *Le Politique de Platon, op. cit.*, p. 185-186.

réalités corporelles peuvent avoir des images qui ne sont pas claires, qui peuvent être brouillées ou déformées : leurs images claires seraient alors celles que l'on peut contempler dans les miroirs ou à la surface d'eaux tranquilles, ou encore celles qu'en donnerait le bon peintre ou le bon sculpteur[1]. La clarté de ces images ne tiendrait donc pas à la nature de ces réalités, mais à la nature de ce qui leur sert de miroir ou à l'habileté de l'artiste qui les représente ; de plus, certaines réalités corporelles (odeurs, saveurs) n'ont pas d'images du tout. Il est par ailleurs assez difficile de comprendre comment ces réalités corporelles, qui sont en bon platonisme les images obscures et imparfaites des réalités intelligibles, auraient néanmoins d'elles-mêmes des images claires. Il est tout autant difficile d'affirmer que toutes les réalités incorporelles, assimilées aux Idées en général, en sont dépourvues, car la Beauté fait exception[2], et la constitution « tracée » dans la *République* est bien l'image claire d'une parfaite organisation politique destinée à s'incarner dans une réalité sensible en devenir. De plus, selon le *Sophiste*, les réalités que le philosophe estime « au plus haut prix » sont « la science, la pensée et l'intelligence »[3]. Science, pensée et intelligence appartiennent au genre d'êtres des puissances : bien qu'incorporelles et insensibles, ce ne sont pas des Idées. L'omission du terme « Idées » serait vraiment surprenante si le texte avait pour objet de les distinguer de leurs images corporelles, mais elle s'explique si les réalités incorporelles englobent non seulement des

---

1. Voir S. Rosen, qui voit qu'il y a là un problème (*Le Politique de Platon*, *op. cit.*, p. 136-137).

2. *Phèdre*, 250d.

3. *Soph.*, 249c6-10.

Idées mais des puissances, qui assurément n'ont pas d'images du tout[1]. Les deux interprétations rencontrant le mêmes type de difficulté, se heurter à des exceptions, il faut tenter d'en risquer une troisième[2].

L'interprétation dialectique

Elle s'appuie sur le fait qu'il s'agit de la définition de l'art du tissage : comme toute définition, elle a tenté de répondre à une question. À quelle sorte de question ? À celle qui demande l'explication de la chose. Demander le *logos*, ce n'est pas demander « à quoi cela ressemble », ou « de quoi cela a-t-il l'air », mais ce n'est pas non plus forcément demander ce que c'est. C'est en cela que la dialectique mise en œuvre dans le *Politique* diffère de la dialectique socratico-platonicienne. Le tissage est un art, il se définit donc par sa fonction, sa puissance d'accomplir, de produire une chose qui à sont tour se définira pas sa fonction et sa capacité. Donner le *logos*, rendre raison, requiert donc un certain mode de raisonnement, celui précisément utilisé lors de la division de cet art. Mais ici, c'est bien la question « qu'est-ce que » qui semble être posée, et il s'agirait de savoir s'il est toujours nécessaire de recourir à un discours rationnel pour y répondre ? Une image claire ne pourrait-elle jouer le même rôle ? De plus, n'est-ce pas le rapport paradigmatique existant entre les réalités « de là-bas » et celles « d'ici » qui peut seul fournir la réponse ? Un passage du second discours de Socrate

1. Dans le mythe du *Phèdre*, la pensée, *phronèsis*, n'a pas d'image (250d).
2. Pour les critiques qui précèdent et pour l'hypothèse qui suit, reprise et modifiée ici, voir M. Dixsaut, *Métamorphoses de la dialectique*, *op. cit.*, p. 276-284.

dans le *Phèdre*, construit justement sur ce rapport, peut servir à comprendre que *ce n'est justement pas le cas*. Il n'existe, dit Socrate, qu'un petit nombre d'âmes capables de se ressouvenir des êtres qu'elles ont pu voir dans la plaine de Vérité :

> Quand celles-ci voient quelque semblance (*homoiôma*) des êtres de là-bas, elles sont hors d'elles-mêmes et ne s'appartiennent plus ! Mais ce qu'elles éprouvent, elles n'en ont pas connaissance, du fait de ne pas percevoir distinctement. Ni la Justice, ni la Tempérance, ni toutes les réalités précieuses (*timia*) pour les âmes n'ont assurément rien de clair (*enargès*) dans leurs semblances (*homoiômasin*) d'ici-bas ; mais, à l'aide de ces troubles instruments, certains, un petit nombre même, arrivent à grand peine en partant de ces images (*eikonas*) à voir le genre (*genos*) dont cela est la semblance. (250a8-b5)

La similitude de vocabulaire entre les deux textes est assez frappante : toutes les réalités précieuses (*timia* – *timiotatois, Pol.*) n'ont pas d'images (*eikonas* – *eidôlon, Pol.*) claires (*enargès* – *enargôs, Pol.*), leurs semblances (*homoiômasin* – *homoiotètes, Pol.*) ne sont que de « troubles instruments » permettant de se rapporter à elles. Ces « semblances » sont dans le *Phèdre* incontestablement des choses sensibles, inaptes à satisfaire l'âme quand il s'agit de réalités comme la Justice ou la Tempérance. Dans le *Politique*, les réalités les plus précieuses n'ont aucune image « faite de façon claire pour les hommes », mais cela n'exclut pas qu'elles aient des images *obscures* : la représentation d'un tisserand devant son métier en serait une. Ces images « troubles » ne permettent pas de « percevoir distinctement » les réalités incorporelles les plus précieuses, bien qu'elles puissent servir de

points de départ à un examen laborieux conduisant à
« voir » le genre dont ces semblances obscures, donc
en réalité dissemblables, sont les semblances. Partir du
semblable ou du dissemblable, dit le *Phédon*, cela n'a
aucune importance [1]. Aucune importance s'il s'agit de
se ressouvenir, mais si la réalité en question a par nature
« certaines ressemblances perceptibles », il est possible
d'économiser l'explication discursive, le *logos*, et de
« montrer ». La seule distinction *explicite* de ce texte
du *Politique* n'oppose ni images graphiques à images
verbales, ni réalités corporelles à réalités incorporelles,
elle porte sur deux manières de répondre – facilement,
en *montrant*, difficilement, *en donnant le logos*. Il a bien
une visée pédagogique, puisqu'il s'agit de deux manières
de faire comprendre, seulement cette pédagogie n'est pas
celle du maître d'école, mais du dialecticien.

Si l'on ne veut pas retomber dans les embarras
rencontrés par les deux interprétations précédentes, il
faut donc avancer une troisième possibilité. L'Étranger
établit bien une distinction, mais si elle n'oppose ni deux
sortes d'images, ni deux sortes de réalités ontologiques,
par où passe la coupure ? Supposons que ce soit entre deux
sortes de réalités *incorporelles*, les unes faciles et les autres
difficiles à expliquer. Les superlatifs ne qualifieraient
alors pas rituellement les réalités intelligibles *en général*,
ils distingueraient des réalités qui sont très grandes, très
précieuses et très belles de celles qui le sont moins, selon
un critère méthodologique et non pas ontologique – ce
qui s'accorde mieux avec le contexte. Les semblances
faites par la Nature pour les hommes seraient donc les

1. *Phédon*, 74c11-13.

réalités sensibles permettant de saisir clairement *certaines* réalités incorporelles, c'est-à-dire des puissances.

Ce qu'Hippocrate et le discours vrai énoncent dans le *Phèdre* permet de préciser ce que peut être la nature de cette première espèce de réalités incorporelles. La méthode nécessaire pour « réfléchir à la nature de quoi que ce soit » consiste d'abord à voir « si elle est simple ou complexe, celle à propos de laquelle nous souhaiterons nous-mêmes posséder un art et pouvoir en rendre un autre capable »[1]. Ainsi, « chaque fois que quelqu'un prononce les mots "fer" ou "argent", n'est-ce pas la même chose qui nous vient tous à l'esprit ? » L'argent et le fer sont des exemples de natures « simples », dont tous les éléments corporels sont homogènes entre eux et au tout, de sorte que les réalités sensibles qui en sont les images participent en totalité du genre qui leur donne leur essence et leur nom. Il y a accord non seulement sur le mot, mais sur la chose qu'il désigne. Or le fer, l'argent possèdent chacun une puissance différente, l'argent peut servir de monnaie et s'échanger, le fer ne le peut pas, mais il peut servir de matériau à certains objets. L'image naturelle faite à leur semblance satisfera cependant « l'âme » (*psukhè*) du questionneur, elle s'adaptera à l'un de ces sens (il verra la brillance de l'argent, touchera la rugosité du fer) car, comme toute image, elle possède la force persuasive de l'évidence. Cette voie rapide, montrer facilement pour faire comprendre facilement, revient à raccourcir et faciliter, mais non pas annuler, le passage de percevoir à savoir, de l'image à la puissance naturelle de la chose. Encore faut-il que celui qui demande l'explication ait une

1. Cf. *Phèdre*, 270c10-d3.

âme capable de comprendre que ce qu'on lui donne à percevoir est une *image*, et de la référer à la puissance de la chose dont elle est l'image. Ce qui s'appelle apprendre, et mythiquement « se ressouvenir ».

Cependant, les réalités les plus importantes et les plus précieuses sont dépourvues d'images sensibles *capables de les montrer clairement*[1]. Bien que n'étant pas des Idées, pensée, science, art et intelligence en font partie, car elles seules possèdent la puissance de les poser et elles ne peuvent être expliquées que difficilement, discursivement – facilité et difficulté sont des critères hiérarchiques. Si l'âme était toujours aisément et immédiatement satisfaite par la perception claire d'images sensibles, elle ne s'interrogerait jamais et ne serait jamais contrainte de donner et recevoir le logos[2]. S'il n'y avait que des images claires et faciles à présenter, l'intelligence, la science dialectique et la pensée pure seraient parfaitement inutiles.

Pour résumer : de certaines réalités simples, il existe des images naturelles qui sont loin d'être claires, puisque la lumière de la vérité ne les éclaire pas. Pour les réalités les plus précieuses, idées mais aussi puissances, ou bien il n'en existe que des images obscures, ou bien elles n'ont pas d'images du tout, ce qui est le cas de la science et de l'art. C'est d'ailleurs ainsi que l'Étranger conclut : tous les discours tenus à présent visaient des réalités que le

1. D'où la suppression de la virgule introduite par Burnet en 286a5 entre *asômata* et *kallista* : elle permet en effet d'opposer les réalités incorporelles aux précédentes qui seraient corporelles, donc de justifier l'interprétation ontologique.

2. Le texte de *Rép.* VII, 523c11 *sq.* et celui du *Phèdre*, 263a, vont dans le même sens : qu'il s'agisse du doigt, du fer ou de l'argent, ce sont des réalités faciles à comprendre et qui ne forcent pas à s'interroger.

logos, et rien d'autre, ne peut montrer. Que les discours traitent de la politique ou du tissage, ils portent sur des arts qui, en tant que tels, font partie des réalités les plus importantes, ce qui dans les deux cas justifie la longueur des discours tenus.

C'est à une éducation de la mémoire que se livre l'Étranger dans ces deux leçons : il ne faut pas se souvenir seulement de ce qui a été dit, car de ce souvenir peut naître un sentiment pénible et injustifié. Il faudra donc se rappeler les deux espèces de métrétique, car elles permettront de ne pas tomber dans les erreurs commises par inexpérience dialectique, et plus généralement, elles serviront de critère chaque fois qu'il s'agira de louer ou de blâmer la grandeur ou la petitesse des discours. Cette mémoire n'est pas la mémoire empirique, sauvegarde de la sensation, mais la « bonne mémoire » des semblances et des dissemblances – celle qui a permis à Socrate de dénoncer l'erreur de Théodore.

L'exercice dialectique

Cependant, « sur quelque sujet que ce soit, il est plus facile de s'exercer sur de plus petits sujets que sur de plus grands ». Le critère de facilité joue deux fois : la première pour distinguer entre les réalités incorporelles, la seconde pour différencier les sujets sur lesquels s'exercer. Qu'en est-il du tissage ? Il devrait faire partie des réalités incorporelles qui sont les plus grandes et les plus précieuses, puisqu'il n'aurait pas suffi d'en présenter une image, et pourtant il a été choisi comme paradigme parce qu'il est au nombre des sujets « plus petits ». L'adjectif est alors au comparatif, il ne s'agit que d'une différence de degré. Dans la *République*, le paradigme

grammatistique impose la neutralité axiologique : il faut
estimer également les « caractéristiques des manières
d'être opposées », qu'elles apparaissent dans « de grandes
ou de petites choses », car les reconnaître relève d'un
même art (*tekhnè*) et d'un même exercice (*melètè*)[1]. Un
paradigme n'est pas une image, il se construit patiemment et s'expose discursivement, il rapproche pour
distinguer et distingue pour rapprocher[2]. Le tissage peut
servir de paradigme parce que la structure de son art
n'est pas moins complexe que celle de l'art politique : il
faut découvrir les multiples relations existant entre ses
différentes activités et celles qu'il entretient avec d'autres
arts, relations qui serviront à déchiffrer celles propres à
l'art politique. La différence de grandeur tient au fait que le
tissage n'agit que sur des choses corporelles et ne produit
que des choses corporelles, alors que l'art politique a
pour but d'introduire le maximum d'intelligibilité dans
les affaires humaines. Il est plus facile de s'exercer sur l'un
que sur l'autre parce que les opérations et les résultats du
premier sont plus faciles à percevoir que celles du second,
ce qui n'empêche pas que leurs arts fassent tous deux
partie des réalités « difficiles à comprendre », celles que
seul un discours rationnel peut saisir et expliquer.

Le *Politique* est bien une grande leçon de dialectique,
et pour dialectiser il faut découvrir le plus de relations
possibles entre les êtres. Mais le dialecticien ne peut pas
se contenter d'appliquer une procédure, et l'accent est
mis sur la nécessité pour lui d'être inventif et même de
devenir de plus en plus inventif. Il ne peut faire autrement
puisqu'il ne rencontre jamais exactement le même type

1. *Rép.* III, 402b-c.
2. Voir p. 392-394.

de problème. Définir le politique l'oblige à déployer tout
un éventail de moyens, à conjuguer division, mythe,
analogie, paradigme... Il fallait les employer tous pour
arriver à voir que l'art politique utilise deux espèces de
l'art de mesurer, et il fallait un dialecticien pour distinguer
de laquelle des deux espèces de mesure ses différentes
actions relèvent. Mais l'art de mesurer ne s'appliquant
qu'à des réalités qui viennent à être, la dialectique doit
elle aussi faire preuve de juste mesure en s'y appliquant
et s'y ajustant.

LA MESURE DES DISCOURS (286B7-287B3)

La principale raison de toutes ces considérations
sur la mesure était le sentiment pénible éprouvé par les
interlocuteurs envers la « macrologie » – la taille (*mèkos*),
la longueur (*makros*) – de certains de leurs discours. Le
motif de cette inquiétude n'était donc pas la conscience
d'une rupture survenue dans l'enchaînement logique
mais la crainte d'avoir tenu des discours longs et à la fois
« superflus » (*perierga*). Est-ce parce qu'il étaient longs
qu'ils semblent superflus, ou est-ce parce qu'ils étaient
superflus qu'ils semblent longs? L'adverbe *ama*, « en
même temps ». « à la fois », ne permet pas de répondre
à cette question. Mais si l'on se reporte à la demande
réitérée de brièveté que Socrate adresse à certains de ses
interlocuteurs, ce n'est pas la distinction rhétorique entre
macrologie publique et brachylogie privée qui la justifie.
Contrairement à ce que croit Alcibiade, Socrate ne tient
pas à démontrer qu'il est le plus fort en brachylogie. Il
invoque sa naturelle « propension à l'oubli » [1], ce qui est

1. *Prot.*, 336c2-4, 334c9-11.

assez peu crédible, mais c'est bien de ce côté que se trouve sa raison de refuser la macrologie de ses interlocuteurs. Il ne leur reproche pas de parler trop longtemps (lui-même ne se prive pas de parler assez longuement), mais d'accaparer la parole, car cet usage despotique a pour seule fin, dit Alcibiade, de faire, « en tirant en longueur, oublier aux auditeurs quel était l'objet de la question »[1]. Socrate feint de réclamer une brièveté laconique, mais ce qu'il cherche à imposer est un autre régime de discours. Son exigence de brièveté porte sur le fait que les réponses doivent être des réponses et ne doivent pas esquiver la question, ce qui peut se faire en en traitant une autre, mais qui, dans les cas des sophistes et des rhéteurs, se fait en ne parlant littéralement de rien, et pour ainsi dire en parlant de plus en plus de rien. La prolixité de la parole cherche à dissimuler ce vide alors qu'elle ne fait que l'accroître. Le « long discours » ne pèche alors ni par excès ni par défaut, ni par manque de convenance ni par manque d'à-propos : il est toujours trop long parce qu'il ne parle que pour parler. La différence entre dialectique et rhétorique n'est pas une différence quantitative, elle relève d'une conception différente de ce que parler veut dire.

Cependant, toute évaluation quantitative n'est pas absente du Dialogue : n'est-ce pas quantitativement que s'opposent, dans la première division du *Politique*, voie longue et voie courte ? Quand les deux routes se succèdent, l'exposé de la voie courte allonge le parcours : « tu as ajouté (*prostheis*) la digression en guise d'intérêt » dit Socrate le Jeune à l'Étranger (267a2). Longueur ou brièveté ne peuvent servir de critère quant à la valeur

---

1. *Prot.*, 336d1-2.

d'un discours, or même si ce critère quantitatif est récusé au profit du convenable (*pros to prepon*), ce terme aussi est relatif. La conclusion s'impose : un discours dialectique n'est pas un objet auquel appliquer les catégories d'une mesure, si juste soit-elle, car, contrairement à un discours rhétorique, ce n'est pas un objet du tout. Ce dernier en est un, on peut passer des heures « à le tourner et le retourner en tous sens, à coller des morceaux ou à faire des coupures »[1]. Mais un discours dialectique est un discours qui doit offrir la possibilité d'en tenir un autre qui soit encore plus inventif, donc capable de rectifier ses erreurs et de réviser ses procédures. Il ne peut aller droit au but, mais un discours qui ne va pas droit au but n'est pas *trop long*, il s'écarte, bifurque ou tourne en rond : il « digresse ».

La digression : lexique et tentative de définition

L'Étranger craint que leurs discours aient été « superflus » (*perierga*). Les termes grecs pouvant également signifier qu'un discours a été « digressif » se réfèrent soit à son caractère « accessoire » : *parergon* – seul terme retenu par Aristote[2]; soit à sa manière de « tourner autour » : *periodos* (260c6), « ces manières de tourner en rond » (*tas en kuklôi periodous*) étant opposées à aller « tout droit » (*euthus*, 286e5). On peut y ajouter deux hapax, l'action de « s'égarer loin de » : *apoplanèsis* (263c3) et l'acte « de se détourner de » : *ektropè* (267a2)

---

1. Cf. *Phèdre*, 278d-e.
2. Par exemple lorsqu'il affirme (*Rhét.* III 404a5-7) : « car en toute justice, les seules armes avec lesquelles il faut lutter, ce sont les faits (*tois pragmasin*), de sorte que tout ce qui ne sert pas à les démontrer est superflu (*parerga*). »

– seul mot dont les dictionnaires donnent « digression »
comme étant une traduction possible[1]. Tous ces termes
supposent soit un point d'origine par rapport auquel
déterminer la sorte d'écart qu'ils représentent – « à côté
de » (*para*), « loin de » (*apo*), « hors de » (*ek*) – soit un
point central « autour duquel » (*peri*) tourner. Si ce point
s'identifie au but du discours, ce but doit être précisé. Ce
n'est pas le plaisir, qui n'advient jamais que de surcroît,
et ce n'est pas davantage l'aisance ou la vitesse de la
recherche, car ce but est secondaire. Pourtant, tourner
en rond s'oppose à aller « droit au but », à une démarche
rectiligne. Le rectiligne a valeur normative[2] : procéder
more geometrico, suivre l'ordre des raisons permet de
trouver la solution. Penser consiste alors à démontrer,
et il y a alors, comme en mathématiques, progression
nécessaire. Mais les mathématiques déduisent ou
démontrent à partir d'une définition. Quand définir
l'objet est un *but*, comment décider à coup sûr de ce
qui peut ou non servir à y conduire ? Ce qui a été jugé
digressif pourrait se révéler par la suite ne pas l'être du
tout. L'Étranger vient justement de distinguer (285d4-6)
entre le but du discours, définir le politique, et celui qu'il
a « pour nous » (*hemin*). Nous, dialecticiens, « voulons
devenir plus dialecticiens sur tous les sujets ». Comment
parler alors de digression ? S'il est possible de repérer une
déviation ou un écart par rapport à l'objet du discours, que
pourrait désigner ce terme si c'est une certaine manière

1. Il est employé au pluriel (*ektropais*) pour désigner tous les
sentiers « qui divergent » du sentier politique (258c6). Ce terme désigne
aussi le lieu où l'on fait une halte (Xén., *Hell.*, 7. 1, 29).

2. Comme le montre Descartes dans la troisième partie de son
Discours de la méthode.

de cheminer (*methodos*) qui donne au dialecticien sa
puissance de devenir plus inventif (*euretikôteros*)?

Digresser sur les digressions

C'est pourtant bien du caractère « superflu » de
certains de ses discours que parle l'Étranger. Le critère
lui permettant de les juger digressifs ne pouvant être
ni une longueur excessive, ni une disconvenance ou
une déviation, reste seulement un critère formel : une
digression n'existe que d'être *nommée telle par son
auteur*. Qu'il refuse de s'y lancer, par exemple à propos
de la distinction entre espèce et partie (263c), ou qu'il
juge que ce qui vient d'être développé n'a que peu, voire
pas du tout, de rapport avec le problème posé, c'est bien
une digression que l'auteur ressent comme pénible et qui
fait que, en intervenant dans son discours, il l'interrompt.
Mais cette digression, pourquoi ne l'a-t-il pas supprimée ?
Les paroles s'envolent, les écrits demeurent, mais c'est la
parole qui est irréversible : une fois proférée, on ne peut en
retrancher la moindre parcelle, elle s'envole, incorrigible.
En revanche, pour celui qui les écrit, les écrits ne sont
pas immuables : il peut effacer ce qu'il juge vain, et s'il
ne le fait pas, ajoutant ainsi longueur à longueur, c'est
qu'il estime que digresser peut avoir une utilité. Dans les
Dialogues, c'est le protagoniste qui est chargé d'exprimer
les craintes de l'auteur et, au moins de ce point de vue,
on peut l'identifier à Platon ; l'interlocuteur ne peut pour
sa part être identifié au lecteur, mais, sur ce point précis,
il représente ce que l'auteur attend d'un lecteur. Chaque
fois que la crainte prospective ou rétrospective d'une
digression s'exprime, l'interlocuteur fait en effet preuve
d'une bienveillance et d'une intelligence surprenantes.

« Vous n'aviez pas tort, dit Théétète, quand, parlant du loisir, vous disiez, Théodore et toi, que dans des entretiens comme celui-ci, rien ne nous force à nous presser[1]. » Quant à Clinias, il est manifestement agacé de devoir le répéter tant de fois à l'Athénien : « Mais, Étranger, c'est bien souvent que nous avons déclaré que rien ne nous oblige à estimer davantage, dans la situation présente, la brièveté (*brachulogia*) que la longueur (*mèkos*)[2]. » Le jeune Socrate fait de même après la longue division du tissage : « Pour moi, Étranger, je crois que rien de ce qui a été dit ne l'a été en vain » (283b4-5). Quelles qu'aient pu être ses incompréhensions ou ses résistances, l'interlocuteur n'accepte pas d'être soupçonné d'impatience, et en cela il donne une leçon au lecteur. Lors de ces irruptions méta-textuelles le couple auteur-lecteur se superpose au couple protagoniste-interlocuteur et l'auteur vient signifier au lecteur que son écrit peut et doit être lu comme étant en train de se chercher, de s'inventer, que l'essentiel est d'y percevoir le mouvement d'une pensée qui explore des possibles. « Quant aux blâmes et aux éloges portés en fonction d'autres considérations, ne pas s'en soucier le moins du monde et n'avoir même pas l'air de leur prêter l'oreille. » On croirait entendre Zénon d'Élée : « Telle est l'ignorance de la multitude : elle ne sait pas que, faute de cette exploration en tous sens, de cette errance, il est impossible de rencontrer le vrai et d'en avoir l'intelligence[3]. »

C'est donc à celui qui déclare qu'il « ne supporte pas ces manières de tourner en rond » (286e5) de prouver

1. *Théét.*, 187d10-11.
2. *Lois* X, 887b.
3. *Parm.*, 136e.

qu'un discours plus court, donc allant plus droit, aurait
eu le même effet. La situation se renverse : au lecteur ou à
l'auditeur qui juge « digressive » cette manière de tourner
en rond de donner à l'auteur ses raisons de l'estimer telle –
en d'autres termes, de la blâmer. Ce n'est plus la définition
de la digression qui est en jeu, mais sa valeur, comme le
montre la présence de ces termes, éloge et blâme. Isocrate,
en particulier, s'est attaché à montrer la portée politique
de ces deux formes « épidictiques » de l'éloquence, mais
elles relèvent ici plutôt de la critique littéraire, genre
« herméneutique » développé par les sophistes. Or, selon
Protagoras, la compétence en matière de poésie a aussi
une valeur politique en ce qu'elle est « la part la plus
importante de l'éducation ». Elle consiste à « comprendre,
à propos de ce que disent les poètes, ce qui est ou non
correctement composé, à diviser en parties (*dielein*) leurs
textes et à en rendre raison à qui le demande » [1]. Lorsqu'il
commente des vers de Simonide, Protagoras combine ces
trois formes d'analyse, sémantique : apprécier la justesse
des noms, logique : étudier la cohérence et relever les
contradictions, exégétique : fournir des raisons de louer
ou de blâmer [2]. Ayant relevé une contradiction chez
Simonide, il conclut : « quand on blâme les mêmes choses
qu'on dit soi-même, on se blâme soi-même, en sorte que
le langage qu'on a tenu n'est manifestement pas juste. » Le
blâme peut donc être justifié de façon interne, et cela peut
s'appliquer à l'Étranger, qui commence par se reprocher
la longueur de ses propos, refuse ensuite la pertinence
de ce critère au profit d'un autre, lequel se trouve récusé

1. *Prot.*, 338e6-339a3.
2. Voir M.-A. Gavray, *Platon, héritier de Protagoras*, op. cit.,
p. 221-223.

par la suite, et finit par contester la légitimité même de la question. Pourquoi alors l'avoir posée ?

Sans doute parce qu'elle lui fournit l'occasion d'affirmer que, si les raisonnements doivent s'enchaîner, les pistes discursives s'imposent tour à tour au dialecticien, et il n'en rejette certains qu'après les avoir essayés. L'Étranger étend sa crainte de la macrologie à « la révolution rétrograde de l'univers » et au discours « sur ce qu'est le non-être qui environne le sophiste : nous avions conscience que leur étendue était assez longue, et nous nous faisions des reproches ». A-t-il raison de se les adresser ? S'il n'avait pas pris la voie du non-être interdite par Parménide, comment aurait-il découvert le Genre de l'Autre, qui fait être le non être ? Sans le mythe, aurait-on pu voir la différence existant entre pastorat divin et pastorat humain et comprendre que la politique n'a aucun fondement naturel ?

Le dialecticien a des méthodes mais il n'en tire pas une méthodologie[1]. Car ce qui s'oppose au rectiligne n'est pas seulement l'écart, l'éloignement, l'errance, qui ne se repèrent que par rapport à la voie droite, c'est aussi la révolution circulaire. Celui qui « tourne en rond » ne s'éloigne du sujet que pour y revenir, mais il ne revient en réalité jamais au même point – comme le sait fort bien l'Athénien des *Lois*, qui ordonne à ce qu'il a laissé de côté de l'attendre (*perimenein*) jusqu'à ce qu'il ait complété et précisé son exposé : c'est seulement alors que le point

---

1. Voir la distinction établie par H. Joly entre le « méthodique », qui est contemporain de la pratique de la méthode et donc n'en dicte pas les règles, et le « méthodologique » qui n'en est que la théorie (*Le Renversement platonicien, op. cit.*, p. 165 note 110). Cette méthodologie unifiée, Platon ne l'a jamais constituée.

en attente deviendra clair[1]. « C'est le parcours (*diexodos*) lui-même qui te donnera la réponse » dit l'Étranger au jeune Socrate (279c5). Ce à quoi on retourne ne s'est jamais « tenu tranquille en attendant », chaque parcours a eu pour effet de modifier le point dont on est parti de façon à pouvoir y intégrer le changement de registre résultant de la digression, ce qui est signalé comme digressif a entraîné le passage à un niveau de discours différent. En « évoluant » autour d'un autre objet, la pensée prend de la hauteur, et l'objet précédent, regardé de plus haut, peut en devenir plus vaste ou plus profond. Après la digression sur le non-être, le sophiste n'est plus l'homme capable de pratiquer n'importe quelle *tekhnè*, c'est un « imitateur » qui ne produit que simulacres et faux-semblants et se réfugie ainsi dans le non-être. Dans le mythe des révolutions de l'univers, l'homme est toujours un animal vivant en troupeau, mais après la longue et ennuyeuse division du tissage, le politique se voit attribuer une fonction différente et plus noble : il ne doit plus seulement gouverner et soigner un troupeau humain, il doit tisser l'unité de la cité. En proliférant, le discours se nourrit de tout ce que l'on pourrait prendre pour des digressions superflues, alors qu'elles amènent à réévaluer, dans un sens ou dans l'autre, la nature du discours tenu.

D'UNE DIALECTIQUE À L'AUTRE

Quant à montrer bien et suffisamment ce qui nous occupe, il me semble que ce raisonnement nous apporte un secours magnifique, quand il faut tenir à la fois que

1. *Lois* VI, 768c-d.

tous les arts existent au même titre et que le plus grand et
le plus petit ne se mesurent pas seulement relativement
l'un à l'autre, mais aussi par rapport à la production du
bien mesuré. Car si *cela* existe, *ceux-ci* existent aussi, et
si *ceux-ci* existent, *cela* existe aussi; mais si *l'un des deux*
n'existe pas, *aucun d'eux* n'existera jamais. (284d2-9)

La division de la métrétique a conduit à une digression
sur les digressions qui se révèle paradoxalement apte
à justifier la sorte de dialectique mise en œuvre tout
au long du Dialogue. Sa manière de raisonner apporte
un « secours magnifique » : elle permet de « soustraire
à toute contestation *l'existence* d'un expert en science
politique et en n'importe quel savoir se rapportant
à des actions », parce qu'elle « tient à la fois » deux
choses. La première phrase précise les « choses » que le
raisonnement doit tenir ensemble : tous les arts, en tant
qu'ils sont des arts, le sont « semblablement », bien que
certains d'entre eux utilisent exclusivement une espèce
de métrétique, alors que certains autres utilisent les deux.
Mais quant à la phrase de conclusion, qui devrait préciser
quel rapport ce raisonnement magnifique établit entre la
production du bien mesuré et ces ensembles d'habiletés
et de savoirs rationnels et pratiques que sont les « arts »,
elle est si déroutante qu'elle semble avoir plutôt pour
but de *ne pas* le préciser. L'emploi de deux pronoms
démonstratifs singuliers au neutre et de deux pronoms
démonstratifs pluriels, ces derniers pouvant être soit
féminins soit neutres [1], suivis de deux pronoms indéfinis
au neutre, a pour effet de rendre allusifs les termes
auxquels ils se réfèrent, ou même de les rendre carrément

---

1. Voir la note X à la traduction.

impossibles à identifier selon le texte grec adopté. Il peut donc paraître légitime de les différencier et les restituer dans la traduction pour éclairer un peu le lecteur[1]. Mais atténuer le caractère lapidaire de la formule en introduisant les substantifs manquants revient à la limiter au cas particulier du rapport entre juste mesure et arts. Ne pas le faire, c'est estimer qu'elle doit valoir pour toute situation dialectique identique. Or le fait que sa formulation calque celle de certaines hypothèses du *Parménide* permet de déterminer de quelle situation il s'agit. Par exemple : « De plus, l'un qui n'est pas participe de ceci (*ekeinou*), de quelque chose (*tinos*), de cela (*toutou*), et à cela (*toutôi*) à ceux-la (*toutôn*) et à tous ceux qui sont tels » ; donc « si c'est cet un-ci (*ekeino*) et aucun autre qui est posé comme n'étant pas, alors il doit avoir part à ceci (*tou ekeinou*), et nécessairement beaucoup d'autres choses aussi »[2]. Avec les penseurs de la nature a eu lieu une mutation du langage. « Le cela et le ceci » neutralisent la tournure particulière prise par la recherche de sorte que la matrice argumentative s'émancipe de l'expérience qui y a conduit, le choix du neutre singulier « désigne, par une sorte d'effacement, de non-désignation, ce que nous serons tentés de mettre en valeur en l'appelant l'essentiel »[3]. Ce

1. « car, si ce dernier rapport existe, les arts existent aussi, et, si les arts existent, ce rapport existe aussi » (Diès) ; même traduction, en remplaçant « rapport » par « commensurabilité » (Robin) ou « arts » par « techniques » (Brisson-Pradeau). « For both, if the latter is the case, then so is the former, and if it is the case that the kinds of expertise exist, the other is the case too » (Rowe) : refuser son sens existentiel au verbe être peut en revanche être pris comme une tentative de généralisation.

2. *Parm.*, 160e2-4, 161a3-5.

3. Voir R.E. Allen, *Plato's Parmenides*, translation and analysis, Oxford, Basil Blackwell, 1983, p. 282 : « The This and the That », et

mode de raisonnement s'applique dès lors qu'il s'agit de généraliser les conséquences d'une position d'existence ou d'inexistence. Les pronoms neutres, précisés, si l'on peut dire, par des pronoms indéfinis, « l'un des deux », « aucun des deux », donc par le principe du tiers exclu, sont les instruments d'une pratique zénonienne de la réfutation. Aristote avait pu voir en Zénon d'Élée « l'inventeur de la dialectique » parce qu'il avait mis au point ce mode de réfutation[1], le raisonnement par l'absurde. Il consiste à prendre pour hypothèse une thèse jugée fausse (ici, l'inexistence de l'un de deux termes) dont la conséquence absurde (« aucun des deux n'existera jamais ») forcera à conclure à l'existence de ce qu'elle nie (à leur rapport d'implication réciproque). Mais ce n'est pas seulement une existence logique qui est niée par l'hypothèse, c'est une existence réelle : nier l'existence de la métrétique, c'est nier celle des arts, or les arts ont existé et ils existent. Le futur – « aucun des deux n'existera jamais » – indique que dans cette hypothèse leur existence ne pourra s'inscrire dans aucun des moments du temps (*pote*). La conclusion de l'hypothèse négative étant dans leur cas *réellement* inacceptable, elle prouve l'existence *réelle* et *nécessaire* de la métrétique. Le double registre du logiquement nécessaire et du réellement expérimenté est le nerf de la dialectique parménidéenne. Dans le *Politique*, les conséquences de l'inexistence des arts ont été abondamment imaginées et décrites dans

M. Blanchot, Préface à C. Ramnoux, *Héraclite ou l'homme entre les choses et les mots*, Paris, Les Belles Lettres, 1968, p. XI.

1. Dans le Dialogue perdu du *Sophiste*, rapporte Diogène Laërce, VIII 57, IX 25 ; *cf.* Sextus Empiricus, *Adversus mathematicos* (*Contre les professeurs*) 7. 6-7. Mais Aristote dira ensuite qu'avant lui rien n'existait dans le domaine de la dialectique (*Réf. Soph.*, 183b 36).

chacun des deux âges du mythe, celles de l'inexistence d'un art politique vont être détaillées lors de l'examen des constitutions et celles de l'absence du politique vont conduire à examiner la question des lois. Tout cela requiert la même sorte de dialectique.

Comme toute dialectique, celle-ci tend à préserver le discours de l'erreur, mais pas de l'errance. Socrate dit que parler « alors qu'on doute est une entreprise redoutable et risquée »[1], et si elle l'est différemment, et moins radicalement, celle de l'Étranger l'est aussi. En entrelaçant des noms et des verbes, son discours s'efforce de découvrir comment entrelacer des hommes, des vertus, des activités, des arts, des sciences : des puissances. Le paradigme du tissage n'est pas seulement un paradigme politique, il est linguistique, logique, anthropologique, éthique, et en y regardant bien, ontologique, puisque la différence entre corporel et incorporel qui apparaissait dans le mythe réapparaît dès lors qu'il s'agit de mesurer. À travers chaque expérience discursive, chaque *sumplokè*, la dialectique se réfléchit, corrige ses erreurs et en cherche les causes afin d'inventer de nouveaux chemins capables de conduire à l'objet qu'elle s'est donné : tous présentent des risques qui leur sont propres. La voie droite choisie par l'Étranger n'est pas structurée par le questionner-répondre mais elle n'en est pas moins accidentée, puisque procéder méthodiquement ne signifie pas appliquer des règles, mais les découvrir et les formuler *en avançant*. Plus ou moins inspirée et plus ou moins libre, la dialectique est toujours la seule façon de devenir et de rendre d'autres « plus inventifs ».

1. *Rép.* V, 450e1-452a1.

LES ARTS QUI RESTENT (287B–291B)

L'ÉTRANGER — Revenons donc au politique pour lui appliquer le paradigme du tissage dont nous avons parlé. SOCRATE LE JEUNE — Tu as raison, faisons ce que tu dis. L'ÉTRANGER — Une fois le roi séparé des nombreux arts qui sont proches, principalement de tous ceux qui concernent les troupeaux, restent alors, disons-nous, ceux qui, dans la cité elle-même, relèvent des causes auxiliaires et des causes et qu'il faut d'abord distinguer les uns des autres. (287a7-b8)

Ces répliques marquent un nouveau tournant dans le Dialogue et en commandent la dernière partie. Le mythe a distingué le roi des autres pasteurs – sans nier toutefois qu'il en soit un – et il faut maintenant passer de cet art rural aux arts qui s'exercent « dans la cité elle-même ». Le politique ne gouverne pas un troupeau d'hommes ou de citoyens[1], il commande l'ensemble des pratiques particulières nécessaires à une vie citadine. La distinction des causes élaborée lors de la division du tissage (281e1-5) avait pour but d'écarter « les milliers de prétendants disputant au genre royal le soin à donner aux cités » (279a1-3) : poursuivre l'application du paradigme devrait donc achever le travail et permettre enfin de définir le politique. Car c'est toujours sa définition qui est en jeu (« Revenons donc au politique »), mais elle passe par la définition de l'art qui lui est propre.

---

1. Cf. *Phédon*, 62b : « ce sont des dieux qui sont nos gardiens à nous, et nous les humains, formons une partie des troupeaux qu'ils possèdent » ; les hommes sont pour les dieux un troupeau, mais ils n'en sont pas un pour les politiques, ou plutôt ils ne devraient pas en être un.

Ce qui évidemment soulève plusieurs problèmes. Comment tout d'abord estimer possible de séparer le détenteur d'un art encore insuffisamment défini, et en outre jamais exercé, de tous ceux qui peuvent revendiquer avec quelque raison être responsables de l'existence même de la cité? La face logique de l'objection n'est cependant pas décisive, le *Théétète* a montré qu'il n'était pas nécessaire de disposer d'une définition du savoir pour le distinguer de ce qu'il n'est pas. En examinant les divers « prétendants » à ce titre – la sensation, l'opinion droite, l'opinion droite accompagnée de justification – Socrate a démontré que sa puissance ne s'exerçait pas sur les mêmes objets et n'effectuait pas la même chose; en définissant la différence de sa puissance, il en a défini la nature. Mais c'est la liaison causale entre l'existence de la *polis* et l'existence d'un art politique qui pose problème, car il faut passer à des arts s'exerçant « dans la cité » : tous semblent de ce fait être incontestablement « politiques ». La première naissance de la cité exposée dans la *République* va en ce sens : la cité naît de la distribution des tâches, moyen de satisfaire mieux et plus rationnellement les besoins des hommes qui l'habitent, et les arts répondant aux besoins les plus nécessaires y sont à peu près ceux qui vont être ici divisés « en premier ». Mais sont-ils tous au même degré causes de l'existence d'une cité, et quelle sorte d'existence lui confèrent-ils? L'Étranger ne pourra refuser toute fonction « royale » aux arts « qui restent » qu'à la condition de répondre à ces questions, car il lui faudra démontrer aussi la réciproque, à savoir que le roi ne doit pour sa part exercer aucune de leurs fonctions.

Toutes les espèces d'art restant à examiner devraient en tout cas avoir en commun de « relever des arts auxiliaires et des causes ». Or, passée la première espèce du premier genre d'arts, ces termes disparaissent définitivement[1]. L'Étranger avait pourtant dit qu'il allait procéder « comme précédemment », c'est-à-dire lors de la division du tissage (287c7-8). La distinction des causes ne joue en fait plus aucun rôle *à l'intérieur* des divisions qui suivent, même dans celle où on l'attendrait (en 287c7-289c2), et elle ne sert pas non plus à séparer les espèces d'arts qui restent. L'Étranger n'en annonce pour commencer qu'une seule, et va ensuite de l'une aux autres sans dire pourquoi, comme si s'en présentait inopinément une autre, ou, comme il le dit, comme s'il « devinait » brusquement que c'est en une autre que se trouvent les rivaux du roi les plus dangereux (289c5). Ce qui pose inévitablement la question de l'efficacité *heuristique* du paradigme. D'autant que le refus réitéré d'accorder à chacun de ces arts une fonction directrice est affirmé comme une évidence et paraît ne requérir aucune argumentation – ce qui peut cette fois jeter un doute sur l'efficacité *méthodologique* du paradigme. Lequel assigne au moins à toutes ces divisions leur but : continuer à séparer le roi de ses rivaux, donc refuser à chacun et à tous la capacité de produire politiquement la cité.

Devait-on en attendre autre chose? Le tissage n'offre pas le *modèle* de l'art politique, ce qui reviendrait à concevoir l'art politique comme une cause directement efficiente. Il fournit seulement un instrument permettant d'identifier quels arts l'art royal doit coordonner et

---

1. Le terme *aitia* réapparaît une fois en 294d1, mais il s'agit de découvrir la « raison » de la nécessité de faire des lois.

subordonner, sans que soit précisée il est vrai la manière dont il doit s'y prendre. Puisque « la cause » (*aition* : ce qui est responsable) de ces difficultés « ne deviendra pas moins évidente en avançant » (287b10-c1), commençons donc par avancer.

LA DIVISION DES ARTS PRATIQUES (287B4-289C3)

La première espèce de causes auxiliaires de l'art politique comprend tous les arts laissés de côté lorsque la division initiale a distingué sciences cognitives et savoirs pratiques (258e4-5), puis quand l'Étranger a jugé « évident » que le politique n'avait pas affaire à des choses inanimées (261c7-d1). Ce n'était pourtant pas évident pour Socrate le Jeune – « Laquelle des deux parties dis-tu qu'il faut reprendre ? », demande-t-il alors, car pour lui le savoir politique doit aussi, et peut-être surtout, s'exercer sur des choses inanimées. L'art politique n'avait d'ailleurs pas été dit étranger à toute production : « le roi a assurément *plus de familiarité* avec la science cognitive qu'avec les arts manuels et en général avec la science pratique » (259c10-d1). Science appliquée, la politique ne fait pas venir à existence *une chose* sensible et corporelle, mais elle ne se désintéresse pas des conséquences résultant de ses prescriptions. La quantité d'arts pratiques à séparer étant considérable, l'Étranger ajoute aussitôt qu'ils sont « difficiles à couper en deux » ; la phrase est ambiguë : est-il difficile de découper l'ensemble des arts pratiques en causes productrices et causes auxiliaires (287b6-8) ? Ou est-il difficile de diviser en deux chacune de ces espèces (287c2-5) ? Probablement les deux, car la difficulté va se montrer réelle dans les deux cas ; mais si l'impossibilité d'une division dichotomique est résolue, l'application de la distinction des causes à cette sorte d'arts va se révéler moins évidente que prévu.

Diviser des capacités
ou diviser des choses? (287b4-c6)

La première espèce d'arts restants comprend les arts relevant du même genre que le tissage : tous produisent manuellement ce qu'il est possible d'acquérir dans une cité, et ils la remplissent d'une quantité si énorme de choses qu'il va être difficile de les faire entrer dans des catégories bien distinctes. La spécification qui suit n'obéit pourtant pas à une « logique de l'objet »[1] mais à une logique des *fonctions* remplies par chaque type d'objet : l'Étranger ne classe pas plus ici des espèces de choses qu'il ne se livrait à une taxinomie des animaux dans la division initiale. Les différentes espèces de techniques sont distinguées en fonction de la capacité fonctionnelle (*dunamis*, 287e9, 289a1) qu'elles sont aptes à donner à certains matériaux. Diviser selon les articulations naturelles (*kat'arthra*) est ce que Socrate a théorisé dans le *Phèdre* (265e1-3) lorsqu'il a rencontré une difficulté semblable : il a dû procéder comme « un bon boucher sacrificateur » et diviser en quatre l'espèce de délire divin dont relève le délire érotique. Mais la multitude d'arts à diviser appelle un autre mode de division et l'Étranger va « en effet » recourir à une division « selon

---

1. Contrairement à ce qu'écrit F. Ildefonse, pour qui « définir les arts, c'est définir les arts par les objets qu'ils produisent » : « La classification des objets. Sur un passage du *Politique* (287b-289 c) », dans *Platon : l'amour du savoir*, M. Narcy (coord.), Paris, PUF, 2001, p. 111.

les membres » (*kata melè*) »[1], comme dans le cas d'une
victime sacrificielle. Or selon Aristote, certaines parties
(*merè*) du corps s'appellent « membres » (*melè*) quand,
« étant elles-mêmes des touts, elles contiennent en elles
d'autres parties : par exemple la tête, la jambe, la main,
l'ensemble du bras et le thorax » (*Hist. An.*, 486a8-12 ;
cf. *Part. An.*, 645b35-646a1). Les membres étant en
moins grand nombre que les articulations, la division
selon les membres sera plus grossière mais mieux
adaptée, car ramener *au plus petit nombre possible* de
fonctions la diversité considérable « des choses à acquérir
(*ktèmata*) dans une cité[2] » est le seul moyen de rendre le
classement qui suit aussi rationnel qu'il lui est possible
de l'être. Plus on obéira à ce principe d'économie, plus
on réussira à transformer un chaos d'éléments en une
multiplicité à peu près structurée. Il s'agit donc dessiner
un cadre dans lequel puisse entrer « à peu près » (*skhedon*,
289a7) tout ce que la cité peut compter d'artefacts, sans
qu'il soit nécessaire – à supposer même que cela puisse
se faire – d'en donner un inventaire complet. Il faudra
parfois « étirer » certaines espèces pour y introduire « de
force » ce qui ne trouve pas sa place ailleurs (289b6-7) ; les
différentes espèces d'art pratiques sont « à peu près » les
parties d'un même tout, mais pour les portions entrant
dans ces espèces, il suffit que leur ressemblance avec
les autres portions de cette espèce l'emporte sur leur
dissemblance d'avec toutes les autres portions entrant
dans d'autres espèces. L'essentiel est de réussir à séparer

---

1. Le *gar* (« en effet »), qui a soulevé la perplexité de Scodel et de
Rosen, est explétif de la notion de « membres ».
2. Et non pas « des choses que la cité possède » (trad. de
Brisson-Pradeau).

les principales espèces en prenant comme critère « ce en vue de quoi » les objets ont été fabriqués[1] : ce sont des *verbes* qui désignent leurs différentes fonctions. Pour les *substantifs* figurant dans la récapitulation (289a7-c2), ils nomment tant bien que mal les résultats produits, mais ils n'auraient pas pu servir de principes de division, tant ils peuvent sembler mal adaptés, – le siège, par exemple, se trouve classé dans l'espèce véhicule – quand ils ne se révèlent pas appartenir à plusieurs catégories différentes : le vase peut servir à conserver, transporter ou décorer.

La première espèce :
fabriquer des instruments (287c7-e2)

1) Le statut de cette première espèce est à la fois spécifique et générique, ou plutôt, il est trans-spécifique ou trans-générique (les deux termes étant équivalents). Cette espèce court-circuite en réalité toutes les autres, car il n'y a pas d'instrument « en soi » : tout art peut devenir pour un autre un instrument (*organon*), toute chose peut être utilisée à une fin différente de celle pour laquelle on l'avait fabriquée. C'est lors de l'analyse du tissage que la distinction entre cause et cause auxiliaire avait été formulée : était alors dit « cause » (*aitia*) du vêtement l'art intervenant à la fin du processus de production (le tissage), tous les autres arts ayant contribué à la confection du tissu de laine étant nommés « causes auxiliaires » (*sunaitiai*).

---

1. Voir É. Helmer, *La Part du bronze*, *op. cit.*, p. 186-194 et D. El Murr, *Savoir et gouverner*, *op. cit.*, p. 208-220. La préposition *heneka* + génitif (en vue de) se retrouve à propos des deuxième, troisième, quatrième et cinquième espèces ; elle est remplacée dans la première par *epi* + datif, et dans la septième par *eis* + accusatif. Pour la sixième (qui deviendra la « première née »), son but est contenu dans son nom : « matériau ».

Mais s'il est assez aisé de dire de quels instruments un art particulier a besoin pour produire telle ou telle ou telle espèce d'objet, la distinction n'est possible qu'à l'intérieur d'un processus de production défini par la particularité de l'objet à produire. Or à l'intérieur même de ce processus, chaque art poursuit sa fin propre et produit une chose en en utilisant d'autres comme instruments : le filage a comme auxiliaire le cardage, qui a pour auxiliaires le trempage d'une laine qui est le produit de la tonte de moutons dont un élevage a pris soin, et ainsi de suite. Chaque processus particulier de production entraîne ces échanges successifs de « producteur » en « auxiliaire ». Et cela vaut pour l'art qui devrait y mettre fin : le tissage, par exemple, est un instrument de l'économie domestique, elle-même instrument d'une économie « politique », qui à son tour est un art auxiliaire de l'art politique. La relativité propre à la notion d'instrument implique celle de moyens et des fins et rend essentiellement instable la distinction des causes. La première espèce séparée par la division risque fort de mettre en question la division elle-même.

Première difficulté : la distinction des causes

> Tous les arts qui ne fabriquent pas la chose elle-même, mais fournissent à ceux qui la fabriquent des instruments (*organa*) sans lesquels la tâche propre à chacun de ces arts ne saurait jamais être accomplie, ceux-là sont des causes auxiliaires (*sunaitious*), tandis que ceux qui produisent la chose même sont des causes (*aitias*). (281e1-5)

La distinction établie lors de la division du tissage est parfaitement claire, et l'Étranger semble se préparer

à la reprendre. Mais après la phrase d'introduction, il
ne va parler que de causes auxiliaires – en 287c8 pour
rappeler le sens donné à ce terme dans la division du
tissage, puis en d3 et en 289c8 pour qualifier l'ensemble
de cette première espèce d'arts pratiques. Son silence
obstiné sur les *causes*, alors que les causes auxiliaires ne
le sont que relativement à elles, amène forcément à se
demander pourquoi utiliser un mot dont le terme de
référence est omis. Le terme « auxiliaire » semble de ce
fait n'avoir qu'une fonction négative : refuser à tous les
arts qui suivent le nom de causes, peut-être dans le but
d'écarter un danger. Car à la question : « qui fait la cité ? »
les arts manuels semblent apporter une réponse très
plausible puisqu'ils produisent tout ce qui la constitue
matériellement et économiquement. Ce qui explique
l'insistance mise par l'Étranger à préciser, presque en
chaque cas, que la fonction propre au type d'art écarté *ne
relève pas* de la politique [1]. C'est en les intégrant tous dans
l'espèce fabricatrice d'instruments que l'Étranger peut les
nommer tous « auxiliaires ». Mais quel sens donne-t-il
alors à ce terme ?

Dans le *Gorgias* les termes *aitios* et *sunaitios* renvoient
à la responsabilité des agents, et dans les *Lois sunaitios*
désigne la co-responsabilité juridique : c'est probablement
le sens premier de ces termes « détournés » par Platon.
Dans le *Timée*, les causes intelligentes sont les véritables
causes, les causes nécessaires sont celles « dont le dieu se
sert comme de servantes pour réaliser, autant qu'il est
possible, le caractère (*idea*) du meilleur ». Celles qui sont
nécessaires « travaillent au hasard et sans ordre » mais elles
sont néanmoins nommées causes, car elles produisent les

1. *Cf.* 287d4-5 ; 288a1 ; a9-10 ; b6-8 ; e5-7 ; 289a3-5.

phénomènes physiques visibles. Ce n'est pas le cas des arts auxiliaires du *Politique*, qui ne travaillent pas au hasard et ne produisent rien de proprement politique. Socrate affirme dans le *Phédon* – passage où la distinction entre *aitia* et *sunaitia* est élaborée pour être aussitôt critiquée – que « donner le nom de cause » à « ce sans quoi la cause ne pourrait être cause » est tout à fait absurde : les prétendues *causes auxiliaires* ne sont que des conditions nécessaires[1]. C'est en ce sens qu'il faut ici comprendre le mot : les arts pratiques sont auxiliaires « car sans eux il ne pourrait jamais y avoir de cité ni d'art politique » ; « ce sans quoi » est la formule caractéristique de ce qui ne mérite pas d'être nommé « cause ». En définissant cette sorte de causalité comme l'ensemble des conditions nécessaire sans lesquelles une cause intelligente ne pourrait exercer sa puissance, l'Étranger introduit une dénivellation analogue à celle existant entre l'art cognitif de l'architecte et les arts manuels auxquels il prescrit leurs tâches. Il confère implicitement à la science royale la capacité de mettre un terme à la relativisation des fins et des moyens, mais il ne la nomme pas « cause ». Sans doute parce que cela risquerait d'introduire une homogénéité comparable à celle du tissage, l'art producteur relevant de la même activité manuelle que celle de ses arts auxiliaires, laquelle avait conduit à distinguer les deux espèces de cause. Or une cause intelligente ne peut pas appartenir au même genre que ses conditions nécessaires, la fin appartenir au même genre que ses moyens. Pourtant, la science politique n'est fin dernière que dans son ordre, puisqu'elle aussi est l'instrument d'une autre science : c'est ce qui se trouve

1. Cf. *Gorg.*, 519a4-b2, *Lois* XI, 936b2, *Tim.*, 46c7d1, *Phédon*, 99b2-4.

brusquement affirmé lorsque la recherche de la définition du politique est dite n'être qu'un moyen de devenir plus dialecticien. La science politique n'est donc que *l'instrument* de la science « cognitive » que doit posséder un véritable politique, science capable d'introduire de l'intelligibilité dans ce qui semble en être le plus dépourvu, la cité et l'âme des hommes qui l'habitent. Elle en est la condition nécessaire, puisque c'est seulement dans une cité bien gouvernée que les politiques verront leur différence et leur utilité reconnues, mais elle n'en est pas moins une cause intelligente. Cependant, à l'intelligibilité qu'elle confère, il faut toujours ajouter « autant qu'il lui est possible », car c'est à des vivants ayant besoin d'acquérir une foule d'objets matériels pour survivre et à des agents plongés dans un devenir changeant et animés par des forces psychiques complexes qu'elle a affaire.

L'interdiction de toute propriété privée imposée aux gardiens dans la *République*, qui va même jusqu'à y inclure celle qui semble la plus naturelle (les enfants), signifie que nos « possessions » nous possèdent plus que nous ne les possédons[1]. Cette vérité est le principe implicite qui préside au refus d'accorder toute fonction « royale » et même « causale » aux arts pratiques, car celui qui produit des instruments est lui-même un instrument. L'interférence constante, mais sous-jacente, de ce qui seul est véritablement cause – une certaine science – se laisse seulement deviner à ses effets, dans les « incohérences » que l'Étranger inflige à la méthode de division. Celles-ci sont inévitables, la division prenant pour principe une distinction dont ne subsistera par la suite qu'un seul des deux termes et prétendant appliquer un paradigme

1. Cf. *Rép.* III, 416d3-417b8, V, 457d.

inapplicable. Les sciences « estimables et parentes » se verront attribuer plus loin (303e-305e) une fonction analogue à celle du cardage et du filage, ce qui devrait confirmer la similitude entre l'action du roi et celle du tisserand, or elles ne seront pas dites « auxiliaires » mais « servantes » de la science royale.

Les étapes suivantes de la division (287e3-289a6)

2) *Conserver.* L'espèce « récipient » (*angeion*) a une « puissance » différente de la première : elle n'a pas pour finalité de produire, mais de conserver et sauvegarder. Dans les *Lois* (III, 679a), les hommes ayant survécu « aux déluges, épidémies et autres catastrophes » disposaient de récipients « modelés en terre » (par des potiers) ou tissés (par des vanniers). Si l'aspect matériel de la sauvegarde est décisif pour la survie de l'espèce humaine, il ne doit pas être confondu avec la « sauvegarde » dévolue à l'art politique. Ce sont les gardiens qui, dans la *République*, sont les « sauveurs » et les « protecteurs » des institutions politiques, et l'éducation droite doit rendre les hommes aptes à « préserver » le régime politique. C'est la bonne mesure entre richesse et pauvreté qui doit dans les *Lois* « sauvegarder » une cité menacée par sa division entre « une cité des pauvres et une cité des riches »[1].

3) *Transporter et supporter.* L'espèce nommée généralement « véhicule » (*okhèma*) peut être bizarrement non seulement « migratrice » mais « fixe ». Elle comprend tout ce qui permet de supporter et de transporter, et peut être « terrestre ou aquatique ». Le « véhicule », affirme aussitôt l'Étranger, ne relève pas de l'art politique mais

---

1. *Rép.* V, 463b1, 465d8, VI, 502d1 ; *Lois* V, 736e4. Sur *Rép.* VIII, 551d, voir É. Helmer (dir.), *Richesse et pauvreté chez les philosophes de l'antiquité*, Paris, Vrin, 2016, p. 204-205.

plutôt de celui du charpentier, du potier et du forgeron, rejetant ainsi le transport commercial des marchandises et le transport des troupes. Toute valeur « honorable » se trouve par là refusée aux termes *thakos*, le siège qu'on occupe dans une assemblée, et *ephedra*, le siège que l'on tient devant une place forte.

4) *Abriter et défendre*. L'espèce de l'abri (*problèma*) regroupe tout ce qui peut abriter et protéger, autrement dit faire obstacle à une agression extérieure : d'abord « l'ensemble de l'habillement », ensuite « la majeure partie des armes ». Le choix du paradigme du tissage n'implique cependant pas une conception protectrice ou défensive de la politique, sa tâche n'est pas d'assurer « la sécurité des biens et des personnes » : c'est l'organisation intérieure et la paix civile qui garantissent la sécurité. Pour les armes, il s'agit probablement ici des armes défensives (en 279d1, toutes les armes relevaient du genre des « protections »). Enfin les murs, les abris de terre et de pierre relèvent évidemment de l'art de l'architecte, tandis le charpentage vient, encore assez curieusement, d'être classé dans l'espèce « véhicule ». De plus, les abris peuvent aussi servir d'assise ou assurer une sorte de conservation. « Ne faut-il pas distinguer » cette quatrième espèce, demandait en commençant l'Étranger ? Elle semble en effet difficile à distinguer.

5) *Divertir et orner*. L'espèce du jouet (*paignion*) englobe l'ornementation (*kosmon*), la peinture et tous les arts procédant par imitation, dont la finalité consiste à « divertir » et « procurer des plaisirs ». La « musique » – c'est-à-dire la poésie, la musique au sens étroit du terme et la danse – entre dans cette espèce, donc tous les « artistes ». Toute visée sérieuse leur étant refusée, ils ne semblent pas présenter un grand danger : ces amuseurs

ne visent qu'à nous amuser, ou à embellir un peu des objets usuels. L'Étranger dénierait donc aux poètes le rôle qui leur était accordé dans la *République* – construire la communauté des sentiments de plaisir et de peine (V, 462c-e), sans parler du fait que la poésie y est avec la gymnastique le contenu de la première éducation – et il se contredirait lorsqu'il reconnaîtra plus loin (308d3-4) une portée éducative au jeu des enfants. En fait, ces deux sortes de finalité ne sont pas propres aux arts du divertissement, elles dépendent de l'usage qu'en fera une bonne politique à condition de les avoir contrôlés[1]. Reste qu'ils sont dépouillés ici à la fois de leur caractère utile et de leur caractère dangereux. Faits par jeu, c'est comme des jeux qu'ils doivent être considérés, ce qui est une manière plus expéditive de les déconsidérer[2].

6) *Fournir des matériaux*. La sixième espèce appelle « corps » les matières premières. Exception faite d'un passage du *Philèbe* où son sens est plus général, le terme *hulè*, matière, s'applique en particulier au bois, aux forêts dans le *Critias*, et dans le *Politique* (272a4) à toute végétation pouvant donner des fruits[3]. Les « corps » sont donc les matériaux qu'il faut rendre aptes à entrer dans

---

1. Sur l'exclusion des poètes de la cité, cf. *Rép.* III et X, *passim*, *Lois* I, 643 b-d, II, 656c-660a ; sur les modes musicaux tolérables et ceux à proscrire, cf. *Rép.* III, 398d-399e : en purger la cité, c'est la purger de ses humeurs malades (e5-6).

2. *Paignion* est le mot sur lequel Gorgias termine son *Éloge d'Hélène* : « j'ai voulu écrire un discours […] qui soit pour moi un jouet » (B 11, 21 DK). L'art des artistes produit des jouets dont le roi, philosophe de préférence, doit savoir tirer les ficelles afin qu'ils soient utilisables à sa fin. Dans les *Lois* (I, 644d8) l'homme est un jouet, une marionnette fabriquée par les dieux, sans que l'on sache si c'est pour s'amuser ou s'ils y ont mis un certain sérieux.

3. Cf. *Phil.*, 54c2, *Tim.*, 69a6, *Critias*, 107c3.

la fabrication d'objets plus complexes. La récapitulation de la division place cette espèce « première-née » au début, ce qui semble chronologiquement plus exact. Mais sa priorité peut se discuter : la date de naissance de la technique humaine coïncide-t-elle avec l'usage d'instruments, donc avec la première espèce de la division, auquel cas elle se serait auto-engendrée ? Ou, comme dans la récapitulation, naît-elle avec la transformation de matériaux naturels, résultats de la « production divine de réalités », production dont elle serait dépendante ? En quoi consiste ce « don divin » qu'est la technique humaine ? Est-elle le produit d'une ingéniosité qui a radicalement séparé l'homme de l'animal, ou le prolongement d'une intelligence à l'œuvre en toute production naturelle, que l'homme aurait été capable de percevoir et d'imiter ? Ni Protagoras, ni Aristote, Platon laisse la question ouverte, et la permutation signifierait que la technique humaine a le choix : devenir prométhéenne et destructrice, et ne tenir pour divins que « le feu, don de Prométhée, et les techniques, dons d'Héphaïstos et de sa collaboratrice », ou prendre pour modèle la générosité bien mesurée de la nature qui s'exprime dans « les semences et les plantes, présents d'autres dieux ». L'Étranger confirme ici que ces « dons » faisaient partie de la fable, et qu'il est possible d'en préférer certains, puisque « c'est en imitant ce monde et en suivant son cours que, pour l'éternité du temps, nous vivons et croissons à présent de cette façon et jadis de l'autre » (274d-e). Mais ce n'est pas aux techniques de faire le choix, c'est à la politique. Les arts pratiques n'obéissent en effet à aucune logique, raison pour laquelle toutes leurs espèces sont sur le même plan et empiètent les unes sur les autres, sans qu'aucun ordre puisse s'imposer. C'est ce caractère anarchique, privé même du principe qui commandait l'énumération de la *République* (satisfaction des besoins nécessaires puis des désirs non nécessaires) que l'Étranger souhaite visiblement montrer.

7) *Nourrir*. La dernière espèce regroupe les arts auxquels attribuer l'acquisition et l'usage (double sens de *ktèsis*) de la nourriture (*trophè*, à la fois élevage et nourriture); ce sont tous ceux qui ont « la capacité de « prendre soin » des parties du corps ». Pour les habitants d'une cité, la nourriture est une chose qu'il faut acquérir par un travail servile ou par de l'argent. Dans cette espèce « nourricière » entrent donc des arts comme l'agriculture et la chasse qui, s'exerçant hors de la cité, lui procurent des produits que la cuisine transformera en aliments dont la médecine réglera l'usage et guérira les excès. L'élevage est omis, alors qu'il contribue davantage que la chasse à nourrir la cité[1]; cette omission est expliquée à la fin de la récapitulation : « Quant à la possession d'animaux apprivoisés, esclaves non compris, elle relève manifestement de l'emprise de l'art agelaiotrophique qui a été précédemment divisé » (289b8-c2). Aussi « aménagée » soit-elle, la méthode de division bute toujours sur la possibilité qu'un même élément relève de deux genres différents : l'art du pasteur, considéré dans son résultat, est aussi un art pratique. Quant à la gymnastique, dont le cultivateur ou le chasseur n'ont nul besoin, elle est ce qui permet à l'homme de la ville d'exercer son corps. Mais *trophè* signifie culture du corps ou de l'âme : dans le *Phédon* (107d2-4) l'âme n'emporte chez Hadès que son éducation et sa culture, ce dont elle s'est « nourrie ». C'est en ce dernier sens que tous ces arts « se mêlent intimement avec » les parties du corps.

---

1. Cf. *Rép.* II, 370d-e, 373d.

L'Étranger juge utile ici de rappeler aux habitants des villes de quelles techniques leur corps a besoin – ce que la foule des choses qu'ils peuvent acquérir sans peine pourrait leur faire oublier. À ces arts, donc, de se charger d'une fonction nourricière, éducative et curative et d'en exempter le politique. Afin de construire un genre pastoral capable d'intégrer la *trophè*, l'Étranger avait alors proposé d'en modifier le nom « en le rapprochant plus du soin que d'un art nourricier, l'élevage » [1].

Récapitulation (289a7-b2)

Dans la récapitulation, cette dernière espèce reçoit, comme les autres, le nom du résultat produit, *thremma*, « aliment », mais littéralement « nourrisson », « créature » ; il s'applique à toute créature vivante. Ce nom est « plus beau » que le précédent car il dit que, sans cette espèce nourricière, vivre en ville et rester vivant serait impossible, or c'est à des vivants que le politique a affaire. Pourquoi alors la mentionner en dernier ? L'agriculture est dans la *République* le premier art mentionné lors de la genèse de la « cité des cochons » : « le premier, en tout cas, et le plus important des besoins est de se procurer de la nourriture en vue d'exister et de vivre. » Une multiplication des métiers en découle, mais tant que les besoins du corps sont assez bien tempérés, leur croissance peut être maîtrisée. Elle devient exponentielle lorsqu'aux besoins s'ajoute le caractère insatiable des désirs qui rendent la cité « fiévreuse », et les raffinements

---

1. *Cf.* 276d1-2. À « agélaiotrophique », il avait préféré « art de soigner les troupeaux (*agelaiokomikè*), de les soigner (*therapeutikè*), d'en prendre soin (*epimelètikè*) » (275e5-6). Tous ces termes sont entendus comme étant synonymes.

culinaires ne sont pas les moindres causes de cette fièvre[1]. La division des arts pratiques a au contraire pour but de recenser tout ce que l'homme a inventé pour pallier sa fragilité naturelle et se distraire, et l'Étranger trace à grands traits une anthropologie de l'*homo faber*. Elle permet d'apprécier l'ingéniosité de ce bipède sans plumes, dont le signe « premier né » semble bien être plutôt sa capacité de produire ce qui servira à sa nourriture, grâce un art impliquant ajustement et stratégie comme en témoignent les conseils prodigués par Hésiode dans *Les Travaux et les Jours*. Pourtant, en étant tout juste nommée, l'agriculture se trouve ici dépossédée de sa noblesse et de son caractère fondateur.

En dépit des incertitudes de datation qui rendent impossible de décider quel texte répond à l'autre[2], l'*Économique* de Xénophon permet de voir à quel point l'agriculture perd dans le *Politique* son rôle généralement reconnu de « mère de tous les arts ». Interrogé par Critobule sur l'art qu'il lui conseillait de pratiquer, Socrate lui aurait répondu d'imiter le roi des Perses, qui, « voyant dans l'agriculture et l'art militaire les occupations les plus belles et les plus nécessaires, s'occupait avec ardeur de toutes les deux » (*Économique*, IV, 4). Ce n'est pas seulement de son caractère nourricier que cet art tiendrait ses mérites : l'éloge de l'agriculture développé aux livres V et VI y voit une école d'endurance et de courage et l'oppose à la mollesse des artisans des villes qui n'ont

1. Cf. *Rép.* II, 369d-373b.
2. Le traité de Xénophon daterait de 370 : voir *Xénophon, Économique,* introd. de C. Mossé, trad. par P. Chantraine, Paris, Les Belles Lettres, 2008 ; le *Politique* étant le dernier des quatre Dialogues écrit entre 370 et 347/346, il pourrait donc être postérieur, mais rien, dans les deux cas, ne peut être vraiment affirmé.

pas à défendre leurs champs; soumise aux aléas et aux catastrophes climatiques, c'est aussi une école de piété, elle oblige à reconnaître la puissance des dieux et à tout faire pour se les concilier. Quant à Cyrus le Jeune, il juge les gouverneurs de ses provinces sur leur aptitude à lui montrer « une terre fertile et remplie d'arbres et des fruits que le sol peut porter » (IV, 22). Pour être un grand roi, ne faut-il pas être expert en agriculture comme le roi des Perses ou du moins conscient de son importance, comme Cyrus ? À Athènes, c'est l'Assemblée qui est chargée de l'approvisionnement, notamment en temps de pénurie[1] : l'agriculture y est donc aussi un problème politique. Le désir de se débarrasser de ses rivaux rend-il le roi aveugle à sa grandeur et à la nature biologique des vivants qu'il gouverne ? C'est en raison d'une ignorance, dit Socrate dans le *Gorgias* (517c7-518a5) que l'agriculteur ou le boulanger peut se figurer et sembler être un « thérapeute », alors que c'est à la médecine que revient le soin du corps. Le rapport entre techniques productrices d'aliments et techniques de leur bon usage (gymnastique et médecine) est un rapport d'autorité. Les secondes doivent, en vertu de leur savoir, commander aux premières comme des maîtres à des esclaves. Mais l'âme doit prendre le relais et prescrire à son corps de n'utiliser que les arts pouvant lui être bénéfiques, car l'homme n'a pas la sagesse naturelle propre aux autres animaux. En s'occupant de l'âme des citoyens, l'art royal s'occupe indirectement de leur corps grâce à sa prescription d'une éducation droite[2] (309b-d) et à l'utilisation d'un art « parent » : la rhétorique, art de persuader les âmes.

1. Voir Aristote, *Constitution d'Athènes*, 43, § 4, 3.
2. Il n'y a que trois occurrences du terme *paideia* dans le *Politique* : en 275c3, 309b1et d3. L'éducation n'en reste pas moins fondamentale.

Deuxième difficulté : produire et prendre soin

La septième étape diffère donc des autres en ce qu'elle ne vise pas à produire des choses, mais à prendre soin (*therapeusai*) des corps. Dans le cas du vêtement, l'art dit être cause est l'art qui le produit : les arts d'en prendre soin, thérapeutiques, (282a2), foulage, ravaudage et tout apprêtage, doivent donc en être distingués. Il avait cependant été dit (279a6-280a6) que, de même qu'a été nommé « politique » l'art de prendre soin de la cité (*polis*), il faut nommer d'après son objet l'art qui prend soin (*epimeloumenèn*) des vêtements et l'appeler « vestimentaire »[1]. La relation paradigmatique se trouve à présent inversée, l'art du soin appartient à l'art producteur. Foulage et ravaudage ne manqueront pas de le lui disputer : prendre soin, n'est-ce pas s'occuper d'une chose déjà produite, l'entretenir, la maintenir dans le meilleur état possible ? Ou peut-être faut-il distinguer les deux termes traduits par « soin », *therapeia* et *epimèleia*, en réservant cette traduction au premier, et en traduisant le second par « art de s'occuper de » ? Le *Sophiste* répond à ces deux questions lorsqu'il faut distinguer produire et acquérir :

> L'ÉTRANGER — L'agriculture, et tout ce qui prend soin (*therapeia*) du corps mortel dans son ensemble, et à son tour tout ce qui est assemblé (*suntheton*) et façonné (*plaston*) – donc ce que nous appelons « objet d'équipement » (*skeuos*) –, et aussi la mimétique, tout cela serait on ne peut plus justement appelé par un seul nom. THÉÉTÈTE — Comment cela, et lequel ? — Si quelqu'un mène ultérieurement à existence la totalité d'une chose qui n'existait pas auparavant, nous disons,

1. Himatiourgique : l'*himation* est le manteau de laine.

> je pense, que celui qui mène produit (*poiein*), et que ce
> qui est mené est produit (*poieisthai*). (*Soph.* 219a10-b6)

Bien qu'il se fonde sur une expérience apparemment incontestable, le rapport chronologique entre produire et prendre soin se trouve rejeté et la *therapeia* se trouve incluse dans l'art de produire. Car l'avant et l'après ne doivent pas être déterminés chronologiquement mais ontologiquement, comme un passage de la non-existence à l'existence, qu'il s'agisse de faire venir à existence une réalité naturelle, un artefact ou une imitation. Appliqué à la politique, cela signifie que si l'existence matérielle de la cité est techniquement produite, son existence politique l'est tout autant par celui qui en prend soin. Comme en prendre soin veut dire lui conférer un ordre et une organisation « bien mesurés », il faut donner à cette production une valeur dont la première est dépourvue. Quand il est ainsi ontologiquement et axiologiquement défini, le soin ne peut pas plus être distingué du tissage auquel se livre le politique qu'il ne l'a été de celui auquel se livre le tisserand. La différence est que, dans le cas du tissage et des arts contenus dans cette septième espèce, les effets du soin sont visibles, alors que ceux de l'art politique ne le sont pas. On comprend alors la raison de l'inversion du rapport paradigmatique lorsqu'il s'agit de *nommer* « vestimentaire » l'art du tissage : de même qu'une juxtaposition anarchique de besoins et d'échanges n'est pas une cité, un tissu formé à l'aide d'un assemblage de crins collés avec de l'eau et de la terre n'est pas un vêtement. L'un comme l'autre peuvent pourtant paraître tels à nombre d'hommes, mais les conséquences de l'absence de lien social sont infiniment plus graves, donc plus lisibles, car les citoyens deviennent plus sauvages et inventent mille moyens de se déchirer, s'opprimer, se détruire. Le tissage redevient paradigme lorsqu'il faut montrer ce que signifie « prendre soin » : pour le tisserand, prendre soin du tissu de laine consiste à lui donner une finalité « vestimentaire » ; quant au politique, il va être défini (305e2-4) comme celui « qui prend soin des lois et de tous ceux qui habitent la cité ». En prenant soin des unes comme des autres, il donne à la cité sa finalité politique.

De cette cité, le « bon usager » ne saurait être le citoyen, car la fonction directrice accordée à l'usage aurait pour conséquence une démagogie dénoncée par Socrate dans le *Gorgias*. Le bon usager, c'est le politique, qui doit coordonner son action à son savoir et leur subordonner toutes les autres actions et tous les autres savoirs. Ce qui ne veut pas dire utiliser politiquement l'économie, la culture, l'administration ou la religion, et pas davantage les censurer, comme si c'étaient des savoirs déjà constitués. Il faut là encore *produire*, autant qu'il est possible, des savoirs qui en soient véritablement. Étant d'abord dite science auto-prescriptive, puis science directive (à partir de 292b9), la science politique est bien cause, et c'est d'elle que relèvent tous les biens comme tous les maux des citoyens. Elle oblige à concevoir la cité autrement – autrement que comme un ensemble économique lorsque sont examinés les arts pratiques. Il ne faut pas juger de la valeur d'un homme politique à sa capacité d'équiper matériellement la cité en arsenaux et en ports, dit le *Gorgias*, mais à son aptitude à prendre soin des affaires (*pragmata*) de la cité et à rendre les citoyens meilleurs, car serait un mauvais « soigneur » le pasteur qui rendrait ses animaux plus sauvages. La valeur d'un homme politique se juge à son aptitude à rendre « justes » ceux dont il prend soin, et à rendre meilleure la cité dont il prétend s'occuper[1]. Ce passage autorise à voir dans *sumpantôn tôn kata polin* un masculin : « de tous ceux qui habitent la cité », et non pas un neutre (« de toutes les affaires de la cité ») car les secondes dépendent de la nature juste et apprivoisée des premiers. De plus, l'expression englobe les femmes, les métèques, les esclaves et les étrangers, dont le politique doit aussi prendre soin : il doit les rendre tous moins sauvages, autant qu'il est possible. Toute causalité technique, étant rationnelle, peut devenir l'instrument d'une causalité intelligente, et toute compétence, petite ou grande, peut être mise à son service : la cité ne se réduit pas davantage à un simple ensemble administratif et religieux. Procurer ce qui est nécessaire à la vie en commun n'est pas ce dont l'art politique doit prendre soin car les diverses techniques s'en chargent sans difficulté ; sa tâche consiste à ajouter à leurs finalités particulières une finalité générale. C'est en leur donnant le statut de conditions nécessaires que le roi se débarrasse de ce genre de rivaux.

Les « inclassables » *(289b2-7)*

Dans cette division, il faut aussi faire entrer, « en tirant de force », des inclassables, « monnaie, sceaux et tout ce qui est poinçon » : pourquoi les distribuer dans d'autres catégories et ne pas en faire une ? L'Étranger se justifie en disant que leur *idea* commune constitue un genre qui n'est pas assez « grand ». Pas assez grand parce qu'il ne contient pas un assez grand nombre d'espèces, ou parce qu'il n'est pas assez « important » ? Sa dispersion dans l'espèce de l'ornementation (ce qui

---

1. Cf. *Gorg.*, 515b8 : *epimelèsèi*, 516a5, b1 : *epimelètès*, 516c1 : *epimeleito*, 520a4 : *epimeleisthai*.

concerne probablement les sceaux et autres poinçons officiels) et celle des instruments (la monnaie) va plutôt en ce dernier sens, car l'Étranger souhaite diminuer ainsi l'importance attachée par une cité à l'apposition de sa marque symbolique, mais surtout à la frappe de la monnaie, monopole politique et marque du pouvoir.

Socrate, dans la *République*, avait donné à la cité une origine économique, ce qui lui avait permis de montrer que le besoin (*khreia*) n'est pas un lien social, qu'il rassemble sans unir et n'engendre qu'une complémentarité, non une communauté, encore moins une amitié (*philia*). La cité qui, dans le *Politique*, doit son existence à des arts producteurs de biens corporels n'est pas une « cité de cochons », mais elle ne vaut guère mieux : c'est un marché réglé par des besoins nécessaires et des désirs qui ne le sont pas, mais se croient et deviennent tels. L'examen d'une seconde espèce d'arts va donc avoir pour but de répondre à cette question : la sorte d'existence qu'ils confèrent à la cité peut-elle être nommée « politique » ?

LES ARTS DE SERVICE (289C4-291C7)

Une seconde espèce d'arts « qui restent » comprend ceux que la première division rangeait dans l'espèce anonyme opposée à l'art auto-prescriptif ; elle comprenait l'art « de l'interprète, du chef des rameurs, du devin, du héraut, ainsi que bon nombre d'autres arts apparentés, du seul fait que tous possèdent assurément l'art de prescrire » (260d-261a1). Cette espèce, laissée volontairement sans nom, reçoit ici celui de « serviteurs »[1]. L'Étranger « devine » qu'il découvrira parmi eux les rivaux les moins

1. Voir p. 306-307.

fondés à revendiquer une fonction politique, et les plus enclins à le faire. Sa « divination » n'est évidemment pas celle des devins, qu'il va faire entrer dans l'espèce des serviteurs, elle a la fonction que lui reconnaît Socrate lorsqu'il « devine » par exemple que la modération, étant bonne et utile, ne peut s'identifier à une science de la science, qui elle n'est bonne à rien (*Charm.*, 169b). Cette sorte de divination est un raccourci, une anticipation que le raisonnement doit reprendre et justifier. « Deviner » signifie à la fois ouvrir une direction où chercher et en rejeter une autre, qui bénéficie pourtant de la force d'une opinion commune : la divination du dialecticien comporte toujours, en ce sens, un aspect paradoxal. Ce genre de devin dit ce qu'il voit dans des images qui ne sont images que pour lui, et que tous à part lui prennent pour la réalité même. Or c'est bien à l'image que tous ces serviteurs ont et veulent donner de leurs fonctions que la division qui suit va s'en prendre, au rôle que chacun s'attribue dans la cité. L'Étranger va classer ces rôles sociaux par ordre croissant de proximité par rapport à la politique, donc par degré croissant de revendication et de dangerosité possible. En incluant, non sans provocation, hérauts, secrétaires, prêtres et devins dans la même catégorie que celle des esclaves, marchands et salariés, l'Étranger, comme il l'a fait pour les arts pratiques, ne va pas nier leur utilité mais rabattre leur prétention.

Esclaves, marchands et salariés (289d6-290a7)

Esclaves, salariés et négociants travaillent tous pour le compte d'un maître, d'un producteur ou d'un employeur, ils ne décident pas de ce qu'ils font. Tous ne prétendent pas à un degré égal jouer un rôle politique. Les esclaves

y prétendent « très peu » (*hekista*) [1], mais un peu quand
même, car si l'on comprend qu'ils n'y prétendent « pas le
moins du monde », comment les ranger parmi « ceux qui
contestent au roi la réalisation du tissu » ? Il est possible
qu'il y ait là une allusion à quelque révolte servile, comme
celle des Hilotes de Sparte au Vᵉ siècle ou celle des
esclaves de Messénie évoquée par Platon dans les *Lois* [2].
Mais, situation moins exceptionnelle, l'Étranger peut se
référer au statut des esclaves publics, qui appartenaient
à la ville et étaient employés dans différents ministères :
ils pouvaient donc se voir charger de tâches propres aux
secrétaires dont il va être question. Quant aux esclaves
privés, leur possible revendication est sans doute fondée
sur le fait que, quelle que soit leur tâche, celle-ci est
indispensable à leur maître, de sorte qu'il y aurait là
comme une préfiguration du renversement hégélien : la
corrélation maître-esclave contient en elle la nécessité
de son renversement. Renversement d'ailleurs opéré par
Platon quand il s'agit de la tyrannie : « de peur d'être
esclave d'hommes libres », le peuple devient « l'esclave
des esclaves » dont s'entoure le tyran, dont celui-ci est
en réalité lui-même l'esclave. Plus généralement, tout
démagogue doit « se faire réellement semblable » à ceux
dont il se croit le maître et ne leur dire que ce qu'ils
attendent qu'il dise [3].

---

1. Très peu (*hekista*) : Diès et Brisson-Pradeau : « ils ne prennent
pas part / ne prétendent pas le moins du monde à l'art royal » ; *contra*,
Rowe.
2. VI, 777c1-d3. *Cf.* Thucydide IV, 41, 2-3 ; 80, 3. Voir Y. Garlan,
Les Esclaves en Grèce ancienne [1982], Paris, La Découverte, 1995,
p. 177-192.
3. *Cf. Rép.* VIII, 569b-c, *Gorg.*, 513b-c.

La revendication devient davantage explicite avec les commerçants. L'Étranger décrit plus longuement leur catégorie et multiplie en huit lignes les termes connotant l'échange : transporter (*diakomizô*), égaliser (*anisô*), échanger (*allattô* et *diameibô*), changeurs d'argent (*arguramoiboi*), marchands (*emporoi*), armateurs (*nauklèroi*), revendeurs (*kapèloi*). Il en précise les lieux et les élargit progressivement : les échanges se font « sur les marchés », espaces ouverts à tous les habitants de la cité, mais aussi « hors de l'espace urbain », pour en arriver à être, pourrait-on dire, internationaux (ils vont « par mer et par terre »). Tous mettent en relation des individus dont ils égalisent les rapports grâce à la monnaie, instrument de toute transaction commerciale. Leur prétention à la politique ne tient pas tant à ce qu'ils sont l'intermédiaire de banques privées [1], qu'au fait que le commerce pourrait tenir lieu de politique tout court. Car le commerce relie dans la cité, hors de la cité et entre cités des individus au moyen d'une égalité « arithmétique » que le politique est impuissant à réaliser, ou qu'il a le tort de ne pas fermement refuser car elle est inférieure à l'égalité « géométrique » qui doit présider à la justice civile [2]. Le commerce n'est pas un lien politique, il n'en est que le simulacre : il relie des éléments isolés sans jamais les entrelacer, prenant ainsi le relais des arts producteurs, et par nature il est source d'impérialisme et de guerres [3]. Le commerçant n'est pas seulement un rival du politique,

1. Voir J.B. Skemp (*Plato's Statesman*, op. cit., note 1, p. 186-187), C. Rowe (*Plato. Statesman*, op. cit., p. 217), *contra* : L. Campbell (*The Sophistes and Politicus*, op. cit., ad loc.)

2. Cf. *Rép.* VIII, 558c3-6, 561e1-2, 563b4-9, *Lois* VI, 757b1-d1.

3. Cf. *Rép.* II, 373d-e.

il veut lui imposer sa loi, et depuis Platon il n'est pas certain que les choses aient changé.

Quant aux salariés et aux hommes de peine, ces « thètes » situés au plus bas de l'échelle sociale, mais dont Achille préférerait mille fois le sort à celui de roi du pays des morts[1], ils sont exclus d'emblée de toute prétention à une fonctions royale, car ce qu'ils vendent est essentiellement leur force physique. Mais comme ils assument toutes les tâches pénibles dont les autres ne veulent pas, ils ne diffèrent des esclaves que parce qu'ils reçoivent un salaire, et leur aptitude à revendiquer est la même.

Les détenteurs d'un savoir (290a8-290e9)

Un second groupe se caractérise par la possession d'un certain savoir, ils sont *sophoi*. À ce titre, leur concurrence est plus sérieuse.

1) Les hérauts, porte-parole et messagers inviolables des cités, interviennent comme assesseurs dans les assemblées politiques, les tribunaux, les processions religieuses, et c'est par eux qu'étaient déclarées les guerres et demandées les trêves. Ces esclaves à la voix forte pouvaient donc constater les effets parfois sauvages de leurs proclamations, car à la différence des lois écrites elles avaient un caractère immédiatement contraignant. De sorte qu'ils pouvaient aisément croire à la puissance politique d'une parole dont ils n'étaient pourtant pas les auteurs.

2) Les « fonctionnaires » détiennent un savoir concernant les écritures : secrétaires ou scribes, leur rôle contribue au bon exercice des magistratures. Ceux

1. *Odyssée* X, v. 488-491.

employés par le Conseil (*Boulè*) – chargé précisément d'organiser toutes sortes de savoirs et de faire part à l'Assemblée (*Ekklèsia*) des connaissances nécessaires lorsqu'une loi est soumise à son vote – savaient pour leur part comment formuler convenablement la loi mise à l'ordre du jour. Leur fonction n'avait donc rien de négligeable. Le *Contre Nicomaque* de Lysias est à leur égard instructif. Son plaidoyer contre un certain Nicomaque, qui avait été nommé « pour rédiger par écrit les lois de Solon » (les lois étaient d'abord gravées sur des pierres et se trouvaient dispersées), rapporte que celui-ci avait mis six ans à le faire au lieu des quatre mois prescrits, et les avait employés à « s'établir législateur (*nomothetès*) à la place de Solon ». Le résultat, dit Lysias, est que « nous nous sommes vus réduits à avoir dans nos registres des lois de la façon de Nicomaque (1) […] Les plaideurs dans les tribunaux produisaient des lois contraires, et les deux parties disaient les avoir reçues de ce nouveau législateur » (3). Parmi ces lois figurent celle que Nicomaque fabriqua « pour satisfaire les destructeurs de la démocratie » et soutenir les oligarques (10-14). Mais il ne se contentait pas d'ajouter, il supprimait : ayant aboli « les anciennes lois touchant les plus anciens sacrifices », il « instaura de nouveaux sacrifices qui augmentèrent les dépenses », de sorte que « l'argent manqua pour les anciens » (17-20). Le personnage est exemplaire en ce qu'il incarne les tentations auxquelles se trouvent soumis ceux qui doivent rédiger des codes écrits : devenir co-législateurs et usurper l'une des fonctions politiques les plus importantes. L'Étranger a donc raison de dire « qu'il n'a pas rêvé » en disant que c'est « de ce côté que se montreraient surtout les rivaux du politique ».

3) Devins et prêtres détiennent chacun une part de la « science » du service religieux et jouissent pour cette raison d'un grand prestige. Ils ne détiennent pas seulement une partie du pouvoir, ils sont les images respectées d'une science supérieure à toute science profane. Les devins sont tenus pour être « les interprètes des dieux auprès des hommes ». Ce ne sont donc pas des usurpateurs, une fonction politique leur est traditionnellement reconnue au point que les rois en Égypte ont besoin de « se faire initier en relation avec la caste sacerdotale »[1], et que magistrats en Grèce doivent se faire prêtres et devins. La science royale se trouve ainsi soumise à celle des serviteurs d'une parole prétendument divine. S'ils devaient nommer leur art, il est probable que c'est ce nom, « royal », qu'ils lui donneraient, et pas « un nom qui soit différent ». L'écart avec le politique, disait alors l'Étranger, a été « bien mesuré » (*metriôs*, 261a3) quand la division a opposé ce qui est étranger à ce qui est propre. Nommer « étrangère » la divinité de la parole transmise est une façon d'arracher à l'autorité sacerdotale le fondement de la souveraineté et d'ouvrir le problème théologico-politique. La très ancienne subordination est renversée, et la politique acquiert son autonomie. Seule une autre théologie, telle qu'elle sera établie dans les *Lois*, pourra devenir « propre » à celui qui en comprend le fondement. Le *Politique* assume aussi sur ce point le rôle d'intermédiaire entre la *République* et les *Lois*.

---

1. Le problème soulevé par le verbe *eisthelesthai* (290e2) est bien analysé par D. Samb (« Le *Politique*, 290 d-e », in *Reading the* Statesman, *op. cit.*, p. 333-336) ; voir note XV à la traduction.

Les sophistes : drame (291a1-c7)

Ayant réussi à montrer qu'une cité doit bien être un ensemble économique, culturel, administratif et religieux, à condition que tous ces éléments aient conscience de leur subordination nécessaire à une direction politique, reste à identifier un dernier groupe de personnages jugés « extravagants », « étranges ». Or l'Étranger commence par dire qu'il faut examiner les « rois tirés au sort qui sont en même temps prêtres » et « cette autre foule si nombreuse qui vient maintenant de nous apparaître ». Les prêtres assumant une fonction *royale* constituent donc une espèce différente de prêtres, entrant dans la troupe des « sophistes » qui remplit l'Étranger de stupeur, ce qui n'était pas le cas de ceux examinés et disqualifiés précédemment. La leçon du *Sophiste* est que toute activité non productrice de choses réelles et réellement utiles peut être exercée sophistiquement. La cité est remplie de faux-semblants de thérapeutes, de « médecins-sophistes », d'éducateurs qui vendent très cher un savoir qui n'en est pas un, de devins charlatans qui frappent aux portes des riches et leur proposent des « indulgences »[1]. Tous exploitent l'ignorance et la crédulité humaines. Mais le plus sophiste de tous les sophistes est le magicien qui réussit à se faire passer pour un politique, en séduisant non pas une catégorie de citoyens mais l'ensemble du peuple – raison pour laquelle « ceux d'ici » ne reconnaissent qu'un seul genre, puisque politiques et philosophes sont selon eux des sophistes. En ce sens, ce sont moins des rivaux que des usurpateurs. Le bestiaire monstrueux dont l'Étranger énumère les figures s'applique à eux,

_____

1. Cf. *Rép.* II, 364b5-365a3.

donc aussi aux prêtres assumant une fonction politique.
et comme Socrate le Jeune, il le trouve fort étrange – du
moins tant qu'il n'est pas sorti de son ignorance. Car une
fois le chœur identifié, il comprend que chacune renvoie
à l'une des manières dont peut s'exercer sophistiquement
la puissance politique. D'où l'hypothèse selon laquelle ces
monstres se rapporteraient aux types politiques décrits
dans le livre VIII de la *République*. Le lion renverrait à
l'homme timocratique guidé par son *thumos*[1], le centaure
à l'homme oligarchique partagé entre son héritage
timocratique et son penchant démocratique, et tous les
autres à l'homme démocratique, capable de participer
à tous les régimes selon son humeur du moment.
L'hypothèse est d'autant plus séduisante qu'elle assurerait
le lien avec l'examen des constitutions qui suit. Mais
selon l'Étranger, tous échangent entre eux, « en un clin
d'œil », leurs caractères propres (*ideas*) et leur puissance
(*dunamin*), ce qui n'est pas le cas des types d'hommes
tracés dans le livre VIII de la *République* : aucun d'entre
eux n'est un « magicien », et de plus, par définition, un
type est fixe. Il n'y a donc aucune raison de ne pas accorder
au terme « sophistes » son sens platonicien habituel, à
ceci près qu'il ne renvoie pas ici à l'espèce « éristique »
ou « antilogique » mais à la plus « magicienne de toutes »,
celle des simulacres du politique. Certains exercent
leur puissance à la façon du lion, disons d'un chef
sanguinaire et redoutable, mais aussi capable de se faire
obéir et respecter pour son courage, d'autres à la façon du
centaure, mi-homme mi-bête mais apte comme Chiron à
passer pour un conseiller plein de sagesse. Plus nombreux

1. En *Rép.* IX, 588b-d, le lion représente cette partie de l'âme. Voir
C. Rowe, *Plato. Statesman*, *op. cit.*, p. 218-219.

sont les « satyres », caractérisés par leur lâcheté et leur lubricité – mais Socrate est comparé au satyre Marsyas dont les airs de flûte sont seuls à mettre les hommes en état de possession[1] – ou encore ceux qui compensent leur faiblesse en ayant « plus d'un tour dans leur sac », comme le *polutropos* Ulysse. Tous peuvent aussi, bien vite, échanger entre eux leur puissance : le rusé Ulysse se fait lion et massacre les prétendants, le tyran autocrate de Syracuse se pique de sagesse et de philosophie. La troupe protéiforme qui fait ici « soudainement » son entrée réapparaît en 303c8-d2, et l'Étranger dit qu'ils se trouvent alors « dans une sorte de drame ». On peut comparer l'irruption de ce chœur « qui s'agite autour des affaires de la cité », à l'entrée du chœur dans un drame satyrique, drame qui s'achève sur sa sortie en 303d2.

Voilà donc ce qui avait été deviné au début : que la politique n'a été jusque là que le théâtre d'un drame tragi-comique, analogue aux drames satyriques qui concluaient les trilogies tragiques[2]. La fin du *Politique* (291a-303d) serait donc le couronnement de la trilogie annoncée dans le Prologue du *Sophiste* et, en séparant les sophistes du philosophe puis du politique, l'Étranger aurait bien accompli ce qu'il avait promis : montrer qu'il y a là trois genres distincts. C'est ce qui lui permet de voir dans cette troupe nombreuse ce que les autres ne voient pas : les images monstrueuses et dérisoires qu'on a jusque là prises pour des politiques, et qui sont très difficiles à distinguer « des vrais politiques et hommes royaux ».

---

1. Cf. *Banq.*, 215c.
2. La trilogie *Sophiste, Politique, Philosophe*. Voir D. El Murr, *Savoir et gouverner, op. cit.*, p. 221-223.

LA DROITE CONSTITUTION, ET LES AUTRES
(291C-293E)

Cette section du Dialogue est clairement délimitée et son but nettement défini, mais il ne va pas être facile à atteindre. L'Étranger et Socrate le Jeune estiment important et urgent de séparer « ceux qui sont réellement des politiques et des hommes royaux » de ces sophistes qu'il est « si difficile de distinguer ». S'il n'y a donc qu'une espèce unique de vrais politiques, il n'y a aussi qu'une constitution droite dont toutes les autres sont, à des degrés divers, des imitations imparfaites. Rabattre les prétentions des travailleurs de force, boulangers, maîtres de gymnastique et même prêtres, a pu en se faire assez aisément, mais les rivaux qu'il faut maintenant affronter ne revendiquent pas un rôle politique, ils sont les seuls à avoir été et à être reconnus par tous comme étant des « politiques », l'histoire n'en ayant jamais offert d'autres images. Ce sont eux qu'il faut distinguer des politiques, pas l'inverse, et telle est bien la difficulté. Car s'il n'est pas toujours facile de faire le départ entre une réalité empiriquement ou rationnellement connue et ses images, cela semble carrément impossible s'agissant d'une réalité qui restera inconnue tant qu'elle n'en aura pas été séparée[1]. La recherche va donc adopter un parcours circulaire : pour qualifier d'« images » des politiques dont la réalité historique est indéniable, elle doit leur opposer un « politique » qui non seulement n'a jamais existé, mais qui ne pourra être entièrement défini qu'une fois démontrée la véritable nature de ses derniers rivaux. Le

---

1. H. Joly, *Le Renversement platonicien, op. cit.*, p. 259, relève cette difficulté.

rappel du système de séparations successives et d'analogies qui avait initialement défini son savoir ne suffit pas, car la sorte de pratique que ce savoir détermine n'avait pas été précisée. Rien n'empêcherait alors de croire que toutes les possibilités d'exercice du gouvernement ont été épuisées, et que la science politique ne permet pas d'en inventer une autre.

L'Étranger ne va pas, comme Socrate l'avait fait dans le *Gorgias*, s'attaquer directement à de grandes figures historiques et aux conséquences désastreuses de leur mauvais gouvernement. Il va soumettre à la question le langage qui peut sembler permettre de dégager des types relativement stables dans cette troupe nombreuse et polymorphe. Or ce langage a pour principe que tout politique agit au sein d'une communauté humaine qu'il organise ou dont il maintient l'organisation, et cela a pour nom « constitution », *politeia*. Elle est le domaine d'exercice de toute action politique, mais ce terme recouvre une notion complexe associant une structure sociale déterminée par les conditions de la citoyenneté puis, par extension, une structure juridique définissant ceux auxquels ce « droit de cité » est accordé, enfin une structure institutionnelle qui fixe un certain mode de gouvernement en répartissant les différentes magistratures (*arkhai*). L'Étranger ne va retenir que ce dernier sens, et il va dans ce qui suit parler « philosophie politique » : en examiner d'abord les dénominations et les critères, puis en appliquer la méthode : classer d'abord, et définir ensuite. Il n'est pas certain que la dite philosophie en ressorte indemne.

LA QUESTION DES CRITÈRES (291C8-293E)

« La monarchie n'est-elle pas pour nous une forme unique de gouvernement politique ? » demande l'Étranger. « Pour nous (*hèmin*) », qui partageons une opinion communément répandue, mais ce « nous » renvoie aussi au fait que, jusque-là, pour « eux », lorsqu'ils parlaient du roi, le singulier a prévalu, et il continuera à prévaloir[1] : le roi doit être séparé de ses « milliers de rivaux » afin « de le laisser seul », de le « voir seul et nu ». Il y a donc tout lieu de penser que le régime instauré par ce roi unique est une « monarchie ».

La classification traditionnelle (295c8-292a9)

À partir de là, l'Étranger reprend la classification traditionnelle établie en fonction du nombre de détenteurs du pouvoir : après la monarchie vient le gouvernement d'un petit nombre ou « oligarchie », puis celui de la multitude ou « démocratie »[2]. Cependant, « de trois qu'elles sont ne deviennent-elles pas d'une certaine manière cinq, en donnant naissance à deux autres noms qui s'ajoutent aux précédents ? » À l'évidence, la raison de cet engendrement lui échappe[3]. Mais lorsque

1. Il y a 25 occurrences de *basileus* au singulier contre 5 au pluriel ; *cf.* en particulier 301c8 : « cet unique monarque (*monarkhon*) ».
2. Cette tripartition date probablement d'Hérodote et elle était devenue courante – l'Athénien parlera de « tous ceux mentionnés par la plupart des gens » (*Lois* V, 714b5). Le débat sur le meilleur de ces régimes occupe tout le livre II de Thucydide.
3. C'est sans doute le virage maintes fois constaté de la monarchie en tyrannie qui avait poussé à affiner la liste, comme on le voit déjà chez Hérodote (III 80-82). Cela ne fait encore que quatre constitutions, et la courte expérience des Trente Tyrans, en 404, a probablement contribué à ajouter la cinquième.

Xénophon utilise la même formule – ces trois modes
de gouvernement avaient « eux-mêmes engendré deux
nouvelles dénominations » et étaient devenus cinq – il n'y
met aucune ironie, d'autant qu'il en attribue la paternité,
ou au moins la justification, à Socrate. Celui-ci aurait
nommé *monarchie* le gouvernement d'un seul s'exerçant
selon des lois, et *tyrannie* celui qui ne connaît comme lois
« que les caprices d'un chef » ; quand les oligarques sont
« amis des lois », leur régime est une *aristocratie*, mais si
ce sont des riches qui dominent, c'est une *ploutocratie* ;
quant à la *démocratie*, elle est le régime « où le peuple
entier est souverain » [1]. Trois autres critères se combinent
ainsi avec celui du nombre, chacun composé d'un couple
de contraires : contrainte et consentement, pauvreté
et richesse, légalité et illégalité. Mais aucun d'eux ne
s'applique à la *démocratie* ; ainsi que le dit Thésée :

> Étranger, tu as débuté par une erreur, en cherchant ici
> un tyran dans ces lieux. Cette cité ne dépend pas d'un
> seul homme, elle est libre ; le peuple y commande à son
> tour, et les magistrats s'y renouvellent tous les ans ; la
> prépondérance n'y appartient pas au riche, et le pauvre
> y possède des droits égaux [2].

L'Étranger reste pour sa part remarquablement
discret sur la façon dont les différents critères s'associent,
et il a une fort bonne raison d'être désinvolte : c'est moins
la définition des différentes constitutions qui l'intéresse

---

1. *Cf.* Xénophon, *Mém.* IV, 6.
2. Eschyle, *Les Suppliantes*, v. 404-408. J. Bordes parle de
l'« athénocentrisme » de la tripartition « parce qu'il n'est pas paradoxal
de penser que le critère du nombre à découlé de l'idée révolutionnaire
que tous pouvaient participer au pouvoir » (Politeia *dans la pensée
grecque jusqu'à Aristote*, Paris, Les Belles Lettres, 1982, p. 33 et p. 136).

que la disqualification des critères traditionnels, afin
d'arriver à une double classification hiérarchique. Quand
il procède à la même énumération, l'Athénien dit que ce
ne sont pas là des « constitutions », mais des groupements
dans lesquels une partie de la cité est asservie à une autre[1].
La classification des régimes s'étant toujours appuyée
sur des expériences historiques, il faut cesser de parler
un langage où se mêlent théorisation de l'expérience et
morale commune : un pas en arrière est nécessaire pour
en tenir un autre, et il implique un changement de critère.

Le pas en arrière (292b1-d1)

Peut-on croire en effet que semblables critères
puissent réussir à définir une constitution droite, qui ne
sera une constitution que si elle est définie droitement ?
Examiner ce point plus clairement exige de suivre un
autre chemin. Il va ramener les interlocuteurs à la division
initiale et poser la question de la validité des « critères »
(*horois*), notion et question omises par ceux qui divisaient
une notion sans l'avoir définie. En passant à un langage
définitionnel qui se présente comme un retour en arrière,
c'est encore une leçon de dialectique que l'Étranger
administre : une définition droite résulte d'une division
correcte, laquelle résulte du choix d'un critère pertinent.
« Nous avons dit, je crois, que le gouvernement royal
relevait d'une certaine science ? » Si tel est le cas, il ne faut
pas considérer la structure quantitative ou qualitative
des formes de gouvernement, mais se souvenir de quelle
science les politiques doivent être savants, « pas de toutes,
mais naturellement de celle qui est critique et directive ».
Ce dernier terme, *epistatikè*, se substitue jusqu'à la fin

---

1. *Lois* VI, 756e-758a.

du Dialogue à *epitaktikè*, car diriger n'est pas seulement prescrire, mais prescrire en tenant compte d'une mesure juste. Par sa capacité de définir, évaluer et coordonner les savoirs pratiques, la science politique s'est révélée appartenir aux sciences « critiques » alors qu'elle en avait été séparée. La division initiale « ne s'est donc pas tenue tranquille en attendant »[1], la progression dialectique a contraint à la modifier. Bien que la science politique n'ait pas encore été entièrement définie, la prendre comme critère suffit à disqualifier tous les autres.

Il ne faut donc pas oublier la science, « si toutefois nous voulons poursuivre en accord avec nos propos précédents ». Ce souci de cohérence et de continuité prend dans le *Politique* une forme particulière. Capacité de se ressouvenir du discours tenu, c'est elle qui assure au *Politique* une unité qui n'est pas de conformité mais de rectifications et de solutions données à des impasses successives[2]. Le dialogue n'y est pas ponctué de ruptures ou d'illuminations, les corrections n'infirment pas le chemin suivi[3], les retours ne sont pas des recommencements et les avancées sont des conséquences, non des « trouées » inattendues. Le souffle du *logos* n'emporte pas là où il veut, il faut faire ce qu'il a « prescrit pour commencer », bien que son flot risque parfois de submerger (302c5). La nature de cette progression ne tient pas à la méthode de division, mais à la spécificité de

1. Voir p. 450-451.
2. Voir D. El Murr, *Savoir et gouverner*, *op. cit.*, p. 83-90. Pour la nécessité de se souvenir de ce qui a été dit, *cf.* 284c8, 285c2, 3, 286b4, c5, 300c10.
3. Le « sentier du politique » doit être obstinément « suivi », et par les deux interlocuteurs, comme l'indiquent les termes *epomenon* et *sunepomenon* : 270d3, 271b4, 274d7, 292b1, 293a2, 298e11, 304e12.

l'objet cherché. C'est la manière dont son action s'articule à son savoir qui définit le politique, la liaison essentielle entre nature et occupation vaut pour le sophiste comme pour le philosophe mais pas pour lui, car personne n'est, par nature, fait pour s'occuper de politique : « Que leur nature soit telle ou telle », qu'elle soit plus proche ou plus éloignée de celle de ceux qu'ils gouvernent, il ne faudra pas moins rechercher les politiques véritables (275c7). L'absence de destination naturelle explique pourquoi le trait unique, l'*idea* de l'homme royal ne sera dégagée qu'une fois éliminés les autres prétendants, or le critère de la science est seul à pouvoir dissocier le politique de la troupe multiforme des sophistes.

Le politique, homme savant et sage (292d2-293a2)

Travestis, masques, mimes, illusionnistes, magiciens : il n'y a pas de meilleure manière de parler du spectacle offert par ces « politiques ». Il faut pourtant l'abandonner (mais il réapparaîtra de nouveau en 303b8-d2), car il faut examiner « en laquelle de ces constitutions vient jamais à naître une science se rapportant au gouvernement des hommes ». L'élimination de cette espèce de rivaux, « ceux qui prétendent être des politiques et en persuadent beaucoup, mais ne le sont nullement », est la plus nécessaire et la plus urgente de toutes : dans quelle forme de constitution pourrait surgir un politique qui en soit véritablement un ?

Un terme, *phronimos*, lui est alors appliqué pour l'unique fois dans le Dialogue[1]. Cet adjectif n'est pas prononcé en passant, le substantif *phronèsis* arrive un peu

---

1. En 263d4, il s'appliquait à tout animal « sensé » – aux grues en particulier – et en 309e6 il sera réservé aux « modérés ».

plus loin : « le meilleur n'est pas que la force appartienne aux lois mais à l'homme qui, avec le secours de la pensée sage (*meta phronèseôs*), est un homme royal. » Dans le *Politique*, on l'a vu[1], la *phronèsis* est « pensée sage » et non pas pensée tout court ; le fait que c'est l'adjectif qui appelle ici le substantif le prouve. L'adjectif est en effet porteur de l'héritage homérique et tragique selon lequel réfléchir sagement (*phronein*) est source de salut[2]. « Réfléchir sagement est de beaucoup la première condition du bonheur » chante le Coryphée dans *Antigone; phronein*, c'est prendre le temps de délibérer, être ouvert à tous les conseils et avertissements reçus afin d'agir prudemment au lieu de réagir sur le champ. Lorsque Socrate se fait dans le *Protagoras* l'écho de cette sagesse tragique et affirme que « la *phronèsis* est pour l'homme l'assistance appropriée », en quoi consiste selon lui cette assistance ? Le *Ménon* répond : « Puisque précisément tout ce qui relève de l'âme ne peut en soi et par soi être ni avantageux ni nuisible, c'est selon que de la *phronèsis* s'y ajoute ou son contraire que tout cela devient nuisible ou avantageux[3]. » Cela vaut

1. Voir *supra*, p. 352-354.
2. Selon B. Snell (*Die Entdeckung des Geistes*, 3ᵉ éd., Hambourg, Classen, 1955) *euphroneôn* désigne celui qui, lorsque deux possibilités se présentent, est en possession de bons *phrenes* (le diaphragme, siège de l'esprit et des émotions) ; il peut donc suivre de bons conseils et en donner (p. 50). Mais le substantif *phronèsis,* dit B. Snell, « ne pouvait être dérivé des *phrenes*, qui avaient l'inconvénient de n'être que réceptifs » (p. 57, ma traduction). « Si *phronèsis* y est encore assez rare, il est peu de verbes aussi usuels que les tragiques que *phronein* » (P. Aubenque, *La Prudence chez Aristote*, Paris, PUF, 1962, p. 161 ; voir toute la troisième partie : « La source tragique », p. 165-177).
3. Sophocle, *Antigone,* v. 1346-7, cf. *Prot.*, 352c6-7, *Ménon*, 88c4-89e. L'homme sage que secourt sa *phronèsis* est l'ancêtre du *phronimos* aristotélicien (cf. *E.N.*, VI, 13, 1144b 18-21). Voir M. Dixsaut,

pour tout ce qui relève de l'âme – pour toutes ses actions comme pour toutes ses passions –, mais aussi pour l'usage de tous les biens corporels, santé, force, beauté, richesse. La *phronèsis* est alors, sous toutes ses formes, valeur et donatrice de valeur : « C'est pour cela que nous prenons au sérieux la *phronèsis* et toutes les autres belles choses, parce que leur œuvre et leur progéniture, à savoir ce qui est bon, est digne de sérieux. » Entendue comme l'une des quatre vertus indispensables aux gardiens dans la *République* et identifiée à la science (*sophia*) ayant pour objet l'ensemble de la cité, c'est elle qui prescrit les actions justes dont la justice civile et politique sera le produit [1].

C'est ce terme qui, dans le *Politique*, justifie la correction apportée à la première division : avec l'expérience et le logos, la *phronèsis* est l'un des trois facteurs de l'acte de juger, mais l'expérience n'est un bon juge que si son acquisition est accompagnée de *phronèsis*, comme le logos n'en est un que s'il procède d'elle. Organe principal du jugement droit, la pensée sage est indispensable à toute science critique, donc à l'appréciation des différentes sortes de constitution. Mais elle a une autre conséquence : guidé par cette sorte de *phronèsis* – capacité de « penser, concevoir et calculer ce qui est requis » (*ta deonta*) [2] – le véritable politique a le droit de transgresser les règles qu'il a lui-même établies, car sa *phronèsis* est pour lui la

« De quoi les philosophes sont-ils amoureux ? Note sur la *phronèsis* chez Platon et Aristote », dans *La Vérité pratique, Éthique à Nicomaque VI*, J.-Y. Château (dir.), Paris, Vrin, 1997, p. 335-362.

1. Cf. *Hipp. Maj.*, 297b, *Rép.* IV, 428a11-429a7 et 433b8.
2. Cf. *Rép.* IX, 582a-d, *Phil.*, 21a14-b1. Cette *phronèsis* n'est pas la pensée pure définie dans le *Phédon* (79d1-7), concentration de l'âme en elle-même qui la rend capable de pâtir des intelligibles, et non pas calcul rationnel du meilleur. Voir p. 342-343, 352-354.

seule règle lui permettant de s'adapter à la contingence, au changement et à la particularité des affaires humaines. Grâce à elle, le politique peut *relier* des réalités ennemies et produire des totalités dont tous les éléments tiendront fermement ensemble. Le gouvernant n'est plus alors cet « homme divin » qu'est le roi-philosophe, mais seulement un homme prudent et réfléchi (un *phronimos anèr*). Devenu plus « réaliste », Platon romprait-il avec le roi « idéal » de la *République*[1] ? L'existence du véritable politique est aussi aléatoire que celle du roi philosophe, et il ne s'agit pas de devenir réaliste, mais de montrer ce qui résulterait de son inexistence, tout en réaffirmant de quoi son existence dépend. Il importe donc avant tout de ne pas oublier que le savoir directif et auto-prescriptif a sa source dans une science critique.

La première division avait inscrit la science politique dans un système capable d'ordonner tous les modèles de compétence technique en les articulant à une science purement cognitive. La politique doit donc allier ces deux espèces de rationalité, spéculative et pratique. C'est pourquoi elle est la science « presque la plus difficile et la plus importante à acquérir ». Elle est moins difficile et moins importante que la science dialectique, et aussi que sa « propédeutique », les sciences mathématiques, mais si elle est plus difficile et plus importante que tous les savoirs pratiques, l'est-elle plus que celui qui préside aux actions individuelles ? Existe-t-il un savoir éthique autonome, ou est-ce la science politique qui assure le relais de la causalité du bien ? L'Étranger va joindre à la science politique la justice (293d8), puis la vertu (301d1) :

1. Thèse soutenue entre autres par G. Klosko, *The Development of Plato's Political Theory*, New York-London, Methuen, 1986 ; repr. Oxford University Press, 2006.

c'est par conséquent au politique qu'il appartient de produire les conditions favorables à l'acquisition des vertus éthiques. Le pas en arrière a rappelé la supériorité technique et la quasi-supériorité épistémique de sa science : il annonce le pas en avant qui va lui confier la tâche de tisser l'unité de la vertu.

LE VÉRITABLE CRITÈRE ET SES CONSÉQUENCES
(292E1-293A5)

Le véritable critère d'une constitution droite ayant été rappelé, c'est en fonction de lui qu'il faut aborder le problème qui avait dominé (et domine encore) toute philosophie politique : quel est le meilleur des régimes ? Puisque ce critère est que le pouvoir directeur découle d'une science, dans quelle forme de régime cette science a-t-elle le plus de chance de se rencontrer ?

Classer selon le nombre ? (292e1-293a5)

C'est d'abord un critère quantitatif qui va s'associer au critère scientifique pour établir ce classement. Il a pour première conséquence de rejeter le gouvernement du grand nombre : « croyons-nous que dans une cité la multitude soit capable d'acquérir cette science ? », la multitude c'est-à-dire un millier, une centaine ou une cinquantaine d'hommes[1]. Le critère scientifique s'appuie sur une constatation empiriquement vérifiable : la rareté de la compétence pratique. Ce que Socrate le Jeune confirme avec enthousiasme pour en tirer un argument *a fortiori* : si cette rareté vaut même pour les

---

1. D. El Murr souligne que le critère numérique vise à révéler une incompatibilité entre le gouvernement de la science et le régime du grand nombre, alors que les autres critères sont délégitimés (voir *Savoir et gouverner, op. cit*, p. 227-236).

joueurs de *petteia* (dames ou trictrac?), elle vaut encore
plus pour les rois. Comme il est tout à fait improbable
que le savoir politique soit partagé par tous ou par la
plupart, le gouvernement de la multitude fait forcément
partie des constitutions qui ne sont « ni légitimes ni
même réellement des constitutions ». Socrate le Jeune lui
rappelle alors qu'ils avaient pourtant dit que quiconque
possède la science royale est « royal », qu'il gouverne ou
non : ce n'est donc pas le gouvernement « d'un seul » qui
s'oppose à celui de la multitude. L'Étranger l'approuve : la
droite forme de gouvernement doit « être cherchée chez
un et deux et un très petit nombre ». On pourrait donc
la trouver aussi dans l'oligarchie. Cependant, s'il paraît
ainsi se conformer à la nécessité pour toute technique et
toute science d'avoir part à cette « science élémentaire
qui distingue le un, le deux et le trois » (*Rép.* VII, 522c),
l'Étranger ne les distingue que pour les ramener au même,
en inventant une espèce inédite d'addition. « Un et deux et
un très petit nombre » peuvent ne faire que « un », un seul
et même régime droit, ce qui annule la distinction entre
monarchie et oligarchie – comme Socrate l'avait fait à la
fin du livre IV de la *République* : qu'il y ait un ou plusieurs
chefs dotés de bons naturels et convenablement éduqués,
et que l'on distingue alors monarchie et aristocratie, cela
ne fera qu'un unique mode de constitution. La politique
n'obéit donc pas à l'arithmétique mais à la règle dialectique
qui n'oppose à l'unité qu'une multiplicité impossible à
unifier : la démocratie, ce « bazar aux régimes », « pareil
à un manteau bariolé de toutes les couleurs », est l'image
même de ce genre de multiplicité. De ce fait, c'est plutôt
elle qui risque de se dégrader en tyrannie, comme l'a
montré le livre VIII de la *République*, et dans les *Lois*

elle verse obligatoirement dans la « théâtrocratie »[1]. D'autant que la possibilité que le pouvoir royal ne soit pas étymologiquement monarchique, mais partagé, s'accompagne de ce qu'il peut en outre se dédoubler, le politique savant n'étant pas forcément celui qui règne, mais celui qui conseille et très probablement inspire les lois. L'autorité appartient à la science et à celui qui la possède, non à celui qui bénéficie du titre et de la place : c'est la science qui définit la fonction royale et non pas l'inverse. Cela devrait écarter la possibilité de voir un tyran dans cet homme sage qu'est le roi, mais le rejet des autres critères se prête à ce genre d'interprétation[2].

L'analogie médicale (293a6-d3)

Comment en effet ne pas juger oppressif un régime imposé de force, ou celui dans lequel le pouvoir serait accaparé par les riches, ou encore celui qui tantôt se passe de lois et tantôt les transgresse à plaisir ? Pour ne pas courir ce risque, il faut recourir à une analogie : la médecine. Médecine et pilotage se révèlent être « les images (*eikónas*) toujours indispensables pour se représenter par comparaison les gouvernants royaux ». Elles fonctionnent comme des analogies et permettent de déchiffrer une similitude de rapport[3]. L'art médical démontre comment une loi générale peut se particulariser sans en arriver toutefois à ne valoir que pour un cas singulier, et il a

---

1. Cf. *Rép.* IV, 445d-e, VIII, 557e8, *Lois* III, 701a2-3.
2. Pour les interprètes partageant cette opinion après K. Popper (*The open Society and its Enemies*, vol. I : *The Spell of Plato*, London, Routledge, 1945), voir M. Lane, *Plato's Progeny. How Plato and Socrates still captivate the modern mind*, London, Duckworth, 2001.
3. Sur la puissance inventive de l'analogie, voir H. Joly, *Le Renversement platonicien*, op. cit., p. 258-262.

élaboré un langage dont les termes équivalent à des diagnostics. Il constitue la meilleure réfutation de la théorie sophistique du langage, puisqu'il réussit à agir sur des phénomènes dont la réalité est indéniable grâce à des moyens rationnels : sa puissance est si incontestable que la rhétorique s'y réfère aussi analogiquement[1]. Il offre en outre l'avantage d'être un art dont chacun peut accepter qu'il le fasse souffrir – si toutefois les patients ne sont pas aussi déraisonnables que ces enfants effrayés par ce que le cuisinier leur dit du médecin : il vous « coupe et vous brûle », vous « fait maigrir ou vous engourdit », vous donne à boire « des breuvages on ne peut plus amers et vous force à avoir faim et soif »[2]. Mais en général, l'opinion accorde au médecin la possession d'une science ayant pour but « de sauver ceux qu'ils soignent ».

Les médecins soignent leurs patients de gré ou de force, suivent des règles écrites ou s'en dispensent, et qu'ils soient pauvres ou riches n'a aucune incidence sur leurs traitements. L'Étranger en déduit que les politiques véritables doivent eux aussi s'appuyer sur des lois écrites ou s'en passer, qu'ils peuvent en appeler au consentement des gouvernés ou procéder par contrainte, et que peu importe qu'ils soient riches ou pauvres à condition qu'on les juge capables de « sauver » la cité et de « la faire passer d'un état pire au meilleur état possible ». La procédure de « purification » est plus longuement détaillée. Compte non tenu de ses connotations religieuses, le mot *katharmos* désigne toutes les procédures d'évacuation, d'expulsion de « ce qui serait mauvais » pour un

1. Voir *supra*, p. 412-413.
2. *Gorg.*, 521e-522a.

organisme[1]. Prise en un sens politique, la purification a pour moyens l'exécution ou l'exil des citoyens mortellement dangereux ou nuisibles. Afin que la cité conserve un nombre convenable de citoyens, son dirigeant doit aussi la faire maigrir grâce à la création de colonies si elle l'excède, mais si elle manque de travailleurs nécessaires à ses besoins, il doit la faire grossir en en important (293d4-8). La démographie fait l'objet d'une attention particulière, il faut veiller à ce que le volume de la population soit en équilibre avec la masse des ressources[2].

L'analogie a rempli pleinement sa fonction : une constitution est droite si son gouvernant a avec les citoyens les mêmes rapports que ceux du médecin avec ses patients. Cependant, comme dans toute analogie, la similitude n'est pas exempte de dissemblance. Alors que le médecin doit se conformer à une réalité physiologique préexistante, rendre la cité meilleure signifie pour le politique en faire *réellement* une cité : en politique, le meilleur n'est pas seulement un jugement de valeur, c'est un principe de réalité. Seule la meilleure des constitutions peut transformer un groupement d'hommes résultant

1. Selon Éryximaque, « La médecine, pour la définir en un mot, est la science des désirs du corps en ce qui concerne la réplétion et la vacuité » (*Banq.*, 186c-187e). Faire maigrir en purgeant ou faire grossir sont des mesures préventives qui éviteront aux patients de contracter de nombreuses maladies. Cf. *Soph.*, 227d6-7.

2. Cf. *Rép.* II, 373e, *Lois* V, 737c-d. Voir *supra*, le discours de Lysistrata, p. 389-390. Là encore, une mesure quantitative voit sa nécessité confirmée par un événement historique, le déplacement de population des campagnes vers la ville provoqué par la guerre du Péloponnèse (décrit par Aristophane dans *La Paix*). Il avait entraîné une augmentation du nombre des pauvres et une concentration de la richesse, d'où une guerre civile latente, la pire des maladies pouvant frapper une cité. Voir C. Mossé, Introduction à l'*Économique* de Xénophon, *op. cit.*, p. 135-140.

de hasards multiples (géographiques, économiques, linguistiques ou religieux) en une réalité proprement politique où régneront la concorde et l'amitié.

Première conséquence (293d4-e2)

Cette étape du raisonnement a un résultat déconcertant : les moyens prescrits au véritable politique sont exactement les mêmes que ceux utilisés par les faux, et ces derniers les justifient de la même façon, en déclarant avoir pour fin de garantir à la cité sa sécurité, sa paix civile, son existence. Or cela ne revient-il pas à leur reconnaître une compétence en matière de gouvernement, comme si gouverner imposait forcément le recours à des moyens identiques ? Si ces moyens sont nécessaires, légitimes et bons, en quoi la pratique du vrai politique diffère-t-elle ? La possession d'un savoir ne devrait-elle pas conduire à employer des moyens moins rudes, et pour tout dire moins scandaleux ? Cette objection compatissante ignore ou préfère ignorer que toute communauté humaine utilise, à toute époque et en tout lieu, ces mêmes moyens pour se défendre des ennemis extérieurs ou intérieurs qui menacent son existence. Elle méconnaît ainsi le fait que la science politique a pour but de définir correctement la finalité politique (unifier la cité), et que les moyens de gouvernement ne doivent pas être appréciés moralement, mais relativement à cette fin. Tuer, exiler ou coloniser sont des moyens pouvant être aussi politiquement nécessaires que le sont purgation ou amputation. Si le véritable politique est le médecin de la cité et pas un charlatan[1],

---

1. Socrate avait le droit de prétendre être un médecin victime de la cuisine politique (*Gorg.*, 521e-526a), mais sa médecine était maïeutique, elle ne s'appliquait pas à la cité mais à des âmes, du moins à celles qui consentaient à s'y prêter.

c'est parce qu'il agit *meta phronèseôs* : avec l'aide de sa pensée sage.

Outre ces conséquences pénibles mais inévitables, en résulte une autre, décisive pour toute la suite de l'examen. Les précédentes résultaient de la mesure quantitative que le politique doit savoir quand et comment appliquer pour maintenir une juste mesure qualitative. La suivante est que toutes les constitutions existantes ne sont que des imitations.

Seconde conséquence : les constitutions existantes sont des imitations (293e2-5)

Ces constitutions sont dites être des constitutions « qui imitent », *memimèmenas,* participe parfait du verbe imiter (*mimeomai*) qui peut avoir un sens actif : elles « viseraient à imiter » celle qui est droite, ou un sens passif : elles en auraient l'apparence. Le second sens est ici indissociable du premier : ceux qui dirigent ces faux-semblants de constitutions sont des sophistes capables de produire des images aptes à passer pour « la chose même ». Mais comment peuvent-ils imiter ce dont ils n'ont aucune connaissance ? En s'en faisant une opinion. Imiter sans savoir mais en fonction d'une opinion est la définition dont toutes les autres définitions du sophiste tirent leur possibilité : la sophistique est une « doxomimétique », un art de l'« imitation opinante », et le sophiste un *doxomimetès.* L'opinion peut tomber juste par chance ou être fausse ; quand elle est droite, l'imitateur est un imitateur « naïf » qui croit sincèrement savoir ce dont il n'a qu'une opinion » ; quant à l'autre, c'est un imitateur « ironique », conscient de ne pas savoir mais qui, après « avoir roulé dans les arguments », en a conclu qu'en tout domaine une science est impossible,

même s'il tient beaucoup à paraître savant aux yeux des
autres. Se dessinent ainsi deux figures du politique que
l'on serait tenté de dire permanentes, l'une « idéaliste »
et l'autre « réaliste », l'une ingénument « utopique » et
l'autre convaincue que seule une *realpolitik* est possible.
La première espèce cherche à justifier ses actes par des
discours gorgés de « sublimes considérations », tel
Périclès quand il s'inspire d'Anaxagore, divagations
auxquelles Hippocrate et le discours vrai peuvent servir
de remèdes. La seconde espèce tient sans y croire des
discours démagogiques ayant pour seul but d'assurer le
pouvoir de ceux qui les tiennent[1].

L'Étranger peut donc affirmer que celles « dont nous
disons qu'elles sont régies par de bonnes lois » imitent
la droite constitution « pour en imiter les traits les plus
beaux (*kallia*), et les autres, les plus laids (*aiskhiona*) ».
Cependant, comme aux yeux de certains la constitution
correcte ne saurait avoir aucun trait qui soit « mauvais »,
ne faudrait-il pas plutôt penser que ces expressions visent
la qualité « bonne ou tout à fait mauvaise » de l'imitation
(comme *kalôs* ou *pagkakôs* en 300e1, 12) et non pas ce
qu'elle imite[2] ? Or les objets imités sont ici au pluriel et
les pluriels sont au comparatif : ce sont bien des traits
plus ou moins beaux ou laids de la droite constitution que

---

1. Cf. *Phèdre*, 269e1-270c10, *Soph.*, 268b1-9.
2. C. Rowe (*Plato. Statesman, op. cit.*, note ad 293e4-5, p. 222)
critique ainsi la traduction donnée par Diès et Skemp : il faudrait
traduire « pour le meilleur ou pour le pire ». Une expression parallèle
se trouve en *Phil.*, 40c4-6 : « Il y a dans les âmes des hommes de faux
plaisirs qui imitent (*mèmimèmenai*) les vrais, pour en reproduire les
traits les plus ridicules (*epi ta geloiotera*) » ; on est sans doute plus prêt
à accepter que les vrais plaisirs aient des traits ridicules que disposé à
reconnaître que la droite constitution puisse présenter des traits « assez
laids ». Voir note XXI à la traduction.

ces constitutions imitent. Si leurs gouvernants le font en fonction d'une opinion « bien inspirée », ils reproduisent par opinion droite, donc par chance, ceux qu'ils estiment sincèrement être les plus beaux, par exemple ce que nous disons être de bonnes lois. Les autres en imitent « les plus laids », qui peuvent en effet sembler laids, mais ne sont pas mauvais mais nécessaires.

À Socrate le Jeune d'assurer la transition : « sur tout le reste », l'Étranger lui semble « avoir parlé avec mesure » mais quant à gouverner sans lois, cela lui est trop pénible à entendre, et c'est ce problème qu'il va falloir discuter.

DE LA NÉCESSITÉ DES LOIS (293E-300C)

Le critère du nombre ayant été rejeté, l'analogie avec l'art médical a permis de disqualifier deux des trois critères fréquemment évoqués pour distinguer les divers régimes politiques : consentement ou contrainte, et richesse ou pauvreté. Comme celui de la légalité ou de l'illégalité, ils sont tout à fait secondaires par rapport à la différence principielle entre savoir et ignorance. Cette hiérarchie des critères permet d'identifier les principaux rivaux : ce sont les dirigeants ou prétendus tels qui s'agitent dans les régimes existants. Or cette réponse va développer deux considérations apparemment antithétiques. La première est que le vrai dirigeant ne s'embarrasse pas des lois, ce qui pourrait conduire à estimer que l'Étranger tranche en faveur d'un gouvernement sans lois. Mais un second examen affirme qu'à défaut de science, la seule bonne solution de rechange consiste à rester indéfectiblement fidèle aux lois reçues.

Entre-temps, des difficultés sont évidemment apparues : comment les défauts intrinsèques de la loi, son immobilité, sa généralité, sa cécité, sont-ils susceptibles de se renverser en qualités quand la science politique fait défaut ? Ne faut-il pas alors que le législateur réunisse tout de même un certain nombre de compétences ? Ou que le contenu de la loi permette de répondre le mieux possible à la diversité des circonstances ? Ou encore, suffit-il qu'en soit persuadé l'ensemble de ceux qui sont tenus de lui obéir ? Dans le contexte d'un monde social déserté par les dieux et en l'absence de détenteur d'une science royale, à quoi peut tenir la légitimité de la loi ? À la qualité de son contenu ou à son inscription dans une tradition vénérable ?

LA LOI, SA NATURE ET CE QU'ELLE IMPLIQUE
(293E6-300C3)

Ses imperfections (293e6-294d2)

Toute législation vise à définir et qualifier une espèce de comportements ou de situations par un énoncé *simple*, ou *absolu : haploûn*, et ce *pour toute la durée du temps*. La loi se donne donc comme un énoncé universel et normatif dont la validité n'est pas seulement synchronique, mais diachronique. En ce sens, elle prétend être issue d'un savoir analogue à celui qui préside aux énoncés mathématiques. Mais si ces derniers ont pour principe de ne tenir compte que des identités et des différences entre les réalités qu'ils définissent, les lois ont affaires aux dissemblances et aux disparités existant entre des hommes et entre leurs actes, et leur principe consiste à *décider de les négliger.* Ces deux principes sont exactement inverses : l'un est imposé par la nature des objets *constitués* par une certaines espèce de savoir, l'autre consiste à *ne pas tenir compte* de la nature diverse et fluctuantes de ce à quoi les énoncés s'appliquent. Et si au gré de raffinements successifs la loi atteint un plus haut degré de précision, elle demeure pourtant incapable de saisir toutes les singularités. Car ce faisant, elle s'exposerait, au reproche de se perdre dans les détails et d'étouffer sous des procédures d'exception l'esprit qui l'a inspirée (*Rép.* IV, 426e-427a). De plus, la loi, prétend valoir pour toute la durée du temps. C'est une condition formelle de son autorité : se présenterait-elle comme temporaire qu'elle se rabaisserait à une mesure conjoncturelle et contingente, à un simple décret[1]. Mais aucune des affaires humaines ne reste au repos : voilà qui condamne la loi à l'échec, puisque la manière appropriée de réaliser le bien et de distribuer la justice dans la cité est fonction des changements qui affectent le matériau qu'elle traite, même si, par ailleurs, le modèle à imiter – donc la finalité à atteindre – est stable. Ce passage apparaît donc, au cœur du Dialogue, comme un point de jonction critique entre la réhabilitation de la loi et le fait de réserver l'esprit d'à-propos (*enkairía*, 305d3) à la science royale.

Ce n'est pas seulement l'éventuelle inadéquation du contenu de la loi qui est critiquable, sa modalité judicatoire l'est également. En stabilisant une opinion, elle l'arrache au mouvement de la pensée et refuse toute mise en question (294c). C'est pourquoi, avant même d'être gravée dans la pierre ou dans le bois, elle est naturellement apparentée à l'écriture; sa forme canonique et indifférente à la complexité la prédispose à devenir chose écrite matériellement fixée, sa nature

---

1. Comme le souligne F. Teisserenc, « "Il ne faut être en rien plus savant que les lois". Loi et connaissance dans le *Politique* », *Études philosophiques*, 74 (3), 2005, 368.

prescriptive la voue à adopter une forme aphoristique. Ce qui est incompatible avec l'intelligence, ce n'est pas la loi en elle-même, c'est son immuabilité. Pourtant, en dépit de ses graves insuffisances, la loi n'est pas condamnée par l'Étranger, et sa réhabilitation se déroule en deux étapes. Il va montrer d'abord qu'elle reste un instrument utile dans les mains du vrai politique, puis expliquer qu'elle s'avère être, quand la science est absente, le seul substitut recevable.

L'analogie avec la gymnastique (294d3-295b9)

Le premier argument avancé en faveur de la loi se fonde sur une nécessité structurelle de l'action politique, dans la mesure où celle-ci est amenée à se soucier simultanément de plusieurs réalités différentes. Le paradigme choisi pour illustrer cette nécessité est la gymnastique, c'est-à-dire ici l'ensemble des exercices sportifs que l'on pratique nus, dont le principal est la course. La gymnastique présente en filigrane plusieurs similitudes avec la législation : elle rassemble des hommes en un même lieu, la palestre privée ou le gymnase public, les assujettit à une même temporalité (les coureurs partent au même moment, les jeux sportifs ont lieu selon un calendrier déterminé), les soumet à une activité commune (les exercices physiques) et les oriente vers un même but (la victoire). Le *Gorgias* nous a rendu ce rapprochement familier : la législation y était en effet présentée comme l'antistrophe de la gymnastique[1]. On remarque moins d'ordinaire la spécificité de son traitement dans le *Politique*, qui la définit comme un entraînement collectif en vue d'une compétition. L'Étranger fait observer que les maîtres

---

1. Cf. *Gorg.*, 464b8-9.

de gymnastique estiment qu'il est inutile de raffiner en prenant en considération chaque compétiteur, et qu'il faut au contraire prendre des mesures générales profitables à la plupart d'entre eux (« pour la plupart du temps et pour le plus grand nombre »). Cela ne tient pas, ou pas seulement, aux limites du savoir de ces experts : il s'agit d'une exigence positive de leur art et non d'une recommandation faute de mieux. Car l'objectif n'est pas ici de déterminer la gymnastique la plus utile pour chacun afin de maintenir sa santé (c'était la perspective du *Gorgias*), auquel cas en effet les prescriptions devraient s'adapter à l'idiosyncrasie de chacun, aussi bien relativement au type d'exercice pratiqué qu'à la manière de le pratiquer. Or les experts les préparent à une compétition qui est la même pour tous : voilà qui contraint de donner à l'entraînement une certaine homogénéité, chacun devant également acquérir la faculté de se mesurer aux autres. Reste que l'analogie avec la gymnastique ne vise pas tant à souligner la capacité de la loi à rendre possible la vie commune des citoyens qu'à montrer en quoi certaines dispositions générales sont susceptibles de sauvegarder ou d'améliorer la situation d'ensemble des citoyens. La dimension instituante de la loi intéresse ici moins l'Étranger que sa valeur méliorative. Comme le maître de gymnastique, le politique, aussi savant soit-il, ne peut multiplier à l'infini les prescriptions pour tenir compte de la diversité des situations concrètes. L'hypothèse d'un politique s'asseyant auprès de chacun, à tout instant de sa vie, et lui prescrivant ce qu'il doit faire est une hypothèse impossible. Le seul recours est de s'en tenir à un certain niveau de généralité, donc à l'usage subséquent de la loi.

Sa généralité est justifiée quand le groupe auquel elle s'applique est relativement homogène, les différences individuelles pouvant être tenues pour négligeables. Une similitude corporelle rassemble en effet les athlètes qui acceptent de participer à des jeux collectifs (la lutte réclame des corps massifs, la course des membres déliés), mais chacun retire un bénéfice des exercices communs prescrits par les maîtres de gymnastique. De même, en politique, les différences d'individu à individu et de situation à situation ne sont pas telles qu'elles excluraient toute ressemblance : il est donc possible de formuler des règles qui valent pour la plupart des cas. Quant à sa fixité, elle est acceptable en l'absence de l'homme compétent, elle pallie l'absence provisoire du maître, se substitue à lui pour indiquer ce qu'il convient de faire lorsqu'il part en voyage par exemple. Elle fait également fonction d'aide-mémoire : elle rappelle utilement les prescriptions et sert de remède à l'oubli[1]. La loi corrige donc une double imperfection, l'une étant qu'en matière humaine, il n'y a de science que du général, l'autre étant que la plupart des hommes sont incapables de se gouverner eux-mêmes.

Cette loi dont on vient de voir la raison est-elle pour autant intangible ? Assurément non. Le médecin qui s'aperçoit à son retour d'une amélioration du milieu, modifie ses ordonnances au lieu de maintenir les anciennes et le politique fait de même si les circonstances extérieures ont changé. Aucun des deux n'est cependant délié de respect à l'égard de la loi. Placé dans des conditions similaires à celles des autres individus qui y sont soumis, à titre de patient ou de citoyen, le politique est tenu à la même obéissance, pour autant toutefois qu'il la juge appropriée. Cette dernière clause est évidemment ce qui distingue le législateur compétent du reste des citoyens.

1. Cf. *Phèdre*, 274e.

C'est donc l'art qui dispose de la faculté « de provoquer les changements appropriés », et cet art peut aussi bien être celui de l'auteur initial de la loi que celui d'un individu doté de la même connaissance. Cette remarque de l'Étranger vise à exclure toute personnalisation de la législation et, de ce fait, à empêcher l'immobilisme qui résulterait de la sacralité d'une autorité reconnue.

Lorsque l'Étranger compare la loi à « un homme présomptueux et ignare qui n'autorise personne à rien faire de contraire ni à lui poser aucune question, pas même si finalement advient quelque chose de neuf et de meilleur allant à l'encontre de ce que lui-même a édicté », il souligne qu'il est impossible à celui qui possède la science de se refuser à faire ce qui constitue sa science comme science, rendre raison (*didonai logon*)[1]. Aussi faudrait-il conclure que contrairement au tyran, le vrai politique est celui qui est à même de démontrer la supériorité absolue et relative de chacune de ses décisions. La question du consentement, du moins de ce consentement rationnel à une politique scientifique qui expose ses motifs et ses raisons, ne peut donc être écartée. Elle est consubstantielle à l'idée même d'un gouvernement scientifique, comme le montreront les *Lois*, en affirmant la nécessité de faire précéder chaque loi d'un préambule qui soit persuasif et fasse que la loi soit acceptée de bon gré[2]. En outre, la science politique ne devrait avoir guère de mal à convaincre les citoyens du bien-fondé des mesures qu'elle prend à leur égard, car la distance de la vraie rhétorique à la dialectique est, d'après

---

1. *Pol.*, 286a4-5, cf. *Prot.*, 336c1, *Phédon*, 76b5-6, 78d1, 101d7, *Banq.*, 202a3, *Rép.* VI, 510c7-8, VII, 531e5, 534b5.
2. *Lois* IV, 722a-723d.

COMMENTAIRE

le *Phèdre*, fort courte. Le *Politique* lui-même en fait une science « précieuse » : pourquoi, dès lors qu'on dispose de cette « ouvrière de persuasion », ne pas y recourir systématiquement ? D'autant qu'à tenir le citoyen dans l'ignorance de son bien (ce qui se passe quand celui-ci est contraint d'agir sans comprendre), le politique ne le corrige pas de ce que le *Sophiste* appelle sa « laideur » (l'ignorance) pour la distinguer de la « maladie » que lui infligent ses vices. Le remède convenant à la première est l'éducation, tandis que celui de la seconde est la justice, en son sens pénal[1].

Contrainte ou persuasion ? (295b10-296d5)

Une analogie avec la médecine est censée légitimer l'usage de la contrainte, or celle-ci ne va pas sans difficultés. D'abord, le patient reste libre de suivre ou non le régime prescrit, pas le citoyen[2]. Ensuite, l'analogie implique de reconnaître aux habitants de la *polis* la même homogénéité structurelle que celle des corps humain soignés par le médecin. La purification politique des mauvais éléments de la cité – par mise à mort, exil ou déportation en des colonies (308c4, 309a1-2) – est-elle réellement analogue à une purgation ou une amputation médicale ? Politique et médecin sont animés par une même intention : agir pour le bien de la cité, ou du patient. Or c'est le même genre d'intention qui est attribué par Lysias aux Trente Tyrans[3]. Le critère de la science suffit-il à se débarrasser de cette question : qui bénéficie de la science politique ?

1. Cf. *Soph.*, 228d.
2. Voir *Rép.* III, 406d-e. *Cf.* Aristote, *Pol.*, 1324b22-31 (*cf.* 1287a38).
3. *Discours*, 12, 5.

Cette entité supérieure et englobante que serait la cité, totalité unifiée pouvant exiger le remodelage et le sacrifice de ses parties, ou les citoyens ? Enfin, l'analogie médicale peut sembler difficilement conciliable avec l'opinion que doivent partager tous ceux vivant dans une cité gouvernée par un homme de l'art, à savoir que le traitement que ce dernier leur inflige est nécessairement juste, beau et utile, les préserve et les rend meilleurs autant qu'il est possible. Sur ce point, la réponse platonicienne est constante : la paix civile et la sécurité garanties par de telles mesures sont les conditions nécessaires du bonheur de tous les citoyens. L'antinomie entre bien privé et bien collectif n'est donc qu'apparente, comme chacun de nous peut le constater tous les jours. La véritable question est plutôt : le gouvernant est-il contraint de les employer, ou le fait-il de plein gré ? L'alternative vaut aussi pour lui. On doit obéir au législateur, dit l'Étranger, parce qu'il sait ce qu'il fait. Mais comment savoir qu'il sait ce qu'il fait, s'il ne s'explique pas ?

Une distinction établie dans les *Lois* est éclairante à ce sujet : l'Athénien est sorti de son rêve par une question de Clinias, qui invoque la variété des délits pour critiquer l'unicité de la peine proposée par le législateur. L'Athénien se heurte donc à la difficulté d'imposer l'unité de la loi à une multiplicité empirique pratiquement illimitée. L'analogie médicale le conduit alors à opposer deux espèces de médecin : « Nous n'avons pas fait une mauvaise comparaison quand nous avons comparé tous ceux pour qui, à cette heure, on institue des lois, à des esclaves qui ont des esclaves pour médecins. » Mais au livre IV, le médecin, s'il n'est pas un esclave mais un homme libre, examine le mal « depuis l'origine et selon ce qu'exige la nature » ; il dialogue avec le malade et en apprend quelque chose en même temps qu'il l'instruit autant qu'il le peut [1]. Si alors « l'un de ces médecins, guidé par une expérience que n'accompagne pas le raisonnement » rencontrait « un médecin libre en train de dialoguer avec un malade de condition libre et d'argumenter d'une manière qui se rapproche du philosopher », il se moquerait de lui. « Fou que tu es, dirait-il, ton malade, tu ne le soignes pas, peu s'en faut au contraire que tu ne fasses son instruction, comme s'il demandait, non pas à devenir bien portant, mais à devenir médecin. » Le bon législateur ne veut pas non plus imposer de force ses prescriptions, il préfère justifier et expliquer ses lois en les faisant précéder de préambules. Mais le médecin (comme le pilote, dont le pouvoir est indiscutable en cas de tempête [2]) n'exerce son pouvoir qu'à des moments et dans des domaines limités, tandis que l'autorité du politique s'étend à tous les aspects publics de la vie des individus. Il ne veut pas plus que le médecin libre rendre philosophes les citoyens qu'il gouverne, seulement les rendre capables d'adhérer à ses lois en en comprenant le bien-fondé, et ainsi aptes, autant qu'il est possible, à se gouverner eux-mêmes. On doit admettre que, dans une cité bien gouvernée, des citoyens droitement éduqués auront appris à discerner ce qui est véritablement bon pour eux, mais comme l'a montré le mythe, la sagesse qu'ils auront acquise est souvent impuissante face aux désirs qui leur sont « connaturels » [3]. Il serait vain d'attendre de chaque citoyen la grandeur

1. *Lois* IX, 857b-c ; IV, 720d ; IX, 857c-d.
2. *Cf.* Hérodote, 8.118.
3. Voir p. 343-346.

d'âme dont fait preuve Socrate dans le *Criton*. Il a envers les lois d'Athènes une dette, ce sont elles qui l'ont nourri, éduqué et lui ont conféré des droits civiques, et si elles ne lui plaisaient pas, elles lui laissaient en tout cas toute liberté de partir où il voulait. Il n'a donc d'autre choix que de leur obéir, ou de les convaincre si elles ne parlent pas comme il le faut. La valeur intrinsèque de ces lois n'est pas en cause, car ce ne sont pas elles qui sont injustes, mais les hommes qui les appliquent[1]. Mais il s'agit dans le *Politique* d'une injonction contradictoire : obéir aux lois et sauvegarder l'autorité de la science politique, qui comme la science médicale ne saurait être détenue par tout un chacun. L'ironie est que ce qui fonde la supériorité de la science sur la loi est en même temps ce qui la dispense d'avoir à persuader chaque individu de sacrifier ce qu'il estime être son propre intérêt. Ce qui résout néanmoins la question de savoir laquelle est la situation générale, et laquelle est exceptionnelle. La tension entre bien individuel et bien collectif, jointe au privilège tacite accordé au second dans la mesure où le premier en dépend pour une grande part[2], explique la nécessité de se passer, si besoin est, de la persuasion et du consentement. Ce n'est pas là une règle générale, ce qui reviendrait à faire du roi un mauvais tyran, mais une prise en compte du fait que, lorsque des prescriptions, médicales ou légales, risquent d'avoir des effets douloureux donc de susciter des résistances, c'est dans un cas la santé et dans l'autre la justice qui doivent prévaloir.

1. Cf. *Criton*, 50a-54d.
2. Cf. *Rép.* IV, 419e-421c.

En 295e6, l'Étranger renoue en effet avec le vocabulaire du troupeau et du pastorat, soulignant ainsi une certaine similitude entre le pasteur divin et le vrai politique. Or il est significatif qu'à côté du mâle adulte, il choisisse la femme et l'enfant comme ceux à l'égard de qui le médecin est dispensé de fournir une explication. C'est que, à l'instar des esclaves, ils ne sont pas en mesure de saisir le bien-fondé et l'importance du remède qui leur est prescrit. Autrement dit, la violence exercée sur les citoyens par le détenteur du savoir ne serait justifiée que si la différence de nature entre gouvernés et gouvernant est telle que le second dispose d'une science à laquelle les premiers n'ont pas accès. Tout au plus pourrait-il les persuader de cette opinion droite que leurs gouvernants agissent rationnellement pour leur bien, et que le traitement subi de la part des chefs est bon, juste, approprié. Mais ils n'en ont pas le savoir, car s'ils l'avaient, ils inclineraient d'eux-mêmes à faire ce qu'on leur demande. Or si le présupposé d'une différence radicale de nature entre gouvernant et gouvernés a été récusé par le mythe, – elle relèverait de l'âge de Kronos[1] – exclut-elle celle entre la science et l'opinion ? La possibilité de recourir à une persuasion rationnelle n'est plus seulement une option mais une obligation, un trait structurant du pouvoir scientifique[2].

Dans quelles conditions convient-il d'opérer un changement dans les lois ? Il faut certes que l'opportunité

1. *Cf.* 275a1, c1-4, 276d5-6.
2. Le *Gorgias* (458e *sq.*) distingue deux formes de persuasion : la persuasion rationnelle, qui procède de la science, et la croyance, ou *pistis*, qui procède au mieux de l'opinion droite ; le *Politique* fait écho à cette distinction en opposant la persuasion résultant de fables et celle qui procède d'un enseignement (304d1).

s'en fasse sentir et il appartient à la science politique d'en décider. Mais encore faut-il tâcher d'en persuader le peuple ? L'Étranger cite un adage allant en ce sens : « si quelqu'un connaît de meilleures lois que celles de nos devanciers, il doit les promulguer dans sa propre cité après avoir persuadé chaque citoyen », mais c'est pour le critiquer. Il faut cependant remarquer que sa critique ne consiste pas à justifier toute forme de contrainte, mais seulement celle qui obligerait le patient à transgresser des lois écrites.

Toutefois, la vraie raison qui inspire les propos de l'Étranger et dicte sa réticence à faire du consentement un critère du régime de l'authentique politique est la possibilité de connaître ce qui est réellement bon : il faut « avoir vu l'*idea* du bien si l'on veut agir sagement [avec *phronèsis*], soit dans la vie privée, soit dans la vie publique »[1]. Il serait à coup sûr préférable que chacun puisse la voir, mais si la « voir » signifie la saisir dialectiquement, être un dialecticien philosophe n'est possible qu'à quelques uns ; il en va de même dans une dialectique parménidéenne, où c'est la connaissance de la juste mesure de l'ensemble de la cité qui aurait cette fonction, et c'est seulement aux véritables politiques qu'elle appartient. Savoir ce qu'il en est du bien et en particulier du sien propre est malheureusement réservé à un petit nombre. Le grand nombre peut toutefois en acquérir une opinion droite, et l'éducation comme une bonne rhétorique y contribuent. La nature unique et toujours même de la science doit s'imposer à la multiplicité indéfiniment diverse et fluctuante des opinions pour les

1. *Rép.* VII, 517c4-5.

rendre droites, ce qui se traduit par la priorité politique de l'obéissance aux lois sur le consentement. Pourtant, un principe avait été énoncé un peu plus haut : « Le meilleur n'est pas que la force appartienne aux lois, mais à l'homme qui, avec le secours de la pensée sage (*meta phroneseôs*), est un homme royal [1] » (294a7-8). Il va être repris et justifié.

La position de l'Étranger est donc assurément subtile, mais les contradictions qu'elle semble présenter disparaissent à condition de distinguer clairement les deux perspectives sous lesquelles ce problème est envisagé. En tant que *critères* d'un bon gouvernement, contrainte et consentement doivent être rejetés. En tant que *moyen* de gouvernement, la contrainte peut être justifiée si elle procède d'une perception juste de ce qui est opportun et requis. Le paradigme médical n'intervient que dans ce second cas, celui où l'expert se heurterait à une obstination déraisonnable, comme celle de s'en tenir quoi qu'il arrive aux lois écrites. C'est donc l'usage généralisé de la force qui est condamné en 276d11-e4, où il sert à distinguer le tyran du roi. Mais l'utilisation ponctuelle de la contrainte suppose un consentement préalable, car encore faut-il que patients et gouvernés soient persuadés en général (même s'ils se révoltent contre une mesure particulière) que lorsque médecin et politique font preuve d'autorité, c'est dans le seul but de les faire passer d'un état pire à un état meilleur. Gorgias n'avait donc pas tort d'accompagner son frère médecin, et le politique a raison de voir dans la rhétorique une science « précieuse et parente ».

1. Sur l'expression *meta phronèseôs* et sur la *phronèsis*, voir *supra*, p. 495-497.

Un modèle à suivre : l'homme royal
et législateur (296d6– 297b5)

Qu'en est-il de cet homme royal lui-même, dont l'autorité s'impose en vertu de sa science? Il est à lui-même sa propre norme, et la norme à l'aune de laquelle juger toutes les constitutions existantes. Grâce à sa pensée sage, il a pu affranchir son jugement de toute dépendance à l'opinion et aux appétits. Sa supériorité à l'égard de la loi ne tient pas à sa capacité de « prescrire avec exactitude ce qui convient à chacun en passant sa vie entière à ses côtés ». Cette hypothèse, qui aurait le mérite de dispenser le politique de « se lier les mains » en écrivant des lois, n'est pas seulement impossible, elle est absurde en raison de la disproportion existant entre le nombre des citoyens et celui des hommes capables d'acquérir la science politique. Une liberté maximale est ainsi accordée au politique, dans la mesure où elle écarte le paradoxe de l'*autonomie politique*, c'est-à-dire la situation contradictoire de prescription et de soumission simultanées à sa propre règle, situation analogue à celle de l'*autonomie naturelle* qu'avait connue le Monde quand le dieu lui avait ordonné d'être son propre maître[1]. La véritable liberté politique, au contraire, résulte pour la science royale du fait d'être principe et cause des lois : elle dispose de la possibilité de remanier ses injonctions afin de les adapter au gré des circonstances. Cette liberté coïncide avec l'exercice souverain de la *phronèsis*.

Que signifie donc « diriger la cité » avec « l'assistance de la pensée sage » ou avec intelligence (*meta noû*) ? Les deux expressions sont ici équivalentes L'Étranger

---

1. Voir *supra*, p. 373-374.

revient sur l'analogie du capitaine de vaisseau « qui veille constamment à ce qui est avantageux pour son navire et ses marins, sans édicter de règles écrites mais en donnant à son art force de loi, assure la sauvegarde de ses compagnons de navigation ». La perspective est ici conséquentialiste et non pas déontologique : la règle écrite est écartée en raison de son insuffisance intrinsèque. L'action du politique ne saurait être valorisée par le principe qu'elle mettrait en œuvre, mais par l'amélioration effective des êtres soumis à son gouvernement. Comme dans toute dialectique parménidéenne, ce sont les conséquences qui décident de la valeur de l'hypothèse. L'échec ou la réussite de l'action ne se mesure pas à la seule survie de l'organisme politique, selon un critère purement immanent, mais bien plutôt à l'excellence qu'il a pu atteindre selon une norme fondée sur la connaissance de la nature des hommes qu'il gouverne, donc sur une anthropologie.

L'Étranger précise d'ailleurs que le chef compétent s'efforce de « rendre, autant qu'il est possible, tous les citoyens meilleurs, de pires qu'ils étaient » en leur distribuant « en toute occasion, avec art et intelligence, ce qui est le plus juste ». La nature du « juste » n'est pas spécifiée, mais il ne fait pas de doute qu'il s'agit de donner à chacun ce qui lui est dû pour devenir un être achevé, le meilleur possible. Cette distribution est faite avec intelligence (*noûs*) et art (*tehknè*) : ces deux termes qualifient aussi bien la manière dont la distribution s'opère que ce qui s'ajoute à ce qui est distribué pour le rendre le plus juste possible[1]. Par l'une et par l'autre voie, les citoyens reçoivent donc leur part de cette intelligence et de cet art. Loin de les tenir dans l'ignorance du bien qui

---

1. Cf. *Lois* IV, 714a2.

leur est échu, la distribution intelligente est aussi celle qui favorise chez tous l'intelligence de la distribution.

Ce point est fondamental, car il n'engage pas seulement le rapport entre politique et éthique, mais celui entre politique et anthropologie : serait-ce donc par leur participation à la justice, qui se traduit en ce qui les concerne par une obéissance de plein gré à de bonnes lois, que les bipèdes sans plume que continuent à être les hommes à ce moment du Dialogue pourraient devenir raisonnables ? Nous pourrions nous étonner du traitement rapide de ce problème, qui ne sera résolu qu'à la fin ; pour l'instant, l'Étranger se contente d'assurer la transition entre la définition de la science royale comme science prescriptive et ses divers aspects touchant la maîtrise du *kairos*.

IMITATIONS ET PARADOXES (297B6-300C3)

La seconde ressource (297b6-e6)

Dans la mesure où seul un petit nombre d'individus s'avèrent capables d'accéder à la science politique, prescrire des lois constitue pour les constitutions imparfaites un pis-aller permettant de rendre la vie supportable. Cette solution de fortune, imposer le respect des lois, a pour effet d'empêcher tout comportement contraire, qui se trouvera menacé de mort, sinon des pires châtiments[1]. L'Étranger considère en effet ce respect comme étant une « chose de second rang », qui deviendra en 300c2 une

---

1. Cet interdit fondamental apparaît sous une forme analogue à la fin du mythe du *Protagoras* (322d). Or ce n'est pas le respect inconditionnel de la loi qu'impose Zeus aux hommes, il leur envoie la Justice et la Honte.

« seconde navigation » (*deuteros ploûs*), c'est-à-dire une
« navigation de remplacement ». Quoiqu'elle apparaisse
dans un contexte où le modèle de la navigation a contribué
au raisonnement, elle semble être ici une métaphore
morte. Dans le *Phédon*, elle désigne le passage d'une
recherche des causes finales à des causes eidétiques, et il
est difficile de croire que les secondes soient inférieures et
moins explicatives que les premières. Protarque affirme
dans le *Philèbe* : « Mais s'il est beau pour le sage de tout
connaître, une *seconde navigation* semble être de ne pas
s'ignorer soi-même[1]. » L'expression désigne là aussi
plutôt un changement de perspective que la poursuite
d'une même fin par des moyens alternatifs : le savoir n'est
plus conçu comme une connaissance omni-extensive
mais comme une réflexion de soi sur soi, préalable
essentiel à toute autre entreprise de connaissance. Dans
ces deux passages, la « seconde navigation » ne désigne
pas un procédé de remplacement, mais un procédé
plus sûr, qui tire parti des erreurs précédentes en vue
d'atteindre un résultat différent de celui escompté par
la première navigation. Enfin, les *Lois* utilisent la même
expression (*to deuteron*) au sujet de la nécessité de la loi :
si la science politique impose le souci du bien de la cité au
lieu des biens particuliers, la finitude humaine entraîne un
égoïsme et une ambition tels qu'aucun naturel ne paraît
assez doué pour maintenir la primauté du bien collectif
sur le bien individuel. Le respect de la loi par tous les
citoyens constitue un substitut indispensable[2], un critère
qui distingue l'homme des bêtes, car en l'absence de la

---

1. Cf. *Phédon*, 99c, *Phil.*, 19c1-3 ; voir M. Dixsaut, *Platon. Phédon,
op. cit.*, note 276 p. 371-373.

2. *Lois* VI, 725c-d.

science politique et d'un homme capable de l'appliquer, il rendra possible de vivre dans une cité :

> Si jamais naissait un homme naturellement apte, par faveur divine, à s'approprier ces principes, il n'aurait plus besoin de lois pour se commander. Car aucune loi ni aucun ordre n'est supérieur à la science, et l'intellect ne peut être, sans impiété, serviteur ni esclave de quoi que ce soit. Il doit être le gouvernant universel, s'il est réellement vrai et libre comme l'exige sa nature. En réalité, cette situation n'arrive aucunement nulle part, sinon petitement. Pour cette raison, il faut choisir la seconde solution, l'ordre et la loi, qui ne voient et ne considèrent que la plupart des cas, mais sont incapables de saisir l'universel. (*Lois* IX, 875c3-d5)

Les deux textes se distinguent sur le seul fait que le *Politique* identifie la seconde navigation à la *norme* de respect de la loi, tandis que les *Lois* assimilent le second choix à la législation elle-même. La seconde navigation ne permettra pas d'atteindre ce que procure la science politique, mais au moins en offre-t-elle une imitation. Les *Lois* partent du postulat que le politique véritable – disons le roi philosophe de la *République* – est absent de la cité des Magnètes dont l'Athénien doit dessiner la constitution. Si, dans ces deux Dialogues, l'expression se rencontre dans un contexte politique, le *Politique* ne part pas d'un postulat semblable, mais d'une définition de la véritable science politique, et s'il est certain qu'aucun des politiques passés et présents n'en a fait preuve, rien ne force à conclure que ce sera toujours le cas. Le *Politique*, comme on peut le constater à maints endroits du Dialogue, occupe ainsi une place intermédiaire entre la *République* et les *Lois*. De la venue annoncée d'un homme, et même de plusieurs, possédant cette science royale, il passe à leur venue improbable, mais pas impossible (comme elle l'est dans les *Lois*[1]); et, moins prudent que l'Athénien, l'Étranger ne s'emploie pas à légiférer, il reconnaît seulement qu'en l'absence de naturels philosophes, d'hommes royaux ou de « tyrans modérés », c'est le respect des lois qui évitera le pire. La subordination de la loi à l'intelligence du bon politique en fait certes un instrument de gouvernement parmi d'autres et non plus le lien constitutif de la cité. Mais comme il est impossible que la sagesse du gouvernant s'applique à chaque moment à chaque cas particulier, elle doit pour gouverner réclamer l'obéissance aux lois, quand celles-ci sont des expressions de la science prescriptive et non pas des décisions issues du vote d'une assemblée d'ignorants. Entre Charybde, les actes criminels de certains techniciens ayant pouvoir de vie et mort, et Sylla, la dictature de l'opinion ignorante, c'est sans doute la moins mauvaise solution.

C'est pourquoi l'Étranger va se livrer à une analyse historico-politique des raisons qui ont fait adopter à un certain nombre de régimes politiques cette deuxième ressource. Naturellement, si l'obéissance stricte à la loi est apparue à beaucoup comme le remède le plus utile aux maux dont les cités pouvaient souffrir, c'est sans doute qu'ils ont pu être confrontés à une forme de gouvernement arbitraire, capricieux et cruel, sorte de double inversé du pouvoir de l'authentique politique. Ayant dû en subir la violence et ayant compris la possibilité toujours menaçante de sa renaissance, ils ont vu dans légalité le meilleur moyen d'y faire obstacle : au pouvoir personnel d'un seul, ils préfèrent le pouvoir impersonnel de la loi. Tout changement de loi constitue pour eux une transgression

1. Cf. *Lois* IV, 709e-710d.

« honteuse, injuste et mauvaise ». En cela, ils rejoignent l'Étranger, mais par un chemin inverse. Alors que celui-ci envisage d'abord le pouvoir éclairé du maître en science politique, puis fait le constat de son absence ou du moins de sa rareté, et se rabat alors sur le gouvernement de la loi, l'opinion la plus avisée ayant cours dans les régimes imparfaits (c'est-à-dire ceux réellement existants) a fait que le choix de la cité s'est porté sur un chef, lequel, une fois au pouvoir, s'est cependant empressé de renier ses promesses de liberté pour devenir à son tour un tyran aussi redoutable que le précédent. Ils on ainsi du même coup empêché l'exercice du pouvoir par un véritable politique. Reste que ce qui explique encore davantage la convergence des démarches – celle, empirique, des praticiens de la politique, et celle, dialectique, de l'Étranger et du Jeune Socrate – est la ressemblance troublante entre ce que les uns fuient et ce que les autres regrettent. Le tyran, bien réel, est la seule image que ces tenants de la légalité peuvent avoir du véritable politique.

Un scénario historique (297e7-300c3)

L'Étranger restitue le parcours des cités vers la loi en esquissant d'abord le portrait d'étranges personnages exerçant une autorité despotique en raison de leur compétence : pilote ou médecin, par exemple. Le premier soignerait ou maltraiterait à son gré, recevrait un salaire sans en faire aucunement bénéficier le patient et ferait périr ce dernier contre rémunération par un tiers. Le second débarquerait ses passagers sur un rivage ou les projetterait dans les flots, après les avoir dépouillés de leurs biens. Pour éviter de telles dérives, une assemblée prendrait un décret pire que le mal : autoriser tout un chacun à émettre un avis en des matières dont il ignore tout (instruments médicaux, remèdes, navigation, combat naval), diffuser ces décisions sous la forme de coutumes ou les promulguer sous la forme de lois. Mieux encore : il serait possible de confier l'administration de ces arts à des magistrats tirés au sort et de leur imposer une procédure de reddition de comptes. Enfin, une loi condamnerait quiconque pratiquerait ces arts en dehors des règles établies (299b-c) : ces quelque lignes reprennent les deux chefs d'accusation portés contre Socrate par Mélétos. Le premier est qu'un Socrate, représenté suspendu dans un panier dans les *Nuées* d'Aristophane, mène des recherches sur les phénomènes célestes, « atmosphériques »[1] ; le second, qu'il corrompt la jeunesse – le verbe *diaphteirô* revenant alors de façon insistante[2]. Dans l'*Apologie*, la portée logique et pratique du rapport entre savoir et respect des lois était absente, c'était sa conséquence religieuse qui comptait ; mais tel qu'il a été posé jusque là par l'Étranger, c'est sa conséquence tragique qui risquerait d'être oubliée. Inscrire le problème dans cet horizon en marque la gravité et indique le véritable enjeu de cette partie du Dialogue. Que ce passage ne soit pas dépourvu d'ironie, et que Platon prenne un malin plaisir à retourner les accusations contre les accusateurs, n'empêche pas qu'il ait aussi une autre résonnance : la bouffonnerie du « décret » est grinçante, la mort de Socrate est toujours

1. Pour l'association entre ces deux termes, Leitmotiv du « mépris des intellectuels », cf. *Crat.*, 401b6-8 et *Phèdre*, 269e9-270a1, à propos de l'utilisation rhétorique d'Anaxagore par Périclès : « Les plus importants des arts requièrent tous un bavardage alambiqué (*adoleskhia*) et des considérations élevées à propos des phénomènes célestes (*meteôrologia*). »

2. Cf. *Apol.*, 19b-c. Pour *diaphteirô*, « corrompre », cf. *Apol.*, 23d2, 24b9, d5, 25a6, 10, b2, 4, 8, d5, e6, 26a2, b3, 6, 30b5, 33b1, 34a7.

restée pour Platon une raison plus que suffisante de mettre en cause la politique et les institutions démocratiques d'Athènes.

S'il y a des arts, il est absurde de vouloir légiférer à leur sujet ; de même, s'il y a une science politique, il serait tout aussi absurde de l'assujettir à la loi. Autre manière de réaffirmer la supériorité de la science sur la loi et la nécessité de l'affranchir de toute soumission à quelque instance extérieure que ce soit. Il n'y a pourtant pas d'exemple, en Grèce du moins, de législation publique concernant les arts libéraux, *a fortiori* les arts mécaniques. Dans le *Protagoras*, la description de l'assemblée démocratique précise au contraire que ce sont seulement des experts qui sont autorisés à se prononcer dans les questions techniques [1]. Le Moyen Âge connaîtra plus tard l'idée et la pratique d'un assujettissement des seconds, les mécaniques, aux premiers, les libéraux, les maîtres des uns devant demander aux maîtres des autres leur autorisation pour procéder à telle ou telle innovation. Si un gouvernement populaire se mettait en tête de légiférer sur les nombres ou sur le plan, sur les solides ou sur le mouvement, son ignorance aboutirait à coup sûr à des mesures absurdes. Quel pourrait en outre être le but de brider l'innovation en architecture, en culture des plantes ou en fabrication d'outils ? La volonté de sacraliser une tradition, la crainte que ce désir de changement ne soit contagieux et se propage à la politique et à la religion, mettant ainsi en danger une autorité que les détenteurs du pouvoir n'ont aucun intérêt à laisser ébranler. Le discours des Corinthiens aux Lacédémoniens chez Thucydide montre qu'une telle crainte n'a rien d'absurde : selon eux,

1. Cf. *Prot.*, 319b-d, 322d-323c.

« il est nécessaire que, comme dans les arts, la nouveauté l'emporte » (I, 71, 3)[1]. La formule « Nul besoin, en effet, d'être plus savants que les lois (*tôn te nomôn sophôteroi*), vu que personne n'ignore ce qui regarde l'art médical et la santé, non plus que l'art naval et nautique » reprend en grande partie celle du dirigeant Cléon[2] condamnant les orateurs subtils voulant paraître tels. Elle se comprend mieux si l'on a à l'esprit le caractère foncièrement conservateur et anti-intellectuel d'une partie des démocrates athéniens. Car « il est possible, en effet, à qui le désire d'apprendre les écrits et les coutumes nationales établies », mais il n'est pas difficile de prévoir quel effet stérilisant aura le respect de ces lois et coutumes figées.

L'Étranger dresse alors une liste des disciplines concernées, reprenant la plupart des espèces distinguées au fil des divisions et allant de l'art militaire à l'élevage en passant par la menuiserie pour se conclure par les mathématiques. Toutes impliquent innovations et adaptation, ce que leur caractère écrit contribuera à interdire[3]. Seraient ici dénoncés non seulement les *suggrammata* à caractère

1. Aristote se situe pour sa part entre Platon et Thucydide (*Pol.* II, 1268b 25-1269a 28, III, 1287a 32 *sq.*). Voir l'article de J. Brunschwig (« Du mouvement et de l'immobilité de la loi », *Revue Internationale de Philosophie*, 1986, 512-540) qui discute J. de Romilly (*La Loi dans la pensée grecque*, Paris, 1971, p. 220-222.)

2. Est donc de nouveau évoquée la troupe sophistique (*cf.* 291a-c), accusée cette fois de « corrompre la jeunesse » et qui plus est d'inculquer à jeunes et vieux le mépris des lois. Sur ce parallèle avec Thucydide (III, 37, 4), voir F. Teisserenc, art. cit., p. 372-375.

3. Trois termes désignent les lois écrites : *grammata* (298e9, 299a3, b5, 300a5), *gegrammena* (299c4-5, d1) et *suggrammata* (299d9, e4, 300a2, 3). Ils débordent le domaine législatif, et le *Politique* est le seul texte où *suggramma* est pris en ce sens étroit ; partout ailleurs, il est synonyme de « traité ». En outre, ce texte juxtapose (et par là distingue) lois et choses écrites, choses écrites et coutumes ancestrales.

juridique codifiant les principes et les règles de tous les arts, mais encore les *suggrammata* à caractère spéculatif (les traités spécialisés, d'inspiration encyclopédique et sophistique, voire les premiers traités procédant à une axiomatisation des mathématiques). L'histoire esquissée par l'Étranger ne serait donc pas un pur artefact destiné à montrer par l'absurde que le pouvoir de la science politique ne saurait être borné *a priori*. Moyennant quoi, il y aurait au moins un art dont l'invention serait critiquable : l'écriture[1] ? Or c'est bien un texte écrit qu'est en train de lire le lecteur du *Politique* : c'est donc qu'un bon usage de l'écriture est possible. L'Étranger va entreprendre de le montrer, non pas à propos de l'écriture en général, mais à propos de l'écriture des lois.

La deuxième partie de la reconstitution hypothétique du parcours ayant conduit à l'adoption de la « seconde ressource » tend à montrer qu'en dépit de ses insuffisances considérables, le chef qui s'écarterait de la loi commettrait une faute pire que celle qui aurait pu résulter de son obéissance scrupuleuse. Il en va de même pour les coutumes non écrites, maintenues grâce à la pression sociale de la « honte » (*aidôs*), qui remplissent les intervalles entre les différentes lois : quand elles s'écroulent, tout le reste risque de s'écrouler avec elles. Or ce qui fondait la pertinence de la liberté du politique, c'était justement son savoir. À défaut de celui-ci, l'absence de contrôle et de règles encadrant son action a pour effet de donner à sa liberté l'allure de la licence, du caprice et de l'arbitraire – de la déraison dont la cité et les membres qui la constituent ne cesseraient de pâtir. Cette seconde erreur serait pire que la première, qui ne risque d'entraîner

1. Cf. *Phèdre*, 274e *sq.*

que la ruine des arts, alors que c'est à la ruine de toute activité (*praxis*) que risque de conduire la seconde. C'est pourquoi, la seconde navigation est plus sûre : le bon politique doit prendre soin des lois, en les édictant et en les modifiant opportunément. Leur évolution et leur adaptation doivent cependant dépendre de lui seul, car un mal encore plus grand que la soumission à des lois figées serait une modification ayant pour but le profit ou le caprice de quelques uns.

Cela, du moins dans les constitutions existantes.

RETOUR A LA CLASSIFICATION
DES CONSTITUTIONS (300C–303D)

La définition de la constitution droite a pour conséquence qu'il n'est possible de classer et de hiérarchiser que les constitutions qui n'en sont pas mais se font passer pour telles. Le rapport qu'elles entretiennent avec elle doit être pensé comme un rapport d'imitation. « Que veux-tu dire par là ? Car je l'avoue, tout à l'heure non plus je n'ai pas compris cette histoire d'"imitations" » (297c5-6). Socrate le Jeune fait bien de pousser l'Étranger à s'expliquer : quiconque a lu le *Sophiste* sait quel problème épineux pose la notion d'imitation. C'est seulement après l'avoir éclaircie que l'origine de ces faux-semblants de constitution pourra être découverte et que les hiérarchiser deviendra possible.

IMITER (300C4-301C5)

Ces constitutions ont été dites n'être que des imitations qui peuvent être bonnes ou mauvaises (293e2-5), le bonnes imitant ce qu'il y a de plus beau dans le droite constitution, les mauvaises ce qu'il y a de plus laid. Car si la constitution véritable est aussi bonne qu'il est possible, elle n'est pas absolument bonne, – aucune chose de ce monde ne peut l'être[1] – et elle peut présenter des aspects qui, détachés de leur finalité, peuvent en effet sembler assez laids, surtout si on le fait sans respecter aucune mesure. Même si certaines n'imitent de la constitution droite que ce qu'elles jugent avantageux pour elles, elles n'en sont pas moins des imitations. Quant à celles qui en imitent « le plus beau », ce serait celles qui gouvernent selon « ce que nous appelons de bonnes lois ». La suite va montrer que ces dernières ne sont ni le « meilleur » de la politique ni le meilleur de la constitution droite, mais elles auront néanmoins des résultats qui seront « assez beaux », à condition qu'elles procèdent « d'expériences » multiples et « de conseillers capables de persuader la foule ». Il y aurait donc un certain bénéfice à retirer de cette manière d'établir des lois ? On peut imaginer que l'imitation est mieux ajustée quand les législateurs des constitutions imparfaites s'efforcent de produire des lois qui détaillent finement les obligations diverses revenant aux différentes catégories de la population. Ces législateurs peuvent en outre tenir compte du passé et retenir les lois dont les effets ont paru, à l'usage, favorables à la cohésion du tout et à l'entrelacement des parties. Ils peuvent enfin privilégier les mesures les plus à même de prévenir tout changement dans le corps social, car le *statu quo* préserve l'adéquation de la règle à la chose qu'elle règle : la loi porte secours à la loi. Des imitations imparfaites peuvent ainsi dans une certaine mesure faire preuve de mesure. Toutefois, rien ne détermine ni le contenu ni la valeur des lois prescrites.

1. La « belle cité » de la *République* peut l'être, mais elle n'existe « qu'en parole ».

« Mais alors, les imitations (*mimèmata*) de la vérité de chaque chose ne seraient-elles pas celles qui, provenant de ceux qui savent, sont consignées par écrit autant qu'il est possible? » Cette phrase renvoie-t-elle aux imitations des « bonnes » ou moins mauvaises constitutions imparfaites? Cela reviendrait à doter ces imitateurs d'un savoir identique à celui de l'original. Mais telles que viennent d'en être énoncées les sources, ce savoir ne tomberait juste que par un heureux hasard, ce ne serait donc pas un savoir. L'imitation provenant de ceux qui savent est en conséquence « la meilleure espèce d'imitation » et « elle serait différente de chacune des deux espèces précédemment examinées » [1]. Elle en serait tellement différente qu'elle ne serait plus une imitation : si ceux qui imitent « disposent d'un art, ce n'est plus là de l'imitation, mais la chose elle-même dans toute sa vérité ». L'Étranger va alors poser une première question : qui est capable d'imiter le véritable politique? Puis une seconde : le critère de la légalité permet-il de distinguer entre bonnes et mauvaises imitations? Mais la première ne cesse d'interférer avec la seconde, car en rappelant le critère de la science elle introduit celui de la vérité, critère redoutable qui va entraîner de multiples revirements.

Rappel : un trait inimitable

Le véritable politique n'a, dans sa pratique, aucun souci des règles écrites et son art peut l'amener à les transgresser. Lorsque le premier venu ou la première foule venue agissent de même, ils pourraient donc paraître l'imiter. Mais s'ils imitent sans connaître « ce qui est

1. Voir la note très argumentée de C. Rowe, note ad 300c4-6, *Plato. Statesman, op. cit.*, p. 230-231.

vrai », ils imiteront tout de travers : loin d'imiter la liberté souveraine du vrai politique, ils n'imiteront que celle du tyran. La souplesse de la *phronèsis* appelle et justifie la transgression de la légalité, mais cette pensée sage est inimitable parce qu'elle a pour seul critère « la vérité de chaque chose » : la seconde branche de l'alternative, l'hypothèse d'une « imitation compétente », ne renvoie pas à une capacité d'imiter la *science* politique, mais à celle d'*agir* comme agirait un politique doté de cette science : en matière d'action une opinion bien inspirée suffit. Cela permet de passer d'une *phronèsis* « critique », savoir du vrai, à une *phronèsis* entendue comme compétence pratique et directive, tout en maintenant qu'aucune foule, « celle des riches ou celle du peuple tout entier » n'est capable, dans sa totalité, de participer à la nature exceptionnelle de l'excellence technique. Ne subsiste donc qu'un choix entre des imitations plus ou moins imparfaites et « la chose même ».

Premier remaniement :
quand la ploutocratie est aristocratie (301a5-9)

Il faut bien pourtant qu'il existe quelque ressemblance entre des imitations et leur modèle pour pouvoir parler d'imitations et expliquer en outre que leur mimétique puisse faire illusion. À la radicalité exclusive du critère scientifique ne devrait-on pas substituer un autre critère et entamer une « seconde navigation » ? Celui de la légalité semble fournir à la fois l'élément de ressemblance indispensable et le moyen de distinguer les bonnes des mauvaises : « Quand donc ce sont les riches qui l'imitent [*sc.* la droite constitution], nous appellerons alors cette constitution "aristocratie"; mais s'ils n'ont aucun souci des lois, "oligarchie". » Le partage se fait donc entre deux espèces de « ploutocratie », l'une à laquelle son respect des lois vaut d'être baptisée « aristocratie », l'autre qui ne mérite qu'un nom « quantitatif » si elle les méprise. C'est ce que, selon Xénophon, aurait dit Socrate. Attribuer à une espèce de ploutocratie le beau nom d'« aristocratie » est sans aucun doute pour l'Étranger une manière de montrer que la classification courante des constitutions n'engendre que des dénominations usurpées, quand ce ne sont pas des oxymores. Comment accepter en outre que le mot « oligarchie », gouvernement d'un *petit nombre*, puisse désigner celui de la « *foule* des riches », associée précédemment à « la totalité du peuple » (300e8-9) ? Le critère du nombre est incompatible avec celui de la richesse : le corps oligarchique a une limite numérique fixée par le montant de sa fortune et c'est elle qui détermine la participation aux magistratures. Or la conséquence de l'oligarchie est que peu s'en faut que « tous ne deviennent des mendiants, hors ceux qui gouvernent » [1]. Mais à s'en tenir à l'expérience, le gouvernement de « quelques-uns » ne peut être que celui des riches, comme l'avait montré Socrate dans la *République*. La richesse n'est pas condamnable en elle-même, mais elle l'est si elle devient critère de gouvernement, et il est assez difficile de croire que le respect des lois suffit à faire d'une ploutocratie une aristocratie. Cette croyance était pourtant généralement partagée car la supériorité économique est plus acceptable que celle conférée par la naissance et plus aisément reconnaissable qu'une supériorité morale ou intellectuelle. Les pauvres ne se définissent d'ailleurs eux-mêmes que négativement par rapport aux riches,

1. *Rép.* VIII, 552d.

et s'ils se révoltent, c'est pour devenir riches. Les riches, eux, se définissent positivement, leur argent leur assure un pouvoir réel, et il faut leur être reconnaissant s'ils modèrent leur puissance en obéissant à des lois. Socrate, le Socrate de Platon, prescrivait aux gardiens d'éviter que richesse et pauvreté s'insinuent dans la cité, vu que la première a pour effet « goût du luxe, paresse, et goût du changement », la seconde « perte du sens de la liberté et travail mal fait, en plus du goût du changement »[1]. Celui de Xénophon aurait en revanche répondu que les « meilleurs » (*aristoi*) auxquels attribuer le pouvoir étaient les riches, à condition « d'être amis des lois », sans toutefois poser comme à son habitude la question qui s'impose : leur appétit d'argent et leur avidité (*pleonexia*) peuvent-elles leur permettre de l'être[2] ? Il est fort possible qu'en redonnant toute sa brutalité contradictoire à cette affirmation, l'Étranger restitue à ce qu'avait entendu Xénophon une ironie socratique qui lui avait totalement échappé.

Second remaniement : quand un monarque peut régner sans savoir (301a10-b9)

Après l'oligarchie, au lieu de passer à la démocratie, l'Étranger en revient à la monarchie, ou plus exactement au monarque, alors que l'on aurait pu croire la question réglée par le rappel du critère scientifique. Il semble alors croire qu'il est possible d'imiter le roi savant : « D'autre

---

1. *Rép.* IV, 421c10-422a7.
2. Sur les conséquences politiques désastreuses de cet appétit presque universel pour la richesse, voir l'article d'É. Helmer, « Platon et le désir de richesse : psychologie économie et politique », dans É. Helmer (dir.), *Richesse et pauvreté chez les philosophes de l'Antiquité*, Paris, Vrin, 2016, p. 197-220.

part, si un jour un seul gouverne conformément aux lois en imitant celui qui sait, nous l'appellerons "roi", sans distinguer par un nom différent celui qui gouverne en vertu d'un savoir du monarque qui gouverne en vertu d'une opinion conforme aux lois.» Mériterait donc le nom de roi celui qui estime que la compétence politique réside dans le respect des lois écrites, car les respecter fait dans son cas preuve de mesure, ou d'une absence de démesure. Il serait ainsi possible d'imiter sans savoir celui que son savoir définit? Possible donc qu'une opinion imite le savoir? Mais ce n'est *pas parce qu'il a une opinion* que celui qui gouverne seul mérite le nom de roi, mais parce qu'il agit en fonction d'elle. C'est son *action* qui prouve la rectitude de son opinion, rectitude qui réside dans son respect des lois. Cette phrase fait donc allusion au dédoublement de la fonction royale entre celui qui sait, le sage conseiller, qui inspire à celui qui gouverne, au monarque exerçant le pouvoir, des actes conformes à des lois que seul le savoir qui les a inspirés peut rendre respectables. La dualité du savoir et du pouvoir reste ainsi fidèle à ce que Socrate disait à la fin du *Ménon*, qu'une « opinion vraie n'est pas, pour la rectitude de l'action, un moins bon guide que la pensée sage (*phronèsis*) »[1]. Et comme il manque à l'opinion la stabilité propre au savoir, celle de la loi lui en donnerait justement une, au prix d'une rigidité à laquelle échappe seul le roi savant[2]. Car l'instabilité menace aussi l'opinion de cette sorte de monarque, de sorte qu'il pourrait en changer au gré des circonstances. Nous l'appellerons donc « roi » à la

1. C'est peut-être aussi sur elle que s'appuie la distinction des *Lois* entre le tyran « modéré » (*kosmios*) et le roi, le premier étant supérieur au second dans la hiérarchie des constitutions du livre IV, 710e.

2. Cf. *Ménon*, 97b9-10 et 97d9-e3. Voir p. 342-343.

condition qu'il gouverne en respectant des lois qui ne méritent de l'être qu'à la condition de résulter d'un savoir qu'il ne possède pas.

Le respect des lois n'en est pas moins une bonne raison de le nommer « roi », car c'est ce qui distingue une imitation monarchique d'une imitation tyrannique. S'il imite l'opinion communément répandue voyant dans la puissance royale une toute-puissance, le gouvernant « unique » peut se croire en droit de violer lois et coutumes sous prétexte que « le plus grand bien » l'exige. En quoi différerait-il d'oligarques convaincus de leur propre excellence, ou d'un citoyen quelconque ou de l'ensemble des citoyens d'une démocratie qui pourraient bien en faire autant et croire « naïvement » agir pour le mieux ? En ce qu'un tyran ne se comporte pas ainsi par ignorance, mais par « appétit » (*epithumia*)[1]. Cet imitateur « ironique » est le pire des imitateurs précisément parce qu'il ne peut pas ignorer être mené par son avidité et son appétit de puissance. Politiquement, la tyrannie est la perversion de la monarchie, et le critère du nombre semble être pertinent. Mais comment admettre que la différence entre opinion et savoir puisse être annulée ? Quand il s'agit de choses justes, courageuses, belles, utiles ou agréables, disait Socrate dans la *République*, nombreux sont les hommes qui se contentent d'apparences, mais quand il s'agit de ce qui est bon, personne ne s'en contente, chacun recherche ce qui l'est réellement « et sur ce point, en tout cas, personne ne fait aucun cas de l'opinion »[2]. La réhabilitation de l'opinion est donc strictement limitée au cas où savoir et pouvoir se trouveraient incarnés en

---

1. Il est nommé *éros* dans la *République*, 572e-575a, et c'est lui qui tyrannise et rend fou le tyran.

2. *Rép.* VI, 505d7-8.

deux homme différents. Car les monarques n'imitent que l'opinion selon laquelle disposer du pouvoir confère une nature exceptionnelle, et les mal nommés « aristocrates » celle selon laquelle la richesse est un critère d'excellence ; quant aux démocrates, ils élèvent l'opinion ignorante au rang de compétence politique. Aucune de ces espèces de constitution n'imite donc celle qui est droite, et la distinction entre savoir et opinion est non seulement maintenue, mais personnifiée.

Un second rappel s'impose (301b10-c5)

S'il est impossible d'imiter celui qui sait, il est impossible à toute constitution qu'il ne gouverne pas, directement ou indirectement, d'être véritablement une constitution. De la réponse apportée à la première question découle donc la seconde. Il ne peut pas y avoir de bonnes imitations, toutes les constitutions existantes ont été et sont imparfaites, mais à des degrés différents.

> Donc, si c'est en possédant réellement un savoir qu'un homme gouverne seul, on l'appellera résolument du même nom, « roi », et de nul autre ; voilà pourquoi les cinq noms de celles qui sont actuellement appelées « constitutions » en viennent à faire seulement un. (301b7-8)

Ce second membre de phrase a suscité une grande perplexité, tant chez les copistes que chez les commentateurs, et par suite diverses corrections du texte[1]. Si cependant « il ne faut pas oublier la science », dont la *réalité* ressurgit par surprise dans le premier membre de phrase, le critère scientifique prévaut sur tous

---

1. Voir note XXVI à la traduction.

les autres. Son brusque rappel fournit une clé de lecture
de l'ensemble du passage : la reprise des distinctions
traditionnelles ne sert qu'à les démystifier et l'Étranger en
dit la vérité, à savoir que toutes sont erronées. Le respect
des lois ne suffit pas à en faire de bonnes imitations,
même si les constitutions qui les respectent sont « moins
pires » que celles qui refusent de les respecter. Mais en
quoi la seconde partie de la phrase est-elle l'explication
de la première (« voilà pourquoi ») ? Signifie-t-elle que,
dès lors que seule la constitution droite « est une vraie
constitution et est une royauté, il ne restera qu'un seul des
noms couramment utilisés [1] » ? En quoi ce nom unique
qui ne renvoie la plupart du temps qu'à une « royauté »
ignorante pourrait-il réduire les cinq dont il fait partie
à un seul ? Si l'on tient compte de la phrase précédente,
celles que l'on appelle actuellement « constitutions » n'en
sont pas : quelle signification peuvent alors avoir les noms
qui les désignent ? La question n'est donc pas de savoir
quel est le nom unique auquel ramener les cinq autres,
mais de comprendre *quelle nature doivent avoir ces cinq
noms* pour qu'il soit possible de les ramener à un seul.
Nommer est une activité qui possède « sa nature propre
(*idian phusin*) » : être « un instrument d'enseignement
et de démêlage de la réalité (*ousia*) » [2]. C'est précisément
cette fonction que ces cinq noms ne remplissent
pas : la monarchie peut être exercée tyranniquement
ou oligarchiquement, l'oligarchie peut se prétendre
aristocratique mais être ouvertement ou hypocritement

---

1. C. Rowe, *Plato : Statesman, op. cit.*, note ad 301b7-8, p. 233) ;
voir son article « Le traitement des constitutions non idéales dans le
Politique », *Études philosophiques*, 2005, p. 285-400.

2. Cf. *Crat.*, 387d-388c.

une ploutocratie, et la démocratie peut être une royauté dissimulée (telle celle de Périclès), une ploutocratie, ou une oligarchie tyrannique (comme celle des Trente Tyrans). Loin d'être des instruments diacritiques, ces noms ne servent qu'à donner une réalité illusoire à des images, et en ce cas il est impossible de les « distribuer (*dianemein*) correctement »[1]. L'Étranger ne peut donc procéder à une *soustraction*, il ne prélève pas un nom sur les cinq noms traditionnels, il dit qu'opposés à la royauté véritable, ces cinq noms s'amalgament en un seul : il fait une *addition*. De même que la possession d'un savoir pouvait identifier monarchie et oligarchie et ramener le gouvernement « d'un seul, d'un très petit nombre ou de quelques uns (*oligon*) » (297c1) à un seul régime droit, on peut appliquer à toutes celles « qui sont actuellement appelées "constitutions" » la même sorte d'addition paradoxale, dont le critère ne sera plus le savoir, mais l'ignorance[2]. Quand « royauté » désigne la constitution droite, le nom est vraiment un nom, mais ceux dont on baptise traditionnellement les constitutions, royauté y compris, résultent de critères incapables de leur donner un contenu réellement distinct. Le « nom unique » auquel ils se trouvent réduits pouvant donc être n'importe lequel des cinq autres, il n'est que l'envers négatif de

---

1. *Crat.*, 431b3-4.
2. Il existait deux rois à Sparte, l'un plutôt chargé des rapports extérieurs, donc essentiellement militaires, l'autre du gouvernement intérieur, essentiellement religieux, et ils étaient soumis au pouvoir des gérontes, sages vieillards élus à vie ; quant aux douze rois d'Égypte, ils correspondaient aux douze tribus qui la composaient (Hérodote, 2.147.8) et dépendaient de la toute-puissance du Pharaon. La fonction royale pouvait donc être assurée par « deux » ou « plusieurs » et elle ne déterminait pas la nature du régime.

celui qui s'applique à la seule constitution droite. Toutes les autres constitutions ne sont que les variétés d'un même gouvernement de l'ignorance, leur pluralité est purement nominale et leurs noms sont des mots vides et interchangeables. Ne se référant à rien de véritablement existant, ils signifient tous la même chose et ont pour seul effet de faire illusion et de tromper sur ce qu'ils sont véritablement.

Le critère de la légalité aurait dû conduire à tempérer la radicalité du critère de la science, mais il n'a conduit qu'à une reprise de la classification des constitutions littéralement bouleversante. On a assisté à une véritable valse des critères, combinant celui du nombre avec celui de la légalité, y associant dans un cas celui de la richesse, dans un autre celui du consentement ou de la contrainte, et enfin celui d'une science pouvant équivaloir à une opinion, quand le rappel de la science véritable ne vient pas à deux reprises annuler tous les autres. Il en a résulté des affirmations si manifestement intenables qu'elles ne pouvaient avoir qu'un seul but : révéler la mimétique ignorante dont chacune de ces constitutions résulte et en conclure qu'il n'y a pas de « bonnes imitations » de la constitution droite. Pourquoi cependant refuser ainsi de distinguer entre celles qui seraient des copies, images (*eikones*) respectueuses des proportions du modèle, et celles qui seraient des simulacres illusoires (*phantasmata*) qui « ont l'apparence de ressembler, mais ne ressemblent pas »[1] ? Parce que seule une chose sensible peut être imitée de ces deux façons, alors que du savoir il ne peut exister que des simulacres. Récuser la distinction fondamentale

1. *Soph.*, 235d6-236c7.

entre savoir et opinion reviendrait en outre à faire de la politique un savoir pratique, coupé de « ce qu'il y a de plus vrai ». Or c'est précisément sur cette conception pratique d'une « vérité » qui fait de l'efficacité son critère que repose la sophistique, tant dans son usage privé destructeur de la vérité de n'importe quel discours que dans son usage public qui ne lui accorde qu'une puissance persuasive et rhétorique. Des parodies de constitution ne peuvent donner lieu qu'à une classification parodique.

GÉNÉALOGIE (301C6-302B4)

L'Étranger conclut : « Voilà donc comment naît, nous l'affirmons, le tyran, et avec lui le roi, l'oligarchie, l'aristocratie et la démocratie. » En perçant à jour la nature de ces prétendues constitutions, il a découvert l'origine de leur existence. Elles naissent de la difficulté que les hommes ont à supporter « ce fameux monarque unique » : ils croient « qu'aucun homme ne saurait être digne d'un tel pouvoir (*arkhè*) ». Ils n'ont pas tort, car s'ajoute à une contingence réelle une incrédulité fondée sur une expérience dont l'Histoire n'offre que trop d'exemples : le pouvoir absolu corrompt absolument. Elles ont rendu les hommes incapables de reconnaître le politique savant, si par hasard il s'en présentait un ; il ne serait justement apprécié, et même chéri, qu'à la condition qu'une circonstance favorable lui permette d'exercer le pouvoir, même indirectement et à titre de conseiller du prince, car nul ne pourrait alors douter que c'est en vue du bonheur des citoyens qu'il gouverne. L'Étranger résume ainsi un passage du livre VI de la *République*, expliquant pourquoi la foule ne saurait se laisser convaincre de l'existence d'un tel homme : « jamais elle n'en a vu, ni une fois ni plusieurs », pas plus qu'elle n'a vu exécuté le régime politique qu'il est seul à pouvoir mettre en œuvre. « Puisqu'il ne naît pas, dirons-nous, de roi dans les cités comme il en éclot dans les essaims, individu d'emblée unique par sa supériorité de corps et d'âme » : tout ce que l'Étranger a pu dire serait donc suspendu à cette naissance hasardeuse, mais aussi à sa possibilité de ne pas être pervertie. « Ce que nous avons à faire, dit pour finir l'Athénien, c'est, en jetant les dés, d'amener, comme on dit, "trois fois six" et de gagner, ou "trois fois un" et de perdre[1]. » Toute institution d'une bonne politique est un « coup de dés » qui n'abolit pas le hasard, une entreprise risquée, sans garantie.

En conséquence, la plupart des gens croient que l'existence de tels hommes est impossible, mais elle ne leur devient hostile que poussée par un petit nombre d'individus : il ne faut donc pas incriminer le plus grand nombre, mais le délivrer de sa croyance. Car ce qui est impossible est que, « dans la totalité du temps et la totalité des êtres », il ne s'en trouve jamais et nulle part même un seul qui soit capable d'assurer le salut de la cité ; et en ce cas, « il n'est assurément pas impossible que les citoyens acceptent de faire ce qu'il dit »[2]. À quelle sorte d'homme pourrait-on en effet attribuer cette « différence immédiatement décelable de corps et d'âme », sinon au philosophe tel que son naturel est décrit au livre VI de la *République* ? Or rien ne saurait garantir qu'il en naisse un, plusieurs ou aucun. Il est d'ailleurs très peu probable que sa nature puisse résister à l'éducation reçue

1. *Lois* XII, 968e.
2. *Rép.* VI, 499d10-502c4.

dans l'une des constitutions existantes, de sorte que si on lui donnait le pouvoir, il y a de grandes chances qu'il devienne le pire des tyrans. Forts de leur expérience et des opinions qu'elle génère, les hommes se condamnent ainsi « nécessairement » à vivre dans l'un des cinq régimes imparfaits.

Malheurs et désastres étant inévitables dans des constitutions « fondant leurs actions, non sur la science, mais sur des écrits et des coutumes », il y a donc moins lieu de s'étonner que des cités disparaissent que « d'admirer à quel point une cité est chose naturellement forte » : en dépit des conflits qui les menacent depuis un temps infini, malgré leurs divisions internes, rampantes ou déclarées, certaines cités demeurent. Quant à celles qui ont fait naufrage, – nouveau recours à une métaphore nautique – elles « périssent, ont péri et périront encore par la faute de la piètre capacité de leurs pilotes et de leurs matelots, coupables de l'ignorance la plus grave sur les sujets les plus importants ». Mais quand peut-on déclarer qu'une cité est morte ? Quand la constitution qui la fait vivre se désagrège – puisque, comme le dit Isocrate, « toute constitution est l'âme de la cité »[1]. Même la tyrannie, placée au dernier rang de la hiérarchie qui va suivre, est encore une constitution, une sorte de communauté réussissant à subsister dans l'obéissance forcée de tous aux caprices d'un seul. Une cité périt quand elle n'est plus *une* cité, quand il n'y a plus rien de commun entre ses membres, quand elle est déchirée par la maladie la plus

1. *Aréopagitique*, 13 ; *Panathénaïque*, 138 : « elle a sur la cité la même autorité que la pensée sage (*phronèsis*) sur le corps, c'est elle qui dicte les décisions sur tous les sujets, sauvegarde les biens, écarte les malheurs, et est responsable de tout ce qui advient dans les cités. »

mortelle, la *stasis*, la guerre civile[1]. La politique n'est décidément pas un art comme les autres : ce qui peut la sauver – suivre la loi plutôt que la science – ferait périr les autres arts. Face à l'imprévisible surgissement du bon politique, ne reste en effet comme « seconde navigation[2] » (300c2) que rédiger des lois « en suivant les traces de la constitution la plus vraie » (301e2-4). Tout en maintenant que la constitution dessinée dans la *République* est bien la seule bonne, l'Étranger annonce la nécessité d'écrire les *Lois*, car pour constituer une imitation du meilleur régime, encore faut-il que ces lois soient l'œuvre d'un savoir. C'est donc d'abord pour le véritable politique que rédiger des lois est une navigation de remplacement, il ne le fait que parce que rien ne lui a permis de régner. Mais il procure ainsi aux hommes, non pas la bonne, mais la meilleure constitution possible. Quant aux codes rédigés par d'autres, ils entretiennent la maladie de la cité tout en rendant cette maladie vivable à des degré différents.

Hiérarchie (302B5-303B7)

Avoir fait la généalogie des régimes existant conduit à les hiérarchiser, car une généalogie ne vise pas seulement à déduire les qualités des rejetons de celles de leurs géniteurs, elle permet d'en déterminer la valeur, de voir s'ils sont bâtards ou « de bonne race » (*gnèsiôs*). Le critère ne pouvant être celui du bon et du mauvais – toutes ces constitutions sont « mauvaises » et seule est bonne celle qui n'en fait pas partie – chaque type de constitution va être examiné en fonction de la vie qu'elle permet de mener. Le rappel de la droite constitution réduit ainsi

---

1. Cf. *Rép.* V, 462a-e.
2. Voir *supra*, p. 523-526.

le critère de la légalité à un moyen d'établir des degrés du pire, d'évaluer la pénibilité de chaque régime. Bien que ce soit un but « accessoire (*parergon*) », « peut-être, en somme, n'en est-ce pas moins en vue d'un but de ce genre que, tous, nous faisons ce que nous faisons ». Puisque ces régimes sont ceux dans lesquels nous vivons « nécessairement », il importe de savoir dans lequel « la vie en commun est la moins pénible, étant donné qu'elle est pénible en tous ». La pénibilité, variété du critère de la contrainte et du consentement, associée à celui de la légalité formelle, donc à celui du nombre, car respect et mépris des lois sont inversement proportionnels au nombre des gouvernants, va servir pour chacune de principe de dichotomie (302e6-7).

Dans les régimes avec lois, la concentration du pouvoir en augmente l'efficacité et elle la diminue dans les régimes sans lois. C'est pourquoi, dans la récapitulation des cinq constitutions – « le tyran, le roi, l'oligarchie, l'aristocratie et la démocratie » (301c6-7) – trois noms renvoient à des régimes, mais les deux premiers désignent ceux qui gouvernent seuls : dans leur cas, il est évident que la nature et la valeur d'une telle constitution dépendent entièrement de celui qui la dirige. Le gouvernement d'un seul est le meilleur quand il suit la loi, le pire quand il la transgresse – ce dernier étant, comme dans la *République*, la tyrannie[1]. Dans le groupe des régimes légalistes, la démocratie est le pire « du fait de l'émiettement des pouvoirs entre un grand nombre de gens » : l'application de la loi y est rendue difficile voire irréalisable, sa généralité étant mise en échec par la diversité des opinions et valeurs individuelles. Elle est pourtant le moins mauvais

1. Cf. *Rép.* IX, 576e3-4.

des régimes sans lois, car elle est le plus « faible en tout » :
aucun citoyen ne peut devenir vraiment puissant, et le
risque de se voir imposer des décisions féroces s'en trouve
atténué. Elle doit néanmoins être dédoublée par les mêmes
critères que les autres, mais même son espèce « illégale »
n'est généralement pas atroce comme l'est la tyrannie[1].
Si elle ne change pas de nom, c'est sans doute parce que,
les gouvernants étant les gouvernés, le « différentiel de
pénibilité » est très mince, tandis qu'il est le plus sensible
dans les deux formes du gouvernement d'un seul. La
démocratie n'est la pire que si on l'oppose à la septième
(puisque les constitutions en font désormais six), qui doit
être considérée « comme un dieu parmi les hommes »[2].
Caractérisée par sa tolérance, sa liberté d'opinion et sa
conception arithmétique de l'égalité, la démocratie est en
effet le régime où domine la plus grande défiance à l'égard
de cet « homme divin » qu'est le philosophe, donc celle où
le passage à la septième constitution risque le moins de se
réaliser. Le gouvernement du petit nombre – aristocratie
et oligarchie – occupe dans les deux cas une place
intermédiaire. L'Étranger a donc fini par répondre à la
question posée en 292d, « dans laquelle des constitutions
existantes peut bien advenir la science du gouvernement
des hommes », et sa réponse est : dans aucune[3].

---

1. La démocratie n'est pas la cible privilégiée de la réflexion
politique de Platon : sa cible, c'est la tyrannie, et elle est la menace
planant à l'horizon de tous les régimes. La démocratie ne fait que lui
offrir la plus faible résistance.

2. Voir le tableau figurant en annexe 5.

3. Reprise de la réponse de Socrate dans la *République* (VI, 497a-b).
Voir É. Helmer, « Histoire, politique et pratique aux livres VIII-IX de
la *République* », dans *Études sur la* République, vol. I, M. Dixsaut (dir.),
Paris, Vrin, 2006, p. 153.

De la tragédie la plus belle
  au drame satyrique (303b8-d3)

De même que la responsabilité des naufrages revient aux pilotes et aux matelots, « tous ceux qui jouent un rôle dans toutes ces constitutions » ne sont pas des politiques mais des factieux, chefs présidant aux plus illusoires des simulacres, simulacres eux-mêmes et qui, étant les mimes et magiciens les plus considérables, sont les plus grands sophistes de tous les sophistes » (303c1-5). Socrate avait donc raison de dire, paraphrasant Homère, qu'une constitution politique n'est pas « issue d'un chêne ou d'un rocher »; elle résulte « des caractères de habitants de la cité, caractères qui, jetant pour ainsi dire leur poids dans la balance, entraînent tout le reste »[1]. Si jusque là avait pu paraître s'affirmer la primauté du structurel sur le psychique, cette primauté se trouve finalement renversée. Tous, monarques ignorants, tyrans, aristocrates, oligarques et chefs démocrates appartiennent, qu'ils soient ou non respectueux des lois, à une même « troupe de centaures et de satyres ». Le parcours s'achève sur un retour au langage théâtral, le plus propre à définir ces rivaux responsables des mauvaises imitations dont l'histoire fournit un nombre incalculable d'exemples. Ils en sont les auteurs et les acteurs, et tous ceux qu'ils gouvernent, matelots complices de leurs pilotes, se vouent à la perpétuer tant qu'aucune circonstance favorable ne leur aura permis de constater qu'une autre espèce de politique est possible. Respecter de bonnes lois fera seulement qu'ils vivront « la tragédie la plus belle et la meilleure », puisqu'elle « consiste en une imitation de la vie la plus belle et la plus excellente ». Les législateurs

1. *Rép.* VII, 544d7-e1 ; cf. *Odyssée* XIX, v. 162-163.

sont donc « les auteurs du drame le plus magnifique »[1], mais ce drame sera encore une tragédie. Car si l'existence de ce véritable roi, qui vient d'être séparé à grand peine de ses simulacres, dépend de naissances imprévisibles et de circonstances improbables, c'est de son existence que dépend la preuve de l'existence et de l'efficience de son savoir. Nul homme dans son bon sens ne saurait donc rechercher pour elle-même la définition du vrai politique – pour elle-même, non, mais pour tout ce qu'elle permet d'apprendre et de réapprendre en la cherchant

LES SCIENCES PRÉCIEUSES ET PARENTES
(303D-305E)

La politique prescrit leur tâche à chacun des arts existant dans la cité. Mais il apparaît qu'elle a besoin pour cela de l'aide de ces « sciences précieuses et parentes » que sont « l'art de la guerre, l'art judiciaire et toute cette éloquence (*rhetoreia*) qui, persuadant ce qui est juste, s'associe à la science royale pour gouverner avec elles toutes les activités intérieures aux cités ».

UNE ANALOGIE : L'ORPAILLAGE (303D4-C6)

Les étapes précédentes ont réussi à écarter du roi différentes espèces de rivaux, et un regard rétrospectif compare l'ensemble de cette entreprise à celle de la purification de l'or :

> L'ÉTRANGER – Il reste cependant une troupe encore plus difficile à écarter car elle offre plus de parenté avec la race royale et est plus dure à comprendre. Nous

---

1. Cf. *Lois* VII, 817b1-c1.

m'avons tout l'air d'être dans une situation semblable à ceux qui affinent l'or. (303d4-7)

Séparer la science politique « de ce qui en diffère et de tout ce qui lui est étranger et hostile » aurait donc consisté à en éliminer toutes les scories – d'abord ces arts différents que sont les arts manuels, pratiques et non pas cognitifs, puis les arts de service, étrangers puisque non-directifs, enfin cet art hostile, la sophistique propre aux « factieux » que l'on a toujours pris pour des politiques. Il ne reste plus qu'à examiner les sciences qui détiennent réellement une autorité politique et qui présentent avec la science politique le plus haut degré de parenté.

Ces sciences sont « précieuses » (*timia* : honorables et honorées) car elles désignent les trois instances principales du pouvoir : l'art du commandement militaire (*stratègia*), la compétence judiciaire (*dikastikè*) et l'éloquence politique (*rhètoreia*). Pour deux d'entre elles, le choix de l'Étranger tient à ce qu'à l'époque les politiques étaient nommés « orateurs » ou « stratèges, et c'est avec Xénophon, Platon et Aristote que l'adjectif substantivé, « politiques », apparaît dans la langue. L'Étranger leur adjoint les juges, et reconnaît ainsi qu'ils possèdent incontestablement une science. S'il est impossible de leur en refuser une en matière de règlement d'affaires privées, leur compétence s'étend-elle aux affaires publiques ? Et dans ce cas, en quoi leur science se distinguerait-elle de la science politique ? C'est encore une analogie qui va permettre de montrer qu'aucune d'elle n'est auto-prescriptive [1].

---

1. Sur la puissance « dynamique » de l'analogie, voir p. 501.

La purification (303e7-304a5)

La distinction religieuse entre pur et impur est transposée par Platon dans d'autres Dialogues, et la purification y joue un rôle important, tout en recevant des significations différentes. Le *Sophiste* en précise le genre : elle fait partie des arts diacritiques, lesquels comportent deux espèces, celle qui sépare le meilleur du pire, nommée purification (*katharmos*), et celle qui sépare le semblable du semblable (226c-d). L'analogie avec le raffinage, dernière étape de l'orpaillage consistant à extraire par séparation une réalité plus précieuse que celles dont il faut la séparer, signifie que l'examen qui va suivre appartient à la première espèce. Il ne va pas séparer le semblable du semblable, car toutes les sciences ne se ressemblent pas du fait d'être des sciences, certaines sont dissemblables et parfois même contraires (*Phil.* 13e-14a), il va procéder à une évaluation. La technique servant ici de modèle fait que la purification n'a plus seulement la figure d'une purgation, évacuation des éléments impurs[1]. La purgation est le procédé qui permet au médecin d'assurer la bonne santé du corps en en expulsant les éléments nocifs ; il a pour analogue la réfutation (*elenkhos*), espèce appartenant à l'espèce éducative de l'art didactique, car elle libère l'âme, non pas de ses ignorances en matière de savoirs particuliers, mais de l'ignorance, maladie envahissante consistant à croire savoir (*Soph.* 227d-231c). Parce qu'elle consiste à évacuer les opinions qui font obstacle à la recherche de la connaissance, « il nous faut donc dire que la réfutation est la plus importante des purifications

---

1. H. Joly souligne cette transition d'une technique de purgation, l'orpaillage, à une épistémologie de la purification (*Le Renversement platonicien, op. cit.*, p. 70-78).

et la plus souveraine » (230d7-9). Cette « purgation » n'était pas dans le *Phédon* l'œuvre de la maïeutique mais de la concentration de l'âme sur elle-même, condition d'une pensée « pure », c'est-à-dire délivrée des appétits et des opinions qu'ils engendrent. Dans le *Politique*, le paradigme de l'orpaillage se substitue au paradigme médical, car il offre l'avantage de comporter deux étapes. L'or pur s'obtient en expulsant d'abord les scories les plus étrangères (terre et minéraux), puis en éliminant les métaux précieux les plus proches (bronze, argent, adamas) [1]. L'élimination des arts rivaux correspond à la première étape, procédé auquel la médecine pourrait encore servir de modèle, mais c'est une seconde espèce de tri qui doit à présent être utilisée afin d'atteindre « l'or que l'on dit pur (*akeraton*), lui-même, seul, en lui-même (*auton monon eph'heautou*) ».

Puisque c'est de trois autres sciences que la science politique doit être purifiée, et puisque la science n'est pas une Idée mais une puissance, c'est la puissance propre à chacune de ces sciences qui doit être évaluée. L'épuration va donc devoir répondre à deux questions. La première est définitionnelle : sur quoi chaque science s'exerce-t-elle et que réussit-elle à effectuer ? Une fois ce préalable assez rapidement expédié, la seconde se demande s'il existe une science capable d'exercer sur elles une puissance directive, et comment.

---

1. Les spécialistes ne s'accordent pas sur l'identification de l'adamas, en raison des témoignages contradictoires sur son aspect : gris-blanc (*polios*) d'après Hésiode (*Théog.*, 161) alors que pour Platon il est « plus dur et plus noir » que l'or (*Tim.*, 59b4-5). Métal réputé pour sa solidité, il entre dans la composition d'outils divins : la faucille de Kronos chez Hésiode, la tige et le crochet du fuseau de Nécessité en *Rép.* X, 616c.

Le principe de l'examen (304a6-c6)

Avant de passer à cet examen, l'Étranger formule un principe général : « Entre celle qui décide s'il faut apprendre ou non et celle que l'on apprend et enseigne (*didaskousès*), toi, tu déclares bien que pour nous, c'est la première qui doit commander à l'autre ? » Ce principe vaut pour tous les savoirs qui requièrent un apprentissage (*mathèsis*), car c'est cela qui permet de les nommer « sciences », par opposition aux activités ne relevant que de la routine (*tribè*), d'un art dépourvu d'art [1]. Activité à la fois théorique et manuelle, la musique peut servir d'exemple : la connaissance harmonique fait partie des sciences mathématiques que les gardiens de la *République* doivent apprendre, faute d'être des musiciens qui ne travaillent « qu'à l'oreille » [2]. Cependant, en elle-même, la musique est incapable de déterminer si son apprentissage présente une utilité, son usage pouvant être néfaste ou positif : un choix inapproprié des rythmes et des harmonies peut avoir des effets dangereux sur le caractère des citoyens. Toute hiérarchie entre les sciences parentes se trouve exclue d'emblée par l'énoncé de ce principe général. Si aucune ne peut commander aux deux autres, il faut les subordonner toutes à une science différente : la primauté d'une science de l'usage se trouve ainsi réaffirmée.

---

1. Dans le *Gorgias*, l'oppositions entre *mathèsis* et *pistis* aboutissait à poser deux espèces de persuasion, l'une procurant une croyance privée de savoir et l'autre un savoir (454e3-4).
2. Cf. *Rép.* VII, 531a-b.

Les sciences parentes (304C7-305C9)

Encore faut-il justifier cette affirmation et spécifier ce principe en posant trois fois la même question : chacune de ces sciences possède un savoir, mais sait-elle pourquoi et quand il faut en user ?

La puissance rhétorique (304c10-e4)

« À quelle science attribuerons-nous donc la puissance de persuader la multitude et la foule en racontant des histoires (*muthologia*) et non par un enseignement (*didakhè*) ? – Il est clair, je crois, que c'est encore à la rhétorique qu'il faut la donner. » L'Étranger reprend presque mot pour mot la conclusion à laquelle arrivait Socrate dans le *Gorgias* : « la rhétorique est donc, à ce qu'il semble, ouvrière d'une persuasion de croyance et non d'enseignement portant sur ce qui est juste et injuste », et cela devant des tribunaux et autres assemblées populaires [1]. Il y a donc deux sortes de persuasion (*peithô*) : on peut persuader en enseignant, pas seulement en faisant croire. Le nier voudrait dire que la vérité de ce qu'on enseigne est sans force. Enseigner, c'est produire du savoir en l'âme, et tout savoir, par exemple celui des mathématiciens, peut s'apprendre, se questionner, se justifier, s'enseigner et, ce faisant, persuader. Mais ce dont sont avant tout persuadés ceux qui pratiquent une science est que savoir n'est pas croire, et réciproquement. En donnant à la science une puissance persuasive, Socrate soustrait une espèce de persuasion au champ de la rhétorique et affirme la force de la vérité et du savoir. Gorgias, pour sa part, ne s'intéresse qu'à la persuasion

1. Cf. *Gorg.*, 454e6-454a2.

de croyance : en elle tient « la puissance entière de la rhétorique » (455d6-7). Elle s'exerce sur toute assemblée de citoyens et produit par le moyen de discours une conviction ferme (*pistis*) ; elle n'a pas d'objet, elle agit sur tout ce sur quoi elle peut agir et sur tous ceux capables de pâtir d'elle et, pour Gorgias comme pour Isocrate, elle possède une force et une extension illimitées. La définition de Gorgias est formellement correcte, c'est bien ainsi qu'il faut définir une puissance, mais elle ne suffit pas à faire de la rhétorique un art, car, comme ne cesse de le répéter Socrate, toute *tekhnè* a un objet déterminé. C'est pourtant dans la rhétorique que l'Étranger voit une science précieuse et parente. Est-ce parce qu'il a besoin de son aide que le politique doit oublier qu'elle est l'espèce de flatterie se rapportant à l'âme ? Ou faut-il penser que, même s'il reprend la définition du *Gorgias*, l'Étranger se réfère à la « bonne rhétorique » dont Socrate a déterminé les règles dans le *Phèdre*[1] ? Serait-ce seulement une mauvaise rhétorique qui a été liquidée dans le *Gorgias* ? Admettons, mais admettons aussi que cette « bonne » rhétorique pose nombre de problèmes. Le premier est que l'orateur doit se dire « Voici l'homme, voici la nature dont jadis il est question dans les cours ; maintenant que cette nature est réellement devant moi, il me faut lui appliquer les discours que voici, pour faire naître la persuasion que voilà » : il ne s'adresse donc qu'à un seul[2]. Devenue indifférente à ses lieux d'énonciation, la rhétorique en perd sa puissance publique, donc politique. Le second est que la rhétorique reste un art de la tromperie, de l'illusion

1. *Phèdre*, 272a.
2. C. Griswold parle de « rhétorique *ad hominem* », *Self-knowledge*, *op. cit.*, p. 169.

(*apatè*), car elle procède selon une logique générale de la vraisemblance et de l'assimilation. La ressemblance en est le principal opérateur, il permet de rendre n'importe quoi semblable à n'importe quoi et peut même faire passer un contraire pour son contraire[1]. La « bonne rhétorique » du *Phèdre* n'est finalement pas plus efficace que la mauvaise, et elle n'est pas si bonne que cela : elle tend toujours à imposer des opinions qui peuvent être utiles, mais jamais vraies (cela, seule l'éducation est capable de le faire). Et même si elle est capable de juger à quel moment « il faut parler ou se taire », même si elle sait ajuster des styles différents à des types d'âme différents, elle ne fait jamais que « raconter des histoires ». C'est donc la théorie de l'art rhétorique que les conditions prescrites dans le *Phèdre* rendent meilleure, mais ni son usage ni ses effets.

Le dernier mot revient sur ce point au Socrate du *Philèbe*. Il ne nie pas que l'art de Gorgias l'emporte quant à son importance et son utilité pour les hommes, il met en question sa vérité[2]. Si l'on prend pour critères les avantages et les honneurs qu'il procure, l'art rhétorique est le maître : l'orateur est bien le seul à pouvoir agir par son discours sur un grand nombre d'hommes, puisque le grand nombre ne pense que par opinion. Platon ne conteste donc jamais cette prémisse de Gorgias pour la bonne raison que cette prémisse est aussi la sienne. Comme le politique gouverne des hommes dont les âmes sont dominées par des forces irrationnelles – sinon ils seraient tous philosophes[3] – la rhétorique lui est

---

1. Cf. *Phèdre*, 261c-262a.

2. Cf. *Phil.*, 52d-53b, 58a–b.

3. Comme le dit C. Rowe, *Plato. Statesman*, *op. cit.*, note ad 304d1, p. 237-238.

précieuse. L'orateur sait faire ce que le politique lui dit de faire (soit parce qu'il en est lui-même incapable, soit parce qu'il s'y refuse) : persuader, non des opinions vraies – c'est la tâche de l'éducation – mais des valeurs, la principale valeur politique étant la justice. Mais, précieuse, la rhétorique est aussi parente : un philosophe peut avoir besoin d'user de mythes pour persuader les hommes, et il doit parfois se raconter de belles histoires pour se persuader lui-même qu'il a eu raison de choisir « la vie en philosophie » – ce qu'il réapprend chaque fois qu'il pense, or il ne pense pas tout le temps. L'opinion risquant de prévaloir en toute âme humaine, faut-il abandonner la majorité des hommes à « l'art des discours », la *logôn tekhnè* de Gorgias ? Oui, le *Politique* ne craint pas de le dire et le *Philèbe* le répétera. Mais à la condition que le discours rhétorique soit soustrait à l'influence sophistique et subordonné à la science politique, donc indirectement à la science dialectique. S'il n'y a et n'y a probablement jamais eu pour Platon de « bonne rhétorique », un bon usage de la rhétorique est néanmoins possible, à condition qu'existe une véritable science politique. À elle de décider « si c'est en usant de persuasion ou d'une violence quelconque qu'il faut, à l'égard de telles ou telles personnes, en telle ou telle circonstance, agir ou en général se comporter »[1]. Ce qui lui donne le droit d'assigner à la puissance rhétorique sa limite est sa perception du « moment opportun » (*kairos*). Car si le bon orateur est apte à discerner le moment où ses arguments seront convaincants, il revient au politique de juger quand il faut user d'arguments, ou de violence,

---

1. Pour cette phrase, voir la note XXIX à la traduction.

de moquerie, de mépris ou d'indifférence[1]. L'art de persuader n'est donc pas du tout un art négligeable, mais lui confier la puissance de décider de la guerre et de la paix ou de rendre équitablement un verdict aurait des conséquences qu'il n'est pas difficile d'imaginer.

L'art de la guerre (304e5-305a10)

La définition de la seconde science précieuse revient à Socrate le Jeune : l'art de la guerre est celui du commandement militaire (*strategikè*) et de toute activité de combat (*polemikè praxis*). L'Étranger s'était pour sa part contenté de demander s'il s'agissait bien d'un art, question dont la réponse est aussi évidente que l'est la définition de l'art en question. En ce qui concerne cette deuxième science précieuse, le seul problème est en effet de savoir s'il est possible de soumettre à une autre cette science « si terrible et si importante ». L'art rhétorique exige que le politique en contrôle à la fois le contenu et les moyens, alors qu'il n'a pas à le faire pour l'art militaire : les généraux savent fort bien comment faire la guerre, même si leur savoir fait dans le *Philèbe* partie des sciences conjecturelles (stochastiques) et s'appuie « sur l'expérience et une certaine routine »[2]. Mais ce savoir doit être soumis à une science capable de distinguer quand il est opportun d'en user, et quand il vaut mieux traiter à l'amiable. Ce ne peut être que la science royale, et les termes utilisés pour qualifier son rapport avec la

---

1. Dans le *Phèdre* (272a4), savoir quand parler ou se taire relève de la rhétorique, en ce sens qu'un moment de silence possède parfois plus de force qu'un long discours ; il s'agit de choisir entre un discours long et un silence qui en dit long, et non pas de décider quand il convient ou non d'employer la persuasion plutôt qu'un autre moyen.
2. *Phil.*, 55e5-7.

stratégie – l'une doit être la « maîtresse » (*despotis*) et l'autre la « servante » – sont particulièrement violents. Forcer à obéir des généraux habitués à commander est à coup sûr plus difficile que lorsqu'il s'agit d'orateurs : l'éloquence se range dans la chasse persuasive alors que l'art du combat fait partie des arts de la chasse violente aux hommes[1]. Sa violence justifie la violence des termes employés par l'Étranger.

La puissance judiciaire (305b1-c8)

L'Étranger peut régler rapidement le cas de la puissance judiciaire, sa subordination étant contenue dans la définition qu'il en donne : « La puissance des juges, de ceux qui jugent droitement », consiste « en matière de contrats, à recevoir du roi-législateur toutes les dispositions légales et à rendre un jugement en tenant compte de ce qui a été édicté comme juste et comme injuste ». Le juge voit donc sa compétence limitée à des affaires privées, et il n'est que l'interprète de lois dont il n'est pas l'auteur. Pour les appliquer correctement il doit toutefois posséder « une vertu particulière » : ne pas se laisser corrompre et ne céder à aucune émotion. La pratique de l'art judiciaire est la seule à requérir cette dimension éthique : pour être juge, il faut soi-même être juste. Cela rend son personnage éthiquement plus estimable que l'orateur ou le général, et sa puissance étant soumise à celle du législateur, il ne peut ignorer qu'elle n'a aucune « force royale » – allusion possible à l'archonte-roi qui, à Athènes, cumulait des fonctions religieuses et judiciaires et présidait entre autres le tribunal de l'Aréopage, mais se contentait d'appliquer les

1. Cf. *Soph.*, 222c-d.

lois. Le juge ne risque donc pas, comme les deux autres, de revendiquer un pouvoir politique.

CONCLUSION : AGIR DANS LE TEMPS (305C9-E1)

Aucune de ces sciences n'est politique. Pour deux raisons : la première est que toutes sont des sciences pratiques.

> Car celle qui est réellement royale ne doit rien faire elle-même mais commander à celles qui ont la puissance de faire, parce qu'elle connaît les moments où il est opportun ou non de commencer et lancer les activités les plus importantes de la cité, tandis que les autres doivent faire ce qui leur a été prescrit. (302d1-5)

La science royale n'est pas une science pratique, mais elle doit commander à toutes celles qui le sont et les sciences « parentes » en font partie ; bien que n'étant ni manuelles ni productrices, elles ont une dimension pratique en ce qu'elles accomplissent des tâches, et une dimension cognitive et critiques puisqu'elles ont dû acquérir une science pour les accomplir. Mais comme aucune n'est capable de commander ni à d'autres sciences ni à elle-même, elles ne sont que les instruments dont la science royale a besoin pour atteindre sa fin. Confinées à un domaine d'activité, chacune poursuit une fin particulière dont elle tire son nom, et si cette particularité leur garantit une indépendance relative, elle exclut qu'aucune de ces sciences puisse en diriger une autre. En raison de cette différence entre fins particulières et fin générale, la distinction entre directif et pratique doit être remaniée afin d'inclure dans les sciences pratiques tout ce qui n'est pas la science royale. La fonction de gouvernement, au sens propre du terme, lui est réservée et les deux premiers sectionnements de la division sont repris, mais modifiés.

La seconde raison est qu'aucune d'entre elles ne se demande ni pourquoi il est bon de l'apprendre et de l'enseigner, ni à quel moment il est souhaitable qu'elle intervienne ou s'abstienne. Or ce n'est pas le fait d'être soumises à une autorité extérieure qui prive ces sciences de l'initiative de leurs mouvements, c'est la nécessité de s'adapter à des données naturelles et à des circonstances essentiellement changeantes. Aucune science pratique ne peut, sous peine de cesser d'être « pratique », se retourner sur elle-même pour s'interroger et voir plus loin et plus haut. Lorsque l'on doit agir ou réagir, on peut se demander « comment », mais mieux vaut ne pas se demander « pourquoi ». Ce qui rend ces sciences précieuses incapables de se diriger elles-mêmes n'est pas qu'elles doivent agir dans le temps, car c'est aussi le cas de la science royale. Qu'est-ce alors qui l'autorise à commander à des sciences dont chacune semble bien avoir la maîtrise des ses décisions ? Sa capacité de discerner ce qui est opportun. Mais pourquoi est-ce alors la connaissance de l'*enkairía* et de l'*akairía*, donc d'un aspect de la juste mesure, qui se trouve privilégiée, et non pas celle du convenable ou du requis ? Parce que, si le politique doit agir dans le temps, il ne lui est pas asservi, il utilise la diversité qualitative des moments pour maîtriser la marche du temps en lui imposant une fin qui, elle, ne change pas. Ce n'est pas le « bon moment » qui décide, c'est sa science qui permet au politique de percevoir que tel est le bon moment de commencer les affaires les plus importantes et de leur donner ou redonner une nouvelle impulsion. Tandis que chaque science parente y soumet son action, la science politique a de l'opportun comme une méta-connaissance : elle ne l'utilise pas pour agir mais pour prescrire aux autres sciences quand il est opportun d'agir. En ce sens, elle est la seule science libre. À la différence du rhéteur, le politique ne règle pas son action sur les opinions instables des citoyens mais il sait quand il est nécessaire ou inutile de modifier l'opinion du grand nombre ; à la différence du général, il ne réagit pas à des agressions extérieures mais sait quand il faut faire la guerre ou plutôt négocier ; et à la différence du juge, il n'oblige pas tout accusé à répondre de l'accusation portée contre lui mais discerne quand il y a lieu ou non d'accuser un citoyen [1]. Sa maîtrise du *kairos* ne le délivre pas de la progression irréversible, inexorable, du devenir, mais elle le rend capable de résister, autant qu'il est possible, à sa puissance.

TISSER LA CITÉ (305E-311C)

Toutes les sciences examinées « font quelque chose » et doivent être appelées du nom de la pratique qui leur est propre, mais aucune ne peut être dite politique, puisque celle « qui est réellement royale ne doit rien faire elle-même ». Elle est donc la seule à ne pas être pratique, la seule à être royale, mais qu'est-ce qui autorise à la nommer « politique » ?

LA SCIENCE POLITIQUE (305E2-E7)

Cette appellation demande une définition plus complète et plus étendue, car sa nature directive ne suffit pas à lui faire mériter ce nom :

> Quant à celle qui les commande (*arkhousa*) toutes, qui prend soin (*epimeloumenè*) des lois et de tous ceux qui habitent la cité et qui tisse ensemble (*sunuphainousa*) le plus correctement possible tout ce qui relève de la

1. Il n'y avait pas de « procureur » à Athènes et tout citoyen pouvait se faire « accusateur » d'un autre.

chose publique, si nous en embrassions la puissance (*dunamis*) par une appellation, nous l'appellerions, il semble, très légitimement, « politique ». (305e2-6)

La science politique ne se définit pas par une, mais par une triple puissance, et cette phrase précise l'objet auquel chacune des trois s'applique. Si elle doit « commander » à toutes les sciences « pratiques », elle doit aussi « prendre soin des lois et de tous ceux qui habitent la cité », et cela mérite une explication.

Soigner

Le terme « soin » (*epimeleia*) avait imposé un remaniement d'appellation, insuffisant néanmoins puisque l'art royal apparaissait alors comme un art s'appliquant à « la communauté humaine tout entière » (276b7). Or la tâche du politique n'est pas de veiller sur l'humanité, mais sur les habitants de la cité qu'il gouverne[1]. Il doit donc prendre soin des lois, non pas en les gardant, – les gardiens des lois, ceux qui sont chargés de les faire respecter, ce sont les juges (305c6-7) – mais en les édictant et en les modifiant, sans recourir à la force mais en montrant de la sollicitude (276e) ; même quand elle est contraignante, une loi doit être bienveillante (293b1-c5). C'est donc en veillant à établir des lois à la fois justifiées et opportunes que la science royale prend soin de tous ceux – esclaves, étrangers et hommes libres – qui se trouvent dans la cité. Il n'est pas nécessaire d'en être les citoyens, il suffit de l'habiter pour être soumis à

---

1. C'est pourquoi, dans la locution *sumpantôn tôn kata polin* (305e3), le génitif pluriel n'est pas lu comme un neutre, mais comme un masculin : sinon la deuxième fonction ferait double emploi avec la première et avec la troisième.

ses lois, et également pour en bénéficier[1]. La puissance royale ne s'exerce donc pas directement sur ceux dont elle a soin, elle est médiatisée par les lois comme celle de gouverner l'était par les sciences pratiques. Gouverner signifie ne laisser aucune pratique ayant une portée générale s'émanciper de l'autorité politique, alors que prendre soin veut dire ne laisser aucun habitant de la cité agir en dehors des lois. L'intégration du pratique au cognitif se fait par l'intermédiaire de la direction imposée aux sciences pratiques, l'intégration des habitants de la cité réclame leur obéissance aux lois : les deux médiations étant différentes, les deux fonctions sont bien distinctes, elles s'appliquent à « tous les genres contenus dans la cité », genres que la division a permis de distinguer, d'énumérer et de rendre « évidents ».

En ce qu'elle commande aux autres sciences, la science politique est royale ; en ce qu'elle prend soin des lois et de tous les habitants de la cité, sa puissance est législatrice et pastorale. Le dieu « gouvernait en prenant soin » (271d3–4) : si la spécificité de sa science se bornait à savoir gouverner et soigner, l'homme royal se rapprocherait plus du dieu pasteur que du politique humain. Prises séparément, ces deux premières fonctions de la science politique ne nous la donnent pas encore à voir.

TISSER (305E8-311C8)

Les deux premières ayant été examinées, reste en effet la troisième : la science politique « tisse ensemble le plus correctement possible tout ce qui relève de la chose publique ». Que ce soit cette fonction « synthétique » qui

1. Sur les esclaves, voir *supra*, p. 480-481 ; sur la manière de traiter ses esclaves, cf. *Lois* VI, 776b-777a.

mette un terme à la recherche indique son importance –
et sa difficulté.

Difficultés préalables (305e8-306a7)

Le recours au paradigme du tissage pose un problème :
le tissage est une activité pratique et le tisserand fabrique
bien « lui-même » le tissu, alors que le politique « ne fait
rien lui-même ». Ce problème peut être assez rapidement
résolu si l'on comprend que le tissu produit par le royal
tisserand n'est pas la cité dans sa réalité historique ou
empirique. Il ne faut pas confondre genèse réelle, c'est-
à-dire fondation historique ou mythique d'une cité, et
genèse idéale : le royal tisserand ne fait pas le tissu, il
permet à la cité de se présenter *comme* un tissu souple et
solide. Cette genèse idéale est toujours à recommencer,
car l'unité politique, celle qui se nomme « concorde et
amitié », est toujours menacée, et il va falloir montrer
d'où vient la menace. Les deux paradigmes politiques,
tissage mais aussi architecture, relèvent en effet de l'espèce
de l'abri, du rempart (*problèma*, 288b4–8), de tout ce qui
sert à protéger. Le politique prend soin des habitants de
la cité en les défendant contre toute agression extérieure
et intérieure afin d'assurer le bonheur de tous ceux qui
l'habitent, bonheur dont la condition est une bonne
constitution, donc une bonne législation. « Il semble donc
que nous devions discuter de l'entrelacement royal – dire
quel il est, exposer sa manière d'entrelacer et la qualité du
tissu qu'il nous fournit. » L'Étranger annonce son plan,
ce dont le lecteur ne pourrait que lui être reconnaissant.
Mais le premier moment de l'enquête va définir l'objet du
tissage : admettons que c'est cela que voulait dire « quel
il est ». Quant au troisième, la qualité du tissu, il faudra
se contenter de le voir proclamé « le plus magnifique et

le plus excellent de tous les tissus ». C'est donc ce qui est à entrelacer qui fait d'abord l'objet de l'examen, et l'Étranger juge utile de prévenir que la démonstration va être « difficile » (*khalepon*) et donner lieu à un « discours surprenant » (*thaumaston*). Surprenant en effet, car nous apprenons brusquement que le politique n'a pas à entrelacer des êtres humains, mais deux espèces de vertueux dont les vertus, courage et modération, risquent en s'affrontant d'entraîner la ruine de la cité.

Le deux vertus : le contexte

Le débat sur la valeur des genres de vie découlant de ces deux vertus est loin d'être nouveau. Il a sa source dans les éloges antithétiques de la « divine Tranquillité » chère à Pindare et des épreuves héroïques que leur célébration immortalise [1]. Ce lieu commun a des développements obligés où l'on discute des avantages comparés de l'audace et de la sagesse comme dans le célèbre débat entre Zèthos et Amphion [2]. Mais c'est la référence à Thucydide qui s'impose, parce qu'il a renouvelé le thème en lui donnant

---

1. Voir P. Demont, *La Cité grecque archaïque et classique et l'idéal de tranquillité*, Paris, Les Belles Lettres, 1990. Pour la tranquillité, voir Pindare, *Huitième Pythique*. Pour les épreuves, voir l'apologue de Prodicos dans les *Mémorables*, II 1 ; Xénophon rapporte la version de cet apologue qu'il aurait entendue de Socrate – il s'agit de la leçon donnée par la Vertu à Hercule, qui se plaint d'avoir eu à accomplir tant de « travaux » (*ponoi*).

2. Dans un fragment de l'*Antiope* d'Euripide, Zèthos conseille à Amphion de s'exercer à « la belle musique des efforts (*ponôn*) », à quoi Amphion réplique : « L'homme tranquille est pour ses amis un ami sûr, pour sa cité le meilleur des hommes. Ne louez pas le risque. Je n'aime ni le matelot ni le chef trop audacieux. » Le débat est parodié dans le *Gorgias* (485e–486a) : Calliclès-Zèthos reproche à Socrate-Amphion son manque de « virilité » (*anandria*).

une portée politique, en particulier dans la séquence des discours composant son livre I[1]. Le problème n'est plus celui du choix d'un genre de vie, mais celui de la recherche des causes de la guerre. Selon les représentants des Corinthiens, elles résident dans l'activisme athénien et l'inertie spartiate. La culture exclusive d'une vertu conforme à leur tempérament devait nécessairement conduire ces deux cités à se faire la guerre[2]. Les Athéniens, auxquels succède le Spartiate Archidamos, répondent à cette double accusation en invoquant l'universalité de la nature humaine. Selon les Athéniens, leur impérialisme ne résulte pas de leur caractère agressif : quand ils passent à l'attaque, ils ne font que se conformer aux ressorts généraux de l'espèce humaine, crainte, honneur et intérêt[3] ; ce qui les caractérise n'est pas l'audace inconsidérée mais l'intelligence et une capacité de retenue. En bref, les Athéniens se disent conscients de l'implication nécessaire du courage et de la modération. Le Spartiate se réfère pour sa part à l'égalité naturelle des hommes, la différence entre les peuples ne résultant que de leur plus ou moins grande faculté de discipline (*eukosmia*), et celle de ses concitoyens est particulièrement remarquable. Ce n'est donc pas de « lenteur et d'indécision » qu'ils font preuve, mais de « sagesse réfléchie ».

1. En 307e1-308a2, Platon paraphrase carrément ce que Thucydide fait dire à Périclès dans son *Oraison funèbre* (II 63).
2. Selon Thucydide (VIII 96.5), « la plus grande chance des Athéniens fut d'avoir pour adversaires les Lacédémoniens », « vu la différence de leurs caractères, vivacité ici, lenteur là, esprit d'entreprise ici, timidité là… ».
3. *Cf.* Thucydide I 70, I 75-76, et I 84.1.

La thèse « corinthienne » attribue en revanche à certains peuples des tempéraments naturels et contraires [1], ce que Thucydide va contester, non parce qu'il affirme l'existence d'une nature humaine universelle, mais parce qu'il ne cesse de constater que la guerre « modèle sur la situation les passions de la majorité » [2] : elle contraint les Lacédémoniens pondérés à l'audace et balaie les réticences des pacifistes athéniens. Il n'y a pas à tergiverser lorsque la guerre est là, on ne peut choisir qu'entre la servitude et le combat, la neutralité est illusoire et l'objectivité un tiers exclu. La guerre est un « maître violent » qui n'entraîne pas seulement une inversion des comportements habituels mais un renversement des dénominations. Elle décide de la vertu et du vice, de ce qui doit être loué et blâmé : « la valeur habituelle des mots par rapport aux actes selon les justifications qu'on en donnait se trouve renversée. » En temps de guerre, une « prudence réservée passe pour de la lâcheté déguisée », la « sagesse pour le masque de la lâcheté », « l'intelligence en tout est jugée n'être qu'inertie totale » ; inversement, « une audace irréfléchie est considérée comme du courage à défendre ses compagnons ». Les analyses de Thucydide laissent donc le dernier mot à la situation : aucun tempérament naturel n'y résiste (preuve qu'il n'était pas si naturel que cela), ni aucune valeur (preuve qu'elle n'en était une qu'à la condition d'être jugée utile et opportune).

---

1. Pour l'idée d'un ancrage naturel des tempéraments, voir le traité hippocratique *Des airs, des eaux et des lieux* qui oppose le courage des Européens à la mollesse asiatique (Lit. II, 62), et l'explique par le milieu et les variations climatiques (Lit. II, 84). Ce type de causalité est rejeté (une même cause pouvant avoir des effets contraires) en *Lois* V, 747 d-e.

2. Thucydide III 82.4.

L'origine naturelle de ces vertus

Comme toujours, si le contexte est nécessaire pour comprendre, – et le contexte a ici un poids considérable – il permet surtout de mesurer comment Platon le transforme. Car selon lui, il existe bien deux tendances naturelles dans lesquelles ces deux vertus s'enracinent, courage (*andreia*) et modération (ou « tempérance » : *sôphrosunè*)[1]. Dans la *République*, le problème posé par leur opposition se trouve doublement résolu : naturellement, dans ces exceptions que sont les naturels philosophes – et les chiens de bonne race – et pédagogiquement, par la première éducation. Les parties de la vertu sont amies dans un naturel philosophe parce que toutes ses vertus se déduisent de son désir de saisir ce qu'est chaque être en vérité. L'unité véritable de la vertu est alors principe et non pas résultat, l'implication des vertus est intérieure et non pas imposée du dehors, mais tout cela n'existe que dans le philosophe et dans lui seul. Cette alliance naturelle est si exceptionnelle qu'aucun politique ne peut raisonnablement compter sur elle et qu'il doit s'en remettre à l'éducation. Une première sorte d'éducation a donc pour tâche d'adoucir, apprivoiser, civiliser la tendance agressive et sauvage propre à la nature énergique alors qu'elle doit préserver de tout penchant à la mollesse la tendance « douce » et réfléchie de la nature « amie de la sagesse » (*philosophos* au sens courant du terme)[2]. Sans un dosage convenable de musique et de

---

1. Voir M.-F. Hazebroucq, *La Folie humaine et ses remèdes, Platon, Charmide ou de la modération*, Paris, Vrin, 1997.

2. *Rép.* III, 411a-412a. Cette opposition revient souvent dans les Dialogues, *cf.* par ex. *Rép.* II, 375 a–376 d, III, 410 c–e ; VI, 503 b–e ; *Banq.*, 220 d–221 a ; *Théét.*, 144 a ; *Timée,* 18 a ; voir M. Dixsaut, *Le Naturel philosophe, op. cit.*, p. 74–82.

gymnastique, le tempérament énergique risquerait de glisser vers la nature de quelque animal sauvage et le tempérament calme et sage de ressembler à un animal invertébré, un mollusque. Le pouvoir de l'éducation se limite cependant à empêcher chacune des deux tendances d'aller aux extrêmes en la mélangeant avec son contraire, mais elle ne les supprime pas. Le *Politique* reprend donc le problème exactement là où s'arrêtait la *République*, l'opposition de deux vertus prenant le relais de la contrariété des tendances. Le courage, vertu de la partie énergique et irrationnelle de l'âme (le *thumos*), semble plus étroitement lié à une disposition naturelle. Vertu native du héros, il est chez Homère synonyme de vertu, et pour Protagoras il est la vertu la plus belle car il « résulte d'une constitution naturelle de l'âme ». Quand il traite pour finir le problème de l'unité de la vertu, l'Athénien oppose le courage, vertu naturelle que l'on peut prêter à certaines bêtes et à de tout petits enfants, à la modération, qui exige d'avoir part à la raison[1]. Elle est considérée comme une vertu civilisatrice, celle en laquelle tout Grec se reconnaît comme grec et non pas comme barbare, et dans la *République*, la modération n'est pas une vertu partielle mais une vertu de la totalité de l'âme : elle assure l'harmonie entre ses trois parties. Elle devient pourtant dans le *Politique* source de discorde.

Leur différence (306a8-b5)

Si l'éducation peut produire des hommes aptes à devenir des citoyens, elle ne garantit pas qu'ils s'accorderont entre eux. Le mythe l'a montré à sa façon en décrivant deux états de nature, l'un gouverné par le

1. Cf. *Prot.*, 350c-351c et *Lois* XII, 963d-964a.

dieu et l'autre abandonné par lui : le courageux sait sous quel règne il vit, celui d'une nature désertée par le divin, mais il a le tort d'oublier l'autre, et le modéré a la naïveté de se croire toujours sous le règne de Kronos, mais ce faisant il se ressouvient de sa soumission au divin. Le récit mythique d'une dualité originaire dit une vérité sur ces vertus : chacune imite la vie vécue dans l'un des deux âges du Monde, et c'est elle que nous imitons en vivant et croissant tantôt d'une façon et tantôt de l'autre (274d). Courageux et modérés conçoivent tous deux une Nature à leur image, le modéré comme une mère nourricière et le courageux comme une marâtre, et l'homme est pour les uns un frère et pour les autres un loup[1]. Leur différence n'est pas seulement naturelle, mais originelle. Elle ne met pas en question l'unité de la vertu, l'existence de cette unité est postulée par la notion même de parties et il est admis sans discussion qu'elles appartiennent à un même genre[2]. Il ne s'agit pas davantage de définir ce genre, mais de s'interroger sur le rapport de deux de ses parties. On peut toutefois partager l'incompréhension de Socrate le Jeune face à cette phrase de l'Étranger :

> Le fait qu'une partie (*meros*) de la vertu soit en quelque façon différente d'une espèce (*eidos*) de la vertu offre à n'en pas douter aux amateurs de controverses une belle occasion d'aller à l'encontre (*pros*) des opinions du grand nombre. (306a8-10)

Courage et modération sont incontestablement deux « espèces » de vertus, et d'aucune des deux on ne peut dire qu'elle est une partie mais pas une espèce. À moins

---

1. Ainsi, Clinias affirme que « dans la vie publique, tout homme est pour tout homme un ennemi » (*Lois* I, 626d).

2. Cf. *Prot.*, 322 c–d.

qu'il y ait ici une allusion à Protagoras, qui commence par soutenir que toutes les vertus dénomment une chose unique, puis change d'avis et affirme que si les autre vertus s'entre–impliquent, il est fort possible d'être injuste, impie, intempérant et ignorant et pourtant remarquablement courageux. Une partie de la vertu, le courage, différerait donc selon lui de l'espèce, c'est-à-dire du genre, de la vertu[1]. Il ferait plus qu'en différer, il pourrait s'opposer à lui (en étant injuste etc.), le terme grec *diaphoron* pouvant aussi vouloir dire « être en différend », « en conflit avec ». Peut-on cependant voir en Protagoras un amateur de controverses ? On penserait plutôt à des éristiques tels qu'Euthydème et Dionysodore. Quels qu'ils soient, il y a peu de chance que ces disputeurs s'entendent avec les opinions du grand nombre[2]. Or, à lire Thucydide, l'opinion commune est qu'il existe des différences entre les vertus et qu'elles caractérisent différents peuples et différentes cités[3]. En ce cas, les controversistes s'ingénieraient plutôt à défendre la thèse d'une unité *indifférenciée* de la vertu, et nous voilà revenus à Protagoras. L'Étranger, d'accord avec Socrate, estimerait donc que la vertu n'est ni une unité indifférenciée, ni la somme des différentes vertus. Mais pourquoi insiste-t-il si lourdement sur le fait que son discours va être inhabituel ? En quoi l'est-il, si l'opinion du grand nombre accorde qu'une partie de la vertu peut différer d'une autre ?

1. Cf. *Prot.*, 329d, 350c.
2. L'adverbe *pros* (306a10) aurait donc un sens adversatif, mais il est possible de le traduire par « étant données » (Diès) ou « en prenant en considération » (Brisson-Pradeau).
3. Voir J.B. Skemp, *Plato's Statesman*, *op. cit.*, p. 222, note 1.

L'Étranger fait bien de s'expliquer, en disant d'abord que la relation entre les différentes vertus n'est ni simple et uniforme (*haploun*). Les vertus ont différentes manières de différer les unes des autres mais ce n'est pas cela qui rend l'affaire si difficile : c'est que deux vertus soient *contraires*. Comment admettre que deux vertus, censées par conséquent être bonnes puisque ce sont des vertus, puissent ne pas être amies mais ennemies l'une de l'autre ?

Le raisonnement étonnant : digression (306b6-307d5)

Pour répondre à cette question, il faut « avoir l'audace de proposer un raisonnement étonnant (*thaumaston*) », « qui n'a rien d'habituel : car on dit plutôt, si je ne me trompe, que toutes les portions de la vertu sont amies les unes des autres ». Il faut donc bien avoir le courage d'être paradoxal. « Comment faire cet examen ? » demande Socrate le Jeune. L'Étranger n'ayant pas pour but de procéder à une division dialectique du genre « vertu » mais de dénoncer les conséquences politiques désastreuses du conflit entre deux de ses espèces, l'examen devra une fois encore jouer sur deux registres : celui de la constatation empirique et celui du rapport logique entre un tout et ses parties.

Pour voir si ce qui semble évident à tous est vrai, l'Étranger va faire un détour et se livrer à une digression sur la contrariété existant au sein des choses que nous appelons « belles » : nous les rangeons « dans deux espèces opposées l'une à l'autre ». Cela, « dans tous les domaines », qu'il s'agisse « de corps, d'âmes, de l'émission de la voix, de réalités ou d'images, comme de toutes

les imitations que l'art musical ou pictural produit ».
« Saurai-je alors trouver les mots pour t'expliquer cela,
sans trahir ma pensée? — Et pourquoi pas? — Tu m'as
l'air de croire qu'une telle affaire est aisée. » Elle ne l'est
pas, bien que toutes ces précautions paraissent à première
vue assez rhétoriques.

Nous faisons, dit l'Étranger, l'éloge aussi bien de
choses qui offrent vitesse, vigueur et vivacité que de
celles qui offrent retenue, calme et pondération. Tous ces
termes désignent les vertus que nous leurs reconnaissons,
« vertus » au sens fonctionnel du terme. Ils se regroupent
en deux constellations sémantiques, présentes « dans
tous ces cas, et beaucoup d'autres encore » et il faut
« trouver les mots » permettant de les réduire à une seule
opposition :

> Chaque fois, je pense, que nous affirmons qu'elles sont
> tranquilles (*hesukhaia*) et bien tempérées (*sôphronika*),
> c'est parce que nous admirons dans les activités de la
> pensée (*dianoia*) aussi bien que dans les actions celles
> qui sont lentes (*bradea*) et douces (*malaka*), et dans
> les sons de voix ceux qui sont unis (*leia*) et graves
> (*barea*) ; et pour tout mouvement rythmé, toute œuvre
> musicale usant de lenteur avec à-propos, ce n'est pas le
> mot « bravoure » (*andreia*) que nous leur appliquons à
> tous, nous parlons d'« ordre bien tempéré » (*kosmiotès*).
> (307a7-b3)

Les qualités admirées et louées ne peuvent que
changer de nom selon qu'elles s'appliquent à des styles de
pensée, d'action, de mouvement ou d'émission sonore :
la plurivocité règne à l'intérieur d'un langage qui ne
cherche pas à définir. Elle peut néanmoins se ramener à
celle entre « bravoure » (*andreia*, au sens où nous parlons
d'un « morceau de bravoure ») – et « ordre bien tempéré »

(*kosmiotès*, au sens d'un « clavier bien tempéré »)[1]. S'agissant de choses belles, nous nous arrangeons fort bien de la contrariété existant entre ces deux espèces, nous leur accordons une valeur égale et n'hésitons pas à les intégrer dans un même genre. Mais comme « beau », « contraire », « énergique » et « modéré » sont des termes qui sont prononcés par un « nous » qui partage à leur propos l'opinion commune et emploie un parler commun[2], ce genre est un genre doxiquement constitué. Il englobe les choses que nous disons belles parce qu'elles nous *semblent* telles, et elles nous semblent telles parce qu'elles exercent sur nous une même puissance : éveiller notre admiration et appeler notre éloge.

L'éloge peut néanmoins se retourner en blâme lorsque chaque qualité outrepasse sa juste mesure :

> Pourtant, chaque fois que l'un ou l'autre de ces ensembles de qualités se manifeste à nous inopportunément, nous changeons de langage et attribuons à chacun des deux pour les blâmer des mots qui lui assignent en revanche des effets contraires. (307b5-7)

Si vivacité, vitesse, sécheresse (au sens d'« un coup sec ») apparaissent inopportunes, nous les disons « excessives et folles », et pour celles qui sont trop graves,

---

1. Le traducteur doit lui aussi, tant bien que mal, trouver les mots pour le dire. Un clavier bien tempéré se caractérise par la « douceur » de son « tempérament » qui permet l'usage de toutes les tonalités, en gardant des couleurs différentes pour chacune, les tonalités à bémols étant plus douces que les tonalités à dièses. Le mot *kosmiotès* s'applique aux rapports entre les hommes et les dieux dans le *Gorgias* (508a) et aux bonnes d'enfants dans les *Lois* (VII, 794a) : ses tonalités sont en effet très différentes.

2. Tous les verbes de ce passage sont à le première personne du pluriel.

lentes et douces, nous les disons « veules » et « attardées » [1].
L'excès n'est repéré qu'en étant rapporté au caractère
propre (*idea*) à chacune des deux natures. Le passage
de l'éloge au blâme permet ainsi de quitter la sphère
de l'opinion commune, d'affirmer la nature eidétique
de la contradiction et de passer à une généralisation
fondée sur la nature des deux vertus. Comme les termes
avaient été choisis de manière à assurer la transition du
domaine esthétique à celui d'une typologie psychique
et éthique, ceux énumérés par l'Étranger peuvent se
résumer à deux, et le conflit peut s'étendre aux actions
et aux âmes (307c6-7). « Presque toujours », ces qualités
et ces caractères sont incapables de se mélanger, « le sort
[les] a fait s'affronter en une guerre civile » – dans ce
« presque » s'engouffrent les naturels philosophes de la
République. Compte non tenu de ces exceptions, chaque
espèce de caractère loue ce qui lui est « proche » (*oikeion*)
et blâme ce qui est différent en le tenant pour « étranger »
(*allotrion*). Il s'ensuit des désaccords innombrables
sur nombre de sujets, car chaque esthétique peut avoir
ses partisans. Leurs querelles ne sont pourtant qu'une
simple plaisanterie (*paidia*) car lorsque ce sont des goûts
qui s'affrontent, les conséquences sont négligeables
– cet homme de la multiplicité qu'est « l'amateur de
spectacles » est, par essence, tolérant, il porte à son plus
haut degré l'acceptation des dissemblances [2]. Mais quand
le conflit oppose deux choix cohérents et équivalents, il
risque de tourner en haine et dissension car il touche « à
l'économie générale de la vie ».

---

1. *Blakika* : en *Rép.* IV, 432d, Socrate se reproche sa « lenteur
d'esprit » : il n'a pas vu ce qui était depuis le début sous ses yeux.
2. Cf. *Rép.* V, 475d.

Aspect logique, éthique
    et politique de l'opposition (307d6-308b10)

Chaque choix peut pourtant se justifier, à condition qu'il ne s'érige pas en règle universelle du jugement. Or chaque espèce de vertueux a une propension naturelle à estimer apparenté, proche, beau, donc bon et ami ce qui lui ressemble, et à tenir pour étant d'une autre race, étranger, laid, donc mauvais et ennemi ce qui lui est contraire. La valorisation du semblable devient exclusive, la dévalorisation du contraire systématique, et la perversion de l'éloge et du blâme en découle. La haine que se portent les deux espèces de vertueux mérite peut-être alors un nom encore plus terrible que celui de dissension ou guerre civile (*stasis*). Lorsque le terme est défini dans la *République*, la guerre civile, haine « envers ce qui est proche », de la « même famille », s'oppose à la guerre qui est une haine « envers ce qui est étranger ». L'opposition entre les deux vertus est une guerre civile en ce qu'elle est intérieure à la cité, mais c'est une guerre que chaque espèce de vertueux mène contre l'autre, puisque chacune tient pour étrangers ceux qui appartiennent à l'autre espèce. Si Théétète ne pense pas que maladie et dissension sont une même chose, c'est parce qu'il ne voit pas qu'une dissension « n'est rien d'autre que la destruction issue d'un certain désaccord sur ce qui est naturellement apparenté »[1]. Chaque espèce de vertueux ne se croit apparenté qu'à ceux de sa propre espèce, et cette erreur sur la *suggeneia* entraîne une erreur sur le *genos*. Erreur logique, qui consiste à croire, comme Hippias[2], que tout genre doit être homogène et qu'il doit

1. *Rép.* V, 469c-471b et *Soph.*, 228a4-7.
2. Cf. *Hipp. Maj.*, 301a *sq.*

y avoir transitivité des propriétés des parties au tout. La conséquence de cette erreur est que chaque partie de la vertu prétend être le tout de la vertu, tout dont elle n'affirme l'unité qu'en expulsant l'autre partie, à laquelle elle dénie même le nom de vertu[1].

L'hostilité entre deux genres de vie prend alors la forme d'un conflit entre fins. Ceux qui sont prêts à accepter n'importe quel compromis pour préserver leur tranquillité privée ou la paix publique font face à ceux dont l'agressivité est la réponse à n'importe quelle situation. Or ni la paix ni la guerre ne sont des fins en soi. L'homme royal n'a pour but ni la guerre ni la paix, mais l'unité et la protection de la cité, sa tâche consiste à empêcher les désastres que provoquerait chaque espèce de vertueux si on ne les entrelaçait pas l'une à l'autre. Si l'appétit de paix et de tranquillité des uns va jusqu'à leur enlever tout désir de se défendre, il y a des chances que leur cité finisse par tomber en esclavage – ce qui arrive aux Siciliens, qui croient pouvoir échapper à l'alliance athénienne comme à l'engagement aux côtés de Syracuse et rester neutres. Et si l'ardeur guerrière des autres va jusqu'à exposer leur cité à des haines nombreuses, comme font les Athéniens qui en suscitent même chez leurs alliés[2], le résultat sera la ruine ou l'esclavage de leur patrie. D'où ces paradoxes : le désir *immodéré* de paix des modérés est *inopportun* non parce qu'il s'impose à contretemps, mais parce qu'il prédomine en toutes circonstances; quant ceux qui sont plutôt enclins au courage, leur appétit pour ce genre de vie, bien plus *énergique qu'il n'est requis*, entraîne toujours leur

---

1. Selon Calliclès, c'est leur manque de virilité qui poussent certains à louer la modération (*Gorg.*, 492a9-b1).
2. *Cf.* Thucydide VI 75-88 et I 75.

cité dans quelque guerre et suscite des ennemis dont le nombre et le pouvoir conduiront leur cité à la ruine, alors que le courage est censé être « la vertu de la *sauvegarde* »[1]. Les deux espèces de vertueux vont également à l'encontre de l'*idea* de la vertu censée les animer et de la juste mesure qui lui est propre – l'opportun pour l'une, le requis pour l'autre – comme ils méconnaissent la véritable fin politique en l'identifiant à l'objet de leur désir : la guerre ou la paix[2]. C'est donc lorsque les vertus acquièrent une signification éthique que leur contrariété devient politiquement néfaste. L'action politique se voit alors assigner sa nécessité : l'éducation équilibre les tendances naturelles mais elle n'a pas le pouvoir de les supprimer, la rhétorique sert à consolider l'accord sur les valeurs mais elle est incapable de le créer. Que l'action politique soit seule à pouvoir éviter les conséquences de l'hostilité entre énergiques et modérés signifie que, même vertueux, l'homme n'a pas de destination politique. Il n'est pas fait pour vivre dans une cité car dans cette cité vivent ceux qui lui sont naturellement, éthiquement et politiquement ennemis.

Il fallait donc commencer par démontrer que ce qui vaut pour les choses belles, – l'appartenance de deux espèces contraires à un même genre – vaut également pour les vertus, car c'est l'erreur logique commise sur la *suggeneia* qui exige l'action politique. Il fallait trouver les mots pour juxtaposer tous ces registres d'analyse, pour oser dégager un principe logique de l'expérience de

---

1. *Rép.* IV, 429a-c.

2. Contrairement à l'opinion de certains interprètes, G. Klosko entre autres, Platon n'explique pas la guerre par une cause psychologique, mais par une erreur sur la fin politique (*The Development of Plato's Political Theory*, *op. cit.*, p. 193).

deux esthétiques contradictoires, passer ensuite d'une anthropologie voyant en l'homme un animal instable à une psychologie apte à diagnostiquer les origines de l'inimitié et de l'intolérance, et de là aux ravages politiques dont peuvent être responsables deux éthiques équivalentes bien que contraires. L'Étranger a donc raison de déclarer qu'il « a trouvé ce que nous cherchions depuis le début, à savoir que, par nature, des parties de la vertu, et non des moindres, s'opposent l'une à l'autre, et surtout entraînent ceux qui les possèdent à faire de même ». Ayant résolu la question politique du maximum de contrariété tolérable au sein d'un même genre, il peut aborder le point suivant et déduire le mode d'action propre à la science politique.

MODE DE L'ACTION POLITIQUE : ENTRELACER
(308B11-311B6)

La tâche du tisserand royal est d'unir « des parties de la vertu naturellement dissemblables et naturellement orientées vers des fins contraires ».

Carder (308b11-309a7)

Pour cela, un préalable est nécessaire : le propre de toute science d'assemblage (*sunthetikè*) – et le tissage en fait partie (279d) – est d'éliminer « autant que possible » les éléments défectueux et de ne garder que ceux qui sont utilisables, qu'ils soient semblables ou dissemblables. La similitude ne doit pas servir de règle (cette erreur vient d'être dénoncée), il faut choisir des éléments aptes à composer une œuvre parfaitement une « quant sa puissance (*dunamis*) et son caractère propre (*idea*) ». Comme il est impossible de tisser ensemble des faucons et des colombes, le politique ne peut tisser que des hommes utilisables et utiles. Leur participation, même minimale, à la vertu est la condition de leur accès à une existence politique. De l'existence naturelle à l'existence politique il n'y a donc pas continuité, mais pas non plus opposition : il faut deux médiations, la première éducative et la seconde éthique. L'Étranger finit par où Socrate commençait dans la *République* : tout au long du *Politique* le terme « éducation » s'est fait attendre au point qu'on pouvait même renoncer à le voir arriver, alors qu'on aurait pu l'attendre quand sont examinées les sciences parentes et précieuses. Pourquoi l'éducation ne figure-t-elle pas parmi elles ? Parce qu'elle n'est pas une science distincte de la science royale et politique, elle en est la tâche initiale et indispensable ; analogue au cardage et au filage, elle fait comme eux partie de l'art de tisser. Le cardage élimine les impuretés du matériau, et le filage lui succède, il sépare les fils destinés à la chaîne de ceux destinés à la trame puis les tord afin d'assouplir la raideur des uns et de renforcer la souplesse des autres. Ces deux espèces de tri correspondent aux deux espèces de l'art de soigner distingués dans la sixième définition du sophiste : purifier « diacritiquement » le bon du mauvais et assembler le semblable avec le semblable[1]. « Comme fait l'art du tissage à l'égard des cardeurs et de ceux qui préparent d'autres choses nécessaires à son tissage », le politique « commande et prescrit ». Dès lors qu'il s'agit d'éduquer, le politique ne délègue pas son commandement, il assigne aux éducateurs « tous leurs travaux (*erga*) ».

Leur premier travail est de veiller aux jeux des enfants « car il n'y aura jamais d'homme de bien si on ne mêle pas de la beauté aux jeux des enfants »[2]. Le jeu est le premier moment d'une éducation dont la finalité n'est

1. *Soph.*, 226d.
2. Cf. *Rép.* I, 558b, IV, 424d-425a et *Lois* I, 643b-d.

pas intellectuelle mais politique, il contribue à inculquer le respect des règles et permet de discerner dans quel métier l'enfant, devenu homme, pourra exceller. Celui qui, par exemple, s'amuse et prend plaisir « à mesurer et mettre d'aplomb » a toutes les chances de devenir un bon charpentier, mais il y aura forcément des enfants qui ne prennent plaisir à jouer à aucune « des belles choses ». Après cette précoce mise à l'épreuve, le tri éducatif se poursuit, et l'éducation doit alors constater sa limite : aussi soigneusement définie et droitement administrée soit-elle, elle peut être mise en échec. Car certains parmi ceux qu'il lui revient d'éduquer ne tendent à aucune vertu et « leur nature mauvaise les repousse vers l'athéisme, la démesure et l'injustice ».

L'athéisme est la plus grave des trois sortes d'impiété distinguées dans les *Lois* et c'est sur elle que s'achève au livre X le code pénal élaboré au livre IX. Ce sont les deux termes qui lui sont associés dans le *Politique*, « démesure » (*hubris*) et « injustice » (*adikia*), qui servent alors à diviser cette espèce d'impiété en deux classes. La première comprend des athées politiquement inoffensifs (à condition qu'ils gardent leurs opinions pour eux) car, bien qu'ils nient l'existence des dieux, ils ont un caractère naturellement juste ; ils subiront donc une punition juste (*dikè*) et seront rééduqués dans des maisons de « retour à la raison »[1]. Participent en revanche à la seconde classe, la seule dont parle l'Étranger, ceux qui associent « l'injustice à une démesure accompagnée de déraison »[2]. En sont

---

1. Car après tout, si c'est aux dieux de la religion traditionnelle qu'ils refusent l'existence, on ne peut pas leur donner tort, il faut simplement leur apprendre qu'une manière plus intelligente de concevoir la divinité est possible.

2. *Lois* X, 906a *sq.*

issus tyrans, démagogues, stratèges, créateurs de rites
magiques et d'initiations privées qui exploitent à leur
profit la crédulité et la superstition, et, plus récemment,
certains « savants » en sciences de la Nature qui refusent
à celle-ci toute vie et toute intelligence[1]. Ils rejettent d'un
même côté Nature, hasard et nécessité, et tout ce qui
est art, jugement et intelligence est situé ainsi de l'autre
côté de cette ligne de partage. Il en résulte une relation
axiologique inversée car ce qu'ils estiment « naturel » est
en fait second, « postérieur, et doit résulter, en tant que
chose subordonnée, d'un art et d'une intelligence » : ce
qui est « éminemment naturel », c'est l'art, la *tekhnè*[2].
Ces hommes font donc eux aussi partie de la seconde
espèce d'athées et méritent comme eux des châtiments
(*timôriai*), morts, exils ou peines infamantes[3]. Ces
châtiments ne consisteront qu'à démontrer, durement, la
vérité de cette opinion vraie que la justice est avantageuse,
et non pas l'injustice.

Selon Socrate le Jeune, tout ce que vient de dire
l'Étranger « est bien un peu ce qu'on dit habituellement ».
La législation platonicienne n'est en effet pas très
différente de l'athénienne et des sanctions prévues dans
le décret de Diopithe, mais leur but n'est pas le même[4]. Il
ne s'agit pas de châtier les athées afin d'éviter que la colère
des dieux frappe la cité, mais d'expulser tous les éléments
impropres à en construire une qui soit juste. Quant à ceux

1. Pour un exemple de ces savants récents, Socrate répond à Mélètos
qui l'accuse de professer « que le soleil est une pierre et que la lune est
de la terre », que celui-ci doit le confondre avec Anaxagore (*Apol.*, 26d).

2. *Lois* X, 892c.

3. Les enfants des bannis étaient considérés comme orphelins : une
mort civile infamante s'ajoutait à l'exil.

4. Voir sur tous ces points T.J. Saunders, *Plato's Penal Code*, Oxford,
Clarendon Press, 1991, chap. 12.

qui n'ont aucun désir d'apprendre et en lesquels tout est
bas, ils seront réduits en esclavage

Une politique « n'est donc vraiment conforme à la
nature » (308d1) qu'à la condition de commencer par
trier ses matériaux, c'est-dire les hommes capables de
devenir des citoyens[1]. Et pour cela, le tri éducatif est son
premier et indispensable instrument. Mais comme la
disposition innée se transforme grâce à l'éducation en
vertu, la différence naturelle devient opposition, et l'action
politique ne réussira qu'à la condition de prendre acte de
la nature contradictoire de deux vertus. L'ennui est alors
que le pacifisme ou l'angélisme des uns est tout autant
conforme à la nature que l'agressivité et la Realpolitik
des autres – les deux étant également incompatibles avec
l'existence d'une cité unifiée. C'est pourquoi la nature
doit être prise en un autre sens, car c'est à la nature de la
tekhnè que la politique doit se conformer : tout art doit
procéder avec intelligence, discernement et prévoyance,
aucun artisan n'agit au hasard[2]. La politique se conforme
alors à sa nature[3], celle d'un savoir orienté vers une

1. Sur cette conformité à la nature, voir Introduction, p. 31-32.
2. Cf. *Gorg.*, 503d–504e.
3. C'est ainsi que J. Klein paraphrase le texte : *Plato's Trilogy.
Theaetetus, the Sophist, and the Statesman*, Chicago, University of
Chicago Press, 1977, p. 197. Au sens d'aptitude innée, la *phusis* sert de
principe au choix d'un métier (*Rép.* II, 370c4, V, 453b5), permet aux
femmes d'être éduquées et de gouverner (V, 456c1) et à certains d'être
philosophes même en l'absence d'une bonne éducation (VI, 496b3).
Au sens d'essence, elle différencie les parties de l'âme et de la cité (IV,
428e9, 432a8, 444d9) et peut devenir principe épistémologique : elle
garantit la valeur de la méthode (*Ménex.* 237a5, *Timée*, 29 b 3, *Phil.*,
50e5, *Lois* III, 720b4, d3-e1) et dans le *Sophiste* le mélange des genres
doit se faire « conformément à leur nature » (256c2). Voir M. Dixsaut,
« Une politique vraiment conforme à la nature », repris dans *Platon et la
question de l'âme*, Paris, Vrin, 2013, p. 217-243.

action inscrite dans le devenir des hommes et des choses, et en s'y conformant le politique témoigne qu'il possède l'intelligence de la véritable nature de la Nature. Car la Nature tout entière agit ainsi, elle est art et intelligence et non pas hasard ou nécessité. Même si les hommes ne vivent plus sous le règne de Kronos, il leur faut croire que la Nature peut être provisoirement délaissée mais jamais totalement désertée du divin, qu'elle est une force intelligente et prévoyante, orientant toute activité vers la bonne constitution de ce qu'elle œuvre. En imposant une politique conforme à la nature, le politique réalise les fins d'une Nature intelligente.

Ce faisant, il s'oppose à certaines conceptions de la politique qui elles aussi prétendent ou ont prétendu être conformes à la nature. L'expression *kata phusin* sert en effet plutôt à légitimer des doctrines qui s'inscrivent toutes dans le cadre de l'opposition entre nature et convention (*phusis* et *nomos*). En développant dans le *Gorgias* sa thèse de deux systèmes de valeurs rigoureusement antinomiques, Calliclès énonce le seul principe conforme à la nature telle qu'il la conçoit[1] : le supérieur doit commander à l'inférieur – identifiant ainsi conformité à la Nature et règne de la violence. Or en un certain sens, mais en un certain sens seulement, Calliclès ainsi que Pindare qui l'inspire n'ont pas tort[2]. Ils ont raison de récuser toute forme d'égalité naturelle entre les hommes, postulat qui peut au demeurant amener aussi bien à proclamer, comme Hippias, que la loi (*nomos*)

---

1. L'expression *kata phusin* n'y est employée que par Calliclès, ou par Socrate citant Calliclès (483a7, e2, 488b3, e4, 489b5, 491e7).

2. Pindare aurait justifié la violence par la conformité à la nature, et selon lui, même Tranquillité, fille de *Dikè* (Justice) est capable d'en user (*Huitième Pythique*, v. 8–12).

est le tyran du genre humain qu'à faire de cette égalité le fondement d'une cité destinée à garantir l'égalité des citoyens devant la loi[1]. Dans les deux cas, le résultat est une politique contre nature. Car il est autant contre nature de croire que la loi est une violence faite à la nature, alors que toute nature s'accomplit en obéissant à des lois, qu'il est contraire à la nature d'en exclure toute espèce de « surnature » – de divin. Cependant, pour Platon comme pour Pindare – Calliclès, l'espèce humaine, un petit nombre excepté, se compose d'êtres naturellement sauvages ou naturellement apprivoisés, cette différence pouvant revêtir les formes les plus extrêmes, férocité sans borne ou docilité inconditionnée. La cité de Calliclès est constituée de ces deux extrêmes : ceux qui se distinguent par le nombre et l'intensité de leurs passions vivent conformément à la « Nature » alors que les autres ne peuvent survivre que grâce à l'institution d'un ensemble d'interdits et de devoirs. Face à Calliclès, Socrate accorde pourtant que le supérieur doit commander à l'inférieur, mais supérieur signifie selon lui « meilleur » et inférieur « moins bon ». Meilleur en quel sens ? Au sens où il y aurait « accord selon la nature entre le moins bon et le meilleur sur le point de savoir qui doit commander, aussi bien dans la cité qu'en chacun de nous »[2] ? Ce n'est pas cette conformité qui est affirmée à ce moment du *Politique* parce que ce n'est pas la structure de la cité qui est en cause, mais sa composition. Il ne s'agit pas de hiérarchiser des parties mais de sélectionner des éléments.

---

1. Cf. *Prot.*, 337d et *Ménex.*, 293a3.
2. *Rép.* IV, 432a7-9e.

Filer (309a8-b7)

Le tisserand royal peut alors assigner leur place aux natures qu'une éducation a rendues capables d'accéder à ce qui est noble et de se prêter à un mélange mutuel. Celles qui *tendent plus* (*mallon*) vers le courage trouveront place dans la chaîne, et celles qui sont mesurées, épaisses, douces, dans la trame ; bien qu'elles *tendent* à être contraires, le tissage peut s'efforcer de les lier. Toutes ces tendances ont été relativisées, mais pas au point de les faire s'accorder. S'il n'existe donc ni fondement naturel ni fondement éthique de l'unité politique, et si son fondement légal est nécessaire mais insuffisant[1], quel moyen le politique peut-il employer pour transformer en concorde ce qui ne s'offre à lui que comme affrontement ? Comment peut-il rendre ami ce qui est ennemi ? En tissant, en entrecroisant, mais comment peut-il empêcher le tissu de se déchirer ?

Entrelacer : le lien divin (309b8-310a6)

Comme l'action politique doit tenir ensemble (*sunekhein*) des éléments dont l'opposition est irrationnelle, ce n'est pas au raisonnement qu'elle doit faire appel, mais à l'opinion. L'homme royal, comme le sophiste, sait qu'agir politiquement, c'est agir sur l'opinion et par elle, mais tandis que le sophiste joue sur leurs contradictions, l'homme royal veut imposer une homodoxie en matière de valeurs. Pour agir sur des tendances et en faire des vertus, l'éducateur enseignait la musique ; « la musique propre à l'art royal » – son art du

---

1. Cf. *Lois* VII, 822e–823a : l'obéissance aux lois ne suffit pas à faire le bon citoyen.

discours et de la persuasion didactique – est une autre sorte de musique, celle de l'opinion vraie. Comment implanter chez ceux dont les valeurs sont mutuellement ennemies des opinions qui, à leur propos, soient les mêmes, et faire que ceux-ci les tiennent tous fermement pour vraies ?

En tissant deux sortes de liens : l'un qui liera avec un fil divin la partie divine de leur âme, l'autre qui liera sa partie animale (*zôogenes*) avec des fils humains. Le lien divin est dit ensuite « plus divin » : plus divin que les liens humains, ou seulement « assez divin » ? Le comparatif ne lui accorde en tout cas qu'un certain degré de divinité, car c'est l'action divine de l'*opinion* qui liera « selon l'apparenté, la partie éternelle de leur âme » afin de produire la concorde entre les habitants de la cité. La distinction entre partie divine et partie animale de l'âme provient du *Timée*, et « divine » signifie alors « éternelle ». Contrairement au *Phédon* et à la *République* qui démontrent par des arguments l'immortalité et l'indestructibilité de l'âme, dans le *Politique* il ne s'agit pas de démontrer mais de persuader. Il n'est possible d'agir sur la partie « inférieure » de l'âme qu'en ayant recours à des images, ses désirs et ses passions n'ayant pour objets que des images produites par les passions elles-mêmes. Pour réaliser le meilleur, il faut faire en sorte que ces images contiennent une sorte de vérité, et pour cela il faut mentir, mais noblement. Le politique doit donc se limiter à tenter de persuader ceux qu'ils gouvernent qu'ils ne sont pas, ou pas seulement une espèce animale, et qu'un dieu leur a donné « comme démon » une espèce d'âme qui, en fait « des plantes, non pas terrestres, mais célestes »[1]. Ils ne se ressouviendront de la partie éternelle

1. *Tim.*, 69c-71a et 90a.

de leur âme que si le gouvernant réussit à leur faire croire qu'ils en ont une. Car c'est de cette croyance en une parenté littéralement surnaturelle que peut naître « concernant les choses belles, justes et bonnes et celles qui leur sont contraires, une opinion qui est réellement vraie et s'accompagne de fermeté ». La vérité de l'opinion aura pour effet de tempérer l'âme courageuse, et le fait d'adhérer fermement à des opinions transformera en modération réelle ce qui n'était que réserve et retenue. En d'autres termes, le lien divin fera que le courageux combattra pour une cause vraiment juste et qu'il tiendra pour telle, et que le modéré aura le courage de ses opinions. L'action éducative fait bien partie de la science royale, car elle « adoucit » l'âme énergique et l'empêche de glisser vers la nature de quelque animal sauvage, et elle rend réellement modérée et réfléchie la nature « rangée », l'empêchant ainsi de s'attirer une réputation justifiée de « niaiserie » (*euètheia*) [1]. Mais c'est la vérité de l'opinion, non la musique, qui aura pour effet de tempérer l'âme courageuse, comme c'est le fait d'adhérer fermement à des opinions qui transformera en modération réelle ce qui n'était que respect intériorisé d'un code social.

L'action politique ne peut donc avoir d'effet que sur des natures capables de se transcender deux fois : en s'éduquant à la vertu et en croyant à leur part divine.

---

1. Ce terme peut être positif ou péjoratif, désigner une simplicité et une candeur innocentes ou une lenteur d'esprit et une imbécillité (ambiguïté qui est le sujet de *L'Idiot* de Dostoïevski). Voir cette définition kantienne de la niaiserie : « *De l'homme de bonne foi* qui accorde facilement sa confiance (qui croit, qui fait crédit), on dit que c'est un niais parce qu'il est une proie facile pour les coquins ; mais bien injustement, comme dans le dicton : "quand les niais viennent au marché, les vendeurs se frottent les mains". » (Kant, *Anthropologie du point de vue pragmatique*, trad. de M. Foucault, Paris, Vrin, [2008] 2017, I, 46, p. 155).

C'est seulement en de tels caractères (*èthè*) que le lien divin « peut s'enraciner grâce aux lois » : leur opposition réclame l'intervention d'un art législatif, le lien divin est le remède législatif requis par leur conflit. La part divine se révèle ici être la partie capable d'obéir à des lois, d'être accessible aux prescriptions d'un discours rationnel et de distinguer ce qui est juste. La cité n'en demande pas plus, à maladie politique, remède politique : est juste ce qui est conforme à la loi, l'obéissance aux lois est ce qui distingue les hommes des animaux et elle est la condition pour qu'ils reconnaissent que leur est proche quiconque est capable d'en faire autant. Grâce à ce lien divin, une parenté (*suggeneia*) s'instaure entre tous les citoyens, fondée sur l'appartenance à un genre qui n'est humain que pour autant qu'il est « démonique ». Mais ce sont des liens humains qui font naître la *philia*, terme qui ne désigne pas un sentiment mais une attraction naturelle ou un lien social de coopération, l'erreur consistant justement à ne lui reconnaître que ces deux sens. La *philia* est le lien capable de faire éclater des communautés fermées, milieux nationaux, sociaux, culturels fondés sur ce seul principe, « qui se ressemble doit s'assembler » ; tisser cette sorte de liens est la fonction attribuée à des liens humains qui ne se bornent pas à unir deux espèces de vertueux.

Entrelacer : les liens humains (310a7-311a2)

Les autres liens ne sont difficiles ni à concevoir ni à réaliser. C'est du moins ce que pense l'Étranger, et pourtant les liens humains confèrent à l'art royal une fonction assez déconcertante : le politique doit veiller aux mariages des citoyens et se substituer aux pères auxquels ce pouvoir

revenait traditionnellement de droit. Chez Xénophon,
questionné sur le point de savoir à qui demander conseil
pour prendre femme ou marier sa fille, Cyrus répond :
« À moi ; car je suis grand expert en cet art. – Quel art ? dit
Chrysantas. – L'art d'ajuster les époux[1]. » Interrogé par
Socrate le Jeune sur la nature des liens humains auxquels
il pense, l'Étranger transfère cet art royal au politique, et
répond qu'il s'agit « des liens inhérents aux épigamies,
à l'échange des enfants ainsi que de ceux ayant trait,
dans la sphère privée, au fait de donner en mariage ».
L'épigamie est un terme juridique qui peut désigner soit
le droit de mariage implicitement accordé aux membres
d'une même cité (le mariage endogamique), soit le droit
explicitement octroyé par une cité aux citoyens d'une
autre cité (le mariage exo- ou allo-gamique). De nombreux
exemples montrent que les mariages exogamiques (ou
intermariages) étaient conçus comme de véritables liens
de parenté entre cités[2], renforcés par des récits, réels ou
forgés par des mythographes, unissant leurs héros ou
leurs dieux fondateurs. Le terme donne donc lieu à deux
interprétations et à deux sortes de traductions différentes :
s'agit-il des mariages entre jeunes gens issus des groupes
constitués par les pondérés et les fougueux ? Ou le mot
a-t-il ici son sens plus courant de mariages entre jeunes
gens provenant de deux cités différentes[3] ? Il n'y a sans
doute pas à choisir : tout mariage doit selon l'Étranger
être un « intermariage », car tout lien matrimonial doit

1. *Cyropédie*, VIII, 4, 18-19.
2. *Cf.* Hérodote II, 147.3 ; Lysias, 34.3 ; Démosthène, *Sur la
couronne*, § 187 ; Xénophon, *Cyr.* I, 5. 3 et III, 2. 23.
3. J.B. Skemp et C. Rowe soutiennent la première interprétation,
Diès et Robin le seconde, et Brisson-Pradeau semblent soutenir les deux
(note 296 p. 269).

déjouer l'attraction naturelle pour le semblable, piéger en quelque sorte la nature en orientant ses pulsions vers ce qui est étranger ou contraire. Qu'il unisse deux cités, deux tribus ou deux clans, y compris ceux des énergiques et des modérés, le mariage doit être exogamique. L'Athénien étend même la nécessité de cette « exogamie » aux riches et aux puissants : ils doivent se marier hors de leur milieu, ce n'est pas l'égalité des fortunes et des rangs qui doit être la règle, mais l'inégalité[1]. Constatant que la plupart des gens n'ont pour but, dans leurs alliances, que des avantages financiers ou sociaux, l'Étranger estime pour sa part que discuter de telles alliances serait leur faire trop d'honneur, et l'Athénien reconnaîtra pour finir qu'il faut renoncer à toute tentative de légiférer à leur propos, mais s'en remettre à « une incantation persuasive » et à l'opprobre social qu'elles inspirent.

Après l'épigamie viennent les « échanges des enfants » (*paidôn koinônèseôn)*, autre expression donnant lieu à controverse. Le substantif *koinônèsis* dérive du verbe *koinônein* qui, suivi d'un génitif partitif, signifie avoir ou prendre part à quelque chose, et il vient d'être employé deux fois en ce sens[2]. La mesure est très différente de celle prescrite aux seuls gardiens dans la *République*[3], il n'y a pas « mise en commun » des enfants puisqu'il est question ensuite de mariages entre particuliers. Les enfants ne peuvent alors être qu'*échangés*, selon le

---

1. *Lois* VI, 772d-773e.

2. En 308e10, 309e2. Ce terme est un hapax dans les Dialogues et il n'apparaît pas dans les textes grecs écrits dont nous disposons, ce qui indique qu'il ne renvoie probablement pas à une pratique codifiée.

3. C. Rowe (*Plato. Statesman, op. cit.*, ad. 310b2 p. 244) note que l'hypothèse serait incohérente avec la mention des mariages privés.

principe bien connu des anthropologues[1] : pour qu'il y ait des unions exogamiques il faut que des « familles » au sens large (*genè*) consentent à échanger leurs enfants, garçons et filles. L'Athénien y voit un cas particulier du mélange des opposés : la cité doit être le « cratère » dans lequel s'effectuent ces mélanges, et cela vaut non seulement pour les tendances naturelles et les vertus, mais aussi pour les semences d'où naîtront les enfants[2]. Si elles ne se mélangeaient pas, la dégénérescence serait inévitable. Enfin, les échanges prennent une forme privée, familiale, lorsqu'il s'agit de « donner en mariage ». Le mariage privé (*gamos*) suppose en effet le don de la mariée par son père ou son substitut légal[3]. Ce dernier aspect de l'alliance matrimoniale a trait à la cérémonie de mariage et à l'union sexuelle qui le consomme. L'union conjugale est envisagée à la fois du point de vue de celui qui donne sa fille à marier et du point de vue de celui qui prend femme. La symétrie entre les deux actes, donner et prendre, est nettement marquée quand elle prend une forme dangereuse : les pondérés prennent, autant que possible, femme dans le genre qui est le leur, et en retour ils donnent leurs filles à des hommes ayant le même caractère qu'eux. Si l'erreur consistant à obéir à la « facilité » (à l'attraction spontanée du semblable par le semblable) se reproduit au cours de nombreuses générations, la transmission héréditaire des caractères innés fait que ce qui au départ était vertu se transforme en

---

1. Voir l'importance que lui accorde C. Lévi-Strauss en liaison avec l'exogamie comme remède à l'ethnocentrisme dans *Race et histoire*, [UNESCO 1952] Paris, Folio-Gallimard, 2007.

2. *Lois* VII, 773c-e

3. Ils remettent leur fille à la façon dont on remet un gage, le gage en question (*homèreia*) étant étymologiquement un otage.

vice. Ce qui était « audace énergique » finit par exploser en de véritables folies furieuses, et ce qui était réserve finit par devenir une disposition « plus lente à réagir qu'il n'est opportun ». De la loi générale gouvernant tous les mélanges, l'Étranger est donc passé au mélange des vertus, puisque c'est ce cas particulier que doit régler l'action politique, d'autant qu'il a des conséquences sur la procréation des enfants. L'unité et l'avenir de la cité en dépendent : il faut prescrire aux courageux d'épouser des modérées et aux modérés d'épouser des courageuses.

« Voici donc de quels liens je disais qu'ils ne sont nullement difficile à nouer », conclut l'Étranger. Le premier prescrit l'exogamie comme structure fondamentale de la parenté, le deuxième l'échange d'enfants entre groupes distincts comme règle de procréation, le troisième le mariage entre caractères opposés comme condition de l'unité politique : le lien se resserre progressivement de manière à faire tenir ensemble ce qui est étranger, puis ce qui est différent et enfin ce qui est contraire. L'action politique a donc le pouvoir d'effectuer ce que le *Lysis* jugeait impossible, rendre ami ce qui est ennemi[1]. Socrate butait en effet chaque fois sur une aporie due à l'extension de chaque espèce d'amitié au bon et au mauvais. Qu'elle unisse des semblables ou des contraires, aucune *philia* ne peut réconcilier ces termes-là : le mauvais ne peut être ami ni du mauvais ni du bon. La *philia* politique peut être une amitié entre contraires, mais elle a pour condition la reconnaissance de l'appartenance à même genre. La solution proposée dans le *Politique* sera reprise et plus amplement démontrée dans les *Lois*[2] : les semblables ne

1. Cf. *Lysis*, 213b.
2. *Lois* VII, 837a *sq.*

sont pas amis parce qu'ils sont semblables, mais parce qu'ils sont vertueux ; les contraires ne peuvent être amis en tant qu'ils sont contraires, mais à condition que ces contraires soient complémentaires et appartiennent à un même genre, à la façon dont ce qui manque est contraire et ami de ce qui est pourvu. L'unité de la cité repose dans la *République* sur la communauté des joies et des peines, et dans les *Lois* sur des coutumes non écrites, « liens de la cité toute entière ». Dans le *Politique*, c'est une opinion partagée sur les valeurs qui leur donne un fondement que seule l'action politique est capable de procurer. L'homodoxie est la « navette » qu'elle emploie pour confectionner le tissu social, et les honneurs qu'elle vaudra aux deux espèces de vertueux en leur conférant les magistratures à part égale contribuent à le renforcer. Pour les liens humains, ils se trouvent réduits à un « échange mutuel de gages », seule allusion aux liens humains.

Le lien divin consiste à persuader chaque homme qu'il possède une part divine afin qu'il n'ait que des « opinions divines », vraies et généralement partagées sur ce qui est beau, bon et juste, puisque ce sont elles qui engendreront une parenté et une amitié à l'ensemble des citoyens. Inculquer à un bipède sans plumes une croyance en sa part divine, appeler « divines » des opinions auxquelles il faut croire sans nécessairement les comprendre et en faire un lien – il est vrai seulement « plus divin » que les liens humains, mais « divin » quand même – tout cela est assez dur à admettre. Divin, ce lien l'est par son origine, en tant qu'il est l'œuvre d'un législateur inspiré par la puissance divine qu'il faut reconnaître à toute science, et par son objet, la partie divine de l'âme, mais il ne l'est pas en lui-même puisqu'il ne fait qu'imposer une unité extérieure aux termes qu'il relie. L'utilisation de ce divin de second

ordre à des fins politiques ressemble fort à une sorte de
« noble mensonge ». Pour les liens humains, ils relèvent
plus d'une anthropologie, d'une sociologie ou d'une
psychologie sociale telles qu'elles ont été élaborées dans la
République que de la science royale telle qu'elle est définie
dans le *Politique*. Quant à l'unité de la vertu publique,
elle n'est que l'image d'une unité qui, dans le philosophe,
est intérieure et constitutive. Le royal tissu a beau être
royal, par rapport à cette autre entrelacement (*sumplokè*)
qu'est le logos, il apparaît d'une pauvreté singulière en
ce qu'il entrelace deux éléments toujours identiques à
eux-mêmes et toujours mutuellement contraires. Si les
opérations du politique – séparer, rassembler – miment
celles du dialecticien philosophe, elles ne sont pas pour
autant dialectiques au sens platonicien, pas plus que ne
l'est la dialectique employée tout au long du Dialogue. Ce
n'en est pas moins une dialectique, et elle est parfaitement
adaptée tant à la spécificité de sa fin qu'à celle de l'action
qu'elle décrit. Car le politique sépare et rassemble
toujours forcément de la même façon : la contrariété des
deux vertus est un fait, il n'a pas le pouvoir d'en altérer
les termes, et le rassemblement est l'œuvre de l'opinion
vraie, non du savoir. Il en résulte que le politique, s'il
n'agit pas « lui-même », ne parle pas non plus lui-même.
Il dirige la parole des autres (éducateurs, orateurs, juges,
poètes…) et veille à la rectitude des opinions qu'elle doit
transmettre. La parole du politique savant n'a donc sa
place dans la cité vertueuse en totalité qu'à la condition
d'être codifiée dans ces écrits que sont les textes de lois ou
figée dans les opinions qu'il faut imposer dans la tête des
hommes. Toute parole publique est une parole auxiliaire,
persuasive, rhétorique, et c'est la seule qui puisse être
communément entendue. Le *Politique* la soumet à une

science, et sans doute n'est-il guère possible de faire davantage, et mieux.

Comment choisir ceux qui gouvernent ? (311a1-b6)

À qui alors attribuer des fonctions de gouvernement ? S'il se trouve qu'il n'y ait besoin que d'un seul *arkhôn*, son naturel devra allier les deux vertus opposées, et s'il en faut plusieurs, il faudra veiller à ce que chacune soit présente en chacun, car chaque vertu manque des qualités propres à son contraire et aucune des deux ne pourra assurer son salut et celui de la cité sans l'autre. Le sens de ce terme, *arkhôn*, est équivoque : désigne-t-il les magistrats, ou les « gouvernants de la cité toute entière » (*cf.* 275a3), puisqu'il peut y en avoir plusieurs ? Mais qui alors choisirait ces derniers ? L'hypothèse la plus probable est qu'il ne soit question que du choix des magistrats. Un passage des *Lois* permet cependant de ne pas écarter totalement l'autre : trois juges peuvent assurer l'amitié entre citoyens, l'un en éliminant les mauvais, l'autre en les soumettant aux lois, mais il faut en évoquer un troisième :

> celui qui, à supposer qu'il en existe un qui soit tel, ayant pris en main une parenté (*suggeneia*) unique où la division règne, ne ferait périr aucun de ces membres, mais qui, après les avoir pour l'avenir réconciliés en leur donnant des lois, pourrait veiller à ce qu'ils fussent amis les uns des autres. (*Lois* I, 627e4-628a3).

Cette phrase, qui donne à l'action politique exactement la même finalité que celle exposée dans le *Politique*, introduit au début des *Lois* un personnage dont l'existence aléatoire ne peut pas ne pas suggérer celle du philosophe roi de la *République*. Pourquoi n'en irait-il pas de même de celui qui, alliant deux vertus contraires, surgit à le fin du *Politique*? À bien la considérer, la conclusion de ce Dialogue semble constamment jouer double jeu, un double jeu confirmé par la prolifération de références qui s'imposent à la *République* et aux *Lois*. L'Étranger semble regarder à la fois en arrière et en avant, répéter l'une et annoncer les autres. Tout ce qu'il dit, il l'a déjà développé ou le développera, presque chacune de ses affirmations se trouve sous-tendue et éclairée par des textes se trouvant dans ces deux ouvrages, qu'il les résume ou les modifie. Le *Politique* reprend là où la *République* s'arrêtait, il inscrit dans le temps et met en mouvement la constitution qui y était tracée, et l'Introduction des *Lois* reprend l'opposition entre vertus décrite dans le *Politique*, incarnée dans l'énergique Clinias le Crétois et Mégille, le modéré Lacédémonien. C'est aussi l'unité de sa réflexion politique que Platon tisse dans cette fin du *Politique*.

CONCLUSION

Le *Politique* est, avec le *Sophiste*, généralement considéré comme un Dialogue conclusif et non pas aporétique, autrement dit comme un Dialogue finissant par répondre à la question posée. À quelle question la conclusion du *Politique* répond-elle? Il est clair qu'elle ne répond pas à « qu'est-ce qu'un politique? », ni même à celle de savoir si le politique est bien un genre distinct du sophiste et du philosophe, car le politique est totalement absent de ces dernières lignes. De quoi parlent elles? Elles font l'éloge de la splendeur du tissu ourdi par l'action politique[1]. On peut donc estimer à la fois que, « pilotant

1. Voir D. O'Meara, « A Robe for the Goddess », dans *Proceedings of the Eighth Symposium Platonicum Pragense*, éd. cit., p. 151-161.

toutes choses et les dirigeant toutes », le politique « les rend toutes utiles », mais qu'inséparable de l'action qu'il exerce, il n'a pas de valeur en lui-même, mais seulement en ce qu'il est capable de produire un tissu assurant le bonheur de tous ceux qu'il enveloppe, esclaves et hommes libres. Le bonheur n'avait jusque là été accordé, de façon assez ambiguë, qu'aux nourrissons de Kronos (272b8-c5), puis aux sujets du monarque unique qui leur garantirait, en bon pilote, une traversée heureuse (301d5-6). Il apparaît en conclusion comme la conséquence principale de l'action politique, mais cette action ne le procure à tous les habitants de la cité « qu'autant qu'il est possible ». Car si le bonheur est l'objet du désir de tout vivant, pour les énergiques il signifie faire tout ce qu'on veut quand on veut, et pour les modérés faire en sorte d'être aimés des dieux et des hommes afin que ceux-ci ne les accablent pas d'événements funestes. Le politique doit y substituer un bonheur consistant à vivre dans une cité bien gouvernée et juste – le seul que son action soit capable de leur garantir. Mais il semble que pour accomplir sa fin, il lui faille principalement entrecroiser courageux et modérés. Leur concorde et leur amitié sont la condition de l'excellence d'un tissu qui, ayant pu entrelacer des contraires, est *a fortiori* capable d'envelopper « tous les autres habitants des cités ». Ces autres habitants sont donc à l'intérieur d'un tissu dont ils ne constituent ni la chaîne ni la trame, et qui semble n'avoir pour fonction que de les protéger, et aussi de les empêcher d'en sortir.

La conclusion du *Politique* ne conclut donc pas l'ensemble du Dialogue mais seulement sa dernière partie. Comparée avec celle du *Sophiste*, on est tenté de penser qu'elle n'a rien d'une conclusion. Alors que l'Étranger résumait pour finir sa définition du sophiste en récapitulant à reculons ses différentes étapes, celles-ci sont passées par profits et pertes dans sa définition de l'homme royal et politique. Alors qu'il affirmait dans le *Sophiste* : « celui qui dira que voilà "la race et le sang" de l'authentique sophiste, dira, à ce qu'il semble, la plus pure vérité »[1], il n'invite au terme de son parcours qu'à admirer la splendeur du tissu produit par l'« action politique » et l'« art royal ». Il faut bien avouer que l'on ne sait toujours pas grand chose de la race et du sang du véritable politique, sinon que l'examen de ses rivaux a permis de le séparer de ses faux-semblants, les sophistes. Mais si ces deux genres, sophiste et politique, ont été distingués, ceux du politique et du philosophe ne l'ont pas été. L'Étranger n'a pas répondu complétement à la question de Socrate, et on peut supposer que telle est précisément l'intention de Platon : montrer qu'ils ne peuvent pas être séparés. À quoi a donc servi ce Dialogue ? Dans la mesure où la recherche du politique s'est vue réduite à un exercice dialectique, ce qui n'était pas le cas de celle du sophiste, à quoi cet exercice a-t-il conduit ? À démontrer la nécessité de l'existence d'un politique authentique, détenteur d'une science particulière et capable d'exercer des fonctions particulières. Mais qui est capable d'acquérir cette science et d'exercer ces fonctions, en particulier de tisser ensemble courage et sage modération, sinon celui en qui ces vertus sont naturellement unies ?

La conclusion du *Politique* n'est donc pas une définition du politique, c'est un éloge de l'action politique. Socrate

1. *Soph.*, 268c8-d4 ; « la race et le sang » est une citation de l'*Iliade* VI, v. 211 : à la demande de Diomède, Glaucos a fait le récit de son lignage.

le Jeune remercie néanmoins l'Étranger d'avoir fini son travail : « De nouveau, c'est de la plus belle manière que tu t'es acquitté pour nous de l'homme royal, Étranger, et de l'homme politique. » Le garçon s'est déjà trompé deux fois[1], et il peut se tromper encore une troisième. Certains décident pourtant d'attribuer cette dernière réplique à Socrate, mais Socrate, lui, peut-il prendre un éloge pour une définition et croire qu'un portrait de l'homme royal suffit à différencier le genre politique de l'un des deux autres genres sur lequel sa question portait, celui du philosophe ? Après l'avoir posée, il rappelle au début du *Sophiste* qu'encore très jeune, il avait écouté en silence et admiré la maîtrise avec laquelle Parménide déroulait ses hypothèses : le faire écouter et se taire n'était-il pas pour Platon la façon la plus efficace, la plus « ironique », de montrer qu'il en manque une, celle qui rendrait une autre dialectique possible ? Tout au long de la recherche du politique, Socrate se tait encore, et se tait obstinément. Que veut nous faire entendre ce silence qui « à la fois parle et questionne »[2] ? quel manque nous invite-t-il à percevoir ? Lit-on vraiment le *Politique* si l'on reste sourd au silence qui le traverse ?

---

1. En 267c et 277a.
2. P. Friedländer, *Plato. The Dialogues, op. cit.*, p. 304 ; comme il le remarque, personne n'aurait l'idée d'attribuer les dernières répliques du *Parménide* et du *Sophiste* à un autre qu'aux jeunes répondants. On peut en effet se demander pourquoi l'hypothèse de Schleiermacher, qui attribue cette dernière réplique à Socrate, est suivie par tant d'interprètes.

ANNEXES

LA DIVISION DES SCIENCES

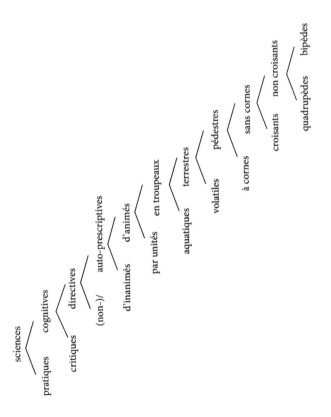

LA PLAISANTERIE MATHÉMATIQUE

« Plaisanterie », en raison du jeu de mot sur le sens physique et mathématique du terme « pied » (*pous*).

Soit un carré ABCD de côtés d'un pied de long, donc d'une surface d'1 pied au carré. Sa diagonale AC a une longueur de √2 pieds,

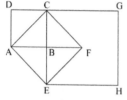

puisque (théorème de Pythagore) $AC^2 = AD^2 + DC^2 = 1^2 + 1^2 = 2$ pieds au carré.

Le carré AEFC construit sur AC a donc des côtés longs de √2 pieds et une surface de 2 pieds au carré.

CE^2, la diagonale de ce carré, a pour longueur la somme des carrés de ses côtés, soit $AC^2 + AE^2 = 2 + 2 = 4^2$ pieds. CE a donc une longueur de √4 pieds = 2 pieds.

AC est « puissance de 2 pieds » (*dunamei dipous*) en ce qu'elle permet de construire le carré AEFC d'une surface de 2 pieds au carré.

CE est « puissance de 4 pieds » (*dunamei tetrapous*) en ce qu'elle permet de construire le carré ECGH d'une surface de 4 pieds au carré.

Mais, en grec, « diagonale » se dit *diametros*, litt. « mesure traversant » une surface. AC est donc le « diamètre » du carré ABCD, et CE est « le diamètre du diamètre » car elle est le diamètre du carré AEFC dont le côté AC est le diamètre du carré ABCD : autrement dit, elle est la diagonale de la diagonale du carré construit sur la diagonale de ce carré.

Le bipède est « puissance » (*dunamis*) de 2 pieds, chaque « pied » mesurant √2 pied, le quadrupède est « puissance » de 4 pieds, chaque « pied » mesurant √4 pieds. *Dunamis*, au sens mathématique, veut donc dire à la fois « puissance » et « racine carrée ».

LA DIVISION DES MOYENS DE DÉFENSE

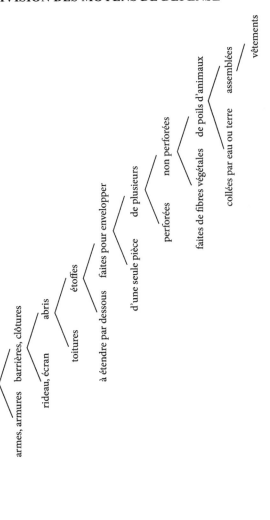

LA DÉFINITION FINALE DU TISSAGE

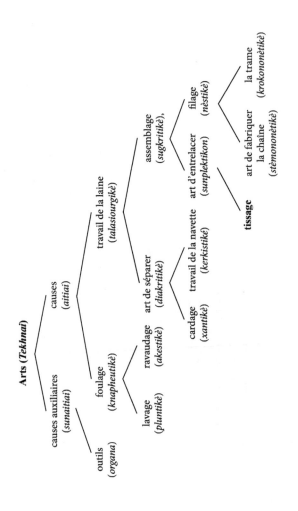

Arts (Tekhnai)

causes auxiliaires (sunaitiai)

outils (organa)

foulage (knapheutikè)

lavage (pluntikè)

ravaudage (akestikè)

causes (aitiai)

travail de la laine (talasiourgikè)

art de séparer (diakritikè)

cardage (xantikè)

travail de la navette (kerkistikè)

assemblage (sugkritikè),

art d'entrelacer (sunplektikon)

tissage

art de fabriquer la chaîne (stèmononètikè)

filage (nèstikè)

la trame (krokononètikè)

LA HIÉRARCHIE DES CONSTITUTIONS

Critères des régimes	Types de régimes	Pénibilité
Régime fondé sur le savoir	Unique régime droit	
Régimes respectant les lois	Royauté Aristocratie Démocratie	Constitutions les moins pénibles à vivre
Régimes transgressant les lois	Démocratie Oligarchie Tyrannie	Constitutions les plus pénibles à vivre

BIBLIOGRAPHIE

Ne sont mentionnés que les articles et ouvrages cités ; pour une bibliographie plus complète, voir Brisson-Pradeau, *Platon. Le Politique* et D. El Murr, *Savoir et Gouverner*.

Éditions et traductions du Politique

SCHLEIERMACHER F. D. E., *Platons Staatsmann*, dans *Platons Werke* VI, Berlin, 1809, 1817-1828 [2]. Traduction reprise avec le texte grec établi par A. Diès en regard et annotée par P. Staudacher, Darmstadt, Wissenschaftliche Buchgesellschaft, 1970.

CAMPBELL L., *The Sophistes and Politicus of Plato*, a Revised Text and English Notes, Oxford, Clarendon Press, [1867] repr. New York, Arno Press, 1973.

BURNET J., *Platonis Opera*, vol. I, Oxford, Clarendon Press, 1900 (texte grec).

DIÈS A., *Platon. Œuvres Complètes*, t. IX, 1 [re] Partie : *Le Politique*, Introduction et texte grec établi et traduit par A. Diès, Paris, Les Belles Lettres, CUF, 1935.

ROBIN L., *Platon. Œuvres Complètes*, trad. nouvelle et notes par L. Robin, vol. 2, Paris, Gallimard, « Bibliothèque de la Pléiade » [1942] 1950.

SKEMP J.B., *Plato's Statesman*, translated with introductory essays and footnotes, London, Routledge & Kegan Paul, 1952.

TAYLOR A.E., *Plato. The Sophist and the Statesman*, ed. by R. Klibansky and E. Anscombe [1961], New York and Folkestone, Barnes and Noble and Dawson's, 1971.

ROBINSON D.B., *Platonis Opera*, vol. I, Oxford, Clarendon Press, 1995 (texte grec).

ROWE C., *Plato : Statesman*, edition, translation and commentary, Warminster, Aris & Phillips, 1995 [Oxford, 2005²].

BRISSON L. et J.-F. PRADEAU, *Platon. Le Politique*, Présentation, traduction et notes, Paris, GF-Flammarion [2003], éd. corr. avec supplément bibliographique, 2011.

Études

Sur l'ensemble du Politique :

CASTORIADIS C., *Sur le* Politique *de Platon*, Paris, Seuil, 1999.

DELCOMMINETTE S., *L'Inventivité dialectique dans le* Politique *de Platon*, Bruxelles, Ousia, 2000.

EL MURR D., *Savoir et Gouverner. Essai sur la science politique platonicienne*, Paris, Vrin, 2014.

FRIEDLÄNDER P., *Plato. The Dialogues*, vol. 3 : *Second and Third Period*, London, Routledge & Kegan Paul, 1969, p. 280-305.

HAVLÍCEK A., J. JIRSA and K. THEIN (eds.), *Plato's Statesman : Proceedings of the Eighth Symposium Platonicum Pragense*, Praha, Oikoumenè, 2013.

LANE M. S., *Method and Politics in Plato's Statesman*, Cambridge, Cambridge University Press, 1998.

ROWE C., (ed.), *Reading the Statesman*, Proceedings of the III Symposium Platonicum, Sankt Augustin, Academia Verlag, 1995.

ROSEN S., *Plato's Statesman, The Web of Politics*, 1995, trad. d'É. Helmer, *Le Politique de Platon. Tisser la cité*, Paris, Vrin, 2004.

SCODEL H. D., *Diaeresis and Myth in Plato's Statesman*, Göttingen, Vandenhoeck und Ruprecht, 1987.

Sur la trilogie

BENARDETE S., *The Being of the Beautiful, Plato's Theaetetus, Sophist and Statesman*, introd., transl., commentary and notes, Chicago, University of Chicago Press, 3 vols, 1984.

KLEIN J., *Plato's Trilogy. Theaetetus, the Sophist and the Statesman*, Chicago, University of Chicago Press, 1977.

GILL M.L., *Philosophos : Plato's Missing Dialogue*, Oxford, Oxford University Press, 2012.

Sur la politique de Platon

BRUNSCHWIG J., « Platon, la *République* » dans F. Châtelet, O. Duhamel et E. Pisier (dir), *Dictionnaire des œuvres politiques*, Paris, PUF, [1986] 2001, p. 880-892.

COOPER J., « Plato's *Statesman* and Politics », dans J. Cleary and G.M. Gurtler (eds.), *Proceedings of the Boston Area Colloquium in Ancient Philosophy* XIII, 1997, p. 71-104.

GILL C., « Plato and Politics : The *Critias* and The *Politicus* », *Phronesis* 24, 1979, 148-167.

JOLY H., *Le Renversement platonicien, Logos, Epistèmè, Polis*, Paris, Vrin, [1974] 1994 [3].

KLOSKO G., *The Development of Plato's Political Theory*, [1986] repr. Oxford, Oxford University Press, 2006.

LANE M., *Plato's Progeny. How Plato and Socrates still captivate the modern mind*, London, Duckworth, 2001.

POPPER K., *The Open Society and its Enemies*, vol. I : *The Spell of Plato*, London, Routledge, 1945; trad. partielle par J. Bernard, *La Société ouverte et ses ennemis*, t. I : *L'Ascendant de Platon*, Paris, Seuil, 1979.

SCHOFIELD M., *Plato. Political Philosophy*, Oxford-New York, Oxford University Press, 2006.

Sur quelques aspects de la politique en Grèce ancienne

BORDES J., Politeia *dans la pensée grecque jusqu'à Aristote*, Paris, Les Belles Lettres, 1982.

GARLAN Y., *Les Esclaves en Grèce ancienne*, [1982] Paris, La Découverte, 1995,

HANSEN M.H., « The Athenian "politicians", 403-322 B.C. », *Greek, Roman and Byzantine Studies* 24, 1983, 33-55.

Sur le Prologue et la division des sciences

DIXSAUT M., « La bonne mémoire de Socrate (*Pol.*, 257b5-7) » dans A. Havlicek., *Plato's Statesman*, éd. cit., p. 11-26.

EL MURR D., « La division et l'unité du *Politique* de Platon », *Les Études philosophiques*, 74 (3), 2005, 295-324.

Sur le mythe

En général

BLUMENBERG H., *La Raison du mythe*, traduit de l'allemand par S. Dirschauer, Gallimard, 2005.

DIXSAUT M., « Mythe et interprétation » repr. dans *Platon et la question de l'âme, Études platoniciennes II*, Paris, Vrin, 2013, p. 245-260.

MATTÉI J.-F., *Platon et le miroir du mythe. De l'âge d'or à l'Atlantide*, Paris, P.U.F., 1996.

Sur le mythe du Politique

BRAGUE R., « L'isolation du sage. Sur un aspect du mythe du *Politique* », dans *Du temps chez Platon et Aristote*, Paris, PUF, Épiméthée, 1982, chapitre 2.

BRISSON L., « Interprétation du mythe du *Politique* » [1995], revu et repris dans *Lectures de Platon*, Paris, Vrin, 2000.

– « Un monde abandonné à lui-même » dans J. Dillon and M. Dixsaut (eds), *Agonistes : Essays in Honour of D. O'Brien*, London, Ashgate, 2005, p. 25-36.

CARONE G. R., « Reversing the Myth of the *Politicus* », *Classical Quarterly* NS 54 (1), 2004, 88-108.

DILLON J., « The Neoplatonic Exegesis of the *Statesman* Myth » dans *Reading the Statesman*, éd. citée, p. 364-374.

EL MURR D., « Hesiod, Plato and the Golden Age : Hesiodic motifs in the Myth of the *Politicus* », dans *Plato and Hesiod*, G. R. Boys-Stones and J. M. Haubold (eds), Oxford, Oxford University Press, 2010, p. 276-297.

LORAUX N., « L'autochtonie : une topique athénienne », dans *Les Enfants d'Athéna. Idées athéniennes sur la citoyenneté et la division des sexes*, Paris, [1981] éd. augmentée d'une postface, Paris, Seuil, 1990.

– *Né de la terre. Mythe et politique à Athènes*, Paris, Seuil, 1996.

O'BRIEN D., « L'Empédocle de Platon », *Revue des études grecques* 110, 1997, 381-398.

SCHUHL P.-M., « Sur le mythe du *Politique* », repris dans *Études sur la fabulation platonicienne*, Paris, Vrin, 1968,

VIDAL-NAQUET P., [en anglais, 1978] « Le mythe platonicien du *Politique*. Les ambiguïtés de l'âge d'or et de l'histoire », repris dans *Le Chasseur Noir*, Paris, Maspero, 1981, p. 361-380.

Sur la phronèsis

DIXSAUT M., « Les sens platoniciens de la *phronèsis* », dans *Études platoniciennes* I, *Platon et la question de la pensée*, Paris, Vrin, 2000, p. 94-108.

– « De quoi les philosophes sont-ils amoureux ? Note sur la *phronèsis* chez Platon et Aristote », dans *La Vérité pratique*, *Éthique à Nicomaque* VI, J.-Y. Château dir., Paris, Vrin, 1997, p. 335-362.

SNELL B., *Die Entdeckung des Geistes*, 3ᵉ éd., Hambourg, Classen, 1955.

Sur la région de la dissemblance

COURCELLE P., « Tradition néoplatonicienne et traditions chrétiennes de la "région de la dissemblance" (Platon, *Politique*, 273 d) », [1957] repris dans « *Connais-toi toi-même* » *de Socrate à Saint Bernard*, vol. III, Paris, Études Augustiniennes, 1975, p. 519-530.

Sur l'enlèvement

ROHDE E., *Psychè, le culte de l'âme chez les Grecs et leur croyance à l'immortalité*, trad. A. Reymond, éd. rev. et corr. par A. Marcinkowski, Paris, Les Belles Lettres, 2017, chap. II.

Sur le paradigme

EL MURR D., « La *sumplokè politikè* : le paradigme du tissage dans le *Politique* de Platon ou les raisons d'un paradigme "arbitraire" », *Kairos* 19, 2002, 49-95.

GAUDIN C., « Le paradigme du tissage dans le *Politique* de Platon. Technique philosophique et philosophie de la technique » dans J.-P. Ginisti et F. Guéry (éds), *Créer et produire des formes textiles*, Actes du colloque des 13 et 14 décembre 1984, Lyon, L'Hermès, p. 121-132.

GOLDSCHMIDT V., *Le Paradigme dans la dialectique platonicienne*, Paris, Vrin, [1947] 1985, p. 67-81.

BIBLIOGRAPHIE

JOLY H., « Platon entre le maître d'école et le fabriquant de mots : remarques sur les *grammata* », dans H. Joly (éd.), *Philosophie du langage et grammaire dans l'Antiquité*, Bruxelles-Grenoble, ed. Ousia-Université des sciences sociales de Grenoble, 1986, p. 105-135.

OWEN G. E. L., « Plato on the Undepictable », [1973] repris dans *Logic, Science and Dialectic. Collected papers in Greek Philosophy*, M. Nussbaum (ed.), London, Duckworth, 1986, p. 138-147.

Sur la métrétique

DEMONT P., « La Formule de Protagoras : "l'homme est la mesure de toutes choses" » dans *Problèmes de la morale antique*, sept études réunies par P. Demont, Amiens, Faculté des Lettres, 1993, p. 39-57.

GAVRAY M.-A., *Platon, héritier de Protagoras, Dialogue sur les fondements de la démocratie*, Paris, Vrin, 2017.

TRÉDÉ M., *Kairos. L'À-propos et l'Occasion (le mot et la notion d'Homère à la fin du IVe siècle avant J.-C.)*, Paris, Klincksieck, 1992.

Sur la classification des arts qui restent

ILDEFONSE F., « La classification des objets. Sur un passage du *Politique* (287b-289c) », dans M. Narcy (coord.), *Platon : l'amour du savoir*, Paris, P.U.F, 2001, p. 105-119.

SAMB D., « Le *Politique*, 290 d-e », dans *Reading the Statesman*, éd. citée, p. 333-336.

Sur la loi

BRUNSCHWIG J., « Du mouvement et de l'immobilité de la loi », *Revue Internationale de Philosophie* 1986, 512-540.

ROMILLY J. de, *La Loi dans la pensée grecque*, Paris, Les Belles Lettres, 1971.

TEISSERENC F., « "Il ne faut être en rien plus savant que les lois". Loi et connaissance dans le *Politique* », *Les Études philosophiques* 74 (3), 2005, 367-383.

SAUNDERS T. J., *Plato's Penal Code*, Oxford, Clarendon Press, 1991.

Sur la classification des constitutions

HELMER É., *La Part du bronze, Platon et l'économie*, Paris, Vrin, 2010.

— (dir.), *Richesse et pauvreté chez les philosophes de l'antiquité*, Paris, Vrin, 2016.

ROWE C., « Le traitement des constitutions non idéales dans le *Politique* », *Les Études philosophiques* 74 (3), 2005, 385-400.

Sur les vertus ennemies

DEMONT P., *La Cité grecque archaïque et classique et l'idéal de tranquillité*, Paris, Les Belles Lettres, 1990.

GRISWOLD C., *Self-knowledge in Plato's* Phaedrus, New Haven and London, Yale University Press, 1986.

HAZEBROUCQ M.-F., *La Folie humaine et ses remèdes, Platon, Charmide ou de la modération*, Paris, Vrin, 1997.

IRWIN T., « Platon et le monisme de la raison pratique », dans *Études sur la* République *de Platon*, vol. 1 : *De la justice*, M. Dixsaut dir., avec la collaboration d'A. Larivée, Paris, Vrin, 2005, p. 307-326.

Sur la conclusion

DIXSAUT M., « Une politique vraiment conforme à la nature », repris dans *Platon et la question de l'âme*, éd. citée, p. 217-243.

– « Le plus juste est le plus heureux », dans *Études sur la* République, éd. citée, vol. I, p. 327-352.

O'MEARA D., « A Robe for the Goddess », dans A. Havlícek, *Plato's Statesman*, éd. citée, p. 151-161.

Sur Platon et d'autres Dialogues

ALLEN R. E., Plato's *Parmenides*, transl. and analysis, Oxford, Basil Blackwell, 1983.

BRISSON L., *Platon. Timée/Critias*, Paris, GF-Flammarion, 1992.

CHERNISS H., *Aristotle's Criticism of Plato and the Academy*, Baltimore, Johns Hopkins Press, 1944

DIXSAUT M., *Le Naturel philosophe*, Paris, Vrin [1985], 5ᵉ éd. corrigée, 2016.

– *Platon. Phédon*, Introduction, traduction et notes, Paris, GF-Flammarion, 1991.

– *Métamorphoses de la dialectique dans les Dialogues de Platon*, Paris, Vrin, 2001.

JOLY H., *Platon et la question des étrangers*, Paris, Vrin, 1992.

RYLE G., « Plato's *Parmenides* », repris dans *Studies in Plato's Metaphysics*, R.E. Allen (ed.), London, Routledge and Kegan Paul, 1965, p. 97-148.

Auteurs antiques

Éditions et traductions

ARISTOTE, *Premiers Analytiques* et *Seconds Analytiques*, trad. J. Tricot, Paris, Vrin, 1947.

– *Seconds Analytiques*, texte grec et traduction par P. Pellegrin, Paris, GF-Flammarion, 2005.

– *Réfutations sophistiques*, Introduction, traduction et commentaire par L.-A. Dorion, Paris, Vrin, 1995.

– *Parties des animaux*, J. Lennox, *Aristotle. On the parts of animals*, I-IV, Translated with an Introduction and Commentary, Oxford, Clarendon Press, 2001.

– *Histoire des animaux*, traduction, présentation et notes par J. Bertier, Paris, Gallimard, Folio-Essais, 1994.

– *Éthique à Nicomaque*, Traduction, introduction et notes par R. Bodéüs, Paris, GF-Flammarion, 2004.

– *Les Politiques*, Traduction, introduction et notes par P. Pellegrin, Paris, GF-Flammarion, 1990.

– *La Poétique*, texte grec, traduction et notes de lecture par R. Dupont-Roc et J. Lallot, Paris, Seuil, 1980.

DIOGÈNE LAËRCE, *Vies et Doctrines des Philosophes Illustres*, M.-O. Goulet-Cazé (dir.), Paris, Le Livre de Poche, 1999.

POÈTES COMIQUES, *Poetae Comici Graeci*, ed. R. Kassel et C. Austin, vol. V, Berlin, de Gruyter, 1986.

SEXTUS EMPIRICUS, *Adversus mathematicos*, trad. de C. Dalimier, D. et J. Delattre et B. Pérez : *Contre les professeurs*, Paris, Seuil, 2002.

XÉNOPHANE, PARMÉNIDE, EMPÉDOCLE, ANAXAGORE, PROTAGORAS et GORGIAS sont cités d'après Diels-Kranz, *Die Fragmente der Vorsokratiker*, Griechisch und Deutsch, 6ᵉ éd., 3 vol. 1951-1952. Abrégé DK.

> *Les Présocratiques*, trad. de J.-P Dumont avec la collaboration de D. Delattre et J.-L. Poirier, Gallimard, « Bibliothèque de la Pléiade », 1988.

Dans l'édition des Belles Lettres, « CUF »
(texte établi et traduit par) :

DÉMOSTHÈNE, *Sur la couronne* (G. Mathieu, Introduction par C. Mossé), 2000.

DENYS D'HALICARNASSE, *De compositione verborum* dans *Opuscules Rhétoriques*, t. II : *Démosthène* (G. Aujac), 1988.

EURIPIDE, *Alceste*, t. 1 (L. Méridier), 1926 ; *Hélène*, t. 5 (H. Grégoire, L. Méridier et F. Chapouthier), 1950 ; *Fragments*, t. 8, 1re partie (F. Jouan et H. Van Looy), 1999.

HÉRODOTE, *Histoires* (Ph.-E. Legrand), 1983.

HÉSIODE, *Théogonie. Les Travaux et les Jours. Le Bouclier* (P. Mazon), 1928.

HIPPOCRATE, *Des vents. De l'art*, dans *Œuvres Complètes*, t. V 1ʳᵉ partie (J. Jouanna), 1988.

> Voir aussi : *Airs, Eaux et Lieux* et *Des vents, dans Littré, Hippocrate, Œuvres complètes*, t. II, Paris, Baillère, 1849, repr. A.M. Hakkert, Amsterdam, 1961.

ISOCRATE, *Discours, À Nicoclès*, t. II (E. Brémond et G. Mathieu), 1938 ; *Aréopagitique*, t. III (G. Mathieu), 1942 ; *Panathénaïque*, t. IV (E. Brémond), 1962.

LYSIAS, *Discours : Contre Nicomaque*, t. II : *XVI-XXXV* (L. Gernet et M. Bizos), 1989.

PINDARE, *Pythiques* (A. Puech), 1922.

XÉNOPHON, *Cyropédie* (M. Bizos) 2 vols, 1971-1973 ; *Économique* (P. Chantraine, Introd. par C. Mossé), 2008 ; *Helléniques*, t. 1 (J Hatzfeld), 1936 ; *Mémorables*, 3 vols (Texte établi par M. Bandini, trad. L-A Dorion), 2000–2011.

Dans l'édition des Belles Lettres, « Classiques en poche » :

ARISTOPHANE, *Lysistrata* (H. van Daele) 1996; *Les Nuées* (V. Coulon, trad. H. Van Daele), 2009.

HOMÈRE, *Iliade* (P. Mazon) 3 vols, 2012; *Odyssée* (V. Bérard), 3 vols, 2012.

SOPHOCLE, *Antigone* (P. Mazon), 1997.

THUCYDIDE, *La Guerre du Péloponnèse*, 3 vols (J. de Romilly, R. Weil et L. Bodin, Introd. par C. Mossé), 2009.

> Voir aussi : *Historiens grecs*, Introd. par J. de Romilly, Hérodote : *L'Enquête* (A. Barguet); Thucydide : *Histoire de la guerre entre les Péloponnésiens et les Athéniens* (D. Roussel), Paris, Gallimard, « Bibliothèque de la Pléiade », 1964.

Sur des auteurs antiques

AUBENQUE P., *La Prudence chez Aristote*, Paris, PUF, 1962.

BRANCACCI A., *Antisthène. Le Discours propre*, Paris, Vrin, 2005.

DIXSAUT M., « Isocrate contre des sophistes sans sophistique », dans B. Cassin (éd.), *Le Plaisir de parler, Études de sophistique comparée*, Paris, Minuit, 1986, p. 63-85.

PELLEGRIN P., *La Classification des animaux chez Aristote*, Paris, Les Belles Lettres, 1982.

RAMNOUX C., *Héraclite ou l'homme entre les choses et les mots*, Préface de M. Blanchot, Paris, Les Belles Lettres, 1968.

Divers

DESCARTES, *Discours de la méthode*.

> Voir aussi : ONG-VAN-CUNG Kim Sang, *Descartes et l'ambivalence de la création*, Paris, Vrin, 2000.

FOUCAULT M., « L'arrière-fable » [1966] repris dans *Dits et écrits*, t. I : 1954-1975, Paris, Gallimard, 2001.

GENETTE G., *Palimpsestes : la littérature au second degré*, Paris, Seuil, 1982.

– *Fiction et Diction*, nouvelle édition, Paris, Seuil, [1991] 2004.

KANT E., *Anthropologie du point de vue pragmatique*, trad. de M. Foucault, Paris, Vrin, 1994.

Lévi-Strauss C., *Race et histoire*, [UNESCO 1952] Paris, Folio-Gallimard, 2007.

Rousseau J.-J., *Discours sur l'origine et les fondements de l'inégalité parmi les hommes*.

> Voir D. El Murr, « Rousseau, lecteur du *Politique* de Platon », *Revue française d'histoire des idées politiques* 37, 2013, 5-33.

Swift J., *Les Voyages de Gulliver*, Présentation d'A. Tadié, trad. G. Villeneuve, Paris, GF-Flammarion, 1997.

– Letter to A. Pope, 29 September 1725, dans *The Correspondence of Jonathan Swift*, ed. by H. Williams, vol. III, Oxford, Clarendon Press, 1963.

TABLE DES MATIÈRES

Imprimé en France par CPI
en juin 2018

Dépôt légal : juin 2018
N° d'impression : 147964